面 向 21 世 纪 课 程 教 材

Textbook Series for 21st Century

"十二五"普通高等教育本科国家级规划教材

投资学

（第四版）

刘红忠　主编

高等教育出版社·北京

内容简介

本书是教育部"新世纪高等教育教学改革工程——21世纪中国金融学专业教育教学改革与发展战略研究"项目的成果之一,先后入选"十五""十一五""十二五"国家级规划教材,同时也是高等学校金融学专业主干课程精品教材,并于2007年被评为上海市优秀教材一等奖。

经过前三版的修订,本书结构体系日臻完善,内容难度趋于合理。此次修订的第四版教材原则上坚持原有的教材体系,突出金融和经济逻辑,注重理论和实践的联系,形式生动,实用性更强。同时,教材用二维码链接了即测即评,方便学生随堂测试学习效果。

全书把投资过程的五个环节,即投资目标、投资策略、资产价值分析、资产组合构建和投资组合业绩评价作为逻辑主线,相应的教材内容分为六大部分。

本次修订的目的是进一步完善教材的结构体系,对数据和相关内容进行更新,强调理论和中国金融实践的融合,通过更加生动的形式帮助读者进一步学习和加深理解。

图书在版编目(CIP)数据

投资学 / 刘红忠主编. --4版. --北京:高等教育出版社,2019.12(2021.4重印)
ISBN 978-7-04-052405-5

Ⅰ.①投… Ⅱ.①刘… Ⅲ.①投资经济学-高等学校-教材 Ⅳ.①F830.59

中国版本图书馆CIP数据核字(2019)第168595号

策划编辑 郭金录   责任编辑 郭金录   封面设计 张 楠   版式设计 杜微言
插图绘制 于 博   责任校对 高 歌   责任印制 习 毅

出版发行	高等教育出版社	网 址 http://www.hep.edu.cn
社 址	北京市西城区德外大街4号	http://www.hep.com.cn
邮政编码	100120	网上订购 http://www.hepmall.com.cn
印 刷	山东韵杰文化科技有限公司	http://www.hepmall.com
开 本	787mm×1092mm 1/16	http://www.hepmall.cn
印 张	27.5	版 次 2003年3月第1版
字 数	610千字	2019年12月第4版
购书热线	010-58581118	印 次 2021年4月第3次印刷
咨询电话	400-810-0598	定 价 58.00元

本书如有缺页、倒页、脱页等质量问题,请到所购图书销售部门联系调换
版权所有 侵权必究
物 料 号 52405-00

总 前 言

　　新世纪金融学专业新增的5门主干课程教材,是教育部"新世纪高等教育教学改革工程——21世纪中国金融学专业教育教学改革与发展战略研究"项目(项目编号为127201018)的主要研究成果,也是"十五"国家级规划教材。主持此项目研究的单位是中央财经大学、厦门大学、复旦大学和中国人民大学。此项研究是前几年完成的教育部"面向21世纪金融学专业系列课程主要教学内容改革研究与实践"项目的继续。上一研究项目由厦门大学张亦春教授主持,9所重点院校参加,确定了货币银行学(现改为金融学)、金融市场学、国际金融学、中央银行学、商业银行经营学和保险学6门主干课程并编写了相应的教材。该项目成果获得了国家级教学成果一等奖,同时项目研究的成功为本项目研究奠定了坚实的基础,提供了高的起点。

　　几年来,本项目研究在教育部高教司的直接指导下,在项目主持人中央财经大学王广谦教授、厦门大学张亦春教授、复旦大学姜波克教授和中国人民大学陈雨露教授的共同主持下,项目组投入了极大精力,召开了多次会议,全面考察分析了国外著名大学金融学专业的发展方向和课程设置特点。2001年8月,项目组在西宁召开了专家研讨会,我国顶尖级金融学家和金融教育家、具有金融学科博士学位授予权的高校和其他高校的金融学科带头人共50余人出席了研讨会。专家们对新世纪中国金融学专业的学科建设、课程设置和人才培养等问题进行了认真、深入的研讨,把本项目的研究提高到一个新的层次。专家们和项目组的研究成果已集中反映在《金融学科建设与发展战略研究》(高等教育出版社2002年9月版)一书中。在讨论课程建设问题时,专家们对上一项目确定的6门主干课程及编写的教材给予了较高的评价;同时,根据经济全球化迅速推进和中国经济正快速与世界经济接轨的新形势,认为应该在已定主干课程的基础上再增加几门新课程,一并作为新世纪金融学专业的主干课程。新增加的课程是:金融学、金融中介学、金融工程、投资学、公司理财。其中,金融学课程教材由黄达教授主编,中国人民大学出版社出版,其余4门课程教材由高等教育出版社出版。

　　新增课程的教材编写由主持项目研究的4所高校共同承担。《金融中介学》由中央财经大学王广谦教授主持编写,《金融工程》由厦门大学郑振龙教授主持编写,《投资学》由复旦大学刘红忠教授主持编写,《公司理财》由中国人民大学陈雨露教授主持编写。教材初稿完成后,项目组于2003年3月邀请国内著名专家召开了教材审定会议。审定专家有:中国人民大学黄达教授、张杰教授,西南财经大学曾康霖教授、刘锡良教授,厦门大学张亦春教授,复旦大学姜波克教授,中央财经大学李健教授,南开大学马君潞教授,北京大学曹凤岐教授,清华大学宋逢明教授,上海财经大学戴国强教授,中南财经政法大学朱新蓉教授。教育部高等教育司刘凤泰副司长和杨志坚处长出席会议,提出了指导性意见。在学术顾问黄达教授和召集人曾康霖教授的主持下,专家们对初稿进行了认真审阅,提出了具体的修改建议。会后,教材编写组根据专家审稿意见对教材初稿又进行了认真修改、完善,最后定稿。可以说,这套教材不仅反映了编写人员的研究成果,而且凝聚了审稿专家和所有参与本项目研究的全国同行专家的智慧,是集体智慧的结晶。

　　欢迎各高校使用这套教材,同时恳请各位专家、广大教师和读者朋友提出宝贵意见。

教育部"新世纪高等教育教学改革工程——21 世纪中国金融学专业
教育教学改革与发展战略研究"项目组
2003 年 5 月

第四版前言

投资学是金融学专业的重点课程。作为教育部"新世纪高等教育教学改革工程——21世纪中国金融学专业教育教学改革与发展战略研究"项目的成果之一,本书自2003年出版以来,得到了广泛的肯定与使用。本书第一版、第二版和第三版分别入选"十五""十一五"和"十二五"国家级规划教材,并于2007年被评为上海市优秀教材一等奖。多所高等院校将本书作为投资学课程的主要参考教材,教材的逻辑体系与内容得到众多教师、学生以及读者朋友的高度评价。

经过前三版修订,本书结构体系日臻完善,内容难度趋于合理。此次修订的原则是坚持原有的教材体系,突出金融和经济逻辑,重视理论和中国实践的结合,力求形式更加生动、活泼。具体来说,在维持原有的基本框架、结构和编写风格的基础上,本次修订更新了相关的统计数据,新增了部分专栏,重新修订和完善了中国金融市场的交易机制,在每一章节后新增了"关键术语"和"即测即评",有助于读者进一步学习和加深理解,更好地启发读者将投资学理论与金融实践相结合。

本书的结构与内容

本次修订延续了前三版的结构体系。全书把投资过程的五个环节,即投资目标、投资策略、资产价值分析、资产组合构建和投资组合业绩评价作为逻辑主线,教材内容分为六大部分。

第一部分为导论(绪论和第1章)。在绪论部分,我们首先将投资明确定义为"消费的延迟行为"。基于这一广义的投资概念,绪论部分提纲挈领地指出全书的理论逻辑体系是基于一个完整的投资项目实施的角度来展开的,并对投资目标设定、投资策略选择、资产价值分析、投资组合构建和投资业绩评价五个主要的投资环节进行简要介绍。第1章通过解释金融市场的交易机制和市场间的传导机制,为理解之后的五个部分内容奠定了重要的基础。第1章结尾部分,我们在第三版的基础上更新了国内主要金融市场最新交易机制的概述,新增了"新三板"和"科创板"交易机制的概述,与正文中对交易机制的一般分析相呼应,以期通过联系最新实践,加深读者对交易机制及其与投资过程的联系的认识与理解。

第二部分为投资目标(第2、3章)。在传统的理性假设下,投资者基于对潜在投资标的风险与收益的权衡进行投资决策,而行为金融学领域的研究则对理性假设的合理性提出了挑战。第2章从不同的角度介绍投资者理性假设下,投资标的风险与收益的衡量方法和投资决策框架的构建。第3章分析理性的概念,理性在传统经济学和金融学理论中

I

的地位,以及行为学对人类理性的分析。非理性或有限理性行为的存在将使得投资者产生群体非理性行为,从而对投资过程的诸多环节产生深刻的影响。本部分结尾,我们提供了诺贝尔经济学奖获得者丹尼尔·卡内曼、罗伯特·席勒和理查德·塞勒的生平及学术思想简介,以便读者更好地理解行为金融学的发展脉络与重要思想。

第三部分为投资策略(第4~6章)。投资策略的选择与市场属性、投资者自身条件以及其他投资者的潜在策略密切相关。在理性投资者假设下,市场有效性程度将决定投资策略的风格(主动或是被动)(第4章);基于市场微观结构的分析则有助于理解在各类市场主体的博弈过程中,信息传递至价格的过程和有效性(第5章);在投资者非理性或有限理性的假设下,各类市场参与主体的可预见的非理性行为相互作用,可能导致最优投资策略的根本性变化(第6章)。本部分结尾,我们还介绍了尤金·法玛的学术成果。法玛是有效市场理论的集大成者,因其对有效市场领域研究的贡献而获得2013年诺贝尔经济学奖。

第四部分为资产价值分析(第7~9章)。资产价值分析即基于对风险和收益的度量与估计,对备选的投资标的进行精确的价值计算。具体到证券投资就是证券的价值分析,主要包括债券价值分析(第7章)、股票价值分析(第8章)和衍生品价值分析(第9章)。通过对证券价值分析的各种基本方法的介绍,有助于理解一般的资产价值分析方法。

第五部分为投资组合构建(第10、11章)。通过构建由多个资产构成的投资组合,投资者可以实现风险和收益的最优匹配。基于有效市场假设和投资者理性假设,证券投资组合理论经历了托宾(Tobin)的资产组合理论、马科维茨(Markowitz)的投资组合理论、资本资产定价模型和套利定价模型等发展阶段(第10章)。这之后,投资组合理论又有了许多新的发展(第11章),其中包括跨时资本资产定价模型(ICAPM)、消费资本资产定价模型(CCAPM)、基于行为金融学假设的行为资产定价理论(BAPM)以及消费与投资的最优组合决策模型等。本部分还介绍了两位诺贝尔经济学奖得主:资产组合理论的奠基人哈里·马科维茨和资产定价领域的先驱威廉·夏普。

第六部分为投资组合业绩评价(第12章)。本部分着重讨论组合业绩评价的基准选择以及如何通过跟踪投资收益与评价基准之间的非系统性误差进行业绩评价。

第四版修改内容

与第三版相比,第四版修订的内容主要在以下方面:

(1)对原文中的文字表述进行勘误和优化,力图文字表述更加清晰和准确。

(2)对原文中的数据进行更新,将数据更新到2017年后,以更加贴近最新市场实践。

(3)第三版关于国内金融市场交易机制的表述很多已经过时,本次修订进行了更新和完善,同时在专栏中新增了"新三板"和"科创板"交易机制的概述,有助于读者追踪中国金融市场交易机制发展的最新动态。

(4)新增了关于2017年诺贝尔经济学奖获得者理查德·塞勒的专栏,结合丹尼尔·

卡内曼和罗伯特·席勒的专栏,有助于读者更好地理解重要行为金融学家的学术思想和贡献。

(5) 在每一章节后新增了"关键术语"和"即测即评",增加了本书的实用性,更好地帮助读者进一步学习和理解投资学的核心内容。

本书的特色

与现有的投资学教材相比,本书具有以下特色:

(1) 作为一种尝试,本书首次把投资过程的五个环节作为主线,构成了一个完整的、兼具理论与应用意义的、具有严密逻辑的投资学课程体系。

(2) 本书在介绍模型和数量表达的同时,更加注重理论背后的经济学逻辑,力图在"授人以鱼"的同时"授人以渔",从而使读者在掌握知识的过程中也磨砺思维,更注重基本的逻辑框架的建立和运用。

(3) 本书在介绍经典投资学理论的同时,也较为全面地反映了20世纪90年代以来的国际前沿理论,如市场微观结构理论、行为金融学、行为资产定价模型等。这些研究对传统投资学理论提出了挑战,但本身尚不具备理论的完备性。本教材的介绍力求客观公允,在开放和动态的框架中强调包容性。

(4) 本书的创新还表现在,我们基于"投资在本质上是一种对当期消费的延迟行为"的理解,从微观基础的角度,在介绍资产定价与资产组合理论的前提下,第一次在投资学教材中引入广义的最优投资组合(消费和投资的组合)理论,以期对组合构建的一般原则进行阐述。

(5) 本书尽量参考原始文献,力求完整、准确地介绍投资学的相关理论和方法。

如何使用本书

本书适用于高等学校经济学,尤其是金融学专业的高年级本科生和研究生,也适用于其他有志于从事投资学领域研究的学者和从事投资实践的金融从业者。

学习本书需要具备以下基础知识:① 微观经济学、宏观经济学基础知识;② 对金融市场的运行、金融机构以及金融工具的初步了解;③ 计量经济学基础知识;④ 本科基础的高等数学、概率论以及线性代数知识。

本书第6章、第7章第4节以及第11章等章节涉及较多的数理模型内容,且基本属于国际上比较前沿的投资学理论内容,理解上有一定的难度,教师或读者在使用过程中可以直接跳过以上章节或其中部分内容,并不影响对全书其他章节知识的学习和理解。

本书前三版的分工情况如下:绪论、第1章由蒋冠编写,第2章至第10章由刘红忠编写,第11章由蒋冠、邵宇、郦彬编写,第12章由郦彬编写,各章小结与习题由郦彬、张昉编写。全书由刘红忠总纂定稿。

本次修订由刘红忠制定大纲并审定全稿。童小龙完成了中国金融市场交易机制的更新和完善,以及诺贝尔经济学奖得主理查德·塞勒的专栏的编写,并与李杨超和彭圣杰负责文字部分的完善和优化。每一章节后新增的"关键术语"和"即测即评"由童小龙和潘文青完成。

本书修订工作的完成,高等教育出版社高等教育文科出版事业部经济管理分社副分社长郭金录先生给予了大力支持,本教材修订还得到了"上海市高等学校创新能力提升计划竞争性引导项目"的资助,在此表示衷心感谢。

敬请广大读者批评指正,以便我们进一步完善。

编者

2019 年 3 月

第三版前言

投资学是金融学专业主干课程之一。作为教育部"新世纪高等教育教学改革工程——21世纪中国金融学专业教育教学改革与发展战略研究"项目的成果之一,本书自2003年出版以来,获得了广泛的肯定与使用。本书第一版和第二版分别入选"十五"和"十一五"国家级规划教材,并于2007年被评为上海市优秀教材一等奖。多所高等院校将本书作为投资学课程的主要参考教材,教材的逻辑体系与内容得到众多教师、学生以及读者朋友的高度评价。

经过第二版修订,本书结构体系日臻完善,内容难度趋于合理。此次修改的原则是坚持原有的教材体系,突出金融和经济逻辑,力求形式更加生动、活泼。具体说来,在维持原有的较为完备的组织结构的基础上,本次修订的目的是更加突出对数量表达背后金融学逻辑的阐释,通过更加生动的形式帮助读者进一步学习和加深理解,更好地启发读者将投资学理论与金融实践相结合。

本书的结构与内容

本次修订延续了前两版的结构。全书把投资过程的五个环节——投资目标、投资策略、资产价值分析、资产组合构建和投资组合业绩评价——作为逻辑主线,教材内容分为六大部分。

第一部分为导论(绪论和第1章)。在绪论部分,我们首先将投资明确定义为"消费的延迟行为"。基于这一广义的投资概念,绪论部分提纲挈领地指出全书的理论逻辑体系是基于一个完整的投资过程展开的,并对投资目标设定、投资策略选择、资产价值分析、投资组合构建和投资业绩评价五个主要的投资环节进行简要介绍。投资行为是在一定的市场环境下进行的,特定的市场环境将影响金融市场参与者的行为模式,最终对投资过程的五个环节产生重要影响。第1章通过介绍金融市场的交易机制和市场间的传导机制,为理解之后的五个部分内容奠定了重要的基础。第1章结尾部分,我们提供三个国内主要金融市场最新交易机制的概述,与正文中对交易机制的一般分析相呼应,以期通过联系最新实践,加深读者对交易机制及其与投资过程的联系的认识与理解。在之后的五个部分中,我们以证券投资分析为例,介绍投资学的主要理论与方法。

第二部分为投资目标(第2、3章)。在传统的理性假设下,投资者基于对潜在投资标的风险与收益的权衡进行投资决策,而行为金融学领域的研究则对理性假设的合理性提出了挑战。第2章从不同的角度介绍投资者理性假设下,投资标的风险与收益的衡量方法和投资决策框架的构建。第3章分析理性的概念、理性在传统经济学和金融学理论中的地位,以及行为学对人类理性的分析。非理性或有限理性行为的存在将使得投资者产生群体性非理性行为,从而对投资过程的诸多环节产生深刻的影响。本部分结尾,我们提供了诺贝尔经济学奖获得者丹尼尔·卡内曼和罗伯特·席勒的生平及学术思想简介,以便读者更好地理解行为金融学的发展脉络与重要思想。

第三部分为投资策略(第4~6章)。投资策略的选择与市场属性、投资者自身条件以及其他投资者的潜在策略密切相关。在理性投资者假设下,市场有效性程度将决定投资策略的风格(积极或是消极)(第4章);基于市场微观结构的分析则有助于理解在各类市场主体的博弈过程中,信息传递至价格的过程和有效性(第5章);在投资者非理性或有限理性的假设下,各类市场参与主体的可预见的非理性行为相互作用,可能导致最优投资策略的根本性变化(第6章)。本部分结尾,我们还介绍了尤金·法玛的学术成果。法玛是有效市场理论的集大成者,因其对有效市场领域研究的贡献而获得2013年诺贝尔经济学奖。

第四部分为资产价值分析(第7~9章)。资产价值分析即基于对风险和收益的度量和估计,对备选的投资标的进行精确的价值计算。具体到证券投资就是证券的价值分析,主要包括债券价值分析(第7章)、股票价值分析(第8章)和衍生品价值分析(第9章)。通过对证券价值分析的各种基本方法的介绍,有助于理解一般的资产价值分析方法。

第五部分为投资组合构建(第10、11章)。通过构建由多个资产构成的投资组合,投资者可以获得风险与收益的最优匹配。基于有效市场假设和投资者理性假设,证券投资组合构建的理论经历了托宾(Tobin)的资产组合理论、马柯维茨(Markowitz)的投资组合理论、资本资产定价模型(CAPM)和套利定价模型(APT)等发展阶段(第10章)。此后,投资组合理论又有了许多新的发展(第11章),其中包括跨时资本资产定价模型(ICAPM)、基于消费的资本资产定价模型(CCAPM)、基于行为学假设(而非有效市场和投资者理性假设)的行为资产定价理论(BAPM)以及消费与投资的最优组合决策模型等。本部分还介绍了两位诺贝尔经济学奖得主:资产组合理论的奠基人哈里·马柯维茨和资产定价领域的先驱威廉·夏普。

第六部分为投资组合业绩评价(第12章)。本部分着重讨论组合业绩评价的基准选择以及如何通过跟踪投资收益与评价基准之间的非系统性误差进行业绩评价。

第三版修订内容

与前两版相比,第三版修订的内容表现在以下方面:

其一,对原文中的文字表述进行了勘误和优化,并在原书难度较大的第5章等章节增加了解释性的段落,力图表述更加精确、清晰,更强调理论背后的经济学逻辑。

其二,对原文中的数学表达进行了再次审校,删减了一些难度较大且对于理解其含义并非必要的推导过程,增加了一些有助于理解的关键数学表达的推导过程,并以附录形式附于相关章节,以使全书数学表达更加规范、精确和统一。

其三,对书中的例题和案例进行了更新,以更加贴近最新市场实践。

其四,本次修订增加了多个专栏,集中于对国内主要金融市场交易机制以及投资学领域诺贝尔经济学奖得主的简介。对国内主要金融市场交易机制的系统性介绍,有助于读者追踪金融市场交易机制发展的最新动态,深入理解交易机制对投资者行为以及证券价格的影响。对诺贝尔经济学奖得主的简介则有助于读者全面、深入地了解投资学发展脉络,以及重要金融经济学家的主要学术思想和贡献,对正文的内容形成补充。

本书的特色

与现有的投资学教材相比,本书具有以下特色:

(1) 作为一种尝试,本书首次把投资过程的五个环节作为主线(投资目标、投资策略、资产价值分析、资产组合构建和投资组合业绩评价),构成了一个完整的、兼具理论与应用意义的、具有严密逻辑的投资学课程体系。

(2) 本书在介绍模型和数量表达的同时,更加注重理论背后的经济学逻辑,力图在"授人以鱼"的同时"授人以渔",从而使读者在掌握知识的过程中也磨砺思维,更注重基本的逻辑框架的建立和运用。

(3) 本书在介绍经典投资学理论的同时,也较为全面地反映了20世纪90年代以来的国际前沿理论,如市场微观结构理论、行为金融学、行为资产定价模型(BAPM)等。这些研究对传统投资学理论提出了挑战,但本身尚不具备理论的完备性。本教材的介绍力求客观、公允,在开放和动态的框架中强调包容性。

(4) 本书的创新还表现在,我们基于"投资在本质上是一种对当期消费的延迟行为"的理解,从微观基础的角度,在介绍资产定价与资产组合理论的前提下,第一次在投资学教材中引入广义的最优投资组合(即消费和投资的组合)理论,以期对组合构建的一般原则进行阐述。

(5) 本书尽量参考原始文献,力求完整、准确地介绍投资学的相关理论和方法。

如何使用本书

本书适用于高等学校经济学,尤其是金融学专业的高年级本科生和研究生,也适用于其他有志于从事投资学领域研究的学者和从事投资实践的金融从业者。

学习本书需要具备以下基础知识:(1) 微观经济学、宏观经济学基础知识;(2) 对金融市场的运行、金融机构以及金融工具的初步了解;(3) 计量经济学基础知识;(4) 本科基础的高等数学、概率论以及线性代数知识。

本书第6章、第7章第4节以及第11章等章节涉及较多的数理模型内容,且基本属于国际上比较前沿的投资学理论内容,理解上有一定的难度,教师或读者在使用过程中可以直接跳过以上章节或其中部分内容,并不影响对全书其他章节知识的学习和理解。

本书前两版的分工情况如下:绪论、第1章由蒋冠编写,第2章至第10章由刘红忠编写,第11章由蒋冠、邵宇、郦彬编写,第12章由郦彬编写,各章小结与习题由郦彬、张昉编写。全书由刘红忠总纂定稿。

本次修订由刘红忠制定大纲并审定全稿。秦泰完成了上证所、深交所和中国外汇交易中心交易机制以及诺贝尔经济学奖得主的专栏,并负责文字部分的完善和优化。杨小海负责数量表达部分的审校,并完成了第 5 章附录。

本书修订工作的完成,高等教育出版社首席编辑郭金录先生给予了大力支持,本教材的修订还得到了"上海市高等学校创新能力提升计划竞争性引导项目"的资助,在此表示衷心感谢。

敬请广大读者批评指正,以便我们进一步完善。

编者

2014 年 7 月

第二版前言

本书作为教育部"新世纪高等教育教学改革工程——21世纪中国金融学专业教育教学改革与发展战略研究"项目的成果之一,自2003年出版以来,得到了很多肯定,也受到了广泛的欢迎。本书被列入"十五"和"十一五"国家级规划教材,并于2007年被评为上海市高等学校优秀教材一等奖。许多院校采用本书作为教材,教师、学生以及其他读者都对本书给予了较高的评价。

虽然取得了良好的社会效益,但是结合我们对本书的使用经验,参考广大教师和读者使用后的反馈意见,我们认为仍然需要对本书做进一步的修订。第一版介绍的一些深入专题和新领域的有些地方对不少读者而言有些偏难,同时有些地方需要进行补充,因而本次修订对第一版的内容进行了简化、调整和补充,力求以更加友好的形式与读者对话。

与第一版相比,第二版的内容由15章减少为13章(包括绪论),而有些章节增加了一些必要的内容。同时,第二版对第一版的有些说法进行了重新表述,并且改正了一些文字错误。

本书的结构和内容

本书尽管篇幅很长,但结构十分清楚。全书可分六个部分:

第一部分为导论(绪论和第1章)。这部分的内容涉及了投资分析的基础和背景,通过对投资定义、投资过程、投资环境(市场交易机制和相互传导机制)的介绍,为以后的理论和分析的展开提供了铺垫。更重要的是,我们提纲挈领地引出了全书的线索,即本书的逻辑体系,是按照一个完整的投资过程展开的。本书的全部内容,涵盖了一项投资实践从计划到结束的整个过程。一般来说,投资过程包括五个步骤:投资目标的设定、投资策略的选择、资产的价值分析、投资组合的构建以及投资组合的业绩评价。在后面的五个部分中,我们将主要以证券投资分析为例,介绍投资学的主要理论与方法。

第二部分为投资目标(第2、3章)。投资目标的设定取决于投资者行为偏好以及对风险和收益的权衡。这两个因素相互影响,因此,这部分内容就分别围绕这两个主题展开。在收益与风险的衡量方面(第2章),着重介绍了单一资产的风险与收益、资产组合的风险与收益、市场模型与系统性风险、风险度量的下半方差法、VaR等。在投资者行为偏好方面(第3章),着重对传统金融学和现代行为金融学对理性的概念进行了对比,并简要介绍了投资者在风险环境下的行为模式。

第三部分为投资策略(第4~6章)。投资策略的选择与市场的属性、投资者具备的条件以及其他投资者状况密切关联,所以只有在理解这三个条件的基础上,才能够做出最优的投资策略选择。因此,这部分内容在这三个条件的基础上对交易者策略进行分析,包括有效市场条件下的投资策略分析(第4章)、市场微观结构视角的投资策略分析(第5章)以及行为金融学视角的投资策略分析(第6章)等。

第四部分为资产价值分析(第7～9章)。资产价值分析即对具体的可供选择的投资产品进行精确的价值计算,从而为投资品的选择奠定基础。资产价值分析反映到证券投资中就是证券价值的分析,证券价值的分析主要包括债券价值分析(第7章)、股票价值分析(第8章)以及衍生证券价值分析(第9章)。通过对证券价值分析的各种基本方法的介绍,有助于理解一般的资产价值分析方法。

第五部分为投资组合构建(第10、11章)。构建投资组合是为了实现投资收益与风险的最优匹配。以狭义的证券投资组合构建为例,投资组合的理论一直在不断地发展,并指导着不同阶段的投资实践。在理论发展脉络中,经典的投资组合理论(第10章)主要包括:托宾(Tobin)的资产组合理论、马柯维茨(Markowitz)的证券组合理论、资本资产定价模型和套利定价模型。这四种理论都在不同程度上把有效市场假设和投资者理性作为两项基础的理论假设。这之后,投资组合理论又有了许多新的发展(第11章),其中包括跨时资本资产定价模型(ICAPM)、消费资本资产定价模型(CCAPM)、在批判性地审视有效市场和投资者理性假设基础上发展起来的行为资产定价理论(BAPM)以及消费与投资的最优组合决策模型。

第六部分为投资组合业绩评价(第12章)。这部分着重讨论组合业绩评价基准的选择以及如何通过跟踪投资收益与评价基准之间的非系统性误差进行业绩评价。我们将着重从单因素整体业绩评估模型、多因素整体业绩评估模型、时机选择与证券选择能力评估模型、投资组合变动评估模型等方面,分析如何进行投资组合的业绩评价。

第二版新增及修改的内容

与第一版相比,第二版中新增及修改内容如下:

风险与收益的衡量(第2章):我们在第2章中补充了风险衡量的新标准——风险价值(Value at Risk)。

理性前提与风险偏好(第3章):我们在第3章中补充了理性条件与风险态度。

基于有效市场理论的投资策略分析(第4章):我们对第一版中的第5章与第6章进行了合并和改写,并且给出了两个重要公式的理论证明。

债券价值分析(第7章):利率期限结构作为固定收益证券定价的基准,并为中央银行制定货币政策提供指导意见,理论界和实务界越来越重视利率期限结构的研究,因此,本章中我们增加了利率期限结构的相关知识。

投资组合的经典理论(第10章):本章补充了马柯维茨的证券组合模型中多元证券组合下的有效边界($N>2$)的理论推导过程及相关的实证分析。

投资组合理论的新发展(第11章):我们合并了第一版中的第13章与第14章,并且删减了部分过难的内容。

另外,由于第一版的第 15 章有较大部分涉及金融市场风险的内容,为保持本书结构的紧凑,在第二版中我们删去了该部分内容。

本书的特色

和目前市场上流行的投资学教材相比,本书主要有以下一些特色:

(1) 作为一种尝试,本书第一次按照投资过程的 5 个环节(投资目标、投资策略、资产价值分析、资产组合构建、投资组合业绩评价)为主线,把投资学的理论与实务整合在一起,从而构成了一个完整的具有严密逻辑体系的投资学学科体系。

(2) 本书力图在"授人以鱼"的同时"授人以渔",在介绍理论与方法的同时也希望能够表现出这些理论和方法背后所体现的理念与思路,从而使读者能够在掌握知识的过程中也磨砺思维。

(3) 本书的内容较为全面地反映了 20 世纪 90 年代以来的投资学国际前沿理论(例如,市场微观结构理论、行为金融学、行为资产定价模型 BAPM 等),又结合了投资实务(例如,投资组合经风险调整后的业绩评估方法等),使得本书内容面目一新。

(4) 本书的创新还表现在,我们基于"投资在本质上是一种对当期消费的延迟行为"的理解,从微观基础的角度,在介绍资产定价与资产组合理论的前提下,第一次在投资学教材中,对广义的投资最优组合(即消费和投资的组合)构建的一般原则进行了阐述。

(5) 本书参考了大量的杰出著作,并结合原始文献,力争在保持启发性的基础上完整、准确地介绍当代投资学的主要研究成果。

如何使用本书

本书适用于高等学校经济学尤其是金融学专业的高年级本科生和研究生,也适于其他有志于从事投资学研究领域的学者和从事投资实践的金融工作者阅读。

学习本书需要具备以下前提知识:① 微观经济学、宏观经济学的基础知识;② 对金融市场的运行、金融机构以及金融工具的初步了解;③ 计量经济学的基础知识;④ 本科基础的高等数学、概率论以及线性代数的知识。

本书在介绍投资学理论与相关模型的过程中,很多直接取材于国外的学术专著和科研文献资料,以国际上的主流理论与模型为重点,并没有拘泥于中国现实,有利于学生或者读者对投资分析的一般性原则的掌握。当然,在教师或者读者使用本书过程中,必须对一些理论与模型的假设前提、经济解释及含义、适用范围以及实际应用等方面予以足够的重视。

本书第 6 章、第 7 章第四节及第 11 章标了星号(＊),这部分知识和内容涉及的数理模型相对较多,而且基本上属于国际上比较前沿的投资学理论内容,理解上有一定难度,更适合具备一定投资学基础的高年级学生或者读者用以了解学术的发展动态。教师或者读者在教学过程中可以直接跳过以上章节或者其中的部分内容,并不影响对全书其他章节知识的学习和理解。

本书的编写分工情况如下:绪论、第 1 章由蒋冠编写,第 2 章至第 10 章由刘红忠编写,第 11 章由蒋冠、邵宇、郦彬编写,第 12 章由郦彬编写,各章小结与习题由郦彬、张昉编写。全书由刘红忠总纂定稿。

本次修订由刘红忠制定大纲并审定全稿,叶军参与了修订工作。同时范旭东、黄丽清、孙秀琳和王超为本次修订提供了帮助,在此表示感谢。

十分感谢高等教育出版社的相关编辑,他们对本书的出版和修订给予了大量的支持和帮助。

书中不当之处,敬请广大读者批评指正。

编者

2009 年 9 月

第一版前言

本书尽管篇幅很长,但结构十分清楚。全书可分六个部分:

第一部分为导论(第 1~2 章)。这部分是投资分析的基础和背景,通过对投资的概念、投资过程、投资环境(市场交易机制和相互传导机制)的介绍,为以后的理论和分析的展开提供了铺垫。更重要的是,在本部分提纲挈领地引出了全书的线索:本书的逻辑体系是按照一个完整的投资过程展开的;本书的全部内容涵盖了一项投资实践从计划到结束的整个过程。一般来说,投资过程包括五个步骤:投资目标的设定、投资策略的选择、资产的价值分析、投资组合的构建以及投资的业绩评价。在本书接下去的五个部分中,我们将主要以证券投资分析为例,介绍投资学的主要理论与模型。

第二部分为投资目标(第 3~4 章)。投资目标的设定取决于对风险和收益的权衡,以及投资者行为偏好,这两个因素相互影响,因此,这部分内容就分别围绕这两个主题展开。在收益与风险的衡量方面(第 3 章),着重介绍了单一资产的风险与收益、资产组合的风险与收益、市场模型与系统性风险、风险度量的下半方差法等。在投资者行为偏好方面(第 4 章),着重对传统金融学和现代行为金融学关于理性的概念进行了对比。

第三部分为投资策略(第 5~8 章)。投资策略的选择与市场的属性、投资者具备的条件和其他投资者状况密切关联,只有在理解这三个条件的基础上,才能够做出最优的投资策略选择。因此,这部分内容主要围绕市场微观结构理论展开,包括有效市场理论(第 5 章)、知情交易者策略(第 6 章)和未知情交易者策略(第 7 章)以及现代行为金融学中的投资策略分析(第 8 章)等。

第四部分为资产价值分析(第 9~11 章)。资产价值分析反映到证券投资中就是证券价值的分析,即对具体的可供选择的投资产品进行精确的价值计算,从而为投资品的选择奠定基础。证券价值的分析主要包括债券价值分析(第 9 章)、普通股价值分析(第 10 章)以及衍生证券价值分析(第 11 章)。通过对证券价值分析的各种基本方法的介绍,有助于我们理解一般的资产价值分析方法。

第五部分为投资组合构建(第 12~14 章)。构建投资组合的目的是实现投资收益—风险的最优匹配。以狭义的证券投资组合构建为例,投资组合的理论一直处于一种发展状态,并指导着不同阶段的投资实践。在理论发展脉络中,经典的投资组合理论(第 12 章)主要包括:托宾(Tobin)的资产组合理论、马柯维茨(Markowitz)的证券组合理论、资本资产定价模型和套利定价模型。这四种理论都在不同程度上把有效市场假设和投资者理性作为两项基础的理论假设。这之后,投资组合理论又有了许多新的发展(第 13 章),其中包括跨时资本资产定价模型(ICAPM)和消费资本资产定价模型(CCAPM),以及在批判性地审视有效市场和投资者理性假设基础上发展起来的行为资产定价理论(BAPM)和行为资产组合理论。在广义的投资组合构建过程中,应该首先考虑消费与投资的最优组合(第 14 章),包括在离散时间和连续时间两种模型中,如何构建单期的静态最优组合,或者构建跨期的动态最优组合。

第六部分为投资业绩评价(第 15 ~ 16 章)。这部分主要包括投资组合的风险评价和投资组合的业绩评价。投资组合的风险评价(第 15 章)着重讨论组合风险管理中的事后评价,为市场风险管理、信用风险管理、流动性风险管理和操作风险管理提供反馈性信息;投资组合的业绩评价(第 16 章)着重讨论投资组合业绩评价基准的选择,以及如何通过跟踪投资收益与评价基准之间的非系统性误差进行业绩评价。我们将着重从单因素整体业绩评估模型、多因素整体业绩评估模型、时机选择与证券选择能力评估模型、投资组合变动评估模型等方面,分析如何进行投资组合的业绩评价。

和目前市场上流行的投资学教材相比,本书主要有以下一些特色:

(1)作为一种尝试,本书第一次以投资过程的五个环节(投资目标、投资策略、资产价值分析、资产组合构建、投资业绩评价)为主线,把投资学的理论与实务整合在一起,从而构成了一个完整的具有严密逻辑关系的投资学学科体系。

(2)教材的内容全面反映了 20 世纪 90 年代以来的投资学国际前沿理论(例如,市场微观结构理论、行为金融学、行为资产定价模型 BAPM 等),又结合了投资实务(例如,投资组合的风险评估 VaR 方法以及经风险调整后的业绩评估方法等),使得本书内容面目一新。

(3)本书的创新还表现在对于"投资在本质上是一种对当期消费的延迟行为"的理解之上。本书从微观基础的角度,在介绍了资产定价与资产组合理论的前提下,第一次在投资学教材中,对广义的投资最优组合(即消费和投资的组合)构建的一般原则进行了阐述。

学习本书需要具备以下前提知识:(1)西方经济学与货币银行、金融学的基础知识,如完全竞争市场理论、信息经济学、货币与利率理论、汇率理论等;(2)数学知识,如微积分、概率论与数理统计、矩阵等相关理论等;(3)金融市场基本概念,如金融市场的基本架构、机构以及工具等。

本书在介绍投资学理论与相关模型的过程中,很多直接取材于国外的学术专著和科研文献资料,以国际上的主流理论与模型为重点,并没有拘泥于中国现实,有利于学生或者读者对投资分析的一般性原则的掌握。当然,在教师或者读者使用本书过程中,必须对一些理论与模型的假设前提、经济解释及含义、适用范围以及实际应用等方面予以足够的重视。

本教材适用于高等学校经济学尤其是金融学专业的高年级本科生和研究生。从全书教学安排上看,第 6、7、8、13、14 章中部分知识和内容涉及的数理模型相对较多,而且基本上属于国际上比较前沿的投资学理论内容,理解上有一定难度,相对更适用于具备一定投资学基础的高年级学生。教师或者读者在教学过程中可以直接跳过以上章节或者其中的部分内容,并不影响对全书其他章节知识的学习和理解。同时,本书也适合于其他有志于从事投资学研究的学者和从事投资实践的金融工作者阅读。

本书的编写分工情况:蒋冠(第 1 章、第 2 章、第 13 章)、刘红忠(第 3～12 章)、邵宇(第 13 章)、郦彬(第 14 章、第 16 章)、郭田勇(第 15 章)。郦彬和张昉负责全书各章的小结与习题的编纂。全书由刘红忠总纂定稿。

书中不当之处,敬请广大读者批评指正。

编者

2003 年 4 月

目　录

第一部分　导　　论

第二部分　投　资　目　标

第三部分　投　资　策　略

第四部分　资产价值分析

第五部分　投资组合构建

第六部分　投资组合业绩评价

第一部分

导　论

绪论

第一节　投资的概念

一、投资的定义

投资作为一种经济行为有许多含义。当一个人在证券市场上购买股票和债券时，他是在投资；当一个人在外汇和黄金市场上购买出于当期消费目的之外的外汇和黄金时，他是在投资；在产品和要素市场上，当企业决定利用未分配的利润扩大生产能力时，企业的产权所有者们是在投资；在房地产市场上，当一对新婚夫妇以一次性付款或者按揭贷款等方式购买住房时，他们是在投资；在古董和邮票市场上，当一个人购买他喜欢的古玩和邮票时，他是在投资；甚至于，当期望成为经理人的学子们为自己安排 MBA 学习计划时，或者父母为孩子安排诸如音乐修养、礼仪训练和素质教育时，他们也都是在投资；等等。

纵观人类经济行为中的诸多投资现象，我们可以从中观察到一种在本质上相同的经济行为，那就是人们在时间跨度上根据自身的偏好来安排过去、现在和将来的消费结构，并使得这种消费结构安排下的当期和预期效用最大化。所以，投资在本质上是一种对当期消费的延迟行为。本书将用这种更加广义的表述方式，把投资定义为"消费的延迟行为"。我们可以从以下几个方面加深对投资概念的理解。

从典型的经济人的角度来看，国家、家庭、个人都在进行着不同种类但是本质相同的投资。例如，从国家的经常账户和资本账户的结构和两者之间的关系来看，外汇储备实质上是一国放弃当期消费，而以某些外币资产形式持有的一种投资品。家庭的储蓄，本质上是家庭通过跨期消费结构的合理安排，从而保证耐用消费品、家庭医疗计划以及子女教育等多期支出的一种经济活动。个人的学习计划，从经济资源角度上说是放弃当期消费而对人力资本的投资，从而期望将来获得更多的效用满足；从时间预算决策角度上说，学习是放弃当期的闲暇，以期望将来获得更高品质的闲暇和选择的自由。

从投资产品来看,我们可以看到这些投资产品延迟消费的本质。例如,养老基金就是一种典型的延迟消费行为。人们留存一部分收入到他们退休时再支取,这是典型的延迟消费决策。与此类似,当投资者购买债券、股票或其他金融资产时,他们同样是在延迟当期消费。

从一般性的人类行为中,我们也可以看到许多经济行为中延迟消费进行投资的现象。例如,Gary Becker 曾经指出,人类的繁衍本身都可以看作家庭中夫妇双方通过放弃当期的经济资源和闲暇的消费,从而获得养儿育女的成就感和满足感。所以,养儿育女可以看作一种耐用消费品的投资行为。中国的民谚"养儿防老",从延期消费的行为看,也是一种典型的投资行为。

综上所述,一旦把投资定义为消费的延迟行为,我们就可以从更一般的意义上理解投资的内涵。

二、当期消费与将来消费的关系

当从延迟消费角度去理解广义的投资时,我们就需要把握当期消费与将来消费之间的跨时关系。这种关系决定了再投资的一般性条件,即跨时消费的效用要大于等于全部当期消费的效用。下面我们先用一个简单的图形来解释当期消费和将来消费的权衡(Trade-off)关系。

在图 0-1 中,假设在两期的情况下,一个人拥有 100 元的初始财富,他既可以将 100 元全部用来进行当期消费,也可以进行年收益率为 3% 的一年期投资,然后进行消费。消费和投资的数量由他自己选择。因而,其当期消费(C_0)可以是从 0 元到 100 元的任何一个数值,同样,他的将来消费(C_1)也可以是从 103 元到 0 元的任何一个数值。在一般情况下,这个人可能在当期消费其部分财富,并把其余部分进行投资。例如,选择当期消费 60 元($C_0 = 60$ 元)并投资 40 元,则其将来的消费就是当期的投资额加上 3% 的投资收益,共计为 41.20 元($C_1 = 41.20$ 元)。

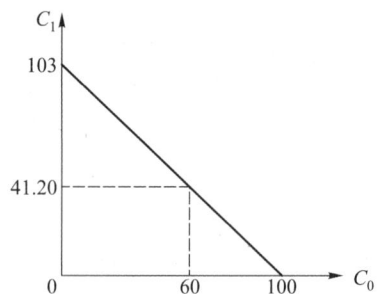

图 0-1 当期消费和将来消费之间的权衡

在这个简单的两期跨时消费—投资决策中,我们可以发现当期消费和将来消费之间的权衡关系。事实上,我们可以把跨时消费—投资决策的这种关系模型化。Irving Fisher(1930)曾经建立了一个关于储蓄的标准两期微观经济模型:

假定个人消费者 i 的效用函数为 U_1^i,并取决于两期消费水平,即:

$$U_1^i = u(c_1^i) + \beta u(c_2^i), 0 < \beta < 1 \qquad (0.1)$$

其中,$c_t^i(t=1,2)$ 表示第一期和第二期的消费水平;β 是一个固定的偏好参数,表示主观贴现率或时间偏好因素,用以测度个人消费的耐心程度。与一般的经济学分析一样,假设每一期的效用函数 $u(c^i)$ 是严格的增函数而且是严格的凹函数,即 $u'(c^i) > 0$,$u''(c^i) < 0$。

令 y^i 代表个人产出,r 代表第一期国际资本市场借贷的实际利率。消费的选择受一生预算约束条件的限制,即:

$$c_1^i + \frac{c_2^i}{1+r} = y_1^i + \frac{y_2^i}{1+r} \qquad (0.2)$$

该约束条件说明消费的现值必须与产出的现值相等。

在式(0.2)的约束下,求解式(0.1)的最大化问题,可利用式(0.2)替代式(0.1)中的 c_2^i,从而将个人效用最优化表述为:

$$\max_{c_1^i} u(c_1^i) + \beta u\left[(1+r)(y_1^i - c_1^i) + y_2^i\right]$$

最优化的一阶条件是:

$$u'(c_1^i) = (1+r)\beta u'(c_2^i) \qquad (0.3)$$

式(0.3)就是跨时欧拉方程(Intertemporal Euler Equation):当效用最大化时,消费者不可能通过各期间的消费转移而获益。例如,第一期消费每减少1单位,将使 U_1 减少 $u'(c_1^i)$,而储蓄起来的1单位消费通过投资能够转化为第二期 $1+r$ 单位的消费,又使 U_1 增加 $(1+r) \cdot \beta u'(c_2^i)$。欧拉方程表明,在最优状态时,$u'(c_1^i)$ 与 $(1+r)\beta u'(c_2^i)$ 应该是相等的。

欧拉方程的上述解释与静态价格理论的解释极其相似,该理论的表达式是:

$$\frac{\beta u'(c_2^i)}{u'(c_1^i)} = \frac{1}{1+r} \qquad (0.4)$$

通过对跨时消费—投资决策的一般化表述,我们可以看出跨时消费分析与投资收益贴现分析在方法上甚至表述上都是相同的。在式(0.3)中,如果我们把 r 定义为折现率①,则跨时消费决策就是投资收益决策,而投资收益贴现分析正是投资分析最基本的方法。当我们把上述两期模型拓展到多期(或 n 期)模型时,这种一般化的跨时消费—投资决策分析框架可以用来分析任何一种投资决策。

三、投资收益率的决定因素

在上述跨时消费—投资决策的分析中,我们看到了财富的时间偏好性,即正常情况下存在把部分当期消费延期到将来消费的倾向。② 为了吸引人们通过延迟消费而进行投资,潜在的投资机会必须提供一个正的回报率,以使得投资者将来可以获得更多的财富,使将来的消费机会大于现在的消费机会,从而对延迟消费的投资者构成了一种激励。

在分析投资收益率时,我们必须考虑通货膨胀和投资风险等因素。一般来说,投资收益率由三部分组成:其一是无风险的实际利率;其二是预期的通货膨胀率;其三是投资的风险报酬率。前两部分相加可以看作正常的投资报酬率,即市场基准的报酬率,具有相对的确定性,并且影响所有投资项目的收益率。在进行投资分析时,无风险的实际利率通常是根据市场上的名义利率减去预期通货膨胀率计算的。名义利率主要取决于资金的机会

① 折现率的概念,可以理解为每一项投资决策中的期望的投资收益率。我们将在投资收益率的决定因素部分详细阐述此概念。

② 在另一种情况下,财富的时间偏好表现为有的人通过按揭等金融手段把将来可能的消费转移到当期,但是从整个社会资源的平衡来讲,这种超前消费仍然需要有延迟消费的支持才可以实现,所以体现在社会经济整体层面上,可以理解为延迟消费的另一种形式。

成本。而资金的机会成本通常以政府发行的国库券利率作为参照依据,所以称为无风险报酬率。投资的风险报酬率则与具体的投资机会相关,其高低主要取决于具体投资项目的风险大小,风险大的投资要求的风险报酬率也就高,反之则低。由于投资的风险报酬率取决于具体的投资项目,所以是一种具有个体属性的风险报酬率,并且具有内在的不确定性。因而,我们可以得出以下公式:

投资收益率=无风险的实际利率+预期的通货膨胀率+投资的风险报酬率 (0.5)

当利用投资收益贴现法进行投资决策分析时,我们可以根据式(0.5)得出的投资收益率(作为折现率),对未来预计的投资收益进行贴现。所以,投资收益率作为折现率,也可以看作对延迟消费的一种补偿。

由于投资收益率中第三部分的个体性和不确定性,所以投资收益率的确定本身也具有明显的投资者行为属性。这种行为属性与具体的投资项目相关联,因而具有一定的内生性。[①]

四、偏好、市场与投资选择

因为投资是对资源的跨期配置,而经济资源又具有明显的产权属性,所以投资者的偏好就成为影响投资的重要因素,即投资行为具有取决于不同投资者的强烈的行为属性。对于偏好风险的投资者来说,其投资行为倾向于追求高额的风险报酬率,从而愿意承担风险,并放弃本来可以有保证地获得的无风险报酬率;对于厌恶风险的投资者来说,其投资行为可能更倾向于获取保守的无风险报酬率,而避免承担额外的不确定性和风险。除了风险方面的偏好因素外,我们还可以从其他许多方面来看偏好对投资行为的影响。例如,对于有些投资者,由于他们崇尚和平、环保等,而拒绝投资于军工、污染行业的证券,尽管这些证券可能提供高额的投资回报率。

因而,在不同偏好导向下的供需关系汇总就形成了不同的市场。偏好证券投资的投资者行为构成了证券市场交易,偏好外汇投资的投资者行为构成了外汇市场交易,偏好房地产投资的投资者行为构成了房地产交易,而偏好古董玉器投资的投资者行为构成了古玩市场交易等。在不同的市场中,由于投资者偏好不同,各种投资者对投资报酬率的要求、预测和选择是不同的。但是,从一般化的跨时消费—投资决策分析框架看,这些投资行为的本质都是相同的,只是在投资收益率的选择方面有所区别而已。因此,基于市场行为的相似性,市场微观结构的理论适用于对所有投资市场的价格形成与变动机制进行分析。

在不同的市场中,投资者根据自己的偏好进行投资选择,获取投资收益。投资收益主要包括投资期内的收益以及投资品卖出后的资本利得。前者依赖于投资品的盈利能力,例如投资股票而获得的股息。后者主要取决于市场在供需方面的属性,这些属性通常用流动性、波动性等来刻画。投资收益来源的两个方面是相互关联的。资本利得主要决定于投资品的买卖价格差,而价格又取决于与其盈利能力预期密切相关的市场供需关系的

---

① 这里的内生性主要是指投资风险报酬率的自选择性,即不同的投资者依据自己的特性和努力程度去追求自我的风险报酬率。例如,偏好风险的投资者通过高风险的投资,期望获得高额投资回报率。

相对变化和均衡。[①] 所以,掌握了与投资相关的投资期限、预期收益、投资买卖价差等概念以及市场的内在属性,也就能够从根本上把握投资的定义以及对投资选择的理解。

第二节 投 资 过 程

在对投资定义的基础上,本节从一个完整的投资项目实施的角度介绍投资的过程。事实上,本书的逻辑体系正是按照投资过程展开的。本书的全部内容,涵盖了一项投资实践从计划到结束的整个过程。一般来说,一个完整的投资过程可以分为五个步骤:投资目标的设定、投资策略的选择、资产的价值分析、投资组合的构建以及投资组合的业绩评价。在本书的分析中,我们将以证券投资分析为例,介绍投资的过程。

一、投资目标的设定

投资目标的设定作为投资过程的第一阶段,确定了投资的路径和投资的风格。

在投资目标的确定过程中,有两个因素非常重要:投资者行为偏好,以及对风险和收益的衡量。在对投资定义的分析中,我们曾经指出,投资者的行为偏好通过自选择过程,把不同偏好的投资者区别开来,并在不同的金融市场中进行投资。在既定的投资者行为偏好下,投资者展开对风险和收益的衡量,并通过对可选择的投资项目的风险和收益的权衡,进行投资决策,同时确定投资目标。所以,投资目标的设定事实上是对投资机会的一个认识过程。在这个认识过程中,投资者行为偏好以及对风险和收益的权衡这两个因素相互影响,并最终决定了投资目标。

为了理解投资者行为偏好,有必要对比传统经济学的理性概念和行为金融学的理性概念。两者的差别,关键表现在认识维度上的完全理性与有限理性以及整体理性和个体理性之间的差异。在分析中,我们基于对信息的认识和反应讨论上述差异,这一思路将贯穿全书。

在收益与风险的衡量方面,本书着重介绍了单一资产的风险与收益、资产组合的风险与收益、市场模型与系统性风险、风险度量的下半方差法和风险价值(Value at Risk)等方法。

二、投资策略的选择

投资目标设定以后,接下来就是选择投资策略。投资策略的选择与市场的属性、投资者具备的条件和其他投资者的状况密切关联,所以只有在理解这三个条件的基础上,才能够做出最优的投资策略选择。

从市场属性的角度看,对市场的认识构成了对投资环境的基本认识。对一个市场来说,其微观结构由五个关键的部分组成:技术、规则、信息、市场参与者和金融工具。市场

[①] 在经典的投资理论中,投资品(如股票)的内在价值完全取决于股票的预期股息收益,而价格的变动又完全取决于其内在价值的变动。在本书中,由于我们将从理性批判的角度对有效市场假设支撑下的经典投资理论进行反思,所以这里的表述与经典投资理论有一定区别。

的属性和市场的特征是客观存在的,并随上述五个因素的变化而变化。但是,人们对市场的认识是有差别的。在不同的市场认识理论中,最优的投资策略是不一样的。例如,有效市场理论认为,从长久来看,投资者不可能击败市场,其隐含的投资策略是被动投资策略。然而,当市场并非有效时,价格行为就具有某种可预测性,那么就应该选择主动投资策略。所以,对市场的认识决定着投资策略的选择。

从投资者对自己和其他投资者认识的角度看,其知己知彼的程度对投资策略的选择有着重要影响。在一定的投资市场环境下,由于一项交易事实上是作为市场参与者的交易双方之间的博弈,所以投资策略的选择是一种动态调整的过程,并且随着交易的进行而彼此互动。在这种策略互动的过程中,投资者需要不断地获取信息并通过贝叶斯(Bayes)学习过程而调整投资策略。市场微观结构理论认为,由于存在信息对价格的重要影响,知情交易者将利用自身的信息垄断优势而在交易中获取最大收益,同时未知情交易者一方面要尽量避免信息劣势导致的交易损失,另一方面要尽可能地达到自己的交易目的,所以两者的投资策略存在显著差异。

此外,根据人类行为模式的一些共同特性,人们总结出了一些具有共性的投资策略。例如,行为金融学分析了许多与投资策略相关的行为投资模式,如噪声交易者风险、投资者情绪模型、正反馈投资策略、行为套利策略等,对这些行为投资策略的分析,有助于更全面地理解投资策略的选择和实施。

三、资产的价值分析

投资过程的第三个阶段是资产价值的分析,反映到证券投资中就是证券价值的分析,即对具体的可供选择的投资产品进行精确的价值计算,从而为投资品的选择奠定基础。

以证券投资为例。证券价值的分析主要包括债券价值分析、股票价值分析以及衍生证券价值分析。从原理上看,证券价值分析方法与投资收益分析方法,都以预期收益的折现为基础。在时间价值分析方法中,证券价值分析的关键是确定预期收益和折现率。在本质上,证券价值的分析是一种预测行为,并且是用对未来现金流的预测去分析资产的未来价值,这种价值分析的预测行为通过指导交易反映到市场供求上,就形成了证券的价格。在有关证券价值分析的各种理论中,一直存在关于价格的可预测性以及可预测性的时间属性等的争论。尽管如此,对于具体的投资实践来说,我们仍然需要进行与投资目标和投资策略相匹配的证券投资价值分析,否则就属于"不选择也是一种选择"的投资。

在债券的价值分析中,我们将着重分析收入资本化法与债券价值分析、债券属性与价值分析、债券定价原理、利率期限结构等内容;在普通股价值分析中,我们将着重分析收入资本化法与普通股价值分析、股息贴现模型、市盈率模型等内容;在衍生证券的价值分析中,我们将着重分析远期与期货价值分析、互换价值分析、期权价值分析等内容。这些内容从资产类别的角度概括了证券价值分析的各种基本方法,并且有助于理解一般的资产价值分析方法。

四、投资组合的构建

上述三个步骤之后,就需要进行投资组合的构建,以实现投资收益—风险的最优匹配。构建投资组合之前,首先需要进行投资组合的价值分析。与第三步骤中资产价值分析不同的是,因为组合中各种资产在收益和风险方面的不同相关性,使得投资组合的价值有别于各种资产价值的简单加总。所以,有必要对各种资产的相关性进行分析,并在此基础上以实现最大组合价值为目标进行投资组合构建。

以证券投资组合的构建为例。投资组合的理论一直处于一种发展状态,并指导着不同阶段的投资实践。在理论发展脉络中,经典的投资组合理论主要包括:托宾(Tobin)的资产组合理论、马柯维茨(Markowitz)的证券组合理论、资本资产定价模型和套利定价模型。这四种理论都在不同程度上把有效市场假设和投资者理性作为两项基础的理论假设。这之后,投资组合理论又有了许多新的发展,其中包括跨时资本资产定价模型(ICAPM)、消费资本资产定价模型(CCAPM)以及在批判性地审视有效市场和投资者理性假设基础上发展起来的行为资产定价理论(BAPM)。

在广义的投资组合构建过程中,应该首先考虑消费与投资的最优组合。在离散时间和连续时间两种模型中,如何实现单期的静态最优组合构建及跨期的动态最优组合构建,都是最优组合构建的研究内容。

五、投资组合的业绩评价

最后,为了检验投资的业绩是否与预期的投资目标相吻合,有必要进行投资过程的第五个步骤——业绩的评价。从时间上看,业绩评价可以分为过程评价和事后评价两种。过程评价是一种阶段性的评价,为投资过程的动态调整提供了必要的信息。事后评价是一种检验性和总结性评价,为以后的投资提供了必需的经验性信息。事实上,两种业绩评价在投资过程中是不断交替进行的。业绩评价最重要的作用是为投资者的投资组合调整提供指导。在现代投资实践中,由于品种繁多、市场复杂且专业分工细密,绝大多数的投资是由职业投资经理通过委托—代理关系代表投资者进行的。如何评价职业投资者的职业经验和投资业绩,不仅成为投资者选择投资代理的必要参考信息,也是约束和激励职业投资者的重要手段。所以,业绩评价为投资过程的良性循环提供必要的检验和支持。

投资组合的业绩评价着重讨论组合业绩评价基准的选择,以及如何通过跟踪投资收益与评价基准之间的误差来分析导致这些误差的原因,并总结经验为下一阶段的投资过程提供指导。我们将着重从单因素整体业绩评估模型、多因素整体业绩评估模型、时机选择与证券选择能力评估模型、投资组合变动评估模型等方面,分析如何进行投资组合的业绩评价。

当业绩评价完成后,一个完整的投资过程就结束了。需要强调的是,在投资实践中,投资过程五个步骤的工作并不是机械地进行的,而是应该根据投资实践的动态变化而不断地做出适应性调整。上述五个步骤之间的关系是一种动态反馈—调整的关系,而投资过程就在这种反馈—调整循环中不断地进行着。

本 章 小 结

从广义上说,投资是对消费的延迟行为。跨时消费—投资决策就是在一生的预算约束下求解个人效用最大化。从中我们发现跨时消费分析与最基本的投资分析方法——投资收益率贴现分析方法是一致的,所以跨时消费—投资决策分析框架可以用来分析各种投资决策。投资收益率由无风险的实际利率、预期的通货膨胀率和投资的风险报酬率组成,它是对延迟消费的补偿,具有内生性。投资者的偏好是影响投资的重要因素,不同偏好导向下的供需关系汇总就形成了不同的市场。在不同的市场中,投资者根据自己的偏好进行投资选择。投资收益包括投资期内的收益和投资产品卖出后的资本利得。

一个完整的投资过程分为五个步骤:投资目标的设定、投资策略的选择、资产的价值分析、投资组合的构建以及投资组合的业绩评价。投资者的行为偏好和对风险收益的权衡相互影响,最终确立投资目标。市场的属性、投资者具备的条件和其他投资者状况都将影响到投资策略的选择。通过对具体的可供选择的投资产品进行精确的价值计算,为投资品的选择奠定基础,并通过对各种资产的相关性进行分析,以实现最大化组合价值为目标进行投资组合构建。为了检验投资的业绩是否与预期的投资目标相吻合,必须进行业绩评价,主要包括对组合的风险评价和业绩评价。从时间上看,又可以分为过程评价和事后评价两种。以上五个步骤之间是一种动态反馈—调整的关系,投资就是在这种反馈—调整循环中不断地进行着。

关 键 术 语

投资　跨时消费　投资收益率　投资者偏好　投资过程　投资目标　投资策略　资产价值　投资组合　业绩评价

习　　题

1. 简述你对把投资定义为消费的延迟的理解。
2. 从追求效用最大化的经济人角度出发,分析如何安排当期消费与将来消费。
3. 什么是对财富的时间偏好性?
4. 理解投资者偏好因素对投资行为的影响。
5. 简述影响投资收益率的因素。
6. 简述投资收益的来源及其之间的相互关系。
7. 影响投资策略选择的因素有哪些?
8. 如何进行投资的业绩评价?
9. 请对完整的投资过程作简要的概述。

即 测 即 评

第1章
投资环境

在绪论中,我们对投资的定义进行了全方位的重新审视,并且描述了一个完整的投资过程,即投资目标、投资策略、投资价值分析、投资组合构建、投资组合业绩评价五个关键的步骤。本章我们将着重介绍投资环境。投资环境是任何一项投资计划开始前所必须熟悉的内容,因为投资过程是在具体的投资环境下进行的,而不同的投资环境以及环境中的规则和内部关系的变化,都将引起投资过程的调整。所以,深入了解投资环境,有助于投资过程的计划、实施和调整。本章主要从证券市场交易机制和金融市场之间的传导机制两方面对投资环境进行分析。证券市场交易机制分析是从市场微观结构的角度对证券市场的内在结构、制度和运行特点进行剖析,以揭示投资环境中的证券市场交易结构。由于证券市场交易机制具有典型代表性,我们可以将证券市场微观结构理论延伸到外汇市场和货币市场的交易机制分析中。金融市场之间的传导机制指的是货币市场、外汇市场、资本市场等金融市场之间的相互联动的关系,对这些传导机制的认识关系到如何把握不同市场中各种不同投资产品之间的相互关系,从而合理地去进行资产价值分析、资产组合构建以及投资风险的防范。

第一节 证券市场交易机制

交易机制指市场的交易规则和保证规则实施的技术以及规则和技术对定价机制的影响。它的主要研究内容包括:从市场微观结构的角度去看,价格是在什么样的规则和程序中形成的,并分析交易机制对资产交易的过程和结果的影响。本节对证券市场交易机制的论述包括以下内容:首先,介绍证券市场交易机制的研究目的,分析证券市场交易机制的分类与比较;其次,在对交易机制分类的基础上,比较竞价市场与做市商市场的优缺点;再次,分析交易执行过程和交易订单,介绍证券交易的主要程序,并且论述证券交易订单以及订单匹配原则的主要内容;然后,分析交易机制的价格确定过程,依次论述竞价市场的价格确定过程、做市商市场的价格确定过程、大宗交易机制的价格确定过程以及信息在价格确定过程中的作用;最后,分析怎样设计证券市场交易机制,分别论述交易机制设计的六大政策目标与各目标之间的关系、信息披露制度和市场稳定措施以及交易机制设计的原则。

一、证券市场交易机制的研究目的

20 世纪 80 年代以来,随着技术进步和金融产品的不断创新,金融市场的交易量大规模膨胀。现代金融理论对金融市场的研究逐渐深入市场内部运行机制的价格形成机制、市场组织结构、市场交易机制以及市场参与者行为选择等微观层面上。交易机制作为证券市场的核心,直接影响证券市场资源配置功能的发挥。

对一个市场来说,其微观结构由五个关键的部分组成:技术、规则、信息、市场参与者和金融工具。市场微观结构理论研究的是交易机制如何影响价格的形成,并分析在一定的交易机制下资产交易的过程和结果。广义的交易机制就是市场的微观结构;狭义的交易机制特指市场的交易规则和保证规则实施的技术,以及规则和技术对定价机制的影响。因为不同的交易机制不仅决定了不同的价格发现过程,而且对市场参与者的行为策略影响也不同,所以在对交易机制的研究中,也应当包括对市场质量和投资者行为策略影响的分析。本节的论述主要集中在狭义的交易机制——规则和技术方面。

从功能组织方面看,证券市场交易机制指有组织的证券交易场所为履行其基本职能而制定的与证券交易有关的运作规则,它的重要功能之一是使潜在的投资需求转化为实际交易,发现市场的出清价格。根据不同目的、不同标准可以对证券交易机制进行不同划分。以交易价格的形成过程为主线,交易机制可以划分为六方面内容:① 交易委托方式;② 价格形成机制;③ 委托匹配原则;④ 信息披露方式;⑤ 市场稳定措施;⑥ 其他选择性手段。前三项内容是证券交易机制所必须具备的基本要素,其中价格形成机制是证券交易机制的核心。价格形成机制包含做市商制和竞价制两种基本方式。竞价制又包括连续竞价和集合竞价两种方式。按照价格形成机制的不同,可以把证券市场划分为报价驱动的做市商市场、指令驱动的集合竞价或连续竞价市场以及两者兼而有之的混合式市场。不同交易机制所对应的市场结构见表 1-1。

表 1-1　不同交易机制所对应的市场结构分类表

	连续性市场	集合性市场
指令驱动	连续竞价市场	集合竞价市场
报价驱动	做市商市场	集合做市商市场(现实中不存在)

不同交易机制的市场,其价格形成过程和运作特征是有差别的,主要体现在市场组织、订单匹配原则、信息传递范围和价格确定方法等交易过程方面,并导致不同交易机制的市场属性也会有所差别。研究证券市场交易机制,其意义在于揭示市场价格形成过程中的组织和内在运行机理,从而在市场的建立和培育、交易规则的制定和实施以及市场的监管等方面遵循市场的客观规律,维护和保障证券市场的效率。

二、证券市场交易机制的分类与比较

(一) 证券市场交易机制的分类

Thomas(1989)将证券市场交易机制分为两类:一类是报价驱动的交易机制,也就是做市商制度;另一类是指令驱动的竞价交易机制,包括集合竞价和连续竞价。Madhavan (1992)将兼具这两类特征的交易机制称为混合机制。另外,目前还存在一种特殊会员制度的交易机制。世界主要证券市场的交易机制见表1-2。

表1-2　世界主要证券市场的交易机制

交易方式	证券交易所
指令驱动	亚洲各主板市场　中国香港(HKGEM)　意大利　巴黎　德国　维也纳　伦敦国内板　温哥华　加拿大(CDNX)　新西兰　瑞士　布鲁塞尔　法兰克福　日本(MOTHERS)　圣保罗
报价驱动	伦敦　美国(NASDAQ)　欧洲(EASDAQ)　日本(JASDAQ)　新加坡(SESDAQ)　马来西亚(MESDAQ)　芝加哥　欧洲新市场(EURO. NM)
混合机制	纽约　美国(AMEX)　蒙特利尔　多伦多　英国(AIM)　阿姆斯特丹　卢森堡　墨西哥　泰国(MAI)　纽约-泛欧交易集团(NYSE Euronext)　欧洲期货交易所(Eurex)　泛欧交易所(Euronext)

资料来源:各交易所网页的相关资料,转引自:刘海龙.证券市场微观结构研究综述.现代金融研究,2001(4)。

报价驱动机制与指令驱动机制的区别在于:① 价格形成方式不同。在采用做市商制度的市场上,证券的开盘价格和随后的交易价格是由做市商报出的,而指令驱动机制的开盘价与随后的交易价格都是竞价形成的。前者从交易系统外部输入价格,后者的成交价格是在交易系统内部生成的。② 信息传递的范围与速度不同。采用做市商机制,投资者买卖指令首先报给做市商,做市商是唯一全面、及时知晓买卖信息的交易商,成交量与成交价随后才会传递给整个市场。在指令驱动机制中,买卖指令、成交量与成交价几乎同步传递给整个市场。③ 交易量与价格维护机制不同。在报价驱动机制中,做市商有义务维护交易量与交易价格。而指令驱动机制则不存在交易量与交易价格的维护机制。④ 处理大额买卖指令的能力不同。做市商报价驱动机制能够有效处理大额买卖指令。而在指令驱动机制中,大额买卖指令要等待交易对手的买卖盘,完成交易常常要等待较长时间。

1. 报价驱动的做市商制度

做市商(Market Maker)是通过提供买卖报价为金融产品制造市场的证券商。做市商制度,就是以做市商报价形成交易价格、驱动交易实现的证券交易方式。实行做市商制度的市场称为做市商市场。纯粹的做市商市场有两个重要特点;第一,所有客户订单都必须由做市商用自己的账户买进卖出,客户订单之间不直接进行交易。第二,做市商必须在看到订单前报出买卖价格,而投资人在看到报价后才下订单。做市商制度有两种形式。一种是以美国纳斯达克(NASDAQ)市场为代表的多元做市商制,另一种是纽约证券交易所采用的专家交易机制(Specialist Trading Mechanism)。表1-3列出了纳斯达克市场与纽约证券交易所的交易机制的比较情况。

表1-3 纳斯达克市场与纽约证券交易所的交易机制比较

	纳斯达克市场	纽约证券交易所
市场结构	做市商市场	竞价市场
竞争方式	报价驱动	指令驱动
竞争	每只股票多个做市商	每只股票一个专家 公共订单直接匹配
风险分布	在多个做市商之间分布	集中在一个专家处
灵活性	做市商相对自由进出 做市商自由选择股票做市 做市商可参与一级市场和二级市场业务	专家不能自由进出 交易所给专家指定证券 专家只能参与二级市场业务
信息流	做市商直接与客户交易 做市商与上市公司保持紧密联系 各做市商的订单是分割的	专家与客户的经纪商联系 专家与上市公司联系不紧密 集中在交易大厅
价格发现	没有正式的程序	有正式的市场开盘程序
监管	较少直接监管 依靠竞争限制市场交易中的缺陷	更直接的监管 要求专家维持公平有序的市场

资料来源:Baker. Trading Location and Liquidity: An Analysis of U. S. Dealer and Agency Markets For Common Stocks, 1996:24.//屠光绍. 交易体制:原理与变革. 上海:上海人民出版社,2000:67。

2. 指令驱动的竞价交易机制

指令驱动交易机制分为集合竞价和连续竞价两种。

集合竞价也称为单一成交价格竞价。其竞价方法是:根据买方和卖方在一定价格水平的买卖订单数量,计算并进行供需汇总处理。当供给大于需求时,价格降低以调节供求量,反之则调高价格刺激供给,最终在某一价格水平上实现供需的平衡,并形成均衡价格。在集合竞价市场,所有的交易订单并不是在收到之后立刻予以竞价撮合,而是由交易中心(如交易所的计算机撮合中心)将在不同时点收到的订单积累起来,到一定的时刻再进行集合竞价成交。

连续竞价也叫复数成交价格竞价,其竞价和交易过程可以在交易日的各个时点连续不断地进行。在连续竞价市场上,投资者的交易指令由经纪商输入交易系统,交易系统根据市场上已有的订单情况进行撮合。一旦按照有关竞价规则存在与交易指令相匹配的订单,该订单就可以成交。在连续竞价的价格撮合过程中,当出价最低的卖出订单价格等于或小于出价最高的买进订单价格时,就可以达成交易。每笔交易构成一组买卖,交易依照买卖组以不同的价格连续进行。

虽然集合竞价市场缺乏交易的连续性,但集合竞价市场的价格反映了累积的市场信息,其信息效率要高于连续竞价市场。因此,在连续竞价市场交易中断时,集合竞价市场仍然可能正常运转。

3. 混合交易机制

混合交易机制同时具有报价驱动和指令驱动的特点。大多数证券市场并非仅采取做市商、集合竞价或连续竞价中的一种形式,而是根据不同的市场情况采取不同程度的混合模式。如纽约证券交易所采取了辅之以专家制度的竞价制度;伦敦证券交易所一部分股票由做市商交易,另一部分股票则采用电子竞价交易。在亚洲的新兴证券市场,普遍采用的是指令驱动电子竞价方式,但一般均结合了集合竞价和连续竞价两种形式。通常开盘时先以集合竞价方式决定开盘价,然后采取连续竞价方式交易(例如我国上海和深圳证券交易所的交易模式,见专栏 1)。有些市场采取集合竞价方式产生收盘价,另一些市场则采取连续竞价方式产生收盘价。

4. 特殊会员制度

除了上述三种典型的交易机制以外,有的证券市场还采取一些特殊会员的交易制度,如纽约证券交易所的专家制度、东京证券交易所的才取会员(Saitori)制度和巴黎证券交易所的兼职特种会员制度等。

纽约证券交易所是一个辅之以专家制度的竞价市场,大多数交易通过交易所的电子竞价系统完成。专家(Specialist)是纽约证券交易所指定的特种会员,其主要职责是维持一个公平而有秩序的市场,即为其专营的股票交易提供流动性并维持价格的连续和稳定。纽约证券交易所上市的每只股票均由而且只由一个专家负责,但是一个专家同时可以负责多只股票的交易。对于一些大公司,则一名专家仅负责该公司一家的股票专营事务。为维持市场秩序,专家有义务在股票市场价格下跌超过一定限度时买进该股票,或在市场价格上涨超过一定限度时卖出该股票。专家可以利用买卖价差赚取利润,或者接受委托收取佣金。专家的职能主要是组织市场交易和维持市场均衡,保证市场的流动性和稳定性。但是,由于没有竞争,专家同时也具有价格垄断和交易信息垄断两方面优势,存在利用垄断价格和信息牟利的可能便利,所以纽约证券交易所对专家违规查处是很严厉的。

东京证券交易所采取连续竞价方式,既没有指定做市商,也没有类似纽约证券交易所的专家制度,但是有一名交易所认定的才取会员。所有订单,不管是限价订单还是市价订单,均由会员经纪商或交易商提交给才取会员,才取会员充当这些会员之间的交易中介,按照“时间优先、价格优先”的原则为他们进行订单匹配。才取会员不得为自己买卖,也不能接受一般投资者的委托,但可以收取一定的佣金。才取会员除了为经纪商们匹配交易订单以外,也负有维持市场价格稳定的责任。

巴黎证券交易所为了保证市场的流动性和稳定性,建立了兼职特种会员制度。兼职特种会员类似于纽约证券交易所的专家,但在组织形式上根据股票种类的不同略有不同。根据巴黎证券交易所的规定,不同种类的股票采取不同的竞价方式定价。在 CB 类(连续竞价的 B 类)和 FA 类(集合竞价的 A 类)的股票中,每只股票只能有一名兼职特种会员,但是同一兼职特种会员可以负责多只股票;在 CA 类(连续竞价的 A 类)股票中,每只股票可以有多个相互竞争的兼职特种会员。

(二)竞价市场与做市商市场的比较分析①

一般来说,做市商市场的流动性要高于竞价市场,即投资者在竞价市场所面临的执行风险要大于做市商市场。但是,竞价市场的透明度优于做市商市场,同时做市商市场的平

---

①　交易机制的不同决定了证券市场(交易所)市场结构的不同。两者的一一对应关系使得我们在介绍交易机制或不同交易机制下的市场结构的过程中可以不做严格区分。

均交易成本高于竞价市场。以下是竞价市场与做市商市场优缺点的比较分析。

1. 做市商报价驱动制度的优点

（1）成交即时性。投资者可按做市商报价立即进行交易，而不用等待交易对手的买卖指令，尤其是在处理大额买卖指令方面的即时性，比指令驱动制度要强。

（2）价格稳定性。在指令驱动制度中，证券价格随投资者买卖指令而波动，而买卖指令常有不均衡现象，过多的买盘会过度推高价格，过大的卖盘会过度压低价格，因而价格波动较大。而做市商则具有缓和这种价格波动的作用，原因有三点：① 做市商报价受交易所规则约束；② 及时处理大额指令，减缓对价格变化的影响；③ 在买卖盘不均衡时，做市商插手其间，可平抑价格波动。

（3）矫正买卖指令不均衡现象。在指令驱动市场上，常常发生买卖指令不均衡的现象。出现这种情况时，做市商可以承接买单或卖单，缓和买卖指令的不均衡，并抑制相应的价格波动。

（4）抑制股价操纵。做市商对某种股票持仓做市，使得股价操纵者有所顾忌，担心做市商抛压，抑制股价。

2. 做市商报价驱动制度的缺点

（1）缺乏透明度。在报价驱动制度下，买卖盘信息集中在做市商手中，交易信息发布到整个市场的时间相对滞后。为抵消大额交易对价格的可能影响，做市商可要求推迟发布或豁免发布大额交易信息。

（2）增加投资者负担。做市商聘用专门人员，承担做市商义务，是有风险的。做市商对其提供的服务和所承担的风险要求补偿，如交易费用及税收优惠等。这将增大其运行成本，也会增加投资者的负担。

（3）可能增加监管成本。采取做市商制度，要制定详细的监管制度与做市商运作规则，并动用资源监管做市商的活动。这些成本最终也会由投资者承担。

（4）做市商可能利用其市场特权。做市商的经纪角色与做市功能可能存在冲突，做市商之间也可能合谋串通。这都需要进行强有力的监管。

3. 指令驱动制度的优点

（1）透明度高。在指令驱动制度中，买卖盘信息、成交量与成交价格信息等及时对整个市场发布，投资者几乎可以同步了解到交易信息。透明度高有利于投资者观察市场。

（2）信息传递速度快、范围广。指令驱动制度几乎可以实现交易信息同步传递，整个市场可同时分享交易信息，很难发生交易信息垄断。

（3）运行费用较低。投资者买卖指令竞价成交，交易价格在系统内部生成，系统本身表现出自运行特征。这种指令驱动系统，在处理大量小额交易指令方面，优越性较明显。

4. 指令驱动制度的缺点

（1）处理大额买卖盘的能力较低。大额买卖盘必须等待交易对手下单，投资者也会担心大额买卖指令对价格的可能影响，因而不愿意输入大额买卖指令，而宁愿分拆开来，逐笔成交。这种情况既影响效率，又会降低市场流动性。

（2）某些不活跃的股票成交可能持续萎缩。一些股票可能成交本来就不活跃，系统显示的买卖指令不足，甚至较长时间没有成交记录。这种情况又会使投资者望而却步，其流动性可能会进一步下降。

（3）价格波动性。在指令驱动制度下，价格的波动性可能较大。原因如下：① 买卖指令不均衡引起价格变动；② 大额买卖指令也会影响价格；③ 操纵价格的行为。最重要的是，指令驱动制度没有设计价格维护机制，任由买卖盘带动价格变化。

以上对竞价市场与做市商市场的比较分析，可以在交易机制设计时作为参照。

三、交易执行过程和交易订单

（一）证券交易的主要程序

证券交易程序是指投资者在二级市场买进或卖出证券的过程，是交易机制的有形的程序化表现。在目前电子化交易情况下，证券交易的基本过程包括开户、委托、成交、清算和交割五个阶段。

1. 开户与委托

开户是指投资者在证券经纪商处开立证券交易账户，包括开设证券账户和资金账户。证券账户相当于投资者的证券存折，通常是指证券登记机构为投资者设立的，用于准确记载投资者所持有的证券种类、名称、数量以及相应权益和变动情况。投资者在开立证券账户的同时，即已委托证券登记机构为其管理证券，办理登记、结算和交割业务。开设资金账户时必须缴纳一定数量的资金作为保证金，并与证券经纪商签订协议，委托其代理证券交易，并到证券登记结算机构代理进行相应的证券与资金的登记、清算与交割。

在现行的交易机制下，交易所并不直接面对投资者办理证券交易，投资者必须通过交易所的会员（证券经纪商）办理，所以投资者需要委托证券经纪商代理交易，向证券经纪商下达证券交易的指令。证券经纪商没有收到明确的委托指令时，不得动用投资者的资金和证券账户进行交易。在委托有效期限内，在成交发生以前，委托人有权提出变更和撤销委托的要求。

2. 价格确定与成交

在做市商市场，证券交易的价格由做市商报出，投资者接受做市商报价后，即可与做市商进行买卖，完成交易。在竞价市场，买卖双方的委托经由经纪商直接呈交到交易系统，市场的交易系统按照一定的规则进行撮合，在买卖委托匹配后即可达成交易，并履行相关的交割和清算程序。有关价格确定过程的机理将在本节第四部分介绍。

3. 清算与交割

证券交易成交后，需要对交易双方应收应付的证券和价款进行核算，并完成相应的权属转移，进行资金的清算和证券的交割，完成交易的最后一个环节，即证券结算过程。证券清算是指计算在证券结算日交易双方应收应付金额的特定程序，而交割则是这个程序中卖方向买方交付证券以及买方向卖方支付价款的过程。对于不记名证券来说，清算和交割完成以后，整个证券交易的过程就结束了。但对于股票和记名债券来说，还必须经过最后一道手续，即登记过户。

（二）证券交易订单以及订单匹配原则

1. 订单的种类及其传递的指令信息

在定价过程中，由订单表示的交易指令是交易信息传达和揭示的主要形式。不论市场上产生和传播了何种信息,也不论投资者接受和处理了何种信息,或者是根本没有信息而只是因为情绪和流动性需要进行交易,其结果总要通过订单所传达的指令揭示信息,市场则根据这些指令信息形成交易价格。在金融市场上,通常使用的交易指令有四种形式:市价指令(Market Order)、限价指令(Limit Order)、止损指令(Stop Order)、止损限价指令(Stop Limit Order)。其中,前两种指令多用于现货市场,而后两种指令则多用于期货和期权市场。

市价指令是指投资者在提交指令时只规定数量而不规定价格,经纪商在接到市价指令后应该以最快的速度,并尽可能以当时市场上最好的价格来执行这一指令。市价指令的特点是能够确保成交,但是投资者最后接受的价格可能与他们期望的价格存在差异。

限价指令则与市价指令相反,投资者在提交指令时不仅规定数量,而且规定价格。经纪商在接到限价指令后应以最快的速度提交给市场,但是成交价格必须优于指令规定的价格。如果是买入指令,则买价不高于指令限价;如果是卖出指令,则卖价不低于指令限价。如果订单限价与市价不一致,经纪商只能等待。限价指令的特点是保证成交价格,但不能保证成交。

止损指令本质上是一种特殊的限制性市价委托。它是指投资者在指令中约定一个触发价格,当市场价格上升或下降到该触发价格时,止损指令被激活,转化为一个市价指令,否则该止损指令处于休眠等待状态,不提交到市场执行。

止损限价指令是将止损指令与限价指令结合起来的一种指令,在投资者下达的指令中有两个指定价格——触发价格和限制价格。当市场价格上升或下降到该触发价格时,止损指令被激活,转化为一个限价指令,此时成交价格必须优于限价。

此外,还可以根据订单规模、交易方式、时效限制等标准对证券交易订单进行分类。总体来说,市场中的订单类型如表1-4所示。

表1-4　证券交易订单分类

分类标准	类别	分类标准	类别
订单规模	整数订单 零数订单	特别形式	授权订单 即刻执行否则撤销订单 全部即刻执行否则撤销订单 全部执行否则撤销订单 不得减少订单 选择订单 条件订单 转移订单 分量订单 直接取消订单 取消之前订单的订单
交易方式	买进订单 卖出订单 买空订单 卖空订单		
价格限制	市价订单 限价订单 止损订单 止损限价订单		
时效限制	当日订单 当周订单 当月订单 无期限订单 开市订单 收市订单		

资料来源:屠光绍.交易体制:原理与变革.上海:上海人民出版社,2000:72。

在表 1-4 所示的订单形式中，最常见的还是以价格限制标准分类的订单。各个证券市场由于历史的原因和交易机制上的差异，在交易订单的形式上存在一定的差异。一般而言，竞价市场由于价格变动相对频繁，交易决策更复杂，因此订单形式也相对较多。做市商市场的订单形式则相对较少。主要证券市场的订单种类如表 1-5 所示。

表 1-5　主要证券市场订单种类

订单种类	纽约	纳斯达克	伦敦	巴黎	东京	中国香港
市价订单	√	√	√	√	√	√
限价订单	√	√	√	√	√	√
止损订单	√					
开市订单和收市订单	√			√		
即刻执行否则撤销订单	√		√			
全部即刻执行否则撤销订单	√		√	√		

资料来源：屠光绍.交易体制：原理与变革.上海：上海人民出版社，2000：72。

2. 订单匹配原则

订单所传递的交易指令可能会在价格、数量、时间等委托交易参数上有所不同，所以交易机制中需要一定的匹配规则，使得以尽可能接近委托要求的条件达成交易。综合各国证券市场的实践，订单匹配原则主要有以下优先性依次减弱的七种：

（1）价格优先原则。这是各国证券交易所普遍使用的第一优先原则，指经纪商在接受委托进行交易时，必须按照最有利于委托人利益的方式进行交易，即优先满足较高价格的买进订单和较低价格的卖出订单。

（2）时间优先原则。该原则也称先进先出原则，指当存在若干相同价格的订单时，优先满足最早进入交易系统的订单。许多交易所都把时间优先原则作为订单匹配的第二优先原则，如我国上海和深圳证券交易所的"价格优先，时间优先"匹配原则。

（3）按比例分配原则。这是指所有订单在价格相同的情况下，成交数量以订单数量按比例进行分配。美国纽约证券交易所的交易大厅、芝加哥期权交易所等采取按比例分配原则，对于数额太小的订单，一般随机分配成交数量。

（4）数量优先原则。在价格相同或者价格相同并且无法区分时间先后的情况下，有些交易所规定应该遵循数量优先匹配原则。数量优先原则有两种形式：一是在价格和时间都相同的情况下，优先满足订单数量较大的订单，以增加交易流动性；二是数量上完全匹配的订单优先于数量上不一致的订单得到满足，以避免订单只是部分被执行的情况。

（5）客户优先原则。该原则指在同一价格条件下，公共订单优先于经纪商自营账户的订单得到满足，以减轻公共客户与经纪商自营之间的利益冲突。纽约证券交易所就采取了这一匹配原则。

（6）做市商优先原则。与客户优先原则相反，该原则指做市商提交的在自己的市场报价基础上的订单，可以优先于客户的与该报价相当的限价订单，与新进入市场的订单成交。纳斯达克市场在新的限价订单保护规则实施以前，采取的就是做市商优先原则。

（7）经纪商优先原则。该原则指当订单的价格相同时,发出这个订单的经纪商可以优先选择与之匹配的订单,经纪商可以用自己提交的订单与该订单匹配。

在以上这些订单匹配原则中,由于世界各地证券市场的差别,匹配原则优先性排序也存在一定的差别,表1-6是世界主要证券市场订单匹配优先原则表。

表1-6 世界主要证券市场订单匹配优先原则

市场	订单匹配优先原则
纽约证券交易所	A. SuperDOT 系统 　1. 价格优先 　2. 时间优先,客户优先 B. 大厅交易订单 　1. 价格优先 　2. 按比例分配
多伦多证券交易所	A. CATS 交易系统 　1. 价格优先 　2. 时间优先(匿名订单无时间优先权) B. 大厅交易订单 　1. 价格优先 　2. 限价订单:首先遵循价格优先原则,然后按比例分配
巴黎证券交易所	1. 价格优先 2. 时间优先(隐藏订单无时间优先权)
芝加哥期权交易所	1. 价格优先 2. 按比例分配
纳斯达克市场	做市商优先
东京证券交易所	1. 价格优先 2. 时间优先 3. 市价订单优先于限价订单
韩国证券交易所	1. 价格优先 2. 时间优先 3. 客户优先 4. 数量优先
上海证券交易所	1. 价格优先 2. 时间优先
深圳证券交易所	1. 价格优先 2. 时间优先

资料来源:Angel,1997;Rhee and Chang. The Microstructure of Asian Equity Markets,1992//屠光绍.交易体制:原理与变革.上海:上海人民出版社,2000:84。

四、交易机制的价格确定过程

价格的确定是交易机制的核心内容。在证券市场上,市场出清价格就是投资者买进和卖出股票的均衡价格。价格确定的基本方式随着交易机制技术实现措施的不同而不同,20 世纪 80 年代以来,随着技术进步,各国证券市场不同程度地实行了自动化交易机制。根据价格确定过程中自动化程度由低到高的不同,价格确定区分为七种基本方式:从其他市场引入价格模式、以其他市场为准并加以优化模式、协商定价模式、屏幕报价模式、自动双向连续竞价模式、自动集合竞价模式、带有定价模型的自动竞价模式。[①] 本节着重探讨几种不同交易机制下的价格确定过程。

(一) 竞价市场的价格确定过程

1. 完全竞争市场

完全竞争市场是一种理想的瓦尔拉斯(Walras ,1874)均衡市场。[②] 在瓦尔拉斯均衡市场中,每个市场参与者都有自己的商品和明确的效用函数。市场由一个假想的拍卖者(看不见的手)组织交易,信息通过拍卖者的拍卖活动在市场中传递。交易开始于一组随机的价格,由"看不见的手"计算每一种商品的需求和供给数量,并决定供需的均衡点,得出市场出清价格。

假设初始价格为 P_0,均衡价格为 P^*,市场出清过程就是从 P_0 到 P^* 的过程,此时没有超额需求和超额供给。任何超额需求(或供给)的存在都给市场传递了信息,推动着价格持续摸索和调整,而 P^* 是调整的目标。对于高于 P^* 的价格,调整过程使价格降低,反之使价格升高,直到调整到 P^* 为止。这一过程可以用数学方式表达。价格随时间的变化是价格对时间的一阶导数:

$$\frac{\mathrm{d}P}{\mathrm{d}t} = k\left[D_{(P)} - S_{(P)}\right] = k \cdot ED_{(P)}, \quad k>0 \tag{1.1}$$

其中,k 表示系数;$D_{(P)}$ 表示价格为 P 时的需求;$S_{(P)}$ 表示价格为 P 时的供给;$ED_{(P)}$ 表示价格为 P 时的超额需求,$ED_{(P)}>0$ 时价格上升,$ED_{(P)}<0$ 时价格下降。随着价格的调整,在 P^* 附近(微分意义上)的价格行为可以表示为一阶微分方程:

$$\frac{\mathrm{d}P}{\mathrm{d}t} \approx k \cdot \left[ED'_{(P^*)}\right](P - P^*) \tag{1.2}$$

该微分方程的解为:

$$P_t = (P_0 - P^*)\,\mathrm{e}^{k \cdot t \cdot ED'_{(P^*)}} + P^*, \quad ED'_{(P^*)}<0 \tag{1.3}$$

式(1.3)表明:当时间 t 增大时,P_t 趋向于 P^*。$ED'_{(P^*)}<0$ 的含义是,价格上升使超额需求下降,价格下降使超额需求上升。

2. 集合竞价市场

集合竞价的原理实际上是庞巴维克的边际对偶理论的运用。在集合竞价过程中,交易系统把所有的买卖订单汇总,然后按照四个原则确定成交价格:① 所有市价订单都得到执行;② 至少一个限价订单必须得到执行;③ 所有高于成交价格的买进订单和所有低

---

① 对这七种价格确定方式的具体内容感兴趣的读者可参阅:Domowitz I. Automating the Price Discovering Process: Some International Comparisons and Regulatory Implications. Journal of Financial Services Research,1992(6):305-326;屠光绍. 交易体制:原理与变革. 上海:上海人民出版社,2000。

② Walras L. Elements of Pure Economics. William Jaffe, translation. Homewood, IL:R. D. Irwin, 1954.

于成交价格的卖出订单都得到执行;④ 如果买卖订单在数量上不平衡,应把限价订单分拆成若干更小的订单,以使买卖订单数量平衡。根据这些价格确定原则,交易系统把所有买入订单按照委托限价由高到低的队列排序,并把卖出订单按照委托限价由低到高的队列排序,之后寻找满足四个价格确定原则要求的成交价格。

集合竞价按照如下程序确定成交价格:① 交易系统对所有有效买进订单按照委托限价由高到低的顺序排列,限价相同者按照进入系统的时间顺序先后排列;所有有效卖出订单按照委托限价由低到高的顺序排列,限价相同者按照进入系统的时间顺序先后排列。② 交易系统根据竞价规则自动确定集合竞价的成交价,所有指令均以此价格成交。按照集合竞价的价格确定原则,按此价格成交,能够得到最大的成交量。③ 交易系统按照顺序逐步将排在前面的买入委托与卖出委托配对成交,即按照"价格优先,同等价格下时间优先"的成交顺序依次成交,直到不能成交为止,即直到所有买入委托的限价均低于卖出委托的限价。未成交的委托订单排队等待成交。

在集合竞价市场中,由于订单进入交易系统后,通常不能更改买卖价格,所以集合竞价的价格调整是不连续的(瓦尔拉斯均衡市场是连续的)。只有当信息不均衡小于一定程度时,集合竞价才存在价格均衡。但是,集合竞价的均衡价格与瓦尔拉斯均衡市场的均衡价格一样,都是帕累托有效价格,尽管集合竞价市场的交易量通常低于瓦尔拉斯均衡市场。[①] 在集合竞价均衡存在的条件下,均衡价格为:

$$P^* = \frac{1}{N} \sum_{i=1}^{N} \left[Y_i - \left(\frac{\rho}{\theta} \right) X_i \right] \tag{1.4}$$

其中,P^* 是均衡价格;N 是信息交易者数量;X_i 是第 i 个投资者初始证券存量;Y_i 是第 i 个投资者考虑的由白噪声引起的证券价值 V 的随机变量 $\widetilde{Y}_i$($\widetilde{Y}_i = V + \widetilde{e}_i$) 的实现值;$X_i$、$Y_i$ 是第 i 个投资者所拥有的私人信息;ρ 是风险规避系数;θ 是第 i 个投资者认为 $\widetilde{V}$ 先验地以均值 Y_i 为正态分布的确定性。

3. 连续竞价市场

连续竞价并不是指交易在时间序列上不间断地进行,而是指投资者指令的匹配过程是连续进行的,即在两个交易者所下达的指令相匹配时交易就可以达成,而不需要像集合竞价那样等待一段时间之后定期成交。只要投资者的订单指令可以连续匹配,交易就可以连续进行,但是如果投资者的订单指令不能匹配,交易也可能在一段时间之内中断。

在连续竞价市场中,一个新的有效买进订单,若不能成交,则进入买进订单队列排队等待成交;若能成交,即其买入限价高于或等于卖出订单队列的最低卖出限价,则与卖出订单队列顺序成交,其成交价格取卖方报价。一个新的有效卖出订单,若不能成交,则进入卖出订单队列排队等待成交;若能成交,即其卖出限价低于或等于买入订单队列的最高买入限价,则与买入订单队列顺序成交,其成交价格取买方报价。

在连续竞价市场,投资者在提交订单后,可以立即与市场上已有的订单进行匹配,因此与集合竞价相比,连续竞价市场可以看作是一个信息交易者($N=1$)的特殊竞价市场,

---

① 关于集合竞价均衡存在条件的证明,本书不再详述,有兴趣的读者可以参阅:Madhaven. Trading Mechanisms in Securities Markets. The Journal of Finance, 1992,47(2)。

即每次交易均在一个投资者(信息交易者)与其他流动性交易者之间进行。[①] 由于存在着信息的不对称,所以如果这种信息不对称大到一定程度时,交易将出现中断,投资者的订单将不能成交。信息不对称程度一般以公共信息和私人信息之间的比值来衡量。私人信息越大而公共信息越小时,信息不对称程度越大,交易越可能中断。所以,有效的信息披露制度是证券市场交易系统的内在要求。

事实上,很多市场的交易系统是由集合竞价给出开盘价,之后自动转入连续竞价。例如,上海证券交易所(简称上交所)以"价格优先,时间优先"作为订单匹配的第一、第二原则,开盘价由集合竞价给出,集合竞价后的新委托逐笔进入系统,与排队的委托进行连续竞价撮合。连续竞价过程循环往复,直至收市。更加详细的介绍请见专栏 1。

(二) 做市商市场的价格确定过程

在做市商市场,流动性是通过做市商的买卖报价提供的。如果做市商市场中存在着许多独立的做市商,价格决定和流动性是通过做市商之间的竞争来实现的(Munshi,1996)。由于做市商独特的市场组织者身份,所以其在提供流动性的同时,也需要从其设定的买卖报价价差中得到一定的补偿,以弥补其交易成本和交易损失。在存货模型中,做市商定价策略中的买卖报价价差来源于存货性质的交易成本。在信息模型中,买卖报价价差来源于信息不对称,做市商需要以对非知情交易者的盈利来弥补对知情交易者的损失,而且信息的不对称程度加大时可能使得市场失效。[②]

在做市商市场信息严重不对称的情况下,做市商没有义务一定要在市场中进行交易,或者以承担损失的方式留在市场中。如果市场中信息严重不对称(私人信息过多而公共信息很少),做市商必然会遇上掌握大量信息的知情交易者,这时做市商可能会退出市场,导致市场交易中断(Amihud,1985)。一般来说,私人信息越多,公共信息越少,买卖价差越大,但价格波动性越小,即定价效率越高。

(三) 大宗交易机制的价格确定过程

大宗交易(Block Trading)指每一笔买卖超过某一规定数量的交易。由于大宗交易可能会给市场带来流动性冲击,逆向影响市场价格变化,因此许多证券市场对于大宗交易都会采取与小额交易不同的价格确定方式和信息披露机制。

由于大宗交易一般都涉及特殊交易事项,诸如收购、兼并、战略性投资或者违规交易,这些交易往往反映了较大程度的信息不对称,所以大宗交易往往对证券价格有显著的影响。而且由于大宗交易可能会涉及与市场规范和公平相关的两个问题:存在违规交易和取得公司的控制权,所以大宗交易成为各国证券市场监管的重点。针对大宗交易的这些特点,对其交易制度的安排主要表现在两个特殊的方面:一是价格由交易者协议确定;二是交易信息延迟披露。

这种特殊的交易制度安排有效地降低了大宗交易对市场价格的冲击,降低了机构投

---

① 关于连续竞价均衡存在条件的证明,本书不再详述,有兴趣的读者请可参见:Madhaven. Trading Mechanisms in Securities Markets. The Journal of Finance,1992,47(2)。

② 关于做市商市场的均衡以及均衡存在条件的证明,本书不再详述,有兴趣的读者请参阅:Madhaven. Trading Mechanisms in Securities Markets. The Journal of Finance,1992,47(2)。

资者的交易成本,提高了市场的流动性并且增加了市场的稳定性。例如,对于兼并重组、上市公司市场收购等行为,若采取大宗交易制度,集中交易可以使得机构之间的协议交易合法化,但是这种合法化是以信息披露、信息公开为前提的。同时,可以快速地完成兼并收购,避免了市场价格的剧烈波动,杜绝了相关消息人士的跟风肆意炒作。

大宗交易制度的价格协议确定和信息延迟披露是在监管前提下进行的,这就需要在有效的信息披露制度下进行有效的监管。以美国大宗交易的信息披露为例:在美国证券市场,如果某投资者买入一个公司5%以上的股权,就必须向证券交易委员会汇报购买目的。拥有10%以上股票的投资者就是一个公司的内部人,每个月15日,该投资者需填写两张表,分别反映上个月他持有股票的存量是多少、做了多少交易、有多少卖出多少买入等交易信息。根据对该类投资者的监管要求,对于同一种股票,其当前买入交易和下一次卖出交易或当前卖出交易和下一次买入交易的时间间隔必须在6个月以上,不到6个月的交易都是违法交易,不仅其所得利润要交给公司,而且要缴纳罚款。

我国深圳证券交易所(简称深交所)2002年2月发布并正式实施了《深圳证券交易所大宗交易实施细则》。引入大宗交易制度是我国证券市场在交易制度方面的一项重大创新,增强了交易制度的适应性,有利于我国二级市场的兼并重组,提高证券市场的资源配置效率。根据《深圳证券交易所交易规则》(深证会〔2016〕291号),大宗交易制度适用于深交所上市的股票、基金和债券交易。其中,单笔交易数量,A股不低于30万股,或者交易金额不低于200万元人民币;B股不低于3万股,或者交易金额不低于20万元港币;基金不低于200万份,或者交易金额不低于200万元人民币;债券不低于5 000张,或者交易金额不低于50万元人民币。深交所在每个交易日9:15至11:30、13:00至15:30接受协议大宗交易方式申报;15:05至15:30接受盘后定价大宗交易方式申报。有价格涨跌幅限制证券的协议大宗交易的成交价格,在该证券当日涨跌幅限制价格范围内确定。无价格涨跌幅限制证券的协议大宗交易的成交价格,在前收盘价的上下30%之间确定。深交所在交易日结束后公布协议大宗交易的每笔成交信息,包括买卖双方所在会员证券营业部或交易单元的名称,以及单只证券大宗交易的累计成交量、累计成交金额,及该证券当日买入、卖出金额最大五家会员证券营业部或交易单元买卖情况等信息。在交易时间内,深交所即时公布债券协议大宗交易的报价信息和成交信息,以及盘后定价大宗交易的交易信息。大宗交易不纳入本所即时行情和指数的计算,成交量在大宗交易结束后计入当日该证券成交总量。关于大宗交易以及中国金融市场更多交易机制的安排,请参考专栏1。

（四）信息在价格确定过程中的作用

从对交易机制价格确定过程的分析中可以看出,信息作为一个关键的因素决定了市场的特征,所以信息披露也就成了证券监管的实质性内容。而信息在交易机制中的这种作用是由证券资产特殊的价格机制决定的。

根据金融学理论,证券的价格必须反映其真实价值。证券的真实价值是其未来收益的现金流经过适当折现后得到的价值。所以,与普通商品相比,证券价格具有两方面的特点:① 从价格反映的效用与其存在状态角度看,普通商品(如一条鱼或一双鞋)的功能效用特点一般在交易前就已经形成了,消费者是从这些特定商品对其自身的效用满足程度角度去评价普通商品的价值的,并且由此决定购买的数量。与此相比,证券的价格却大为不同。首先,每单位证券所代表的权益对象是功能上不可分割的整个企业,其价格所体现的是企业未来的价值的折现值;其次,证券价格是一种二级市场价格,它反映的是整个企业价值的变化而不是投资量的价值变化;最后,证券价格所代表的效用的实现有赖于企业经营人的投资和经营活动。② 从价格反映的信息角度来看,普通商品的价格反映了质量和稀缺性信息,消费者只是从自身边际效用满足的角度去比较和衡量这些信息,这些信息的内容当前已经存在,而且更多涉及的是只需要个人判断就可以做出消费决策的私人信息(Hayek,1945)。与此相比,证券价格的信息内容是有关未来企业收益预测的信息,投资者并不能决定信息的内容和质量,这些信息是由企业经营者决定并拥有的,投资者只是信息的接受者并在获得这些信息之后再来对企业价值进行估计。所以,以上两方面的特点决定了证券定价机制的特性,即定价机制涉及未来不确定性的信息流以及预期。

正是由于证券资产定价机制的这种特征,所以形成了证券价格独特的"信息—预期—价格"定价过程。其中,信息以及信息引致的预期在价格确定过程中的作用往往是决定性的,这一点在市场微观结构理论的信息模型中表现得很明显。在信息模型中,分析的起点往往是假设已经存在一个外生给定的关于资产真实价值 V 的信息流。在定价过程中,通过贝叶斯学习过程或者理性预期均衡模型,使得交易者之间或者交易者与做市商之间通过博弈,达成一个对信息流的预期价值均衡,从而产生了均衡价格。这个过程随着新信息的不断产生而调整,并在交易过程中不断产生新的均衡价格。

在交易机制的分析中有两大理论工具:贝叶斯学习过程和理性预期均衡模型。① 贝叶斯学习过程主要用于序贯交易模型,用以分析做市商决定市场价格的动态调整过程,也可以用来分析交易者通过交易过程的参与对市场进行判断和把握的方式。在交易过程中,一方面,做市商根据订单指令所传递的有关资产价值 V 的信息,判断资产价值 V 并确定出吻合该信息均衡的市场价格,另一方面,价格本身也为交易者传递了有关资产价值 V 的信息,从而可以调整他们之后的订单指令。② 理性预期均衡模型主要用来分析交易者的交易策略。在交易策略的分析中,根据对信息的掌握程度,可以把交易者划分为知情交易者和非知情交易者两类,各类交易者根据自己对信息的掌握程度确定不同的交易策略,做市商也可以根据通过指令流观察到的交易者交易策略调整定价策略,并在交易博弈的策略均衡时产生市场价格。所以,信息在证券价格确定过程中的作用是非常重要的。第5 章将介绍知情交易者策略和非知情交易者策略。

五、证券市场交易机制的设计

(一) 交易机制设计的政策目标

衡量证券市场的质量有流动性、透明度、稳定性、高效率、低成本和安全性六个主要标准,这六项标准构成设计证券交易机制政策目标的六个方面。证券交易机制设计的政策目标之间存在既对立又统一的辩证关系。

1. 六个政策目标

(1) 流动性。流动性是证券市场的生命力所在。没有流动性,市场也就失去了存在的必要。流动性指投资者根据市场的基本供给和需求状况,以合理的价格迅速成交的能力。市场的流动性越高,则进行即时交易的成本就越低。一般而言,流动性主要包括两方面的内容:以交易时间体现的交易速度,以及以交易成本体现的价格折扣。当一种资产能够以较小的交易成本迅速转换成现金时,该资产的流动性较高。反映市场流动性的指标包括市场深度、市场广度和弹性。影响流动性的因素主要有市场结构、价格形成方式、市场集中度、竞争等因素。在流动性衡量方面,学术界尚缺乏统一的标准,但通常采用买卖价差、基于交易量的流动性比率、市场调整的流动性指标、Marsh 和 Rock 流动性比率和方差比率等(Baker,1996)。

(2)透明度。透明度是维持证券市场公开、公平、公正的基本要求。从维护市场公平的角度看,透明度指证券交易信息的透明,即有关证券买卖的价格、数量等信息的公开披露以及能够影响交易行为的信息,如上市公司信息的及时和准确披露。高透明度的证券市场是一个信息尽可能完全的市场,要求信息的时间和空间分布无偏性,即信息能够及时、全面、准确并同时传送到所有的投资者。透明度对证券市场的影响是多重的,不仅影响市场的流动性和波动性,还影响市场的委托—代理效率。

(3)稳定性。稳定性是指证券价格的稳定性,即证券价格短期波动程度及其平衡调节的能力。稳定性通常以市场指数的方差进行衡量。方差越大,则市场波动性越大而稳定性越差;方差越小,则相反。一般来说,宏观经济状况、上市公司表现、市场规则变化等外部信息是影响市场价格的主要原因,但是交易机制也在一定程度上影响证券价格的稳定性。保持价格的相对稳定,防止证券价格大幅度波动,是证券市场健康运行的内在要求。

(4)高效率。从交易机制角度看,证券市场的效率主要指信息效率、价格决定效率和运行效率。信息效率也称价格效率,指证券价格准确、迅速和充分地反映可得信息的程度,也就是法玛(Fama)有效市场假说所指的效率(详见第 4 章);价格决定效率指价格决定机制的有效性,如做市商市场、竞价市场中价格决定的效率;运行效率指交易执行系统的效率,如交易系统处理订单的速度和系统容量等。在其他条件不变的情况下,自动化和通信技术决定了交易系统的运行效率。

(5)低成本。证券交易成本包括直接成本和间接成本。直接成本指佣金、交易所手续费、过户费、印花税等由投资者承担,向经纪商、交易所和政府缴纳的费用。间接成本指与证券交易有关,但并非直接由投资者缴纳的相关成本,主要包括买卖价差、搜索成本、延迟成本和市场影响成本。[①]

(6)安全性。安全性指交易技术系统在信息处理方面的安全性。其主要内容包括:交易信息的储存和备份;数据的完整性,如确保数据不被破坏、不被更改、不丢失等;数据的加密性,如确保数据不被窃取、不被滥用以及确保访问控制和身份认证等;信息操作安全等。

2. 各目标之间的关系

交易机制设计的上述六大政策目标都是证券市场健康运行所必需的,然而各目标之间往往存在着矛盾,表现为目标之间往往存在着不可兼得的权衡关系。所以,同时实现这

---

① 市场影响成本指大额订单得到迅速执行后引起的超过买卖价差的额外执行成本,它反映了市场在深度和流动性方面的有限性。见 Hasbrouck 和 Schwartz(1988),Amihud 和 Mendelson(1991)。

些政策目标是不现实的,实践中只能在充分权衡的基础上对它们进行协调和选择。

在流动性和透明度之间,一般来说,透明度越高的市场,其流动性也越高,因而投资者可以根据不断变化的信息进行价格调整,使供需矛盾得到即时调节。但是,这种关系受到交易数量的限制,例如在发生大宗交易的情况下,其信息的披露可能导致市场价格的较大变化,不仅不利于做市商维持流动性的要求,反而会降低流动性。

在流动性和稳定性之间,维持一定程度的价格波动是必要的,因为这为投资者提供了必要的价差交易动机。所以,降低价格的波动性不能损害投资者的交易动机,否则将牺牲流动性,而且过度的稳定性可能导致交易中断。因此,相对于某一市场的特定规模和结构,价格波动只能最优化而不是最小化。

从透明度和稳定性的角度看,并不是所有的信息披露都有利于稳定性的增加,例如大宗交易的披露往往会使市场波动性加大。

从效率和成本的角度看,一般而言,效率提高有助于交易成本降低,但是高效率可能意味着高成本。例如,交易市场一定程度的集中通常有助于提高交易效率,但如果过度集中,又可能导致垄断,造成交易成本过高,最终降低市场的流动性和交易的活跃性,反而造成效率低下。

在安全性和成本与效率之间,也存在着类似的矛盾和协调问题。如绝对的安全性不仅会增加技术费用,也可能影响交易执行的速度与效率。

总之,在确定证券交易机制的基本目标时,应根据市场机制的不同设计原则和每个时期市场的不同特点及发展需要,有所侧重,相机抉择。

（二）信息披露制度和市场稳定措施

1. 信息披露制度

由于信息在交易机制中的重要性,所以信息披露制度是证券市场的一项核心制度,信息的质量决定了交易机制设计的六大政策目标中的透明度目标,又通过目标之间的关联关系影响着流动性和稳定性等其他目标。证券市场中的信息披露要求主要有三大类:第一类是有关证券交易的实时信息,如股票交易量和价格等实时行情、市场指数以及市场变化统计数据等实时信息;第二类是可能影响市场运行的政策、规则以及紧急措施等信息;第三类是上市公司需要披露的信息。从重要性来说,三类信息都是证券市场信息披露制度中的重要内容,但是上市公司信息是市场的基础信息。

从各国证券市场的实际情况看,上市公司信息披露的内容主要有两类:一类是投资者评估公司经营状况所需要的信息,另一类是对证券价格有重大影响的事项。以我国为例。我国《上市公司信息披露管理办法》第五条规定,我国上市公司信息披露文件主要有五大部分:招股说明书、募集说明书、上市公告书、定期报告和临时报告。其中,前两者为公司上市前的信息披露内容,帮助投资者对股票发行人的经营状况和发展潜力进行细致的评估;后两者为公司上市后的持续性信息披露内容,以确保迅速披露可能对上市公司股票价格的动向产生实质性影响的信息。在向公众投资者和监管机构披露信息时,上市公司必须保证信息披露文件和内容的完整、真实和准确,公司的全体发行人和董事必须保证公开披露的信息内容没有虚假、严重误导性陈述或者重大遗漏,并就此保证承担连带责任。在法制健全的证券市场上,公开披露的信息成为上市公司与投资者、市场监管者之间的主要交流内容,有利于保证证券市场的公平、公正和效率。

证券市场的信息披露是通过信息传播渠道实现的。以中国证券市场信息披露为例。上海和深圳证券交易所的信息系统负责对每日证券交易的行情信息和市场信息进行实时发布,其信息系统网络由四个渠道组成:① 交易通信网。通过交易系统的通信网络,如单向卫星、双向卫星、地面通信线路等,发布证券交易的实时行情、股价指数和重大信息公告,刷新间隔为几秒钟。② 信息服务网。向新闻媒介、会员、咨询机构等发布收市行情、成交统计和非实时信息公告等,用户可以用传真机、计算机通过电话拨号方式接收。③ 证券报刊。通过中国证券监督管理委员会(简称证监会)指定的信息披露报刊发布收市行情、成交统计、上市公司公告等信息。④ 互联网。利用互联网向国内外提供证券市场信息、资料和数据等。

2. 市场稳定措施

合理的市场机制设计可以降低超额波动的可能性。从交易机制看,稳定市场的措施主要包括提高市场透明度和价格限制措施。

提高市场透明度主要是依靠信息披露制度的完善来实现。在信息披露有效的市场上,投资者一方面可以根据交易信息及时地进行委托价格调整,另一方面可以根据影响股票价格变动的信息及时调整交易策略,因此可以避免突发性的和大幅度的价格波动。

限价措施主要包括价格涨跌幅限制和断路器规则两种。国际证券市场上对价格涨跌的限制措施主要包括三种:① 委托限价,即一笔委托订单报价不能高于或低于某个特定成交价格的一定幅度,否则委托无效,以防止股价在某段时间内涨跌过度,但是交易并不停止,对于委托价格低于限价的订单可以继续进行交易。② 委托延期撮合。例如,纽约证券交易所规定,当标准普尔指数期货交易下跌12点时,所有计算机程序自动报出的市价委托订单推迟5分钟后再进入撮合系统。③ 涨跌停板制度,即某只股票或者整个股市的指数涨跌到一定幅度时,就暂停该只股票或整个股市的交易。我国上海和深圳证券交易所自1996年12月16日起,分别对上市交易的股票(不包括特别处理的股票)和基金采取当日涨跌幅不超过10%的价格限制(首日上市证券除外)。断路器规则是指当市场指数变化超过一定幅度时,对交易进行暂停等限制措施,类似于涨跌停板制度中的股市大盘情况。纽约证券交易所在1987年发生股灾以后,开始实施断路器规则。伦敦、巴黎、东京、中国香港、首尔、新加坡等证券交易所也均采取了限价或每日涨跌停措施。采用断路器措施的市场还包括美国纳斯达克市场、加拿大风险交易所和泰国证券交易所另类投资市场。中国金融市场曾短暂地实施过断路器规则,具体来看:2015年12月4日经证监会批准,上交所、深交所及中金所正式发布了指数熔断相关规定,并于2016年1月1日正式实施,但在2016年1月8日便暂停实施指数熔断。

此外,国际证券市场实践中还采用机构干预和指示性价格等市场稳定措施。采用机构干预措施的有美国纳斯达克市场、欧洲易斯达克市场和德国新市场。采用指示性价格措施的有伦敦证券交易所另类投资市场和挪威奥斯陆证券交易所。

这些措施都有助于维持市场的稳定性,并且增强了交易所处理紧急情况的能力。但是,稳定性是一个相对的概念,适度的波动性本身是市场流动性的基础,对于特定的市场结构和规模而言,理论上存在着一个最优稳定性水平。

（三）市场交易机制的设计

研究交易机制的目的就是改善市场交易机制的设计,以使得市场更为有效地实现其资源配置的职能。过去 20 年来,对市场微观结构的研究极大地加深了我们对交易机制内在机理的认识,使得实践中许多证券市场交易系统的规则和制度不断完善,并且随着技术进步产生了许多新的交易系统。总的来说,一个好的市场交易机制设计,就是在市场特定的结构、规模和技术水平前提下,把交易机制需要实现的六大政策目标协调配合,使市场具备良好的价格发现机制和高效的资源配置功能。但是,在探讨如何设计市场交易机制时,还需要对理论上的一些认识问题进行深入的讨论。

首先,考虑交易机制设计问题时需要考虑市场的目标是什么,而这需要从不同的角度来分析。对于证券交易所或者是自动交易系统而言,潜在的目标应该是满足并实现最大化的交易任务;对于交易者来说,一个理想的市场交易机制可能是以最小的价格偏离满足其委托订单的交易需求,或者是支付最小的交易成本;对于监管者来说,最稳定的市场也许是最容易监管的市场;对于整个社会来说,市场对经济资源配置的福利效应是最根本的,以上单个的目标都不能满足这个要求。但是,在目标之间存在矛盾的情况下,只能进行充分的权衡。

其次,在讨论交易机制定价效率时,需要考虑价格发现功能的有效性。通过对交易机制内在价格机理的研究,我们可以看出:一种交易机制的定价过程得出的均衡价格是一种局限于信息条件的均衡,这种价格并不一定与资产潜在的真实价值 V 直接相关,而是与关于 V 的信息的市场表现相关,价格与价值之间存在着必然的偏离。例如,做市商的定价往往可能偏离 V,这种价格扭曲现象说明,实践中单纯的价格确定过程与有效的价格发现过程是有一定距离的。

最后,需要考虑交易机制如何体现市场的有效性。从市场的福利效应角度看,市场有效性是一个在实践中难以把握的概念。Fama 定义了市场有效性,并且根据价格对信息的不同反应把有效性分为三个层次:强式有效、半强式有效和弱式有效。这种定义和划分方法已经成为金融学的一个基础概念,并在实证中被大量引用。但是,Fama 的定义是从信息角度出发的。一方面,根据理论定义,越是有效的市场,价格的波动性也就应该越大,市场的稳定性也就越差;另一方面,当市场中引起价格变动的信息与关于 V 的信息之间并非严格一致,或者价格确定效率与有效的价格发现效率之间有一定距离的时候,市场中的定价效率并不能够保证市场的社会福利效应。

总的来说,市场交易机制的设计目标是要使得市场的社会福利效应得到充分的发挥。所以,有关市场交易机制的效率和社会福利效应之间的联系,也就成为市场微观结构研究的重点课题。如果市场价格能够快速、准确和有效地反映资产的潜在真实价值,也就达到了最佳的资源配置。

第二节　金融市场间的传导机制

金融市场的功能在于有效配置资源。资源配置的核心在于通过空间上的流动和期限上的跨时转换两种最本质的手段,使得资源在社会分工中的运用摆脱空间和时间上的束缚,达到运行于社会分工系统中的资源使用和价值创造的有效率的良性循环。一般来说,从比较金融体系的角度看,我们可以把金融体系划分为机构导向型的金融体系和市场导向型的金融体系两大类,不同的金融体系,其资源配置的模式存在较大差异①。在机构导向型的金融体系中,金融资源的跨空间和期限配置主要是通过银行等金融机构来完成的,其特征是银行作为当事人与金融资源的供给方和需求方签署契约。银行通过负债的方式取得存款,再以资产的方式贷出去。在市场导向型的金融体系中,金融资源的跨空间和期限配置主要是通过金融市场的组织功能来完成,其特征是金融资源的供给方和需求方作为当事人直接达成契约,各种金融机构只是作为金融中介沟通供需双方的信息以及交易意向。本节主要讨论市场导向型金融体系下的金融市场之间的传导机制,这种传导机制的客观规律及其变化主要取决于市场功能本身。

从空间角度看,金融市场可以分为以货币市场、资本市场和外汇市场为代表的三大相互关联的市场体系。三者之间的联系和传导机制非常复杂,而且具有内在的变化性。在分析金融市场之间的传导机制时,我们主要以货币市场的利率、资本市场的股票价格以及外汇市场的汇率作为指标,通过利率、股票价格和汇率三者之间的相互联系分析金融市场之间的内在传导机制。

从时间角度看,金融市场可以分为现货市场和远期市场两大类。现货市场交易的金融资产为货币、资本类资产和外汇等基础性资产,这些交易合约在当期交割结算。即期的现货市场也可以称为基础产品市场。远期市场交易的金融资产是在现货市场基础之上衍生出来的期货、期权和其他金融衍生产品,这些合约在将来交割,所以称为远期市场。正因为远期市场的产品是在即期的现货市场产品基础上衍生出来的,所以两者之间的变化存在着基于预期和期限结构的联系和传导机制。

本节主要从空间角度和时间角度两方面分析金融市场之间的传导机制,并从金融市场的行为传导性和金融市场一体化角度分析金融市场之间传导机制的一些客观规律。

一、货币市场与资本市场之间的传导机制

(一) 货币市场与资本市场之间的联系

货币市场与资本市场同时作为金融市场的一部分,既有区别,又相互联系。一般来说,它们之间的区别主要表现在融资期限、融资主体、融资目的等方面,此外还表现在利率结构、收益率与价格风险等方面。货币市场的代表性价格指标是利率,而资本市场的价格指标则相对复杂。从广义的角度看,资本市场不仅包括股票市场、中长期债券市场,而且随着资产证券化的不断发展,中长期信贷市场以及企业产权交易市场等都属于资本市场的范畴。但是,资本市场各个子市场之间的价格具有趋同性(尤其是在资本可以自由流动的情况下),所以我们可以选用股票市场作为资本市场的代表,并用股票价格(可以以一般的股价指数为代表)作为资本市场的代表性价格。这样,在分析货币市场与资本市场之

---

① 关于不同的金融体系下的具体金融特征,请参见:Franklin Allen, Douglas Gale. Comparing Financial Systems. Cambridge: The MIT Press,2000。

间的传导机制时,就可以从分析利率和股价指数的依存和互动关系的角度进行展开。

货币市场与资本市场是两个不可分割的市场,二者之间相互作用的渠道是资金的流动,影响资金流动的关键因素是利率。资金的流动取决于货币市场收益率与资本市场收益率的比较。利率下调,货币市场收益率下降,一旦低于资本市场收益率(用风险调整后的)就会导致资金流出货币市场,流入资本市场。二者联动的渠道主要有三种:① 通过金融中介同时参与两种市场而产生直接联通;② 通过企业资产运用的调整而出现间接联动;③ 通过居民储蓄存款向股市转移投资而出现金融非中介化(反之,亦成立),使一个市场的资金向另一个市场转移。

货币市场与资本市场之间的联系,还可以从货币政策对两种市场作用的机制来加以分析。假如经济运行的主要特征是:通货膨胀压力较小,有效需求不足,经济增长乏力,需要适当放松货币政策,促使经济回升。进行具体政策操作时,中央银行往往通过公开市场操作增加现券买断数量或者增加债券逆回购数量,相应增加金融体系流动性,使货币市场头寸有所增加,利率趋于下降。其中,货币政策传导机制包括:

其一,货币政策操作直接作用于货币市场,影响货币市场资金供求状况,由此使企业和居民持有的货币市场工具发生变化,从而改变企业和居民对资本市场的投资决策。

其二,货币政策工具的使用(包括公开市场操作和其他贷款便利)可直接增加金融机构的可贷资金,促使其降低贷款利率,放松贷款条件,增加对企业或居民的贷款发放。贷款利率一旦降低,也使一些原来处于盈亏平衡点附近的项目变得有利可图,企业对银行贷款需求会相应增加。

其三,在传导渠道畅通的情况下,货币市场利率的下调,会促使资金向资本市场转移,致使资本市场的资金成本有所下降,资产价格趋于上升。因此,企业的重置成本相对降低,证券发行价格趋升,从而产生资本市场扩容的动力,相应增加企业的资金来源。

上述传导过程的各个部分是相互联系的,最终对实体经济产生作用。当货币市场和银行体系资金增加时,通过金融中介,最终通过企业、居民相应增加资本市场资金;当资本市场收益上升或资金增加时,会反过来促使有关企业减少对银行信贷资金的需求,甚至增加企业存款或货币市场投资。其中,市场、金融中介、企业、居民之间是相互影响的,因而它们之间的联系通常具有可逆性。

(二)利率与股票价格之间的关系

货币市场与资本市场(以证券市场为代表)的关系,在理论上可以归纳为利率和股票价格的关系。马克思的股票价格公式和股票定价的戈登公式(Gordon Equation)是关于两者关系的代表性理论。

马克思的股票价格公式为:

$$股票价格 = 股息/利率 \tag{1.5}$$

这一公式抽象地表达了股票价格与利率之间的负相关关系。

股票定价的戈登公式为:

$$P_t = \frac{D}{i_t + i'_t - g} \tag{1.6}$$

其中,P_t 为股票价格(也可以看作股票价格指数);D 为预期的每股股息;i_t 为货币市场的利率水平;i'_i 为股票的风险报酬率;g 为预期股息的增长率,$r+i'=R$ 可以看作证券市场的贴现率。

戈登公式简明地揭示了证券市场价格、货币市场利率、预期的每股股息和股息的增长率之间的关系,即股票价格与货币市场利率之间存在着反向关系,利率越高,股票市场价格指数就会越低。

货币市场和资本市场的影响是相互的。货币市场的发展能保证资本市场有较充裕而稳定的资金来源,从资本市场退出的资金也需要货币市场的承载。只有货币市场和资本市场形成互动、竞争关系,才能形成合理的资金价格,货币市场与资本市场之间才能形成一种均衡关系。

(三) 利率与股票价格之间的传导机制

利率主要通过两种效应影响股票价格:一是资产结构调整效应;二是财富效应。这两种效应分别通过股票投资者和上市公司起作用。

1. 资产结构调整效应

对于投资者来说,当利率下降时,会使股票投资的机会成本下降,从而导致投资者进行资产组合的结构调整,增加资产组合中对股票的需求,导致股票价格上涨。

对于企业来说,主要是通过 Tobin 的 Q 理论起作用。Q 值为企业市场价值与企业重置成本之比。该理论可表述为:

$$利率 \downarrow \rightarrow 股票价格 \uparrow \rightarrow 企业 Q 值 > 1 \rightarrow 企业投资 \uparrow \rightarrow 产出 \uparrow$$

当 Q 值>1 时,企业的真实资本的当期股票的市场价值大于企业资本当期的重置资本,即建立一个新的工厂和增添新的设备相对于企业的市场价值来说要便宜,这时企业乐于增添新设备,购买投资品,以扩大生产规模从而获得更大的收益。当社会的投资增加时,整个社会的产出水平就会增加,国民收入也会相应增加。

资产结构调整效应还可以从相反的渠道,通过股票价格的变化影响利率的变动,而具体的影响路径与金融体系中市场作用和机构作用的相对权重有关。

2. 财富效应

对于投资者来说,利率的降低使得股票价格上升,增加投资者收益,使人们产生货币幻觉,从而增加实物商品和劳务消费支出,进而影响产出水平。

对于企业来说,利率的降低引起社会总供求的变化,改变了企业的经营环境,降低了企业投资的资本成本并增强投资者的预期,促使投资与消费增长,通过社会总需求的增长,导致股票价格的上涨。

财富效应同样可以从相反的渠道,通过股票价格的变化影响利率。

二、货币市场与外汇市场之间的传导机制[①]

在分析货币市场与外汇市场之间的互动关系时,我们以国内利率作为货币市场的代

---

① 本小节的内容主要借鉴了国际金融学的汇率决定理论。关于购买力平价和利率平价的具体理论、汇率变动与国际收支的关系、汇率的货币分析法以及汇率的资产组合模型等内容,请参见:姜波克.国际金融学.北京:高等教育出版社,1999。

表性价格,以汇率作为外汇市场的代表性价格。[①] 这样,我们可以从利率与汇率之间的传导机制出发,分析货币市场与外汇市场之间的互动关系。利率的变动对汇率的影响可以从五个方面进行阐述。

（一）购买力平价（PPP）

我们以相对购买力平价作为分析的起点。相对购买力平价的一般形式为:

$$\Delta e = \Delta P - \Delta P^* \tag{1.7}$$

式（1.7）中的变量都是取对数形式变换后的变量。其中,e 为直接标价的汇率,P 为本国物价水平,P^* 为外国物价水平。根据购买力平价理论,汇率的变动取决于本国通货膨胀率和外国通货膨胀率之差额。如果本国通货膨胀率超过外国通货膨胀率,则本币相对于外币贬值。我们也可以从购买力平价角度分析利率变动对汇率影响的传导机制:当利率的变动影响物价的变动时,就会影响本国通货膨胀率和外国通货膨胀率之差,从而引起汇率的变动,即:

$$i \Rightarrow P \Rightarrow \Delta P \Rightarrow \Delta e。$$

（二）利率平价

利率平价分为套补的利率平价（Covered Interest-Rate Parity,CIP）和非套补的利率平价（Uncovered Interest-Rate Parity,UIP）两种。

套补的利率平价的一般表达式为:

$$\rho = i - i^* \tag{1.8}$$

在式（1.8）中,i 和 i^* 分别表示本国和外国的利率,而 ρ 是汇率的远期升、贴水率。式（1.8）表明,汇率的远期升、贴水率$\left(\rho = \dfrac{f-e}{e}，其中,f 为远期汇率,e 为即期汇率\right)$等于两国货币的利率之差。其中,利率变动对汇率影响的传导机制可以表示为:

$$i \Rightarrow 套利资金的流动 \Rightarrow e \Rightarrow \rho$$

非套补的利率平价的一般表达式为:

$$i_t - i_t^* = E_t(e_{t+1}) - e_t + \rho_t + \phi_t \tag{1.9}$$

其中,i_t是国内利率水平,i_t^*是国外利率水平,ρ_t是汇率的风险溢价,ϕ_t是国内债券的违约风险溢价,$E_t(e_{t+1}) - e_t$是预期本国货币的贬值率（其中 e 是对数变换后的变量）。简化后为:

$$E_\rho = i - i^* \tag{1.10}$$

其中,E_ρ 表示预期的汇率远期变动率。那么,利率变动对汇率影响的传导机制可以表示为:

$$i \Rightarrow 资本的流动 \Rightarrow E_\rho \Rightarrow e$$

（三）国际收支

国际收支包括经常账户和资本与金融账户。汇率是外汇市场上的价格,当决定汇率的均衡被打破时,汇率就会以自身变动的方式实现外汇市场供求的均衡,从而使国际收支

---

① 其中,由于汇率是两国间货币的相对价格,所以利率与汇率的关系同时涉及国际经济协调问题。

恢复均衡。因此，从国际收支角度分析利率变动对汇率的影响可以通过经常账户和资本与金融账户两条途径：首先，利率变动影响国际资本流动，然后影响汇率；其次，利率变动通过影响经常账户，从而影响汇率。即：

$$i \Rightarrow 经常账户与资本账户 \Rightarrow 国际收支 \Rightarrow 外汇供求 \Rightarrow e$$

（四）汇率的货币分析法

汇率的货币分析法集中分析的是本国货币市场上货币供求的变动对汇率的影响。弹性价格货币分析法的基本模型如下：

$$e = \alpha(y^* - y) + \beta(i - i^*) + (M_s - M_s^*) \tag{1.11}$$

其中，M_s 和 M_s^* 分别是本国和外国的货币供给；y 和 y^* 是本国和外国的国民收入，本国与外国的国民收入水平、利率水平以及货币供给水平各自通过物价水平影响着汇率。从而，弹性货币分析法将货币市场上的一系列因素引入了汇率水平的决定之中。利率与汇率关系的传导机制表现为：

$$i \Rightarrow P \Rightarrow \Delta P \Rightarrow \Delta e$$

（五）汇率的资产组合模型

汇率的资产组合理论的基本模型：本国居民不持有外国货币，本国债券和外国债券不完全替代，则私人部门持有的财富 W 主要包括三种资产：本国货币 M、本国债券 B 和外国债券 F。在这一简化的模型中，资产组合函数为：

$$W = M + B + eF \tag{1.12}$$

$$M = m(i, i^* + \Delta e^e)W, \quad m_i < 0, \quad m_{i^* + \Delta e^e} < 0$$

$$B = b(i, i^* + \Delta e^e)W, \quad b_i > 0, \quad b_{i^* + \Delta e^e} < 0$$

$$eF = f(i, i^* + \Delta e^e)W, \quad f_i < 0, \quad f_{i^* + \Delta e^e} > 0$$

其中，Δe^e 表示预期的汇率变动。当国内利率提高时，对国外债券的需求下降，对国内债券的需求上升，投资者会卖出外国债券，买进本国债券。在外汇市场上，对本国货币的需求增加，本币升值。反之，亦相反。这一关系的传导机制表现为：

$$i \Rightarrow 资产组合效应 \Rightarrow 外汇市场上对本币的需求 \Rightarrow e$$

三、外汇市场与资本市场之间的传导机制

在讨论外汇市场与资本市场之间的关系时，需要把货币市场纳入，因为货币市场是资本市场和外汇市场之间的桥梁。如果把三者作为一个整体，则当三个市场同时达到均衡时，就可以全面讨论利率、汇率和股票价格三者之间的关系，从而分析外汇市场与资本市场之间的传导机制。

把戈登公式(1.6)与利率平价公式(1.9)联立，就可以得到以下方程组：

$$\begin{cases} i_t - i_t^* = E_t(e_{t+1}) - e_t + \rho_t + \phi_t \\ P_t = \dfrac{D}{i_t + i_t' - g} \end{cases}$$

求解后得：

$$P_t = \frac{D}{i^* + E_t(e_{t+1}) - e_t + \rho_t + \phi_t + i_t' - g} \tag{1.13}$$

式(1.13)表明:股票价格 P_t 的变动与本国货币的预期贬值率($E_t(e_{t+1}) - e_t$)呈反向变化的关系,股票价格(P_t)的变动与本币币值(e_t)的变动呈正向变化的关系。也就是说,一国货币的贬值预期将导致该国股票市场的价格下降,反之则上升。

外汇市场与资本市场之间的传导机制主要包括如下几种:

(1)通过利率相互影响的传导机制:

汇率波动⇒资本流动⇒国内利率⇒股票价格变动

股票价格变动⇒资产组合结构调整效应⇒国内利率⇒汇率变动

(2)通过进出口贸易相互影响的传导机制:

汇率波动⇒贸易条件改变⇒进出口数量变化⇒上市公司利润变化⇒股票价格变动

股票价格变动⇒投资和消费⇒国民收入⇒进出口贸易余额⇒汇率变动

(3)通过资本流动相互影响的传导机制:

汇率波动⇒资本流动⇒国内资本市场资金供给⇒股票价格变动

汇率波动⇒上市公司成本和对外投资⇒上市公司资产价值⇒股票价格变动

(4)通过投资者预期相互影响的传导机制:

汇率波动⇔投资者心理预期⇔股票价格波动

以上分析都是建立在开放经济、资本自由流动、汇率和利率由市场形成的假设条件之上。事实上,一国的经济开放程度、金融市场的市场化程度、金融管制程度是探讨金融市场之间关系的基本前提。在一个封闭经济中,外汇市场与货币市场和资本市场之间根本谈不上什么直接的传导机制。同样,在一个封闭且国内金融市场之间因为管制而相互分割的经济体中,不仅国内货币市场与资本市场没有直接的传导机制,而且三个市场之间也谈不上直接的关系。所以,以上这些前提条件,决定了金融市场之间的传导机制在多大程度上是直接的、有效率的或者是畅通的。此外,金融市场之间的传导机制往往也受到一国政策目标和政策搭配以及市场层面的信息、预期与市场稳定性等因素的影响。

四、即期市场与期货市场之间的传导机制

从时间的角度来看,金融市场可以分为即期市场和远期市场两大类。在货币市场、外汇市场和资本市场中,都存在即期的基础产品交易以及远期的期货或期权等衍生产品的交易。例如,在资本市场中,既存在股票或者股票指数的交易,也存在股票和股票指数的期货和期权交易以及在此基础上衍生出的其他金融衍生品交易。为了简化分析,下面集中分析即期市场和远期市场之间的传导机制。至于货币市场、外汇市场和资本市场内部的期限联系以及三个市场之间在期限上的关联,读者可以进行类比分析,本书不再详细阐述。

(一)金融期货市场简介

金融期货的交易是指买卖双方以约定时间和约定价格,在市场上以标准化合约买卖某些金融工具。金融期货交易的标的物不是一般商品,而是外汇、债券、存款单、股票、股价指数等金融资产,这些金融资产以标准的合约形式进行交易。

金融期货市场具有价格发现功能、规避风险功能、投机功能等几种主要功能。

在金融期货市场中，主要有与外汇市场相关的外汇期货、与资本市场相关的股指期货以及与货币市场相关的利率期货三种金融产品。

（二）两个市场价格的反射性关系

在金融期货交易中，现货和期货的价格变动是同方向的。期货价格是在与现货交易价格的对比中，市场参与者预期的价格变动在期货交易中的体现，而微观主体的预期通过市场交易机制汇聚形成一种市场性的价格预期。期货市场的价格通过反射性作用影响现货市场交易中的价格决定。[①] 通过市场的预期，现货价格与期货价格形成一种相互影响的机制。从市场微观结构的角度可以发现，市场交易机制决定的价格在很大意义上是一种信息价格。这种信息价格通过交易者的策略互动，在交易均衡达成时形成。[②] 所以理解现货市场价格与期货市场价格的关键在于理解价格中所包含的信息的确切含义。在两个市场各自的交易过程中，与资产价格相关的源信息以及投资者对这些源信息的理解、处理、反应和预期，都会进入市场微观结构意义上的定价机制，分别形成现货价格和期货价格，两者之间正是通过进入市场定价机制的市场预期性信息，从而相互关联并互为反射。

当从现货价格与期货价格的反射性关系去理解两者的联系时，会遇到一个认识论上因果循环的"鸡生蛋或蛋生鸡"的问题，而使得问题复杂化。事实上，只要把握住现货和期货的价格是同方向变动的这一趋势原则，就可以在实践中很好地把握现货市场与期货市场之间的传导关系。简而言之，当现货市场价格变动时，期货市场的价格也会发生同方向的变动；反之亦然。这样，问题的关键就在于把握当两者变动方向相同时，相对变化程度的不同对传导机制的影响。

现货市场价格和期货市场价格相对变化程度的差异，又取决于市场微观结构意义上的市场特质，这种市场特质主要决定于市场参与者的构成变化以及其所导致的市场买卖势力的相对比较。不仅市场中风险规避者和投机者的构成及其交易量的权重将影响期货市场的价格变化，而且两类交易各自的结构性差异导致的市场影响力差异，也会影响市场交易的价格变化。例如，在风险规避者和投机者的构成及其交易量都比较均匀的市场中，现货市场与期货市场的价格变动比较一致，主要由市场的预期来决定两者之间的价格差；当市场中投机者势力较大，而且在某一阶段具有价格操纵能力时，就有可能出现两者之间的变动程度不一致，并使某些交易方投机获利。

五、金融市场一体化对金融市场之间传导机制的影响

当前，金融市场的一体化进程成为经济全球化和金融全球化的必然产物。金融市场一体化的特征主要表现在以下几个方面：

（1）各个市场的资金标价越来越趋于统一。由于各个金融市场的信息不完全性造成的隔离越来越小，大量的和多样化的边际买者和边际卖者不断博弈，经过折现后的不同市

---

① 有关反射性关系，请参见：索罗斯.开放社会：全球资本主义的危机.王宇，译.北京：商务印书馆，2001。
② 有关市场微观结构的理论以及信息价格的含义，请参见：刘红忠.金融市场学.上海：上海人民出版社，2003。

场的金融资产的买价、卖价到最后的成交差额在缩小。这种状态恰恰是金融市场统一和成熟的表现。在一个市场分割的国家，会存在不同的资产价格结构，甚至市场之间由于隔绝的原因，价格差距很大。隔绝意味着垄断，垄断意味着套利，这种市场分割的存在反映了经济和金融资源配置的扭曲。现有研究表明，全球化的金融市场统一程度比各国内部金融市场的统一程度还要高。

（2）不同金融市场的资产收益率趋于一致。市场的统一和流动性的提高，使得各类金融市场的产品收益率高度关联，从而促使收益率趋于一致。

（3）货币市场参与者和资本市场参与者之间的传统界限变得模糊不清。在混业经营的金融体系中，同一参与者参与不同市场的活动，那种非常单一的市场角色只有在实行分业经营模式的国家才可以看到。

（4）各种资本市场上的金融资产越来越具有某种货币性，也就是说，资本市场上的许多金融资产在某种程度上成为货币的替代品。

（5）随着货币供给的内生性在金融发展的推动下进一步强化，金融市场的统一具有强烈的内生性。

金融市场一体化的进程是金融发展的客观趋势。上述五个特征从不同的角度暗示着金融市场之间传导机制正在发生变化，这些变化着重体现在传导的效率上。也就是说，本节分析的金融市场之间的各种传导机制和互动关系，并没有发生本质性改变，但是各种关系之间的反应速度和传导机制的效率，将随着金融市场一体化程度的增强而提高。金融市场一体化程度的提高，意味着金融市场的摩擦减小。在一个完全无摩擦的金融市场中，各种金融资产也就趋向于完全替代性资产。正如物理学中没有完全无摩擦的运动一样，完全无摩擦的金融市场也不可能存在。反映到金融市场之间的传导机制上，就是传导效率随一体化的进程逐步提高的趋势。展望未来，随着金融市场一体化的发展，市场间的传导机制将越来越直接和高效，金融运行的效率将越来越高。

本 章 小 结

投资是在特定投资环境下进行的，并随着环境的变化而调整。本章从证券市场的交易机制和金融市场之间的传导机制两方面对投资环境进行描述。由于证券市场的交易机制具有代表性，我们可以将其延伸到外汇市场和货币市场中。

交易机制指市场的交易规则和保证规则实施的技术以及规则和技术对定价机制的影响。价格形成机制是交易机制的核心，包括做市商机制和竞价机制两种基本方式。竞价机制又分为连续竞价和集合竞价两种方式。按照价格形成机制的不同，可以把证券市场分为报价驱动的做市商市场、指令驱动的竞价市场以及两者兼而有之的混合式市场。根据交易机制的不同，存在着竞价市场的价格确定过程、做市商市场的价格确定过程以及大宗交易机制的价格确定过程。证券交易程序是交易机制的有形的程序化的表现，包括开户、委托、成交、清算和交割五个阶段。订单表示的交易指令在定价过程中起着主要的信息传递和揭示作用，同时需要一定的匹配原则，从而尽可能接近委托要求的条件达成交易。交易机制还包括信息披露方式和市场稳定措施。

衡量证券市场的质量的六个主要标准（流动性、透明度、稳定性、高效率、低成本和安全性)构成了证券交易制度设计的主要政策目标。市场交易机制的设计最终就是使得社会福利效应得到充分的发挥。

　　金融市场的功能在于通过空间上的流动和期限上的跨时转换,使资源在社会分工中摆脱空间和时间上的束缚,达到有效的配置。从空间角度看,金融市场可以分为货币市场、资本市场和外汇市场,主要从利率、股票价格和汇率三者之间的相互联系角度分析金融市场之间的内在传导机制。从时间角度看,金融市场可以分为现货市场和远期市场两大类。因为远期市场的产品是在即期的现货市场产品基础上衍生出来的,所以两者之间的变化存在着基于预期和期限结构的联系和传导机制。随着金融市场一体化的进程,市场传导机制将越来越直接和高效,金融运行的效率将越来越高。

关 键 术 语

交易机制　价格形成机制　做市商　连续竞价　集合竞价　订单匹配原则　金融市场传导机制　货币市场　资本市场　外汇市场　购买力平价　利率平价

习　　题

1. 简述交易机制的含义及其包含的内容。
2. 报价驱动机制和指令驱动机制有何区别? 除此以外,还有哪些交易机制?
3. 试对竞价市场和做市商市场的优劣做简要的比较。
4. 金融市场中的交易指令有哪些形式?
5. 请列举金融市场中的订单匹配原则。
6. 证券交易机制设计的政策目标有哪些? 其相互关系如何?
7. 简述利率与股票价格之间的关系以及传导机制。
8. 根据利率与汇率之间的传导机制,分析货币市场与外汇市场之间的关系。
9. 简述外汇市场与资本市场之间的传导机制。
10. 简述现货市场与期货市场之间的反射性关系。

即 测 即 评

专栏 1：
中国金融市场交易机制简介

上海证券交易所交易机制简介

上海证券交易所（Shanghai Stock Exchange），简称上证所（或上交所），是中国大陆地区两所综合性证券交易所之一，于 1990 年 11 月 26 日由中国人民银行总行批准成立。截至 2017 年年末，上证所股票总市值 33.1 万亿元。[①] 据世界交易所联合会（World Federation of Exchanges）公布的最新数据，截至 2017 年年末，上证所以总市值 5.08 万亿美元排名全球第 4 位；电子订单交易量位居全球第 5 位。[②] 目前，在上证所交易的证券品种涵盖股票（A 股和 B 股）、基金（封闭式基金和交易型开放式指数基金 ETF 等）、债券（国债、公司债、企业债等）以及债券回购等，交易品种广泛。而上证所的交易系统，也由最早的单一的指令驱动竞价交易系统，逐渐发展为包括大宗交易市场、固定收益证券的做市商市场以及融资融券业务的综合性交易系统组合，交易规则也日臻完善。本专题将深入介绍上海证券交易所几大主要交易市场的交易机制。

一、竞价交易系统

上海证券交易所的竞价交易系统是指令驱动的竞价市场，采用连续竞价和集合竞价两种价格形成机制。上证所会员和经认可的机构通过参与者交易业务单元[③]进行证券交易，对投资者实行全面指定交易制度，即投资者必须指定一家会员作为买卖证券的受托人，通过会员的交易业务单元参与证券买卖。股票、基金、债券、债券回购（包括买断式和质押式）、权证以及经证监会批准的其他交易品种均可在上证所挂牌交易。

---

① 数据来源：上海证券交易所. 2017 年社会责任报告。
② 数据来源：World Federation of Exchanges。
③ 《上海证券交易所交易规则》中以"交易业务单元"替代原交易规则中的"席位"，作为交易者参与交易的基本单位。

（一）订单（竞价交易申报）

上证所采用限价订单和市价订单两种订单类型。市价订单又分为即时成交剩余撤销申报、即时成交剩余转限价申报两类。前者未成交部分自动撤销，后者未成交部分按照最新成交价或本方最优报价转为限价订单。市价订单只适用于有价格涨跌幅限制证券连续竞价期间的交易。

各类证券的订单申报单位、订单上限，以及债券现货和回购交易的每手数量如专栏表 1-1 所示。

专栏表 1-1　上海证券交易所各类证券订单申报单位、订单上限和每手数量

证券类型	股票、基金、权证	债券	债券质押式回购	债券买断式回购
订单申报单位	100 股(份)	1 手	100 手	1 000 手
每手数量	—	1 000 元面值	1 000 元标准券	1 000 元面值
订单上限	100 万股(份)	10 万手	10 万手	5 万手

（二）交易时间和订单申报限制

接受交易参与人竞价交易申报的时间为每个交易日 9:15 至 9:25、9:30 至 11:30、13:00 至 15:00。其中，9:20 至 9:25 的开盘集合竞价阶段、14:57 至 15:00 的收盘集合竞价阶段，不接受撤单；其余交易时段为连续竞价时间，未成交订单可以撤销。

投资者买入的证券，交收前不得卖出，但实行回转交易（即成交后、交收前即可卖出）的除外。交收按照指定登记结算机构的规定办理。根据上证所指定结算机构的现行规定，A 股股票的交收日为 T+1 日[①]，即 A 股股票实行 T+1 交易。

（三）竞价和成交价格

上证所采用集合竞价和连续竞价两种竞价方式。证券竞价交易按价格优先、时间优先的原则撮合成交。价格优先，指较高价格买入申报优先于较低价格买入申报，较低价格卖出申报优先于较高价格卖出申报；时间优先，指买卖方向、价格相同的，先申报者优先于后申报者。

集合竞价的所有交易以同一价格成交，成交价格的确定原则为：

（1）可实现最大成交量的价格；

（2）高于该价格的买入申报与低于该价格的卖出申报全部成交的价格；

（3）与该价格相同的买方或卖方至少有一方全部成交的价格。

两个以上申报价格符合上述条件的，使未成交量最小的申报价格为成交价格；仍有两个以上使未成交量最小的申报价格符合上述条件的，其中间价为成交价格。

连续竞价阶段，成交价格的确定原则为：

（1）最高买入申报价格与最低卖出申报价格相同，以该价格为成交价格；

（2）买入申报价格高于即时揭示的最低卖出申报价格的，以即时揭示的最低卖出申报价格为成交价格；

---

① 见中国证券登记结算有限责任公司上海分公司《中国结算上海分公司结算账户管理及资金结算业务指南》。

（3）卖出申报价格低于即时揭示的最高买入申报价格的，以即时揭示的最高买入申报价格为成交价格。

（四）涨跌幅和订单申报价格限制

对股票、基金交易实行价格涨跌幅限制，涨跌幅比例为 10%[1]，首次公开发行上市的股票和增发上市的股票等特殊情况下，首个交易日无价格涨跌幅限制。

无价格涨跌幅限制的证券，订单申报价格区间应符合如下规定：

集合竞价阶段：

$$50\% \leq \frac{股票申报价格}{前收盘价} \leq 900\%$$

$$70\% \leq \frac{基金、债券申报价格}{前收盘价} \leq 150\%$$

连续竞价阶段：

股票连续竞价阶段、开市期间停牌阶段的交易申报价格不高于最新成交价格的 110% 且不低于最新成交价格的 90%；基金、债券、债券回购连续竞价阶段的交易申报价格不高于即时揭示的最低卖出价格的 110% 且不低于即时揭示的最高买入价格的 90%；同时不高于上述最高申报价与最低申报价平均数的 130% 且不低于该平均数的 70%。

（五）开盘价与收盘价

证券的开盘价为当日该证券的第一笔成交价格。开盘价通过集合竞价产生。集合竞价不能产生的，通过连续竞价产生。证券的收盘价通过集合竞价的方式产生。收盘集合竞价不能产生收盘价或未进行收盘集合竞价的，以当日该证券最后一笔交易前一分钟所有交易的成交量加权平均价（含最后一笔交易）为收盘价。基金、债券、债券买断式回购的收盘价为当日该证券最后一笔交易前一分钟所有交易的成交量加权平均价（含最后一笔交易）。债券质押式回购的收盘价为当日该证券最后一笔交易前一小时所有交易的成交量加权平均价（含最后一笔交易）。当日无成交的，以前收盘价为当日收盘价。

（六）计价单位和价格变动单位

不同种类证券的计价单位和价格变动单位如专栏表 1-2 所示。

专栏表 1-2　上海证券交易所计价单位和价格变动单位

证券类型	计价单位	价格变动单位
股票	每股价格	0.01 元（A 股）、0.001 美元（B 股）
基金、权证	每份价格	0.001 元
债券	每百元面值价格	0.01 元
债券质押式回购	每百元资金到期年收益	0.005 元
债券买断式回购	每百元面值债券到期购回价格	0.01 元

[1]　2013 年修订的《上海证券交易所交易规则》中，取消了原版本中"ST 股票和＊ST 股票价格涨跌幅比例为 5%"的规定。

（七）停牌和摘牌

上证所可以对涉嫌违法违规交易的证券实施特别停牌并予以公告,相关当事人应按照上证所的要求提交书面报告。[①]

证券上市期届满或依法不再具备上市条件的,上证所终止其上市交易,并予以摘牌。

（八）债券交易的特别规定

国债、公司债券、企业债券、分离交易的可转换公司债券中的公司债券(以下统称"债券")可以在竞价交易系统进行现货交易及质押式回购交易。

1．债券现货交易

债券现货实行净价交易。净价交易是指在现券买卖时,以不含有应计利息的价格报价并成交的交易方式。在净价交易条件下,债券交易价格不含有应计利息,其价格形成及变动能够更加准确地体现债券的内在价值、供求关系及市场利率的变动趋势。

债券现货交易中,当日买入的债券当日可以卖出,即实行 T+0 交易。

2．债券回购交易

目前可以在上证所进行的债券回购交易包括债券质押式回购和国债买断式回购。

债券质押式回购交易是指债券持有人在将债券质押的同时,将相应债券以标准券折算比率计算出的标准券数量为融资额度而进行的质押融资,交易双方约定在回购期满后返还资金和解除质押的交易。国债买断式回购交易是指债券持有人将国债卖给购买方的同时,交易双方约定在未来某一日期,卖方再以约定价格从买方购回相等数量同种国债的交易。

当日购买的债券,当日可用于质押券申报,并可进行相应的债券回购交易业务。质押券对应的标准券数量有剩余的,可以通过上证所交易系统,将相应的质押券申报转回原证券账户。当日申报转回的债券,当日可以卖出。

债券回购交易设 1 天、2 天、3 天、4 天、7 天、14 天、28 天、91 天和 182 天等回购期限。

债券回购交易实行"一次成交、两次结算"制度。

国债买断式回购交易实行"履约保证金"制度。到期日融券方证券账户中应付的相应国债数量不足,视为违约。到期日融资方没有足够资金购回相应国债,视为违约。违约方承担的违约责任只以支付履约金给守约方为限,并免除双方的实际履约义务。

二、大宗交易市场

在上证所进行证券交易,达到一定金额的,可以进入大宗交易市场。

（一）入场条件

单笔订单数量,A 股不低于 30 万股,或交易金额不低于 200 万元人民币;B 股不低于 30 万股,或交易金额不低于 20 万美元;基金不低于 200 万份,或交易金额不低于 200 万元;债券及债券回购不低于 1 000 手,或交易金额不低于 100 万元。

[①] 2013 年修订的《上海证券交易所交易规则》中,取消了原版本中"股票、封闭式基金交易出现异常波动的,上证所可以决定停牌"的相关规定。

（二）交易申报

每个交易日 9：30 至 11：30、13：00 至 15：30 接受大宗交易意向申报和成交申报，16：00 至 17：00 仍可接受成交申报，15：00 至 15：30 可接受固定价格申报。即：在竞价交易系统关闭后仍可进行大宗交易。大宗交易的申报包括意向申报、成交申报以及固定价格申报等。意向申报可以不包含成交价格和数量信息。当意向申报被会员接受（包括其他会员报出比意向申报更优的价格）时，申报方应当至少与一个接受意向申报的会员进行成交申报。提出固定价格申报的，买卖双方可按当日竞价交易市场收盘价格或者当日全天成交量加权平均价格进行申报。

（三）涨跌幅限制

有涨跌幅限制证券的大宗交易成交价格，由买卖双方在当日涨跌幅价格限制范围内确定。无涨跌幅限制证券的大宗交易成交价格，由买卖双方在前收盘价的上下 30% 或当日已成交的最高、最低价之间自行协商确定。买卖双方达成协议后，须提出成交申报，成交申报一经确认，不得变更或撤销。

（四）清算交收

每个交易日 9：30 至 15：30 时段确认的成交，于当日进行清算交收。

每个交易日 16：00 至 17：00 时段确认的成交，于次一交易日进行清算交收。

（五）债券大宗交易的交易商制度

上证所债券大宗交易实行一级交易商制度。经上证所认可的会员，可以担任一级交易商，通过大宗交易系统进行债券双边报价业务。

（六）大宗交易的披露

大宗交易不纳入上证所即时行情和指数的计算，成交量在大宗交易结束后计入该证券成交总量。每个交易日大宗交易结束后，属于股票和基金成交申报大宗交易的，公告证券名称、成交价、成交量及买卖双方所在会员营业部的名称等信息；属于债券和债券回购成交申报大宗交易的，公告证券名称、成交价和成交量等信息；单只证券的固定价格申报大宗交易，公告成交量、成交金额，以及该证券当日买入、卖出金额最大五家会员证券营业部的名称和各自的买入、卖出金额。

三、固定收益证券综合电子平台

固定收益证券不仅可在上证所的竞价交易系统内竞价交易，而且可以在上证所固定收益证券综合电子平台（下文简称平台）进行交易。该平台是报价驱动的做市商市场。

（一）交易商

平台中的交易商分为两类：普通交易商和一级交易商（即做市商）。普通交易商为上证所核准的取得平台交易资格的证券公司、基金管理公司等机构投资者；一级交易商，即上证所核准的可以提供做市服务的交易商。

（二）一级交易商（做市商）义务

做市商必须对指定的关键期限国债进行做市，并可自主对本平台上挂牌交易的其他固定收益证券进行做市。

一级交易商在本平台交易期间,应当对选定做市的特定固定收益证券进行连续双边报价。其他交易商就特定固定收益证券向为其做市的一级交易商提出询价的,该一级交易商应在接到询价后 20 分钟内进行报价。

（三）价差

一级交易商对做市品种的双边报价,应当是确定报价。国债双边报价价差不大于 10 个基点,单笔报价数量不得低于 5 000 手(1 手为 1 000 元面值);公司债券、企业债券、分离债双边报价价差不大于 20 个基点,单笔报价数量不得低于 1 000 手。

（四）订单和交易

本平台的交易时间为 9:30 至 11:30、13:00 至 14:00。现券交易实行净价申报,申报价格变动单位为 0.001 元,申报数量单位为手(1 手为 1 000 元面值)。交易商当日买入的固定收益证券,当日可以卖出,即实行 T+0 交易。

本平台交易采用报价交易和询价交易两种方式。报价交易中,交易商可以匿名或实名方式申报;询价交易中,交易商须以实名方式申报。

报价交易可以采用确定报价或待定报价。前者在其他交易商接受报价后即成交;后者则在其他交易商接受报价后,还需原报价的交易商进行确认。报价交易中,国债单笔订单为 5 000 手或其整数倍,按每 5 000 手逐一进行成交。公司债券、企业债券、分离债单笔订单为 1 000 手或其整数倍,按每 1 000 手逐一进行成交。

询价交易中,询价方每次可以向 5 家被询价方询价,被询价方接受询价时提出的报价为确定报价。询价方对被询价方提出的报价予以接受的,方能确认成交。在询价方接受前,被询价方可撤销其报价。

（五）涨跌幅限制

固定收益证券交易实行价格涨跌幅限制,涨跌幅比例为 10%。

涨跌幅价格的计算与竞价交易系统有所不同。计算公式为:

$$涨跌幅价格 = 前一交易日参考价格 \times (1 \pm 10\%)$$

其中的前一交易日参考价格,为该日全部交易的加权平均价,而非竞价系统中的收盘价。

（六）隔夜回购安排

一级交易商做市证券账户内当日可用于交收的国债出现不足的,上证所将根据授权及相关约定,通过本平台自动实行隔夜回购,以对该不足部分进行补券。隔夜回购实行"一次成交、两次清算"。其初次清算价格为交易日对应国债的参考价格(净价)加上交易日对应国债的应计利息,到期清算价格与初次清算价格相同。

四、融资融券交易

融资融券交易,是指投资者借入资金买入上市证券或借入上市证券并卖出的行为,相当于保证金购买和卖空。上海证券交易所自 2006 年起即已着手进行融资融券交易的准备工作。2010 年,融资融券试点开始实施,成为上证所近年来的重要创新业务。经过一年半多的试点，上证所在原《上海证券交易所融资融券交易试点实施细则》的基础上，于2011 年 11 月正式推出《上海证券交易所融资融券交易实施细则》，对融资融券交易进行了进一步的规范。2014 年 2 月 21 日和 2015 年 7 月 1 日，上证所先后发布了修订后的上述实施细则。本部分介绍上证所融资融券交易的主要规则。

（一）账户

会员从事融资融券交易，应开立融券专用证券账户、客户信用交易担保证券账户、融资专用资金账户及客户信用交易担保资金账户。会员应与客户签订融资融券合同及交易风险揭示书，并为其开立信用证券账户和信用资金账户。

（二）融券交易的价格限制

融券卖出的申报价格不得低于该证券的最新成交价；当天没有产生成交的，申报价格不得低于其前收盘价。因此，融券卖出不能申报市价订单。

融券期间，投资者通过其所有或控制的证券账户持有与融券卖出标的相同证券的，卖出该证券的价格应遵守前款规定，但超出融券数量的部分除外。

（三）融入资金和证券的偿还

投资者融资买入证券后，可通过卖券还款或直接还款的方式向会员偿还融入资金；融券卖出后，可通过买券还券或直接还券的方式向会员偿还融入证券。

投资者卖出其融资买入尚未了结合约的证券所得价款，须先偿还该投资者的融资欠款。未了结相关融券交易前，投资者融券卖出所得价款除以下用途外，不得另作他用：

（一）买券还券；

（二）偿还融资融券相关利息、费用和融券交易相关权益现金补偿；

（三）买入或申购证券公司现金管理产品、货币市场基金以及本所认可的其他高流动性证券；

（四）证监会及本所规定的其他用途。

投资者未能按期交足担保物或者到期未偿还融资融券债务的，会员应当根据约定采取强制平仓措施，处分客户担保物，不足部分可以向客户追索。

（四）融资融券期限

融资融券期限最长不得超过 6 个月。

（五）标的证券

在上证所上市交易的以下种类证券，经上证所认可，可以作为融资买入或融券卖出交易的标的证券：（1）符合条件的股票；（2）证券投资基金；（3）债券；（4）其他证券。在上证所交易的股票，须达到一定的流通规模、股东人数分散、股价波动幅度较小，并且具有良好的流动性等，才能成为标的证券。上证所对作为标的证券的交易所交易型开放式指数基金（ETF）也从规模和基金持有者的数量等方面进行了规定。上证所向市场公布标的证券名单。

（六）保证金

会员向客户融资、融券，应当向客户收取一定比例的保证金。保证金可以标的证券以及上证所认可的其他证券充抵。可充抵保证金的证券,在计算保证金金额时应当以证券市值或净值按专栏表 1-3 的折算率进行折算。

专栏表 1-3 证券充抵保证金折算率上限

证券类型		折算率上限
股票	上证 180 指数成分股股票	70%
	其他 A 股股票	65%
	被特别处理和被暂停上市的 A 股股票	0%
ETF		90%
证券公司现金管理产品、货币市场基金、国债		95%
其他上市证券投资基金、债券		80%
权证		0%

投资者融资买入证券时,融资保证金比例不得低于 100%;投资者融券卖出时,融券保证金比例不得低于 50%。

投资者融资买入或融券卖出证券时所使用的保证金不得超过其保证金可用余额。保证金可用余额是指投资者用于充抵保证金的现金、证券市值及融资融券交易产生的浮盈经折算后形成的保证金总额,减去投资者未了结融资融券交易已占用保证金和相关利息、费用的余额。

（七）担保物

会员向客户收取的保证金以及客户融资买入的全部证券和融券卖出所得全部资金,整体作为客户对会员融资融券所生债务的担保物。会员应当对客户提交的担保物进行整体监控,并计算其维持担保比例。

维持担保比例是指客户担保物价值与其融资融券债务之间的比例。维持担保比例不得低于 130%,否则会员应当通知客户在约定的期限内追加担保物,会员可以与客户自行约定追加担保物后的维持担保比例要求。维持担保比例超过 300% 时,客户可以提取保证金可用余额中的现金或冲抵保证金的证券,但提取后维持担保比例不得低于 300%。

（八）风险控制

对于融资业务,上证所通过融资监控指标对其风险进行控制。融资监控指标为:会员上报的标的证券融资余额和信用账户持有的标的证券市值取较小者与标的证券流通市值的比值。对于融券业务,上证所通过融券余量与该股票或基金上市可流通量的比值对其进行风险控制。

当单只股票融资或融券的上述风险控制指标达到 25% 时,上证所可在次一交易日暂停其融资买入或融券卖出,并向市场公布。上述指标降至 20% 以下时,可以在次一交易日恢复其融资融券业务并向市场公布。

对于交易所交易基金的融资融券业务,当上述风险控制指标达到或超过 75% 时,上证所可在次一交易日暂停其融资融券操作,并向市场公布。当上述指标降至 70% 以下时,可在次一交易日恢复其融资融券业务并向市场公布。

上海证券交易所关于交易机制的主要规定

〔1〕上海证券交易所:《关于实施"试行国债净价交易"有关事宜的通知》(上证推字〔2002〕1 号)。

〔2〕上海证券交易所:《上海证券交易所国债买断式回购交易实施细则》(上证债字〔2004〕70 号)。

〔3〕上海证券交易所:《关于修订〈上海证券交易所交易规则〉及相关事项的通知》(上证发〔2013〕9 号)。

〔4〕上海证券交易所:《关于修订〈上海证券交易所债券交易实施细则〉第二十一条的通知》(上证发〔2014〕2 号)。

〔5〕上海证券交易所:《上海证券交易所固定收益证券综合电子平台交易暂行规定》(债券基金部〔2008〕71 号)。

〔6〕上海证券交易所:《关于实施全天接受大宗交易意向申报的通知》(上证交字〔2009〕10 号)。

〔7〕上海证券交易所:《关于修改〈上海证券交易所融资融券交易实施细则〉第四十九条及第五十条的通知》(上证发〔2014〕9 号)。

〔8〕上海证券交易所:《上海证券交易所交易规则(2018 年修订)》(上证发〔2018〕59 号)。

〔9〕上海证券交易所:《上海证券交易所融资融券交易实施细则(2015 年修订)》(上证发〔2015〕64 号)。

〔10〕上海证券交易所:《关于修改〈上海证券交易所融资融券交易实施细则(2015 年修订)〉第三十八条的通知》(上证发〔2015〕89 号)。

〔11〕上海证券交易所:《上海证券交易所债券交易实施细则(2019 年修订)》(上证发〔2019〕5 号)。

深圳证券交易所交易机制简介

深圳证券交易所(Shenzhen Stock Exchange),简称深交所,成立于 1990 年 12 月 1 日。截至 2017 年年末,深交所上市公司(含主板、中小板与创业板)总市值为 23.58 万亿元。据世界交易所联合会(World Federation of Exchanges)公布的最新数据,截至 2017 年年末,在其所有会员中,深交所总市值排名全球第 8 位;电子订单交易量仅次于纽交所(NYSE)、纳斯达克(NASDAQ)以及 BATS Global Markets,位居全球第 4 位。[1] 在主板市场之外,深交所分别于 2004 年、2006 年和 2009 年启动中小企业板、中关村科技园区非上市公司股份报价转让系统和创业板市场,基本确立了主板、中小企业板、创业板以及非上市公司股份报价转让系统协调发展的多层次资本市场体系架构。

一、委托指令

投资者可以采用限价委托或市价委托的方式委托会员买卖证券。

深交所接受会员的市价申报(即市价订单)和限价申报(即限价订单)。与上证所相同,市价申报只适用于有价格涨跌幅限制证券连续竞价期间的交易。

各类证券的订单申报单位、订单上限以及债券现货和质押式回购交易的每手数量如专栏表 1-4 所示。

---

① 数据来源:World Federation of Exchanges。

专栏表1-4　深圳证券交易所各类证券订单申报单位、订单上限和每手数量

证券类型	股票、基金	债券	债券质押式回购
订单申报单位	100股(份)	10张	10张
每张数量	—	100元面值	100元标准券
订单上限	100万股(份)	100万张	100万张

二、交易时间

证券采用竞价交易方式的,接受会员订单的时间是每个交易日9:15至11:30、13:00至15:00。与上证所相同,深交所证券的开盘价和收盘价都产生自集合竞价。交易时间中,9:15至9:25为开盘集合竞价时间,9:30至11:30、13:00至14:57为连续竞价时间,14:57至15:00为收盘集合竞价时间。开盘和收盘集合竞价交易时段不可撤单;其他交易时段内未成交订单均可撤销。

三、竞价和成交价格

证券竞价交易采用集合竞价和连续竞价两种方式。证券竞价交易按价格优先、时间优先的原则撮合成交。

集合竞价的成交价格确定原则基本与上证所相同,区别在于当符合三个条件的成交价格有两个以上,并且使未成交量最小的申报价格仍有两个以上时,开盘集合竞价时取最接近即时行情显示的前收盘价为成交价,盘中、收盘集合竞价时取最接近最近成交价的价格为成交价。

连续竞价的成交价格确定原则与上证所相同。

四、涨跌幅与订单申报价格限制

股票、基金交易的涨跌幅限制比例为10%,ST和*ST等被实施特别处理的股票价格涨跌幅限制比例为5%。首次公开发行股票上市、暂停上市后恢复上市等情形下,股票上市首日不实行价格涨跌幅限制。

无价格涨跌幅限制的证券,订单申报价格区间应符合如下规定:

(一)股票

1. 开盘集合竞价阶段

$$\frac{股票申报价格}{前收盘价} \leqslant 900\%$$

2. 其余时段

$$90\% \leqslant \frac{股票申报价格}{最近成交价} \leqslant 110\%$$

(二)债券

1. 开盘集合竞价阶段

$$70\% \leqslant \frac{申报价格}{发行价} \leqslant 130\%(上市首日)或 90\% \leqslant \frac{申报价格}{前收盘价} \leqslant 110\%(非上市首日)$$

2．其余时段

$$90\% \leqslant \frac{申报价格}{最近成交价} \leqslant 110\%$$

（三）债券质押式回购

1．开盘集合竞价阶段

$$0 \leqslant \frac{申报价格}{前收盘价} \leqslant 200\%（非上市首日）$$

2．其余时段

$$0 \leqslant \frac{申报价格}{最近成交价} \leqslant 200\%$$

五、开盘价与收盘价

证券的开盘价产生方式与上证所相同。

证券的收盘价通过集合竞价的方式产生。收盘集合竞价不能产生收盘价或未进行收盘集合竞价的，以当日该证券最后一笔交易前一分钟所有交易的成交量加权平均价（含最后一笔交易）为收盘价。当日无成交的，以前收盘价为当日收盘价。

六、计价单位和价格变动单位

不同种类证券的计价单位和价格变动单位如专栏表 1-5 所示。

专栏表 1-5　深圳证券交易所计价单位和价格变动单位

证券类型	计价单位	价格变动单位
股票	每股价格	0.01 元（A 股）、0.01 港元（B 股）
基金	每份基金价格	0.001 元
债券	每百元面值价格	0.001 元
债券质押式回购	每百元资金到期年收益	0.001 元

七、停复牌制度

最新版本的深交所交易规则取消了对异常波动股票可以实施停牌的规定，改为特别的信息披露；而对于无涨跌幅限制的股票，停牌触发条件更低，停牌时间更长，停牌措施更加严格，以抑制过度投机行为。[①]

对于出现异常交易行为的证券，深交所可以决定实施停牌。

无价格涨跌幅限制股票交易出现下列情形的，深交所可以对其实施盘中临时停牌措施：

（1）盘中成交价较当日开盘价首次上涨或下跌达到或超过 10% 的，临时停牌时间为

---

① 《深圳证券交易所交易规则》，深证会〔2013〕135 号。下文提及的"最新版本的深交所交易规则"同。

1 小时;

（2）盘中成交价较当日开盘价首次上涨或下跌达到或超过 20% 的,临时停牌至 14:57;

（3）盘中换手率达到或超过 50% 的,临时停牌时间为 1 小时。

深交所可以视盘中交易情况调整相关指标阈值,或采取进一步的盘中风险控制措施。

证券在 9:25 前停牌的,当日复牌时对已接受的申报实行开盘集合竞价,复牌后继续当日交易。证券在 9:30 及其后临时停牌的,当日复牌时对已接受的申报实行盘中集合竞价,复牌后继续当日交易。

八、异常波动证券的信息披露

对于异常波动的证券,最新版本的深交所交易规则中取消了可以实施停牌的规定,改为实施特别的信息披露。股票、封闭式基金竞价交易出现下列情形之一的,属于异常波动,深交所分别公布其在交易异常波动期间累计买入、卖出金额最大的五家会员证券营业部或交易单元的名称及其各自累计买入、卖出金额:

（1）连续三个交易日内日收盘价涨跌幅偏离值累计达到 ±20% 的;

（2）ST 和 *ST 股票连续三个交易日内日收盘价涨跌幅偏离值累计达到 ±12% 的;

（3）连续三个交易日内日均换手率与前五个交易日的日均换手率的比值达到 30 倍,且该证券连续三个交易日内的累计换手率达到 20% 的;

（4）证监会或深交所认为属于异常波动的其他情形。

九、大宗交易

最新版本的深交所交易规则降低了大宗交易的最低限额。

在深交所进行的证券买卖符合以下条件的,可以采用大宗交易方式:

单笔交易数量,A 股不低于 30 万股,或者交易金额不低于 200 万元人民币;B 股不低于 3 万股,或者交易金额不低于 20 万港元;基金不低于 200 万份,或者交易金额不低于 200 万元人民币;债券单笔交易数量不低于 5 000 张,或者交易金额不低于 50 万元人民币。

深交所在每个交易日 9:15 至 11:30、13:00 至 15:30 接受协议大宗交易方式申报;15:05 至 15:30 接受盘后定价大宗交易方式申报。

有价格涨跌幅限制证券的协议大宗交易成交价格,在该证券当日涨跌幅限制价格范围内确定。无价格涨跌幅限制证券的协议大宗交易成交价格,在前收盘价的上下 30% 之间确定。

大宗交易不纳入即时行情和指数的计算,成交量在大宗交易结束后计入当日该证券成交总量。

十、债券交易

与上证所债券现券交易仅采用净价交易不同,深交所债券交易可以采取净价交易或全价交易的方式。净价交易,是指买卖债券时以不含有应计利息的价格申报并成交。全价交易,是指买卖债券时以含有应计利息的价格申报并成交。

深圳证券交易所关于交易机制的主要规定

［1］深圳证券交易所：《深圳证券交易所交易规则》（深证会〔2016〕138 号）。

［2］深圳证券交易所：《深圳证券交易所设立中小企业板块实施方案》（2004 年 5 月 25 日）。

中国外汇交易中心交易机制简介

中国外汇交易中心暨全国银行间同业拆借中心（以下简称"交易中心"）于 1994 年 4 月 18 日成立，是中国人民银行总行直属事业单位，中国银行间外汇市场、货币市场、债券市场以及汇率和利率衍生品市场的具体组织者和运行者。主要职能是：为银行间同业拆借市场、债券市场、外汇市场等提供交易、信息、基准、培训等服务，承担市场交易的日常监测工作，为央行货币政策操作和传导提供服务，开展经中国人民银行批准的其他业务。①

本部分介绍中国银行间外汇交易市场的主要交易规则。银行间外汇市场交易品种包括外汇即期交易（FX Spot）、远期交易（FX Forward）、掉期交易（FX Swap）、货币掉期交易（Cross Currency Swap/Cross Currency Interest Rate Swap），以及外汇期权交易（FX Option）。根据国际清算银行最新公布的统计数据，2016 年 4 月，中国日均外汇交易额（全部外汇交易品种之和）为 2 020 亿美元，排名全球第 8 位。②

下面以人民币外汇即期交易为例，对银行间市场具有代表性的交易规则进行介绍。

人民币外汇即期交易的外汇币种包括美元、欧元、日元、英镑、港币、澳大利亚元、加拿大元、新西兰元、马来西亚林吉特以及俄罗斯卢布。

一、竞价交易

竞价交易由做市商向系统发送各货币对的即期买卖报价，系统自动筛选其最优买卖报价并匿名发布。所有会员匿名交易。

（一）中间价与汇率浮动幅度

2005 年 7 月，我国进行汇率制度改革，开始实行"以市场供求为基础、参考一篮子货币进行调节、有管理的浮动汇率制度"③。在此基础上，形成了基于公布的每日人民币外汇即期交易中间价，在中国人民银行公布的浮动范围内进行外汇交易的交易模式。

人民币兑美元、日元、澳大利亚元、马来西亚林吉特和俄罗斯卢布汇率中间价是基于做市商报价得到的。中国外汇交易中心在每日银行间外汇市场开盘前向所有人民币外汇市场做市商进行询价。在此基础上，对美元报价去掉最高和最低价后进行加权平均，得到当日人民币兑美元中间价，其中权重是由外汇交易中心基于报价方交易量和报价情况综合确定的，不向公众公布；对日元、澳大利亚元、马来西亚林吉特和俄罗斯卢布，直接以做

---

① 资料来源：中国外汇交易中心官方网站。

② 数据来源：Bank for International Settlements（BIS）：Triennial Central Bank Survey of foreign exchange and OTC derivatives market activity in 2016，updated 11 Dec 2016.

③ 中国外汇交易中心：《中国外汇交易中心产品指引（外汇市场）》，2014 年 3 月 18 日。

市商平均报价作为中间价。

人民币兑欧元、英镑、港元和加拿大元汇率中间价由外汇交易中心根据当日国际外汇市场美元与该种外币汇率和人民币兑美元中间价套算确定。

每个工作日上午9:15,中国外汇交易中心在中国人民银行的授权下,对外公布当日各品种人民币外汇即期交易中间价。

基于外汇交易中心公布的中间价,外汇交易可以在中国人民银行公布的汇率浮动幅度内进行交易。2014年3月,中国人民银行将人民币兑美元即期交易的浮动幅度扩大至2%,各人民币即期外汇交易品种汇率浮动幅度如专栏表1-6所示。

专栏表1-6　人民币外汇即期交易竞价交易模式主要参数

货币对	浮动幅度	流动性限额	报价精度
USD/CNY	2%	USD 5M	0.000 1
HKD/CNY	3%	JPY 500M	0.000 1
JPY/CNY		HKD 50M	0.000 01
EUR/CNY		EUR 5M	0.000 1
GBP/CNY		GBP 5M	0.000 1
AUD/CNY		AUD 5M	0.000 1
CAD/CNY		CAD 5M	0.000 1
NZD/CNY		/	0.000 1
CNY/MYR	5%	CNY 5M	0.000 01
CNY/RUB		CNY 5M	0.000 1
CNY/THB(区域交易)	10%	/	0.000 1

资料来源:中国外汇交易中心:《中国外汇交易中心产品指引(外汇市场)》v1.5,2014年3月。

（二）成交方式

竞价交易采取分别报价、撮合成交方式。交易系统对买入报价和卖出报价分别排序,按照价格优先、时间优先的原则撮合成交:① 当买入报价和卖出报价相同时,成交价即为买入价或卖出价;② 当买入价高于卖出价时,成交价为买入价和卖出价中报价时间较早的一方所报的价格;③ 当两笔报价中一笔为市价时,以有价格的一方的报价为成交价;④ 当两笔报价均为市价时,以前一笔最新成交价为成交价;⑤ 当一笔报价成交了部分金额,剩余的金额继续参加撮合排序。

（三）限价订单与流动性限额

会员在交易订单中确定货币对、金额、价格和方向等交易要素,当做市商的报价与之匹配时,系统自动成交。限价订单的交易金额不能大于流动性限额。只有获利订单(take profit order)才可被系统接受。未成交的订单在系统收盘后处于未激活状态。

流动性限额指在竞价交易模式下,做市商对其买卖报价所承诺的最低可成交金额,也是交易中心根据做市商提供的流动性在交易系统中设置的最大交易金额。

交易金额不大于流动性限额时,会员点击交易系统显示的报价,即可按所看到的报价成交。交易金额大于流动性限额时,会员点击交易系统显示的报价,即可进入匿名询价方式。最优报价的做市商可以拒绝成交,或者报出在该交易金额下其愿意成交的价格。

(四)清算模式

根据最新的《中国外汇交易中心产品指引(外汇市场)》[①],竞价交易模式中(包括人民币外汇交易和外汇对交易,后者指交易涉及的两种货币均为外币的交易),交易完成后以上海清算所作为中央清算对手方与交易双方按集中净额清算模式进行资金清算。集中清算是指外汇交易达成后,由中央清算对手方(上海清算所)分别同交易双方独立进行资金清算,与不借助第三方的双边清算相对应。净额清算指对同一清算日的交易按币种进行轧差,针对轧差净额进行结算,与交易双方逐笔清算的全额清算模式相对应。人民币外汇即期竞价交易的清算速度为 T+2。

二、询价交易

询价交易指有双边授信关系的交易双方,通过外汇交易系统双边直接协商交易要素达成交易,交易达成后通过双边清算模式或净额清算等其他清算模式进行清算的交易模式。

询价交易的币种、金额、汇率、交割与结算等由交易双方协商议定,但不应与交易规则相冲突。在人民币外汇交易市场,上海清算所作为中央清算对手方与指定会员按集中净额清算方式进行资金清算。

银行间外汇市场人民币外汇即期交易机制的主要规定

[1] 中国外汇交易中心:《中国外汇交易中心产品指引(外汇市场)》v1.5,2014 年 3 月。

[2] 中国外汇交易中心:《银行间外汇市场人民币外汇即期交易规则》,2005 年 12 月 28 日。

[3] 上海清算所:《关于发布〈银行间外汇市场人民币外汇询价交易净额清算规则〉、〈银行间外汇市场人民币外汇询价交易净额清算风险管理规则〉的通知》,清算所发〔2013〕16 号。

中国"新三板"交易机制简介

中国资本市场分为场内市场和场外市场。场内市场即交易所市场,包括上海证券交易所和深圳证券交易所,主板、中小板、创业板都是场内交易所市场,对应的企业为上市公司。场外市场主要包括"新三板"、区域性股权交易市场、券商柜台市场等。"新三板"主要是为了区别过去的"老三板"而言。"老三板"指的是 2001 年 7 月为解决原 STAQ 系统、NET 系统(以下简称"两网系统")挂牌公司股份转让遗留问题,而由中国证监会授权中国证券业协会设立的证券公司代办股份转让系统,该系统后来还承接了沪深交易所退市公司的股份转让职责。"新三板"是社会上对全国股份转让系统的俗称,是继上海证券交易所、深圳证券交易所之后的第三家全国性证券交易场所,主要为创新型、创业型、成长型中

---

① 中国外汇交易中心:《中国外汇交易中心产品指引(外汇市场)》v1.5,2014 年 3 月。

小微企业发展服务。

2006年1月,国务院出台相关法规①在原有证券公司代办股份转让系统内增设中关村科技园区股份报价转让试点,允许中关村科技园区内注册企业在符合条件的情况下,进入证券公司代办股份转让系统实行协议式报价转让,标志着"新三板"的诞生。因为这两个市场层次的服务对象、交易方式、信息披露、融资制度、投资者适当性等均存在根本性不同,为了将二者区分,包括媒体在内的社会各界将原来的以"两网"公司和退市公司为主体的市场层次称为"老三板",而将2006年开始的以中关村园区企业为主体的市场层次称为"新三板"。②

早期的新三板市场出现了流动性不强、挂牌公司少、服务范围小和融资能力弱等问题。为满足不同企业的融资需求,缓解未上市中小企业融资问题,"新三板"改革势在必行。2012年7月,国务院批准《关于扩大中关村试点逐步建立全国中小企业股份转让系统的请示》,同意筹建全国股份转让系统,并将试点范围扩大到上海张江、天津滨海和武汉东湖高新区。2013年1月16日,全国股份转让系统正式揭牌运营,对原证券公司代办股份转让系统挂牌企业全部承接,开始形成了非上市股份转让的全国性证券交易场所,同年6月19日国务院常务会议决定将全国股份转让系统试点扩容至全国。之后,政府出台了一系列政策促进和完善"新三板"的发展,截止到2019年1月,"新三板"挂牌企业总数高达10 407家,而2011年年底挂牌企业不足100家。

一、股票挂牌

"新三板"中挂牌公司是纳入中国证监会监管的非上市公众公司,不受股东所有制性质的限制,不限于高新技术企业。挂牌企业需依法设立且存续满两年;业务明确,具有持续经营能力,公司应在每一个会计期间内形成与同期业务相关的持续营运记录,不能仅存在偶发性交易或事项;公司治理机制健全,合法规范经营,按规定建立股东大会、董事会、监事会和高级管理层;股权明晰,股票发行和转让行为合法合规。

股东人数可以超过200人。股东人数未超过200人的股份有限公司,直接向全国股份转让系统公司申请挂牌。股东人数超过200人的股份有限公司,公开转让申请经中国证监会核准后,可以按照规定向全国股份转让系统公司申请挂牌。

二、主办券商

"新三板"实行主办券商制度,主办券商应与申请挂牌公司签订推荐挂牌并持续督导协议,应对申请挂牌公司进行立项、尽职调查、质量控制、内核。同意推荐的,主办券商向全国中小企业股份转让系统有限责任公司(简称全国股转公司)提交推荐报告及其他有关文件。全国股转公司对主办券商挂牌推荐业务进行自律管理,审查推荐文件,履行审查程序。主办券商应针对每家申请挂牌公司设立项目组,负责尽职调查,起草尽职调查报告,制作推荐文件,建立工作底稿等。项目组进行尽职调查前,主办券商应与申请挂牌公

---

① 详见《证券公司代办股份转让系统中关村科技园区非上市股份有限公司股份报价转让试点办法》。
② http://www.neeq.com.cn/train_area/1359.html.

司签署保密协议。存在下列情形之一的,主办券商不得推荐申请挂牌公司股票挂牌:

（一）主办券商直接或间接合计持有申请挂牌公司7%以上的股份,或者是其前五名股东之一;

（二）申请挂牌公司直接或间接合计持有主办券商7%以上的股份,或者是其前五名股东之一;

（三）主办券商前十名股东中任何一名股东为申请挂牌公司前三名股东之一;

（四）主办券商与申请挂牌公司之间存在其他重大影响的关联关系。

主办券商以做市目的持有的申请挂牌公司股份,不受本条第一款限制。

主办券商进入全国股份转让系统进行股票转让,应当向全国股份转让系统公司申请取得转让权限,成为转让参与人。转让参与人应当通过在全国股份转让系统申请开设的交易单元进行股票转让。交易单元是转让参与人向全国股份转让系统公司申请设立的、参与全国股份转让系统证券转让,并接受全国股份转让系统公司服务及监管的基本业务单位。主办券商在全国股份转让系统开展证券经纪、证券自营和做市业务,应当分别开立交易单元。

三、股票转让

股票可以采取做市转让方式、竞价转让方式、协议转让方式进行转让。有2家以上做市商为其提供做市报价服务的股票,可以采取做市转让方式;除采取做市转让方式的股票外,其他股票采取竞价转让方式。单笔申报数量或转让金额符合全国股份转让系统规定标准的股票转让,可以进行协议转让。申请挂牌公司股票拟采取做市转让方式的,其中一家做市商应为推荐其股票挂牌的主办券商或该主办券商的母(子)公司。采取做市转让方式的股票,拟变更为竞价转让方式的,挂牌公司应事前征得该股票所有做市商同意。

竞价转让方式包括集合竞价和连续竞价两种方式。采取集合竞价方式的股票,全国股份转让系统根据挂牌公司所属市场层级为其提供相应的撮合频次。采取连续竞价方式的具体条件由全国股份转让系统公司另行制定。挂牌公司提出申请并经全国股份转让系统公司同意,可以变更股票转让方式。采取做市转让方式的股票,为其做市的做市商不足2家,且未在30个转让日内恢复为2家以上做市商的,如挂牌公司未按规定提出股票转让方式变更申请,其转让方式将强制变更为竞价转让方式。

股票转让时间为每周一至周五9:15至11:30,13:00至15:00。经中国证监会批准,全国股份转让系统公司可以调整转让时间。主办券商应按照接受投资者委托的时间先后顺序及时向全国股份转让系统申报。买卖股票的申报数量应当为1 000股或其整数倍。卖出股票时,余额不足1 000股部分,应当一次性申报卖出。股票转让的计价单位为"每股价格"。股票转让的申报价格最小变动单位为0.01元人民币。股票转让单笔申报最大数量不得超过100万股,协议转让除外。投资者买入的股票,买入当日不得卖出。做市商在做市报价过程中买入的股票,买入当日可以卖出。全国股份转让系统对采取做市和竞价转让方式的股票即时行情实行分类揭示。

四、分层管理

全国股转系统设立创新层和基础层,符合不同标准的挂牌公司分别纳入创新层或基

础层管理。满足以下条件之一的挂牌公司可以进入创新层:

(一)最近两年的净利润均不少于 1 000 万元(以扣除非经常性损益前后孰低者为计算依据);最近两年加权平均净资产收益率平均不低于 8%(以扣除非经常性损益前后孰低者为计算依据);股本总额不少于 2 000 万元。

(二)最近两年营业收入连续增长,且年均复合增长率不低于 50%;最近两年营业收入平均不低于 6 000 万元;股本总额不少于 2 000 万元。

(三)最近有成交的 60 个做市或者竞价转让日的平均市值不少于 6 亿元;股本总额不少于 5 000 万元;采取做市转让方式的,做市商家数不少于 6 家。

根据上述规定进入创新层的挂牌公司,还应当满足其他条件,如最近 12 个月完成过股票发行融资,且融资额累计不低于 1 000 万元;合格投资者不少于 50 人;公司治理健全;按照全国股转公司的要求,在会计年度结束之日起 4 个月内编制并披露年度报告等。未进入创新层的挂牌公司进入基础层。

"新三板"关于交易机制的主要规定

[1]国务院:《国务院关于全国中小企业股份转让系统有关问题的决定》(国发〔2013〕49 号)。
[2]全国中小企业股份转让系统:《全国中小企业股份转让系统业务规则(试行)》。
[3]全国中小企业股份转让系统:《全国中小企业股份转让系统主办券商挂牌推荐业务规定》。
[4]全国中小企业股份转让系统:《全国中小企业股份转让系统挂牌公司分层管理办法》。
[5]全国中小企业股份转让系统:《全国中小企业股份转让系统股票转让细则》。

中国科创板交易机制简介

2018 年 11 月 5 日,习近平总书记在首届中国国际进口博览会开幕式上表示将在上海证券交易所设立科创板并试点注册制。此后,证监会、上交所、央行、各省市陆续颁布一系列科创板相关政策,加速科创板的推进。证监会表示科创板旨在补齐资本市场服务科技创新的短板,是资本市场的增量改革,核心在于制度创新和改革。2019 年 1 月 30 日,中国证监会和上交所发布《关于在上海证券交易所设立科创板并试点注册制的实施意见》和相关配套业务规则的征求意见稿,同年 3 月 1 日,上交所正式发布实施了设立科创板并试点注册制相关业务规则和配套指引,明确了科创板股票发行、上市、交易、信息披露、退市和投资者保护等各个环节的主要制度安排,确立了交易所试点注册制下发行上市审核的基本理念、标准、机制和程序。

一、发行与承销

在科创板首次公开发行股票,发行后总股本不超过 4 亿股的,网下初始发行比例不低于本次公开发行股票数量的 70%;发行后总股本超过 4 亿股或者发行人尚未盈利的,网下初始发行比例不低于本次公开发行股票数量的 80%。应当安排不低于本次网下发行股票数量的 50% 优先向公募产品(包括为满足不符合科创板投资者适当性要求的投资者投资需求而设立的公募产品)、社保基金、养老金、根据《企业年金基金管理办法》设立的企业年金基金(以下简称企业年金基金)和符合《保险资金运用管理办法》等相关规定的保险资金(以下简称保险资金)配售。

网上超额申购,回拨给网下投资者。网上投资者有效申购倍数 50~100 倍的,回拨比例为本次公开发行股票数量的 5%;网上投资者有效申购倍数超过 100 倍的,回拨比例为本次公开发行股票数量的 10%。

首次公开发行股票可以向战略投资者配售。发行人的保荐机构依法设立的相关子公司或者实际控制该保荐机构的证券公司依法设立的其他相关子公司,参与本次发行战略配售。发行人的高级管理人员与核心员工可以设立专项资产管理计划参与本次发行战略配售。

二、投资者参与方式

投资者参与科创板股票交易,应当使用沪市 A 股证券账户。投资者通过竞价交易、盘后固定价格交易和大宗交易参与科创板股票交易。

三、投资者管理

个人投资者参与科创板股票交易,应当符合下列条件:

(一)申请权限开通前 20 个交易日证券账户及资金账户内的资产日均不低于人民币 50 万元(不包括该投资者通过融资融券融入的资金和证券);

(二)参与证券交易 24 个月以上;

(三)本所(均指的是上海证券交易所)规定的其他条件。

机构投资者参与科创板股票交易,应当符合法律法规及本所业务规则的规定。

四、股票交易一般事项

科创板股票交易实行竞价交易,条件成熟时引入做市商机制,做市商可以为科创板股票提供双边报价服务。做市商应当根据本所业务规则和做市协议,承担为科创板股票提供双边持续报价、双边回应报价等义务。科创板股票自上市首日起可作为融资融券标的,证券公司可以按规定借入科创板股票。科创板存托凭证在本所上市交易,以份为单位,以人民币为计价货币,计价单位为每份存托凭证价格。

科创板股票申报价格最小变动单位适用《上海证券交易所交易规则》相关规定。本所可以依据股价高低,实施不同的申报价格最小变动单位。

五、竞价与涨跌幅限制

科创板接受市价申报或限价申报交易股票。

市价申报适用于有价格涨跌幅限制股票与无价格涨跌幅限制股票连续竞价期间的交易。本所对科创板股票竞价交易实行价格涨跌幅限制,涨跌幅比例为 20%。

涨跌幅价格 = 前收盘价×(1±涨跌幅比例)。

首次公开发行上市的股票,上市后的前 5 个交易日不设价格涨跌幅限制。

通过限价申报买卖科创板股票的,单笔申报数量应当不小于 200 股,且不超过 10 万股;通过市价申报买卖的,单笔申报数量应当不小于 200 股,且不超过 5 万股。卖出时,余额不足 200 股的部分,应当一次性申报卖出。

六、异常波动

异常波动是指股票竞价交易出现下列情形:连续 3 个交易日内日收盘价格涨跌幅偏离值累计达到±30%;中国证监会或者上证所认定属于异常波动的其他情形。当出现异常波动时,交易所公告该股票交易异常波动期间累计买入、卖出金额最大 5 家会员营业部的名称及其买入、卖出金额。无价格涨跌幅限制的股票不纳入异常波动指标的计算。

七、股票减持

公司上市时未盈利的,在公司实现盈利前,控股股东、实际控制人自公司股票上市之日起 3 个完整会计年度内,不得减持首发前股份;自公司股票上市之日起第 4 个会计年度和第 5 个会计年度内,每年减持的首发前股份不得超过公司股份总数的 2%。公司上市时未盈利的,在公司实现盈利前,董事、监事、高级管理人员及核心技术人员自公司股票上市之日起 3 个完整会计年度内,不得减持首发前股份;在前述期间内离职的,应当继续遵守本款规定。公司实现盈利后,前两款规定的股东可以自当年年度报告披露后次日起减持首发前股份。

科创板关于交易机制的主要规定

[1] 上海证券交易所:《上海证券交易所科创板股票交易特别规定》(上证发〔2019〕23 号)。
[2] 上海证券交易所:《上海证券交易所科创板股票发行与承销实施办法》(上证发〔2019〕21 号)。
[3] 上海证券交易所:《上海证券交易所科创板股票上市规则》(上证发〔2019〕22 号)。
[4] 中国证券监督管理委员会:《关于在上海证券交易所设立科创板并试点注册制的实施意见》(中国证券监督管理委员会公告〔2019〕2 号)。

第二部分

投 资 目 标

第 2 章
风险与收益的衡量

在投资过程中,投资者需要对资产和资产组合的风险与收益进行客观的评价。本章首先介绍单一资产以及资产组合的风险与收益的衡量,并在此基础上介绍市场模型与系统性风险,最后对风险度量的下半方差法和目前风险管理中常用的 VaR 方法加以说明。

第一节　单一资产的风险与收益的衡量

单一资产的风险与收益的衡量包括两类,即历史的风险与收益(Historical Risk and Return)和预期的风险与收益(Expected Risk and Return)的衡量。前者用于确定单一资产以往投资的风险与收益,后者用于确定投资单一资产未来的风险与收益。

一、单一资产历史的风险与收益的衡量

(一)单一资产历史的收益的衡量

为了准确衡量以往投资的收益率,不仅需要考虑所投资的单一资产的价格变化,而且要考虑在投资期间因持有单一资产而获得的现金流,如股息、红利和债券利息。假定波音公司股票 1983 年 12 月 31 日和 1984 年 12 月 31 日的价格分别是 29.13 美元和 37.75 美元,1984 年该股票每股股息 0.93 美元。那么,如何计算 1984 年投资波音公司股票的收益率呢?计算过程如下:

$$r_{1984} = \frac{P_{1984} - P_{1983} + D_{1984}}{P_{1983}}$$

$$r_{1984} = \frac{37.75 - 29.13 + 0.93}{29.13} = 0.328$$

其中:r 表示投资的收益率;P 表示股票的价格;D 表示股息。即波音公司股票 1984 年的收益率等于 32.8%。从这个例子可以发现,股票的收益率等于投资期间股票价格的变化与股息之和除以期初股票的价格。同样道理,债券的收益率等于投资期间债券价格的变化与债券利息之和除以期初债券的价格。归纳起来,对于第 i 种资产,在第 t 期投资的收

益率的计算公式如下:

$$r_{it} = \frac{(P_{it} - P_{i,t-1}) + D_{it}}{P_{i,t-1}}\qquad(2.1)$$

为了计算第 i 种资产的平均收益率,我们可以使用以下公式:

$$\overline{r_i} = \frac{1}{n}(r_{i1} + r_{i2} + \cdots + r_{in}) = \frac{1}{n}\sum_{t=1}^{n} r_{it}\qquad(2.2)$$

根据表 2-1 的数据,我们可以计算出 3 种股票(第 1 种、第 2 种、第 3 种)在 2008 年至 2017 年的平均收益率。例如,表 2-1 中的第 1 种股票在 2008 年至 2017 年的平均收益率等于 6.20%。计算过程如下:

$$\overline{r_1} = \frac{1}{10}(10\% + 8\% + \cdots + 12\%) = \frac{1}{10}\times 62\% = 6.20\%$$

表 2-1 3 种股票在 2008—2017 年的平均收益率

年份	股票		
	第 1 种	第 2 种	第 3 种
2008	10%	11%	-6%
2009	8%	4%	18%
2010	-4%	-3%	4%
2011	22%	-2%	-5%
2012	8%	14%	32%
2013	-11%	-9%	-7%
2014	14%	15%	24%
2015	12%	13%	-17%
2016	-9%	-3%	2%
2017	12%	4%	27%
$\overline{r_i}$	6.20%	4.40%	7.20%
σ_i^2	0.011 44	0.007 249	0.028 373
σ_i	10.70%	8.51%	16.84%

(二) 单一资产历史的风险的衡量

风险本身有多种含义,且随着时间的推移,其含义也在不断地发展变化。在 20 世纪初,人们往往根据企业的资产负债表判断资产的风险大小,即负债越高,风险越大。到了 1962 年,B. Graham、D. Dodd 和 S. Cottle 在《证券分析》一书中,用一种安全边际(Margin of Safety)指标来衡量风险。[1] 安全边际的大小,并非取决于企业的财务报表(如资产负债表),而是由资产的市场价格与资产的内在价值(Intrinsic Value)的差异决定的。资产的内在价值,是在不考虑资产的市场价格的前提下,根据企业的盈利能力决定的。而现代意义

---

[1] Graham B, Dodd D, Cottle S. Security Analysis. New York:McGraw-Hill,1962.

上的单一资产和资产组合的风险的含义,是由马柯维茨等人明确界定的。[①]

现在为了简单起见,我们把风险定义为投资收益率的波动性。收益率的波动性越大,投资的风险越高。收益率的波动性通常用标准差或方差表示。

单一资产历史的风险的计算公式如下:

$$\sigma_i^2 = \frac{1}{n-1} \sum_{t=1}^{n} (r_{it} - \overline{r_i})^2 \tag{2.3}$$

$$\sigma_i = \sqrt{\sigma_i^2} = \sqrt{\frac{1}{n-1} \sum_{t=1}^{n} (r_{it} - \overline{r_i})^2} \tag{2.4}$$

其中,σ_i 表示标准差;σ_i^2 表示方差。

在方差和标准差的公式中,等式右边的分母是 $n-1$。这是因为,当收益率的观察值,仅仅是收益率观察值总体的一个样本时,除以 $n-1$,可以获得对观察值总体方差和标准差的无偏估计。如果收益率的观察值涵盖了全部观察值,那么,等式右边的分母就应该是 n。

例如,根据表 2-1 的数据,我们可以计算第 1 种股票的风险,即第 1 种股票的收益率在 10 年间的波动性:

$$\sigma_1^2 = \frac{1}{10-1} \sum_{t=1}^{10} (r_{1t} - \overline{r_1})^2$$

$$= \frac{1}{9} \left[(10\% - 6.20\%)^2 + (8\% - 6.20\%)^2 + \cdots + (12\% - 6.20\%)^2 \right]$$

$$= 0.011\ 44$$

$$\sigma_1 = \sqrt{\sigma_1^2} = \sqrt{0.011\ 44} = 10.70\%$$

二、单一资产预期的风险与收益的衡量

假定某位投资者认为今年的经济状况和宏观经济政策包含 4 种可能性:利率高企伴随的经济衰退;经济衰退,但利率将下降;利率高企,但经济高速增长;经济高速增长,但利率将下降。并且他认为这 4 种可能性的概率分别是 0.20、0.25、0.30 和 0.25。然后,他根据 4 种可能的经济状况和宏观经济政策,对所投资的 3 种股票的未来的价格和可能分配的股息进行预测,结果见表 2-2。

表 2-2　可能的经济状况与投资的收益率

可能的经济状况	概率	投资的收益率(%)		
	π_s	r_4	r_5	r_6
利率高企伴随的经济衰退	0.20	-18	-13	-4
经济衰退,但利率将下降	0.25	16	16	-2
利率高企,但经济高速增长	0.30	12	32	21
经济高速增长,但利率将下降	0.25	40	12	20

[①]　Markowitz, Harry. Portfolio Selection. Journal of Finance, 1952, 7(1): 77-91.

为了计算这 3 种股票投资的预期的收益率,可以用以下公式:

$$E(r_i) = \sum_{s=1}^{n} r_{is}\pi_s \quad (2.5)$$

其中,π_s 是某种可能出现的状况的概率,r_{is} 是针对某种可能出现的状况股票的可能的收益率。根据表 2-2 中的数据,计算第 4 种股票的预期的收益率:

$$E(r_4) = -18\% \times 0.2 + 16\% \times 0.25 + 12\% \times 0.30 + 40\% \times 0.25$$
$$= 14.00\%$$

同理可以计算第 5 和第 6 种股票的预期的收益率,结果见表 2-3。

表 2-3 股票的预期的收益率

	第 4 种股票	第 5 种股票	第 6 种股票
σ_i^2	0.037 6	0.024 5	0.013 65
$\sigma_i(\%)$	19.39	15.65	11.68
$E(r_i)(\%)$	14.00	14.00	10.00

从预期收益率的计算公式可以发现,它是一个以概率为权数的加权平均数。联系第一节历史的收益率计算公式可以发现,历史的收益率也是一个加权平均数,只是它的权数等于 $\frac{1}{n}$。

根据预期的收益率,资产的预期的风险,即方差和标准差的计算公式如下:

$$\sigma_i^2 = \sum_{s=1}^{n} \left[r_{is} - E(r_i) \right]^2 \pi_s \quad (2.6)$$

$$\sigma_i = \sqrt{\sum_{s=1}^{n} \left[r_{is} - E(r_i) \right]^2 \pi_s} \quad (2.7)$$

例如,表 2-2 中的第 4 种股票的方差和标准差分别等于:

$$\sigma_4^2 = (-18\% - 14\%)^2 \times 0.2 + (16\% - 14\%)^2 \times 0.25 + (12\% - 14\%)^2 \times 0.30 +$$
$$(40\% - 14\%)^2 \times 0.25$$
$$= 0.037 6$$

$$\sigma_4 = \sqrt{0.037 6} = 19.39\%$$

为了便于比较,将单一资产的历史的和预期的收益和风险的公式汇总在表 2-4 中。

表 2-4 单一资产的收益与风险的衡量

	历史的收益和风险	预期的收益和风险
收益率	$\bar{r}_i = \frac{1}{n}(r_{i1}+r_{i2}+\cdots+r_{in}) = \frac{1}{n}\sum_{t=1}^{n} r_{it}$	$E(r_i) = \sum_{s=1}^{n} r_{is}\pi_s$
方差	$\sigma_i^2 = \frac{1}{n-1}\sum_{t=1}^{n}(r_{it}-\bar{r}_i)^2$	$\sigma_i^2 = \sum_{s=1}^{n}\left[r_{is}-E(r_i)\right]^2\pi_s$
标准差	$\sigma_i = \sqrt{\sigma_i^2} = \sqrt{\frac{1}{n-1}\sum_{t=1}^{n}(r_{it}-\bar{r}_i)^2}$	$\sigma_i = \sqrt{\sum_{s=1}^{n}\left[r_{is}-E(r_i)\right]^2\pi_s}$

第二节　资产组合的风险与收益的衡量

马柯维茨 1952 年发表的论文《资产组合的选择》奠定了现代投资组合理论的基础。马柯维茨认为投资者的目标并非是收益的最大化。如果仅以收益最大化为投资目标,那么投资的资产应该是投资者认为能够获得最大收益的唯一的资产。事实上,绝大多数投资者并非仅仅持有一种资产。相反,他们大多建立了资产组合。这表明投资者在追求收益最大化的同时,追求着风险的最小化。而组合的建立,通过投资的分散化,能够在降低风险的同时维持原有的收益率水平。[①] 那么,组合的风险与收益应如何衡量?

一、资产组合收益的衡量

资产组合收益是组合中所包含的各种资产的收益率的加权平均数。组合的收益率同样可以分成两类:组合在过去一段时间的历史的收益率,组合在未来一段时间的预期的收益率。它们的计算公式分别是:

$$r_{pt} = \sum_{i=1}^{n} r_{it} W_{it} \tag{2.8}$$

$$E(r_p) = \sum_{i=1}^{n} E(r_i) W_i \tag{2.9}$$

其中,W_{it}、W_i 是第 i 种资产在组合中所占的权重,等于第 i 种资产的市场价值除以整个组合的市场价值。

假定某一组合包含两种股票 A 和 B。2017 年年初,A 和 B 两种股票的市场价值分别等于 60 元和 40 元,那么该组合在 2017 年年初的市场价值就等于 100 元。假定这两种股票在 2017 年都不派息,并且在 2017 年年底 A 和 B 股票的市场价值分别上升到 66 元和 48 元,即组合的市场价值上升到 114 元。根据第一节收益率的计算公式,该组合在 2017 年的收益率等于 14%,即:

$$r_{pt} = \frac{P_t - P_{t-1} + D_t}{P_{t-1}} = \frac{114 - 100 + 0}{100} = 14\%$$

根据组合的收益率的计算公式,即式(2.8),我们可以获得同样的结论,即:

$$r_{pt} = r_{At} W_{At} + r_{Bt} W_{Bt} = 10\% \times 0.60 + 20\% \times 0.40 = 14\%$$

其中,$W_{At} = \frac{60}{100} = 0.60$,$W_{Bt} = \frac{40}{100} = 0.40$。

二、资产组合风险的衡量

资产组合的风险,同样是用方差和标准差表示的。组合在过去一段时间的历史的风险以及组合在未来一段时间的预期的风险,它们两者基本的计算公式是一样的,即:

---

① Markowitz, Harry. Portfolio Selection. Journal of Finance,1952,7(1):77-91.

$$\sigma_{\text{p}}^2 = \sum_{i=1}^{n} \sum_{j=1}^{n} \text{cov}_{ij} W_i W_j \tag{2.10}$$

$$\sigma_{\text{p}}^2 = \sum_{i=1}^{n} W_i^2 \sigma_i^2 + 2 \sum_{1 \le i < j \le n} \text{cov}_{ij} W_i W_j \tag{2.11}$$

其中,W_i、W_j表示第i种和第j种资产在组合中所占的权重;cov_{ij}表示第i种和第j种资产收益率的协方差。

尽管组合历史的风险与预期的风险计算的基本公式是相同的,但是它们各自的协方差和方差的计算是不同的。由于第一节已经介绍了针对历史的和预期的方差的计算公式,所以,下面仅仅对比协方差方面存在的差异。

历史的协方差计算公式:

$$\text{cov}_{ij} = \frac{1}{n-1} \sum_{t=1}^{n} (r_{it} - \overline{r_i})(r_{jt} - \overline{r_j}) \tag{2.12}$$

预期的协方差计算公式:

$$\text{cov}_{ij} = \sum_{s=1}^{n} [r_i - E(r_i)][r_j - E(r_j)] \pi_s \tag{2.13}$$

此外,还可以利用协方差与相关系数的关系计算协方差,公式如下:

$$\rho_{ij} = \frac{\text{cov}_{ij}}{\sigma_i \sigma_j} \tag{2.14}$$

相关系数的数学性质决定了它的取值介于1和-1之间。当两种资产的收益率完全正相关时,相关系数等于1;当两种资产的收益率完全负相关时,相关系数等于-1;当两种资产的收益率完全不相关时,相关系数等于0。图2-1列举了几种可能的情况。其中,(a)代表第i种和第j种资产收益率的完全正相关,(b)代表第i种和第j种资产收益率的完全负相关,(c)代表第i种和第j种资产收益率的完全不相关,(d)代表第i种和第j种资产收益率的部分正相关,(e)代表第i种和第j种资产收益率的部分负相关。

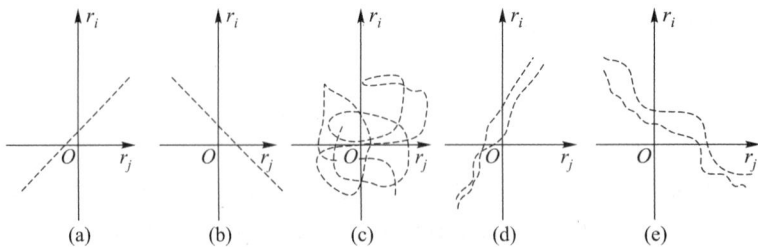

图 2-1　相关系数

现将资产组合的风险与收益的衡量公式汇总如表2-5所示。

表 2-5　资产组合的风险与收益的衡量

	历史的	预期的
收益率	$r_{\text{p}t} = \sum_{i=1}^{n} r_{it} W_{it}$	$E(r_{\text{p}}) = \sum_{i=1}^{n} E(r_i) W_i$

续表

	历史的	预期的
方差	$\sigma_p^2 = \sum\limits_{i=1}^{n} \sum\limits_{j=1}^{n} \mathrm{cov}_{ij} W_i W_j$ $\sigma_p^2 = \sum\limits_{i=1}^{n} W_i^2 \sigma_i^2 + 2 \sum\limits_{1 \leqslant i < j \leqslant n} \mathrm{cov}_{ij} W_i W_j$	$\sigma_p^2 = \sum\limits_{i=1}^{n} \sum\limits_{j=1}^{n} \mathrm{cov}_{ij} W_i W_j$ $\sigma_p^2 = \sum\limits_{i=1}^{n} W_i^2 \sigma_i^2 + 2 \sum\limits_{1 \leqslant i < j \leqslant n} \mathrm{cov}_{ij} W_i W_j$
协方差	$\mathrm{cov}_{ij} = \dfrac{1}{n-1} \sum\limits_{t=1}^{n} (r_{it} - \overline{r}_i)(r_{jt} - \overline{r}_j)$	$\mathrm{cov}_{ij} = \sum\limits_{s=1}^{n} [r_i - E(r_i)][r_j - E(r_j)] \pi_s$
相关系数	$\rho_{ij} = \dfrac{\mathrm{cov}_{ij}}{\sigma_i \sigma_j}$	$\rho_{ij} = \dfrac{\mathrm{cov}_{ij}}{\sigma_i \sigma_j}$

第三节　市场模型与系统性风险

在分别介绍了单一资产和资产组合的风险与收益衡量的基础上,这里引入系统性风险(Systemastic Risk)与非系统性风险(Non-Systemastic Risk)的概念。当股指上扬时,证券市场上的大多数股票的价格也会跟着上扬;反之,大多数股票的价格将跟着下跌。这表明在市场上存在着一些影响所有证券的共同的因素在起作用。例如,当利率上升时,股票和债券的价格将下降;当预期宏观经济出现衰退时,由于经济衰退将直接影响上市公司的经营状况和盈利能力,所以,股票的价格也将下跌。因此,对于个别证券而言,它的风险可以分成两个部分:系统性风险与非系统性风险。前者是指由于证券市场共同的因素引起的股指波动带来的个股价格变化以及由于这种变化导致的个股收益率的不确定性。后者是指纯粹由于个股自身的因素引起的个股价格变化以及由于这种变化导致的个股收益率的不确定性。通常,人们又把系统性风险和非系统性风险称为不可分散风险(Undiversifiable Risk)与可分散风险(Diversifiable Risk)。

一、市场模型

市场模型(Market Model)是 1963 年由夏普(Sharpe)首先提出并用于衡量系统性风险的一个模型,又被称为指数模型(Indexing Model)和对角线模型(Diagonal Model)。[1]
该模型假定:

(1)个别证券的收益率之间的联系是通过一些共同的因素发生作用的。这些因素可以是宏观经济变量,如国民生产总值,也可以是一个有效组合(Efficient Portfolio)等其他因素。市场模型假定该因素是市场指数(Market Index)。

(2)任何一种证券的收益率与市场指数之间都存在着一种线性相关的关系,即:

$$r_{it} = \alpha_i + \beta_i r_{mt} + \varepsilon_{it} \tag{2.15}$$

对应于市场模型的函数表达式,即式(2.15),图 2-2 中的直线被称为特性线

---

[1]　Sharpe W F. A Simplified Model for Portfolio Analysis. Management Science, 1963, 9(2): 277-293.

（Characteristic Line）。其中，r_{it}、r_{mt}分别代表第i种资产和市场指数的收益率，α_i、β_i、ε_{it}分别是截距项、斜率和误差项。在市场模型中，截距项α_i代表了当市场指数收益率等于零时第i种资产的平均收益率，误差项ε_{it}是一个期望值等于零的随机变量。根据最小二乘法回归的条件，第i种资产收益率的误差项与市场指数收益率无关，与其他资产收益率的误差项无关，与第i种资产自身在其他时点上的误差项也无关。斜率项β_i就是贝塔系数，即用以衡量系统性风险大小的重要指标。贝塔系数的计算公式如下：

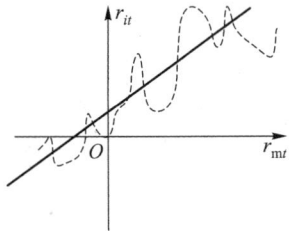

图 2-2　特性线

$$\beta_i = \frac{\mathrm{cov}_{im}}{\sigma_m^2} \tag{2.16}$$

其中，cov_{im}是第i种资产收益率与市场指数收益率的协方差；σ_m^2是市场指数收益率的方差。

由于市场指数收益率对其自身的协方差，就等于市场指数收益率的方差，所以市场指数自身的贝塔系数等于1，即：

$$\beta_m = \frac{\mathrm{cov}_{mm}}{\sigma_m^2} = \frac{\sigma_m^2}{\sigma_m^2} = 1.0$$

根据单个资产和资产组合的贝塔系数与市场指数贝塔系数的比较，我们可以把所有的资产和资产组合分成进攻型（Aggressive）的资产和资产组合与防御型（defensive）的资产和资产组合两大类。前者的贝塔系数大于1，表明它们的系统性风险高于市场的平均风险；后者的贝塔系数小于1，表明它们的系统性风险低于市场的平均风险。

假定某股票的贝塔系数等于1.5，其特性线等于：

$$r_{it} = 2\% + 1.5 r_{mt}$$

那么，该股票属于进攻型的资产。它的收益率的波动性是市场指数收益率波动性的1.5倍。同时，如果我们已知市场指数的收益率（4%），那么就可以利用该资产的特性线，计算出它的收益率：

$$r_{it} = 2\% + 1.5 \times 4\% = 8\%$$

由此可见，贝塔系数不仅可以用于判断和衡量单一资产和资产组合的系统性风险的大小，而且可以用于计算单一资产和资产组合的收益率。那么，如何测算贝塔系数呢？

二、贝塔系数的衡量

与单一资产和资产组合的风险与收益的衡量一样，贝塔系数也可以分成两类：历史的贝塔系数与预期的贝塔系数。投资者可以利用贝塔系数的计算公式，根据单一资产和资产组合的历史的收益率，计算出历史的贝塔系数。衡量预期的贝塔系数通常有两种方法：其一，根据概率分布对预期的贝塔系数进行估计；其二，根据可能对贝塔系数产生影响的一些因素，通过对历史的贝塔系数的调整，对预期的贝塔系数进行估计。

（一）历史的贝塔系数的衡量

我们可以利用表2-6的数据，举例说明历史的贝塔系数的计算方法。

表 2-6　历史的贝塔系数的衡量

年份	股票的收益率			市场指数的收益率
	第 1 种	第 2 种	第 3 种	
2008	10%	11%	−6%	11%
2009	8%	4%	18%	7%
2010	−4%	−3%	4%	−2%
2011	22%	−2%	−5%	8%
2012	8%	14%	32%	9%
2013	−11%	−9%	−7%	−5%
2014	14%	15%	24%	12%
2015	12%	13%	−17%	11%
2016	−9%	−3%	2%	3%
2017	12%	4%	27%	10%
$\overline{r_i}$	6.20%	4.40%	7.20%	6.40%
σ_i^2	0.011 44	0.007 249	0.028 373	0.003 427
σ_i	10.70%	8.51%	16.84%	5.85%
cov_{im}	0.005 258	0.004 209	0.002 791	0.003 427
ρ_{im}	0.84	0.85	0.28	1.00
β_{im}	1.53	1.24	0.81	1.00

第一种方法:首先计算协方差,然后计算贝塔系数。

利用第二节关于协方差的计算公式,表 2-6 中第 1 种股票的协方差为:

$$\mathrm{cov}_{im} = \frac{1}{n-1} \sum_{t=1}^{n} (r_{it} - \overline{r_1})(r_{mt} - \overline{r_m})$$

$$\mathrm{cov}_{1m} = \frac{1}{9}[(10\% - 6.2\%)(11\% - 6.4\%) + (8\% - 6.2\%)(7\% - 6.4\%) + \cdots$$

$$+ (12\% - 6.2\%)(10\% - 6.4\%)]$$

$$= \frac{1}{9} \times 0.047\ 322 = 0.005\ 258$$

利用协方差与贝塔系数的关系,第 1 种股票的贝塔系数等于:

$$\beta_1 = \frac{\mathrm{cov}_{1m}}{\sigma_m^2} = \frac{0.005\ 258}{0.003\ 427} = 1.53$$

第二种方法:利用相关系数计算贝塔系数。

利用第二节的关于协方差与相关系数关系的计算公式,表 2-6 中第一种股票的贝塔系数为

$$\rho_{1m} = \frac{cov_{1m}}{\sigma_1\sigma_m}$$

$$\beta_1 = \frac{cov_{1m}}{\sigma_m^2} = \frac{\rho_{1m}\sigma_1\sigma_m}{\sigma_m^2} = \rho_{1m}\frac{\sigma_1}{\sigma_m} = 0.84 \times \frac{10.70}{5.85} = 1.53$$

在表 2-6 中,比较第 3 种和第 1 种股票的贝塔系数可以发现,它们分别属于防御型和进攻型的股票,即第 1 种股票的系统性风险大于第 3 种股票。然而,第 3 种股票的标准差(16.84%)明显高于第 1 种股票(10.70%),说明第 3 种股票的收益率的波动性大于第 1 种股票,为什么第 3 种股票的系统性风险反而低于第 1 种股票呢? 这是因为第 3 种股票与市场指数的相关系数(0.28)低于第 1 种股票与市场指数的相关系数(0.84),所以,第 3 种股票风险中的非系统性风险部分,可以通过投资分散化予以化解,而余下的系统性风险就远远低于第 1 种股票的系统性风险了。

(二) 预期的贝塔系数的衡量之一:公式法

我们可以利用表 2-7 和表 2-8 的数据,举例说明预期的贝塔系数的计算方法。(表 2-7、表 2-8 与表 2-2、表 2-3 的不同之处在于增加了市场指数的预期收益率、协方差、相关系数和贝塔系数)。

表 2-7　可能的经济状况与投资的收益率

可能的经济状况	概率	投资的收益率(%)			
	π_s	r_4	r_5	r_6	r_m
利率高企伴随的经济衰退	0.20	−18	−13	−4	−9
经济衰退,但利率将下降	0.25	16	16	−2	8
利率高企,但经济高速增长	0.30	12	32	21	16
经济高速增长,但利率将下降	0.25	40	12	20	20

表 2-8　预期的贝塔系数的衡量

	第 4 种股票	第 5 种股票	第 6 种股票	市场指数
σ_i^2	0.037 6	0.024 5	0.013 65	0.010 9
$\sigma_i(\%)$	19.39	15.65	11.68	10.44
$E(r_i)(\%)$	14.00	14.00	10.00	10.00
cov_{im}	0.018 2	0.012 9	0.010 4	0.010 9
ρ_{im}	0.90	0.79	0.85	1.00
β_{im}	1.67	1.18	0.95	1.00

第一种方法:首先计算协方差,然后计算预期的贝塔系数。

利用第二节的关于协方差的计算公式,表 2-7 中的第四种股票的协方差等于:

$$\text{cov}_{4\text{m}} = \sum_{s=1}^{n} [r_4 - E(r_4)][r_\text{m} - E(r_\text{m})]\pi_s$$

$$= (-18\% - 14\%)(-9\% - 10\%) \times 0.20 + \cdots$$

$$+ (40\% - 14\%)(20\% - 10\%) \times 0.25$$

$$= 0.018\ 2$$

利用协方差与贝塔系数的关系,第四种股票的贝塔系数为:

$$\beta_4 = \frac{\text{cov}_{4\text{m}}}{\sigma_\text{m}^2} = \frac{0.018\ 2}{0.010\ 9} = 1.67$$

第二种方法:利用相关系数,计算贝塔系数。

利用第二节的关于协方差与相关系数关系的计算公式,表 2-7 中的第四种股票的贝塔系数为:

$$\rho_{4\text{m}} = \frac{\text{cov}_{4\text{m}}}{\sigma_4 \sigma_\text{m}}$$

$$\beta_4 = \frac{\text{cov}_{4\text{m}}}{\sigma_\text{m}^2} = \frac{\rho_{4\text{m}} \sigma_4 \sigma_\text{m}}{\sigma_\text{m}^2} = \rho_{4\text{m}} \frac{\sigma_4}{\sigma_\text{m}} = 0.90 \times \frac{19.39}{10.44} = 1.67$$

(三) 预期的贝塔系数的衡量之二:调整法

利用公式法计算预期的贝塔系数的最大困难在于对概率分布的估计。一方面,对于一般投资者来说,概率估计的数据很难获得,从而降低了公式法的实际运用价值;另一方面,概率分布估计本身的准确与否以及准确率的高低,也直接影响着利用公式法计算出的预期贝塔系数的准确与否。在这种情况下,人们通常采用调整法对预期的贝塔系数进行估计,即首先计算出单一资产和资产组合的历史的贝塔系数,然后将历史的贝塔系数向上或向下调整,调整后的历史的贝塔系数就成了对预期的贝塔系数的估计值。那么,根据什么原则对历史的贝塔系数进行调整呢?

1. 回归均值的趋势(Regression towards the Mean)

M. E. Blume 在 20 世纪 70 年代发现,那些历史的贝塔系数比较高的单一资产和资产组合,它们的贝塔系数会随着时间的推移逐渐降低;反之,那些历史的贝塔系数比较低的资产和资产组合,其贝塔系数会逐渐升高[1]。由于市场指数自身的贝塔系数恒等于 1,并且代表了证券市场上所有资产和资产组合的贝塔系数的均值,所以,随着时间的推移,所有资产和资产组合的贝塔系数具有向均值回归的趋势。例如,假定某股票在 2008—2012 年间的贝塔系数等于 1.6(高于市场指数的贝塔系数),该股票在 2013—2017 年间的贝塔系数就可能降低为 1.4,2018 年之后的贝塔系数有可能进一步降低。

表 2-9 是 M. E. Blume 有关研究成果的一部分。他根据历史的贝塔系数的大小,建立了 8 个资产组合。组合 1 的贝塔系数最低,组合 8 的贝塔系数最高。他对这 8 个资产组合在 1947 年 7 月至 1968 年 6 月 21 年间的贝塔系数进行了跟踪研究,并以 7 年为一个样本区间分别计算了 8 个资产组合的贝塔系数。例如,组合 1 在 1947—1954 年、1954—

---

① Blume M E. Betas and Their Regression Tendencies. Journal of Finance, 1975, 30(3): 785-795.

1961 年和 1961—1968 年的贝塔系数分别等于 0.36、0.57 和 0.72,组合 8 在 1947—1954 年、1954—1961 年和 1961—1968 年的贝塔系数分别等于 1.47、1.32 和 1.15。这表明了贝塔系数存在着向均值回归的趋势。

表 2-9　资产组合的贝塔系数

资产组合	资产组合的贝塔系数		
	1947 年 7 月—1954 年 6 月	1954 年 7 月—1961 年 6 月	1961 年 7 月—1968 年 6 月
1	0.36	0.57	0.72
2	0.61	0.71	0.79
3	0.78	0.88	0.88
4	0.91	0.96	0.92
5	1.01	1.03	1.04
6	1.13	1.13	1.02
7	1.26	1.24	1.08
8	1.47	1.32	1.15

资料来源:Blume M E. Betas and Their Regression Tendencies. Journal of Finance, 1975, 30(3):785-795.

此外,针对这 8 个资产组合,M. E. Blume 还对贝塔系数之间的关系进行了定量分析。他发现同一组合在两个时期的贝塔系数存在着以下的线性函数关系:

$$\beta_{t+1} = 0.35 + 0.65\beta_t$$

其中,β_t 是第 t 期的历史的贝塔系数;β_{t+1} 是第 $t+1$ 期需要预期的贝塔系数。

例如,对于表 2-9 中的组合 1 和组合 8 而言,根据它们 1947—1954 年的贝塔系数,可以计算出在 1954—1961 年的贝塔系数分别等于 0.58 和 1.31,而它们在此期间实际的贝塔系数分别为 0.57 和 1.32。具体计算如下:

组合 1:
$$\beta_{54-61} = 0.35 + 0.65\beta_{47-54}$$
$$\beta_{54-61} = 0.35 + 0.65 \times 0.36 = 0.58$$

组合 8:
$$\beta_{54-61} = 0.35 + 0.65\beta_{47-54}$$
$$\beta_{54-61} = 0.35 + 0.65 \times 1.47 = 1.31$$

那么,为什么贝塔系数存在着向均值回归的趋势呢?包括 M. E. Blume 本人在内的经济学家至今尚未能够解释这一有趣的现象。尽管如此,贝塔系数向均值回归的趋势有助于投资者对历史的贝塔系数进行调整,从而形成对预期的贝塔系数的估计。需要指出的是,M. E. Blume 给出的贝塔系数之间的线性函数关系是一种特例,仅适用于他所观察的 8 种组合。事实上,投资者不可能根据某一线性函数关系直接计算出资产和资产组合未来的贝塔系数。因此,在认识到贝塔系数回归均值的现象之后,投资者可以判断对历史的贝塔系数的调整方向,但是对历史的贝塔系数的调整幅度,更多地取决于投资者的经验判断。

2. 贝塔系数调整时应考虑的其他因素

贝塔系数回归均值的趋势,实际上告诉我们可以利用历史的贝塔系数对未来的预期的贝塔系数进行调整和估计。而历史的贝塔系数,仅仅是调整贝塔系数时应考虑的一种因素。贝塔系数调整时应考虑的因素还应包括公司的财务状况和公司所处的行业状况。

(1) 公司的财务状况。证券投资的基础分析法告诉我们,根据对企业财务状况的分析,可以有效地判断企业的盈利状况和它所发行证券的成长性。换句话说,企业的财务状况与它所发行证券的收益与风险息息相关。所以,根据公司的财务状况对所发行的证券的贝塔系数进行调整,有助于提高对预期的贝塔系数估计的准确率。例如,B. Rosenberg 等人的研究显示企业的财务指标大大有助于提高对预期的贝塔系数估计的准确率。[①] B. Rosenberg 比较了估计贝塔系数的三种方法:第一种,仅仅根据贝塔系数回归均值的趋势,利用历史的贝塔系数进行估计;第二种,仅仅根据企业的财务状况,对预期的贝塔系数进行估计;第三种,结合企业的财务状况和历史的贝塔系数,对预期的贝塔系数进行估计。结果发现第二种方法的准确率比第一种方法高 45%,第三种方法比第一种方法高 85%。

如何根据公司的财务状况对贝塔系数进行调整呢?

首先,认识公司的财务指标与贝塔系数之间的关系。

贝塔系数与企业的现金流的方差成正比。因为企业的现金流的方差越大,表明企业的现金流的波动性越大,那么该企业发行的资产的风险越大。同样道理,可以推出:贝塔系数与企业收益的方差成正比,贝塔系数与企业资产负债率成正比,贝塔系数与企业的每股收益的增长率成反比,贝塔系数与企业当前的股息收益率成反比,贝塔系数与企业资产的内在价值成反比。

其次,根据企业的财务指标考虑对贝塔系数的调整幅度。

表 2-10 是 B. Rosenberg 根据企业的财务状况调整贝塔系数的研究报告。他采用了现金流的方差、收益的方差、每股收益的增长率、当前的股息收益率、证券的内在价值和资产负债率等 36 项财务指标。为了简明起见,表 2-10 只列举了其中的 6 项。各项财务指标的调整系数,是根据某企业的财务指标与所有企业的同一财务指标均值的差异进行调整的。这种与均值的差异,是用所有企业的财务指标的标准差来表示的。例如,假定所有企业的资产负债率的均值等于 90%,标准差等于 30%,而某企业的资产负债率等于150%,表明该企业的资产负债率与均值的差异等于标准差的 2 倍(1.5 = 0.9+2×0.3),那么,该企业的贝塔系数将向上调整 0.082(2×0.041);同样道理,假定所有企业的股息收益率的均值等于 4%,标准差等于 2%,而该企业的股息收益率等于 6%,表明该企业的股息收益率与均值的差异等于标准差的 1 倍(0.06 = 0.04+1×0.02),那么,该企业的贝塔系数将向下调整 0.044(1×0.044)。在计算出各项财务指标的调整幅度之后,将它们加总,然后与贝塔系数的均值相加,就可以得到该企业调整后的贝塔系数。假定资产负债率和股息收益率是仅有的两项财务指标,那么,该企业的贝塔系数等于 1.038(1−0.044+0.082 = 1.038)。

---

① 　Rosenberg B, Guy J. Prediction of Beta from Investment Fundamentals. Financial Analysts Journal, 1976 (7-8).

表 2-10　贝塔系数与公司财务状况

财务特征	调整系数
现金流的方差	0.022
收益的方差	0.023
每股收益的增长率	−0.004
证券的内在价值	−0.043
当前的股息收益率	−0.044
资产负债率	0.041

资料来源：Rosenberg B，Guy J. The Prediction of Beta from Investment Fundamentals. Financial Analysis Journal，1976（7-8）.

尽管表 2-10 中的调整系数仅适用于 B. Rosenberg 当时所研究的样本企业，但是这项研究证明了可以根据企业的财务状况确定对贝塔系数的调整幅度，从而对预期的贝塔系数进行定量估计。

（2）公司所处的行业状况。除了公司自身的财务状况之外，公司所处的行业也是在调整贝塔系数时应考虑的一个因素。B. Rosenberg 在研究公司财务状况与贝塔系数关系的同时，还考察了公司所处行业特征与贝塔系数调整之间的关系。表 2-11 列举了 31 个行业的平均贝塔系数与相应的调整系数。第二栏的平均贝塔系数表明行业特征决定了各个行业的平均贝塔系数之间存在着差异。贝塔系数较高的行业包括航空运输、房地产和旅游等，贝塔系数较低的行业包括公用事业和电话等。贝塔系数越高，说明行业的风险越高。第三栏的调整系数，是在根据企业的财务状况调整贝塔系数之后，根据企业所处的行业再次调整贝塔系数的幅度。例如，某公用事业企业的贝塔系数在根据财务状况调整之后等于 0.687，那么，在考虑其行业特征之后，应该将贝塔系数再向下调整 0.237，调整后的贝塔系数为 0.687−0.237=0.45。

表 2-11 中的调整系数，同样仅仅适用于 B. Rosenberg 当时所研究的样本企业，但是，这项研究证明可以根据企业所处的行业特征确定对贝塔系数的调整幅度，从而对预期的贝塔系数进行定量估计。

表 2-11　贝塔系数与公司所处的行业状况

行业	平均贝塔系数	调整系数
能源与原材料	1.22	−0.030
建筑	1.27	0.062
农业	0.99	−0.140
饮料	0.89	−0.165
烟草	0.80	−0.279
造纸	1.16	−0.016
集装箱	1.01	−0.140

行业	平均贝塔系数	调整系数
新闻媒体	1.39	0.124
化学	1.22	0.011
制药	1.14	−0.099
化妆品	1.09	−0.067
石油业	0.85	−0.143
橡胶	1.21	0.050
钢铁	1.02	−0.086
商用机械	1.43	0.065
家用耐用消费品	1.44	0.132
汽车	1.27	0.045
宇航	1.30	0.020
电子	1.60	0.155
光学仪器	1.24	0.026
家用非耐用消费品	1.47	0.042
卡车货运	1.31	0.098
铁路水路运输	1.19	0.030
航空运输	1.80	0.348
电话	0.75	−0.288
公用事业	0.60	−0.237
零售业	1.43	0.073
银行	0.81	−0.242
保险	1.34	0.103
房地产	1.70	0.399
旅游	1.66	0.186

资料来源：Rosenberg B，Guy J. The Prediction of Beta from Investment Fundamentals. Financial Analysis Journal, 1976 (7-8).

第四节　风险度量的下半方差法

一、早期的下半方差法

方差具有良好的数学特性，在用方差度量证券投资组合的风险时，组合的方差可以分解为组合中单个资产收益的方差和各个资产收益之间的协方差,这是 Markowitz 资产组合理论在技术上可行的基础。但从诞生之日起,以方差来度量风险的方法就伴随着众多的质疑和批评。综合来看,利用方差来度量风险有以下三方面的缺陷:

第一,方差是用来衡量股票收益率偏离平均收益率的程度。但是,在现实中,平均收益率对于大多数投资者来讲没有实际的意义。因为人们通常认为风险是未达到某个特定的收益指标的程度,而不是与平均收益率的偏离程度。因此,方差法有悖于人们对于风险的客观感受。

第二,Tversky 和 Kahneman 等对风险心理学的研究则表明损失和盈利对风险确定的贡献度有所不同,即风险的方差度量对正离差和负离差的平等处理有违投资者对风险的真实心理感受。[1] 方差方法将投资风险与总体波动性两个概念混淆起来。这意味着高于平均收益率的收益和低于平均收益率的收益有相同的风险程度。也就是说,高于平均收益率的收益增大了投资组合的整体风险。而很显然,这也有悖于人们对风险的客观感受,因为任何投资者都不会把高收益看作风险。

第三,方差法假定收益率是正态分布的,但是 Fama 等人对美国证券市场投资收益率分布状况的研究以及克拉克(Clark)对含期权投资组合的收益率分布的研究,基本都否定了方差度量方法的理论前提——投资收益的正态分布假设。事实上,如果收益率的分布是正偏的,方差法会高估风险程度,因为高于平均收益率的收益要比低于平均收益率的收益多;而如果收益率的分布是负偏的,方差法则会低估风险程度。

鉴于以上缺陷,利用方差法来度量风险时,可能会导致错误的结论。Markowitz 自己也承认:除了方差之外,也存在着多种风险度量方法的替代,其中理论上最完美的度量方法应属于半方差方法。

在越来越受到风险管理实践者喜爱的半方差风险度量方法的历史中,Roy 是非常著名的。Roy 的"安全第一"法则建议利用投资价值低于某个预定的风险水平的概率水平去调整投资风险。

Roy 于 1952 年发表了投资组合理论的第二篇有影响的论文,仅仅在 Markowitz 发表其《资产组合的选择》之后的第三个月。Roy 相信,一个投资者很难找到一个数学公式来量化其效用函数,因此他致力于寻找一种可行的方法来确定风险—收益权衡的最佳比例。

按照 Roy 的理论,投资者会更倾向于"安全第一"法则,因此会设置最低可接受收益率(Minimum Acceptable Return, MAR)。Roy 称这个最低可接受收益率水平为"灾难性水平"(Disaster Level)。投资者会倾向于使得投资收益低于灾难性水平的可能性最小。因此,通过最大化收益与方差的比率,投资者可以选择使得投资收益低于灾难性水平的概率最小的投资组合。收益—方差比率使得投资者可以将投资组合的损失低于灾难性水平(或目标收益率水平)的可能性极小化。

"安全第一"法则的目标函数为:

$$\max\{(r-d)/s\} \tag{2.17}$$

---

[1] Kahneman D, Tversky A. The Psychology of Preferences. Scientific American, 1982, 246 (1): 160 - 173. Daniel Kahneman 因此获得 2002 年度诺贝尔经济学奖。

其中，r 为期望平均收益率；d 为灾难性水平；s 为投资组合的标准差。

　　由于 Roy 的论文比 Markowitz 的论文晚发表三个月，所以 Roy 对于许多人来讲有些陌生，但是 Roy 所提供的方法，也就是利用灾难性水平来计算收益—方差比率的方法为风险度量方法（尤其是后文将重点讨论的下方风险度量理论的发展）提供了十分有用的工具。事实上，Markowitz 是在 4 年以后，也就是 1956 年才提出一套运算法则来推导投资组合的有效集。Markowitz 在 1987 年承认，如果 Roy 利用收益—方差比率来找出均值—方差有效组合集，那么我们就要称投资组合理论为"Roy 投资组合理论"而不是现在广为人知的"Markowitz 投资组合理论"了。事实上，我们会发现 Roy 的收益—方差比率和投资"安全第一"原则无论对于后面将要论述的下半方差风险度量理论的发展，还是后来的投资绩效评估理论的发展，都起到了十分重要的作用。

　　Markowitz 在 1959 年意识到 Roy 的思想的重要性，便阐述了均值—方差分析的局限性：作为一种风险度量方法，方差法可能会与投资者的偏好结构以及证券和投资组合的回报率分布状况发生脱节，使得均值—方差所带来的信息无法充分区分不同的收益分布状况。Markowitz 意识到投资者出于以下两个原因会对下半方差更感兴趣：第一，只有下半方差才与投资者相关；第二，投资组合收益的分布可能不是正态分布。因此，对于非正态分布，下半方差对于风险的度量更能使投资者做出正确的决定。事实上，当收益是正态分布时，下半方差风险度量与方差风险度量的结果是相同的。下文的半方差就是我们关心的下半方差。

　　因此，Markowitz 提出了两个思路来度量半方差：以平均收益（Mean Return）为基准来度量的半方差——SVm，以目标收益（Target Return）为基准来衡量的半方差——SVt。这两种方法仅仅计算低于平均收益或低于目标收益的收益率的方差。由于只有收益分布的一半被使用来计算方差，因此，Markowitz 称这种计算风险的方法为部分方差或半方差法。

　　半方差法理论模型：

$$SVm = \frac{1}{k} \sum_{i=1}^{k} \left(\max \left[0, (E - R_T) \right] \right)^2 \text{（以平均收益来衡量的半方差）} \qquad (2.18)$$

$$SVt = \frac{1}{k} \sum_{i=1}^{k} \left(\max \left[0, (t - R_T) \right] \right)^2 \quad \text{（以目标收益来衡量的半方差）} \qquad (2.19)$$

其中，R_T 是持有期间 T 的资产回报率；k 是观察值的个数；t 是目标收益率；E 是资产收益率的期望值。

　　我们以表 2-12 的数据来举例说明 SVm 的计算方法。SVt 的计算与之相似，故略去。

表 2-12　以平均收益来衡量的半方差的计算

年份	股票			市场指数
	第 1 种	第 2 种	第 3 种	
2008	10%	11%	-6%	11%
2009	8%	4%	18%	7%
2010	-4%	-3%	4%	-2%

年份	股票			市场指数
	第1种	第2种	第3种	
2011	22%	−2%	−5%	8%
2012	8%	14%	32%	9%
2013	−11%	−9%	−7%	−5%
2014	14%	15%	24%	12%
2015	12%	13%	−17%	11%
2016	−9%	−3%	2%	3%
2017	12%	4%	27%	10%
$\overline{r_i}$	6.2%	4.4%	7.2%	6.4%
σ_i^2	0.011 44	0.007 249	0.028 373	0.003 427
SVm_i	0.006 309 2	0.003 303 6	0.011 476 4	0.002 120 8

第 1 种股票 SVm 的具体计算过程见表 2—13,其他计算与其类似。

表 2—13　第一种股票 SVm 的计算过程

$(1)=\overline{r_1}-r_{1T}$	$(2)=\max[0,(1)]$	$(3)=(2)^2$	$(4)=\sum(3)$	$(5)=(4)\div10$
−3.8%	0	0		
−1.8%	0	0		
10.2%	+10.2%	0.010 404		
−15.8%	0	0		
−1.8%	0	0		
17.2%	+17.2%	0.029 584		
−7.8%	0	0		
−5.8%	0	0		
15.2%	+15.2%	0.023 104		
−5.8%	0	0		
			0.063 092	0.006 309 2

从上述公式我们可以看出,半方差法实际是后来更为一般的低阶矩方法的一种特殊情况。在提出半方差法来度量风险的方法之后,Markowitz 仍然坚持利用方差法,其中主要原因是后者在计算上的便利性。半方差法利用的是半协方差矩阵(或协半方差矩阵),与协方差矩阵相比,需要输入 2 倍的数据。在 20 世纪 80 年代计算机普及之前,对于协方差矩阵的计算是非常复杂的事情。

二、LPM 与 RLPM 模型

由于资本资产定价模型(CAPM)依赖于正态分布的假设,在 20 世纪 70 年代初,一些学者开始质疑这种假设的正确性。Klemkosky(1973)以及 Ang 和 Chua(1979)的研究表明,基于 CAPM 的风险度量方法会得出不正确的结论,并提出用下半方差来代替方差。Hogan 和 Warren(1972)提出了 ES-CAPM 模型来研究基于目标半方差的有效投资组合前沿,被称为 ES 法则。这些都是在下半方差法理论方面进行的有益的探索。

在经济理论的发展历史中,总会出现一些里程碑式的理论,将某一领域内的所有问题澄清,并给予一个包罗迄今为止一切已有观点的新理论。在下方风险度量的研究中,突破性的进展是由 Bawa(1975)和 Fishburn(1979)共同完成的,他们共同发展了半方差理论,并提出了低阶矩(Lower Partial Movement,LPM)风险度量理论。David Nawrocki 将他们的成就比喻为电影史上黑白电影到数字环绕立体声彩色宽银幕电影的转变。LPM 风险度量理论将投资者从传统的单一效用函数(指方差和半方差的二次函数)束缚中解脱了出来,引入了多重符合冯·诺伊曼—摩根斯坦原则的效用函数(Von Neumann-Morgenstern utility)。并且 LPM 理论几乎涵盖了所有人的风险厌恶程度:从风险偏好到风险中性,再到风险厌恶。

Bawa(1975)最早将低阶矩引入低于目标值风险测量方法体系。Peter Fishburn(1977)首次计算出投资者未达到目标值的强度(Magnitude),并证明了随机主导法则可以与 Markowitz 投资组合理论在均值—下方差的理论框架中达到统一,并建立了 α-τ 低阶矩模型。低阶矩用风险忍受程度来度量低于目标值的风险。给定投资者的风险忍受度 α,τ 附近的低阶矩(LPM)的定义为:

$$LPM_\alpha = \frac{1}{k} \sum_{i=1}^{k} \left(\max\left[0,(\tau-R) \right] \right)^\alpha \quad (\alpha>0) \tag{2.20}$$

连续收益情形下的公式为:

$$LPM_\alpha(\tau,R) = \int_{-\infty}^{\tau} (\tau-R)^\alpha dF(R) = E\left\{ \left(\max\left[0,(\tau-R) \right] \right)^\alpha \right\} \tag{2.21}$$

其中,$F(R)$ 是投资收益率 R 的概率累积分布函数,τ 是目标收益率,α 为投资者的风险厌恶程度。

式中的 τ 也就是 Roy 在 1952 年提出的灾难性水平。在实践中,基准收益率、短期利率或者最小可接受回报率(MAR)都可以来做目标收益。参数 α 反映了投资者在收益率低于目标收益率 τ 时,对造成的不同损失程度的反应。当 $\alpha=1$ 时,投资者为风险中性(Risk-Neutral),以风险中性水平为界,可以将收益率低于 τ 时的风险偏好(Risk-Seeking)(0<α<1)与风险厌恶(Risk-Averse)(α>1)区分开来。

通过变换 α 与 τ 的值,我们可以推导出下方风险法的大部分理论。例如,当 $\alpha=0$ 时,就得到了基于 Roy 的"安全第一"原则当灾难水平为 τ 时的损失概率。当 $\alpha=2$,我们可以得到 Markowitz 的以目标值来衡量的半方差模型(SVt):$E\left\{ \left(\max\left[0,(\tau-R) \right] \right)^2 \right\}$。而当 τ 取收益率的均值时,又可得到以均值来衡量的半方差模型(SVm);当我们变化 τ 为一个随机变量时,就可得到相对低阶矩(RLPM)模型。

我们以表 2-14 的数据来举例说明 LPM 的计算方法。为了计算方便,我们不妨设 $\alpha = 1$,投资者为风险中性,目标收益率 τ 即为实际收益率均值。

表 2-14　LPM 的计算

年份	股票			市场指数
	第 1 种	第 2 种	第 3 种	
2008	10%	11%	−6%	11%
2009	8%	4%	18%	7%
2010	−4%	−3%	4%	−2%
2011	22%	−2%	−5%	8%
2012	8%	14%	32%	9%
2013	−11%	−9%	−7%	−5%
2014	14%	15%	24%	12%
2015	12%	13%	−17%	11%
2016	−9%	−3%	2%	3%
2017	12%	4%	27%	10%
$\overline{r}_i$	6.20%	4.40%	7.20%	6.40%
$LPM(\alpha = 1)$	+4.26%	+3.54%	+7.22%	+2.32%

第五节　风　险　价　值

在本章的前四节,我们利用方差、标准差、贝塔系数和下半方差来描述和衡量风险,但是这些风险参数无法衡量一个公司资产的总体风险。风险价值(Value at Risk,VaR)就是为了解决这个难题,由 J. P. 摩根银行于 1994 年首次提出。VaR 方法已经成为金融风险管理与控制的新标准,其最大优点是可以通过一个简单易懂的数字表明一个机构在市场上所面临的风险。在本节,我们将介绍 VaR 的定义、度量的方法和 VaR 的事后检验。

一、VaR 的定义

风险价值也称在险价值,是指在正常的市场环境下,给定一定的置信水平 α,一项金融资产或证券组合在未来的 T 天内,预期的最大损失金额。

VaR 是一个总结性的风险度量值,其刻画了资产组合价值下降的风险及其潜在的损失。当计算 VaR 时,我们首先要确定两个重要参数 α 和 T。不同的投资主体可以根据其需要选取不同的值。例如,巴塞尔委员会的内部模型选择时间间隔为 10 天,置信水平为 99%。《巴塞尔协议》要求银行持有的最小资本等于 VaR 乘以一个安全因子 $K(K \geqslant 3.0)$。而 J. P. 摩根银行选择时间间隔为 1 天,置信水平为 95%。如果在置信水平相同的情况下,N 天 $VaR = 1$ 天 $VaR \times \sqrt{N}$。

设定 $\alpha = 95\%$, $T = 1$ 天,当我们通过一些方法估算出某个资产组合的 VaR ,则表明我们有 95% 的把握,资产组合未来一个交易日的预期最大损失金额不会超过 VaR。

接下来,我们从数学意义上来定义 VaR 。[1]

假设投资者初始财富为 W_0 ,其持有的资产组合目标期末的价值是一个随机变量,记为 $\tilde{W}$, $\tilde{W} = W_0(1 + \tilde{r})$, $\tilde{r}$ 是资产的收益率。$\tilde{r}$ 是一个随机变量,其均值和波动率分布为 μ 和 σ 。根据 VaR 的定义,我们感兴趣的是最大可能的损失,定义目标期末的资产组合价值增量为 ΔW , $\Delta W = \tilde{W} - W_0 = W_0 \tilde{r}$ 。置信水平为 α (95% 或 99%)下的 VaR 可以表示为:

$$\text{Prob}\{\Delta W \leqslant -VaR\} = 1 - \alpha$$

令 $f(r)$ 为资产收益率的概率密度函数。在给定的置信水平 α 下,我们试图找到一个收益率的临界值 r^* ,使得 $\text{Prob}\{\tilde{r} \leqslant r^*\} = \displaystyle\int_{-\infty}^{r^*} f(r)\,\mathrm{d}r = 1 - \alpha$ 成立。令 $r_{1-\alpha}$ 为资产收益率分布的 $1-\alpha$ 分位数 Quantile,则 $r^* = r_{1-\alpha}$ 。VaR 可以重新表述为:

$$VaR = W_0 - W_0(1 + r_{1-\alpha}) = -W_0 r_{1-\alpha} \tag{2.22}$$

二、VaR 的度量方法

虽然 VaR 的概念简单易懂,但是如何度量 VaR 却存在着各种不同的观点和方法。度量 VaR 的关键在于描述资产组合在考察期间收益的概率分布。经过学术界和实务界人士的不断研究和探索,现在形成了三种主流的方法:协方差矩阵法(Variance-covariance Approach)[2]、历史模拟法(Historical Simulation Approach)和蒙特卡罗模拟法(Monte Carlo Simulation Approach)。

(一)协方差矩阵法

协方差矩阵法是度量 VaR 模型体系中最主要的方法,它以资产组合或各单项资产收益率服从标准分布尤其是正态分布为前提,并假定在时间序列上独立分布。首先利用资产收益率的历史数据估计主要的参数——均值、标准差和相关系数。根据估计的参数,我们可以得到资产组合收益率在目标时期内的分布,最后利用式(2.22)可以计算得出 VaR 。

假设资产收益率服从正态分布,即 $r \sim N(\mu, \sigma^2)$,计算短时间内的 VaR 将变得很简单。假设一个服从标准正态分布的随机变量 Z , $Z \sim N(0,1)$, $Z_{1-\alpha}$ ($Z_{1-\alpha} = \Phi^{-1}(1-\alpha)$)表示标准正态分布的 $1-\alpha$ 分位数。置信水平 95% 和 99% 所对应的标准正态分布分位数分别为 -1.6449 和 -2.3263 。

根据正态分布的性质可知:

$$(r_{1-\alpha} - \mu)/\sigma = Z_{1-\alpha} = \Phi^{-1}(1-\alpha)$$

---

① 主要参考:Jorion P. Value at Risk:The New Benchmark for Managing Financial Risk. 3rd ed. McGraw-Hill, 2007:527.

② 根据资产组合是否为风险因子的线性函数,协方差矩阵法又划分为直接估算法和逼近法(Delta-Normal 逼近法和 Delta-Gamma 逼近法),在本节我们假设资产组合为风险因子的线性函数。对于资产组合为风险因子的非线性函数情形,感兴趣的读者可以参考 Jorion(2007)。

则
$$r_{1-\alpha}=\mu+\Phi^{-1}(1-\alpha)\sigma$$
因此,协方差矩阵法下的 VaR 可以表示为:
$$VaR=-W_0 r_{1-\alpha}=-W_0[\mu+\Phi^{-1}(1-\alpha)\sigma] \qquad (2.23)$$

令式(2.23)中的 μ 和 σ 为日收益率均值和波动率,则对于计算更长目标时期 δt(例如 10 天)VaR 时,式(2.23)应该修改为:
$$VaR=-W_0[\mu\delta t+\Phi^{-1}(1-\alpha)\sigma\sqrt{\delta t}]$$

下面我们分别考虑投资者的资产组合包含单一资产、两种资产和多种资产($N\geq 2$)三种情形,运用协方差矩阵法计算 VaR。

1. 单一资产

假设投资者持有浦发银行(600000)的股票,当期的资产价值 W_0 为 100 万元,日平均收益率和波动率分别为 $\mu_1=0.025\%$ 和 $\sigma_1=2.6\%$,求该资产时间间隔 δt 为 10 天、置信水平为 99% 的 VaR。

$$
\begin{aligned}
VaR &=-W_0[\mu\delta t+\Phi^{-1}(1-\alpha)\sigma\sqrt{\delta t}]\\
&=-10^6[0.00025\times10+(-2.3263)\times0.026\times\sqrt{10}]\\
&=188\ 767
\end{aligned}
$$

2. 两种资产

假设一个资产组合 P 包含两种股票资产:浦发银行(600000)和平安银行(000001),资产组合的总价值 W_0 为 100 万元。两种股票资产的权重分别为 $\omega_1=1/4$ 和 $\omega_2=3/4$,日平均收益率分别为 $\mu_1=0.025\%$ 和 $\mu_2=0.051\%$,日波动率分别为 $\sigma_1=2.6\%$ 和 $\sigma_2=2.9\%$,两种资产的相关系数为 $\rho=0.715$,求该组合时间间隔 δt 为 10 天、置信水平为 99% 的 VaR。

$$\mu=\begin{bmatrix}\omega_1 & \omega_2\end{bmatrix}\begin{bmatrix}\mu_1\\\mu_2\end{bmatrix}=0.045\%$$

$$\sigma^2=\begin{bmatrix}\omega_1 & \omega_2\end{bmatrix}\begin{bmatrix}\sigma_1^2 & \rho\sigma_1\sigma_2\\\rho\sigma_1\sigma_2 & \sigma_2^2\end{bmatrix}\begin{bmatrix}\omega_1\\\omega_2\end{bmatrix}=0.0007$$

$$\sigma=0.027$$

$$
\begin{aligned}
VaR &=-W_0[\mu\delta t+\Phi^{-1}(1-\alpha)\sigma\sqrt{\delta t}]\\
&=-10^6[0.00045\times10+(-2.3263)\times0.027\times\sqrt{10}]\\
&=194\ 120
\end{aligned}
$$

3. 多种资产($N\geq 2$)

假设一个资产组合 P 包含 N 种股票资产 $S_i(i=1,2,\cdots,N)$,资产组合的总价值 W_0 为 100 万元。ω 表示股票资产在资产组合 P 中的权重向量:$\omega=(\omega_1,\cdots,\omega_N)^{\mathrm{T}}$,其中 ω_i 表示将总资产的 ω_i 部分投资于股票资产 S_i。股票资产 S_i 收益率为 r_i,其日平均收益率和波动率分别为 μ_i 和 σ_i。r_i 与 r_j 的协方差为 $\Omega_{ij}(\Omega_{ij}=\mathrm{cov}(r_i,r_j))$,$N$ 种股票资产收益率的方差—协

方差矩阵为 Ω[①]，求该资产组合时间间隔 δt 为 10 天、置信水平为 99% 的 VaR。

令 $\mu = (\mu_1, \cdots, \mu_N)^T$，则资产组合的日平均收益率为：

$$\mu_P = \omega\mu = \sum_{i=1}^{N} \omega_i \mu_i$$

资产组合的日波动率为：

$$\sigma_P = \sqrt{\omega\Omega\omega^T} = \sqrt{\sum_{i=1}^{N}\sum_{j=1}^{N} \omega_i \omega_j \Omega_{ij}}$$

根据式（2.22），该资产组合时间间隔 δt 为 10 天、置信水平为 99% 的 VaR 为：

$$VaR_P = -W_0 \left[\mu_P \delta t + \Phi^{-1}(1-\alpha)\sigma_P\sqrt{\delta t} \right]$$
$$= -10^6 \left[\mu_P \times 10 + (-2.3263) \times \sigma_P \times \sqrt{10} \right]$$

（二）历史模拟法

历史模拟法提供了一种简单易行、稳健直观的估计投资组合 VaR 的方法。这个方法不需要对定价模型或基本的市场随机结构做特定的假设。该方法假定资产收益的过去变化状况会在未来等概率重现，从而通过回溯过去的时间（如最近的 500 天），模拟投资组合的历史变动来估算 VaR。

我们现在通过一个简单的例子来阐明如何采用历史模拟法估计一个投资组合的 VaR。

假设 2014 年 4 月 10 日，投资者持有一个资产组合（W^p），基于 2 年的历史资产收益率时间序列（2012 年 2 月 3 日至 2014 年 4 月 10 日）来估计该资产组合未来一个交易日（2014 年 4 月 11 日）、置信水平为 95% 的 VaR。

运用历史模拟法计算该资产组合 VaR 的步骤：

第一步：构造资产组合及收益率时间序列。

我们选取 2009 年 1 月 1 日前发行的所有沪、深 A 股股票（不包括已经退市股票）作为样本，从中随机选取 10 只股票 $S_i (i=1,2,\cdots,10)$，并且对该 10 只股票随机赋予权重 $\omega_i (i=1, 2,\cdots,10)$，假设投资者拥有 100 万元，在 2010 年最后一个交易日建立资产组合 P，购买 N_i $(i=1,2,\cdots,10)$ 股股票 S_i，$N_i = 1\,000\,000 \times \omega_i/p_i$，$p_i$ 是股票 S_i 在 2010 年最后一个交易日的价格。因此，资产组合 P 第 t 天的价值可以表示为：

$$W_t^p = \sum_{i=1}^{10} N_i p_{it}, \quad t = -1, -2, \cdots, -T$$

我们通过 2012 年 2 月 3 日至 2014 年 4 月 10 日股票历史价格信息，构造资产组合 P 的价值时间序列 $\{W_t^p\}_{-1,-2,\cdots,-T}$，从而可以得到投资组合 P 的收益率时间序列 $\{R_t^p\}_{-1,-2,\cdots,-T}$。表 2-15 显示了随机选取的 10 只股票（由于篇幅所限，只列出 3 只股票）和资产组合 P 的历史价值信息。

---

① $\Omega = \begin{pmatrix} \Omega_{11} & \cdots & \Omega_{1N} \\ \cdots & \Omega_{ij} & \cdots \\ \Omega_{N1} & \cdots & \Omega_{NN} \end{pmatrix}$

表 2-15　历史模拟法计算 VaR 的数据

日期	建设银行 (601939)	上海普天 (600680)	…	万科 A (000002)	资产组合 P 的价值	组合价值 收益率(%)
0(2012.02.03)	100 000	100 000		100 000	1 000 000	0.0
1(2012.02.04)	98 973.3	98 768.5		101 619.4	993 719.6	−0.628
2(2012.02.05)	100 205.3	101 724.1		100 674.8	997 221.6	0.352
⋮	⋮	⋮	⋮	⋮	⋮	⋮
525(2014.04.08)	82 751.5	188 916.3		109 986.5	1 035 067	1.346
526(2014.04.09)	82 462.4	192 241.4		108 636.9	1 035 237.6	0.001
527(2014.04.10)	83 778.2	198 029 6		107 637.0	1 047 316.9	1.167

第二步:计算该资产组合的 VaR。

历史模拟法假定资产收益的过去变化会在未来等概率重现,图 2-3 列示出资产组合 P 的 527 个历史收益率时间序列。也就是说在未来的一个交易日内,可能出现 527 种状况,每一种状况对应着一个收益率。我们对可能收益率序列进行降序排列 $\{r_n^p\}_{1,2,\cdots,N}$,如图 2-4 所示,置信水平为 95% 的 VaR:

$$VaR_1^p = -r_{26}^p \times W_0^p \tag{2.24}$$

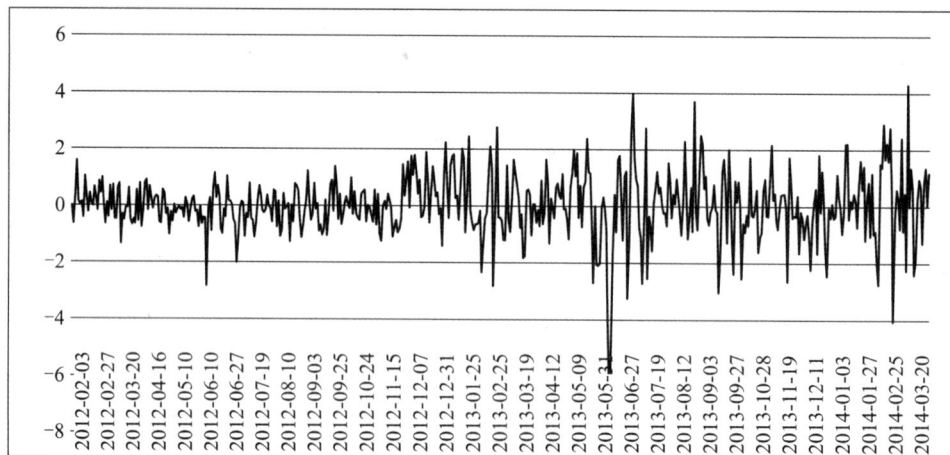

图 2-3　资产组合 P 的历史收益率时间序列

其中,r_{26}^p 表示第 26(数轴左边最接近 527×0.05 的整数)个收益率。由图 2-4 可以看出 r_{26}^p 为 −0.019 3。2014 年 4 月 10 日资产组合价值 W_0^p = 1 047 316.9 元。

根据式(2.24),可以计算该资产组合未来一个交易日(2014 年 4 月 11 日)、置信水平为 95% 的 VaR 为 20 213.2 元(1 047 316.9 ×0.019 3)。

同理,我们可以基于 2014 年 4 月 11 日计算 2014 年 4 月 14 日的 VaR[1]。此时,因为已

---

[1]　2014 年 4 月 12 日至 2014 年 4 月 13 日为周末,不交易。

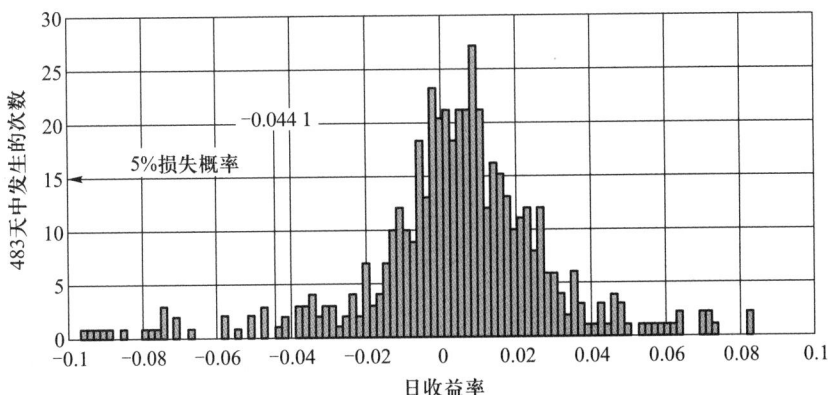

图 2-4　资产组合 P 风险价值(VaR)

经具有 2014 年 4 月 11 日的实际收益率,可以更新时间窗口为 2012 年 2 月 3 日至 2014 年 4 月 11 日,利用更新后的收益率时间序列重复上面的步骤估计 2014 年 4 月 14 的 VaR。以此类推,可以计算 2014 年每一个交易日的 VaR。

（三）蒙特卡罗模拟法

蒙特卡罗模拟法,指从历史数据或期权数据中估算出风险和相关系数等参数,并且为金融变量设定一个随机过程,然后运用蒙特卡罗方法模拟出资产组合在指定日期的各种不同的价格走势,通过这些模拟的价格导出资产组合在指定日期的收益率分布,最后根据收益率分布计算资产组合的 VaR 值。

我们以单个资产为例来阐述如何利用蒙特卡罗模拟法计算资产组合的 VaR。[1]

2013 年 10 月 31 日,假设某一投资者持有的浦发银行(600000)股票价值为 S,股票价格为 10.58 元,日收益率为 $\mu = 0.016\%$,日波动率为 $\sigma = 2.3\%$,运用蒙特卡洛模拟法计算该股票时间间隔为 10 天、置信水平为 99% 的 VaR。

第一步:选择一个随机模型。

假设资产价格服从几何布朗运动模型(GBM):

$$dS_t = \mu S_t dt + \sigma S_t dW_t$$

其中,S_t 是资产在 t 时刻的市场价格,漂移率(drift)为 μ,即时波动率(volatility)为 σ,dW_t 是一个标准的维纳过程。根据 Ito 引理[2]可知:

$$d\log S_t = \left(\mu - \frac{1}{2}\sigma^2 \right) dt + \sigma dW_t$$

等式两边同时求积分可得:

$$\int_0^t d\log S_t = \int_0^t \left(\mu - \frac{1}{2}\sigma^2 \right) dt + \int_0^t \sigma dW_t$$

---

[1]　当资产组合包含资产种类大于等于 2 时,模拟将变得较为复杂,有兴趣的读者可以参考 Jorion(2007)。

[2]　$dG = \left(\dfrac{\partial G}{\partial S}\mu S + \dfrac{\partial G}{\partial t} + \dfrac{1}{2}\dfrac{\partial^2 G}{\partial S^2}\sigma^2 S^2 \right) dt + \dfrac{\partial G}{\partial S}\sigma S dW$。

化简可得：

$$S_t = S_0 \exp\left[\left(\mu - \frac{1}{2}\sigma^2\right)t + \sigma\int_0^t \mathrm{d}W(\tau)\right]$$

离散形式可以表示为：

$$S_{t+\delta t} = S_t \exp\left[\left(\mu - \frac{1}{2}\sigma^2\right)\delta t + \sigma\sqrt{\delta t}\,\varepsilon\right], \varepsilon \sim N(0,1) \tag{2.25}$$

基于式(2.25)很容易产生资产价格的样本路径。

第二步：模拟随机变量 S 从 0 至 T 时期的价格路径。

我们可以从当前时刻的价格 S_0 出发。首先随机产生一系列 $\{\varepsilon_i\}_{1,2,\cdots,N}$，我们将 0 至 T 时间段划分为 N 个细小时间段 $\delta t\left(\delta t = \dfrac{T}{N}\right)$，根据 $S_{\delta t} = S_0 \exp\left[\left(\mu - \dfrac{1}{2}\sigma^2\right)\delta t + \sigma\sqrt{\delta t}\,\varepsilon_1\right]$ 求出 $S_{\delta t}$，记为 S_1；类似地，$S_{2\delta t} = S_1 \exp\left[\left(\mu - \dfrac{1}{2}\sigma^2\right)\delta t + \sigma\sqrt{\delta t}\,\varepsilon_2\right]$，记为 S_2；以此类推直至目标时刻 T，此时 $S_{N\delta t} = S_N$，且 $S_N = S_T$。这样我们就模拟出了随机变量 S 的一种可能的未来路径。在该例子中，给出的时间间隔为 10 天，即 $T = 10$ 天。进行蒙特卡罗模拟时，我们取 N 为 $1\,000$。

第三步：估计资产价格的分布。

将第二步重复 M 次，得到 T 时刻 M 个可能的价格序列 $S_T^1, S_T^2, \cdots, S_T^M$，从而可以拟合 T 时刻资产的价格的分布。进行蒙特卡罗模拟时，我们取 M 为 $1\,000$，模拟结果如图 2-5 所示。

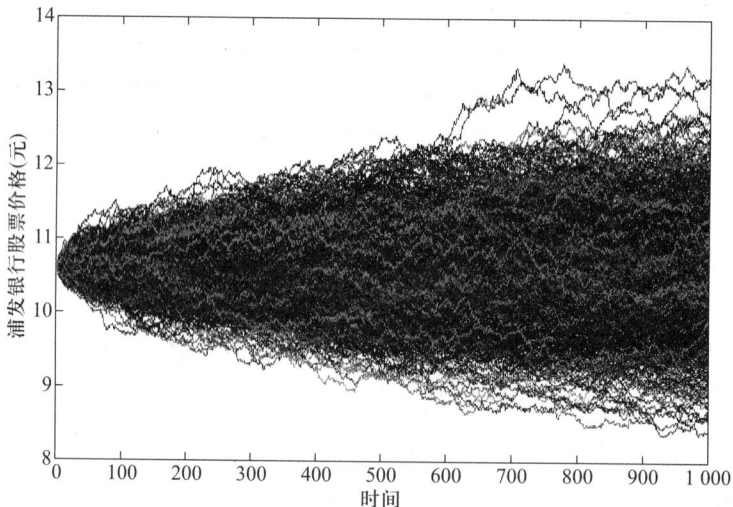

图 2-5　运用蒙特卡罗方法模拟浦发银行股价走势

第四步：估算资产的 VaR。

给定置信水平 α，根据第三步得到资产价格分布的 $1-\alpha$ 分位数，从而可以估算出相应的 VaR。在这个例子中，我们取 $\alpha = 99\%$。如图 2-6 所示，最后我们计算得出 $VaR = 1.68$。

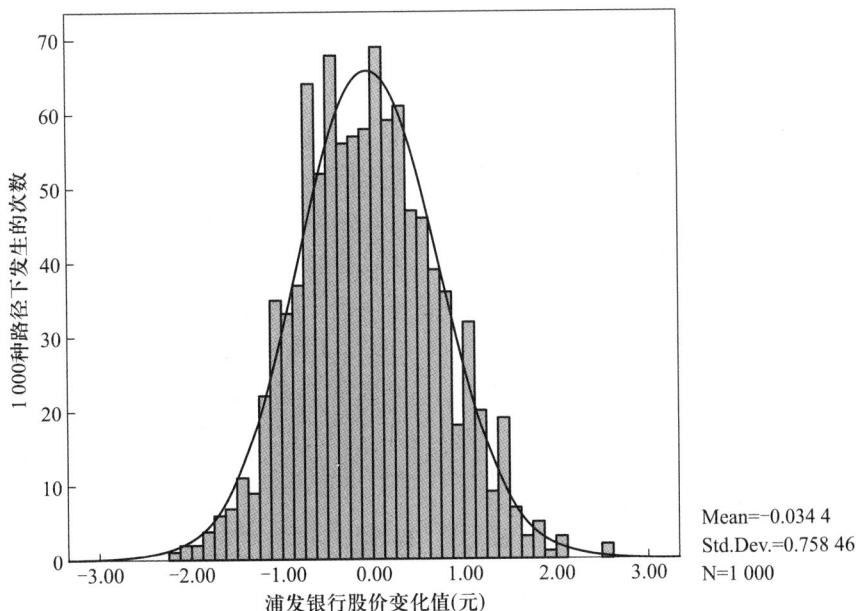

图 2-6 运用蒙特卡罗方法模拟计算浦发银行股票资产的 *VaR*

三、*VaR* 的事后检验

当我们利用某种方法(如历史模拟法)计算出一个资产组合的 *VaR* 后,并不能认为该 *VaR* 理所当然是正确的,还必须进行事后检验(Backtesing)①,就是要检验计算 *VaR* 时所给定的置信水平与实际观察到的结果是否相符。在进行事后检验时,我们通常采用移动窗口的方法。

以计算时间间隔为 1 天、置信水平为 99% 的 *VaR* 为例。

当我们计算出 *VaR* 后,接着计算该资产组合在本交易日的真实损失额,进而判断计算所得的 *VaR* 是否覆盖了真实的损失额。然后,将 *VaR* 计算窗口、待考察的交易日不断后移,计算并记录各交易日的超出情况。如果累计超出的天数小于或等于全部交易日的 1%,则认为计算 *VaR* 的方法是合理的。如果累计超出的天数大于全部交易日的 1%,则计算 *VaR* 的方法就值得商榷。

四、小结

VaR 是指在正常的市场环境下,给定一定的置信水平 α,一项金融资产或证券组合在未来的 T 天内,预期的最大损失金额。*VaR* 已经成为风险管理的一种标准工具。*VaR* 依赖于两个参数——时间间隔 T 和置信水平 α。我们必须注意,*VaR* 仅为风险管理提供了一个参考,我们不能迷信于 *VaR*。在进行风险度量及风险管理时,应该同时考虑其他的风

---

① 也翻译为返回检验、回溯测试或者后验测试。

险参数,如期望损失(Expected Shortfall,ES)或条件风险价值(Conditional-Value at Risk,C-VaR)。正如 J. P. 摩根风险管理委员会主席史蒂文·蒂克(Steven Thieke)所言:"有一点应该明白,*VaR* 已不是一种风险测量的方法论,而应成为一种管理手段,这种手段是与此行业人员的经验水平及公司所能承受的风险水平联系在一起的。"[1]

VaR 具有一个庞大的知识体系,本节的内容只是关于 *VaR* 的一小部分知识。例如,在计算资产组合的 *VaR* 时,我们没有考虑组合中包含债券、外汇、利率衍生产品及信用衍生产品的情形;又如,在本节中,我们仅运用 *VaR* 来度量市场风险,而没有利用 *VaR* 来衡量操作风险及信用风险。对 *VaR* 感兴趣的读者可以进一步阅读相关的经典文献。其中,Dowd(1998)和 Jorion(2007)被认为是关于 *VaR* 的标准教材。Duffie 和 Jun(1997)将 *VaR* 运用于衍生产品风险管理,并且对 *VaR* 相关文献做了比较全面的评述。Hull(2006)、Alexander(2001)、Gourieroux 和 Jasiak(2001)的部分章节涉及 *VaR*。对蒙特卡罗模拟法感兴趣的读者可以参考 Jackel(2002)和 Glasserman(2004)。

本 章 小 结

在投资中,需要对资产和资产组合的风险与收益进行评价。

单一资产的风险与收益包括历史与预期两类。股票(债券)的历史收益率等于投资期间股票(债券)价格的变化与股息(债券利息)之和,除以期初股票(债券)的价格。利用算术平均数或者几何平均数的公式可以计算单一资产历史的平均收益率。预期收益率等于对未来投资收益率的期望值。资产的风险通常用投资收益率的波动性表示,标准差或方差是衡量收益率波动性的常用统计指标。在计算单一资产的预期收益和风险时,必须考虑未来投资收益率的概率分布。

资产组合的收益率等于组合中各种资产收益率的加权平均数。组合的风险也用标准差或方差表示,其中,不同资产收益率之间的协方差是一个非常重要的变量。

单一资产及组合的风险可以分成系统性风险与非系统性风险。系统性风险是不可分散的风险,而非系统性风险是可以分散的风险。市场模型又称为指数模型或对角线模型,它可以用来衡量系统性风险。其中,贝塔系数就是用来衡量系统性风险大小的重要指标。历史的贝塔系数可以通过公式法计算得到,预期的贝塔系数可以使用公式法和调整法进行估计。在使用调整法时,要注意贝塔系数向均值回归的趋势,并根据公司的财务状况和所处行业的特征进行调整。

虽然方差具有良好的数学特性,但是利用方差来度量风险同时存在着缺陷,下半方差法是理论上最完美的风险度量方法。根据 Roy 的"安全第一"法则,投资者应该通过最大化收益与风险的比率,从而选择使得投资收益低于"灾难性水平"的概率最小的投资组合。Markowitz 提出了两个思路来度量半方差:以平均收益为基准来度量半方差,以目标收益为基准来衡量半方差。这两种方法仅仅计算低于平均收益或低于目标收益的收益率的方差。低阶矩风险度量理论的提出是半方差理论的一大发展,它几乎涵盖了所有类型

---

[1]　Jorion P. Value at Risk: The New Benchmark for Managing Financial Risk. 3rd ed. McGraw-Hill,2007:527.

88

投资者的风险厌恶程度:从风险偏好到风险中性,再到风险厌恶。通过变换其中参数的值,可以推导出下方风险法的大部分理论,并可以得到相对低阶矩模型。

在本章的前四节,我们利用方差、标准差、贝塔系数和下半方差来描述和衡量风险,但是这些风险参数无法衡量一个公司资产的总体风险敞口。VaR 就是为了解决这个难题,由 J. P. 摩根银行于 1994 年首次提出。VaR 是指在正常的市场环境下,给定一定的置信水平 α,一项金融资产或证券组合在未来的 T 天内,预期的最大损失金额。VaR 已经成为风险管理的一种标准工具。VaR 依赖于两个参数——时间间隔 T 和置信水平 α。

关 键 术 语

资产组合　风险　收益　系统性风险　非系统性风险　市场模型　贝塔系数　下半方差法　低阶矩风险度量　风险价值

习　　题

1. 根据表中的数据,计算 IBM 公司 2004—2013 年的平均收益率和标准差;计算 IBM 公司收益率与标准普尔 500 指数收益率的协方差和相关系数。

年份	年度收益率(%)	
	IBM 公司	标准普尔 500 指数
2004	14.65	17.47
2005	12.39	6.88
2006	−7.99	8.41
2007	18.90	13.08
2008	25.23	−16.38
2009	15.89	−23.82
2010	−21.67	20.63
2011	4.58	11.74
2012	13.36	8.74
2013	19.04	19.43

2. 已知某资产在未来一段时间的收益率及其相应的概率分布,计算该资产的预期收益率与标准差。

可能的收益率(%)	概率
−24	0.05
−10	0.15
0	0.15
12	0.20
18	0.20
22	0.15
30	0.10

3. 已知某资产组合包含两种资产,这两种资产的有关月度数据如下,假设两种资产收益率均服从正态分布,计算该资产组合的方差、标准差和 VaR。

$$\rho_{1,2}=0.75 \quad \sigma_1=10\% , \sigma_2=20\% , \mu_1=1\% , \mu_2=0.5\%$$

$$W_1=\frac{2}{3} \quad W_2=\frac{1}{3}$$

4. 假定未来的宏观经济状况以及 2 种股票和 1 年期国库券的收益率如下表所示,请计算 A 和 B 两种股票的预期的收益率、方差和标准差。如果某资产组合由 A 和 B 两种股票组成,并且各占50%,请计算该组合的预期收益率、方差和标准差;如果某资产组合中,含有20%的 1 年期国库券,而 A 和 B 两种股票各占40%,请计算该组合的预期收益率、方差和标准差。

可能的经济状况	概率	可能的收益率		一年期国库券的收益率
		股票 A	股票 B	
经济衰退	0.2	−10%	−15%	10%
低速增长	0.5	15%	10%	10%
高速	0.3	40%	55%	10%

5. 比较系统风险和非系统风险。

6. 设市场指数回报率的标准差为20%,请根据下表中的信息,计算股票 A 和股票 B 的历史贝塔系数,并解释为什么股票 B 虽然标准差较大,但是贝塔系数却较低。

	A	B
σ_i	25%	60%
ρ_{im}	0.60	0.20

7. 如何利用调整法计算预期贝塔系数?

8. 利用方差来衡量资产的风险存在哪些缺陷?

9. 简述 Roy 的"安全第一"法则以及由此应采用的投资策略。

10. 简述低阶矩风险度量理论的主要思想。

即 测 即 评

第3章
理性前提与风险偏好

在行为金融学诞生之前,金融学一直在投资者是理性的这一前提下进行分析。不同风险偏好的投资者在理性的前提下进行风险条件下的投资决策。投资者的风险偏好特征对其投资决策有决定性的影响。而市场参与者的理性与否很少成为金融学研究的对象。但随着行为金融学的发展,理性的前提受到了强有力的挑战。如果市场参与者理性被否定,那么一些传统的金融理论(例如资本资产定价模型等)将丧失理论分析的基础。因此,我们有必要对这一基本理论前提进行讨论。事实上,不论是心理学还是行为学的研究成果都证明,市场参与者并非如传统理论所描述的那样是完全理性的。但我们也可以发现,市场参与者在决策过程中,一般都有明确的目标,并且尽可能地收集信息、处理信息,以求做出最合理的决策。因此彻底否定市场参与者理性似乎也有失偏颇。那么,市场参与者的理性程度如何,这又将对投资过程产生什么样的影响,投资者面对风险的态度是怎样的,这些问题正是本章探讨的内容。

第一节 理性条件与风险态度

自冯·诺伊曼和摩根斯坦(Von Neumann and Morgenstern,1944)的经典巨著《博弈论和经济行为》问世以来,期望效用理论(Expected Utility Theory)就成为不确定条件下标准的理性决策理论,在风险决策领域一直处于绝对统治地位。期望效用理论简单易懂、具有标准化的公理化体系、易于描述个人行为,而且许多经济理论(如决策理论、保险理论和金融经济学等)都是建立在期望效用理论框架之下。

期望效用理论以投资者完全理性为前提,但是行为心理学家通过大量精心设计的社会学、心理学实验研究发现人们的行为、态度、偏好等并非完全是理性的,其风险态度和行为经常系统性地违背期望效用理论的公理化体系。

本节从投资者的偏好关系开始分析其投资计划。当投资者的偏好关系满足三个公理时,我们就可以运用期望效用理论来描述个人行为,在此基础上我们提出投资者的理性条件——最大化其期望效用。但是,正如前文所提到的,投资者并非完全理性的,我们给出一个系统性违背期望效用理论的公理化体系的例子——"阿莱悖论"(Allais Paradox)。最后,我们运用冯·诺伊曼—摩根斯坦效用函数来描述投资者的风险态度,并且采用阿罗—普拉特绝对风险厌恶系数(Arrow-Pratt Absolute Risk-aversion)和相对风险厌恶系数(Arrow-Pratt Relative Risk-aversion)来测量投资者的风险态度。

一、理性条件

投资在本质上是一种对当期消费的延迟行为,正如本书绪论所定义的,投资者在一个2期模型中拥有100元的初始财富。在0时期,他除了需要决定当期的消费,同时还要决定如何投资他所剩余的财富。他可以使用剩余的财富购买股票、债券和基金等,或者直接存入银行。存入银行的存款可以确定获得无风险收益r_f,但是未来1时期股票、债券和基金的收益却是不确定的,购买这些产品是有风险的。假设未来1时期可能的自然状态集为$\Omega=\{S_1,\cdots,S_i,\cdots,S_N\}$(为简化起见,假定自然状态集是有限的),$S_i$发生的概率为$p_i$,其中,$0<p_i\leq 1$,$\sum_{i=1}^{N}p_i=1$。记$r=\{r_1,\cdots,r_i,\cdots,r_N\}$为收益结果集,每个结果对应着一个自然状态,$r_i$表示在$S_i$自然状态下投资者所获得的投资收益。以结果的概率分布定义一个投资计划$x=(r_1,p_1;\cdots;r_N,p_N)$,如果他0时期购买股票,则$x$表示他在1时期在不同自然状态下能够获得的收益的集合。投资计划集合定义为$X=\{x_1,\cdots,x_i,\cdots,x_n\}$。

对于给定的投资计划集合X,假设$X\times X$是笛卡儿积(Cartesian Product),其元素是投资计划对(x_1,x_2),其中$x_1\in X$且$x_2\in X$。定义在X上的一个二元关系$\succeq$是两个投资计划(x_1,x_2)的集合。如果(x_1,x_2)满足这个二元关系,那么我们就记为$(x_1,x_2)\in\succeq$,并且可以记为$x_1\succeq x_2$,表示对于投资者来讲"x_1偏好于x_2",或者可以表述为"x_1至少和x_2一样好"。如果(x_1,x_2)不满足这个二元关系,那么我们就记为$x_1\nsucceq x_2$。

如果对于任意的两个投资计划$x_1\in X$和$x_2\in X$,要么$x_1\succeq x_2$,要么$x_2\succeq x_1$,则我们称二元关系$\succeq$具有完备性(Completeness),其背后的含义是:投资者具有辨别及评估投资计划的能力和知识,能够在任意两个投资计划中做出选择。对于任意的三个投资计划$x_1\in X$,$x_2\in X$和$x_3\in X$,如果$x_1\succeq x_2$且$x_2\succeq x_3$,那么$x_1\succeq x_3$,则我们称二元关系$\succeq$具有传递性(Transitivity),这说明投资者的选择是一致的。

如果定义在X上的二元关系$\succeq$同时满足上述完备性和传递性,则我们称$\succeq$是定义在X上的偏好关系$\succeq$。

通过偏好关系$\succeq$,我们可以定义严格偏好关系$\succ$和无差异关系$\sim$。如果$x_1\succeq x_2$且$x_2\nsucceq x_1$,则称投资计划"x_1严格偏好于x_2",记为$x_1\succ x_2$;如果$x_1\succeq x_2$且$x_2\succeq x_1$,则称投资计划"x_1和x_2一样好",记为$x_1\sim x_2$。

不确定条件下偏好关系的3个公理:

假设$\succeq$是定义在X上的二元关系,并且满足以下三个公理:

公理1:$\succeq$是定义在X上的偏好关系。

公理2:独立性公理(Independence Axiom)。对于所有的$x_1,x_2,x_3\in X$和$\lambda\in(0,1]$,如果有$x_1\succ x_2$,那么$\lambda x_1+(1-\lambda)x_3\succ\lambda x_2+(1-\lambda)x_3$。

公理 2 又被称为替代性公理(Substitution Axiom),其背后的含义可以表述为:投资者可以选择三种资产 x_1(如股票)、x_2(如债券)和 x_3(如基金),他可以构造投资组合 A(包含 x_1 和 x_3)和 B(包含 x_2 和 x_3),如果投资者认为 $x_1 \succ x_2$,那么他在比较及评估这两个投资组合优劣时仅仅考虑 x_1 和 x_2 的表现,而不依赖于 x_3 的未来表现。

独立性公理表面上看似乎是理所当然的,而且是不确定性下的选择理论的核心。但是独立性公理也广受质疑,许多学者要么弱化独立性公理,要么放弃独立性公理,各自提出了新的风险决策理论,如前景理论(Prospect Theory)[1] 和后悔理论(Regret Theory)[2]。

公理 3:阿基米德公理(Archimedes Axiom)。对于所有的 $x_1, x_2, x_3 \in X$,如果 $x_1 \succ x_2 \succ x_3$,那么存在 $\lambda, \mu \in (0,1)$,使得 $\lambda x_1 + (1-\lambda) x_3 \succ x_2 \succ \mu x_1 + (1-\mu) x_3$ 成立。

公理 3 之所以被称为阿基米德公理,是因为公理 3 和实数的阿基米德性质很相似。阿基米德性质指出,对于任何正实数 a 和 b,一定存在自然数 n,使得 $a \cdot n > b$ 成立。公理 3 意味着投资者的偏好关系是连续的。换句话说,在 $x_2 \succ x_3$ 的情况下,不存在一个如此好的 x_1,使得所有的 x_1 和 x_3 的投资组合都优于 x_2;在 $x_1 \succ x_2$ 的情况下,不存在一个如此差的 x_3,使得所有的 x_1 和 x_3 的投资组合都不优于 x_2。

期望效用理论(Expected Utility Theory)又称为"预期效用理论",是指如果定义在 X 上的二元关系,满足公理 1 至公理 3,那么 $\succeq$ 可以由一个冯·诺伊曼—摩根斯坦效用函数 $u(\cdot)$ 表示。对于任意的两个投资计划 $x_1 = (r_1, p_1; \cdots; r_N, p_N)$ 和 $x_2 = (r'_1, p_1; \cdots; r'_N, p_N)$,我们有:$x_1 \succeq x_2 \Leftrightarrow E[u(r)] \geq E[u(r')]$,即:

$$x_1 \succeq x_2, \text{当且仅当} \sum_{i=1}^{N} u(r_i) p_i \geq \sum_{i=1}^{N} u(r'_i) p_i$$

冯·诺伊曼—摩根斯坦理性指市场参与者的理性表现为最大化期望效用($\max \{E[u(\cdot)]\}$),而且追求期望效用最大化是理性的市场参与者的唯一目标。

二、理性条件的一个反例

期望效用理论以投资者完全理性为前提,但是行为心理学家通过大量精心设计的社会学、心理学实验研究发现人们的行为、态度、偏好等并非完全是理性的,其风险态度和行为经常系统性违背期望效用理论的公理化体系。迄今为止,最为著名的例子当属阿莱悖论。1952 年阿莱在一次关于冯·诺伊曼—摩根斯坦的作品讨论会中首次挑战期望效用理论,提出著名的阿莱悖论。Kahneman 和 Tversky 以斯德哥尔摩大学和密歇根州大学教职人员和学生为基本对象进行问卷调查,结果发现大部分受访者的决策行为系统性违反期望效用理论,如确定性效应(Certainty Effect)、反射效应(Reflection Effect)、分离效应(Isolation Effect)、共同比率效应(Common Ratio Effect)、共同结果效应(Common Consequences Effect)。[3] 阿莱悖论属于共同结果效应的特例。

---

① Kahneman D, Tversky A. Prospect theory: An analysis of decision under risk. Econometrica, 1979, 47: 263–291.

② Looms G, Sugden R. Regret Theory: An Alternative Theory of Rational Choice under Uncertainty. The Economic Journal, 1982, 92: 805–824.

③ Kahneman D, Tversky A. Prospect theory: An analysis of decision under risk. Econometrica, 1979, 47: 263–291.

接下来,我们以"阿莱悖论"为例来阐述投资者的非理性行为。

(一)阿莱悖论

如图 3-1 所示,阿莱构造两组彩票,第一组彩票为 x_1 和 x_2。彩票 x_1 肯定获益 100 万元;彩票 x_2 以概率 0.1 获益 500 万元,以概率 0.89 获益 100 万元,以概率 0.01 获益 0 元。第二组彩票为 x_3 和 x_4。彩票 x_3 以概率 0.1 获益 500 万元,以概率 0.9 获益 0 元;彩票 x_4 以概率 0.11 获益 100 万元,以概率 0.89 获益 0 元。阿莱通过实证研究发现大多数决策者在第一组彩票 x_1 和 x_2 之间会选择 x_1 而不是 x_2,而在第二组彩票 x_3 和 x_4 之间选择 x_3 而不是 x_4。Kahneman 和 Tversky(1979)做过问卷调查,发现在第一组彩票中 82% 的被测试者选择 x_1,在第二组彩票中 83% 的被测试者选择 x_3。那么至少有 82%×83%=68.06% 的被测试者选择在第一组赌博中选择 x_1,且在第二组赌博中选择 x_3,于是就有 $x_1 \succ x_2$ 和 $x_3 \succ x_4$。

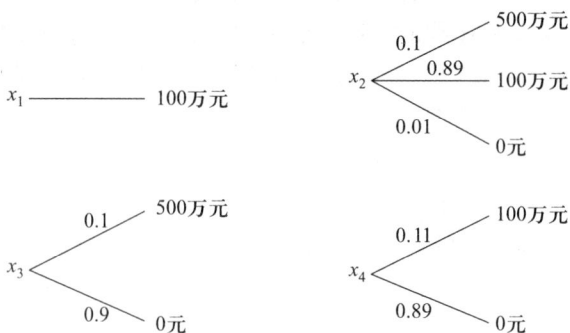

图 3-1　阿莱悖论

然而上述行为违背了期望效用理论独立性公理,证明如下:

首先,由已知条件可知:

$$x_1 \sim 0.11u(100)+0.89u(100)$$

$$x_2 \sim 0.11\left(\frac{1}{11}u(0)+\frac{10}{11}u(500)\right)+0.89u(100)$$

由偏好的传递性导出:

$$0.11u(100)+0.89u(100) \succ$$

$$0.11\left(\frac{1}{11}u(0)+\frac{10}{11}u(500)\right)+0.89u(100) \tag{3.1}$$

然后,采用反证法,假设 $\frac{1}{11}u(0)+\frac{10}{11}u(500) \succeq x_1$,由独立性公理可知:

$$0.11\left(\frac{1}{11}u(0)+\frac{10}{11}u(500)\right)+0.89u(100) \succeq$$

$$0.11u(100)+0.89u(100) \tag{3.2}$$

式(3.2)恰与式(3.1)矛盾,因此

$$x_1 \succ \frac{1}{11}u(0)+\frac{10}{11}u(500) \tag{3.3}$$

最后,再次利用独立性公理,式(3.3)可以导出:

$$0.11u(100) + 0.89u(0) \succ 0.11\left(\frac{1}{11}u(0) + \frac{10}{11}u(500)\right) + 0.89u(0) \qquad (3.4)$$

式(3.4)等价于 $x_4 \succ x_3$。所以 $x_1 \succ x_2$ 只能与 $x_4 \succ x_3$ 相容。换言之,在 x_1 和 x_2 之间选择 x_1,同时在 x_3 和 x_4 之间选择 x_3 这个事实与冯·诺伊曼—摩根斯坦期望效用理论的独立性公理不相容,这就是所谓阿莱悖论。

（二）阿莱悖论的行为金融学解释

虽然期望效用理论不能解释阿莱悖论,但是行为金融学中的前景理论、后悔理论等却能够解释上述行为。接下来我们将以后悔理论为例,运用 Looms 和 Sugden 的后悔理论[1]对阿莱悖论进行解释。

（1）投资者在面对第一组彩票时,如果选择 x_2,则存在 1% 的概率他将一无所获,对于投资者来说,这绝对是毁灭性的打击。因此,投资者会感到沮丧、懊悔,甚至愤怒,悔恨当初自己愚蠢而贪婪的行为而使本可 100% 得到的 100 万元擦肩而过。为了避免这种后悔的感觉,投资者将选择 x_1。

（2）投资者面对第二组彩票时,如果选择 x_3,则存在 90% 的概率他的收益为 0 元,但是他会觉得即使选择的是 x_4,也有 89% 的概率将一无所获,但是一旦中奖,x_3 的奖金是 500 万元,而 x_4 的奖金却只有 100 万元,因此,在第二组彩票中选择 x_3,投资者不会经受后悔的感觉。[2]

因此,在行为金融学的框架下,阿莱悖论所描述的投资者的决策行为是合理的。

三、风险态度及其测量

在本书中,通常假设投资者是风险厌恶的(Risk Aversion),究竟什么是风险厌恶,又如何衡量风险厌恶的程度呢?

（一）风险态度

偏好心理学的起源可以追溯至数学家丹尼尔·贝努利(Daniel Bernoulli)在 1738 年发表的一篇论文。在这篇论文中,贝努利讨论了人类偏好的一个普遍存在的特性——风险厌恶。贝努利指出,人们在面对收益时表现为风险厌恶,在面对损失时表现为风险偏好(Risk Seeking)。

为了理解风险厌恶,试想你将面临两种选择:第一种选择是 x_1,x_1 是一个确定性的收益(100% 的概率获得 80 元);第二种选择是 x_2,x_2 是一个赌局(85% 的概率获得 100 元,15% 的概率获得 0 元)。x_1 和 x_2 的期望货币值(Monetary Expectation)[3]分别为 80 元和 85 元,尽管 x_2 具有更高的期望货币值,但是绝大多数人更偏向于选择 x_1。

---

① Looms G, Sugden R. Regret Theory: An Alternative Theory of Rational Choice under Uncertainty. The Economic Journal, 1982, 92: 805-824.

② Looms 和 Sugden(1982)运用数学模型对阿莱悖论进行了解释,感兴趣的读者可以参考原文。

③ 期望货币值 $EM = \sum_{i=1}^{N} p_i r_i$,其中 r_i 代表一个赌局的第 i 种可能的结果(以货币衡量),p_i 代表第 i 种结果发生的概率。

　　投资者面临两种选择:① 一个确定性的收益;② 一个具有相等或更高期望货币值的赌局。如果投资者选择①,则称该投资者是风险厌恶的。

　　但是,心理学家研究发现,当人们必须在一个确定性的损失与一个具有高概率的更大损失中做出选择时,常常表现为风险偏好(Risk Seeking)。为了理解风险偏好,试想你将面临两种选择:第一种选择是 x_3,x_3 是一个确定性的损失(100% 的概率损失 80 元);第二种选择是 x_4,x_4 是一个赌局(85% 的概率损失 100 元,15% 的概率损失 0 元)。

　　在面对这两种选择时,虽然 x_4 的期望货币值(-85 元)比 x_3 的期望货币值(-80 元)更糟糕,但是绝大多数人更偏向于选择 x_4,这就是风险偏好的一个典型例子。

　　投资者面临两种选择:① 一个确定性的损失;② 一个具有相等或更低期望货币值的赌局。如果他偏向于选择②,则称该投资者是风险偏好的。

　　投资者面临两种选择:① 一个确定性的损失;② 一个具有相等期望货币值的赌局。如果他认为①和②是无差异的,则称该投资者是风险中性的(Risk Neutral)。

　　当人们做出风险厌恶或风险偏好的选择时,他们忽视了能够给他们提供更高期望货币值的选择。为了解释这种选择偏好行为,我们需要使用期望效用的主观准则替代期望货币值的客观准则。

　　根据期望效用理论,以每一决策可能带来各种经济后果的概率为权数,计算各种经济后果中效用的期望值。[1] 在期望效用理论框架下,效用不是货币的线性函数,获得 2 000 元的效用要低于 2 倍的获得 1 000 元所带来的效用。因此,最高的期望货币值不一定具有最高的期望效用。决策者被认为是选择具有最高期望效用的选择项,而不考虑该选择是否具有最高的期望货币值。因此,我们可以在期望效用理论框架下重新定义风险厌恶和风险偏好。[2]

　　定义随机变量 $\tilde{\varepsilon}$ 为一个赌博的结果,公平的赌博可以定义为 $E[\tilde{\varepsilon}] = 0$。利用冯·诺伊曼—摩根斯坦效用函数 $u(\cdot)$ 刻画投资者的偏好关系,W 代表初始财富。

　　如果投资者对于任意的 $\tilde{\varepsilon}(E[\tilde{\varepsilon}] = 0)$,都有 $u(W) \geqslant E[u(W+\tilde{\varepsilon})]$,那么我们称该投资者是风险厌恶的。[3] 类似地,如果投资者对于任意的 $\tilde{\varepsilon}(E[\tilde{\varepsilon}] = 0)$,都有 $u(W) \leqslant E[u(W+\tilde{\varepsilon})]$,那么我们称该投资者是风险偏好的。[4] 如果投资者对于任意的 $\tilde{\varepsilon}(E[\tilde{\varepsilon}] = 0)$,都有 $u(W) = E[u(W+\tilde{\varepsilon})]$,那么我们称该投资者是风险中性的。

　　Ingersoll(1987)证明了当且仅当投资者的冯·诺伊曼—摩根斯坦效用函数 $u(\cdot)$ 是凹函数[5]时,投资者是风险厌恶的。这时对于投资者而言,增加一个单位财富带来的边际效用的增加要小于减少一个单位财富所导致的边际效用的降低。若 $u(\cdot)$ 是一个严格凹

---

[1] $EU = \sum_{i=1}^{N} p_i u(r_i)$,其中 $u(r_i)$ 代表一个赌局的第 i 种可能结果带来的效用,p_i 代表第 i 种结果发生的概率。

[2] 主要参考:Ingersoll J. Theory of Financial Decision Making. Totowa, New Jersey: Rowman and Littlefield, 1987.

[3] 如果 $u(W) > E[u(W+\tilde{\varepsilon})]$,那么我们称该投资者是严格风险厌恶的。

[4] 如果 $u(W) < E[u(W+\tilde{\varepsilon})]$,那么我们称该投资者是严格风险偏好的。

[5] 一个单变量函数 $f(x)$,如果对于所有可能的 x_1 和 x_2,以及所有 $t \in [0,1]$,都有 $f(tx_1 + (1-t)x_2) \geqslant tf(x_1) + (1-t)f(x_2)$,则称该函数 $f(x)$ 是凹函数;若对于上述 x_1, x_2 和所有 $t \in (0,1)$,都有 $f(tx_1 + (1-t)x_2) > tf(x_1) + (1-t)f(x_2)$,则该函数 $f(x)$ 是严格凹函数。

函数,则该投资者是一个严格风险厌恶者。对于风险厌恶者而言,不确定下的期望效用要小于该不确定性状态下随机变量期望值的效用。

如图 3-2 所示,效用函数为一个严格凹函数,曲线代表效用函数,虚线代表 45 度线。以前文风险态度中的选择 x_1 和 x_2 为例,选择 x_1 和 x_2 的期望货币值分别为 80 元和 85 元。x_1 和 x_2 对应于图 3-2 横轴的 80 和 85,虽然 x_2 的期望货币值比 x_1 的高,但是 x_2 对应的效用($U_{85}=0.85u(100)$)比 x_1 对应的效用($U_{80}=u(80)$)低。如果人们遵循效用最大化原则,则他们将选择 x_1,而非 x_2。从这个例子我们可以发现,人们在面对收益时表现出风险厌恶的特性。

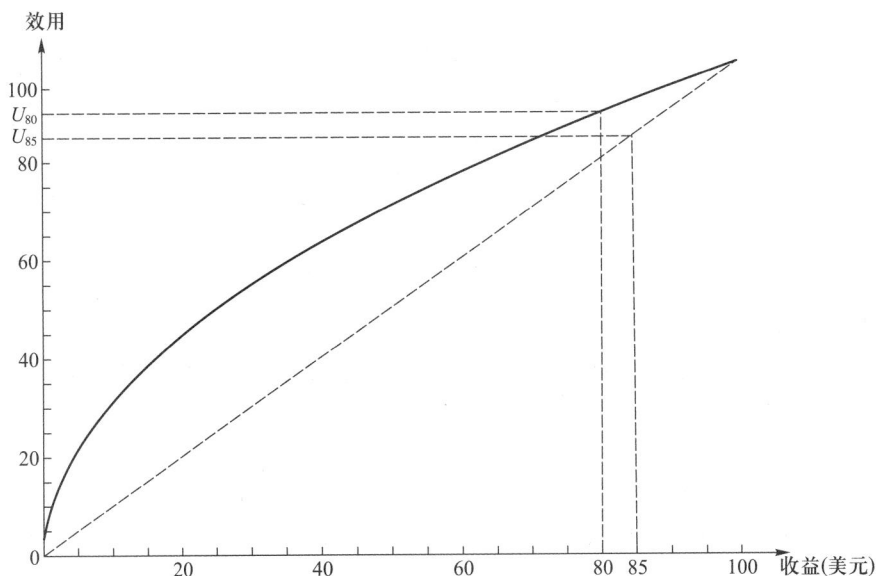

图 3-2 风险厌恶的效用函数

如图 3-3 所示,效用函数为一个严格凸函数[1],曲线代表效用函数,虚线代表 45 度线。以前文风险态度中的选择 x_3 和 x_4 为例,选择 x_3 和 x_4 的期望货币值分别为-80 元和-85 元,x_3 和 x_4 对应于图 3-3 横轴的-80 和-85,虽然 x_3 的期望货币值比 x_4 的高,但是 x_3 对应的效用($U_{-80}=u(80)$)比 x_4 对应的效用($U_{-85}=0.85u(-100)$)低。如果人们遵循效用最大化原则,则人们偏向于选择 x_4。从这个例子我们可以看出,人们在面对损失时表现出风险偏好的特性。

(二)风险态度的测量

如果一个效用函数是二次可微的,则当且仅当 $u''(W)<0$ 时,该效用函数代表投资者是风险厌恶的。现在的问题是,如果两个投资者都是风险厌恶的,我们如何比较他们风险

---

[1] 一个单变量函数 $f(x)$,如果对于所有可能的 x_1 和 x_2,以及所有 $t\in[0,1]$,都有 $f(tx_1+(1-t)x_2)\leqslant tf(x_1)+(1-t)f(x_2)$,则称该函数 $f(x)$ 是凸函数;若对于上述 x_1,x_2 和所有 $t\in(0,1)$,都有 $f(tx_1+(1-t)x_2)<tf(x_1)+(1-t)f(x_2)$,则该函数 $f(x)$ 是严格凸函数。

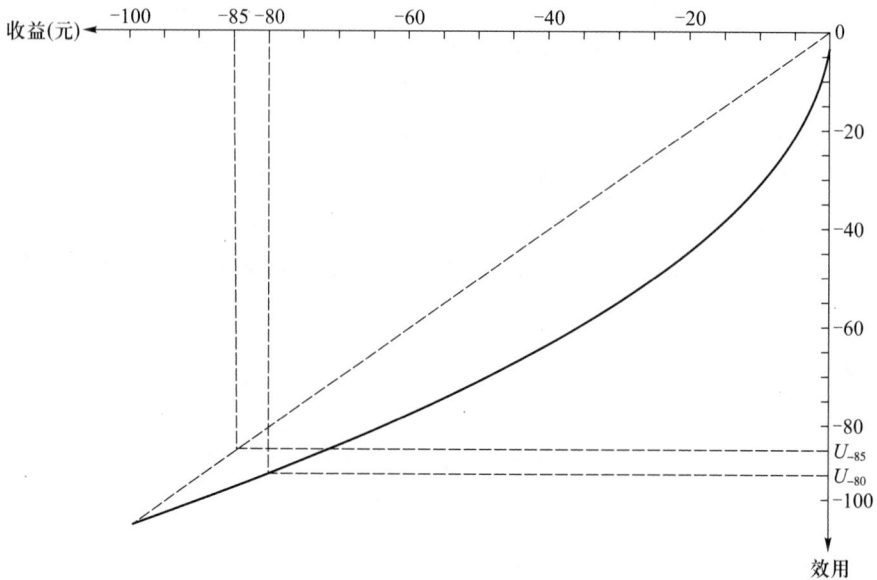

图 3-3 风险偏好的效用函数

厌恶的程度或者说强度呢？

　　风险厌恶的投资者为了回避一个公平的赌局，他需要支付一个保险风险溢价（Insurance Risk Premium），记为 I。I 是以下等式的解：

$$E[u(W+\tilde{\varepsilon})]=u(W-I) \tag{3.5}$$

$W-I$ 被称为赌局 $W+\tilde{\varepsilon}$ 的确定性等价（Certainty Equivalent）。因此，我们可以考虑采用保险风险溢价作为测度投资者风险厌恶程度的指标。I 越大，风险厌恶程度越大；从图形上观察，效用函数越凹，则风险厌恶程度越大。

　　如果风险很小，且效用函数充分平滑，风险溢价可以由以下过程推导近似获得。运用带有拉格朗日剩余项的泰勒方法[1]对式（3.5）两边同时展开可得：

$$E\left[u(W)+\tilde{\varepsilon}u'(W)+\frac{1}{2}\tilde{\varepsilon}^2u''(W)+\frac{1}{6}\tilde{\varepsilon}^3u'''(W+\rho\tilde{\varepsilon})\right]$$

$$=u(W)-Iu'(W)+\frac{1}{2}I^2u''(W-\theta I) \tag{3.6}$$

式（3.6）左边进一步展开：

$$E\left[u(W)+\tilde{\varepsilon}u'(W)+\frac{1}{2}\tilde{\varepsilon}^2u''(W)+\frac{1}{6}\tilde{\varepsilon}^3u'''(W+\rho\tilde{\varepsilon})\right]$$

$$=E[u(W)]+E[\tilde{\varepsilon}]u'(W)+\frac{1}{2}E[\tilde{\varepsilon}^2]u''(W)+\frac{1}{6}E[\tilde{\varepsilon}^3u'''(W+\rho\tilde{\varepsilon})]$$

$$=u(W)+0+\frac{1}{2}\mathrm{var}(\tilde{\varepsilon})u''(W)+\frac{1}{6}E[\tilde{\varepsilon}^3u'''(W+\rho\tilde{\varepsilon})] \tag{3.7}$$

---

[1] $f(x+h)=f(x)+f'(x)h+\cdots+\dfrac{1}{(n-1)!}f^{(n-1)}(x)h^{(n-1)}+\dfrac{1}{(n)!}f^{(n)}(x^*)h^n$，其中，$x^*\in[x,x+h]$。

将式(3.7)代入式(3.6):

$$u(W)+0+\frac{1}{2}\mathrm{var}(\tilde{\varepsilon})u''(W)+\frac{1}{6}E\left[\tilde{\varepsilon}^3u'''(W+\rho\tilde{\varepsilon})\right]$$

$$=u(W)-Iu'(W)+\frac{1}{2}I^2u''(W-\theta I)$$

所以近似可得:

$$\frac{1}{2}\mathrm{var}(\tilde{\varepsilon})u''(W)\approx-Iu'(W) \tag{3.8}$$

$$I\approx\frac{1}{2}\left[-\frac{u''(W)}{u'(W)}\right]\mathrm{var}(\tilde{\varepsilon}) \tag{3.9}$$

从式(3.9)我们发现,$-\dfrac{u''(W)}{u'(W)}$ 与 I 正相关,因此 $-\dfrac{u''(W)}{u'(W)}$ 也是衡量风险厌恶程度的一个适当的标准。其实,$R_\mathrm{A}(W)=-\dfrac{u''(W)}{u'(W)}$ 被称为阿罗—普拉特绝对风险厌恶系数(Arrow-Pratt Absolute Risk-aversion)。除了阿罗—普拉特绝对风险厌恶函数之外,在金融经济学中还有两个相关的概念:阿罗—普拉特相对风险厌恶系数(Arrow-Pratt Relative Risk-aversion):$R_\mathrm{R}(W)=-W\dfrac{u''(W)}{u'(W)}$ 和风险承受系数(Risk-tolerance):$T(W)=\dfrac{1}{R_\mathrm{A}(W)}$。

(三) 几种常用的效用函数

在金融学分析中,经常用到一类效用函数——双曲线绝对风险厌恶函数(Hyperbolic Absolute Risk Aversion,HARA)或者线性风险承受函数(Linear Risk Tolerance,LRT),其表达形式为:

$$u(W)=\frac{1-\gamma}{\gamma}\left(\frac{\alpha W}{1-\gamma}+\beta\right)^\gamma,\quad\beta>0 \tag{3.10}$$

我们很容易得到该函数的一阶导数和二阶导数:

$$u'(W)=\alpha\left(\beta+\frac{\alpha W}{1-\gamma}\right)^{\gamma-1},\quad u''(W)=-\alpha^2\left(\beta+\frac{\alpha W}{1-\gamma}\right)^{\gamma-2}。$$

根据 $R_\mathrm{A}(W)=-\dfrac{u''(W)}{u'(W)}$ 可得:

$$R_\mathrm{A}(W)=\left[\frac{\beta}{\alpha}+\frac{W}{1-\gamma}\right]^{-1} \tag{3.11}$$

根据初等线性代数知识可知,$R_\mathrm{A}(W)$ 与 W 的轨迹是双曲线,HARA 因此而得名。另一方面:

$$T(W)=\frac{1}{R_\mathrm{A}(W)}=-\frac{u'(W)}{u''(W)}=\frac{\beta}{\alpha}+\frac{W}{1-\gamma} \tag{3.12}$$

很显然,$T(W)$ 是关于财富 W 的线性函数,因此 HARA 又称为 LRT。

有趣的是,当 γ、α 和 β 取特定的数值时,我们可以得到金融学分析中很多常见的效用函数:

(1) 当 $\gamma\to-\infty$,且 $\beta=1$ 时,我们可以得到指数效用函数:$u(W)=-\mathrm{e}^{-\alpha W}$。$R_\mathrm{A}(W)=\alpha$,因此指数效用函数也称为常绝对风险厌恶函数(Constant Absolute Risk Aversion,CARA)。

（2）当 $\alpha=1,\beta=0$，且 $\gamma\to 0$ 时，我们可以得到对数效用函数：$u(W)=\log(W)$。$R_A(W)=\frac{1}{W}$，$R_R(W)=1$，因此对数效用函数也称为常相对风险厌恶函数（Constant Relative Risk Aversion，CRRA）。

（3）当 $0<\gamma<1,\alpha\neq 0$，且 $\beta=0$ 时，我们可以得到幂效用函数：$u(W)=\varphi(\alpha,\gamma)W^\gamma$。其中，$\varphi(\alpha,\gamma)=\frac{1}{\gamma}\alpha^\gamma(1-\gamma)^{1-\gamma}$。$R_A(W)=\frac{1-\gamma}{W}$，$R_R(W)=1-\gamma$。因此幂效用函数也称为递减绝对风险厌恶函数（Decreasing Absolute Risk Aversion，DARA）。

（4）当 $\gamma=1$ 时，我们可以得到线性效用函数：$u(W)=\alpha W$。$R_A(W)=0$，因此线性效用函数也称为风险中性效用函数。

当 $\gamma=2$ 时，我们可以得到二次效用函数：$u(W)=-\frac{1}{2}(\beta-\alpha W)^2$。$R_A(W)=\frac{\alpha}{-\alpha W+\beta}$，因此二次效用函数也称为递增绝对风险厌恶函数（Increasing Absolute Risk Aversion，IARA）。

第二节　对于理性前提的传统分析

一、对理性定义的分析

首先，理性的定义是与偏好紧紧相连的。我们知道，偏好是现代经济学的一个基本概念。它是个人对各种可供选择的商品组合偏好的数学表述。如前所述，风险状态下理性的偏好通常被假定具有完备性、传递性、连续性和独立性，从而可以构筑冯·诺伊曼—摩根斯坦效用函数。

在金融市场中，决定效用的两个因素是收益与风险，效用与收益成正比，与风险成反比，市场参与者在不同的收益和风险的组合中构筑自身的效用函数。而追求效用的最大化是理性的市场参与者的唯一目标。市场参与者总是追求尽可能高的收益，或者承担尽可能低的风险。另外，市场参与者具有完全的能力去追求自身效用的最大化，即市场参与者对于自身的效用函数具有完全的认识，因此可以根据效用的最大化选择相应的收益与风险水平。

在风险状态的理性条件下，市场参与者的理性表现为期望效用的最大化。冯·诺伊曼—摩根斯坦效用函数以每一决策可能带来各种经济后果的概率为权数，计算各种经济后果中效用的期望值。为此，理性的市场参与者除了充分了解自身效用函数外，还必须对每一项决策可能带来的各种后果及其概率具有完全的认识。

因此，一个风险状态下理性的市场参与者是具有完全的能力实现自身预期效用最大化的市场参与者。为此，就要求市场参与者具备以下三个前提条件：① 全知全觉；② 具有完全行为能力；③ 完全自利。全知全觉，才能保证对每一行为可能带来的效用及发生的概率有一个准确的认识，从而获知每一行为的期望效用，并根据期望效用大小排序，做出最优判断。而完全的行为能力是指市场参与者可以毫无障碍地将自身的决策付诸实施，实现期望效用的最大化。完全的自利则确保每一个市场参与者均以实现自身效用最大化为唯一目标。

二、理性的形成条件

在传统的金融理论中,交易者理性是在三个逐步放松的条件下,通过市场的竞争和淘汰,最终得以实现的。这三个条件是:

(1) 市场中大部分的参与者具有很强的认知能力、分析能力和趋利避害的能力。

(2) 即便那些少数不具备这些能力的参与者也可以在市场中逐步学习和掌握这些能力。

(3) 那些始终无法掌握这些能力的市场参与者终将在市场竞争中被淘汰。

从传统的金融理论来看,这三个条件渐次放松,与现实状况更趋贴近,因此理性前提具有现实基础。通过竞争,在长期的市场环境中生存下来的参与者将是那种同质的理性的经济人。然而,随着金融学的发展,不论是理性的三个前提条件还是其三个实现条件均受到了质疑。

三、对理性前提条件的质疑

就理性的三个前提条件而言,市场参与者并不具有完全的认知能力、行为能力和自利动机。

首先,由于人类的脑力和精力均是有限的,与外界浩如烟海的信息相比较,其掌握和处理这些信息的能力是微不足道的。这也正是人类发展至今仍有着不计其数的科学秘密尚待发掘的原因所在。与自然科学相比,在金融领域中不同参与者之间构成了博弈关系,每一个参与者的收益与风险均受到其他参与者行为的影响,因此其他参与者的思维方式、行为方式就成为每一个参与者进行理性决策所必须掌握的信息。在金融市场中,参与者人数众多,参与者之间的差异性和不确定性,无疑都使得信息极度膨胀,远非个人有限的时间和精力所能处理。即便是辅之以设备及其他人的支持,全面收集和处理这些信息所需的成本也是不可想象的。因此,在现实生活中,市场参与者不可能全知全觉。事实上,我们经常发现需要在很短的时间内做出决策,我们所依据的只能是一些经验法则,而无法经过深思熟虑,更遑论掌握完全的信息并经过周全的处理。(实际上,依据经验法则做出一些决策,也常常是在考虑到收集和处理信息成本后的一种合理做法。但这无疑是与理性前提条件中的全知全觉相背离的。)

其次,市场参与者的行为能力也不可能是完全的。因为人性中存在着一些固有的弱点,如人类自控能力就很有限。在我们的日常生活中就存在着一些不良的生活习惯,如过度饮食、吸烟等。尽管我们很清楚其危害性,但由于绝大部分人所固有的惰性,并不能真正形成完全健康的生活习惯。在金融市场中,这种由于市场参与者行为的惰性而没能实施最优化策略的情况也屡见不鲜。例如,在许多金融诈骗案中,受害者往往只需稍微花点时间或成本向有关金融当局求证,即可避免损失。但常常由于行为上的惰性而疏于防范,最终招致损失。而且人类作为情感性的动物,其行为方式也并不完全由理智来支配。许多情感的因素都可能在市场参与者的行为中发挥影响,使其实际行动偏离最优化的路径。

此外,市场参与者以自利为其唯一目标也是颇值得怀疑的。这显然也与现实生活中存在的许多利他行为相背离。虽然人类行为是利己或利他似乎涉及人性本善或本恶的哲学论争而无定论,但人类行为中不同程度上存在着利他心理却是一个不争的事实。对于市场中的另一个重要参与者——企业来说也是如此。传统上,我们一直设定企业的唯一目标是追求利润的最大化,或者是企业价值的最大化。但实际上,在市场经济高度发展的今天,企业在一定程度上也摒弃了以利润或股价为其唯一经营目标的做法,以雇员、消费者、企业所在社区居民等利益相关者的部分诉求为代表的社会效益也成为其关注的一个重要目标。因此,市场参与者完全自利这一理性条件似乎也是值得商榷的。

四、对理性形成条件的质疑

对于达成理性的过程来说,同样存在问题。首先,市场中所有的参与者都不满足具有完全认知能力、行为能力和利己心理的前提条件。其次,学习也不能确保市场参与者的行为趋于最优化。一方面,因为学习或实验新方法或新策略机会成本的存在,使得一个"理性"的市场参与者可能不愿意尝试。因而市场参与者就可能永远停留在非理性的策略上。另一方面,如果学习或实验新方法或新策略所需的时间太长,超出了市场参与者的存续时间,而且这样一种学习又只能通过自身的亲身体验来获得,无法通过他人或前辈间接经验的累积得到,就会使得市场参与者的行为永远无法收敛到理性的水平。最后,非理性的参与者未必会在市场中被淘汰,在市场中生存下来的未必就是理性的参与者。也就是说,市场竞争和进化并不能使市场参与者都理性化。在博弈论中的斗鸡博弈就是一个案例:在一座仅容一个人通过的独木桥上两人迎面相遇,两人的策略与收益情况如表 3-1 所示。

表 3-1　斗鸡博弈的收益矩阵

乙方 ＼ 甲方	礼让	不让
礼让	$(-1,-1)$	$(-1,1)$
不让	$(1,-1)$	$(-2,-2)$

很显然,在这个博弈中存在两个纯策略纳什(Nash)均衡(礼让,不让)和(不让,礼让)。而在决定最终将形成哪一个均衡时,甲、乙双方的理性程度将起着重要作用。当甲方判断乙方比较疯狂或者说不太理性时,甲方往往会采取礼让策略,使得最终达到(礼让,不让)的均衡。在这种情形下,乙方的收益显然是高于甲方的,因此乙方,也就是不太理性的参与者,反而更有可能在市场竞争中生存下来。在金融市场中,套利的有限性(Limit of Arbitrage)同样说明了这样一种可能性的存在。套利者作为发现市场中金融资产定价偏离其内在价值的一方,无疑代表着理性的市场参与者,而噪声交易者(Noise Traders)由于其并非根据金融资产的真实内在价值进行交易,无疑代表着非理性的市场参与者。根据传统的金融理论,套利者通过套利行为一方面使得市场恢复有效性,另一方面自身也获得了无风险收益。但由于绝大部分套利者的交易时限是有限的,套利者面临着在交易期限到来前,金融资产定价进一步偏离其真实内在价值的风险。因此套利并非没有风险,从事套利行为的交易者反而可能因为其理性的交易活动而受到损失,而噪声交易者却可能获

益。最终,理性的市场参与者可能为市场所淘汰,而非理性的参与者反而得以生存下去。1998 年,在俄罗斯债券上进行套利的长期资本管理公司(LTCM)濒临破产,就是一个例证。因此,市场的竞争和进化并不像传统金融理论所想象的那样,将所有的非理性参与者淘汰出局,使得市场完全由同质的理性的经济人构成。

综上所述,传统金融理论对市场参与者的理性假设,不论是在其前提条件上,还是在形成基础上,都缺乏充分的说服力。

第三节 对于理性前提的行为学分析

在第二节中,我们就传统金融理论中的理性前提的条件及其形成机制进行了一些分析,认为理性前提在理论上缺乏坚实的基础。而在实际的金融市场中,对市场参与者的观察和实证研究也为我们提供了对理性前提的认识。大量的事实也证明了完全理性假设并不成立。

首先,在传统金融理论中,金融资产的内在价值是由其预期收益率及收益波动的方差决定的。在市场参与者均为理性的前提下,所有市场参与者将对市场中每一种金融资产的内在价值做出一致的判断,即所有市场参与者对每一种金融资产的定价应一致,这样市场中就不可能存在由于不同参与者对同一种金融资产内在价值看法不一致而形成的交易。因此,金融市场的交易量应该与其相对应的实物资产相匹配(或趋于匹配)。但在金融市场的发展过程中,这种趋势并不存在。事实上,金融市场的交易额远远超出了实体经济的交易额。而且这种差距还有着进一步扩大的趋势。这无疑是与市场参与者理性前提相背离的。

其次,在对市场参与者行为的观测中,我们也可以发现许多与理性前提相抵触的现象,包括:对风险并非始终采取规避的态度,在某些情形下可能转为风险偏好;市场参与者面临不确定性时对概率的判断未必完全能遵循贝叶斯学习规则,因而可能出现系统性的偏差,等等。

在对市场参与者行为的分析中,其他社会科学,特别是心理学的研究成果,大大丰富了我们对市场参与者理性的理解,并从市场参与者认知能力、行为能力等方面为我们提供了偏离传统金融理论理性前提的例证。总结对市场参与者行为分析的成果,可以将其归纳为以下三方面的内容。

一、心理因素对认知能力的影响

在传统金融理论中,市场参与者被设定为全知全觉,能够汇总分析所有信息,对每一决策带来的各种可能后果了如指掌。在面临结果的不确定性时,市场参与者完全根据贝叶斯学习规则不断地修正先验概率,使得主观概率不断逼近客观概率,进而可以使自己的决策达到最优化。但心理学家在对实验对象的决策行为进行分析时,却发现贝叶斯学习规则并不能保证行为人主观概率逼近客观概率,二者之间可能存在系统性的偏差;而且行为人的决策也未必是建立在完全信息的基础之上,而是经常根据局部或部分信息来进行判断。

（一）前景理论

期望效用理论是传统金融学的一个重要支柱。但 20 世纪 50 年代以来,人们观测的许多结果都与其相冲突。例如,Allais 观测人们在不同彩票之间进行选择时,就常常发现对预期效用理论所得出的结论的系统性偏离,而 Kahneman 和 Tversky 所做的实验也证实了这种偏离的存在。[1] 在 Kahneman 和 Tversky 的实验中,实验对象被要求在两种彩票中进行选择。其中,甲彩票有 25% 的机会赢取 3 000 元,而乙彩票则有 20% 的机会赢取 4 000 元。结果 65% 的实验对象选择了乙彩票。随后,同一批实验对象又被要求在另外两种彩票中进行选择。其中,丙彩票有 100% 的机会赢取 3 000 元,而丁彩票则有 80% 的机会赢取 4 000 元。结果 80% 的实验对象选择了丙彩票。由于除了丙和丁赢得奖金的概率分别为甲和乙概率的 4 倍以外,两次实验完全相同,那么根据预期效用理论,同一批实验对象应该具有同样的选择偏好,即甲和丙被选中的可能性应该一致,而实验对象对乙和丁的偏好也应该一致。但实验结果显示的不一致性无疑是与期望效用理论相背离的。

根据这些实验结果,Kahneman 和 Tversky 提出了前景理论(Prospect Theory),又称为期望理论或者展望理论。前景理论认为:人们决策的依据是建立在他们的前景之上,而前景是人们对决策可能带来各种后果的价值函数(Value Function)的加权平均值。从形式上看,前景理论与期望效用理论颇为相似。但不论是前景理论中的权数还是其价值函数,都与期望效用理论中的客观概率和效用函数存在区别。

Kahneman 和 Tversky 认为,行为人赋予其决策各种可能后果的权数并不是它们的客观概率,而是一种主观权数,这种主观权数是客观概率的非线性函数。对于概率极低的情况,赋予主观权数"0";对于概率极高的情况,赋予"1";对于较高但非极高概率的情况,赋予的主观权数低于其客观概率;对于较低但非极低概率的情况,赋予的主观权数高于其客观概率。即在较低和较高的概率范围内,行为人赋予各种后果主观权数的变化较其实际概率变化为小。

前景理论对主观权数的界定很好地解释了 Kahneman 和 Tversky 观察到的实验结果。根据前景理论,由于 20% 和 25% 的概率水平均处在斜率小于 1 的权数范围内,实验对象赋予二者的主观权数的差异较客观概率差异更小,结果使人们倾向于选择一旦赢则获得奖金更多的彩票(即乙彩票)。相反,人们在赋予 80% 概率事件的主观权数时倾向于低估它,但对于 100% 概率的事件则不会低估,所以实验对象在丙和丁之间做比较时又会选择丙彩票。

前景理论选择主观权数,而不是客观概率,来计算作为决策依据的期望值,可以很好地解释现实经济生活中人们面临风险时所做出的貌似不合理的选择,如在金融市场中的期权微笑现象。[2] 当人们观测期权的市场价格时,往往发现与根据 Black-Scholes 期权定价公式计算的理论价格存在系统性偏差。当期权合约中标的物的市场价格远远偏离期权

① Tversky A, Kahneman D. Judgment under Uncertainty: Heuristics and Biases. Science, 1974, 185:1124-1131.
② 期权的实际价格与根据 Black-Scholes 公式计算得到的理论价格之间的差异反映了期权商品价格的波动性。在一个时点上,以不同的履约价为横轴,前面所述的波动性为纵轴,所得出的图形看上去就像一个微笑的笑容,因此称为期权的微笑现象(Option Smile)。参见:Mayhew S. Implied Volatility. Financial Analysts' Journal,1995,51(4):8-20。

合约所约定的履约价时,期权的市场价格往往大于根据 Black-Scholes 期权定价公式计算的理论价格;而当期权合约中标的物的市场价格与合约约定的履约价相仿时,期权的市场价格与根据 Black-Scholes 期权定价公式计算的理论价格趋于一致。我们知道,当标的物的市场价格偏离履约价较多时,如果期权合约的内在价值为正,市场价格与履约价的差异进一步扩大的概率应该比较小;而对于期权买入方来说,如果期权合约规定的履约价与市场价相比更为不利,期权合约的内在价值为 0(即买入期权履约价高于市场价或卖出期权的履约价低于市场价),那么市场价格发生反向变化直至内在价值转为正的概率也比较小。但在期望理论中,这两种情形的主观权数都被放大,从而使得期权合约的市场价格出现了高估。

　　此外,在 Kahneman 和 Tversky 的前景理论中,价值函数异于效用函数的一个重要方面在于:价值函数并不是一条平滑的曲线,而是一条折线,其转折点称为参考点(Reference Point)。它是人们用于将各种情形进行对比的参照体系,是由个人的主观印象决定的。在决策时,人们将各种可能的结果与参考点做比较。当财富水平高于参考点时,价值函数与效用函数一样是向下凹的;当财富水平低于参考点时,价值函数则转为向上凹(见图 3-4)。即价值函数在参考点处存在着斜率的不连续性。在参考点之上,人们表现出对风险的厌恶;而在参考点之下,人们则表现出对风险的偏好。虽然期望理论未能告诉我们决定参考点的准确因素,

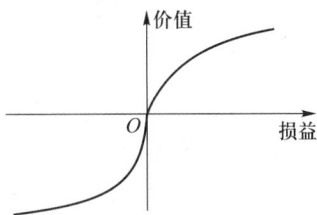

图 3-4　价值函数图

但对实验对象的观察发现,参考点是由人们用作比较的坐标点决定的。而这种可以比较的坐标点又取决于主体很方便就可以找到或看到的标准,甚至可能受到问题表述方式的影响。因此,人们对于价值的评估具有不确定性,而并非预期效用理论所指出的那样,是确定的、唯一的。

　　(二) 锚定现象

　　当人们进行数量评估的时候,他们的评估值常常受到问题表述方式的影响,这也就是心理学上所说的锚定现象(Anchoring)。虽然在某些情形下,问题的表述方式确实如反应方所期望的那样蕴含了一些潜在信息,因而反应方根据问题表述方式进行评估具有一定的合理性。但在大多数情形下,问题的表述中并不蕴含任何信息,但锚定现象依然存在。为证实这一心理效应,Tversky 和 Kahneman 曾做过一个有趣的实验。[①] 在问卷中,提出一个问题,例如回答非洲国家在联合国所占的百分比。在实验中,主持实验的人在这些实验对象面前转动一个标着 1 到 100 的转盘,实验者首先需要回答,他们的答案是高于抑或低于转盘所指的数目,然后再给出自己具体的答案。显然转盘停下时所指的数目与问卷所问的问题毫无关系,但实验结果却显示,实验对象的答案受到转盘所指数目的强烈影响。如转盘所指的数目为 10 时,答案是 25%;而转盘所指的数目为 65 时,答案是 45%。

　　由于很多金融产品的内在价值本身就很模糊,上述心理效应在金融市场中尤其明显。

---

① 　Tversky A, Kahneman D. Judgment under Uncertainty: Heuristics and Biases. Science, 1974,185:1124-1131.

例如,没有人知道股票指数所代表的内在价值是多少,它是否真的值1 000点或2 000点。因此人们在价值判断时,更容易受到锚定现象的影响。在缺乏更准确信息的情况下,以往价格(或类似产品的要价)也就更容易成为确定当前价格的一个参照。

在金融市场中类似的例子比比皆是。美国投资者对日本股市市盈率的评价就是一个很好的例子。20世纪80年代末,美国投资者普遍认为日本股市的市盈率过高(这是以当时处于较低水准的美国股市市盈率做参照)。而到了90年代中期,尽管日本股市的市盈率仍比美国高得多,但很多美国投资者觉得日本市场价格并没有高估。这也许就是因为日本80年代末的高市盈率又成为人们判断的另一个参照。而Fisher提出的货币幻觉同样也与锚定现象有关,即以往的通胀率成为人们判断未来通胀率的参照,结果导致在做经济决策时对通胀率的预期不足。①

锚定现象告诉我们,在金融市场中,人们在决策时并不总是根据合理的信息。一些不相关的信息也可能影响人们对金融资产价值的判断。

(三) 心理区间

期望效用理论认为,市场参与者是在综合考虑所有影响金融市场的因素并汇集所有相关信息后,才会做出自身期望效用最大化的决策。但对市场参与者行为进行分析时却常常发现,人们倾向于依据一些表面的特征将特定的事件归入不同的心理区间(Mental Compartments)。在决策时,又会根据不同的心理区间,将决策细分为若干个小决策,而后单独对待。

以投资市场为例,人们往往将他们的投资归入自己主观划分的区间。在面临同样冲击时,对投资所做的反应是基于它们所处的区间。Shefrin和Statman提出,个人投资者往往很自然地将他们的投资组合划分为两部分,一部分是可以抵御下跌风险的"安全"部分,而另一部分是用来谋取财富增长的风险部分。② Shefrin和Thaler提出,人们总是将其收入来源划分为三种,即目前工资收入、资产收入和未来收入,这三种收入会有不同的使用方式。③ 即使知道未来收入一定可以获得,人们也不愿意提前使用。

人们在认知过程划分心理区间的现象,同样对传统金融理论中市场参与者掌握所有信息后,可以在信息加工时不为自身情感和心理因素干扰,做出最优化决策的能力提出了质疑。

(四) 过度自信与代表性启发式思维

心理学家在实验中发现,人们对自己的判断常常表现出过度自信(Overconfidence)。在这些实验中,实验对象就一些问题做出回答后,被要求给出自己答对的概率。实验结果发现,实验对象倾向于高估自己答对的概率。即便在实验者对实验对象详细解释过概率的含义,并要求他们对自己的答案下注,也没有改变这种过度自信的现象。事实上,当实验对象确信他们是正确的时候,他们正确的概率仅有大约80%。

---

① Fisher I. The Money Illusion. The Works of Irving Fisher Vol. 8. Pickering & Chatto Publishers,1928.

② Shefrin H, Statman M. Behavioral Portfolio Theory (unpublished paper). Santa Clara University,1994.

③ Shefrin H, Thaler R H. The Behavioral Life-Cycle Hypothesis. Economic Inquiry,1988.

在我们的现实生活中,这种过度自信的倾向也很普遍。当然,如果我们不断地将人们犯错的结果告诉他们,他们有时也会过度反应而表现出自信不足。但总体而言人们普遍倾向于过度自信。这种过度自信一方面是与 Ross 总结的"情况演绎"困难有关(即在评估那些复杂的情况时,人们很难充分预料到其中的不确定性)[1],另一方面则与代表性启发式思维(Representativeness Heuristic)有关。代表性启发式思维是指,人们倾向于将事件归入一些常见的种类,在进行概率估计时,常常过分强调这种归类的重要性,而忽视了关于潜在概率的实际线索[2],结果人们往往试图在一些随机的数据中找到趋势。

这种过度自信的心理特征导致行为人在对外部冲击做出反应时,有时表现出过度反应,有时则表现出反应不足。在金融市场上,这两种反应方式同样存在,并导致了为传统金融理论所无法解释的一些系统性的偏差。

根据统计数据对股票价格走势进行分析时发现,实际股票价格持续偏离按有效市场模型计算现值的长期走势,而且在经历相当长的一段时间后,才会向长期趋势回复,从而导致股票总体价格的波动幅度远比有效市场理论隐含的波动来得剧烈。这也正体现了股票价格对某些消息或历史价格过度反应,直至投资者恢复正常心态才能使得股价得以纠正。而 De Bondt 和 Thaler[3],Fama 和 French[4],Poterba 和 Summers[5],Cutler、Poterba 和 Summers[6] 的研究结果发现,股票收益率在 3~5 年的时期内往往存在着负向的自相关,即股价最初的过度反应在 3~5 年中逐步得到纠正。这证实了过度反应的存在。这种过度反应可能是由于公司以往的盈利记录或外部冲击,在代表性启发式思维现象中被不恰当放大和归类,并被不恰当地外推,却忽视了决定公司价值的其他因素。

此外,我们在证券市场上常常发现,当一些重大消息被披露时,股价很少有大的波动,股价的大波动往往是在没有什么消息的时候发生的。而且 Cutler、Poterba 和 Sumers,Jegadeesh 和 Titman[7],Chan、Jegadeesh 和 Lakonishok[8] 都发现,在 1 年之内,股票短期收益往往存在着正的自相关。这种正相关意味着股价最初对消息反应不足,在随后的一段时间中才逐步得到调整。Barberis、Shleifer 和 Vishny[9] 通过代表性启发式思维及保守原则建立的心理模型,为过度反应与反应不足同时存在提供了很好的解释。

① Ross L. The Problem of Construal in Social Inference and Social Psychology. //Grumberg N, Nisbett R E, Singer J. A Distinctive Approach to Psychological Research: The Influence of Stanley Schachter. Hillsdale, NJ: Erlbaum,1987.

② Tversky A, Kahneman D. Judgment under Uncertainty: Heuristics and Biases. Science, 1974, 185:1124-1131.

③ De Bondt W F, Thaler R H. Does the Stock Market Overreact. Journal of Finance,1985,40:793-805.

④ Fama E F, French K R. Permanent and Temporary Components of Stock Returns. Journal of Political Economy, 1988,96:246-273.

⑤ Poterba J M, Summers L H. Mean Reversion in Stock Prices: Evidence and Implications. Journal of Financial Economics,1988,22 (1):27-59.

⑥ Cutler D M, Poterba J M, Summers L H. Speculative Dynamics. Review of Economic Studies,1991,58(3):529-546.

⑦ Jegadeesh N, Titman S. Returns to Buying Winner and Selling Losers: Implication for Stock Market Efficiency. Journal of Finance,1993, 48 (1):65-91.

⑧ Chan L, Jegadeesh N, Lakonishok J. Momentum Strategies. NBER Working Paper No.5375.

⑨ Barberis N, Shleifer A, Vishny R. A Model of Investor Sentiment. Journal of Financial Economics, 1998,49:307-343.

总之，代表性启发式思维的普遍存在，使得市场参与者只是依据市场的局部特征做出过度自信的判断。这种普遍的思维模式导致了市场中系统性偏差的存在。

（五）历史的不相关性

历史的不相关性（the Irrelevance of History）也是过度自信的一种表现，但由于它与代表性启发式思维所引起的过度自信表现不同，所以下面单独分析。历史的不相关性是指，认为过去发生的事件与未来无关，历史不能为未来的状况提供任何信息，而未来只能根据当前发生的特别因素决定。

这种过度自信使得市场参与者很少从过去的统计数据中吸取教训。事实上，大部分的市场参与者不会从研究历史数据中获得相关或其他有用的信息。相反，他们倾向于从最近的一些偶然的事件中获得参照。

导致这种历史无关性思维的根源在于历史决定论，即在回顾历史事件时，我们会发现历史事件之间的逻辑关系。历史事件似乎根据一种我们可以发现的模式，以其内在的必然性和正常的顺序展开，以至于我们觉得历史只会这样发生。在历史决定论的影响下，我们相信历史（包括以往发生的重大事件）在某种程度上很可能可以被事先预见到，或者在事件发生之前人们已有充分的理由相信事件可能发生。而现在则感受不到发生这些重大事件的理由。正是基于这样一种错觉，行为人会忽视历史数据所隐含的信息。

历史无关性思维方式与前面的代表性启发式思维似乎是矛盾的。但二者作为对人们全面理性思维模式的背离，是共同存在的。当人们发现当前的环境在某些细节方面与某一段众所周知的历史时期相吻合时，代表性启发式思维就会占据主导地位。但是，代表性启发式思维也没有对历史数据进行系统性分析。

（六）注意力异常与可获得性启发式思维

传统金融理论中的期望效用最大化模型假定市场参与者能够获得对目标函数最大化所需要的所有信息。但是行为学研究已经证明人的注意力（Attention）是具有选择性的，人们一般只会注意到能引起他兴趣的信息。因而，对于参与者的决策来说，也只有其注意到的信息才能发挥作用。"我的经历是我愿意注意的东西。只有我自己注意到的这些东西才能塑造我的想法。如果没有选择性兴趣，经历只是噪声。"①

不论物体能否轻易辨认，影响注意力的是它的突出程度、表述的生动程度或者说表述是否有丰富多彩的细节。因此判断就会受到可获得性启发式思维（Availability Heuristic）的影响，即受到事件或相关联想进入参与者脑海的难易程度的影响。

事实上，投资狂潮以及随之而来的资产价格的巨幅波动，是与公众注意力的反复无常相关的。② 投资者对投资品种（股票、债券或不动产，投资国内还是投资国外）的注意力，似乎受公众注意力交替变化的影响。而投资者对投资市场的注意力也随时间而变化。同

---

① James W. Principle of Psychology. New York，Dover Publications，1890.

② Shiller R J. Stock Prices and Social Dynamics. Brookings Papers on Economic Activity，Ⅱ，1984：457-498；Shiller R J. Fashions，Fads and Bubbles in Financial Markets // Coffee J C，Lowenstein L and Rose-Ackerman S. Knights，Raiders and Targets：The Impact of the Hostile Takeover. Oxford：Oxford University Press，1988.

样,金融市场的崩溃也可以归结为注意力问题,因为金融危机往往是发生在公众注意力过度关注金融市场的时候。

二、心理因素对行为模式的影响

行为学对人们行为模式的研究发现,传统金融理论关于市场参与者具有完全行为能力的假设也是不现实的。在金融市场中,行为者并不总能如理性假设的那样,能以最低成本及时地将决策付诸实施。相反,市场参与者常常会受到一些心理因素的影响,或者影响他们决策的时效性,或者使得实际行为偏离原始的决策。因此,市场参与者的行为能力也只是一种有限制的能力。具体而言,这些影响体现在以下几个方面:

(一)后悔与认知上的不协调

心理学研究告诉我们,人类存在一种为自身所犯错误后悔(Regret)的倾向。尽管这种错误可能是微不足道的,但犯错方并不会主动淡化这种痛苦。为了避免后悔,人们的行为模式就可能扭曲而偏离传统理论中理性所界定的最优化模式。

从对市场参与者投资行为的观察中,我们发现投资者总是拖延卖出价格下挫的股票,而加快卖出价格上涨的股票。这在很多情形下是与理性的投资行为相背离的。当一只股票因为基本面恶化而开始下跌时,理性的反应应该是及时斩仓出局;而当一只股票因为基本面好转而开始上涨时,理性的反应应该是继续持有。但受到避免后悔心理的左右,人们常常是对出现亏损的股票惜售,以延缓因亏损兑现而带来的后悔,或者是期待小概率事件的发生弥补已产生的亏损。但在大多数情形下,反而导致亏损继续扩大。相反,面对盈利的股票,投资者则往往急于将其兑现,以避免股价可能回落而带来的后悔。

认知上的不协调(Cognitive Dissonance)是指人们面对与其原始的信念或推断相背离的证据时所承受的精神上的冲突。它同样可以视为因错误的信念而后悔。为了避免认知上的不协调,人们在行动中往往会回避与其观点和信念不一致的信息。这样无疑削弱了人们根据贝叶斯学习规则不断调整后验概率,从而完善自身决策的机会。

(二)分割效应

当市场参与者进行决策时,他们常常倾向于将决策拖延至某些信息披露为止,尽管这些信息与决策并不相关,或者根本影响不了决策,这就是心理学中的分割效应(Disjunction Effect)。在投资者行为中出现分割效应无疑是与理性行为的"确定事件原则"相冲突的。[①]

Tversky 和 Shafir 所做的实验证实了这一效应的存在。[②]他们让实验对象参加抛硬币的游戏。由实验对象猜正反,猜对则实验对象赢 200 元,猜错则实验对象输 100 元。结果大部分实验对象拒绝参加。但在第一轮硬币的正反面情况已经得知后,大部分实验对象参与了第二轮游戏。从概率上讲,第一轮硬币的正反面对第二轮硬币出现正反面的概率没有丝毫

①　Savage L J. The Sure-Thing Principle//Savage L J. The Foundation of Statistics. New York:John Wiley,1954:21-26.

②　Tversky A,Shafir E. The Disjunction Effect in Choice Under Uncertainty. Psychological Science,1992,3(5):305-309.

的影响,不应该影响实验对象参与游戏的决定。但分割效应的存在使得行为人出现了似乎"有悖常理"的行为方式。

（三）赌博与投机

研究结果表明,赌博是人类最广泛的一种天性。但赌博作为主动承担不必要风险(而且预期收益一般为零或负数)的行为,与传统理论理性定义中风险规避的原则相背离。进一步的研究还发现,赌博的冲动潜伏在人体内。对于每一个人来说,它的释放只会采取某种特定的形式。也就是说,人并不是一个简单的风险规避者或风险爱好者,在不同的个体、不同的决策过程乃至不同的环境中,人们都可能表现出不同的风险偏好。

在金融市场中,赌博和投机(Gambling and Speculation)心理的存在使得市场参与者行为复杂化,并构成了投机市场中泡沫的一个起源。

（四）魔术思维

魔术思维(Magic Thinking)是指,人们常常将一些偶然的行为与某些结果联系起来,而忽视二者之间并不存在逻辑关系的事实。魔术思维在人们的日常活动中十分普遍。例如,一个运动员赢了一场关键比赛,可能会把胜利归结为他所穿的运动鞋。这种思维方式的存在有时可能会增强一个人的信心,客观上也提高了魔术思维中与之相联系结果出现的概率,从而又强化了这种思维方式。例如,该运动员在参加其他重要比赛时,穿上同样的运动鞋,可能信心倍增。如果确实提高了他获胜的机会,那么他的魔术思维又会进一步强化。

在金融市场中,魔术思维同样存在。当魔术思维通过有影响力的媒体或个人传播开来,而成为市场中一种普遍性的思维方式后,魔术思维就会对金融资产的定价产生影响。因此,魔术思维可能会打破传统理性定义中不对不相关信息做出反应的原则。

（五）准魔术思维

准魔术思维(Quasi-Magical Thinking)是指,尽管行为人不相信,但他们还是愿意表现出相信自己的行为将影响结果。根据传统理论,行为人的行动与信念不一致,显然是一种非理性的表现。但事实上,这样一种行为模式在我们的生活中确实存在。例如在选举中,尽管大部分的投票者都明白自己的一票对于改善国家的政治发挥不了什么影响,但很多人还是愿意参加投票。我们知道,根据传统理论,理性的行为应该是不参加投票,而去搭便车。

三、文化因素对人类行为的影响

行为学的研究发现,市场参与者不是同质的。在传统理论中,由于汇总了市场中所有的相关信息,且对不确定结果赋予的主观概率接近或等于客观概率,因此市场参与者对金融市场的判断应该是一致的。但正如前文所述,由于行为人的注意力是选择性的,而文化因素又对选择性的注意力产生了重要影响,因此文化因素也影响着认知和行为模式。

（一）文化与社会认知

不同的国家、部族或社会群体,社会认知有所不同,而相异的习俗、思潮和符号更强化了这种差异性。对于不为社会所认知或所关注的事实和观念,即便部分人了解,也无法在群体中传播开来,因此这些事实和观念对群体的行为发挥不了什么影响。相反,代表一种文化的事实、假定、符号和思想,却能对受这种文化影响的个体行为产生微妙但深远的影响。

在金融市场中,O'Barr 和 Conley 通过与养老基金管理人面谈进行了研究。[①] 他们发现,每一个养老基金都有其自身的文化,而且这种文化往往是与这些机构起源的传奇故事紧密联系在一起的。养老基金的文化就是其投资策略的理念体系,而且这些文化确确实实影响着投资决策。而文化因素之所以对决策发挥着重大影响,是因为人们普遍希望将决策的责任归结到机构本身以及人们希望在机构内维持一种良好的人际关系的意愿。

正是由于文化在个人判断与决策中发挥的重要作用以及不同群体之间文化的差异性,市场参与者表现出了很强的异质性,这与传统理论中的同质性是矛盾的。

（二）全球文化

尽管存在着地理和语言上的障碍,但不同国家之间还是可以存在很多相互学习和模仿的地方。在全球范围内,很多类似的行为并不是对同样或相近的经济冲击所做出的理性反应,而是一种国际性的文化在发挥着影响。

这种全球文化(Global Culture)并不是一种文化在全球范围内的复制,而是不同文化在全球范围内的融合与交流。受全球文化的影响,可能使得不同地域的金融市场在面临不同或不完全相同的基本面时,做出相似的反应。这种反应并不能完全从经济全球化中找到答案。关键在于全球文化对不同地域群体行为模式的一些共同影响。

心理学和行为学等社会科学对行为人的研究揭示了许多偏离传统理论以预期效用最大化为唯一目的,并通过贝叶斯学习过程达到这一目的的理性行为人假设的现象及其背后的机制,从而证明了市场参与者的理性是不完全的。

本 章 小 结

作为一名成功的投资专家,Soros 认为金融市场存在着反射性,即金融市场走势与市场参与者决策之间具有无穷尽的互动关系。这种反射性的存在,使得金融市场的不确定性无限扩大,绝非任何市场参与者所能完全掌握。因此,传统金融理论所描述的理性以及基于这种理性的市场均衡,都只能是理想状态下的产物,在实践中却无法得到验证。相反,在金融市场中,非理性和不均衡反而应该是常态。同时,行为金融学的研究已经为我们揭示了许多人类行为异于传统理论中完全理性概念的现象和行为特征,并且在金融市场的统计数据中发现了许多异常的效应,例如过度反应、反应不足以及众所周知的一月效应、星期五效应和小公司效应等。因而不论是在实践中,还是在理论上,都对传统金融理论的前提基础提出了质疑。

然而现代金融理论的发展并没有完全推翻传统理论建立在理性和预期效用基础上的框架。这一方面是由于行为金融学对市场参与者行为的研究还有赖于其他相关学科对人类行为机制的认识,而目前这种认识还比较粗浅。尽管有限理性是一个得到较为普遍认可的结论,但理性的程度无法确定,所以很难在这一基础上建立一套完整的理论体系。但另一方面,我们发现金融市场中的一些异常效应在被揭示之后往往就消失了,如一月效应、星期五效应等。这是否意味着人类正不断地通过学习,通过运用日益强大的信息收集

---

① O'Barr W M, Conley J M. Fortune and Folly: The Wealth and Power of Institutional Investing. Homewood: Irwin,1992.

和处理工具,加强了自身对市场的把握能力,提高了理性呢?而且这种趋势的发展是否能像传统理论为达成理性所设置的条件那样,最终实现完全理性呢?在理论方面,传统金融学将公司规模等因素引入模型后,对现实的解释力和包容性也提高了。因此,彻底否定理性前提,否定传统金融理论也有失偏颇。这些都表明对于行为人理性的探讨还有待进一步的完善和深入。

与此同时,个体理性与群体理性的关系也逐渐成为金融学研究和讨论的对象。即便在市场参与者个人理性的前提下,是否能保证市场的群体理性?博弈行为揭示了二者的冲突,而现实世界中的羊群效应、挤兑等现象也证实了二者之间也许并不像传统理论认为的那样顺理成章。因此,市场的群体理性同样也成为金融学研究一个重要的领域。

此外,市场参与者理性与市场均衡的达成也并非如传统金融理论所设想的那样顺理成章,即可以通过市场的套利行为迅速矫正价格对真实价值的偏离。因此,套利的有限性以及对市场的影响也是我们需要研究的对象。

关 键 术 语

期望效用 理性条件 风险态度 阿莱悖论 前景理论 锚定现象 心理区间 过度自信 代表性启发式思维 历史的不相关性 可获得性启发式思维 后悔心理 分割效应 魔术思维

习　　题

1. 简述理性的定义。它要求市场参与者具备哪些前提条件?
2. 简述对理性形成的三个逐步放松的条件。
3. 对理性的前提条件和形成条件存在哪些质疑?
4. 请对期望理论和传统的预期效用理论作简要的比较。
5. 什么是"锚定现象"?
6. 对投资者心理区间的分析与传统金融理论有什么分歧?
7. 作为过度自信的表现,"代表性启发式思维"与"历史的不相关性"有什么区别?
8. 比较"代表性启发式思维"与"可获得性启发式思维"。
9. 简述心理因素对行为模式有哪些影响?
10. 文化因素对人类行为的影响有哪些?
11. 如何判断一个投资者的风险态度?
12. 观察你周围人的风险态度,你认为他们的行为是理性的吗?

即 测 即 评

专栏 2：
丹尼尔·卡内曼
(Daniel Kahneman)

普林斯顿大学心理学与公共事务教授丹尼尔·卡内曼(Daniel Kahneman)因其"将心理学的深刻见解整合到经济学研究之中,特别是在不确定条件下的人类判断和决策方面"[1],而与将实验分析方法引入经济学研究的弗农·史密斯(Vernon. L. Smith)教授共同获得 2002 年诺贝尔经济学奖。

丹尼尔·卡内曼于 1954 年毕业于耶路撒冷希伯来大学(The Hebrew University of Jerusalem),获心理学与数学学士学位,其后于 1961 年毕业于美国加州大学伯克利分校,获心理学博士学位。博士毕业之后,卡内曼曾于耶路撒冷希伯来大学、英属哥伦比亚大学、加州大学伯克利分校、普林斯顿大学等多所高校担任心理学教授。卡内曼是一位心理学家,而并非传统意义上的经济学家。或许正是因为这样的学术背景,使得卡内曼能够站在心理学的视角审视经济学理论的基础性假设,并最终与阿莫斯·特沃斯基(Amos Tversky)一同为行为经济学的发展奠定重要的理论基础。

经济决策是由理性的、自利的经济人(Homo Economicus)在对已知信息的充分理解和处理的基础上,通过(预期)效用最大化而做出的。这构成传统经济学理论的重要微观基础。而认知心理学理论则认为,在理性的判断和决策之外,一些非意识性的因素也会以某种系统性的方式影响人类的判断和决策行为。卡内曼及其合作者特沃斯基的研究,即将这种认知心理学的见解,融合到经济学的研究之中,对这一被传统经济学理论作为公理的前提假设提出了有力的挑战。他们的贡献主要体现在两个方面:对于不确定条件下人类判断能力的研究,以及对于不确定条件下人类决策行为的研究。

根据经济理性假设,在不确定的条件下,理性的经济人应能够认识到概率论的基本原理——大数定律。根据大数定律,在特定总体中所选取的样本越大,样本均值越接近总体均值,样本均值的方差随着样本规模的变大而缩小,当样本等于总体时(样本规模最大),

① The Royal Swedish Academy of Sciences (2002). The Prize in Economic Sciences 2002 – Press Release: Psychological and experimental economics. http://www. nobelprize. org/nobel _ prizes/economic – sciences/laureates/2002/ press. html.

样本均值等于总体均值,样本均值的方差为零。换言之,一个小的样本,其均值方差将会很大,难以代表整个总体的情况。然而,特沃斯基和卡内曼(Tversky and Kahneman, 1971)发现,现实中人们的判断往往并不遵循大数定律:对于一个从总体中随机抽取的较小的样本,人们往往倾向于认为这个较小的样本仍然是具有高度代表性的,从而可能会基于小样本的特征而对总体产生错误的认知。作者将这种认知偏差称作"小数定律信念"(Belief in the Law of Small Numbers)。

尽管这篇发表于心理学期刊上的文章原意更多的是指出心理学家在研究中可能本身即面临认知偏差的问题,但作者所指出的这种小样本认知偏差对于理解经济学上的一些异象,特别是金融市场中的过度反映问题可能具有重要的解释意义:当某只股票的股价在一个很短的时期内表现优异时,投资者往往基于这一极短时间内的股价样本而对于股票的真实价值得出过于乐观的估计,从而造成短期内股价的过度波动性。某种程度上,特沃斯基和卡内曼的研究为席勒等发现的证券市场短期超额波动性问题提供了理论解释。

如果说卡内曼和特沃斯基关于不确定条件下人类判断的研究仍然在很大程度上具有心理学研究的属性,那么他们(Kahneman and Tversky, 1979)所提出的更为人所熟知的前景理论(Prospect Theory,又译预期理论)则直指经济学关于期望效用的核心假设。

根据传统经济学理论,不确定条件下的决策问题考虑的是预期效用的最大化。潜在的财富水平对应一个理性的效用函数,不同的选择可能带来不同潜在财富水平所对应的发生概率的差异,基于概率的加权平均效用的大小直接决定经济主体的决策结果:期望效用最大的选项将成为最优的选择。

然而,现实中的投资者决策行为却往往与期望效用最大化理论相悖:人们呈现出对于损失的厌恶,而在面对潜在损失时却又可能是风险偏好的;相比一个预期收益更高的有风险投资,更愿意获得一个确定的较低的收益,但同时却又乐于投机于概率极小的事件(如彩票等)。现实生活中的种种非理性的行为促使特沃斯基和卡内曼对经济学传统假设进行了反思,并试图构建一个全新的基于认知心理学的理论框架来解释现实的投资者决策行为。

与预期效用最大化理论相比,前景理论在三个方面存在根本性的差异,从而赋予其对于现实生活中的决策行为极强的解释能力。其一,投资者更为关注的是潜在选择相对于某一个参考点(Reference Point)可能带来的财富变化而非其绝对量本身;其二,在不确定的条件下,(相对于参考点的)潜在损失或收益对于消费者福利的影响不是效用函数的形式(效用函数本身意味着理性的偏好),而可以定义为一种"值函数"(Value Function),值函数对于潜在收益和风险的敏感性都是递减的,即在潜在收益部分是凹函数(Concave Function),而在潜在损失部分是凸函数(Convex Function),同时,同等绝对量的潜在损失带来的负值要大于潜在收益带来的正值,值函数在参考点处有一个扭转;其三,投资者对于小概率事件所赋予的主观权重更大,而对于大概率事件所赋予的主观权重要小。在这样的全新的假设条件下,投资者实际上基于三个步骤完成投资决策:第一步,估计潜在选项可能带来的多种相对于参考点的潜在损失或收益;第二步,考虑潜在损失或收益的值函数;第三步,基于主观的权重函数对所有潜在收益或损失的值函数进行加权平均。基于这样的过程,投资者将选择加权平均值函数最大的选项。

这一基于认知心理学而非传统经济学假设的决策框架将多种人类认知的局限与偏差纳入其中，从而对现实生活中的非理性行为，特别是金融市场中投资者的一些群体性非理性行为具有极强的解释能力。例如，投资者往往急于抛售已经盈利的股票，而不愿沽清正承受损失的股票，这种行为模式可能与投资者对相对于参考点（股票原值）的潜在损失非常厌恶，因此不愿实现亏损有关；又如，关于公司基本面的坏消息（如盈利未达预期）对股价的负面影响的程度往往大大高于类似程度的好消息（如盈利超预期）对股价的提振作用，这一点也可能与投资者相对于潜在收益更加厌恶损失的特征相关。

卡内曼和特沃斯基关于不确定条件下的人类判断和决策问题的研究深刻动摇了传统经济学理性假设的合理性，成为在此之后大量出现的关于市场非理性行为的理论与实证文献的基础，并且实质上开创了行为经济学、行为金融学等经济学范畴内的全新研究领域。遗憾的是，卡内曼的亲密合作伙伴特沃斯基已经于 1996 年逝世，从而无法获得诺贝尔经济学奖这一殊荣。卡内曼曾在其著作中（Kahneman，2012）深情回忆起 1969 年在耶路撒冷希伯来大学的一次讨论班上，他请他的同事阿莫斯·特沃斯基作为嘉宾发言的情形，那是他们合作的开始，也是一系列关于判断和决策的重要思想形成的源头。尽管特沃斯基未能站在诺贝尔奖颁奖台上，但诺贝尔经济学奖颁奖词也对特沃斯基与卡内曼在行为经济学领域共同作出的贡献给予了充分的认可与高度的赞扬："卡内曼将心理学的见解整合到经济学之中，从而为一个全新的研究领域奠定了基础。卡内曼的主要成果集中于不确定条件下的决策问题，他阐明了人们的决策是如何系统性地偏离标准经济学理论所预测的结果。他与阿莫斯·特沃斯基一同创建的前景理论能够更好地解释观察到的真实行为。卡内曼还揭示了人类的判断是如何基于经验捷径，并因而系统性地偏离概率论的基本原理。他的工作激发了经济学和金融学领域的新一代研究者采用认知心理学的深刻见解来探讨人类的内在动机，使得经济学理论更加丰富多彩。"[1]

参 考 文 献

Kahneman D. Thinking，Fast and Slow，Penguin Group，UK，2012.

Kahneman D，Tversky A. Prospect theory：An analysis of decision under risk. Econometrica 1979（47）：263–291.

The Royal Swedish Academy of Sciences（2002）. Advanced information on the Prize in Economic Sciences 2002：Foundations of Behavioral and Experimental Economics：Daniel Kahneman and Vernon Smith.

The Royal Swedish Academy of Sciences（2002）. The Prize in Economic Sciences 2002–Press Release：Psychological and experimental economics. http：//www. nobelprize. org/nobel _ prizes/economic – sciences/laureates/2002/press. html.

Tversky A，Kahneman D. Belief in the law of small numbers. Psychological Bulletin 1971（76）：105–110.

---

[1] The Royal Swedish Academy of Sciences （2002）. The Prize in Economic Sciences 2002–Press Release：Psychological and experimental economics. http：//www. nobelprize. org/nobel_prizes/economic–sciences/laureates/2002/press. html.

专栏3：

罗伯特·J.席勒
(Robert J. Shiller)

耶鲁大学金融学教授罗伯特·J.席勒(Robert J. Shiller)因其"在资产定价领域的实证研究"[1]，与尤金·法玛(Eugene F. Fama)、拉斯·汉森(Lars Peter Hansen)一同获得2013年诺贝尔经济学奖。

席勒教授分别于1967年和1972年毕业于密歇根大学和麻省理工学院，分获学士学位和经济学博士学位。席勒教授研究领域非常广泛，包括金融市场、金融创新、行为经济学、宏观经济学、统计方法等诸多领域。

法玛关于市场有效性的研究专注于金融资产价格在短期内(几天或几周)的可预测性，认为多数研究支持金融市场(在不同的信息子集意义上)是有效的这一假设。而席勒的研究则关注在价格的长期可预测性领域，他的研究成果被认为可能对有效市场假说形成挑战。

股票的基本价值可以看作预期未来现金流的贴现值。在理性的无套利的市场上，股票价格应该反映对股票基本价值的预期值，并且股票的基本价值与价格之间的偏差应与所有当前可得的信息(包括当前价格)无关，因此股票基本价值的方差应该等于股票价格的方差与预期偏差的方差之和。换言之，基本价值的波动性应大于股票价格的波动性。然而，席勒(Shiller, 1981)基于纽约股票交易所股利变化的实证研究则指出，实际市场上股票价格的波动程度远远大于基本价值的波动性。类似地，根据利率期限结构的预期理论，长期利率反映短期利率的平均值，因此长期利率的波动性应该较小，但席勒(Shiller, 1979)则发现市场上长期利率的波动性要大于上述理论的推断。在之后的研究中，坎贝尔和席勒(Campbell and Shiller, 1987)修正了之前研究中所采用的计量经济学方法的缺陷，证明了对于不平稳的价格和股利生成过程，基于协整方法，同样可以得出相同的结论，从而增强了之前研究结论的稳健性。

---

[1] The Royal Swedish Academy of Sciences (2013). The Prize in Economic Sciences 2013-Press Release: Trendspotting in asset markets. http://www.nobelprize.org/nobel_prizes/economic-sciences/laureates/2013/press.html.

股票和债券市场收益率的短期波动性大于长期波动性意味着它们是"均值回复"的，当收益率高于平均值时，更加倾向于会下降，而低于平均值的收益率则可能预示着该证券接下来的良好表现。因此，在较长的时期内，过去的收益率对未来收益率具备一定的预测能力。这一与有效市场假说相悖的推论可能会为投资者带来持续的超额收益。席勒的研究（Shiller，1984；Campbell and Shiller，1988）表明股利与价格之比与收益率之间存在正相关关系；而实际盈利的长期移动平均值对于股利具有较强的预测作用，从而基于这一实际盈利的移动平均值与股价之比，一定程度上可以预测未来的股票收益率。

为了解释这种与有效市场理论相悖的现象，席勒将行为经济学的一些观点（包括Tversky 和 Kahneman 的一系列开创性研究）与实证研究中发现的非理性行为相结合，试图从行为的视角解释金融市场上存在的非理性现象。例如，席勒（Shiller，1984）指出，由于股票的真实价值是非常模糊的，因此股票价格特别容易受到投资者心理偏误（Psychological biases）的影响。投资者容易受到群体心理的压力，从而根据他人的观点修正自己的估值。因此，股票价格可能以类似某种时尚流行的方式波动。此后，席勒的诸多文献致力于以行为经济学的视角解释金融市场中的各类与有效市场相抵触的异常现象，成为行为金融学文献的重要组成部分。

值得注意的是，对于市场是否有效，席勒与法玛曾经进行过事后看来"针锋相对"的表述：法玛（Fama，1970，1991）指出，对市场有效性进行实证检验面临着联合假设问题，实证研究中所发现的与有效市场相悖的现象并不一定能说明市场有效性不足，相反，这些异象可能反映出实证研究中所采用的定价模型本身的无效性（对于联合假设问题，请参见专栏：尤金·法玛（Eugene F. Fama））。而席勒（Shiller，1984）则认为即使不存在资产价格的可预测性，也无法排除非理性投资者的存在，因为这些投资者的交易活动可能使得价格过度波动和噪音化，从而使得价格路径与随机游走之间的潜在偏差在短期内很难被发现。正如两位 2013 年诺贝尔经济学奖得主所言，时至今日，关于市场有效性的探讨仍未停止，金融学界仍难以达成一致的看法。尽管如此，正是两位经济学家的不懈努力，将我们对于市场有效性——这一金融市场的基础性问题——的理解不断引向深入。

在学术论文之外，席勒教授也陆续出版发行了多本金融学领域的专著，在学术界与金融实务界均具有极大的影响力，这些著作包括《新金融秩序》（The New Financial Order：Risk in the 21st Century）、《金融与好的社会》（Finance and the Good Society），以及最为著名的《非理性繁荣》（Irrational Exuberance）。在《非理性繁荣》第一版中，席勒鲜明地指出美国股票市场存在非理性的泡沫，并警告投资者泡沫可能会破灭。由于此书的出版（2000年）恰在美国股市互联网泡沫破灭前夕，席勒教授因本书而获得金融实务界的赞誉与高度关注；而本书的第二版（出版于 2005 年）中特别增加了席勒教授对于房地产市场泡沫的分析与担忧，两年后美国房地产价格即大幅下跌，并导致美国庞大的衍生品市场崩盘，最终发展为"大萧条"以来最为严重的全球金融危机。对两次危机的准确预测令席勒教授声名鹊起，也成为其理论的重要实证支持（尽管是非正式的）。此外，席勒教授还与卡尔·凯斯（Karl E. Case）教授一起，与标准普尔公司（S&P）合作推出美国住宅价格指数，成为这一领域最有影响力的价格指数之一。

鉴于席勒教授在股票价格的长期可预测性以及行为金融学等领域的卓越贡献，瑞典皇家科学院将 2013 年诺贝尔经济学奖颁发予罗伯特·席勒。其颁奖词中写道:"如果在几天或几周之内预测价格几乎是不可能的,那么在几年的时间段内预测价格是否会更加困难呢? 答案恰恰是否定的,正如罗伯特·席勒在 20 世纪 80 年代早期所发现的那样。他发现股票价格的波动范围远远大于公司股利的波动程度,而且股价与股利之比在高位时倾向于下降,在低位时倾向于上升。这一模式不仅对于股票,而且对于债券和其他资产是同样适用的。"[①]

<h2 style="text-align:center">参 考 文 献</h2>

Campbell J Y,Shiller R J. Cointegration and tests of present value models. Journal of Political Economy,1987(95):1062–1088.

Economic Sciences Prize Committee of the Royal Swedish Academy of Sciences. Scientific Background on the Sveriges Riksbank Prize in Economic Sciences in Memory of Alfred Nobel 2013:UNDERSTANDING ASSET PRICES.

Fama E F. Efficient capital markets:a review of theory and empirical work. Journal of Finance,1970(25):383–417.

Fama E F. Efficient capital markets II. Journal of Finance,1991(46):1575–1618.

Shiller R J. Do stock prices move too much to be justified by subsequent changes in dividends? American Economic Review,1981(71):421–436.

Shiller R J. Stock prices and social dynamics. Carnegie Rochester Conference Series on Public Policy,1984:457–510.

Shiller R J. Irrational Exuberance. Princeton University Press,2000.

Shiller R J. Irrational Exuberance. 2nd edition. Princeton University Press,2005.

The Royal Swedish Academy of Sciences (2013). The Prize in Economic Sciences 2013 – Press Release:Trendspotting in asset markets. http://www. nobelprize. org/nobel_prizes/economic–sciences/laureates/2013/press. html.

Home Page of Robert J. Shiller:http://aida. wss. yale. edu/ ~ shiller/

[①] The Royal Swedish Academy of Sciences (2013). The Prize in Economic Sciences 2013 – Press Release:Trendspotting in asset markets. http://www. nobelprize. org/nobel_prizes/economic–sciences/laureates/2013/press. html.

专栏4：
理查德·H.塞勒
(Richard H. Thaler)

行为经济学领域的重要代表人物,芝加哥大学经济学教授理查德·H.塞勒(Richard H. Thaler)因其在行为经济学领域的开创性贡献,获得了2017年诺贝尔经济学奖。这是继丹尼尔·卡内曼(Daniel Kahneman)、弗农·史密斯(Vernon L. Smith)和罗伯特·席勒(Robert J. Shiller)[①]后,行为经济学家又一次问鼎诺贝尔经济学奖。理查德·H.塞勒将心理学上的现实假设用于对经济决策进行分析。通过探究有限理性、社会偏好以及自我控制的缺失,演示出这些人类特性如何系统性的影响个人行为决策以及市场结果[②]。

塞勒教授1945年出生于美国新泽西州,1967年从凯斯西储大学(Case Western Reserve University)获得学士学位,1970年和1974年在罗彻斯特大学(University of Rochester)取得文学硕士和哲学博士学位,师从经济学家罗森(Sherwin Rosen)[③]。毕业后,塞勒先后执教于罗彻斯特大学和康奈尔大学,1995年起加入芝加哥大学布斯商学院,任职至今,同时还在美国国民经济研究局(NBER)兼职。2015年,塞勒担任美国经济协会主席。此外,1993年与Fuller成立了一家资产管理公司(Full & Thaler Asset Management)。

自20世纪80年代以来,塞勒教授致力于心理学、经济学等交叉学科的研究,借助心理学的视角来分析经济决策,思考人类的特性是如何支配个人的经济决策的,以及它们对整个市场的影响,对反常行为、经济人假设、禀赋效应、跨期选择、心理账户和股票市场等方面的研究做出重大贡献。他的研究成果对许多经济研究和政策领域产生了深远的影响。

1980年,塞勒教授提出了心理账户(Psychic Accounting)的概念。1985年,塞勒教授系统分析了心理账户现象,正式提出了心理账户理论(Thaler,1985),用来解释人们如何通过在头脑中建立单独的账户来简化金融交易决策,聚焦个人决定的冲击,而不是整体的影响。此外,塞勒教授(1980)还用厌恶损失的心理解释了禀赋效应(Endowment Effect),即为什么当人在拥有某一商品时对同一商品的评估,要高于未拥有同一商品时的估价,并

---

① 丹尼尔·卡内曼和弗农·史密斯获得2002年诺贝尔经济学奖,罗伯特·席勒获得2013年诺贝尔经济学奖。

② https://www.nobelprize.org/prizes/economic-sciences/2017/press-release/。

③ 塞勒博士论文的题目为:"The Value of Saving A Life: A Market Estimate"。

将其与 Kahneman 和 Tversky(1979)提出的前景理论(Prospect Theory)联系起来,这向我们揭示了"价值"的主观性:一件东西究竟值多少钱,更多地取决于我们站在哪一个位置上。相对而言,传统经济学理论往往会假设决策制订者把损失的费用等同于机会成本,但相对于机会成本来说,现实生活中人们往往更重视自己的损失。

塞勒教授对公平的理论和实证研究方面一直很有影响力。他将公平纳入人们的价值判断,从而影响他们的决策,而非简单的依据财富最大化来做出决策。Kahneman、Knetsch 和 Thaler(1986)发现了人们对于公平偏好的三个证据,分别是:人们的决策会体现出对于他人的公平;人们会放弃一些资源来惩罚对于自己的不公平行为;人们会放弃一些资源来惩罚对于第三方的不公平行为。人们对于公平的判断实际上也是依据参考点。塞勒教授解释了为什么消费者对于公平的关心可能会阻止一些公司在商品需求旺盛时提价,但却不能阻止公司在生产成本提高时涨价。塞勒和他的同事还设计了独裁者博弈游戏,这一试验性工具被广泛应用于衡量全世界不同地方、不同人群对公平的态度。

塞勒教授另一个重要贡献在于研究了人们因为缺乏自制力而导致他们无法执行最优的计划。基于此,在有关人们难以坚持对未来的计划方面,塞勒教授提供了新的视角。他展示了如何使用计划者——执行者模型来分析自我控制的问题,阐述了人们经常既是一个有远见的计划制订者(最大化终生效用),同时又是一个短视的计划执行者(仅仅重视短期效用),这与现在心理学家和神经科学家用来描述长期规划和短期行为之间紧张关系的框架相似。屈服于短期诱惑是我们在为老年储蓄、或选择更健康生活方式的计划经常会失败的一个重要原因。在他的实践工作中,塞勒证明了助推(Nudging)是如何帮助人们为养老而储蓄,以及其他的情况下能更好地自我控制。

Thaler 和 Sunstein(2008)的著作"Nudge",意为助推,提出自由家长主义(Libertarian Paternalism),旨在保证人们自由选择的前提下,利用人性中的系统性行为偏差对选项进行设计,以低成本、低副作用甚至无副作用的方式引导人们的决策,帮助生活中易犯错的真实的人们做出更好的选择,活得更健康、更富有、更幸福,如他提出的"明天储蓄更多(Save More Tomorrow)"养老保险计划便成了经典案例。此外,塞勒教授在行为金融学领域建树颇丰,主要贡献在于研究在有限套利的情况下,投资者的心理因素将如何影响金融市场中的资产价格。例如,De Bondt 和 Thaler(1985)在研究股票市场过度反应时发现之前表现更差的股票在接下来的时间内表现更好;Benartzi 和 Thaler(1995)发现了短视风险厌恶可以用来解释股权溢价之谜。

总的来看,塞勒的贡献在于为个人决策的经济和心理分析之间搭建了一座桥梁。他的实证研究和理论观点,帮助行为经济学创造了一个快速发展的新领域,对许多经济研究和政策领域产生了深远的影响。塞勒对反常现象的思考也引发了人们对经济理论的思考,即当现有经济学理论不能很好地指导我们决策的时候,我们应重视塞勒的思想,关注人的行为,不断质疑、不断思考,弥补现有经济学理论的缺陷。

<h3 style="text-align:center">参 考 文 献</h3>

Benartzi S, Thaler R H. Myopic loss aversion and the equity premium puzzle. The Quarterly Journal of Economics,1995(110):73-92.

De Bondt W F M, Thaler R H. Does the stockmarket overreact? . The Journal of Finance, 1985 (40):
793−805.

Kahneman D, Knetsch J L, Thaler R H. Fairness and the assumptions of economics. The Journal of Business, 1986 (59): 285−300.

Kahneman D, Tversky A. Prospect theory: An analysis of decision under risk. Econometrica, 1979 (47): 263−291.

Thaler R H. Mental accounting and consumer choice. Marketing Science, 1985 (4): 199−214.

Thaler R H. Toward a positive theory of consumer choice. Journal of Economic Behavior & Organization, 1980 (1): 39−60.

Thaler R H, Sunstein C R. Nudge: improving decisions about health, wealth and happiness. New Haven, CT: Yale University Press, 2008.

The Royal Swedish Academy of Sciences (2017). The Prize in Economics 2017-Press Release. https://www.nobelprize.org/prizes/economic-sciences/2017/press-release/.

第三部分

投 资 策 略

第4章
基于有效市场理论的投资策略分析

在关于风险与收益的理论中,最为基础的理论是有效市场假设(Efficient Market Hypothesis,EMH)。有效市场假设研究的是信息如何传递到证券价格的变化中去。如果市场是完全有效的,那么,所有证券的价格都将等于它们的内在价值。换句话说,既没有价格被高估的证券,也没有价格被低估的证券。投资的收益率必然是由系统性风险决定的正常收益率。所以,市场是否有效以及有效的程度,对投资者具有非常重要的影响。因为,在一个完全有效的市场中,证券分析的基础分析法与技术分析法都是徒劳无益的;反之,如果市场并非完全有效,那么借助证券分析找寻价格被高估和低估的证券,将可以为投资者赢得超常的收益率。

第一节　有效市场假设

有效市场的概念,最初是由 Fama 在 1970 年提出的。[1] Fama 认为,当证券价格能够充分地反映投资者可以获得的信息时,证券市场就是有效市场,即在有效市场中,无论随机选择何种证券,投资者都只能获得与投资风险相当的正常收益率。Fama 根据投资者可以获得的信息种类,将有效市场分成了三个层次:弱式有效市场(Weak-form EMH)、半强式有效市场(Semi-strong-form EMH)和强式有效市场(Strong-form EMH)。

一、弱式有效市场

弱式有效市场假设所涉及的信息,仅仅是指证券以往的价格信息。当弱式有效市场假设成立时,投资者单纯依靠对以往的价格信息,不可能持续获得超常收益。换言之,同一证券不同时间的价格变化是不相关的,所以投资者无法根据证券的历史价格预测未来

---

[1]　Fama E. Efficient capital markets: A review of theory and empirical work. Journal of Finance, 1970, 25: 383–417.

的走势。在弱式有效市场假设中,包含以往价格的所有信息已经完全反映在当前的价格之中,所以利用移动平均线和 K 线图等手段分析历史价格信息的技术分析法是无效的。

二、半强式有效市场

除了证券以往的价格信息之外,半强式有效市场假设中包含的信息还包括发行证券的企业的年度报告、季度报告、股息分配方案等在新闻媒体中可以获得的所有信息,即半强式有效市场假设中涉及的信息囊括了所有的公开信息。如果半强式有效市场假设成立,所有公开可获得的信息都已经完全反映在当前的价格之中,所以投资者根据这些公开信息无法持续获取超常收益。那么,依靠企业的财务报表等公开信息进行的基础分析法也是无效的。

三、强式有效市场

强式有效市场假设中的信息既包括所有的公开信息,也包括所有的内幕信息,例如企业内部高级管理人员所掌握的内部信息。如果强式有效市场假设成立,上述所有的信息都已经完全反映在当前的价格之中,所以即便是掌握内幕信息的投资者也无法持续获取非正常收益。

第二节　弱式有效市场假设的检验

人们通常可以发现股票的价格变化类似于随机漫步模型中的那个醉汉。对于一个站在广场中央的醉汉,你无法判断他下一步的方向和位置。股票的价格变化也是这样。如果某种股票价格昨天上涨了,谁也无法单凭这一信息准确判断该股票今天继续上涨、原地踏步还是掉头下行。如果某一时间序列变量符合随机漫步模型,那就意味着该变量当前的变动值与前期的变动值之间是不相关的。如果股票当期收益或价格变化与前期收益或价格变化不相关,就能证明弱式有效市场假设成立。所以,许多弱式有效市场假设的实证检验都利用随机漫步模型检验股票收益或价格变化之间的序列相关性。

一、序列相关检验

序列相关检验(Serial Independence)的方法之一,就是检验股票价格的自相关性(Autocorrelations),即检验股票在第 i 期和第 j 期价格变化的相关系数。如果自相关性接近于 0,那么股票价格变化就是序列不相关的。

表 4-1 是 Fama 对 1957 年年底至 1962 年 9 月道琼斯 30 种工业股票价格变化的自相关性的计算结果。[①] 自相关的间隔时间分别从 1 天到 16 天。这 30 种股票价格变化的自相关系数绝大多数都落在-0.1 和 0.1 的区间内,表明它们的自相关是不明显的。

[①] Fama E. The behavior of stock market prices. Journal of Business,1965,38:34-106.

表 4-1　道琼斯 30 种工业股票价格变化的自相关性(1957 年年底至 1962 年 9 月)

股票	间隔时间			
	1 天	4 天	9 天	16 天
Allied Chemical	0.017	0.029	−0.091	−0.118
Alcoa	0.118	0.095	−0.112	−0.044
American Can	−0.087	−0.124	−0.060	0.031
A. T. &T.	−0.039	−0.010	−0.009	−0.003
American Tobacco	0.111	−0.175	0.033	0.077
Anaconda	0.067	−0.068	−0.125	0.202
Bethlehem Steel	0.013	−0.122	−0.148	0.112
Chrysler	0.012	0.060	−0.026	0.040
Eastman Kodak	0.025	−0.006	−0.053	−0.023
General Electric	0.011	0.020	−0.004	0.000
General Foods	0.061	−0.005	−0.140	−0.098
General Motors	−0.004	−0.128	−0.009	−0.028
Goodyear	−0.123	0.001	−0.037	0.033
International Harvester	−0.017	−0.068	−0.244	0.116
International Nickel	0.096	0.038	0.124	0.041
International Paper	0.046	0.060	−0.004	−0.010
Johns Manville	0.006	−0.068	−0.002	0.002
Owens−Illinois	−0.021	−0.006	0.003	−0.022
Procter & Gamble	0.099	−0.006	0.098	0.076
Sears	0.097	−0.070	−0.113	0.041
Standard Oils(Calif.)	0.025	−0.143	−0.046	0.040
Standard Oils(N. J.)	0.008	−0.109	−0.082	−0.121
Swift & Co.	−0.004	−0.072	0.118	−0.197
Texaco	0.094	−0.053	−0.047	−0.178
Union Carbide	0.107	0.049	−0.101	0.124
United Aircraft	0.014	−0.190	−0.192	−0.040
U. S. Steel	0.040	−0.006	−0.056	0.236
Westinghouse	−0.027	−0.097	−0.137	0.067
Woolworth	0.028	−0.033	−0.112	0.040
Du Pont	0.013	0.069	−0.043	−0.055

二、对技术分析的交易规则的检验

如上所述,如果股票价格变化服从随机漫步模型,那么弱式有效市场假设就可以成立;但是,即使股票价格变化不服从随机漫步模型,弱式有效市场假设同样有可能成立。因为,弱式有效市场假设成立的条件是投资者单纯依靠历史的价格信息,无法持续地获得超常收益。所以,许多学者开始对技术分析的交易规则进行检验。

所谓技术分析的交易规则,是指根据历史的价格信息总结出来的投资策略。例如,当短期移动平均线从下方向上突破长期移动平均线时,被称为黄金交叉,技术分析法把黄金交叉点视为买入信号。判断买入和卖出信号的投资策略有很多,其中过滤规则(Filter Rules)是比较典型的一种。根据过滤规则,对于那些持续下跌的股票,当价格反弹的幅度超过前期下跌的底部若干个百分点时,就是买入信号;反之,对于那些持续上涨的股票,当价格回落的幅度超过前期上涨的顶部若干个百分点时,就是卖出信号。过滤规则中反弹和回落的幅度,是由投资者自行决定的,可以是 10 个百分点,也可以是 20 个百分点等。Fama 等人对过滤规则进行了实证分析。[①] 他把反弹和回落的幅度定在 1% 和 50% 之间,结果发现在扣除交易成本之后,根据过滤规则投资的收益率低于正常的收益率。

尽管对技术分析的交易规则的检验,不可能涵盖所有的投资策略。但是,对许多投资策略的实证分析显示单纯依靠历史的价格信息归纳出的技术分析法不可能为投资者带来超常的收益率。所以,弱式有效市场假设是成立的。

既然绝大多数实证分析支持弱式有效市场假设,为什么技术分析法仍然非常盛行呢?首先,实证分析不可能对所有的投资策略进行检验。也许有些策略确实能够提供比较准确的预测和判断。其次,在进行技术分析时,人们还大量使用了除历史的价格信息以外的其他信息,从而增强了预测的准确率。最后,技术分析法准确预测的概率问题。虽然,在抛硬币的游戏中,正反两面出现的概率都是 50%。但是,在连续若干次游戏中,连续出现正面或反面的概率非常大。所以,有时投资策略对股票价格的准确预测仅仅是运气比较好而已。

第三节　半强式有效市场假设的检验

半强式有效市场假设中的信息,包括了所有公开的可获得的信息。由于股票价格与利率成反比,所以当美联储主席发表为防止美国经济过热而可能加息的讲话后,美国股市道琼斯工业指数和纳斯达克指数往往会下跌。而美联储正式调高联邦基金利率时,美国股市的股价指数可能并没有下跌,甚至逆势上扬。这说明股票价格已经在加息之前充分消化了美联储加息的信息,从而证明了半强式有效市场假设的有效性。那么,半强式有效市场假设的实证检验有哪些方法呢?残差分析法是进行半强式有效市场实证检验最早和

---

① Fama E, Blume M. Filter Rules and Stock Market Trading Profits. Journal of Business,1966(1).

最普遍的一种方法。1969 年 Fama、Fisher、Jensen 和 Roll 等人第一次运用残差分析法分析了配股对股票价格的影响。[①]

一、超常收益率的测算

首先,利用第二章第三节的市场模型计算股票的实际收益率(市场指数中的样本股票包括了纽约证券交易所所有上市公司股票):

$$r_{it} = \alpha_i + \beta_i r_{mt} + \varepsilon_{it} \tag{4.1}$$

其中,r_{it} 是第 i 种股票在第 t 期的实际的收益率;r_{mt} 是市场指数在第 t 期的实际的收益率;α_i、β_i 是回归系数;ε_{it} 是第 t 期的误差项,即残差。

其次,将股票的正常收益率定义为:

$$\bar{r}_{it} = \alpha_i + \beta_i r_{mt} \tag{4.2}$$

其中,$\bar{r}_{it}$ 是第 i 种股票在第 t 期的正常的收益率。

再次,计算股票的超常收益率。由于超常收益率等于市场指数模型中的残差项,所以该方法又称残差分析法。

$$AR_{it} = \varepsilon_{it} = r_{it} - \bar{r}_{it} = r_{it} - (\alpha_i + \beta_i r_{mt}) \tag{4.3}$$

其中,AR_{it} 是第 i 种股票在第 t 期的超常收益率。

最后,分别计算若干种股票在第 t 期的平均的超常收益率和若干种股票在一段时间内的累计的超常收益率。

$$AAR_t = \frac{1}{n} \sum_{i=1}^{n} AR_{it} \tag{4.4}$$

$$CAAR = \sum_{t=1}^{T} AAR_t \tag{4.5}$$

其中,AAR_t 是 n 种股票在第 t 期的平均的超常收益率;$CAAR$ 是 n 种股票在一段时间$(1, \cdots, T)$内的累计的超常收益率。

平均的超常收益率中的 t,是某一事件发生或者某个重要信息公布的时间。累计的超常平均收益率中的 T,代表了在上述事件发生或者重要信息公布之前和之后的一段时间。所以,累计的超常平均收益率是以事件发生或者信息发布的时点为中心,将这一时点前后的平均的超常收益率加总而成的。例如,某公司公布配股的时间为 3 月 1 日,可以将 2 月 1 日至 3 月 1 日以及 3 月 1 日至 3 月 31 日的超常收益率加总,得到累计的超常收益率。由于残差分析法在计算超常收益时围绕着事件发生的时间,所以它又被称为事件研究法(Event Studies)。

二、残差分析法的运用

假定市场上出现了某股票利好的消息(例如,送配股和每股收益大幅度增长),并且假定半强式有效市场假设成立,那么市场上可能会出现以下两种情况:第一种,如果这一

　Fama E, Fisher L, Jensen M et al. The Adjustment of Stock Prices to New Information. International Economic Review, 1969.

利好消息出乎投资者的预期,那么该股票的价格在该消息公布之前不会发生大的波动,投资的收益率也只是正常的收益率;在消息公布的那一天,该股票的价格一次性上涨,带来了正的超常收益率;从公布的第二天起,股票价格重新恢复稳定,投资的收益率也回复到正常收益率水平。第二种,如果利好消息在投资者预料之中,并且投资者对这一利好消息的预期是逐渐形成的,那么该股票的价格在消息公布之前就会逐渐走高,获得超常的收益率;由于消息已经被市场完全消化,所以在消息正式公布那一天股票价格不会由于消息的因素而发生波动(即使有,波动的幅度也非常小);从公布的第二天起,股票的价格趋于稳定。

图 4-1 和图 4-2 分别代表了上述两种可能性。图 4-1 中,由于利好消息出乎人们的意料,所以,在消息公布之前(横轴 0 点的左侧),累计的平均超常收益率在 0 附近徘徊;在消息公布的那一天(坐标轴的原点),股票价格一次性上涨,使得超常收益率上升为 2%;之后,投资收益率趋于正常。图 4-2 中,由于人们逐渐意识到利好消息的来临,所以在正式公布之前价格就开始上扬,带动超常收益率逐渐趋近于 2%;等到利好消息公布之后,价格变化已经充分消化了这一消息,所以股票价格趋于稳定,超常收益率也趋近于一条水平线。

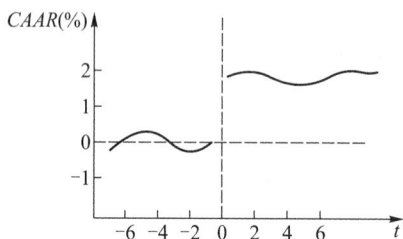

图 4-1　未被预期的 CAAR　　　　图 4-2　被预期的 CAAR

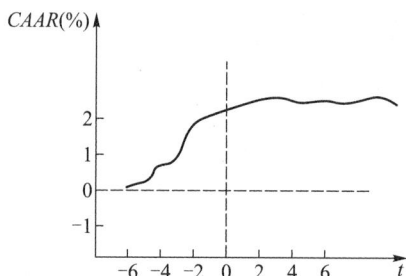

反之,如果半强式有效市场假设不成立,并且这一利好消息出乎投资者的预料,那么,股票的价格在消息公布之前不会出现大的波动,超常收益率也接近于 0;在消息公布的这一天,部分精明的投资者迅速买入该股票并获得超常收益率;之后,其他投资者逐渐认识到这一利好消息并跟着买入,将该股票的价格进一步拉高,带动超常收益率逐步走高,如图 4-3 所示。

三、Fama 等人的实证研究

Fama 等人对纽约证券交易所 1927 年至 1959 年间配股的股票进行了研究。根据配股比例等于或大于 5:4 的标准,他们一共选取了 940 个观察值,并对每次配股消息公布之前和之后的 29 个月的累计的超常收益率进行了实证研究。图 4-4 是 940 次配股的累计超常收益率曲线。从中可以发现,这一利好消息在投资者意料之中。所以,在消息公布之前,他们就不断地买入将配股的股票,在价格上升过程中,获得了超常的收益率;在消息正式公布之后,股票价格趋于稳定,投资的收益率也恢复到正常收益率的水平。这一结果证明半强形式有效市场假设是成立的。

同时,Fama 等人假设在配股消息公布之前,之所以能够获得超常收益率是因为投资

者预期能够获得较高的股息收益,而不是配股本身。为了检验这一假设,他们根据配股后
股息分配是否增加的标准,将 940 个配股的股票分成了两组。图 4-5 和图 4-6 分别是配
股后股息分配增加和股息分配减少的股票的累计超常收益率曲线。图 4-5 显示,由于投
资者准确地预测到配股后股息分配增加,所以在消息公布之后股票价格没有大的波动,投
资收益率也趋于正常收益率水平;但是,当配股后股息分配与投资者的预期相悖时(见
图 4-6),在消息公布之后,由于投资者大失所望,纷纷抛售该股票,导致超常收益率逐渐
走低。事实上,无论投资者对股息分配的预期准确与否,累计的超常收益率曲线都证明了
半强式有效市场假设的成立。

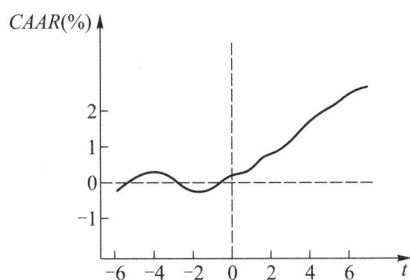

图 4-3　半强式有效市场
假设不成立时的 CAAR

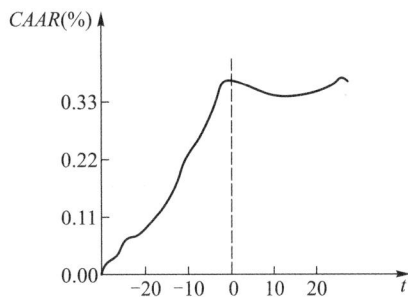

图 4-4　Fama 等人的研究成果之一

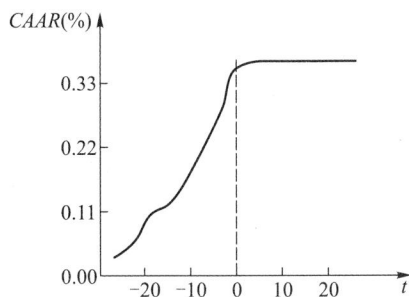

图 4-5　Fama 等人的研究成果之二

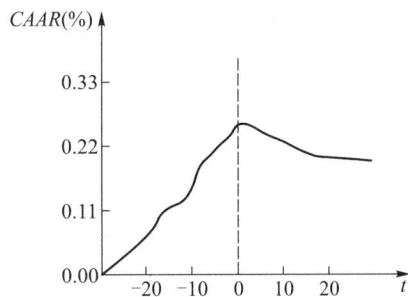

图 4-6　Fama 等人的研究成果之三

第四节　有效市场假设不成立的检验

第二节和第三节分别介绍了有效市场假设成立的检验。与此同时,也有许多学者对
Fama 的有效市场假设表示怀疑,并通过实证检验证明有效市场假设不成立。下面介绍几
种主要的方法。

一、周末效应

研究人员发现每周周一的平均收益率往往低于周二至周四的平均收益率,这一奇特
的现象就是周末效应。

1980 年,French 对标准普尔 500 指数在 1953 年至 1977 年每个交易日的收益率进行

了实证研究。[1] 他测算了 25 年间周一至周五每天的平均收益率。例如,周一的投资收益率等于周一收盘时的标准普尔指数与上周周五收盘时的标准普尔指数的差除以上周周五收盘的标准普尔指数,周二的投资收益率等于周二收盘时的标准普尔指数与周一收盘时的标准普尔指数的差除以周一收盘的标准普尔指数。然后,求 25 年间的周一至周五的投资收益率的平均数。根据这种方法,周一的投资收益率实际上是在周五收盘时买入证券的投资收益率。相应地,周二至周五的投资收益率代表了在周一至周四收盘时买入证券的投资收益率。比较周一至周五的投资行为,可以发现周一的投资期有三天(从周五至周一),而其他四天投资的投资期只有一天。直觉告诉我们,周一至周五的投资收益率不应该有大的差异;而根据货币的时间价值理论,由于周一的投资期比其他四天长,所以周一的投资收益率应该高于周二至周五的投资收益率;即使仅考虑五个交易日,扣除周末的两天,周一的投资收益率也应该与其他四天的收益率没有什么差异。然而,French 的研究结果显示:在周一至周五的投资收益率中,周一的投资收益率不仅最低,而且是负数。这表明周一收盘时的标准普尔指数是最低的。根据周末效应,如果投资者在周一收盘时买入标准普尔指数,在周五收盘时卖出,在 1953 年至 1977 年每年可获得 13.4% 的平均收益率。

尽管在扣除交易成本之后,根据周末效应进行上述投资的投资收益率有所降低,周末效应对于指导投资,尤其是选择投资时机仍然是很有价值的。换句话说,可以将原本周四或周五买入证券的投资计划推迟到周一,而将在周一卖出证券的投资计划推迟到周五。既然周末效应能够帮助投资者获得比较稳定的超常收益率,那么半强式有效市场的假设就被证明是不成立的。

二、小公司效应

在证券市场上,投资者可以发现盘子越小的股票被炒作的可能性越大。因为这些股票容易成为被收购的对象,所以往往可以为投资者带来可观的超常收益率。这种现象就是小公司效应。

Banz 在 1981 年对小公司效应进行了实证研究。[2] 根据股票规模,他利用纽约证券交易所 1931 年至 1975 年每个月的历史数据,建立了两个投资组合:股票规模最大的普通股股票组成的组合与规模最小的普通股股票组成的组合。每个组合分别包含 10 种、20 种和 50 种股票。尽管两个组合中的股票规模不一样,为了研究的需要,Banz 在建立组合时使得两个组合的贝塔系数相等。以规模最大的 10 种股票组成的组合与规模最小的 10 种股票组成的组合为例,利用市场模型,Banz 首先计算了这两个组合各自在 1931 年至 1975 年每月的平均投资收益率,即:

$$r_s = \alpha_s + \beta_i (r_m - r_f) \tag{4.6}$$

$$r_1 = \alpha_1 + \beta_i (r_m - r_f) \tag{4.7}$$

---

[1] French K R. Stock Returns and the Weekend Effect. Journal of Financial Economics, 1980(3).

[2] Banz R W. The Relationship between Return and Market Value of Common Stock. Journal of Financial Economics, 1981(3).

其中，r_s，r_1分别代表由小公司和大公司组成的两类组合的收益率。

其次，为了比较两个组合的投资收益率，Banz 计算了规模最小的 10 种股票组成的组合与规模最大的 10 种股票组成的组合两者投资收益率的差额。

$$r_s - r_1 = \alpha_i \tag{4.8}$$

其中，$\alpha_i = \alpha_s - \alpha_1$。

最后，通过回归，计算出两个组合在 1931 年至 1975 年收益率的差额如表4-2所示。

表4-2　小公司效应

时间区间	两类组合收益率的差异 α_i		
	$N = 10$	$N = 20$	$N = 50$
1931—1975	0.015 2	0.014 8	0.010 1
1931—1935	0.058 9	0.059 7	0.042 7
1936—1940	0.020 1	0.018 2	0.008 9
1941—1945	0.043 0	0.040 8	0.026 9
1946—1950	−0.006 0	−0.004 6	−0.003 6
1951—1955	−0.067	−0.001 1	0.001 3
1956—1960	0.003 9	0.000 8	0.003 7
1961—1965	0.013 1	0.006 0	0.002 4
1966—1970	0.012 1	0.011 7	0.007 7
1971—1975	0.006 3	0.010 8	0.009 8

资料来源：Banz R W. The Relationship between Return and Market Value of Common Stocks. Journal of Financial Economics,1981(3).

根据市场模型，通过建立投资组合分散风险之后，决定投资收益率的是系统性风险。既然 R. W. Banz 选择的两个组合拥有相同的贝塔系数，它们的投资收益率就不应该有太大的差异。然而，表 4-2 显示，在 10 种股票的两个组合中，小公司的组合在 1931 年至 1975 年的平均每月投资收益率比大公司的组合要高出 1.52 个百分点。如果把 1.52 个百分点的收益率转化为年利率，就是19.8%。换句话说，在 1931 年至 1975 年投资小公司股票的投资收益率明显高于投资大公司的收益率。所以，仅仅包含市场指数收益率一个自变量的市场模型的函数形式是不完善的，即投资收益率除了与市场指数的收益率有关之外，还与股票的规模大小密切相关。根据小公司效应进行投资，能够为投资者获得持续的超常收益率。因此，半强式有效市场假设就不能成立。

三、季度收益的相关性

Ball 和 Brown 等人在比较了上市公司的年度收益报告公布前后的投资收益率后发现，在公布年度收益报告之前那些年度收益率增加或降低的上市公司的证券的超常收益率分别大于 0 或小于 0；在公布年度收益报告之后，两类上市公司的证券的投资收益率都恢复到正常收益率水平。所以，Ball 和 Brown 对年度收益率的实证研究证明了半强式有效市场假设的成立。[1]

然而,Joy、Litzenberger 和 McEnally 在 1977 年对季度收益率的实证研究却得出了相反的结论。[2] 在研究 1963 年至 1968 年的股票价格和季度收益率之间关系时,他们比较了不同年份的同一季度的收益率。如果当前季度的投资收益率比去年同期的投资收益率高 40% 和 40% 以上,说明这些证券的投资收益率明显高于人们的预期;反之,如果当前季度的投资收益率比去年同期的投资收益率低 40% 和 40% 以上,说明这些证券的投资收益率明显低于人们的预期。Joy、Litzenberger 和 McEnally 对上述两种证券在季度收益报告公布之前的 13 个月和公布之后的 26 个月的累计的超常收益率分别进行了测算(见图 4-7)。

图 4-7 显示,在季度收益报告公布之前,与 Ball 和 Brown 等人对年度收益率的研究结果一样,那些季度收益率明显增加和明显降低的上市公司的证券的超常收益率分别大于 0 和小于 0。换句话说,投资者对季度收益率的预期是非常准确的:一方面,买入期望收益率增加的股票,在价格拉高的过程中,不断提高超常投资收益率;另一方面,抛出期望收益率降低的股票,在压低价格的过程中,使得投资

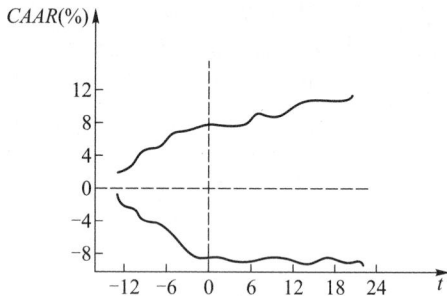

图 4-7　季度收益率与 CAAR

收益率低于正常收益率。在公布季度收益报告之后的 26 个月之中,尽管那些收益明显降低的股票的投资收益率恢复到正常收益率水平,投资者仍然能够从季度收益率明显增加的股票中获得 6.5% 的超常收益率。所以,Joy 等人认为在季度收益报告公布之后,如果半强式有效市场假设成立的话,那些季度收益明显增加的股票的收益率也应该恢复到正常收益率的水平。既然公布之后投资者仍然可以从季度收益明显增加的股票投资中持续获取超常的投资收益率,半强式有效市场假设就不能够成立了。

尽管上述实证检验证明半强式有效市场假设不成立,但几乎所有关于半强式有效市场假设的实证检验都是建立在市场模型的基础之上的。而仅仅包含市场指数一个自变量的市场模型本身可能是不全面的。因此,即使这些实证检验证明半强式有效市场假设不成立,其检验的可靠性也值得进一步推敲。

第五节　有限理性及其对有效市场假说的挑战

一、市场参与者的有限理性

根据第 3 章的分析,传统金融理论为市场参与者所设定的完全理性的前提,不论在理

---

[1]　Ball R,Brown P. An Empirical Evaluation of Accounting Income Numbers. Journal of Accounting Research,1968 Autumn.

[2]　Joy O M, Litzenberger R H, McEnally R W. The Adjustment of Stock Prices to Announcements of Unanticipated Changes in Quarterly Earnings. Journal of Accounting Research,1977 Autumn.

论上还是在实际观测中,都得不到有力的支持。但另一方面,我们可以观察到,大部分市场参与者也并非完全盲目地在市场中决策和行动。相反,他们尽可能通过收集信息和处理信息做出合理决策,而且也不断地从自身以及他人决策成败的经验教训中学习、改进。因此,将市场参与者完全纳入非理性轨道似乎也缺乏理论和实际的基础。

Herbert Simon 提出的有限理性(Bounded Rationality)是对市场参与者理性状况的一种比较公允的表述。[①] 市场参与者的理性并非传统金融理论所设定的那样,是没有任何局限的、完全的理性。即市场参与者仅仅拥有在认知能力、行为能力、利己心均受到一定约束下的有限理性。

第 3 章第二节对市场参与者行为的分析告诉我们,对金融市场微观个体——市场参与者的思维模式、行为方式的研究离不开心理学的知识。在将心理学的研究成果引入金融理论研究后,我们可以从其他角度将传统理论中的完全理性以及行为金融学理论中的有限理性重新进行界定。

传统金融理论中的完全理性意味着行为者确定目标后(自身预期效用最大化),在给定条件与约束的限制内,可以寻找到最优化解来达到设定的目标。也就是说,市场参与者的行为是实质理性的(Gould 和 Kolb)。[②] 因而,在传统经济学分析中,给定特定的经济环境,通常就能使用标准手段(如微分计算、线性规划或动态规划)进行经济分析,求得最优化解(Herbert Simon)。

而在心理学上,理性被视为"推理的特殊思考过程"的同义词。行为如果是经过深思熟虑的结果,就可以被描述为理性的;如果行为之前并没有进行适当的思考,而只是对于影响机制的条件反射,那么就被视为非理性。因此,理性被界定为过程理性——主体收集各种信息,并以不同方式加以处理,以便达成合理行动过程,得出问题的满意解。这显然与我们观测到的市场参与者的行为模式比较吻合。大部分的市场参与者总是在其能力所及的范围内收集信息,并加以分析,形成决策。就过程而言,无疑是符合理性的。但就结果而言,由于受到市场参与者能力、时间等因素的限制,他不可能收集和处理所有相关的信息,获得最优解,实现实质理性。因此,金融市场中参与者的有限理性可以归结为过程理性。

市场参与者进行决策时所面临的外部世界的复杂性与其自身有限的信息收集处理能力之间的矛盾,决定了市场参与者只能实现过程理性,而无法达到实质理性。在过程理性的前提下,市场参与者只能使用他所获得的不完全的信息,并在其信息处理能力所及的范围内进行分析,做出令其满意的解,而无法追求实质理性下的最优解。

Herbert Simon 通过对国际象棋选手的研究,发现人脑通过学习、问题求解和概念获取存储了大量种类不同的技能、行为模式、问题求解技能和知觉习惯。在决策时,知觉经验使他能发现所面临形势中的熟悉模式,并通过识别这些模式,从长期记忆中找到大量相关信息,从而做出似乎是直觉的反应。而这样一种反应模式与第 3 章中所提到的启发式的思维模式是一致的。这正是过程理性前提下,行为者面临复杂的外部问题时有效求解的方式。

---

① Herbert Simon. 西蒙选集. 北京:首都经济贸易大学出版社,2002.
② Gould J, Kolb, W L. A Dictionary of Social Science. New York:Free Press,1964.

二、有限理性前提对有效市场理论的挑战

将有限理性的市场参与者作为理论研究的前提无疑发展了金融理论。在市场中,充斥着大量的噪声交易者。这些噪声交易者对金融资产的定价导致其偏离了真实的内在价值。而且由于噪声交易者在决策时可能受到相同或相似的心理和情绪因素影响,这种偏离并非传统金融理论所描述的那样,是一种随机的分布,从而在市场层面上可以相互抵消。相反,相同或相似的情绪可能导致噪声交易者对金融资产的定价出现方向相同的偏离(尽管偏离的程度不一定一致),从而出现较为一致的交易方向。同时,在行为金融学理论中,由于市场中未必存在完全的套利工具等因素,套利也是有限的。因此,套利行为并不总能使价格向其真实的内在价值回归。相反,在某些情形下相对理性的套利者,更倾向于对市场价格的失衡推波助澜并从中牟利,从而可能进一步加大了金融资产市场价格对其内在价值的偏离。因此,市场价格确实可能存在对其价值的系统性偏差。这对有效市场假设构成了一定的挑战。

Andrei Shleifer 曾对封闭式基金的波动与小市值股票价格之间的波动做过相关分析。[①] 由于美国封闭式基金和小市值股票绝大部分是由个人投资者持有和交易,这些交易者往往受到类似的投资者情绪的影响而背离完全理性的交易模式。Andrei Shleifer 研究的结果表明,这些非理性因素对市场定价的影响是非常显著的。

Andrei Shleifer 研究了美国证券市场 1965 年 7 月—1985 年 12 月间观察值最多的九只封闭式基金(AdExp、ASA、CenSec、GenAm、Japan、Lehman、Niag、Petr、TRICON)。根据它们在 1965 年 7 月—1985 年 12 月每月月末的折价率(即封闭式基金的价格对其投资组合市值的折价率)、同期所有封闭式证券投资基金市场组合(Value-weighted Portfolio of all Closed-end Stock Funds)的折价率(*VWD*)、同期纽约证交所所有上市公司的总市值(*NYVAL*)以及它们的波动水平进行了相关分析,结果见表 4-3 和表 4-4。

表 4-3　基金每月折价率的相关表

	AdExp	ASA	CentSec	GenAm	Japan	Lehman	Niag	Petr	TRICON	*VWD*
AdExp										
ASA	0.266 0.000 1									
CentSec	0.654 0.000 1	-0.286 0.000 3								
GenAm	0.737 0.000 1	0.065 0.327 9	0.596 0.000 1							
Japan	0.43 0.000 1	0.235 0.000 4	0.512 0.000 1	0.395 0.000 1						

---

① Shleifer A. Inefficient Market. Oxford: Oxford University Press, 2000.

续表

	AdExp	ASA	CentSec	GenAm	Japan	Lehman	Niag	Petr	TRICON	*VWD*
Lehman	0.83 0.000 1	0.303 0.000 1	0.693 0.000 1	0.785 0.000 1	0.643 0.000 1					
Niag	0.596 0.000 1	0.106 0.110 4	0.266 0.000 7	0.633 0.000 1	0.533 0.000 1	0.753 0.000 1				
Petr	0.378 0.000 1	0.165 0.012 9	0.159 0.044 7	0.254 0.000 1	−0.084 0.194 7	0.23 0.000 2	0.198 0.001 9			
TRICON	0.651 0.000 1	0.075 0.263	0.651 0.000 1	0.459 0.000 1	0.533 0.000 1	0.666 0.000 1	0.671 0.000 1	0.279 0.000 1		
VWD	0.81 0.000 1	0.427 0.000 1	0.539 0.000 1	0.711 0.000 1	0.651 0.000 1	0.893 0.000 1	0.767 0.000 1	0.281 0.000 1	0.805 0.000 1	
NYVAL	−0.019 0.772 1	0.477 0.000 1	−0.86 0.000 1	−0.254 0.000 1	−0.053 0.413	−0.046 0.471 4	−0.084 0.189 1	−0.016 0.797 6	−0.316 0.000 1	−0.056 0.278 7

注:表格中数据为皮尔逊乘积矩相关系数及对相关系数为零的原假设进行双尾检验得到的 p 值。

资料来源:Shleifer A. Inefficient Markets. Oxford:Oxford University Press,2000:69.

表 4-4　基金每月折价率波动水平的相关系数

	AdExp	ASA	CentSec	GenAm	Japan	Lehman	Niag	Petr	TRICON	Δ*VWD*
AdExp										
ASA	−0.054 0.368 7									
CentSec	0.424 0.000 1	0.037 0.653 0								
GenAm	0.301 0.006 8	−0.622 0.368 7	0.063 0.437 4							
Japan	−0.028 0.673 2	0.018 9 0.787 0	−0.031 1 0.703 0	0.018 1 0.783 1						
Lehman	0.304 0.000 1	0.061 0.380 8	0.339 0.000 1	0.406 0.000 1	0.037 0.670 0					
Niag	0.173 0.007 5	0.082 0.236 0	0.178 0.028 0	0.188 0.003 4	0.118 0.071 9	0.263 0.000 1				
Petr	0.269 0.000 1	0.051 0.465 0	0.056 0.488 4	0.247 0.000 1	0.173 0.008 1	0.173 0.007 7	0.249 0.000 1			
TRICON	0.358 0.000 1	−0.171 0.013 3	0.238 0.003 3	0.242 0.000 2	0.053 0.418 7	0.309 0.001 1	0.247 0.000 1	0.201 0.001 8		
Δ*VWD*	0.419 0.000 1	0.384 0.000 1	0.300 0.000 1	0.435 0.000 1	0.165 0.010 9	0.629 0.000 1	0.413 0.0001	0.381 0.000 1	0.561 0.000 1	

	AdExp	ASA	CentSec	GenAm	Japan	Lehman	Niag	Petr	TRICON	ΔVWD
VWNY	0.159	−0.143	0.199	0.059	−0.241	0.106 1	0.225	−0.027	0.120	0.013
	0.013 8	0.037	0.013 1	0.363 8	0.000 2	0.322 9	0.000 4	0.676 0	0.062 9	0.844 6

注:表中数据为 1965 年 7 月—1985 年 12 月期间,不同封闭式基金每月折价率波动、所有封闭式证券投资基金组合折价率波动(ΔVWD)以及纽约证交所上市公司市场组合的月度收益率(*VWNY*)的皮尔逊相关系数与对相关系数为零的原假设进行双尾检验的 *p* 值。

资料来源:Shleifer A. Inefficient Markets. Oxford:Oxford University Press,2000:72.

从表 4-3 中可以看出,除了 ASA 和 Japan 这两个外国基金和 Petr 基金(一家专门投资石油燃料证券的基金)之外,其他不同基金的每月折价率都显示出很强的相关性。美国国内基金每月折价率的平均相关系数为 0.530,而美国国内证券基金折价率的每月波动之间的平均相关系数为 0.248。而且这种共同波动的性质,在所有封闭式证券投资基金组合(VWD)与每一家基金之间的相关性上得到了更充分的体现。即便是 ASA 和 Japan 这两家外国基金也不例外。而且在表 4-3 和表 4-4 中可以看到,不论是封闭式基金的折价率还是折价率的波动水平,与股票价格或股票的收益率均不存在很强的相关性。并且,纽约证券市场组合的收益率与所有封闭式基金组合折价率波动水平之间的相关系数,也不显著地异于零。因此,我们可以得出结论,驱动封闭式基金折价率波动的是投资者情绪,而且这种投资者情绪与证券市场总体回报并不是高度相关的。

基于以股票市值分档分别构造的股票组合的回报率、市场组合回报率以及封闭式基金折价率波动水平之间的时间序列关系,同样可以验证以个人投资者为投资主体的小市值股票的收益率与封闭式基金的折价率有着很强的相关性,并且股票市值越大这种相关性越弱。详细数据见表 4-5。

表 4-5　按市值分档的股票组合的回报率、市场组合回报率和封闭式基金折价率波动水平之间的时间序列关系

按市值分档的股票组合的回报率	截距	ΔVWD	*VWNY*	Adjusted R^2
1	0.006 2	−0.006 7 (−4.94)	1.238 (18.06)	58.7
2	0.004 2	−0.004 9 (−4.83)	1.217 (23.66)	70.3
3	0.003 6	−0.003 9 (−4.2)	1.202 (26.09)	74
4	0.003 3	−0.003 8 (−5.07)	1.163 (30.64)	79.7
5	0.002 7	−0.002 9 (−4.12)	1.148 (32.9)	81.8
6	0.002 4	−0.002 8 (−4.65)	1.124 (37.08)	85.1

按市值分档的股票 组合的回报率	截距	ΔVWD	$VWNY$	Adjusted R^2
7	0.001 3	−0.001 5 （−3.03）	1.134 （45.3）	89.4
8	0.001 5	−0.001 5 （−3.45）	1.088 （51.32）	91.5
9	0.000 3	−0.001 （−3.14）	1.057 （66.93）	94.8
10	−0.000 5	0.001 （3.84）	0.919 （71.34）	95.4
1~10	0.006 7	−0.007 7 （−4.93）	0.319 （4.05）	13.5

注：该表将纽约证交所所有上市公司股票按市值大小划分为 10 档后分别构成的股票组合（1 为市值最小的股票组合，10 为最大）的月度收益率，与封闭式证券投资基金组合月度折扣的波动水平以及纽约证交所所有上市公司市场组合的月度收益率之间的时间序列回归。括号中数据为 t 检验值。

资料来源：Shleifer A. Inefficient Markets. Oxford：Oxford University Press，2000：77.

在上述现象中，封闭式基金与小市值股票均以个人投资者为主，而个人投资者在分析和决策时会受到共同情绪的感染，从而使得这些证券有着共同的运动方向。而套利的有限性使得这种系统性的偏离并不能如传统金融理论所期望的那样通过套利活动得以纠正。因此，在一个均衡的市场中，金融资产的价格未必向其内在价值回归。

无疑，市场参与者完全理性这一前提的动摇，对于传统金融理论的分析提出了巨大的挑战。无论是有效市场假设，还是以其为基础的资产定价理论都面临着修正的需要，取而代之的是建立在有限理性基础上的理论框架，但是有限理性本身作为概念具有模糊性。市场参与者在多大程度上是理性的？在哪些方面是理性的？不同市场参与者之间的理性程度有多大的区别？这些概念的模糊性使得以有限理性为基础重新架构金融理论面临着重重困难。

第六节　有效市场假设与投资策略

根据投资者对有效市场假设的判断，可以把投资策略分成主动（Active）和被动（Passive）两种。如果投资者认为市场是有效的，那么意味着任何一种证券的价格都不可能持续地被低估或高估，从而都仅能带来正常的投资收益率。所以，他们倾向于中长线投资，即在买入证券之后，在相当长一段时间内持有该证券，以期降低交易成本并获取正常的投资收益率。这就是被动的投资策略，又称指数化投资策略（Indexing）。反之，如果投资者认为市场是无效的，那么他们相信通过证券分析可以挖掘出价格被低估或高估的证券，从而获得超常的投资收益率，这就是主动的投资策略。与被动的投资策略相比，采取主动策略的投资者大多倾向于短线投资。而短线投资者不仅需要支付较高的交易成本，而且还要承担为证券分析所支付的额外成本。那么,究竟应该采用哪一种投资策略呢? 在扣除交易成本和额外成本之后,主动的投资策略是否有效呢?

一、支持主动投资策略的实证检验

Hodges 和 Brealey 在 1973 年运用模拟的方法对主动投资策略进行了研究。[①] 进行主动投资的策略,最关键的一点是能够准确地预测和判断大市的走向和发现价格被低估或高估的证券。Hodges 和 Brealey 选用了预期的超常收益率与实际的超常收益率之间的相关系数来反映投资者对未来大势走向的判断能力和发现价格被低估或高估证券的能力。图 4-8 中的三条曲线分别代表寻找价格被低估证券的主动投资策略的投资收益率,它们的相关系数分别等于0.05、0.10 和 0.15。与图中 M 点所代表的市场指数的平均收益率相比,在风险相同的条件下,三条曲线所代表的投资收益率明显高于市场指数的平均收益率。即使相关系数只有 0.05 的第一条曲线,代

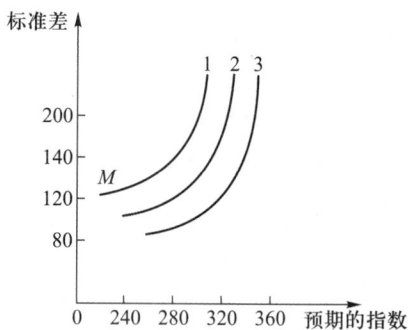

图 4-8　相关系数与主动投资策略

表了在扣除交易成本之后的主动投资策略的投资收益率仍然高于市场指数的平均收益率。而三条曲线之中,由于第三条曲线的相关系数最高,投资者预测和判断的准确性也最高,所以它的超常收益率最大。

因此,Hodges 和 Brealey 认为只要能够比较准确地预测和判断未来大势的走向和拥有发现价格被低估或高估的证券的能力,主动投资策略就可以为投资者带来可观的超常收益率。预测的准确率越高,超常收益率也就越高。所以,投资者应该选取主动的投资策略。

二、否定主动投资策略的实证检验

Sharpe 在 1975 年对主动投资策略所作的实证检验却得到了相反的结论。[②] 假定采用主动投资策略的投资者面临着两种投资对象:标准普尔 500 指数和美国国债。如果投资者在年初准确预测标准普尔 500 指数的投资收益率高于国债的收益率,将买入标准普尔 500 指数;否则,投资于国债。与此同时,另外两种投资策略分别是单纯投资国债和单纯投资标准普尔 500 指数(即被动的投资策略)。表 4-6 列举了 1929 年至 1972 年单纯投资国债、单纯投资标准普尔 500 指数和主动投资策略的平均投资收益率以及收益率的标准差。尽管在准确预测标准普尔指数和国债的投资收益率之后,主动投资策略的收益率(14.86%)高于单纯购买国债(2.38%)和单纯购买标准普尔指数(10.64%)的收益率,但是实现 14.86% 的收益率的前提是主动投资者预测的准确率为 100%。要使主动投资策略的收益率等于单纯投资标准普尔指数的收益率(10.64%),预测的准确率必须等于

---

① Hodges S D, Brealey R A. Portfolio Selection in a Dynamic and Uncertain World. Financial Analysts Journal,1973(3-4).

② Sharpe W F. Likely Gains from Market Timing. Financial Analysts Journal,1975(3-4).

74%。而对于投资者来说,74%的准确率是非常难以实现的。所以 Sharpe 认为,在不确定的情况下,与其选取主动投资策略,还不如选择被动投资策略。

表 4-6　三种投资策略投资收益率的比较

年份	单纯投资国债		单纯投资标准普尔指数		主动策略	
	平均收益率(%)	标准差	平均收益率(%)	标准差	平均收益率(%)	标准差
1929—1972	2.38	1.96	10.64	21.06	14.86	14.58
1934—1972	2.40	2.00	12.76	18.17	15.25	13.75
1946—1972	3.27	1.83	12.79	15.64	14.63	12.46

资料来源:Sharpe W F. Likely Gains from Market Timing. Financial Analysts Journal,1975(3-4).

本 章 小 结

有效市场假设是风险和收益理论中最为基础的理论。当资产的价格充分反映了投资者可以获得的信息时,市场就是有效的,投资者无法利用已知信息获得持续的超常收益,只能获得与风险相当的正常收益。

根据所包含的信息不同,有效市场依次可以分三个层次:弱式有效市场、半强式有效市场和强式有效市场。弱式有效市场中的信息仅指以往的价格信息,半强式有效市场中的信息包括所有的公开可获得的信息,强式有效市场中的信息包括了所有的信息(公开信息和内幕信息)。如果弱式有效市场假设成立,技术分析无效;如果半强式有效市场成立,则基础分析也是无效的。

支持弱式有效市场假设的实证检验,包括序列相关检验和对技术分析的交易规则的检验。半强式有效市场假设检验中最常用的方法是残差分析法。与此同时,还存在大量对有效市场假设的质疑。在实证检验中发现,证券市场中存在着周末效应、小公司效应和季度收益的相关性等现象,但是这些实证检验都是建立在仅包含市场指数的市场模型上,所以其可靠性值得进一步推敲。

包括有效市场假设在内的传统金融理论均以市场参与者完全理性为前提。事实上,市场参与者仅仅拥有在认知能力、行为能力、利己心均受到一定约束下的有限理性。外部世界的复杂性与其自身有限的信息收集处理能力,决定了市场参与者只能实现过程理性,而无法达到实质理性。完全理性这一前提的动摇,对于传统金融理论的分析提出了巨大的挑战。无论是有效市场假设,还是以之为基础的资产定价理论都有待修正。

根据投资者对市场有效性的判断,可以把投资策略分成主动投资策略和被动投资策略两种。如果认为市场是有效的,那么投资者应选择被动的投资策略。例如,指数基金管理公司可以简单地投资于指数期货或者按照市场指数中各种证券所占的比重建立组合。如果认为市场是无效的,即相信通过证券分析可以发现价格被低估或高估的证券,从而获得超常的投资收益率,那么投资者应选择主动的投资策略。

关 键 术 语

有效市场　弱式有效市场　半强式有效市场　强式有效市场　技术分析　周末效应

小公司效应　季度收益的相关性　有限理性　主动投资策略　被动投资策略

习　题

1. 比较弱式有效市场假设、半强式有效市场假设和强式有效市场假设的异同。
2. 简述两种有关弱式有效市场假设的实证检验。
3. 简述残差分析法的基本内容。
4. 简述支持和反对半强式有效市场假设的实证检验。
5. 假定某教授在研究财政赤字对美国股票影响的过程中发现，某两种股票与市场指数之间存在着以下的函数关系：

$$r_{1t} = 2\% + 1.5 \times r_{mt}$$
$$r_{2t} = 3\% + 0.8 \times r_{mt}$$

在最近一次财政赤字公布之后的三段时间内，该教授观察到如下表所示的收益率的数据：

时间(t)	r_{1t}	r_{2t}	r_{mt}
1	14%	4%	10%
2	−7%	−8%	−5%
3	24%	7%	12%

请用残差分析法计算两种股票在第 1 期、第 2 期和第 3 期的超常收益率，计算在第 1 期、第 2 期和第 3 期的平均超常收益率（AAR_T），计算累计的平均超常收益率（$CAAR$）。根据以上计算结果，分析在财政赤字公布前后应该如何投资？

6. 简述市场参与者的有限理性，并将其与传统金融理论中的完全理性加以比较。
7. 比较主动投资策略和被动投资策略。
8. 简述支持和反对主动投资策略的实证检验。
9. 谈谈有限理性的提出对有效市场假设带来的挑战。

即　测　即　评

第5章
基于市场微观结构的
投资策略分析

金融市场的微观结构有五个关键的组成部分,分别是技术、规则、信息、市场参与者和金融工具。对金融市场的微观结构的研究是近年来金融研究中一个极富活力的领域。它所研究的是交易机制如何影响价格的形成过程,并分析一定的交易机制下资产交易的过程和结果。因此,我们可以从金融市场微观结构的角度分析市场参与者的信息结构,并且在给定信息结构的情形下分析市场参与者的交易策略的特征及交易策略对金融市场交易结果的影响。

若无特别说明,本章所指的信息指关于资产真实价值的信息。无疑,信息在金融市场参与者的决策形成过程中具有极其重要的地位。而通常由于认知能力与信息来源存在差异,金融市场参与者特别是资产的交易者通常会有不同的信息结构。金融市场参与者根据自己的投资目标、信息结构和行为约束制定交易策略,不同参与者的交易策略会通过交易价格和交易量的变化反映出来,而市场参与者通过观察交易价格和交易量的变化,间接地推断其他参与者可能拥有的信息,并对自己未来的交易策略进行调整。信息、交易策略、交易结果(价格和交易量)之间不间断地相互影响,最终实现某种动态的均衡。

根据交易者的不同信息结构,可以将交易者分成知情交易者和非知情交易者两个大类。知情交易者拥有关于资产价值的私人信息,这些私人信息不为知情交易者以外的其他市场参与者所知。非知情交易者则没有关于资产价值的私人信息,他们交易的动机是出于流动性的需要而非获取资产的未来收益。于是非知情交易者又称为流动性交易者。进一步,非知情交易者(流动性交易者)又可以分为相机抉择的流动性交易者和非相机抉择的流动性交易者。相机抉择的流动性交易者可以根据一定的交易策略在给定的时间段内选择交易时间,但在该时间段内必须完成交易以满足流动性需要。非相机抉择的流动性交易者则只能在给定的时刻交易某个特定数量的资产。

知情交易者拥有关于资产价值的私人信息,在市场上拥有垄断优势。因此,知情交易者可以利用自己的信息优势制定最优的交易策略来获取垄断收益。本章第一节就对知情交易者交易策略进行分析。

流动性交易者为了流动性需要进行交易,知情交易者的收益来源于他们的损失。非相机抉择的流动性交易者则只能在给定的时刻交易某个特定数量的资产,只能被动地进行交易。而相机抉择的流动性交易者则不然,他们可以通过对交易时间的选择制定最优的交易策略,从而使自己的损失降至最低。本章第二节将在第一节的基础上对非知情交易者交易策略进行分析。

第一节　知情交易者的交易策略

由于在市场中存在着私人信息,这些私人信息的拥有者必然会利用这些信息,策略性地进行交易来达到自己的利润最大化。在这一节中,我们主要讨论的就是这些拥有私人信息的知情交易者如何制定自己的交易策略以及信息如何反映到价格中去。

策略性交易者模型主要运用理性预期理论进行分析。在理性预期模型中(例如Grossman 和 Stiglitz[1]),参与者可以对其他参与者的行为有正确的预期。知情交易者对于做市商定价行为的正确预期以及做市商对于知情交易者所掌握信息的正确预期对均衡的实现十分重要。

在市场微观结构理论中,首先研究知情交易者交易策略的是 Kyle。Kyle 最初的论文(Kyle,1984)[2]研究的是在远期市场中知情交易者的交易策略,同时分析了多个知情交易者和多个做市商的情况。其后,Kyle(1985)[3]提出一个更简单的单期框架,由一个风险中性的知情交易者、若干个不知情的流动性交易者和一个风险中性的做市商组成。知情交易者和流动性交易者向做市商提交交易指令,做市商将所有交易指令集中起来,然后制定一个交易价格以实现市场出清。在这一简化模型中,不考虑做市商的买卖价差,交易者也不被允许制定交易价格,知情交易者仅能基于自己掌握的信息来选择交易量,以实现利润最大化。做市商根据市场订单数量来确定市场出清的报价,因此知情交易者拥有的私人信息将通过其向做市商报出的交易量对市场出清价格产生影响。这一分析框架被称为批量交易模型。

本节首先结合 O'Hara 的研究介绍 Kyle 的单个知情交易者交易策略的单期模型,然后介绍市场微观结构理论的其他经典模型。

一、单个知情交易者的单期模型

(一) 模型假设

市场中有三类主体:一个知情交易者,该交易者独自拥有关于被交易风险资产事后清算价值的私人信息;大量随机进行交易的非知情交易者;一个根据市场交易指令设定价格的做市商。该风险资产事后的清算价值 $\tilde{v}$ 服从正态分布,其均值是 p_0,方差是 σ_0^2。

非知情交易者没有交易策略,他们只是出于流动性需要而进行交易。他们的交易量

---

①　Grossman S J, Stiglitz J E. On the Impossibility of Informationally Efficient Markets. American Economic Review, 1980; 70, 393-408.

②　Kyle A S. Market Structure, Information, Futures Markets, and Price Formation. Westview Press,1984.

③　Kyle A S. Continuous Auctions and Insider Trading. Econometrica, 1985,53:1315-1335.

为服从正态分布的随机变量 $\tilde{u}$，其均值为 0，方差为 σ_u^2。这里 $\tilde{u}$ 的分布和资产价值 $\tilde{v}$ 的分布相互独立。如果不存在非知情交易者，则市场只可能存在一个均衡，即价格将完全反映信息。

知情交易者独自拥有关于资产 $\tilde{v}$ 清算价值的私人信息，因而他们事实上是信息的垄断者。知情交易者将根据自己拥有的私人信息制定合理的交易策略来获取最大的收益。在本模型中，知情交易者唯一可以控制的变量是交易量的大小。

交易分两步进行。第一步，外生决定风险资产的价值 $\tilde{v}$ 和非知情交易者的交易量 $\tilde{u}$，同时知情交易者决定其交易量 $\tilde{x}$。在知情交易者决定其交易量 $\tilde{x}$ 时，他仅仅能观察到资产的价值 $\tilde{v}$ 而不能观察到 $\tilde{u}$ 的大小，但是他知道 $\tilde{u}$ 分布的参数。第二步，做市商能够观察到知情交易者和非知情交易者总的指令流 $\tilde{x}+\tilde{u}$，但是不能够分别观察到 $\tilde{x}$ 或者 $\tilde{u}$。然后做市商根据 $\tilde{x}+\tilde{u}$ 决定一个价格 $\tilde{p}$ 来出清市场。这里做市商没有最大化的函数，他在半强式有效市场的意义上根据自己市场上的公开信息设定一个有效的价格，该价格可以使市场实现出清。即，做市商按照总指令流 $\tilde{x}+\tilde{u}$ 设定一个有效的价格，使设定的价格等于根据总指令流对资产价值的预期值，从而使市场达到均衡。市场实现均衡时，做市商的利润为 0，而知情交易者的利润可以表示成 $\tilde{\pi}=(\tilde{v}-\tilde{p})\tilde{x}$。

该模型的均衡要比序贯交易模型的均衡复杂得多，因为它必须同时分析知情交易者和做市商的策略。在均衡时，与序贯交易模型一样，做市商设定一个有效的价格等于资产价值的预期值。然而这里的做市商是按照总的交易量来推测资产真实价值。因而 Kyle 模型的学习过程与能够观察到每一笔交易的学习过程不同。但由于做市商仍然是设定"不反悔"的价格且超额利润等于 0，所以整个动态过程仍然可以用贝叶斯学习过程来解释。

（二）均衡的推导

假设做市商的定价策略表示为方程 $\tilde{p}=P(\tilde{x}+\tilde{u})$。因为做市商设定半强式意义上有效的价格，故市场均衡时价格必须满足方程：

$$P(\tilde{x}+\tilde{u})=E[\tilde{v}\,|\,\tilde{x}+\tilde{u}] \tag{5.1}$$

知情交易者的交易策略 $\tilde{x}=X(\tilde{v})$ 是在其定价策略以及非知情交易者交易量的分布函数的基础上决定的。虽然知情交易者不知道非知情交易者最终的交易量，但假定他知道非知情交易者交易量的分布。同时知情交易者也可以预期到在特定交易量下做市商的定价策略。所以，知情交易者的交易策略必须满足：

$$E[\pi(X(\,\cdot\,),P)\,|\,\tilde{v}=v]>E[\pi(X'(\,\cdot\,),P)\,|\,\tilde{v}=v] \tag{5.2}$$

式（5.2）意味着知情交易者在使用策略 $X(\,\cdot\,)$ 时，其预期的收益高于其他任何策略 $X'(\,\cdot\,)$。

在交易策略中，唯一的知情交易者考虑到了自己的交易行为对做市商设定的均衡价格将产生影响，他将试图利用自己的信息垄断地位制定交易策略来获得最大的利润。相反，如果风险中性的知情交易者人数众多并呈完全竞争状态，且对于每一次的交易量没有限制，则在批量交易市场上价格会立即调整到真实价值。而在垄断情况下，信息不会立刻完全反映到价格中去，从而价格也不会立即调整到真实价值，知情交易者可以获得信息垄断带来的利润。

Kyle(1985)指出,如果知情交易者的交易策略和做市商的定价策略均为线性函数,即:

$$P(y) = \mu + \lambda y$$
$$x(v) = \alpha + \beta v \tag{5.3}$$

其中,$y = x + u$,μ、λ、α、β 均为常数。则存在着均衡:

$$X(\tilde{v}) = \beta(\tilde{v} - p_0) \tag{5.4}$$
$$P(\tilde{x} + \tilde{u}) = p_0 + \lambda(\tilde{x} + \tilde{u}) \tag{5.5}$$

其中,

$$\beta = \left(\frac{\sigma_u^2}{\sigma_0^2}\right)^{\frac{1}{2}}, \lambda = \frac{1}{2}\left(\frac{\sigma_u^2}{\sigma_0^2}\right)^{-\frac{1}{2}} \tag{5.6}$$

Kyle(1985)的均衡交易价格背后的经济学逻辑是在知情交易者和做市商分别了解对方交易量选择策略和市场出清价格制定策略的基础上,知情交易者基于其私有信息选择最大化利润的交易量,而做市商根据其收到的总体交易量订单制定交易价格,以实现市场出清。在此机制下市场参与者共同作用实现一个均衡的交易价格。

O'Hara指出,也可以通过做市商制定价格的学习过程来研究这个问题,即做市商可以通过观察交易量来推测其中所隐藏的信息。在交易开始之前,做市商对于资产真实价值已经有一个看法,即服从正态分布 $N(p_0, \sigma_0^2)$。在做市商观察到的总指令流 $x+u$ 中,非知情交易者交易量服从正态分布 $N(0, \sigma_u^2)$,而知情交易者的交易量 x 由其策略决定。

假设做市商认为知情交易者遵循线性交易策略,$x = \beta(v - p_0)$,且做市商不能观察到 x,而只能观察到 $x+u$,我们用 θ 代替总指令流,那么 $\theta = x + u = \beta(v - p_0) + u$。整理后可得:

$$\theta/\beta + p_0 = v + u/\beta \tag{5.7}$$

将等式的左边设为 Z,则:

$$Z \equiv \theta/\beta + p_0 = v + u/\beta \tag{5.8}$$

我们可以发现 Z 服从正态分布 $N(v, \sigma_u^2/\beta^2)$。其中,v 及其他的变量均是已知的(稍后我们将说明为什么做市商知道 β)。所以,Z 只是总指令流的一个变形,并与资产价值有着相同的均值。

根据 Z,做市商改变了他对于资产真实价值 v 的看法,并制定相应的市场出清价格。这个新的价格便是他对于资产真实价值的新的看法。做市商便根据贝叶斯法则[①]进行价格调整。所以新价格的均值和方差分别是:

$$p_1 = \frac{p_0/\sigma_0^2 + Z(\beta^2/\sigma_u^2)}{1/\sigma_0^2 + \beta^2/\sigma_u^2} \tag{5.9}$$

---

① 假定随机变量 y 服从正态分布 $N(m, \sigma_y^2)$,而在给定 y 的值时,观测值 x 服从正态分布 $N(y, \sigma_x^2)$,则给定观测值 x 时,y 的后验概率服从正态分布 $N\left(\dfrac{\dfrac{m}{\sigma_y^2} + \dfrac{x}{\sigma_x^2}}{\dfrac{1}{\sigma_y^2} + \dfrac{1}{\sigma_x^2}}, \left(\dfrac{1}{\sigma_y^2} + \dfrac{1}{\sigma_x^2}\right)^{-1}\right)$。见 O'Hara(1995)。

$$\sigma_1^2 = (1/\sigma_0^2 + \beta^2/\sigma_u^2)^{-1} \tag{5.10}$$

整理之后,将 β 消去可以得到:

$$p_1 = \frac{p_0\sigma_u^2 + \sigma_u^2 Z}{\sigma_u^2 + \sigma_u^2} = \frac{1}{2}(p_0 + Z) = \frac{1}{2}(p_0 + \theta/\beta + p_0) \tag{5.11}$$

由于 $\theta = x + u$,上式可以变为:

$$p_1 = p_0 + \frac{x+u}{2\beta} = p_0 + \frac{1}{2}\left[\frac{\sigma_u^2}{\sigma_0^2}\right]^{-\frac{1}{2}}(x+u)$$
$$= p_0 + \lambda(x+u) \tag{5.12}$$

其中, $\lambda = \frac{1}{2}\left(\frac{\sigma_u^2}{\sigma_0^2}\right)^{-\frac{1}{2}}$。

所以做市商的定价策略也是线性的,从而保证做市商能够知道变量 β。由于知情交易者也知道价格和交易量是呈线性关系的,所以他的利润目标函数将是一个二次函数。求出这一函数的极大值便可以得出知情交易者的最佳交易策略 $X(v) = \alpha + \beta v$。所以,做市商可以通过这样的求解方法推出 β 的值。

(三) 均衡的性质

第一,知情交易者的最佳交易量与非知情交易者的交易量的方差有关。由于知情交易者并不知道非知情交易者最终的真实交易量,所以他只能利用其方差来隐藏自己的交易行为。这就意味着知情交易者的预期利润也与非知情交易者交易量的方差有关。从式 (5.6) 中可以很明显地看出,非知情交易者交易量的方差越大,知情交易者就越容易隐藏自己的交易,从而他获得的利润也就越大。

第二,知情交易者的最佳交易量与资产真实价值的方差有关。在做市商的定价策略中,交易数量和价格的调整是相关的。在这个模型的定价策略中,价格和总交易量呈线性关系。由于总的指令流中既有知情交易者的指令也有非知情交易者的指令,所以参数 λ 表示了做市商将在多大程度上调整价格以反映交易量中的信息成分。$1/\lambda$ 被称为“市场深度”,即市场价格变动一个单位所需要交易量的大小。λ 与非知情交易者交易量的方差以及资产真实价值的方差有关。资产真实价值的方差越小,市场深度越大,在收到相同指令流情况下,做市商所作的价格调整就越小,因而知情交易者可以获得的利润就越大。

该均衡的线性特征意味着知情交易者不会使用更复杂的非线性交易策略,即不会提交与真实资产价值不呈线性关系的交易量。基于知情交易者线性交易策略的假设,做市商可以确定总指令流和真实资产价值也将呈线性关系。由于有效市场假设要求做市商按照其预期的资产真实价值制定出清价格,所以最终的价格也与交易量呈线性关系。

价格与交易量的线性关系意味着交易量越大,价格就越高,但价格变化的速度是不变的。所以,在线性条件下,一笔很大的交易不一定能使做市商将价格调整到资产的真实价值,而在价格和交易量呈非线性关系的情况下却可以达到两者的一致。该假设的一个缺陷就是,如果市场上有很大的卖出量,那做市商就有可能把价格定为负值。所以,线性假设只是对实际价格行为的一种近似的描述。

价格交易量线性关系的另一个特点是知情交易者总会保持他的交易量与非知情交

者的交易量的比例不变。如果非知情交易者的交易量增加 1 倍,则知情交易者的交易量也将增加 1 倍。[①] 这可以从下面的知情交易者的交易策略里表现出来。

$$x = \left(\frac{\sigma_u^2}{\sigma_0^2} \right)^{1/2} (v - p) \tag{5.13}$$

知情交易者的利润可表示成:

$$\pi = \frac{1}{2} (\sigma_0^2 \sigma_u^2)^{1/2} \tag{5.14}$$

所以,如果 σ_u 增加 1 倍,知情交易者的交易量也将增加一倍,其预期利润也将增加 1 倍。

如果知情交易者和非知情交易者的交易量均增加 1 倍,那价格会怎样变化呢? 有意思的是,在这个模型里,价格将不发生变化。为了证明这一点,我们可以先把做市商的定价函数写成:

$$p = p_0 + \frac{1}{2 \left(\frac{\sigma_u^2}{\sigma_0^2} \right)^{1/2}} \left[\left(\frac{\sigma_u^2}{\sigma_0^2} \right)^{1/2} (v - p_0) + u \right] \tag{5.15}$$

如果 σ_u^2 变化,它将同时影响最佳的 x 和最佳的 λ,而在上面的价格等式(5.15)里,它们会相互抵消。这意味着在市场中价格和成交量是没有关系的。稍后我们将看到,这一结论是建立在知情交易者的数量固定不变的(在这里是一个)假设基础上的。

在上面的单期交易模型中,知情交易者运用最优交易策略的结果导致做市商对于资产价值的新认识将部分反映(不是全部)私人信息。但这并不意味着市场的新价格 p_1 的均值一定会更接近资产真实价值 v。价格到底等于多少将取决于实际净指令流。如果非知情交易者的买入指令突然增大,它就会超过知情交易者的卖出指令流,最终将导致做市商制定一个高的价格,虽然此时资产真实价值仍然是低估的。信息通过方差来影响价格,后验概率的方差为:

$$\sigma_1^2 = \left(\frac{1}{\sigma_0^2} + \frac{\beta^2}{\sigma_u^2} \right)^{-1} \tag{5.16}$$

将 β 替换掉,整理可得:

$$\sigma_1^2 = \frac{\sigma_0^2 \sigma_u^2}{\sigma_u^2 + \sigma_u^2} = \frac{1}{2} \sigma_0^2 \tag{5.17}$$

所以,无论新价格的均值等于多少,新价格的方差必定是原价格方差的一半。Kyle 把这一现象归纳为:知情交易者的最优交易策略将导致一半的私人信息揭示在价格中。做市商对于资产价值的估计范围将缩小为原来的一半,而其估计的价值的均值却可能更不准确。[②]

---

① 在该模型中,关于非知情交易者交易量的定义有一些模糊,因为先前假设它是一个均值为零的随机变量。这里的交易量指的是绝对量,因而这里指的是非知情交易量的标准差。

② 这一结论与正态分布的假设直接相关。如果该假设被放宽了,则方差不一定会出现上述的变化。Foster 和 Viswanathan 研究了在其他分布下的方差变化,他们的研究证明:在 Kyle 模型中的价格变化方式主要是依赖正态分布假设。而在一般情况下,价格的变化更加复杂。详见:Foster F D, Viswanathan S. Variations in trading Volume, Return Volatility, and Trading Cost: Evidence on Recent Price Formation Models. Journal of Finance,1993, 48:187-211。

在 0 时期,做市商对于资产真实价值的看法由 $N(p_0, \sigma_0^2)$ 表示。随着第一次交易的完成,做市商改变了其看法。其新分布 $N(p_1, \sigma_0^2/2)$ 的均值为 p_1,方差为前面的一半。在这个模型中由于价格服从鞅过程,所以在一期交易发生前,先验均值为 p_0。而总的来说,均值是向真实价值 v 靠近的。我们可以从式(5.15)看出 $E[p_1|v] = \dfrac{1}{2}(p_0+v)$。

如果交易次数足够多,做市商对于资产价值看法的方差会趋向于零,而均值将趋向于真实价值 v。因为总指令流 Y_t 的平均值为:

$$\frac{1}{T} \sum_{t=1}^{T} Y_t = v + \frac{1}{\beta} \frac{1}{T} \sum_{t=1}^{T} u_t \tag{5.18}$$

由大数定理可得:

$$\frac{1}{T} \sum_{t=1}^{T} u_t \to 0 \tag{5.19}$$

故

$$\frac{1}{T} \sum_{t=1}^{T} Y_t \to v \tag{5.20}$$

所以,通过 n 轮的交易,信息将完全被揭示出来。

但是如果存在多轮交易,我们无法确定这里的单期均衡是否仍然适用。因为,在单期模型中,知情交易者只需要考虑自己当期的交易对于当期价格的影响。而在多期交易中,当前的交易对以后各期的价格均会产生影响。

(四) 模型缺陷

理性预期假设要求知情交易者预期的做市商定价策略与做市商实际使用的定价策略是一致的,即知情交易者预期做市商将使用线性定价策略,而做市商实际使用的正是线性定价策略。但这样形成的均衡是唯一的均衡吗? 如果知情交易者预期做市商使用其他定价策略,市场最终还能达到均衡吗?

一般而言,均衡是否唯一存在的问题是很难回答的。在 Kyle 的模型里,虽然只存在唯一的线性均衡,但仍然有可能存在着其他非线性的均衡。在非线性均衡中,做市商将不再遵守价格和交易量之间的线性关系(也包括资产真实价值和成交量的关系),所以知情交易者的交易策略也不一定呈线性特征。然而,在放弃线性特征这一简化条件后,求解均衡将是十分困难的。

由于 Kyle 模型旨在描述知情交易者将如何进行交易,所以上述多种均衡是否存在不是一个大问题。而在其他情况下,均衡的唯一性就非常重要了。因此,如果多种均衡存在,模型的政策含义就降低了。该模型的另一个争议点就是假设随机变量服从正态分布。虽然该假设使问题简化了许多,但它将直接影响到最佳交易量的确定和交易量的估算。

二、模型的拓展之一:单个交易者多个交易期情形

Kyle 将序贯多期交易模型描述为在 1 个交易日内发生 n 次批量交易。当交易次数趋向于无穷大时,就演变成一个连续交易模型。在多期模型中,知情交易者每一期的交易决策都是相关的,因为它们都会对价格产生影响。如果知情交易者选择在前几期多交易,则

后几期的价格肯定会揭示更多的信息,知情交易者后几期的利润相应减少。所以知情交易者的交易策略不仅要考虑当前的交易情况,还要考虑到未来的交易情况。

Kyle 假设:当交易次数增多时,非知情交易者的总交易量 $\bar{u}(t)$ 服从布朗运动,所以 $\Delta\bar{u}_n$ 服从均值为 0 且方差为 $\sigma_u^2\Delta t_n$ 的正态分布。这一假设意味着非知情交易者在某一时期的交易量与另一时期的交易量无关。但知情交易者每一期的交易量都是有联系的,所以最终将导致价格揭示所有信息。

我们最感兴趣的是知情交易者如何制定策略来充分利用他的信息优势。这个均衡最重要的特点表现为信息是逐步反映到价格中的。在单期模型中,当交易结束时,知情交易者的一半信息将反映到价格中,而在多期模型中却并非如此。现在,信息的方差遵循以下的变化模式:

$$\sigma_n^2 = (1 - \beta_n\lambda_n\Delta t_n)\,\sigma_{n-1}^2 \qquad (5.21)$$

当交易次数不断增加以至成为连续交易时,价格将有固定不变的波动性,因而信息是以固定的速度逐渐反映到价格中去的。[①] 与我们预计的一样,价格过程是一个鞅过程,所以从某种程度上说价格是有效的,因为非知情交易者是根据现在的价格对将来价格做出预期的。Kyle 还证明了如果交易是连续的,价格最终将揭示所有的信息。

该均衡的另一个重要特点表现为知情交易者通过对交易量的控制,而不是对交易价格的控制来获利。在一般的模型中,知情交易者在每一期只能交易相等的交易量。在本模型中,由于知情交易者和做市商策略中的系数在每一期都是不断变化的,所以知情交易者每一期的最优交易量是不同的。正是由于知情交易者不断变化的交易量使其可以"瞒过"做市商。因为做市商最终将发现知情交易者,所以后者的利润是有限的,而且是可计量的。

Back[②] 对于连续交易模型进行了较为系统的研究。他给出了连续交易时的均衡,并且在他的模型中允许了资产真实价值服从更为一般的分布。由于 Back 的模型实质上是 Kyle 离散模型的一个极限情况,所以在连续模型中得出的结论可以使我们加深对于 Kyle 模型的了解。我们将不讨论该连续模型复杂的推导过程,而重点介绍他的思路和最终结论。在该模型中,交易均发生在 $[0,1]$ 时期。在时间 1,资产的真实价值 $\tilde{v}$ 将被公布于众。知情交易者在时间 0 就知道了 $\tilde{v}$,而非知情交易者和完全竞争风险中性的做市商均不知道 $\tilde{v}$。

在模型中,非知情交易者的交易量用 Z 表示,并被假设服从布朗运动。唯一的知情交易者的交易量 X 被假设服从以 $\tilde{v}$ 与 Z 为参数的半鞅过程。这一半鞅性质允许了交易过程出现跳跃,但 Back 后来证明这样的跳跃是不可能存在的。完全竞争风险中性的做市商满

---

① 这一价格具有固定不变的波动性的结论是由随机漫步假设得出的。所以根据 Kyle 模型,证券价格会遵循随机漫步。虽然这一点符合有效市场理论,但在实际中是存在争议的。Lo 和 MacKinley 拒绝了随机漫步假设,Richardson 和 Smith 得到了不同的结论。详见 Lo A W,MacKinley A C. Stock Market Prices Do Not Follow Random Walks:Evidence From a Simple Specification Test. Review of Financial Studies,1988(1):3-40;Richardson,Smith. Tests of Financial Models in the Presence of Overlapping Obervations. Review of Financial Studies,1991(4):227-254。

② Back K. Insider Trading in Continuous Time. Review of Financial Studies,1992(5):387-410.

足市场出清条件要求 $Y_t \equiv X_t + Z_t$。

在这个模型中,知情交易者可以推测非知情交易者的交易量 Z,并把该因素纳入交易策略的过程。但这一假设并没有使知情交易者处于任何更有利的地位。因为虽然在离散模型中知情交易者可以利用这样的信息来抵消非知情交易者的交易量(使 $X = -Z$),以更好地隐藏交易,但在连续交易模型中,如果知情交易者这么做,就会使交易过程出现跳跃。而非知情交易者的交易过程是不会跳跃的,所以这只会进一步揭示知情交易者的交易和他所有的信息。

要达到均衡,我们就要得出一个定价策略 P 和一个交易策略 X:给定 P,知情交易者在整个交易过程中通过 X 获得最大效用;给定 X,P(或者更准确的是 $P(Y_t, t)$)就是做市商对于资产真实价值的理性估计。通过求解知情交易者的最大化问题即 Bellman 等式①,可以得出 X。Back 认为,如果 X 可以解出,则 X 存在两个特性:首先,X 方差的变化是连续且有限的;其次,所有的信息在交易结束时肯定会反映到价格中去。

Back 使用了 X 的这些特性来定义做市商的最佳定价策略。Back 证明:在做市商的理性定价策略下,总的交易量 (Y_t, t) 一定是鞅过程。又因为 X 具有连续的有限的变差路径,所以总交易量 (Y_t, t) 一定也服从布朗运动。这是模型的关键所在:由于非知情交易者的交易量 Z 服从布朗运动,总的交易量 Y 也服从布朗分布,所以知情交易者的交易量 X 也服从布朗分布。

当非知情交易者交易量服从布朗运动时,整个交易过程是连续的。而知情交易者为了隐藏其交易,其交易量一定也是连续的。Back 认为在满足上述条件时,单一的知情交易者可以有很多种最优策略。

Back 模型的优点是给出了更一般的解,而不是 Kyle 模型中特殊的解。Back 证明:在最佳的定价策略下,价格变化与成交量是成比例的。如果资产真实价值服从正态分布(与 Kyle 的模型相同),则定价策略与 Kyle 模型中的线性定价策略相同。如果资产真实价值服从对数正态分布,则价格变化将服从布朗运动,且定价策略将会不同,但仍然是交易量的函数。

利用这个连续交易模型,我们可以进一步深入研究交易均衡。比如说,如果非知情交易者的交易量在一天中发生变化(假设在中午时会特别少),则知情交易者的交易策略也会发生变化。Back 证明:当非知情交易增多,知情交易也会增多,价格变化会越剧烈,反映的信息也会越多。而这些结论在离散的 Kyle 模型中是无法得出的。②

Kyle 模型及其扩展为我们展示了单个知情交易者如何利用他的信息优势来获取超额利润,及其对价格走势产生的影响。虽然这些模型没有像序贯模型那样仔细描述每一次交易对价格的影响,但它们却可以用来准确计算信息优势的收益,从而将信息市场的均衡和证券市场的均衡联系起来。

---

① 这一求极值的过程与 Ho 和 Stoll 使用的方法差不多,他们也求解了 Bellman 等式。
② Back(1993)证明了在连续交易和不对称信息的情况下,期权不能通过简单的套利理论来定价。这一结论对于期权定价模型很重要。

三、模型的拓展之二:多个知情交易者情形

(一)Kyle(1984)交易模型

Kyle 的模型包含三期,假设存在 N 个知情交易者和 M 个做市商。当 $M \to \infty$ 时,相当于做市商完全竞争的情况;如果 M 不是很大,则做市商拥有一些垄断市场的力量。知情交易者数量由 1 增加至 N 带来了知情交易者之间的竞争,每个知情交易者的交易策略均会受到其他知情交易者交易策略的影响;而如果知情交易者数量 N 不是外生给定的,而是可变的,那么这一知情交易者数量的内生性将降低知情交易者的垄断优势,增加价格形成过程的有效性。

该模型仍采用了 Kyle(1985)的批量交易机制:知情交易者必须先递交交易量才能知道所能交易的价格。这个机制使得价格不能马上揭示所有的信息。该模型和 Kyle(1985)模型的一个重要的区别表现在交易只是在前两期发生。在第二期结束的时候,假设所有的合约都被清算,所以该模型不能研究跨期信息揭示的问题。

该模型中存在两种信息:一种是私人信息,另一种是公开信息。公开信息是所有的市场参与者都知道的,而私人信息只有知情交易者才拥有。该模型仍然遵循线性假设,所以知情交易者仍采用线性交易策略。在多个知情交易者的情况下,交易策略将会和知情交易者的具体数目相关,并随着知情交易者的数目变化而变化。由于该模型存在一些复杂的假设,所以我们将更关注其总体的结论。

如果知情交易者数目是可变的,那么在均衡时,知情交易者的收益一定等于他成为知情交易者的成本。所以,知情交易者的人数将是内生的,他们对于价格的影响也由此确定下来。知情交易者人数的内生性对于其获利的多少有两个方面的影响:首先,如果有更多的知情交易者,那么就有更多的人来分享私人信息所产生的超额利润。所以知情交易者的人数对于其人均利润有直接的影响。其次,也是更重要的,知情交易者的人数会对他们的交易行为产生影响。因为每一个知情交易者都会在预期别的知情交易者交易行为的情况下确定自己的最优交易量,所以知情交易者的总人数将影响他们每一个人的交易量。这就增加了总交易量变化的可能性。

我们可以通过关注知情交易者人数的内生性对于价格的信息揭示程度的影响来探讨这个问题。首先假设非知情交易者的交易量发生了变化。如果知情交易者的数量 N 是外生的,那么噪声交易量(σ_u^2)的增加对于价格将没有影响,因为知情交易者会提高他们的交易量使得其与非知情交易者的交易量的比例不变。所以,N 个知情交易者所获得的利润都增加了,而价格却没有受到影响。但是,如果知情交易者的数量是内生的,那么情况就不一样了。噪声交易量的增加使得知情交易者所获的利润上升,从而吸引了更多的人成为知情交易者。虽然原来的知情交易者会调整其交易量来适应知情交易者人数的增加,但 Kyle 证明:知情交易者最终的交易量会增加。这就导致了价格将揭示更多的私人信息。也就是说,由于知情交易者的相互竞争,最终使他们的人均利润下降了。

现在假设公开信息的数量增加了。这时,如果 N 是外生的,那么价格必定反映更多信息,从而变得更加有效。这会使得知情交易者的利润下降,因为他们拥有的一部分私人信息已经被转化为公开信息了。如果 N 是内生的,公开信息的增加会使得一些知情交易者

离开,从而使得私人信息的揭示开始减少。但 Kyle 证明:公开信息的增加足够抵消由于知情交易者离开带来的价格中私人信息的减少,从而价格也是更有效的。

需要强调的是,以上的结论都是在风险中性的条件下推出的。与 Kyle(1985)的模型一样,这里所有的市场参与者都被假设为风险中性的。这个假设使得问题大大简化了,因为我们只需要考虑均值。如果交易者或者做市商也在乎方差,那么他们的行为就会有很大的差异。如果知情交易者是风险厌恶者,那么总的交易量就会对他们的决策产生影响,这将使多个知情交易者的策略发生显著的变化。

(二)Subrahmanyam(1991)模型

Subrahmanyam(1991)主要研究了风险厌恶的情况。Subrahmanyam 借用了 Kyle(1984)的模型,并证明:如果知情交易者是风险厌恶的,那么其数量的增加将减少市场的流动性。这与风险中性的结论明显不同。因为风险厌恶从两个方面影响了知情交易者的行为:首先,风险厌恶导致知情交易者不如风险中性情况下那么主动地交易;其次,知情交易者的总数会影响知情交易者的风险接受程度。

Subrahmanyam 指出,由于这两种效应的存在,价格对于交易量的敏感程度(即 λ)随着知情交易者的数量呈单峰分布。[①] 随着知情交易者数量增加,λ 一开始增加,反映了第一种效应:风险厌恶的知情交易者不及风险中性的交易者那么主动交易。当知情交易者数量进一步增加时,第二种效应就会占主导地位,λ 就会下降。这种双重效应决定了在知情交易者人数较少的情况下,虽然他们之间也存在竞争,但价格只能揭示较少的私人信息。所以知情交易者之间的竞争不一定就能使市场反应信息的能力增强。我们在第二节非知情交易者策略中也会涉及这个问题。

而在 Kyle(1984,1985)的模型中,风险中性的知情交易者可以使用交易策略来获取利润。[②] 当知情交易者是信息的唯一垄断者时,他可以控制信息的揭示过程,使得价格变化过程有着不变的方差。而当市场存在多个知情交易者时,这种控制能力就不及先前那么强了,所以导致了价格更快地揭示信息。

上述的分析引起另外一个问题:价格需要经过多长时间的调整才能完全揭示私人信息。如果价格调整对于知情交易者的人数很敏感,则市场价格很快就能揭示出私人信息。这意味着知情交易者的收益会减少,从而缺少收集信息的动力。如果是这样的话,Kyle(1985)关于交易量、市场深度、价格行为的结论将不再成立。

Holden 和 Subrahmanyam(简称 H-S)使用了 Kyle 的离散拍卖模型,但允许存在 M 个知情交易者。因为存在多个知情交易者(且他们知道准确的知情交易者人数),每个知情交易者对于其他知情交易者行为的预期就会影响到最后的均衡。在该模型中,所有的知情交易者都是完全同质的:了解的信息都是一样的,所作的推测也是一样的。

H-S 证明了存在唯一的线性均衡,并由下面的公式表示:

---

① $1/\lambda$ 表示市场深度,其增加表示市场可以吸收更多的交易量而不影响价格。

② Kyle A S. Market Structure, Information, Futures Markets, and Price Formation. Westview Press, 1984; Kyle A S. Continuous Auctions and Insider Trading, Econometrica, 1985, 53:1315-1336.

$$\Delta x_n = m\beta(v - p_{n-1})\,\Delta t_n$$

$$\Delta p_n = \lambda(\Delta x_n + \Delta u_n)$$

$$\sigma_n^2 = \text{var}(v \mid \Delta x_1 + u_1, \cdots, \Delta x_n + u_n)\,, \tag{5.22}$$

$$E(\pi_n \mid p_1, p_2, \cdots, p_{n-1}, v) = \alpha_{n-1}(v - p_{n-1})^2 + \delta_{n-1}$$

其中，$n = 1, \cdots, N$ 表示交易次数，$m = 1, \cdots, M$ 表示知情交易者的人数。

该均衡和 Kyle 均衡的区别在于由于多个知情交易者的存在，要得到参数 α_n、β_n、λ_n 和 σ_n^2 的解不仅需要求解一系列差分方程，更重要的是，它们的取值均依赖于知情交易者的数目 M 和他们的预期交易行为。所以，每一个知情交易者都是根据对其他知情交易者行为的预期来决定自己的最佳交易策略，从而影响价格均衡。由于这些参数的求解非常复杂，所以我们仅仅讨论解的经济含义而不是其推导过程。

在这些参数中，最关键的是市场深度参数 λ_n（即多少交易量才能引起价格发生变化）以及价格有效性参数 σ_n^2（它反映了最终价格分布的方差）。在 Kyle 单个知情交易者的模型中，λ_n 保持不变，而 σ_n^2 逐渐变小。

H-S 证明了：当知情交易者为不完全竞争时（即 M 为有限多时），情况就会发生变化。一开始 λ_n 会比单一知情交易者模型的 λ_n 大，随后便迅速变小。这反映了一开始知情交易者更主动地进行交易，使得信息更快地被揭示出来。由于大量的信息反映到价格中，导致了 σ_n^2 迅速地变为 0。知情交易者的数量越多，λ_n 和 σ_n^2 下降得越快。

之后，H-S 又考虑了交易次数变化的影响。首先假设知情交易者的数目不变，每一次交易的时间间隔为 $\Delta dt = 1/N$。当交易次数趋向于无穷大时，H-S 发现了两个有趣的结论：首先，假设 τ 为交易过程中的一个时间点，H-S 证明在任何 τ 之前的最后一次交易 n' 满足下列条件：

$$\text{当 } N \to \infty \text{ 时}, \lim_{N \to \infty} \sigma_{n'}^2 = 0 \quad \lim_{N \to \infty} \lambda_{n'} = 0 \tag{5.23}$$

这一结论表明：当交易的次数趋向无穷大时，在任意短的一个时间段内信息就被全部揭示出来了。所以，无论你将 τ 选在哪里，在此之前信息就已经被揭示了，而且市场深度（定义为 $1/\lambda$）变为了无穷大。因此，与 Kyle 的模型不同，H-S 模型中的信息立即反映到了价格中。

H-S 模型还证明了：

$$N \to \infty \text{ 时}, \lim_{N \to \infty} \beta_1 = \infty \quad \lim_{N \to \infty} E_0[\Delta x_1 \mid v] = 0 \quad \lim_{N \to \infty} \lambda_1 = \infty \tag{5.24}$$

所以交易一开始，私人信息的存在使得市场深度变得很小。此时交易中存在很多的私人信息风险。后来，当私人信息大部分都已经反映到价格中之后，市场深度趋向无穷大，私人信息的风险大部分被消化了。市场深度的变化对知情交易者策略的影响表现在：第一次交易时，预期的知情交易为 0。因为当时市场深度很小，任何知情交易隐藏的私人信息都会反映在价格中，从而抹杀了知情交易者盈利的机会。

以上结论说明：当存在多个知情交易者时，价格反映信息的方式是不同的。我们也可以通过假设知情交易者的数目趋向于无穷大来研究价格的变化。当交易次数一定时，H-S 证明了对于第一次交易：

$$\text{当 } M \to \infty \text{ 时}, \lim_{M \to \infty} \sigma_1^2 = 0 \quad \lim_{M \to \infty} \lambda_1 = 0 \quad \lim_{M \to \infty} E_0[\Delta x_1 \mid v] = \infty \text{ 且 } \lim_{M \to \infty} p_1 = v \tag{5.25}$$

　　所以,当知情交易者的数目趋向于无穷大时,所有的信息都在第一次交易时反映到价格中去,市场深度和预期的知情交易者交易量趋向于无穷大,价格等于资产真实价值。

　　价格在第一次交易中就反映所有信息是 H-S 模型的第二个重要的结论。在之前的理性预期模型中,价格也是立即反映资产真实价值的。Holden 和 Subrahmanyam 证明:在存在多个不完全竞争的知情交易者模型中,也存在着与理性预期模型一样的结论。[①] 产生这一结论的主要原因是:当知情交易者的数目增加时,他们的最优策略变得更富有竞争性,原先能够隐藏单个知情交易者交易的噪声交易量已经不能隐藏在交易量中占主角的知情交易量了,所以导致了价格能够迅速反映信息。

第二节　非知情交易者的交易策略

　　上一节分析了知情交易者的交易策略。在分析知情交易者的交易策略时,我们假定非知情交易者的交易行为完全由外生给定,他们的交易量是服从正态分布的随机变量,同时也不能决定自己的交易时间。但是显然可以看出,这是一个极强的假定。因为一部分理性的非知情交易者固然没有关于资产价值的私人信息,但是他们可以推测知情交易者的交易策略以及做市商的定价策略,从公开的市场总指令流以及交易的成交价格序列和成交量序列中获得信息,在此基础上进行理性的行为决策。

　　在前文对知情交易者交易策略的有关分析中我们假定,做市商制定的价格是使得做市商利润为零的价格,等于基于市场上公开信息的对风险资产价值的条件期望价格。而知情交易者拥有关于风险资产价值的私人信息,他们可以决定是否交易以及交易多少,只有在预期收益为正时才进行交易,并且交易的数量能够使他最大限度地实现源于私人信息的最大利润。因为做市商的利润为 0,知情交易者的利润就来源于非知情交易者为进行交易而承担的损失。于是理性的非知情交易者的交易策略就要使自己的损失达到最小。因为非知情交易者是为了流动性的目的进行交易,所以他们的交易量通常是不变的,但是部分非知情交易者可以选择交易的时机。

　　在本节的分析中,我们介绍的模型将会继续沿用 Kyle(1985)的思路,假定做市商和知情交易者分别采用线性定价策略与交易策略。但是由于出现了非知情交易者的交易策略,模型的均衡结果将会与 Kyle 的结论出现不同。同时,非知情交易者交易策略也将会对市场交易量以及定价的模式产生影响。

　　本节主要基于 Admati 和 Pfleiderer(1988)的研究,并结合 Ohara(1995)介绍单个交易日内非知情交易者的交易策略,然后再介绍一些其他的观点。

一、单个交易日模型

　　实证结果表明,在一个交易日内,大部分股票的交易量具有 U 形分布的特征,即在交易日的开盘不久和邻近收盘时交易量较大,而在交易日中间时间的交易量较小。同时,以

---

① Foster 和 Viswanathan(1993)也证明了该结论。

价格时间序列的方差或收益的方差衡量的股票价格的波动性也呈现 U 形。可以看出,股票交易量与价格波动性的变化具有同步的特征。Admati 和 Pfleiderer(1988)[①](简称 A-P 模型)在 Kyle(1985) 知情交易者交易策略模式的基础上对非知情交易者的策略进行了分析,首次考察了非知情交易者交易策略与知情交易者交易策略之间的相互作用,以及这种相互作用对交易量和价格波动性的影响,较好地解释了一个交易日内交易量和价格波动的特征。

(一) 模型假设

首先,市场上存在知情交易者和两种类型的非知情流动性交易者:相机抉择的流动性交易者和非相机抉择的流动性交易者。非相机抉择的流动性交易者必须在某一特定时刻交易特定数量的股票。相机抉择的流动性交易者可以根据自己的交易策略在整个交易日内自由选择交易的时间,但在交易日结束前必须完成交易从而满足其流动性的需要。相机抉择的流动性交易者的交易数量也是外生给定的。

知情交易者的数目是常数,知情交易者获得的私人信息外生给定,并且每个知情交易者拥有相同的信息。

其次,市场上存在一名风险中性、竞争性的做市商。该竞争性做市商平衡市场供求,每期的期望收益为零。该做市商定价原则沿用 Kyle(1985),即股票的价格等于基于包括当期的交易指令流历史和关于股票价格公开信息的条件期望。

知情交易者、非知情流动性交易者和做市商都是风险中性的。

最后,所有信息都是短期的。在下一个交易时段开始时,公开信息将被披露,这就意味着知情交易者所拥有的私人信息优势只能维持一个交易区间。因此,知情交易者必须在收到该私人信息的交易时间区间做出交易决策。由于不存在对交易时间的选择,知情交易者的决策就仅仅是最优交易数量的决定,而不用考虑这种交易行为对下一时期价格的影响,从而知情交易者的最优交易策略仅仅是个单期决策问题,不需要考虑跨期决策的问题。

(二) 均衡的推导与分析

整个交易日被分成 T 个交易时间区间,交易者可以在每个区间内向做市商发出指令。收到交易指令后,做市商设定市场价格以出清市场。在时期 T,资产的价值 $\tilde{v}$ 为:

$$\tilde{v}=\bar{v}+ \sum_{t=1}^{T} \tilde{\delta}_t \tag{5.26}$$

其中,$\tilde{\delta}_t$ 为一均值为 0,独立同分布的随机变量,表示每个时段 t 开始时披露的公开信息;$\bar{v}$ 是资产的事后清算价值。在时段 t,数目为 n_t(n_t 外生决定)的知情交易者观察到相同的私人信息 $\tilde{\delta}_{t+1}+\tilde{\varepsilon}_t$。其中,$\tilde{\delta}_{t+1}$ 是将在下一时期公开的信息;$\tilde{\varepsilon}_t$ 是误差,$\tilde{\varepsilon}_t \sim N(0,\varphi_t)$。于是在时期 t,知情交易者收到带噪声的关于 $t+1$ 时期的公开信息,从而可以利用此信息制定交易策略来获取利润。

① Admati A, Pfleiderer P. A Theory of Intraday Patterns: Volume and Price Variability. Review of Financial Studies, 1988(1): 3-40.

令 x_t^i 为知情交易者 i 在时期 t 提交的交易指令,则知情交易者在时期 t 的总的交易指令为:

$$X_t = \sum_{i=1}^{n_t} x_t^i \tag{5.27}$$

相机抉择流动性交易者出于流动性需要进行交易,其指令数量 Y^j 外生决定。令 y_t^j 为相机抉择流动性交易者 j 在时期 t 提交的指令。由于非知情交易者不能进行多次交易,如果相机抉择交易者 j 决定在时期 t 交易,则 $y_t^j = Y^j$,否则 $y_t^j = 0$。相机抉择流动性交易者在时期 t 的总指令流为:

$$Y_t = \sum_{j=1}^{m} y_t^j \tag{5.28}$$

其中,m 为相机抉择流动性交易者的数目。

设 Z_t 表示全体非相机抉择流动性交易者在时期 t 提交的交易指令,则总的流动性交易指令为 Z_t 与 Y_t 之和。

随机变量 Y^j、Z_t、$\tilde{\delta}_t$、ε_t 相互独立,分别服从均值为 0 的正态分布。总的流动性交易指令流的方差为:

$$\psi_t \equiv \operatorname{var}\left(\sum_{j=1}^{m} y_t^j + Z_t \right) \tag{5.29}$$

该方差内生于模型,由相机抉择流动性交易者的交易策略即何时进行交易这一决策决定。

在时期 t 做市商收到的总指令流为:

$$\tilde{\omega}_t = X_t + Y_t + Z_t \tag{5.30}$$

做市商依据该交易指令设定交易价格使得市场出清,价格为根据做市商拥有的公开信息 $\tilde{\Delta}_t = (\tilde{\delta}_1, \tilde{\delta}_2, \cdots, \tilde{\delta}_t)$ 以及到时期 t 为止收到的指令流 $\tilde{\Omega}_t = (\tilde{\omega}_1, \tilde{\omega}_2, \cdots, \tilde{\omega}_t)$ 而得到的关于资产真实价值的条件期望值。在时期 t 知情交易者决定最优交易数量时不考虑其交易对下一时期价格的影响,并且流动性交易者没有未来的公开信息,因此时期 t 以前的指令流提供的信息不能多于时期 t 以前的公开信息。所以,关于资产真实价值的先验期望值为 $\bar{v} + \sum_{\tau=1}^{t} \tilde{\delta}_\tau$。

做市商设定的价格为以前信息基础上资产价值的先验期望值加上根据本期指令流做出的调整。沿用 Kyle(1985)模型中做市商的线性定价策略,设做市商仍然遵循线性定价策略,则:

$$\tilde{P}_t = \bar{v} + \sum_{\tau=1}^{t} \tilde{\delta}_\tau + \lambda_t \tilde{\omega}_t \tag{5.31}$$

其中,系数 λ_t 是 Kyle(1985)中市场深度的倒数,测度总体交易指令流对市场价格的影响。

类似 Kyle(1985),给定做市商的线性定价策略 $P_t = \bar{v} + \sum_{\tau=1}^{t} \tilde{\delta}_\tau + \lambda_t \tilde{\omega}_t$,在时期 t 知情交易者 i 的最优交易策略也遵循线性模式,可以表示为:

$$x_t^i = \beta_t^i (\tilde{\delta}_{t+1} + \bar{\varepsilon}_t) \tag{5.32}$$

这里：

$$\lambda_t = \frac{\mathrm{var}(\tilde{\delta}_{t+1})}{n_t+1} \sqrt{\frac{n_t}{\psi_t[\,\mathrm{var}(\tilde{\delta}_{t+1})+\varphi_t\,]}}$$

$$\beta_t^i = \sqrt{\frac{\psi_t}{n_t[\,\mathrm{var}(\tilde{\delta}_{t+1})+\varphi_t\,]}} \tag{5.33}$$

在均衡状态下，相机抉择流动性交易者执行交易策略的目的是使预期的交易损失最小化。交易损失可以用市场价格和市场期望价值之间的差异来衡量，因此，在时期 t 交易的流动性交易者 j 的预期损失为：

$$L_t^j = E[\,(p_t-v)\,Y^j\,] \tag{5.34}$$

将 $p_t = \bar{v} + \sum_{\tau=1}^{t} \delta_\tau + \lambda_t \omega_t$ 代入，利用 y_t^j、x_t^i、Z_t 的独立性可得：

$$L_t^j = \lambda_t(Y^j)^2 \tag{5.35}$$

为使预期的流动性交易损失最小，相机抉择流动性交易者选择在 λ_t 最小的时期 t^* 交易。由于 λ_t 随着 ψ_t 的增加而减少，λ_t 最小也就意味着 ψ_t 最大，为使 ψ_t 最大，相机抉择交易者都将选择同一时期进行交易，从而形成了均衡时相机抉择交易者的集中交易。

（三）均衡的性质

这一均衡具有以下性质：

首先，λ_t 随着 ψ_t 的增加而减少。这表明市场能够消化知情交易的深度越大，相应的价格调整幅度越小。由于 ψ_t 是内生的，因此，相机抉择的流动性交易者可以通过其交易策略，即交易时间的选择，来影响价格行为。这与 Kyle(1985)分析知情交易者交易策略的模型结论相反。在 Kyle 模型中，非知情交易者的交易只能起到隐藏知情交易的作用，而不能对价格产生任何影响。

其次，λ_t 随着 n_t 的增加而减少。这反映出，随着知情交易者数目 n_t 的增加，指令流对价格的影响反而会减少。这是因为在提交指令时，多个知情交易者之间是相互竞争的。在知情交易者拥有相同信息的条件下，n_t 越大，单个知情交易者的信息垄断优势就越小。

总会存在这样的均衡：所有的相机抉择流动性交易集中在同一交易时期内进行。并且，在如下意义上仅有这样的均衡是稳健的，即在某些参数集合上，如果存在相机抉择流动性交易并非集中进行的均衡，那么在参数的任意闭集上（例如，将流动性需求 Y^j 的方差向量重新排列），唯一可能的均衡也将包括相机抉择流动性交易者的集中交易。

该结论表明，集中交易方式往往是最可能的，并且一般是唯一可能的均衡。在模型中，所有的交易者都将 λ_t 视为给定的。当交易者考虑偏离均衡交易策略时，他实际上假定其他交易者的交易策略和做市商的定价策略没有变化。只有在所有相机抉择流动性交易者集中交易的均衡状态下，任何偏离该交易策略的相机抉择流动性交易者都不能从中获利。

在所有相机抉择交易者的集中交易时期内，交易量比较高。这不仅因为流动性交易量比较大，而且流动性交易会引致比较大的知情交易量。此时做市商的交易量相应也是最高的。

为研究集中交易模式对价格的影响,定义:

$$Q_t \equiv \text{var}(\delta_{t+1} \mid P_t) \qquad (5.36)$$

$$R_t \equiv \text{var}(P_t - P_{t-1}) \qquad (5.37)$$

其中,Q_t 衡量价格对信息的揭示程度,R_t 衡量价格变动的方差。

如果对所有时期 t,$n_t = n$,那么:

$$Q_{t^*} = Q_t \qquad (5.38)$$

$$R_{t^*} = R_t = 1 \qquad (5.39)$$

这里 t^* 表示所有相机抉择交易者的集中交易的时期。

在信息获得为外生时,相机抉择流动性交易者的集中交易不会影响集中交易时期价格所揭示的信息量和价格变动的方差。原因在于,虽然在时期 t^* 有更多的流动性交易,但是这一时期也会有更多的知情交易出现。而此时较多的知情交易只能使得总体交易指令流的信息含量维持不变。

二、单个交易日模型的进一步扩展

(一) 内生性的信息获得

信息获得的内生性是指在花费一定成本即可获得私人信息的前提下,交易者将会对获得私人信息的收益与所需付出的成本进行权衡,从而决定是否成为知情交易者。这时知情交易者的数目 n_t 作为均衡的一部分被内生地决定。

当信息的获得是内生的时候,如果获得私人信息的收益大于所需付出的成本,则交易者就会选择成为知情交易者。知情交易者的收益来源于非知情交易者的损失。若非知情交易者的行为不因为知情交易者的数目改变而改变,则随着知情交易者数目的增加,知情交易者的平均收益将会减少。用 $\pi(n_t, \psi_t)$ 表示知情交易者为 n_t 时知情交易者的利润,c 代表成为知情交易者的成本,则 $\pi(n_t, \psi_t) \geqslant c \geqslant \pi(n_{t+1}, \psi_t)$ 时的 n_t 就是均衡时的知情交易者数目。

内生性的信息获得将进一步强化在均衡中非知情交易者集中交易这一特征。因为知情交易者增加时,相互竞争增强,会降低流动性交易者的交易成本的考虑,减少每个知情交易者的预期收益。于是流动性交易者更愿意集中地进行交易。只要在每个时期都存在知情交易者,那么流动性交易者将更愿意与更多的知情交易者进行交易。而在非知情交易者集中交易的时期,知情交易者的交易也将最多。从而这一时期的总交易量也最大。

同时,在信息获得内生性条件下,集中交易模式会改变价格揭示的信息量及价格变化的方差。在集中交易时期,内生决定的知情交易者数目最多。此时价格可以揭示更多的信息,价格变化的方差也更大。

(二) 有差异的私人信息

不同的知情交易者观察到的信号可能存在差异。假设知情交易者 i 在 t 期观察到的信号为 $\delta_{t+1} + \varepsilon_t^i$,$\varepsilon_t^i \sim N(0, \varphi_t)$,$\varphi_t > 0$,则私人信息量随 n_t 的增加而增加。如果 $\text{var}(\delta_{t+1}) = 1$,在 t 时期知情交易者 i 提交市场指令 $\beta_t^i(\delta_{t+1} + \varepsilon_t^i)$,其中:

$$\beta_t^i = \frac{1}{\lambda_t(1+n_t+2\varphi_t)}\sqrt{\frac{\psi_t}{n_t(1+\varphi_t)}} \tag{5.40}$$

相应地,做市商定价规则中的 λ 为:

$$\lambda_t = \frac{1}{1+n_t+2\varphi_t}\sqrt{\frac{n_t(1+\varphi_t)}{\psi_t}} \tag{5.41}$$

与私人信息无差异的情形相同,λ_t 是 ψ_t 的减函数。但 n_t 对 λ_t 的影响较为复杂。当信息获得为外生时,仍将产生相机抉择流动性交易者集中于一期交易的均衡。当信息获得为内生时,情况发生变化:一方面,n_t 增加使得知情交易者之间的竞争加剧,引起 λ_t 下降;另一方面,n_t 增加意味着私人信息量的增加,又会引起 λ_t 增加。如果 φ_t 较大,n_t 较小,则后一种效应超过前一种效应,从而 n_t 增加时 λ_t 是增加的。

由于每个知情交易者的收益是 ψ_t 的增函数,知情交易者倾向于在相机抉择交易者集中交易的时期进行交易。因此,当私人信息无差异时,这一行为使 λ_t 减小,更加强了流动性交易的集中;当私人信息有差异时,这一行为可能使 λ_t 增加,从而导致相机抉择交易者的集中交易模式发生改变。

在信息获得是内生的时候,若 n_t 连续,流动性交易集中的时期 λ 总是较小,集中交易的均衡是可行的。但事实上,n_t 是离散变量,故集中交易均衡可能并不存在。

当均衡存在时,在信息有差异条件下,集中交易对交易量及价格变化行为的影响不变。

知情交易者的总指令流方差为:

$$\text{var}\left(\sum_{i=1}^{n}\beta_i(\delta_{t+1}+\varepsilon_t^i)\right) = \frac{\psi_t(n_t+\varphi_t)}{1+\varphi_t} \tag{5.42}$$

显然,方差是 n_t 和 ψ_t 的增函数。私人信号有差异时,知情交易者对资产价值看法不一致,通常会在知情交易者内部发生交易,而且交易量随 n_t 的增加而增加,则 V_t^i(知情交易者交易量)会比以前有所增加,这加强了集中交易模式对交易量的影响。

私人信号有差异时,有:

$$Q_t = \text{var}(\delta_{t+1} \mid P_t) = \left(1+\frac{n_t}{1+2\varphi_t}\right)^{-1} \tag{5.43}$$

信息揭示量随 n_t 的增加而增加,故在流动性交易者集中交易时期,价格揭示的信息量最大。

(三) 分散的流动性交易

前面的分析中我们一直假定相机抉择交易者只能进行一次交易。现在分析相机抉择交易者可以进行多次交易的问题。考虑两期的情形,两期的知情交易者数目分别为 n_1 和 n_2,相机抉择交易者选择在一期交易 αY^j,在二期交易 $(1-\alpha)Y^j$。

假定做市商依旧遵循线性定价策略:

$$p_t = \bar{v} + \sum_{\tau=1}^{t}\delta_\tau + \lambda_t\omega_t \tag{5.44}$$

其中,$\lambda_t = \dfrac{\text{var}(\tilde{\delta}_{t+1})}{n_t+1}\sqrt{\dfrac{n_t}{\psi_t[\text{var}(\tilde{\delta}_{t+1})+\varphi_t]}}$。可以看出,这里当期价格与以前的指令流无关。

相机抉择交易者的目标是最小化流动性交易的成本：

$$L^j = (\alpha^2 \lambda_1 + (1-\alpha)^2 \lambda_2)(Y^j)^2 \tag{5.45}$$

显然，当 $\alpha = \dfrac{\lambda_2}{\lambda_1 + \lambda_2}$ 时，交易成本最小。最优的 α 值与 Y^j 无关，即所有的相机抉择交易者选择的 α 值是相同的。如果每期价格独立于以前的指令流，相机抉择交易者的成本函数为凸函数，他将选择在各期分配交易量，集中交易的均衡不再成立。

但是，每期价格独立于以前的指令流的假定现在是不成立的。做市商设定价格为给定一切信息基础上关于资产价值的条件期望值，其中包括以往的指令流。在基本模型中，以前指令流包含的信息在 t 期以公开信息的形式被揭示，而现在做市商可以从以前指令流中预测当前指令流中的流动性交易，提高他对知情交易者交易的预测精度。

因为相机抉择流动性交易者要最优地规划在两个时期内的交易，于是第二期的交易指令流就会受到第一期交易指令流的影响。这时在两个时期均拥有私人信息的知情交易者将会考虑其一期交易对二期收益的影响。

这种情况下存在着均衡解，但是较为复杂。我们考虑两种极端的情况。首先，大部分流动性交易是非相机抉择流动性交易，$g = \mathrm{var}(Z_t) \to \infty$。这时做市商从第二期可以获得的信息中不能推知有关当期流动性交易需求的信息，以前的指令流几乎是没有信息含量的。此时：

$$\alpha \to \left(1 + \sqrt{\frac{n_1}{n_2}}\left(\frac{1+n_2}{1+n_1}\right)\right)^{-1} \tag{5.46}$$

若 $n_1 = n_2$，$\alpha \to 1/2$。这与前面价格独立于以前指令流假定下的分析是一致的，即当相机抉择流动性交易只占流动性交易的很小比例时，集中交易均衡不再成立。

另一种极端的情况是，$g = \mathrm{var}(Z_t) \to 0$，几乎所有流动性交易均为相机抉择的流动性交易，做市商可以精确预测到二期指令流中的流动性需求。此时，$\alpha \to 1$，所有流动性交易集中在一期进行，二期无流动性交易，$\lambda_2 \to \infty$。当信息的获得为内生时，$n_2 = 0$，二期无任何交易发生，集中交易均衡成立。

通常情况下，相机抉择流动性交易者考虑到做市商可能推知他们的需求，从而使得交易集中在较早的时期里进行。

（四）风险厌恶的流动性交易者

以上我们分析的都是风险中性的流动性交易者，现在我们考虑风险厌恶流动性交易者的情形。

由于流动性交易者提交市价指令，其所面临的交易价格是不确定的，大量流动性交易发生的时期，指令流方差较高，价格波动较大，风险厌恶的假定似乎将阻止流动性交易的集中。但事实上并非如此。

$\mathrm{var}(P_t - V)$ 反映了预测误差的方差，是 n_t 的减函数。在流动性交易者集中交易的时期 t^*，知情交易者增多。所以在内生信息条件下，t^* 期的预测误差最小。于是风险厌恶的流动性交易者更倾向于集中交易，集中交易均衡是可行的。

（五）相关的流动性交易需求

如果流动性需求是由个人因素导致，那么需求是相互独立的。如果由共同因素引发流动性需求,则需求具有相关性。

如果做市商在定价前知道流动性交易需求是相关的,那么前面的分析仍然有效,但分析中所指的流动性需求只相当于总流动性需求中不可预知的一部分。当流动性需求的相关性不可观察时,考虑两种情形。首先,流动性交易者在不同时期交易,以前指令流有信息含量。其次,某时期流动性交易者超过一个,则其交易成本将增加一部分,以反映个人交易需求和整体流动性需求的相关性。

如果流动性交易需求负相关,或者如果非相机抉择流动性交易需求的方差足够小,即非相机抉择交易者的数目足够少,集中交易均衡总是存在的。如果流动性交易需求正相关,则集中交易均衡可能不存在,或者集中交易均衡和分散交易均衡同时存在。

三、关于非知情交易者交易策略的其他视角

A–P 模型考察了一个交易日内相机抉择流动性交易者为了减少交易的损失所采取的交易策略。在下面的内容中我们将介绍几个分析相机抉择流动性交易者交易策略的其他视角。

(一) Foster 和 Viswanathan 多个交易日模型

类似于 A–P 模型对一个交易日内交易方式的分析,Foster 和 Viswanathan[1] 分析了一周内拥有不同信息的交易者的交易策略以及一周内不同交易日间交易量方差和逆选择成本的变化模式。

Foster 和 Viswanathan 假设市场上存在一名知情交易者、一名竞争性的做市商和若干名非知情交易者,均为风险中性。非知情交易者是纯粹的流动性交易者,其交易需求由流动性需要外生决定。知情交易者每天会收到关于资产价值的私人信息。每一交易日结束时都会有带有噪声的新信息公开。交易日 d 表示一周的第 d 个交易日,$d \in \{1,2,3,4,5\}$。由于周末闭市,知情交易者在星期一拥有更多的信息。唯一的知情交易者所拥有的私人信息可以持续一个交易日以上,因此知情和非知情交易者都可以选择交易时间。知情交易者和做市商分别遵循 Kyle(1985)的线性交易策略和线性定价策略。

资产在连续拍卖市场上交易。每个交易日内时刻 0 开盘,时刻 1 收盘。每日收盘时,同时产生带噪声的公共信息:

$$z_d = v_d + \gamma_d \tag{5.47}$$

其中,$\gamma_d \sim N(0, \sigma_\gamma^2)$。

每季度初公布资产收益公告,之后投资者以股息形式获得收益。知情交易者每日开盘前收到关于资产真实价值的私人信息,v_d 是私人信息公开后的资产清算价值:

$$v_d = v_{d-1} + \varepsilon_d \tag{5.48}$$

其中,$\varepsilon_d \sim N(0, \sigma_\varepsilon^2)$。

设 $\Sigma_{d,t}$ 是交易日 d 时刻 t 在完全信息条件下清算价值 v_d 对价格 $P_{d,t}$ 的方差。令 $\Sigma_{d,0} =$

---

① Foster F D, Viswanathan S. A Theory of the Intraday Variations in Volume, Variance and Trading Costs in Securities Markets. Review of Financial Studies, 1990(3):593–624.

Σ_d，$\Sigma_{d,1}=\Lambda_d$，则 Σ_d 为知情交易者在开盘时带给市场的信息，Λ_d 为知情交易者在收盘时还没有传递给市场的残留信息，$\Sigma_d-\Lambda_d$ 为知情交易者在交易日 d 通过交易传递给市场的信息。

Foster 和 Viswanathan 的主要结论如下：

（1）就知情交易者而言，知情交易者揭示的信息量越大，λ_d（交易日 d 的市场深度的倒数）越大；流动性交易量越大，λ_d 越小。知情交易者更愿意在流动性交易量较高的交易日内交易以更好地隐藏其交易行为。如果知情交易者在一天内均匀地将消息透露给市场，知情交易者收益将随流动性交易和交易中揭示信息量的增加而增加。

知情交易者要考虑如何选择在一周内的多个交易日交易。如果下个交易日做市商对指令流的变化更加敏感，知情交易者选择在本交易日通过交易揭示所有信息。如果下个交易日做市商敏感度下降，则知情交易者将保留部分信息至下个交易日交易时才予以揭示。一般地，因为周末闭市时的信息搜集使知情交易者在周一有最大的信息优势，所以做市商在周一比周五对指令流更为敏感，知情交易者在周五不会将信息保留至周一进行交易时揭示出来。

没有季度公告时，一周内每个交易日揭示的信息量（$\Sigma_d-\Lambda_d$）和做市商设定价格的敏感度（λ_d）都是单调递减的。这是因为在私人信息在以后公开揭示的情况下，知情交易者将选择在较早时期内更集中地进行交易，从而使得私人信息以更快的速度被揭示出来。存在季度公告时，在公告日之前，每个交易日揭示的信息量和做市商设定价格的敏感度仍是单调递减的，但公告之后不再发生变化。这意味着公告前有更多的信息通过交易被揭示，价格对指令流的变化也更为敏感。

交易日有季度公告时，知情交易者在交易日通过交易揭示所有信息。因为公告后知情交易者无法再利用以前的私人信息获利，所以保留的信息为 0。公告之后每日获得的新信息是相同的，知情交易者通过每日交易揭示的信息量也是相同的。

（2）非知情交易者要选择交易的时间。假设某些流动性交易者可以将交易推迟而没有任何成本，以避免在逆选择最严重时进行交易。为简化分析，假设相机抉择流动性交易者可以不花成本地将交易推迟一天，但是必须在一周结束交易。即每名相机抉择交易者在这一周进入市场，或选择立即进行交易，或选择在下一日进行交易，不能将交易推迟至下一周。并且所有相机抉择交易者要么全部在这一天交易，要么全部推迟至下一日。此外，在周五公开所有信息。

相机抉择流动性交易者在交易成本低的交易日进行交易。而交易成本与 λ_d 正相关，所以相机抉择流动性交易者在做市商对指令流变化的敏感度较低的那一天进行交易。

由于相机抉择流动性交易者只有立即执行交易和推迟 1 天交易 2 种选择，因此，总共只有 $2^4=16$ 种可能的交易方式。在给定模型参数集的情况下，有效均衡条件首先将剔除那些不符合纳什均衡的交易方式。由于可能存在不止一个纳什均衡，因此将选择使相机抉择流动性交易者交易成本最小的交易方式。

① 如果存在精确的公开信息，从而知情交易者的私人信息和公开信息十分接近，即公开信息的质量很高，那么每周中有两天集中交易。原因在于知情交易者的私人信息不会持久，从而相机抉择交易者不会推迟交易。

② 在公开信息有噪声的情况下，知情交易者更愿意不进行交易而保留私人信息，使

得 $\lambda_d > \lambda_{d+1}$，$d=1,2,3,4$，从而导致相机抉择交易者推迟交易，周一没有相机抉择流动性交易，周五则集中交易。

③ 公共信息噪声过大时，知情交易者掌握的私人信息不会通过交易而被揭示，因而将分散交易使得每个交易日的交易成本相同，相机抉择交易者的推迟交易策略无效。

就交易量的变化而言，当公共信息精确度较高时，知情交易者交易使得周一的交易成本最高，价格变动方差最大，而相机抉择交易者推迟交易，从而周一交易量最低。这个结论与 A-P 模型是不同的，A-P 模型认为交易量与价格方差的变动总是一致的。

（二）Spiegel 和 Subrahmanyam 套期保值者交易模型

与 A-P 模型不同，Spiegel 和 Subrahmanyam 模型[①]（简称 S-S 模型）中的非知情交易者是为了对其资产禀赋套期保值而进行交易。S-S 模型分析了非知情交易者即套期保值者的交易策略对市场流动性、信息有效性及知情交易者预期盈利的影响，而且也分析了套期保值者的福利。

S-S 模型假设市场上存在 k 个风险中性的知情交易者，n 个风险厌恶的非知情交易者以及一个风险中性的、竞争性的做市商。非知情交易者是为了对其资产禀赋套期保值而进行交易的。事实上，大的金融机构交易占金融市场上总交易量的很大一部分，由于这些交易的规模比较大，成为影响资产价格短期波动的主要因素。同时，金融机构的交易一般不是因为关于股票的私人信息而发生的，而往往是出于套期保值的需要。这些机构也会按一定的交易策略进行交易。

假定所有交易都在时期 0 发生，并在时期 1 清算。在时期 1，资产价值 v 为：

$$v = \bar{v} + \delta \tag{5.49}$$

资产价值的期望值 $\bar{v}$ 是公开信息，随机变量 δ 是更新的信息，$\delta \sim N(0,\psi)$。知情交易者 i 收到带噪声的信号 $\delta + \varepsilon_i$，$\varepsilon_i \sim N(0,\varphi)$。知情交易者执行线性交易策略：

$$X_i = \beta(\delta + \varepsilon_i)，i = 1,2,\cdots,k \tag{5.50}$$

假设非知情交易者拥有负指数形式的效用函数，绝对风险厌恶系数为 A。每一位非知情交易者的禀赋为 ω_j，$j=1,2,\cdots,n$，$\omega_j \sim N(0,\sigma_\omega^2)$，并独立于 $\varepsilon_i(i=1,2,\cdots,k)$。非知情交易者也执行线性交易策略：

$$Y_j = \gamma\omega_j，j = 1,2,\cdots,n \tag{5.51}$$

做市商收到净指令流并将市场出清价格设定为给定公开信息和指令流条件下关于资产真实价值的期望值。其线性定价策略为：

$$p = v + \lambda Q \tag{5.52}$$

其中，p 表示市场价格；Q 表示净指令流，$Q = \sum_{i=1}^{k} \beta(\delta + \varepsilon_i) + \sum_{j=1}^{n} \gamma\omega_j$；$\lambda$ 表示市场深度的倒数，表明交易量对价格的影响。

S-S 模型的主要结论如下：

---

① Spiegel M，Subrahmanyam A. Informed Speculation and Hedging in a Noncompetitive Securities Market. Review of Financial Studies，1992(5):307-330.

（1）在上述假设条件下，

$$A^2 n\sigma_\omega^2(\psi+2\varphi)^2 > 4k(\psi+\varphi) \tag{5.53}$$

得到满足，则存在系数 β、λ 和 γ，使得模型存在唯一的线性均衡；否则，就不存在线性均衡。

只有在非知情交易超过知情交易的情况下，线性均衡才可能存在。所以，只要套期保值者很多，并且风险厌恶程度（A）或初始禀赋变动性（σ_ω^2）很大，那么在知情交易者的数目不是很多的情况下，均衡就能够成立。否则，如果知情交易指令超过非知情交易指令很多，那么做市商按照原先的线性定价规则不可能设定实现预期盈亏平衡的价格，线性均衡就不能成立。

（2）在存在线性均衡的情况下，线性均衡的某些性质不同于标准 Kyle 模型的结论，λ 随着 A 和 σ_ω^2 的增加而递减。如果参数 A 和 σ_ω^2 很高，那么套期保值者就更愿意为回避风险而承担更大的预期损失，从而导致 λ 下降。然而，λ 不再是非知情交易者数目 n、知情交易者数目 k 和信号方差 ψ,φ 的单调函数。

首先，非知情交易者数目 n 对 λ 的影响比较复杂。一方面，n 的增加使价格波动性增加，这会导致套期保值者减少交易数量，λ 增加；另一方面，n 增加使套期保值者在进行交易时受到可能的不利价格冲击减少，从而导致套期保值者增加交易数量，λ 减少。某些市场条件下，如果套期保值者是高度风险厌恶的，第一种效应占优势，即随着 n 的增加，λ 增加，市场流动性下降，非知情交易者的交易条件反而恶化。因而，增加非知情交易者数目未必能改善市场流动性，这也说明集中交易未必是最优的。

其次，知情交易者的数目 k 变动对 λ 有三种效应。第一，k 增加，知情交易者之间的竞争加剧，有利于减小 λ，增强市场流动性。第二，当知情交易者信息有差异时，k 增加会增加指令流中的信息含量，这倾向于增加 λ，降低市场流动性。第三，k 增加，套期保值者预期不利的价格冲击会增加，价格的波动性增加，从而增加 λ，降低市场流动性。因此，当 k 增加时，如果套期保值者是高度风险厌恶的，可能出于保值需要增加交易，改善市场流动性；相反，如果套期保值者风险厌恶系数较低，则不会大量进行交易，k 增加反而使得价格波动大大增加，破坏了市场流动性。这表明，旨在增加市场上知情交易者之间竞争的政策，如减少信息搜寻成本，虽然出发点是为了增加市场流动性，但结果可能会适得其反。

再次，信号方差 φ 的变化有两种效应。一方面，φ 降低，即知情交易者信号方差降低，则私人信息变得更为趋同，增加了知情交易者之间的竞争，有利于减小 λ，改善市场流动性。另一方面，φ 降低意味着信息更为精确，则市场上信息不对称程度增加，套期保值者预期的不利价格冲击增加，价格波动性增加从而增加 λ，降低市场流动性。最后，与此类似，ψ 的变化也具有这两种相反的效应。

但在极端情况下，n、k、ψ、φ 对 λ 的影响是确定的。$n\to\infty$ 或 $\varphi\to\infty$ 时，$\lambda\to 0$，市场具有无限流动性。$\psi\to\infty$ 时，$\lambda\to\infty$，市场不具有流动性。对于 k，存在 k^*，当 $k<k^*$ 时，随着 $k\to k^*$，套期保值者会减少交易，市场流动性逐渐丧失，当 $k\geq k^*$ 时，市场变得无限缺乏流动性，引起线性均衡崩溃。

（3）本模型中，套期保值者可能选择超调策略，即选择较大的交易量由空方变为多方，或者相反。套期保值者在市场上面临两种相关的风险，即资产真实价值与市场交易价格的不确定性。

定义套期保值者收益的方差为:

$$\text{var}[(y_j+\omega_j)S-y_jP] = (y_j+\omega_j)^2\psi + y_j^2\text{var}(P) -$$
$$2y_j\omega_j\text{cov}(P,\delta)-2y_j^2\text{cov}(P,\delta) \tag{5.54}$$

其中,y_j、ω_j分别为其交易量和初始禀赋。y_j较大时,一方面增加了$\text{cov}(P,\delta)$对收益方差的系数,套期保值者可以更好地利用市场价格和真实价值之间的相关关系,降低收益波动性。而同时,y_j较大也增加了ψ和$\text{var}(P)$的系数,从而增加收益波动性。但只要$\text{cov}(P,\delta)$足够大,选择较大的交易量y_j即超调行为就是有利的。与知情交易者数目相比,套期保值者数目较小时,其超调倾向较强。

(4)每个知情交易者期望收益是A和σ_ω^2的增函数,套期保值者的风险厌恶度越高,套期保值的倾向越强,知情交易者的期望收益越大。但存在非空的外生参数集合,使得知情交易者期望收益是非知情交易者数目n的非单调函数,即n增加可能会减少知情交易者期望收益。而在Kyle(1985)模型中,噪声交易者数目的增加会导致知情交易者预期收益的单调增加,使其更有动力去搜集信息,故市场监管者可采取吸引而不是驱赶噪声交易者的措施来增加价格的信息含量。本模型的结论则与Kyle模型相反。

(5)套期保值者的福利。知情交易者数目k增加,增加了价格的波动性,从而降低了套期保值者对冲策略的有效性。这种效应超过了知情交易者间竞争加剧的效应,使得非知情交易者的福利单调下降。套期保值者数目n的增加降低了单个套期保值者对价格的冲击,但同时增加了价格的波动性。若套期保值者风险厌恶系数较低,前一种效应较大,其福利得到改善;若风险厌恶系数较高,后一种效应较大,套期保值者福利恶化。故增加套期保值者数目不一定能改善其福利,这与Kyle模型的结论不同。在Kyle(1985)模型中,噪声交易是外生的,噪声交易者的期望损失是市场流动性的单调减函数,所以噪声交易者数目增加必然会减少其期望损失。在S-S模型中,噪声交易者被认为最大化其目标函数时,其福利随知情交易者数目k的变化是单调的,但市场流动性随k的变化不是单调的,表明市场流动性的变化并不直接转化为套期保值者福利的相应增减。因此,将市场流动性作为市场参与者福利的唯一衡量标准是不合适的。

附录1　公式(5.33)的证明

证明:在时期t,知情交易者i的预期利润为:

$$E[x_t^i(\tilde{v}-P_t)\mid\tilde{\Delta}_t,\Omega_{t-1},\delta_{t+1}+\varepsilon_t] \tag{5.55}$$

把$P_t=\bar{v}+\sum_{\tau=1}^t\tilde{\delta}_\tau+\lambda_t\tilde{\omega}_t$代入式(5.55),式(5.55)可化为:

$$E[x_t^i(\tilde{\delta}_{t+1}-\lambda_t\tilde{\omega}_t)\mid\delta_{t+1}+\varepsilon_t] \tag{5.56}$$

若知情交易者i推测其他知情交易者的交易指令为$x_t^i=\beta_t^i(\tilde{\delta}_{t+1}+\tilde{\varepsilon}_t)$,则总体交易指令为:

$$\tilde{\omega}_t=x_t^i+(n_t-1)\beta_t^i(\tilde{\delta}_{t+1}+\tilde{\varepsilon}_t)+\sum_{j=1}^m y_t^j+Z_t \tag{5.57}$$

于是知情交易者 i 的问题是选择 x_t^i 最大化预期利润:

$$E\left[x_t^i\tilde{\delta}_{t+1}-x_t^i\lambda_t\left(x_t^i+(n_t-1)\beta_t^i(\tilde{\delta}_{t+1}+\bar{\varepsilon}_t)+\sum_{j=1}^m y_t^j+Z_t\right)\,\Big|\,\delta_{t+1}+\varepsilon_t\right] \quad (5.58)$$

式(5.57)可以整理为:

$$\frac{x_t^i\,\mathrm{var}(\tilde{\delta}_{t+1})}{\mathrm{var}(\tilde{\delta}_{t+1})+\varphi_t}(\tilde{\delta}_{t+1}+\bar{\varepsilon}_t)-x_t^i\lambda_t\left(x_t^i+(n_t-1)\beta_t^i(\tilde{\delta}_{t+1}+\bar{\varepsilon}_t)\right)$$

选择 x_t^i 最大化式(5.57)的一阶条件为:

$$\frac{\mathrm{var}(\tilde{\delta}_{t+1})}{\mathrm{var}(\tilde{\delta}_{t+1})+\varphi_t}(\tilde{\delta}_{t+1}+\bar{\varepsilon}_t)-\lambda_t\left(x_t^i+(n_t-1)\beta_t^i(\tilde{\delta}_{t+1}+\bar{\varepsilon}_t)\right)-x_t^i\lambda_t=0 \quad (5.59)$$

于是

$$x_t^i=\left(\frac{\mathrm{var}(\tilde{\delta}_{t+1})}{2\lambda_t(\mathrm{var}(\tilde{\delta}_{t+1})+\varphi_t)}-\frac{(n_t-1)\beta_t^i}{2}\right)(\tilde{\delta}_{t+1}+\bar{\varepsilon}_t) \quad (5.60)$$

对比 $x_t^i=\beta_t^i(\tilde{\delta}_{t+1}+\bar{\varepsilon}_t)$ 可得:

$$\beta_t^i=\frac{\mathrm{var}(\tilde{\delta}_{t+1})}{(n_t+1)\lambda_t(\mathrm{var}(\tilde{\delta}_{t+1})+\varphi_t)} \quad (5.61)$$

对于做市商而言,零利润意味着:

$$\lambda_t=\frac{\mathrm{cov}(\tilde{\delta}_{t+1},\tilde{\omega}_t)}{\mathrm{var}(\tilde{\omega}_t)}=\frac{n_t\beta_t\mathrm{var}(\tilde{\delta}_{t+1})}{n_t^2\beta_t^2(\mathrm{var}(\tilde{\delta}_{t+1})+\varphi_t)+\psi_t} \quad (5.62)$$

联立式(5.60)和式(5.61)可得:

$$\lambda_t=\frac{\mathrm{var}(\tilde{\delta}_{t+1})}{n_t+1}\sqrt{\frac{n_t}{\psi_t[\mathrm{var}(\tilde{\delta}_{t+1})+\varphi_t]}}$$

$$\beta_t^i=\sqrt{\frac{\psi_t}{n_t[\mathrm{var}(\tilde{\delta}_{t+1})+\varphi_t]}}$$

附录2 公式(5.12)的证明

为了证明公式(5.12),我们先证明更一般的情形。

定理(正态分布的条件分布)设 $X=\begin{pmatrix}X_1\\X_2\end{pmatrix}\sim N(\mu,\Sigma)$,$X_1$、$X_2$ 为 n_1 维和 n_2 维随机变量。其中 $\mu=\begin{pmatrix}\mu_1\\\mu_2\end{pmatrix}$,$\Sigma=\begin{pmatrix}\Sigma_{11}&\Sigma_{12}\\\Sigma_{21}&\Sigma_{22}\end{pmatrix}$,则

$$X_1\,|\,X_2\sim N(\mu_{1\cdot2},\Sigma_{11\cdot2}) \quad (5.63)$$

其中

$$\mu_{1\cdot2}=\mu_1+\Sigma_{12}\Sigma_{22}^{-1}(X_2-\mu_2) \quad (5.64)$$

$$\Sigma_{11\cdot2}=\Sigma_{11}-\Sigma_{12}\Sigma_{22}^{-1}\Sigma_{21} \quad (5.65)$$

证明:设 B_0 是 $n_1\times n_2$ 阶矩阵,并且使得:

$$E\left[(X_1-\mu_1-B_0\cdot(X_2-\mu_2))\cdot(X_2-\mu_2)'\right]=0 \quad (5.66)$$

从而易得:

$$B_0 = \sum_{12} \sum_{22}^{-1}$$

考虑随机向量:

$$\begin{pmatrix} X_1 & -\sum_{12}\sum_{22}^{-1}X_2 \\ X_2 \end{pmatrix} = \begin{pmatrix} I & -\sum_{12}\sum_{22}^{-1} \\ 0 & I \end{pmatrix} \begin{pmatrix} X_1 \\ X_2 \end{pmatrix} \tag{5.67}$$

它是正态随机变量的线性组合,故仍然是正态分布。由式(5.78)知 $X_1 - \sum_{12}\sum_{22}^{-1}X_2$ 与 X_2 不相关,又由于二者均为正态分布,故二者相互独立。

从而我们可以将 X_1 写为:

$$X_1 = (X_1 - \sum_{12}\sum_{22}^{-1}X_2) + \sum_{12}\sum_{22}^{-1}X_2 \tag{5.68}$$

即 X_1 为两个相互独立的随机变量 $A = X_1 - \sum_{12}\sum_{22}^{-1}X_2$ 与 $B = \sum_{12}\sum_{22}^{-1}X_2$ 之和,从而正态分布的条件均值为:

$$\begin{aligned} \mu_{1\cdot2} = E[X_1|X_2] &= E[A+B|B] \\ &= E[A]+B \\ &= \mu_1 + \sum_{12}\sum_{22}^{-1}(X_2-\mu_2) \end{aligned}$$

从而便证明了式(5.64)。下面考虑正态分布的条件方差:

$$\begin{aligned} \sum_{11\cdot2} &= E[(X_1-E[X_1])\cdot(X_1-E[X_1])'|X_2] \\ &= E[(A+B-E[A+B])\cdot(A+B-E[A+B])'|B] \\ &= E[(A-E[A])\cdot(A-E[A])'|B] \\ &= E[((X_1-\mu_1)-\sum_{12}\sum_{22}^{-1}(X_2-\mu_2)) \\ &\quad \cdot((X_1-\mu_1)-\sum_{12}\sum_{22}^{-1}(X_2-\mu_2))'] \\ &= \sum_{11} - \sum_{12}\sum_{22}^{-1}\sum_{21} \end{aligned}$$

从而我们便证明了式(5.65)。 □

对于本章中的式(5.12),我们只需要在以上的证明中取: $\mu = \begin{pmatrix}\varphi_1\\\varphi_2\end{pmatrix}$, $\sum = \begin{pmatrix}\sigma_{11}&\sigma_{12}\\\sigma_{21}&\sigma_{22}\end{pmatrix}$, 运用式(5.76)即可。

本 章 小 结

本章从金融市场微观结构的角度分析了交易者的交易策略。

知情交易者策略性交易模型是从知情交易者的角度出发来描述最终的交易均衡。这些知情交易者拥有私人信息,并试图通过这些信息获得自身利益的最大化。知情交易者、非知情交易者和做市商的博弈最终将是一个零和博弈。在博弈的过程中,模型多半都利用了理性预期的假设。

本章第一节分析了知情交易者的交易策略。首先介绍了 Kyle(1985)的单个知情交易者单期模型,然后拓展至单个知情交易者多期的情形以及多个知情交易者多期的情形。本节内容需要重点掌握的是 Kyle(1985)线性交易策略均衡的模式以及市场深度的概念。

本章第二节引入了非知情交易者的交易策略的分析。首先介绍了 A-P(1988)的基本模型及其扩展,然后介绍了另外两个分析非知情交易者交易策略的视角。这一节的内容重点在于理解 A-P 模型将非知情交易者分为相机抉择和非相机抉择两种类型,然后分析其交易策略的思路。

从前面模型可以看出,交易策略分析的基本工具是理性预期模型,主要结论体现在不同模型的均衡状况及均衡性质中。但运用理性预期模型会带来两个不利结果:

其一,运用理性预期模型描述交易策略,可能产生关于均衡存在的不确定性。为描述交易策略,必须确定交易规则、交易者及其可供选择的策略集和支付函数。但是,在市场微观结构环境中,确定这些函数是很困难的,从而模型的均衡求解也是十分困难的,只有大量简化才可能求出均衡结果。

其二,运用理性预期模型分析交易策略很难确定均衡结果的唯一性。交易者交易策略的相互作用会决定均衡,但是很难确定不存在其他的均衡。如果在模型中存在着多个均衡,那么环境的变化可能导致均衡及其性质发生变化,从而由某一均衡性质得到的政策含义很可能是脆弱的。所以,在解释市场微观结构模型均衡的性质时要特别谨慎。

关　键　术　语

交易策略　理性预期　知情交易者　非知情交易者　市场深度　线性交易策略均衡
Kyle 单期模型　A-P 模型　内生性信息　套期保值　流动性交易　S-S 模型

习　　题

1. 基于信息结构,可将交易者分为哪几种类型? 他们在市场中的交易行为有差别吗? 为什么?

2. Kyle(1985) 单期模型中的线性交易策略均衡为什么可以存在? 你认为会存在其他的均衡吗? 为什么?

3. 你认为能找到可以用 Kyle(1985) 单期模型分析的中国股市的现象吗? 如果能,请试着解释。如果不能,为什么?

4. 本章介绍了一些对 Kyle(1985) 单期模型的扩展,你对这些扩展有什么评价? 你能找到其他方向的扩展吗?

5. A-P 模型中引入相机抉择流动性交易者时,模型均衡的结果与 Kyle(1985) 相比有了差别,是什么原因导致了差别的出现?

6. 在股票市场上,股票的交易量与价格波动性普遍存在单一交易日内呈 U 形分布的特征,试用 A-P 模型来解释交易集中性这一现象。

7. 中国股票市场股票的交易量与价格波动性有 U 形分布的特征吗? 如果有,你认为能用 A-P 模型解释吗?

8. 本章第二节介绍了与 A-P 模型不同视角的分析非知情交易者交易策略的两个模型,你认为还有其他的角度来分析非知情交易者的交易策略吗?

即 测 即 评

* 第6章
基于行为金融学的
投资策略分析

传统金融理论,无论是资本资产定价理论,还是套利定价理论,对投资者行为的解释都建立在市场有效的假设基础上,但这个假设在实际市场中被越来越多的学者研究证明可能并不成立,而且人们越来越多地发现,在市场有效的假设前提下,金融市场研究的解释力是非常有限的。在对市场有效提出质疑的同时,人们试图建立新的金融理论,其中行为金融学脱颖而出。它在放松了市场有效性假设的理论背景下,尝试对市场中的投资者心理做出更清晰地描述,从而对原来被传统金融学视为异常的实证现象进行合乎逻辑的阐释。本章选取了目前行为金融学理论中较有代表性的噪声交易者模型、投资者情绪模型、正反馈投资策略模型以及套利策略模型,对投资者策略进行更为深入的阐述。

第一节　噪声交易者风险

套利是金融市场中的一个基本概念,被定义为:"在不同的金融市场中,为了获取有利的差价而同时买入和卖出相同或近似相同的有价证券。"[①]理论上讲,这种套利行为不需要追加资本也不会有风险。套利可以使证券价格恢复到资产真实价值,保持市场的有效性,因此它在证券市场分析中起着很重要的作用。本节主要阐述理论上的套利与实际中的套利行为之间的差异。通过把握实际套利行为与理论模型的区别,我们可以更好的理解实际市场上投资者的套利行为策略。

套利资产的非完全替代和套利行为的交易成本都会使套利受到更大的限制,但这不是本节重点讨论的对象。本节关注的是"噪声交易者风险"(Noise Trader Risk)[②],也就是短期内,噪声交易者的交易行为会导致价格在回复均值之前会进一步偏离资产的真实价值,从而给投资期限较短的套利者带来风险。它由套利者承担,而且将会限制套利者的套

---

① Sharpe W, Alexander G. Investments. 4th ed. Englewood, NJ; PrenticeHall, 1990.

② De Long J B, Shleifer A. Summers L H, Waldman R J. Noise trader risk in financial markets. Journal of Political Economy, 1990.

利意愿。

当存在完全替代的有价证券时,"套利者的投资期限较短"这一假设是限制套利行为的关键,并且此假设符合人们的实际经验。因为大多数套利者是为投资者服务的代理人,投资者定期评估套利者的业绩,而噪声交易者风险会导致套利者收入降低,业绩不佳。另外,许多套利者从金融中介机构借入现金和证券,除了偿付利息之外,还面临破产的风险,从而使套利者承担噪声交易者风险的能力十分有限。本章第四节将详细讨论投资者和套利者之间的委托代理问题,逆向选择和道德风险使套利者的投资期限必然缩短。当不存在完全替代的有价证券时,即使套利者关注长远利益,其套利行为仍旧受到很大限制,而投资期限较短的假设将会使这一限制的影响更大。

一、风险的来源:噪声交易

(一) 模型

在模型中,包括噪声交易者和套利者。噪声交易者没有关于风险资产未来收益分布的正确信息,他们在错误估计的基础上选择投资组合。模型的基本框架是一个两时期的代理人模型,且两时期的代际重叠减至最少[1]。为了简化模型,假定第一期无消费,无劳动力供给决策,也不存在遗产,代理人用于投资的财产是外生变量。他唯一需要做出的决策是在年轻的时候选择一个投资组合。

假设存在支付相同红利的两种资产:一种是安全资产 s,在各个时期支付固定的真实红利 r,它的供给是完全弹性的,r 是无风险利率;另一种是风险资产 u,也像 s 一样支付固定的红利 r,但 u 的供给量是固定的,标准化为一单位。风险资产 u 在 t 时期的价格定义为 p_t。如果每种资产的价格都等于未来红利的净现值,则资产 u 和 s 是完全替代品,其所有时期的单位价格应当相同。但在噪声交易者存在的条件下,u 的价格并不是这样决定的。

套利者对风险有限的承担能力是分析的基础。这一点主要可以从以下两方面来说明:第一,我们可以假设噪声交易者风险不是特殊的,而是存在于所有市场中。第二,我们研究的市场需要专业化的套利资源,而这种资源是有限的。例如,在新兴市场中,由于市场进入受严格限制,只有少数专业人员才能在市场中从事套利活动。另外,如果假设存在成为套利者的学习成本,这也会限制套利者的进入。

没有这些假设,套利者就更有可能分散风险,交易行为也会更激进。但当市场被分割或投资者情绪的相关程度较高时,套利行为失效。因此本模型讨论的基础是相关的投资者情绪和套利者有限的风险承受能力。

模型中存在两类投资者:理性预期的套利者 a,其所占比例为 $1-\mu$,噪声交易者 n,其所占比例为 μ。每一类投资者都根据其对风险资产未来价格分布的预期选择组合,从而

---

[1]　模型为了简化两时期问题,假设这两个时期的代际重叠减至最少。这意味着尽管市场上同时存在老年人和年轻人,但当上一代的年轻人变老时,可以保证新一代年轻人恰好与其并存,从而使老年人始终可以把自己年轻时的投资组合套现,出售给新一代年轻人。

使得各自的预期效用都达到最大化。假设套利者 a 能够在 t 时期准确地预测风险资产在 $t+1$ 时期收益的概率分布,而噪声交易者 n 无法准确地预期风险资产的价格,并认为它是独立的正态分布的随机变量 ρ:

$$\rho_t \sim N(\rho^*, \sigma_\rho^2) \tag{6.1}$$

其中,ρ^* 是噪声交易者对市场收益率预期错误的均值,σ_ρ^2 则是噪声交易者对单位风险资产预期收益错误观点的方差。下文得出的结论依赖于未来投资者情绪的不可预测性,但情绪的具体形式并不影响结论。噪声交易者最大化预期效用。每个投资者都有恒定的绝对风险厌恶效用函数,其形式为:

$$U = -e^{-(2\gamma)w} \tag{6.2}$$

其中,γ 是风险厌恶的系数,w 是投资者年老时的财富量。假设持有风险资产的收益率服从正态分布,则最大化预期效用(6.2)等价于最大化

$$\bar{w} - \gamma \sigma_w^2$$

投资者年轻时以不同的比例组合 u 和 s,到年老时将 s 转化为消费,把 u 以 p_{t+1} 的价格出售给下一代年轻人,并消费掉所有的财富。由最大化式(6.2)可以得到投资者对风险资产的需求量。用 λ_t^a 表示套利者所持有的风险资产,λ_t^n 表示噪声交易者持有的风险资产,并且定义 $_tp_{t+1}$ 是 t 时期套利者对 u 在 $t+1$ 时期的价格的理性预期,其方差形式为:

$$_t\sigma_{p_{t+1}}^2 = E_t\{[p_{t+1} - E_t(p_{t+1})]^2\} \tag{6.3}$$

而套利者和噪声交易者持有的风险资产量是风险资产当期价格 p_t、预期价格及其方差的函数,公式表达为:

$$\lambda_t^a = \frac{r + {}_tp_{t+1} - (1+r)p_t}{2\gamma({}_t\sigma_{p_{t+1}}^2)} \tag{6.4}$$

$$\lambda_t^n = \frac{r + {}_tp_{t+1} - (1+r)p_t}{2\gamma({}_t\sigma_{p_{t+1}}^2)} + \frac{\rho_t}{2\gamma({}_t\sigma_{p_{t+1}}^2)} \tag{6.5}$$

模型允许他们各自的需求为负,也就是说他们可以随意卖空。在噪声交易者风险资产需求量的表达式(6.5)中,比套利者需求量表达式(6.4)多的一项 $\dfrac{\rho_t}{2\gamma({}_t\sigma_{p_{t+1}}^2)}$ 来自他们对风险资产的非准确估计。如果这一项为正,则噪声交易者需求大于套利者。预期价格的方差来自噪声交易者风险,这种不确定性对两种交易者均有影响。

(二)定价函数

为了计算均衡价格,考察老年人将风险资产出售给下一代年轻人,并且供求相等时的情形,即由式(6.4)和式(6.5)可得:

$$p_t = \frac{1}{1+r}[r + {}_tp_{t+1} - 2\gamma({}_t\sigma_{p_{t+1}}^2) + \mu\rho_t] \tag{6.6}$$

可见,t 时期风险资产的价格取决于噪声交易者的错误预期 ρ_t、模型的技术参数(无风险利率 r)、行为参数(风险厌恶系数 γ)和 t 时期套利者对 $t+1$ 时期风险资产价格的理性预期 $_tp_{t+1}$。

仅考虑稳定的均衡状态,认为 p_{t+1} 和 p_t 的分布相同。可以用递归方法从式(6.6)中消

除 $_t p_{t+1}$,因为:

$$_t p_{t+1} = E_t(p_{t+1}) = E_t(p_t) = E_t \left\{ \frac{1}{1+r} \left[r +_t p_{t+1} - 2\gamma(_t\sigma^2_{p_{t+1}}) + \mu\rho_t \right] \right\} \tag{6.7}$$

可推出:

$$_t p_{t+1} = \frac{1}{1+r} \left[r +_t p_{t+1} - 2\gamma(_t\sigma^2_{p_{t+1}}) + \mu^*\rho^* \right]$$

将其代入式(6.6),可得:

$$p_t = 1 + \frac{\mu(\rho_t - \rho^*)}{1+r} + \frac{\mu\rho^*}{r} - \frac{2\gamma}{r}(_t\sigma^2_{p_{t+1}}) \tag{6.8}$$

再根据定义和式(6.7),可以得到:

$$_t\sigma^2_{p_{t+1}} = \sigma^2_{p_{t+1}} = \frac{\mu^2\sigma^2_\rho}{(1+r)^2} \tag{6.9}$$

将式(6.9)代入式(6.8)可得:

$$p_t = 1 + \frac{\mu(\rho_t - \rho^*)}{1+r} + \frac{\mu\rho^*}{r} - 2\gamma\frac{\mu^2\sigma^2_\rho}{r(1+r)^2} \tag{6.10}$$

（三）经济解释

式(6.10)的后三项反映了噪声交易者对风险资产价格的冲击。当 ρ_t 收敛于 0 时,式(6.10)表示的风险资产的均衡价格就会收敛于其真实价值1。式(6.10)的第 2 项是噪声交易者错误预期的变动对风险资产价格的影响。当某一代的噪声交易者比平均的错误预期更乐观时,可以把风险资产价格抬高,反之就会降低。并且噪声交易者的数量相对于套利者越多,价格的波动性就越大,价格越容易受他们的影响。式(6.10)的第 3 项是噪声交易者的错误预期对风险资产价格的影响。如果噪声交易者都比较乐观,则"价格压力"效应会抬高风险资产的价格。当平均错误预期较高时,套利者承担了价格风险的较小部分,因而他们愿意为风险资产支付较高的价格。式(6.10)的第 4 项是模型的核心。尽管两类投资者都相信 t 时期的价格可能被错误估计,而两类交易者对价格估计的方向不同,但由于 t+1 时期的价格不确定,双方都不愿意下太大的赌注。噪声交易者由此"为他们自己创造了空间",下期噪声交易者看法的不确定性使得本应没有风险的资产 u 成为风险资产,从而使其价格下降,收益上升。

上述结果建立在模型的三个基本假设基础上:

(1)相互重叠的世代结构(老年人和年轻人并存)。一方面,由于在模型中均衡的实现有赖于风险资产收益的不确定,而叠代结构保证不存在最后一期,防止风险资产在最后支付固定红利并被清算。另一方面,可以保证每个套利者的行为"短视",没有人有足够的时间等价格回升之后出售风险资产。这种行为假设对模型很重要,因为套利者的眼光越长远,面临的噪声交易者风险就越小,他们的交易行为就越能保证市场的有效性。

(2)风险资产的固定供给。这一假设可以防止套利者采取其他策略,比如在风险资产被高估时将安全资产转化为风险资产,或在被低估时反向操作。否则,套利者可采取的策略越多,市场越容易达到有效。很多实例表明此假设是有意义的。套利者会人为地增加风险资产的供给,比如在 20 世纪 80 年代大规模成立生物技术公司(Lerner,1994)、90

年代末网络股上市热潮等时期。在股市存在价格泡沫时,证券供给的增加也是导致泡沫产生的重要原因之一。

(3)噪声交易者风险的系统性。这保证噪声交易者风险会对整个市场产生影响,从而受噪声交易者情绪影响的证券的收益率具有一定程度的相关性。如果受到同样的噪声交易者情绪的影响,即使证券基本面不相关,其价格仍会有明显的同步变动。Fama 和 French[1] 将某一组证券的同步变动解释为是它们的持有者面临相同的市场风险。但本节的分析表明这一现象可能并非来自持有者所承担的市场风险,而是由普遍存在的噪声交易者风险造成的。这种与基本面无关的证券价格同步变动的现象为投资者情绪影响股价提供了更强有力的证明。

二、噪声交易者和套利者的相对收益

Friedman[2] 和 Fama[3] 认为:因为噪声交易者的收益比套利者低,所以噪声交易者在经济自然选择中可能被淘汰。但实际上噪声交易者的收益不一定低于套利者。当其投资组合更多地受噪声交易者风险影响时,噪声交易者可以获得比套利者更高的收益。

假定他们的期初财富相同,则两类投资者的收益差就是他们持有的风险资产量之差与单位资产所带来超额收益的乘积:

$$\Delta R_{n-a} = (\lambda_t^n - \lambda_t^a)[r + p_{t+1} - p_t(1+r)] \tag{6.11}$$

其期望值可表达为:

$$E(\Delta R_{n-a}) = \rho^* - \frac{(1+r)^2(\rho^*)^2 + (1+r)^2\sigma_\rho^2}{(2\gamma)\mu\sigma_\rho^2} \tag{6.12}$$

式(6.12)中的第 1 项表明噪声交易者要获得更高的收益,错误估计的期望值 ρ^* 必须为正。"增持效应"(Hold More Effect)可以增加噪声交易者的期望收益,也就是说如果噪声交易者持有的风险资产比套利者多,则其承担风险的回报就会增加。当 ρ^* 为负时,套利者平均持有的风险资产高于噪声交易者。虽然后者不断变化的预期仍然增加了风险从而提高了收益,但风险积累的回报对套利者而言不成比例。

在式(6.12)第 2 项的分子中,第 1 项隐含了"价格压力效应"(Price Pressure Effect)。当噪声交易者看涨时,对风险资产的平均需求增加,抬高风险资产的价格,降低了风险回报率,使他们与套利者的收益差变小。分子第 2 项包含"贵买贱卖效应"(Buy High Sell Low)或"弗里德曼效应"(Friedman Effect)。因为噪声交易者的错误预期是随机的,因此他们对买卖时机的把握很差。而噪声交易者预期的波动越大,买卖时机选择对其收益的影响也就越大。

式(6.12)第 2 项的分母反映的"创造空间效应"(Create Space Effect)是此模型的核

---

① Fama E, French K. Common risk factors in the returns on bonds and stocks. Journal of Financial Economics, 1993, 33:3–56.

② Friedman M. The case for flexible exchange rates//Essays in positive Economics. Chicago:University of Chicago Press, 1953.

③ Fama E. The behavior of stock market prices. Journal of Business, 1965, 38:34–106.

心。当噪声交易者错误预期的波动变大时,为了利用这种错误预期获利,套利者承担的风险也提高了。由于套利者厌恶风险,所以他们会减少与噪声交易者的反向交易,这就为噪声交易者盈利创造了空间。当此效应增加时,分子中的"价格压力效应"和"弗里德曼效应"对噪声交易者收益的反向影响变小。

从上式的分析中可以看出,"增持效应"和"创造空间效应"对噪声交易者的相对收益有正向影响,而"价格压力效应"和"弗里德曼效应"对噪声交易者的相对收益的影响是反向的,但很难判断哪一类效应占主导地位。当 ρ^* 小于 0 时,噪声交易者不可能获得超额收益,因为式(6.12)必定为负数,而且不存在"增持效应"。若 ρ^* 较大, ρ^{*2} 会随之变大,"价格压力效应"增强并起主导作用,噪声交易者也不能获得超额收益。只有 ρ^* 大小适当,才可能使噪声交易者获得较高的超额收益。另外,风险厌恶系数 γ 越大,噪声交易者相对收益也越高。

看涨的噪声交易者可能获得比套利者更高的收益,这一结论意味着 Friedman 简单的市场选择理论[1]是不全面的。本模型与 Friedman 模型[2]的最大差异在于:在本模型中,套利者的需求曲线随着噪声交易者的参与和噪声交易者风险增加而改变。因而,尽管套利者的效用可能大于噪声交易者,但他的期望收益相对于噪声交易者可能反而减少。既然噪声交易者的财富可能比套利者增加得更快,就不能笼统地认为噪声交易者最终一定亏损并被市场淘汰。

当然,上述结论的应用未必具有一般性。第一,尽管噪声交易者可能获得较高的收益,但他们的平均效用比较低(尽管这并不影响他们对市场的影响力)。第二,更为重要的是,期望收益与在长期中不被市场淘汰是两回事。噪声交易者收益的波动越大,他们的长期财富就可能越少,而市场选择机制对这类交易者是排斥的。De Long 等人[3]证明当噪声交易者对价格没有影响力时,反而更可能不被市场淘汰。Merton 和 Samuelson 的研究[4]表明:金融市场中的长期生存与否取决于期望收益和风险的微妙权衡,在效用函数不同的理性投资者中,拥有对数形式效用函数的投资者最有可能在长期中把财富保持在一定水平之上。从这个角度讲,某些噪声交易者有可能会比那些效用函数形式不适应市场的套利者持有更好的投资组合(De Long 等)[5]。尽管目前很难对以上实证结论做出最终评价,但任何笼统地认为非理性投资者一定会被市场淘汰的说法肯定是片面的。

三、关于有限套利行为的深入讨论

对于那些基本面上完全可替代的证券,如果套利者无法实现两者的替换,那么在他看

①　Friedman M. The case for flexible exchange rates//Essays in positive Economics. Chicago:University of Chicago Press, 1953.

②　同上。

③　De Long J B, Shleifer A, Summers L H, Waldman R J. Noise trader risk in financial markets. Journal of Political Economy,1990.

④　Merton R, Samuelson P. Fallacy of the log-normal approximation to optimal portfolio decision-making over many periods. Journal of Financial Economics,1974,1:67-94.

⑤　De Long J B, Shleifer A, Summers L, Waldmann R. The survival of noise traders in financial markets. Journal of Business, 1991, 64:1-19.

来这种替代性也是不完全的。但本节前面的论述对套利有效性所持态度仍过于乐观。

首先,套利行为的潜在成本还与卖空机制有关。在许多市场中,卖空行为是被法律禁止或限制的。即使没有限制,套利者要找到可以借入再卖出的有价证券也比较困难。即使市场发达到可以找到这类有价证券,套利者的行为也受到借出方的限制,也就是说他必须在借出方收回证券时,立即买回该证券进行平仓。如果市场的流动性不够高,或者持有大量该证券的人试图打压卖空者,套利者购回证券的成本就会很高。以上这些因素都会降低套利者购买被低估证券的意愿。

其次,在模型中,我们假设套利者知道投资者情绪遵循的模型,只是无法确定噪声交易者误认为价格会实现的具体值,但实际上套利者可能连投资者的情绪模式都不清楚。

最后,我们假设套利者没有交易成本,而事实上在流动性不足的市场中这种交易成本会变得很高。如果只存在相近而非完全替代的证券,套利行为的风险更大。因为相近的替代品可能由于基本面的不同而发生价格偏差,因而价格变动不仅仅包含由于投资者情绪变动引起的价格偏差。对噪声交易者风险的讨论,为套利行为研究奠定了基础。

本节首先分析了在套利者的投资期限较短必须考虑投资变现问题时,投资者情绪的不可预测性会使套利行为受限,而且噪声交易者可以利用自己创造的"空间"来盈利。所以,认为噪声交易者不能长期存在的观点是值得质疑的。这个结论的前提假设是:噪声交易者行为不可预测和噪声交易者错误预期可能使价格偏离程度变得更极端导致风险加大。同时,现实中的复杂情况可能进一步增强套利行为的有限性。

第二节　投资者情绪模型

当作为金融学研究对象的行为人不再局限于同质的、没有任何感情色彩的理性人之后,投资者情绪相应地也就被引入到金融学研究的领域。由于受到相关学科对投资者行为机制认知的限制,当前对这方面的研究还不是很深入。在此,我们探讨 Shleifer[①] 建立的投资者情绪模型,希望由此理解理性前提的弱化为投资者策略的研究带来的变化以及现实金融市场中的一些价格效应。

在 Shleifer 模型中,对于公司盈利的随机冲击,投资者并未对随机冲击的分布和均值产生理性预期,而是非理性地认为冲击遵循某些潜在的规律,并且基于过去的随机冲击实现值,调整自己对潜在冲击产生模式的概率估计。Shleifer 以这种方式来代表投资者的情绪变化。在这一分析框架下,Shleifer 从理论上证明了投资者情绪可能造成证券价格与其内在价值之间的稳定偏差,并且在一定条件下,投资者情绪可能有助于解释证券市场中的反应过度和反应不足现象。

一、模型的假设

对于一家上市公司,t 时期的盈利水平为 $N_t = N_{t-1} + y_t$。其中,y_t 是对 t 时期盈利的冲

---

① Shleifer A. Inefficient Market: Chapter 5. New York: Oxford University Press, 2000.

击，y_t 可以取 y 或 $-y$。假设：

（1）公司所有的盈利都以股息的形式进行分配。

（2）投资者相信 y_t 值的分布概率由两种模式（模式 1 和模式 2）中的一种决定，至于究竟是模式 1 还是模式 2 在起作用，则取决于经济的状况。模式 1 与模式 2 具有相同的结构，它们都是 Markov 过程，也就是说 y_t 的取值只取决于 y_{t-1}。两个过程的主要区别在于转换的概率，其转换概率矩阵分别如图 6-1 所示。

	$y_{t+1}=y$	$y_{t+1}=-y$
$y_t=y$	π_L	$1-\pi_L$
$y_t=-y$	$1-\pi_L$	π_L

(a) 模式 1

	$y_{t+1}=y$	$y_{t+1}=-y$
$y_t=y$	π_H	$1-\pi_H$
$y_t=-y$	$1-\pi_H$	π_H

(b) 模式 2

图 6-1　盈利冲击的转换概率矩阵

（3）π_L 很小而 π_H 很大。我们可以设想 π_L 落在 0 与 0.5 之间，而 π_H 落在 0.5 与 1 之间。也就是说，在模式 1 下，一个正向冲击很可能被逆转；而在模式 2 下，正向冲击则很可能持续下去。

（4）投资者相信自己知道参数 π_L 和 π_H 的大小，而且确信可以对控制一种模式向另一种模式转变的潜在过程做出正确的判断。这种过程也是 Markov 过程，也就是说当前所处的模式仅取决于前一个时期的模式。这种转换的概率矩阵如图 6-2 所示。

	$s_{t+1}=1$	$s_{t+1}=2$
$s_t=1$	$1-\lambda_1$	λ_1
$s_t=2$	λ_2	$1-\lambda_2$

图 6-2　两种状态的转换概率矩阵

在 t 时刻的状态表示为 s_t。如果 $s_t=1$，则处于第一种状态，即 t 时刻的盈利冲击是由模式 1 产生的；同样，如果 $s_t=2$，则处于第二种状态中，即 t 时刻的盈利冲击是由模式 2 产生的。参数 λ_1 和 λ_2 决定了由一种状态向另一种状态转换的概率。此外，我们假定 λ_1 和 λ_2 值很小，也就是说由一种状态向另一种状态转换的概率很小。为方便起见，不妨设 $\lambda_1+\lambda_2<1$，且 $\lambda_1<\lambda_2$（我们的结论并不局限于 $\lambda_1+\lambda_2<1$，在 $\lambda_1>\lambda_2$ 的情况下，我们可以证明存在同样的效应）。这时，处于模式 1 的无条件概率为 $\lambda_2/(\lambda_1+\lambda_2)$。

二、模型的推导

为了对证券进行定价，投资者需要预测未来的收益。在模型中，投资者需要确定目前是哪一种状态影响盈利水平。投资者观察每一期的盈利，然后利用这些信息对所处的状态做尽可能准确的估计。具体而言，在 $t+1$ 时刻观测到当期的盈利冲击 y_{t+1} 后，投资者将按照贝叶斯法则，利用这个新数据修正他从前一时期得出的概率 q_t，计算出 y_{t+1} 是由模式 1 产生的概率：

$$q_{t+1}=\frac{[(1-\lambda_1)q_t+\lambda_2(1-q_t)]\mathrm{Prob}(y_{t+1}\mid s_{t+1}=1,y_t)}{[(1-\lambda_1)q_t+\lambda_2(1-q_t)]\mathrm{Prob}(y_{t+1}\mid s_{t+1}=1,y_t)+[\lambda_1 q_t+(1-\lambda_2)(1-q_t)]\mathrm{Prob}(y_{t+1}\mid s_{t+1}=2,y_t)}$$

$$(6.13)$$

具体来说,如果 $t+1$ 时刻的盈利冲击 y_{t+1} 与 t 时刻的盈利冲击 y_t 一样,投资者将修正先验概率 q_t 为 q_{t+1}:

$$q_{t+1} = \frac{[(1-\lambda_1)q_t + \lambda_2(1-q_t)]\pi_L}{[(1-\lambda_1)q_t + \lambda_2(1-q_t)]\pi_L + [\lambda_1 q_t + (1-\lambda_2)(1-q_t)]\pi_H} \qquad (6.14)$$

可以证明 $q_{t+1} < q_t$。也就是说,如果投资者观测到两个连续的冲击是同一符号,那么投资者将加大对模式 2 的概率估计。相反,如果 $t+1$ 时期的盈利冲击与 t 时期的盈利冲击有着不同的符号,那么,

$$q_{t+1} = \frac{[(1-\lambda_1)q_t + \lambda_2(1-q_t)](1-\pi_L)}{[(1-\lambda_1)q_t + \lambda_2(1-q_t)](1-\pi_L) + [\lambda_1 q_t + (1-\lambda_2)(1-q_t)](1-\pi_H)} \qquad (6.15)$$

在这种情形下,$q_{t+1} > q_t$,投资者则加大对模式 1 的概率估计。

为了加强对模型的理解,我们将一些假设的数据代入模型,以了解投资者对所处模式的概率判断是如何进行调整的。假设在时期 0 对盈利的冲击 y_0 是正向的,投资者认为处于模式 1 的概率 q_0 为 0.5。对于一个在随后 20 个时期中随机发生的盈利流(在随后 20 个时期中盈利冲击的正负是随机产生的),表 6-1 给出了投资者在时期 t 推断出的处于模式 1 的概率 q_t。(这里 π_L、π_H、λ_1 和 λ_2 的取值为:$\pi_L = \frac{1}{3} < \frac{3}{4} = \pi_H$,$\lambda_1 = 0.1 < 0.3 = \lambda_2$)

表 6-1 投资者根据观测的盈利对模式 1 出现的概率判断

t	y_t	q_t	t	y_t	q_t	t	y_t	q_t
0	y	0.50	7	$-y$	0.69	14	y	0.36
1	$-y$	0.80	8	y	0.87	15	$-y$	0.74
2	y	0.90	9	$-y$	0.92	16	y	0.89
3	$-y$	0.93	10	y	0.94	17	y	0.69
4	y	0.94	11	y	0.74	18	$-y$	0.87
5	y	0.74	12	y	0.56	19	y	0.92
6	$-y$	0.89	13	y	0.44	20	y	0.72

资料来源:Barberis R, Shleifer A, Vishny R. A model of investor sentiment. Journal of Financial Economics, 1998,49:307-343.

从 0 到第 4 期,正负冲击交替发生。由于在模式 1 下,盈利冲击很可能在随后一个时期逆转,因此投资者主观判断模式 1 在 t 期控制盈利变化的概率 q_t,在第 4 期上升到 0.94。而从第 10 期到第 14 期,投资者观测到连续 5 个时期都是正向的冲击。由于这是模式 2 控制下的行为特征,因此 q_t 到第 14 期时下滑到 0.36。从表 6-1 中可以发现,当 t 期的盈利冲击与 $t-1$ 期反向时,q_t 上升;而当 t 期的盈利冲击与 $t-1$ 期同向时,q_t 下降。

三、对资产定价的影响

对于一个典型的市场参与者来说,证券的价格等于其对该证券未来预期收益的折现值,即:

$$P_t = E_t \left\{ \frac{N_{t+1}}{1+\delta} + \frac{N_{t+2}}{(1+\delta)^2} + \cdots \right\} \tag{6.16}$$

请注意,该投资者并不认为未来收益是一个随机过程(否则,$E_t(N_{t+j}) = N_t$,价格 P_t 等于 N_t/δ)。在模型中,因为投资者认为未来收益走势是模式 1 和模式 2(二者均非随机游走)的结合,而不是随机过程,因此才产生了价格偏离其真实价值的结果。

以下的命题总结了上述模型的价格行为,并显示了价格以一种极其简单的方式取决于状态变量。

命题 1 如果投资者相信盈利取决于上述的状态转变模型,那么价格满足以下公式:

$$P_t = \frac{N_t}{\delta} + y_t(p_1 - p_2 q_t) \tag{6.17}$$

其中,p_1 和 p_2 是取决于 π_L、π_H、λ_1 和 λ_2 的常量[①]。

公式(6.17)的含义非常直观:第一部分 N_t/δ 是投资者使用随机过程预测未来盈利而得到的价格水平;第二部分 $y_t(p_1 - p_2 q_t)$ 则代表着价格对其内在价值的偏离。

命题 2 如果隐含参数 π_L、π_H、λ_1 和 λ_2 满足下列条件:

$$\underline{k}p_2 < p_1 < \bar{k}p_2, \quad p_2 \geq 0$$

其中,$\underline{k}$ 和 $\bar{k}$ 是取决于 π_L、π_H、λ_1 和 λ_2 的正常数:

那么,用命题 1 中的价格函数可以验证过度反应和反应不足的现象。过度反应意味着,一家公司在足够多次的正向盈利冲击之后,其证券的预期回报将低于另一家之前遭受了同样多次的负向盈利冲击的公司。以数学形式表示,存在某一个数 $J \geq 1$,对于所有的 $j \geq J$,

$$E_t(P_{t+1} - P_t \mid y_t = y_{t-1} = \cdots = y_{t-j} = y) - E_t(P_{t+1} - P_t \mid y_t = y_{t-1} = \cdots = y_{t-j} = -y) < 0 \tag{6.18}$$

反应不足则意味着,一家公司在经历了正向的盈利冲击之后,其证券的预期回报将超过另一家经历了负向盈利冲击的公司,即:

$$E_t(P_{t+1} - P_t \mid y_t = y) - E_t(P_{t+1} - P_t \mid y_t = -y) > 0 \tag{6.19}$$

注意,命题 2 是为了使价格函数可以验证过度反应和反应不足的现象,p_1 和 p_2 所需满足的充分条件。

一方面,如果价格函数 p_t 表现为对盈利消息的反应不足,那么 p_1 相对于 p_2 不应该太大。假设最新的盈利冲击是正向的,那么反应不足就意味着价格低于内在价值,也就是说,价格对内在价值的偏离 $y_t(p_1 - p_2 q_t)$ 必须是负数。如果我们用 q_{avg} 代表 q_t 的平均值,那么 $p_1 < p_2 q_{avg}$,即 p_1 相对于 p_2 不应该太大。

另一方面,如果 p_t 表现为对一系列相似的盈利消息过度反应,那么 p_1 相对于 p_2 不应该太小。假设投资者刚刚观测到一系列利好的盈利冲击,那么过度反应就是指当前价格高出证券的内在价值。我们知道,在观测到一系列同向的盈利冲击后,q_t 一般来说是很低的。这就意味着投资者认为处于模式 1 的概率很低,处于模式 2 的概率很高。如果我们以 q_{low} 代表低的 q_t 值,那么过度反应就要求 $y(p_1 - p_2 q_{low})$ 是正数,或者说 $p_1 > p_2 q_{low}$,从直观意

① p_1 和 p_2 的详细表达式可以参见:Shleifer A. Inefficient Market. New York:Oxford University Press,2000:145.

义上来理解，p_1 相对于 p_2 不应该太小。将上述两个条件归纳到一起，我们就可以得出 p_1 应该满足的条件 $p_2 q_{low} < p_1 < p_2 q_{avg}$。

很明显，这一条件在形式上与命题 2 给出的价格既可能表现为反应不足也可能表现为过度反应的充分条件很相似。

Barberis 等[1]曾选取了一些参数值，从数学上评估命题 2 的条件。他们发现，对于绝大多数合理的参数值来说，命题 2 的两个条件均可以得到满足，这就意味着该模型与现实中的反应不足以及过度反应是吻合的。

我们可以看到，与传统金融理论模型相比，Shleifer 的投资者情绪模型放松了投资者完全理性的前提，其结论也与现实金融市场中的一些价格效应相一致，而这些系统性的价格偏差是传统理论所无法解释的。但这个模型受太多的简化条件限制，还无法准确描述市场参与者的定价行为。更准确地定价模型，还有待金融学以及其他相关学科对市场参与者行为模式的更深入的研究。

第三节　正反馈投资策略模型

所谓"价格泡沫"，是指由于噪声交易者追涨杀跌的心理，价格在没有新信息出现的情况下不断上涨。噪声交易者采取的上述行为模式被称为正反馈投资策略。正反馈投资者在价格上涨后购买证券，在价格下跌后出售证券。这可能是由于投资者对价格趋势的外推，或者说跟风，也可能是因为止损指令的执行，即指令在价格下跌后被激活从而执行卖出指令。另外，由于无法满足增加交易保证金的要求，套利者在盈利机会最佳，即价格偏离真实价值程度最大时往往被迫将资产变现。Black[2]认为那些购买了投资组合保险[3]的投资者其财富量越多，就越倾向于冒险，也会采取追涨杀跌的策略。

比如 Frankel 和 Froot[4] 等许多学者研究了外推期望，即投资者的跟风心理。通过对 20 世纪 80 年代美元汇率的研究发现：在 80 年代中期，预测机构普遍认为美元在下个月会继续升值，但在一年以后才会回到其基本汇率水平，因而，尽管预测机构知道美元已被高估，但仍提出短期内购买的建议。这种短期内的跟风与长期的回归真实价值估计相结合的做法很难用完全理性的模型来解释。

正反馈投资策略不仅对"价格泡沫"有一定的解释力，而且对套利行为稳定市场的作用提出了质疑。人们通常认为套利者和噪声交易者是持反向头寸的，因而即使由于套利者能力的限制使套利行为不完全有效，套利行为对市场的稳定仍有积极作用。只有当价格崩溃导致套利者失去对头寸的控制权时，他们必须将其持有的证券变现，套利行为才失

---

[1]　Barberis R, Shleifer A, Vishny R. A Model of Investor Sentiment. Journal of Financial Economics, 1998, 49:307-343.

[2]　Black F. An equilibrium model of the crash. NBER Macroeconomics Annual, 1988:269-276.

[3]　这是一种流行于美国 1987 年股市崩盘前的投资战略。机构投资者随着股价上升会逐渐增加持有该股票的量，并在其价格下降时适当减少持有量。

[4]　Frankel J, Froot K. Explaining the Demand for Dollars: International Rates of and the Expectations of Chartists and Fundamentalists, Agriculture, Macroeconomics and the Exchange Rate. Boulder, CO: Westfield Press, 1988.

180

去稳定市场价格的作用。这是因为套利者没有关于噪声交易者未来需求的信息。

如果套利者可以预测噪声交易者未来需求,结论就完全不同了,尤其是当存在正反馈交易者时,套利行为可能反而变成市场的不稳定因素。套利者知道利好消息时,他们意识到当天价格上涨会促使正反馈交易者第二天买入。考虑到这一点,套利者会选择当天大量买入,促使当天的价格上升并将利好消息完全消化。第二天,尽管套利者出售证券,而正反馈交易者买入行为仍使价格高于基本水平。这种价格上升源于套利者预期性的交易行为和正反馈交易者对套利者交易行为的反应。此时的套利行为引起了正反馈交易,因而加剧了价格的不稳定性。

在研究正反馈交易和套利行为的相关文献中,George Soros(1987,1988)描述了他自己的交易行为。按照他的说法,他过去十几年的成功不是依靠对证券基本面的准确估计,而是建立在对未来投资者行为的预期之上。20 世纪 60 年代他观察到许多没有更多信息的投资者在联合企业年报的利润上升时过于兴奋,而真正了解内情的投资者并不因为预计到联合企业股价最终会崩盘而卖空(崩盘发生在 1970 年),因为他们知道未知情交易者会追涨,所以继续买入以推动价格上涨。联合企业股票价格的疯涨,部分原因就是像 George Soros 这样的投机者大量买入刺激了未知情交易者的跟风。未知情交易者买入的越多,价格就越上升,直至最后联合企业的业绩达不到投资者的期望,价格不再上升,最终崩盘。由此可以看出在股价最初上涨时,套利者的知情交易导致噪声交易者对未来收入产生过高的预期。

对于正反馈式价格泡沫的认识可以追溯到 1872 年 Bagehot 的研究[①]。Bagehot 认为"当发现一项有着很高收益的投资项目时,拥有储蓄的个人会不断投入进去,刚开始是为了基于基本面分析的高收益,但这种动机渐渐变得不那么重要,投资变得狂热,而只要那种想要获得超出基本面以外的超额收益的念头不停止,狂热就会持续。"Kinderberger[②] 也认为投机性的价格变动,是由于"知情者不断推动价格走高,在价格的最高值上卖给不知情交易者,而不知情交易者在贵买贱卖中成为过于狂热情绪的受害者"。另外,John Train(1987)在对美国成功投资者的分析中,指出这些成功的投资者经常是某些泡沫的鼓吹者。

下面我们介绍一个关于套利者建立在噪声交易者需求基础上的交易行为和正反馈交易策略的模型[③],它们论证了理性投机者的存在可能使价格趋向于不稳定。然后是对一些著名的价格泡沫的分析,说明该模型比传统的理性价格泡沫模型更准确地描绘了价格变化。

一、模型假设

模型包括 0、1、2、3 四期,现金和股票两项资产。假定现金的供给是完全弹性的,且没有净收益;股票的净供给为 0,即投资者持有的股票可以互相对冲。股票在第 3 期变现,并

---

① Bagehot W. Lombard Street. London: Smith, Elder, 1872.

② Kindleberger C. Manias, Panics, and Crashes. New York: Basic Books, 1978.

③ De Long J B, Shleifer A, Summers L, et al. Positive Feedback Investment Strategies and Destabilizing Rational Speculation. Journal of Finance,1990,45(2):374-397.

提供 $\Phi+\theta$ 的有风险的股息。$\theta \sim N(0,\sigma_\theta^2)$，关于 θ 的信息直到第 3 期才被公开。Φ 的均值是 0，有三个可能的取值：ϕ、0、$-\phi$。在第 2 期 Φ 的价值就已经公开，关于它的信号则在第 1 期公布。

模型包括三种投资者：正反馈交易者（用 f 表示，其数目标准化为 1 单位）、套利者（以最大化其第 3 期消费的效用函数为目标，用 a 表示，有 μ 单位）、被动交易者（各时期的需求仅取决于价格与真实价值之间的偏离程度，用 i 表示，有 $1-\mu$ 单位）。为了更好地进行比较静态分析，模型中后两种投资者的总和不变，也就是说，当套利者数量变化时，市场的风险承受力保持不变。从第 3 期往前推，比较容易分析并得出结论。

二、模型结构

正反馈交易策略模型的结构如表 6-2 所示。

表 6-2　正反馈交易策略模型的结构

时期	事件	正反馈交易者（f）	被动投资者（i）	套利者（a）
0	无，作为参照期	0	0	最优选择（$=0$）
1	套利者得到关于 Φ 的信号	0	$-\alpha p_1$	最优选择（$=D_1^a$）
2	被动投资者学习 Φ	$\beta(p_1-p_0)$	$-\alpha(p_2-\Phi)$	最优选择（$=D_2^a$）
3	清算：宣布红利 $\Phi+\theta$，其中 θ 是不能预测的第 3 期发生的市场风险	$\beta(p_2-p_1)$	$-\alpha(p_3-(\Phi+\theta))$	最优选择 $p_3=\Phi+\theta$

在表 6-2 中，各时期各类投资者的需求量揭示了不同投资者所拥有的信息。α 和 β 决定了正反馈交易者和被动投资者需求曲线的斜率。p_t 是各个时期风险资产的价格，其中，$t=0,1,2,3$。D_1^a 和 D_2^a 分别是套利者在第 1 期和第 2 期的需求。

（一）第 3 期

无交易，投资者按照他们各自的头寸获得 $\Phi+\theta$ 红利支付，此时的价格恢复到真实价值，即 $\Phi+\theta$。

（二）第 2 期

套利者和被动投资者都知道 Φ 的价值，模型要求公开的 Φ 的价值足够小，以保证顺利得到套利者的需求。

正反馈交易者第 2 期的需求表示为：

$$D_2^f=\beta(p_1-p_0)=\beta p_1 \tag{6.20}$$

其中，p_0 假定为 0，β 是正反馈系数。正反馈交易者将对 0 到 1 期的价格变化做出反应：如果价格上涨他们买入，反之卖出。也就是说，正反馈交易者因为过去价格的变化而在当天提交市价指令，模型不允许投资者对价格变动立刻做出反应。这种假设意味着投资者因为过去资本收益的上升而提高了对平均收益率的估计,从而增加了需求。

理性的投资者知道股票第 3 期的期望值。如果 p_2 大于 Φ,投资者绝不会在第 2 期持有正的股票头寸,因为这种资产组合有风险,且期望收益为负。由此可知套利者不会采用正反馈交易策略。相反,正反馈交易者的需求不受第 2 期价格的影响。

套利者第 2 期的需求建立在最大化其风险厌恶系数为 γ 的均值方差效用函数基础之上,其效用函数的具体形式为:

$$U = -e^{-2\gamma(W)}$$

最大化的一阶条件是:

$$E(W) - 2\gamma\,\mathrm{var}(W) = 0$$

所以,套利者在第 2 期的需求仅受到第 3 期红利市场风险的影响,其需求表达式为:

$$D_2^a = \frac{\Phi - p_2}{2\gamma\sigma_\theta^2} = \alpha(\Phi - p_2)$$

其中,为简便起见,记

$$\alpha = \frac{1}{2\gamma\sigma_\theta^2} \tag{6.21}$$

被动投资者的需求与第 2 期价格负相关,即:

$$D_2^i = \alpha(\Phi - p_2) \tag{6.22}$$

假设式(6.22)中的 α 与式(6.21)中的 α 相同。在模型中,假设被动投资者和套利者的需求曲线斜率相同,同时假设套利者和被动投资者的人数分别为 μ 和 $1-\mu$,这些都是为了考察在不改变市场风险承受能力时引入套利者后的影响。如果不存在被动投资者,套利者人数的增加有两个相反的效应:一方面使价格更加不稳定,因为套利者增强了噪声交易者正反馈交易的动机;另一方面又稳定了价格,因为套利行为增强了市场抗风险的能力(在第一节论述噪声交易者风险时,套利者作为承担噪声交易者风险的一方出现)。因此本模型引入被动投资者,可以抵消第二种效应。被动投资者不是积极的套利者,他们不知道第 1 期的信号,也不会主动从第 1 期的价格中推测当期信号,而是在第 2 期得到公开 Φ 之后,根据第 3 期效用的最大化得出自己的需求。另外,为了保证存在稳定的解,模型要求 $\alpha > \beta$,以保证供求变化时价格是收敛的。

(三) 第 1 期

在第 1 期,套利者获得关于第 2 期价格的信号 ε,$\varepsilon \in \{\phi, 0, -\phi\}$。考虑两种假设情况:

假设 1:信号无噪声:$\varepsilon = \Phi$。

假设 2:信号可以有噪声且满足下列概率条件:

$\mathrm{Prob}(\varepsilon = \phi, \Phi = \phi) = 0.25$　　　$\mathrm{Prob}(\varepsilon = \phi, \Phi = 0) = 0.25$

$\mathrm{Prob}(\varepsilon = -\phi, \Phi = -\phi) = 0.25$　　　$\mathrm{Prob}(\varepsilon = -\phi, \Phi = 0) = 0.25$

在信号有噪声的情况下,如果套利者的信号 ε 等于 ϕ,则下一期 Φ 的期望值是 $\phi/2$;如果套利者的信号 ε 等于 $-\phi$,下一期 Φ 的期望值是 $-\phi/2$。此时,套利者仍可以通过最大化效用函数得到其需求 D_1^a。

被动投资者第 1 期的需求与第 2 期的形式一样,可以表达为:

$$D_1^i = -\alpha p_1 \tag{6.23}$$

因为正反馈交易行为是对过去价格变动的反应,因此第 1 期他们不进行交易,也就是说正反馈交易者第 1 期的需求为 0,即:

$$D_1^f = 0 \qquad (6.24)$$

（四）第 0 期

第 0 期是参照期,没有交易发生,价格为 0。正反馈交易者通过观察股票价格从第 0 期到第 1 期、第 2 期是上升还是下降,形成相应的正反馈需求。

因为在第 0 期和第 3 期不发生交易,所以市场出清的条件在这 2 期自动满足。在第 1 期和第 2 期,由于市场上存在 μ 单位的套利者和 $1-\mu$ 单位的被动投资者,各期的市场出清条件分别是:

$$0 = D_1^f + \mu D_1^a + (1-\mu) D_1^i \qquad (6.25)$$
$$0 = D_2^f + \mu D_2^a + (1-\mu) D_2^i \qquad (6.26)$$

三、模型的解

（一）无噪声信号的解

考虑发生正信号的情况,即 $\Phi = +\phi$。如果套利者得到的信号 ε 与第 2 期实际的冲击 Φ 完全相关,则套利者在第 1 期的估计中并不存在关于第 2 期价格的不确定性。如果存在套利者,他们的行为将使股票的第 1 期价格和第 2 期价格相等;如果没有套利者,由于没有人拥有关于股票真实价值的信息,第 1 期股票的价格为 0。从而有:

$$p_1 = p_2 (\mu > 0)$$
$$p_1 = 0 (\mu = 0) \qquad (6.27)$$

利用第 2 期的市场出清条件,并将式(6.20)、式(6.21)、式(6.22)代入式(6.26)中,可以得到第 2 期的均衡条件:

$$0 = \beta p_1 + \alpha(\phi - p_2) \qquad (6.28)$$

结合式(6.27),可知:

$$p_1 = p_2 = \frac{\alpha\phi}{\alpha - \beta}(\mu > 0) \qquad (6.29)$$

$$p_1 = 0, p_2 = \phi(\mu = 0) \qquad (6.30)$$

当 $\beta > \alpha/2$ 时,套利者的存在将使任何时期的价格都比其不存在时更偏离真实价值。因此,在无噪声信号的情况下,套利者的加入促使价格偏离真实价值,价格变化情况见图 6-3。

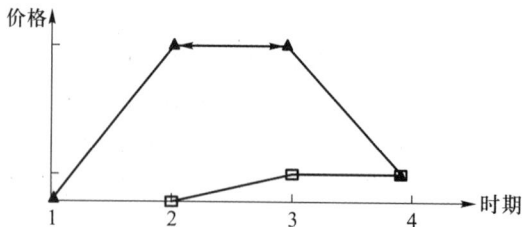

注:▲是套利者存在情况下的价格变化。□是套利者不存在时的价格变化。

图 6-3　无噪声信号时的价格变化

在 $\mu>0$ 或 $\mu=0$ 的情况下,价格的变化路径是不连续的,在 $\mu>0$ 时,价格走势不会随着 μ 的变化而变化。

(二)有噪声信号的解

如果套利者获得的信号有噪声,并假定 $\varepsilon=\phi$,则此时 $\varPhi=+\phi$ 的概率为 $1/2$,$\varPhi=0$ 的概率是 $1/2$。把第一种情况称为不确定状态 2a,第二种情况称为不确定状态 2b。

此时第 2 期就有两个市场出清条件,分别对应于不确定状态 2a 和 2b:

$$0=\beta p_1+\alpha(\phi-p_{2a}) \tag{6.31}$$

$$0=\beta p_1-\alpha p_{2b} \tag{6.32}$$

而第 1 期市场出清条件为:

$$0=\mu D_1^a-\alpha(1-\mu)p_1 \tag{6.33}$$

上式中的 D_1^a 由以下分析可得。在套利者第 1 期的需求 D_1^a 给定的情况下,第 2 期投资机会的期望值分别等价于 2a 和 2b 状态下的确定性等价财富量(Certain-Equivalent Wealth),即:

$$W_{2a}=D_1^a(p_{2a}-p_1)+\frac{\alpha(p_{2a}-\phi)^2}{2}=D_1^a\left(\phi+\frac{\beta-\alpha}{\alpha}p_1\right)+\frac{\beta^2 p_1^2}{2\alpha} \tag{6.34}$$

$$W_{2b}=D_1^a(p_{2b}-p_1)+\frac{\alpha p_{2b}^2}{2}=D_1^a\left(\frac{\beta-\alpha}{\alpha}p_1\right)+\frac{\beta^2 p_1^2}{2\alpha} \tag{6.35}$$

以上两式的第 1 项表明第 1 期股票在第 2 期的增值(或贬值),第 2 项表明当期股票价值。然后,在第 2 期确定性等价财富量基础上,套利者最大化其效用函数(具体算法与计算第 2 期需求的过程一样),可以得到第 1 期的需求量:

$$D_1^a=\frac{(p_{2a}+p_{2b})-2p_1}{\gamma(p_{2a}-p_{2b})^2} \tag{6.36}$$

根据以上方程可以解得 p_1、p_{2a}、p_{2b} 和 D_1^a。

$$p_1=\frac{\phi}{2}\left(\frac{\alpha}{\alpha-\beta}\right)\left[\frac{1}{\left(1+\frac{\phi^2}{4\sigma_\theta^2}\cdot\frac{\alpha}{\alpha-\beta}\cdot\frac{1-\mu}{\mu}\right)}\right] \tag{6.37}$$

特别地,当 $\mu=1$ 或 0 时,有以下表达式:

$$p_1=\frac{\phi}{2}\left(\frac{\alpha}{\alpha-\beta}\right)\ (\mu=1) \tag{6.38}$$

$$p_1=0\quad(\mu=0) \tag{6.39}$$

当第 1 期不存在被动投资者($\mu=1$)时,因为没有人出售,套利者第 1 期持有的股票为 0。这意味着不存在第 1 期买入然后在第 2 期卖出的盈利机会,也就是说第 1 期的价格和第 2 期的预期价格相等。而当第 1 期不存在套利者($\mu=0$)时,则因为没有人可以在第 1 期预计到第 2 期的冲击,所以第 1 期价格为 0。

将式(6.31)和式(6.32)整理后,可以更清楚地推知:在 $\beta>0$ 的条件下,第 2 期价格偏离真实价值的程度随第 1 期价格单调递增,即:

$$p_{2a}=\frac{\beta}{\alpha}p_1+\phi \tag{6.40}$$

$$p_{2b} = \frac{\beta}{\alpha}p_1 \tag{6.41}$$

由此可知,当$\mu>0$时,第2期价格总比$\mu=0$时更偏离真实价值。因而,套利者的加入总是使第2期价格更不稳定。另外,如果μ满足条件(6.42),则$\mu>0$时的第1期价格也总比$\mu=0$时更偏离真实价值。

$$\frac{1-\mu}{\mu} < \frac{2\sigma_\theta^2}{\phi^2}\left[1 - 2\left(\frac{\alpha-\beta}{\alpha}\right)\right] \tag{6.42}$$

当市场中存在少量套利者时,他们总可以使第1期价格更接近真实价值。但是只要$\beta>\alpha/2$,就存在一个临界值μ^*。如果套利者人数多于μ^*,第1期价格就会比$\mu=0$时更偏离真实价值。正反馈系数β越大,θ的不确定性相对于Φ的不确定性越高,μ^*的值就越小。

当第1期价格信号有噪声时,第1期价格反映了第2期需求的不确定性。当套利者厌恶风险时,第1期的价格比第2期的平均价格低。尽管长期来说(在此模型中是指第3期),价格将回到真实价值且两期的收益负相关,但在短期内收益是正相关的。这种情况和第二节投资者情绪部分描述的在几个月之内收益是正相关的时间序列,而在几年里看又变成均值回复型的结论是一致的。在没有套利者的情况下,正反馈交易也会导致类似的收益形式,但需要强调的是,套利者加速了这种偏离,而不是降低了价格对真实价值的偏离。

四、对股市价格泡沫的简析

价格泡沫的形成和演变一般包含以下几个阶段:积累、分配和清算。

所谓积累是指知情交易者预计到未来价格的上涨,并通过增加成交量和价格上升来揭示这种信息;分配是指在先购买的知情交易者和未知情交易者之间发生的交易,知情交易者盈利而未知情交易者将要承担潜在的损失;清算是指泡沫消失,价格恢复,未知情交易者清算资产价值,损失发生。

在大多数价格泡沫发生的前期都会有利好消息公布,这被 Kindleberger 称为"偏移"(Displacement)。"偏移"使一些投资者获得了可观的收益。由于最初资产价格的上涨,套利者开始增加资产或资产的金融衍生品的供给。这种套利行为毫无疑问是每次价格泡沫的关键原因。套利者只在刚开始时持有这些资产。当泡沫达到高潮时,官方机构往往并没有明确的制止或反对态度,这使泡沫得以再维持一段时间。但最后,泡沫总会破灭,受损的是那些噪声交易者,而且与泡沫破灭伴随的往往是金融危机和经济萧条。泡沫之后,政府对那些投机者和投机计划的组织者往往采取特别严厉的监管措施。例如,美国很多著名的法案都是在危机之后颁布的。尽管本模型还不够全面,但它抓住了现实世界中泡沫的某些关键要素,而这正是理性价格泡沫模型所缺乏的。

本节提供了一种建立于正反馈交易基础上的对价格变化原因的解释。在存在正反馈交易行为的前提下,理性的套利行为可能使证券价格更不稳定,这一结论与前几节一样,对套利行为有效性提出了质疑。最后,本节模型中正反馈交易者和套利者之间的互相影响为研究价格泡沫提供了新的思路。

第四节 套利策略模型

在第一节中,套利者用自己的财富进行交易,因此仅受到自身对风险厌恶的限制。而更常见的套利行为是由少数高度专业化的职业套利者综合自身智慧和外部投资者的资金来运作的,其基本特征是建立在代理关系基础上的智力和财力的分离。本节讨论的就是这种建立在代理关系基础上的套利行为是否能有效地维持证券价格,使之不偏离真实价值。

在代理关系的前提下,投资者资金投入与否对套利行为有着关键作用。在第一节的模型中,由于不存在代理问题,套利者在价格偏离价值的程度加深时会变得更激进。如果套利者管理的是他人的资金,投资者往往不能准确了解其具体行为,而只能看到价格偏离价值的程度更大时套利者亏损的表象。他们可能以此判断套利者并不像他们本来以为的那样有竞争力,进而拒绝提供更多的资金,甚至可能会收回原先的投资。

我们把这种投资者根据过去收益进行评价的套利行为称为"以业绩评价的套利"(Performance Based Arbitrage,PBA)。特别是当那些用作抵押品的证券缩水时,债权人要求偿付的压力会更大。套利者的不良业绩会减少所管理资产的基数,同时削弱自身的借款能力。为了尽量避免这种情况的发生,套利者在最初交易时会异常谨慎,从而在证券价格偏离价值时也不会太激进。这些因素将限制套利的有效性。此外,PBA使套利者在危机时被淘汰,因此它会加深危机程度而不是起到缓和作用。

本节首先提供了PBA运作机制的模型,集中讨论资金提供者和套利者之间的委托代理关系,然后说明了模型在金融市场中的应用,特别强调其在危机时期的作用原理。

一、有限套利行为的代理模型

Shleifer和Vishny[①]构造了有限套利行为的代理模型。在某一特定资产的市场上,假设有三类参与者:噪声交易者、套利者和套利基金的投资者,其中投资者是不直接参与交易的。套利者仅在这个市场从事套利,而投资者可能将资金在该市场和其他市场之间分配。套利者知道证券资产的真实价值为 V,但投资者不知道这一点。模型有三期:1、2 和3。在第 3 期,资产的真实价值为套利者和噪声交易者所知,因而价格回复到真实价值水平。这个假设保证长期来看,交易不存在市场风险,即没有风险套利行为。为说明问题,我们仅考虑悲观的噪声交易者,在第 1、2 期经历悲观冲击 S_t,从而他们对该资产的总需求为:

$$QN(t) = \frac{V-S_t}{p_t} \tag{6.43}$$

在第 1 期,套利者知道噪声交易者经历的冲击 S_1,但不知道下一期的冲击 S_2,而且很有可能 $S_2 > S_1$。

---

① Shleifer A, Vishny R. Equilibrium short horizons of investors and firms. American Economic Review Papers and Proceedings, 1990, 80:148-153.

假设套利者和投资于他们基金的投资者都是完全理性的。风险中性的套利者持有与噪声交易者相反的头寸,套利者在每一期中均管理着一定数量可积累的财富(包括他们的借款能力)F_t,并假定 F_t 外生给定。

在第 2 期,资产价格或者回复到 V,或者更加偏离。如果噪声交易者在第 2 期对资产真实价值的判断失误加剧,套利者会用其所有资金买入低估的资产,因为第 3 期资产价格一定会回复。此时他们对资产的总需求为:

$$QA(2) = F_2/p_2$$

根据两者总需求等于该资产标准化为单位 1 的总供给即:

$$1 = QA(2) + QN(2)$$

可以得到第 2 期的价格为:

$$p_2 = V - S_2 + F_2 \tag{6.44}$$

假设 $F_2 < S_2$,即如果噪声交易者没有更正对资产价格的错误估计,在第 2 期,套利者的财富将不足以使价格回复到真实价值水平。

在第 1 期,套利者可能保留一定的现金,等到第 2 期价格低估程度加深时买入更多该资产。将其在第 1 期的投资记为 D_1,所以:

$$QA(1) = D_1/p_1$$

并且有:

$$p_1 = V - S_1 + D_1 \tag{6.45}$$

同样,假设 $F_1 < S_1$,在模型考察的变量变化范围内,套利者的初始财富也不足以使价格回复到真实价值水平。

为简化问题,我们假设一共有 T 名投资者,每人有 1 美元可以投入套利基金。由于模型考察的只是套利基金市场的一部分,所以这一局部市场的总资金 F_2 远小于 T。套利者在服务价格上存在激烈的竞争,假定他们的边际成本相同,且每个套利者都面临至少一个竞争对手,他们之间是完全替代的,因此 Bertrand 竞争将使基金的服务价格等于边际成本。每个风险中性的投资者对套利者的预期收益都有一个先验的看法,并且该看法服从贝叶斯法则。他们的目标是追求预期消费者剩余的最大化,而且不同的投资者对套利者能力的看法不同,从而保证每个套利者的市场份额就是那些相信他能带来最高预期收益的投资者所占的比例。

假设投资者不知道套利者的投资策略,也不知道每个局部市场的资产价格决定规则,所以投资者对套利者预期收益的判断依据仅仅是套利者过去的业绩。我们用函数 G 反映投资者在第 2 期提供给套利者的资金与套利者从第 1 期到第 2 期得到的总收益之间的关系。由于资产收益由 p_2/p_1 决定,套利者第 2 期的可得资金为:

$$F_2 = F_1 \cdot G\{(D_1/F_1)(p_2/p_1) + (F_1 - D_1)/F_1\} \tag{6.46}$$

且函数 G 满足:

$$G(1) = 1, G' \geq 1, G'' \leq 0$$

为简便起见,套利者获得或失去资金的临界点定为零收益。当套利者的表现高于零收益点时,他们可以获得更多的资金。投资者资金供给对于套利者过去业绩的敏感系数也就是投资者通过学习已有信息提取信号的解,用 G' 表示。套利者业绩较差的原因可能有:① 随机性的误差;② 噪声交易者对资产估计误差的程度加深,套利者运气不好;③ 套利者能力不足。如果套利者之间能力相差较大,也就是能力指标的方差较大,则 G' 会比较大。如果是由于运气的原因造成各个套利者业绩差异,则 G' 不会太大。由于上述原因都可能造成套利者业绩不佳,所以在噪声交易者错误程度加深,即套利者实际上能获得的预期收益最高时,投资者选择撤资是完全理性的反应。

由于模型的结论不依赖于函数 G 的凹性,我们可以把 G 定义为线性函数,表示为:

$$G(x) = ax + 1 - a \qquad (6.47)$$

其中,$a \geqslant 1$,x 是套利者的总收益。

此时,方程(6.46)可以写为:

$$F_2 = a\{D_1(p_2/p_1) + (F_1 - D_1)\} + (1-a)F_1 = F_1 - aD_1(1 - p_2/p_1) \qquad (6.48)$$

参数 a 越大,投资者的资金提供对套利者过去业绩就越敏感(G' 就越大)。如果 $a = 1$,套利者在损失之后不会获得更多的资金支持;如果 $a > 1$,套利者损失后,投资者会相应撤回部分或全部资金。在这里,我们暂时不考虑套利者采取分拆风险和收益以吸引资金的策略,一方面是因为套利者本身无法或者也不愿意承担可能发生的损失,另一方面是因为厌恶风险的套利者不能确定自己获得超额收益的能力。

套利者的最优化问题可以简化为追求第 3 期收益的最大化,在套利者处于价格接受者的地位及其边际成本固定的条件下,追求第 3 期收益最大化等价于最大化第 3 期预期资金量。假设噪声交易者在第 2 期受到的冲击大于第 1 期的概率是 q,此时 $S_2 = S > S_1$;第 2 期的冲击等于零的概率是 $1-q$,即噪声交易者在第 2 期了解到资产的真实价值,则 $S_2 = 0$,$p_2 = V$。

当 $S_2 = 0$ 时,套利者在第 2 期套现,并一直持有现金,所以第 3 期的资金量为:

$$W = a(D_1 V/p_1 + F_1 - D_1) + (1-a)F_1$$

当 $S_2 = S$ 时,套利者在第 2 期尽可能多地买入价格被低估的证券,然后在第 3 期套现,所以他第 3 期的资金量为:

$$W = (V/p_2)[a(D_1 p_2/p_1 + F_1 - D_1) + (1-a)F_1]$$

套利者的最优化问题就是对下式求最大值:

$$\begin{aligned} EW = {} & q(V/p_2)[a(D_1 p_2/p_1 + F_1 - D_1) + (1-a)F_1] \\ & + (1-q)[a(D_1 V/p_1 + F_1 - D_1) + (1-a)F_1] \end{aligned} \qquad (6.49)$$

二、以业绩评价的套利与市场效率

在分析该模型的市场效率之前,我们首先来回顾一下关于市场效率的若干层次:① 有效市场。在市场有效时,套利者可以得到所有他想要的资金。此时,噪声交易者的冲击都可以被套利者的反作用抵消,所以 $p_1 = p_2 = V$。② 套利者受资金限制,但并不采取PBA 形式。例如,即使套利者亏损,他还是可以筹到 F_1 的资金。此时,$p_1 = V - S_1 + F_1$,且 $p_2 = V - S + F_1$。③ $a = 1$。此时,如果套利者亏损,他无法补足原来的资金,但也不会因为亏损而被回收资金。下面我们将讨论第三种情况,即 $a = 1$。

在套利者最优化问题中,如式(6.49)所示,对 D_1 求一阶导数,可以得到:

$$(1-q)\left(\frac{V}{p_1}-1\right)+q\left(\frac{p_2}{p_1}-1\right)\frac{V}{p_2}\geq 0 \qquad (6.50)$$

根据 Kuhn-Tucker 条件,当且仅当 $D_1=F_1$ 时,不等号严格成立;如果 $D_1<F_1$,则等号严格成立。式(6.50)第一项表示价格在第 2 期回复时套利者投资的边际收益,第二项则表示价格在第 2 期下降幅度更大时套利者第 1 期投资的边际损失。如果价格恶化的概率足够高,而且恶化的程度足够严重,式(6.50)的等号就严格成立,此时套利者会保留部分现金留待第 2 期投资。如果 p_1 远低于 V,q 较小,而 p_2 相对于 p_1 并没有下降很多,则式(6.50)的不等号严格成立。也就是说,初始价格的偏离程度很大,价格在第 2 期回复的概率很高,而不是跌得更厉害,即使下跌,幅度也不会太大,此时套利者选择在第 1 期全部投资,而不是把资金留到第 2 期。我们把第 1 期价格严重偏离从而套利者投资全部资金的情形作为"极端情况"。关于"极端情况"的讨论可以总结为以下几个命题:

命题 1 在给定 V、S_1、S、F_1、a 的情况下,存在 q^*,使 $q>q^*$ 时,$D_1<F_1$,而当 $q<q^*$ 时,$D_1=F_1$。

在模型中,边角解和次优解都有可能存在。事实上,两者在大多数参数情况下是并存的。

命题 2 在边角解($D_1=F_1$)中,有 $\mathrm{d}p_1/\mathrm{d}S_1<0$,$\mathrm{d}p_2/\mathrm{d}S_1<0$,$\mathrm{d}p_1/\mathrm{d}S=0$;在次优解中,则有 $\mathrm{d}p_1/\mathrm{d}S_1<0$,$\mathrm{d}p_2/\mathrm{d}S<0$,$\mathrm{d}p_1/\mathrm{d}S<0$。

可以看出,噪声交易者风险越大,套利者对价格偏离的反作用力越弱,市场定价的有效性也就越差。另外,第 1 和第 2 期的价格对噪声交易者的冲击非常敏感。在模型中,由于价格在第 3 期一定会恢复到真实价值,而且第 2 期的噪声或者消失或者更严重,不存在朝基本面调整的可能(如前假设),所以,a 越大,即 PBA 的强度越大,市场的效率就越低。当 a 增大时,在均衡状态下,第 1 期的价格不变或者更低(如果套利者在第 1 期保留部分资金),噪声交易者第 2 期的冲击增大时价格也会降低。与有限套利($a=1$)相比,在 PBA($a>1$)条件下,价格的有效性更差。

命题 3 如果套利者在第 1 期全额投资($D_1=F_1$),而噪声交易者的错误估计在第 2 期加深($S_2>S_1$),则在 $a>1$ 的情况下,$F_2<D_1$ 且 $F_2/p_2<D_1/p_1$。

这一命题有助于我们理解在"极端情况"下套利行为的有效性。① 套利者第 1 期投入的财富是否比第 2 期多,即 $F_2<D_1$ 是否成立。② 套利者第 1 期持有的资产是否比第 2 期多,即 $F_2/p_2<D_1/p_1$ 是否成立。如果 $p_1>p_2$,即使套利者在第 2 期消费的较少,其第 2 期持有的资产仍可能多于第 1 期持有的资产。

但我们注意到套利者第 1 期全额投资是第 2 期套现的充分但非必要条件。如果 q 比 q^* 略大,此时 F_1-D_1 是一个较小的正数,则 $a>1$ 时,投资者仍会套现部分头寸。当 q 更大时,则 D_1 足够大,并保证 $F_2/p_2>D_1/p_1$。

根据命题 3,我们可以得到下式:

$$p_2=\frac{V-S-aF_1+F_1}{1-aF_1/p_1}(aF_1<p_1) \qquad (6.51)$$

其中,条件 $aF_1<p_1$ 是模型的简单稳定条件,它保证套利者不会因为亏损太多而被市场淘汰。如果 $aF_1>p_1$,则均衡时的价格为 $p_2=V-S$,且套利者被市场淘汰。

命题 4　在第 1 期全额投资的均衡中, $dp_2/dS < -1$,且 $d^2p_2/dadS < 0$。

此命题说明套利者在第 1 期全额投资时,第 2 期价格变化对于噪声交易者冲击的反应变化大于 1。特别是当 PBA 增强,比如 a 增大时,价格相对于冲击的下降反应越强,市场效率越低。如果用 dp_2/dS 衡量市场弹性(完全有效市场时为 0,不存在 PBA 时为 -1),则命题 4 表明:在极端情况下,存在 PBA 的市场会失去弹性,套利行为对价格恢复的作用变得微不足道。

上述结论与许多以往的传统模型是完全不同的。传统模型认为在价格偏离真实价值程度最大时套利者是最激进的,因为那时盈利机会最大。而本模型则认为在价格偏离真实价值程度最大时套利者发生亏损,而且此时他们对价格恢复的作用也最弱。

三、对 PBA 的反驳及其讨论

在上面的模型中,由于 PBA 的存在,套利者对资产的需求与其预期收益被割裂开来,从而使套利行为受到很大限制。PBA 是否像模型中所阐述的那样重要呢? 对于 PBA 的反驳意见集中在其潜在的实证意义上。第一,尽管由于套利业绩不佳,套利基金资产会减少,但由于时滞的存在,所以多数情况下,套利者可以维持其头寸,直到价格恢复,从而免于被市场淘汰。第二,如果套利者分散化投资,由于所有的头寸不可能同时亏损,因而套利者可以避免被迫清算。第三,那些有着相对长期优良业绩的套利者可能可以避免投资者撤回资金,在其他套利者将头寸套现时,他们可以进入市场并稳定价格。

这些反驳都有一定的道理,但是 PBA 在定量分析上的意义仍然很强。

第一,时滞不会很长。因为很多套利基金都允许投资者随时自由撤回部分资金,这种撤资在业绩较差的情况下会马上发生。尽管也有一些基金对投资者撤资进行限制,但这种基金在美国越来越少见。另外,在套利基金内部同样存在委托代理问题。当上司发现下属的业绩很差时,他们往往会强制下属变现。还有一个缩短时滞的因素是主动性清算。模型中没有考虑到风险厌恶性的套利者可能会主动变现以防止未来可能发生的价格变化。

对于业绩不佳迅速引致资产出售这一现象,更重要的解释来自债权人的变现压力。债权人通常会要求立即偿还或者变现抵押物,套利者被迫寻求现金以满足债权人的要求。而且,这种变现还具有溢出效应,因为套利者会通过在其他市场上的变现来获得现金。债权人的这种变现要求将给被抵押资产的价格带来下跌的压力,从而进一步加速资产的出售:一方面,如果债权人有权要求抵押物变现,而抵押物价值超出其出借的资金,他们就不会在乎抵押物变现的价格,从而造成债务人的损失。另一方面,还存在潜在的道德风险。如果债权人事先知道基金持有何种资产并且将来不得不对其变现,债权人就会先卖空基金持有的资产,然后在基金不得不套现时以更低的价格买入。这一现象引起我们对其他政策性问题的思考。比如,通常认为保持市场透明度和实施信息披露机制是积极的,但对本来就缺乏资金的套利者的业绩披露,可能迫使他们过早变现,从而加剧了市场的不稳定性。

第二,如果可以将危机限制在某个市场上,则分散化投资是避免清算的好方法。但如果所有套利者都想变现,资产价格就有下跌的压力,从而危机溢出原来的市场。在极端情况下,所有证券的价格都会下降。当套利者负债比例较高时,分散化投资的效果就更不理想。由此可知,即便不同市场的金融危机本身没有相同的基本面基础,但由于溢出效应,危机会在各个市场蔓延,从而导致市场发生协同变动。

第三,在模型中假设所有的套利者对于资金的敏感性是一致的,但事实上他们会有不同的敏感性。有些套利者可以获得不受 PBA 局限的资金,因而可以在价格偏离价值时追加投入。这类套利者可以抵消由于 PBA 带来的影响。一旦这类套利者使市场价格回复,则受 PBA 限制的套利者获得了盈利,因而根本不需要清算。但是,当发生噪声交易者冲击时,大多数套利者还是受到套现压力的限制,随着价格偏离程度不断加深,即使刚开始套利者还可以维持头寸,但由于积累量越来越大,资金撤回的压力促使他们套现。尽管套利者可运用资本的总量较大,而且当套利者清算时可能会有局外人进入,但现实中,套利市场是高度专业化的,而且套利者很少会在多个市场同时拥有经验和信誉,所以,在极端情况下,即使有些套利者拥有不受 PBA 限制的资金,也无法稳定市场。因此,通常老基金会在长期中获得比新基金更高的盈利,因为当价格偏离时它们可以获得更多的资金。

以上分析表明,尽管清算的时滞、分散化投资和可获得资金不受过去业绩影响的套利者的存在都会使 PBA 对市场的影响有所减弱,但这些因素不能完全抵消 PBA 的影响。尤其是在危机时,PBA 导致的主动或被动的套现造成了市场的剧烈波动。不仅如此,由模型分析我们可以看到金融危机对经济的影响非常显著,因而中央银行以及其他可以充当最后贷款人的类似机构在危机时期必须干预经济,以制止套现的连锁反应(Bagehot,1872；Kindleberger,1978)。因为这种行政干预是可以提高市场效率的。

本 章 小 结

我们通过不同形式的模型和实证检验,对市场有效假说提出了有力的质疑,同时对不完全有效市场情况下投资者的行为策略做了更深入的分析。通过对有限套利行为的描述、投资者情绪对价格的影响等具体模型,行为金融学对投资者行为策略的研究取得了较显著的成果,其结论也更符合现实市场的情况。尽管如此,到目前为止,在驳斥有效市场理论之后,行为金融学并没有给出一个完整的、具备逻辑一致性的研究框架,对决定价格以及投资者行为的关键因素也没有非常肯定和明确的回答。在研究方法上,尽管行为金融学比传统的金融理论更接近现实生活,更注重对投资者本身行为的研究,但对数学和心理学的应用还不是很成熟和完善。因而,行为金融学还是一门发展中的新兴学科。

这门学科将来要着力解决的问题包括以下几方面:

(1) 投资者行为。究竟投资者如何看待风险? 投资者怎样评价风险? 投资者跟风行为的驱动因素是什么? 决定投资者证券需求的心理因素是什么? 为什么不同的投资者行为模式相差那么大? 投资者交易次数为什么那么多?

(2) 市场与价格机制。为什么卖空机制那么不完善? 套利者要多久才能使价格与真实价值一致? 为什么两者相偏离的异常现象可以维持那么长时间? 各种风格的投资战略有怎样的周期规律? 证券价格怎样回复到真实价值?

(3) 实际经济影响。投资者情绪对证券发行有何影响? 股市泡沫究竟有利于为公司的好投资项目提供融资,还是仅仅导致资源的浪费? 市场开放的利弊比较结果怎样? 组合投资的收益与成本比较结果如何? 亏损的投资者将来还愿意继续在股市投资吗?

(4) 政策。政府何时应该干预市场以稳定证券价格? 怎样才能在不影响套利行为的前提下,减少噪声交易? 市场透明度和信息披露机制对防范危机究竟是利还是弊? 危机时期政府应该保护哪些人的利益,由谁来执行? 对投资者的教育是否可以帮助其克服偏见,应该怎么做?

这些问题在有效的市场中可能无足轻重,而在无效市场中就变得非常关键。在人们了解到有效市场很可能只是一种特例时,对市场无效的理解(包括上面所列的许多问题)就是非常迫切的。比如,一些决定资产价值的因素一直被传统金融学所忽略,其中已知的因素包括:人们对风险的态度、预测结果、未知情需求改变等,但还有很多方面是人们未知的。一旦人们了解了市场无效的含义,一方面,投资者可以利用在无效市场中得到的结论更好地用来指导在现实市场中的投资行为策略;另一方面,无效的实质影响出台相应的政策,从而可以对政策优劣和必要性做出评价。而这些都将是未来行为金融学的发展方向,有待金融学家们进一步研究。

关 键 术 语

噪声交易者风险 有限套利 投资者情绪 过度反应 反应不足 正反馈投资策略
价格泡沫 以业绩评价的套利

习 题

1. 什么是噪声交易者风险?

2. 噪声交易者模型有哪些基本假设?

3. 结合模型分析噪声交易者对风险资产价格的影响。

4. 分析噪声交易者与套利者相对收益的影响因素。

5. 利用投资者情绪模型解释过度反应和反应不足。

6. 什么是价格泡沫? 运用正反馈投资策略分析价格泡沫的成因。

7. 简述股市价格泡沫形成和演变的过程。

8. 什么是以业绩评价的套利?

9. 分析以业绩评价的套利(PBA)行为对市场效率的影响。

10. 对以业绩评价的套利(PBA)行为会使套利受到限制这一观点,有哪些反驳意见? 对于 PBA 的分析又有哪些意义?

即 测 即 评

专栏5：
尤金·F.法玛
(Eugene F. Fama)

芝加哥大学金融学教授尤金·F.法玛(Eugene F. Fama)因其"在资产定价领域的实证研究"[①]，被授予2013年诺贝尔经济学奖。

法玛于1964年获得芝加哥大学博士学位，自1963年起即任教于芝加哥大学，1968年起成为金融学教授。法玛教授是美国人文与科学院(American Academy of Arts and Sciences)院士，世界计量经济学会(Econometric Society)、美国金融学会(American Finance Association)成员。

法玛教授在资产定价领域的卓越贡献体现于理论与实证两个方面：其一，开创性地提出有效市场理论并对其进行了发展，为资产定价领域的实证研究指明了全新的方向与思路；其二，在事件研究、资产定价模型等方面的研究工作也为该领域的实证研究提供了基本的范式与方法。

法玛在其著名的文献综述(Fama,1970)中首先指出了以往研究文献中的"联合假设检验问题"(Joint-hypothesis Problem)：为了检验资产价格是否完全反映了所有已知信息，需要检验资产实际收益率与预期收益率之间的偏差是否可预测，因此首先需要了解预期收益率是如何决定的。20世纪60年代之前，研究文献中对市场有效性的理解停留于广义的"随机游走"模型：资产价格应该是一个下鞅过程(Submartingale)或者收益率序列应服从独立同分布过程。"随机游走"假设实际上并没有金融学理论的支持，资产的收益率与其风险和经济环境有关，并非总是服从独立同分布的随机变量。因此，即使实证检验拒绝了随机游走假设，也并不一定能够说明价格对信息的反映程度不够，事实上，资产定价模型的设定本身即有可能是不正确的。法玛对"联合假设检验问题"的分析指出了早期研究的缺陷，并将市场有效性与资产定价模型的实证研究有机地结合起来，为后来的大量相关实证文献的涌现提供了重要的理论基础。

---

① The Royal Swedish Academy of Sciences (2013). The Prize in Economic Sciences 2013-Press Release: Trendspotting in asset markets. http://www.nobelprize.org/nobel_prizes/economic-sciences/laureates/2013/press.html.

在此基础上,法玛(Fama,1970)进一步将市场有效性领域的实证研究划分为三个层次。市场有效性是指市场中的价格能够完全反映全部可得信息。法玛指出,市场有效性的实证研究可以根据其针对的不同信息子集划分为三个类型:弱式检验(Weak Form Tests),考虑历史收益信息对未来的预测作用;半强式检验(Semi-strong Form Tests),考虑证券价格根据公开可得的信息公告进行调整的速度;强式检验(Strong Form Tests),针对投资者的垄断信息来源(非公开信息)。早期的研究大多集中于弱式检验,但实际上,弱式检验难以避免联合假设检验问题。而法玛指出,由于短期内公司公开信息(公司公告等)对股票收益率的影响远远大于定价模型的影响程度,因此针对公司公告对股价的影响进行实证研究的半强式检验所面临的联合假设检验问题程度较低。法玛的这一前瞻性判断为后来的实证研究开启了一个全新领域。二十年后,法玛(Fama,1991)在新的实证研究的基础上对这一理论框架进行了修正和发展,重新将市场有效性领域的实证研究分为三类:第一类是收益的可预测性检验(Tests for Return Predictability),不仅在原弱式检验的基础上增加了对其他变量历史信息对未来收益的预测能力的检验,而且明确提出对资产定价模型的检验也应作为横截面收益的可预测性研究;第二类和第三类重新定义为事件研究(Event Studies)和私有信息检验(Tests for Private Information),其研究范围与之前定义的半强式和强式检验一致。新的分类拓展了历史信息对未来收益的预测能力检验的研究范围,为有效市场理论赋予了新的内涵。

在实证研究方面,法玛的贡献突出体现在事件研究和资产定价模型的实证研究中。

法玛等(Fama, Fisher, Jensen and Roll, 1969)将证券日收益率中超过资产定价模型预期收益率的部分定义为收益残差,指出如果事件(例如公司公告)包含基本面信息,那么事件前后一段时间的收益残差应等于该公告所反映的基本价值变化加上一个期望值为零的特有噪音项。如果市场是有效的,该噪音项在事件前后均应该是序列不相关的,因此观察累积残差的变化即可估计价格反映事件的速度以及市场的有效程度。他们的实证结果显示,对于股票分拆公告,在事件发生日(公告日)当天,累积残差迅速增加,而公告日之前和之后(除公告当日),累积残差均围绕零波动,显示市场价格对公告信息的反映是及时而迅速的。这一实证研究方法成为此后的诸多事件研究文献的基本实证分析范式。

法玛强调,所有对市场有效性的检验均是基于某一特定的资产定价模型假设所进行的,因而检验所发现的异象可能并非源自市场无效,而是源于资产定价模型的设定错误。自20世纪70年代起,许多实证研究对资本资产定价模型(Capital Asset Pricing Model,CAPM)对资产价格的解释能力提出质疑。法玛和弗伦奇(Fama and French, 1993)也在定价模型领域做出了重要的贡献。他们在传统 CAPM 理论的基础上,增加了反映公司股票总市值(Market Value)和账面价值—市值比(Book-to-market ratio)的两个因素,提出了著名的三因素模型。三因素模型显著改善了资本资产定价模型的解释能力,成为研究中常用的资产定价模型基础,并且受到了金融业界的广泛重视与采用。

五十余年来,法玛教授在资产定价和市场有效性领域的研究不断持续,发表了大量极具影响力的文献,其研究成果不仅深刻改变着金融学界对这一领域的认识,同时也对金融实务界产生了深远的影响。

2013 年诺贝尔经济学奖颁奖词对法玛教授的研究给予了极高的评价:"自 20 世纪 60 年代以来,尤金·法玛和他的合作者证明了在短期内预测股价是极其困难的,并且证明了新的信息非常迅速地反映在价格之中。这些发现不仅对此后的研究产生了深远的影响,而且同样改变着市场实践。通常所指的指数基金在全球范围内的出现便是一个鲜明的例子。"①

参 考 文 献

Economic Sciences Prize Committee of the Royal Swedish Academy of Sciences. Scientific Background on the Sveriges Riksbank Prize in Economic Sciences in Memory of Alfred Nobel 2013: UNDERSTANDING ASSET PRICES.

Fama E F. Efficient capital markets: a review of theory and empirical work. Journal of Finance, 1970: 383-417.

Fama E F. Efficient capital markets II. Journal of Finance, 1991:1575-1618.

Fama E F, Fisher L, Jensen M, Roll R. The adjustment of stock prices to new information. International Economic Review, 1969(10):1-21.

Fama E F, French K R. Common risk factors in the returns on stocks and bonds. Journal of Financial Economics, 1993(33):3-56.

The Royal Swedish Academy of Sciences. The Prize in Economic Sciences 2013 - Press Release: Trendspotting in asset markets.

---

① The Royal Swedish Academy of Sciences (2013). The Prize in Economic Sciences 2013 - Press Release: Trendspotting in asset markets.

第四部分
资产价值分析

第 7 章
债券价值分析

在第七章和第八章中,将分别运用收入资本化法(Capitalization of Income Method of Valuation),即收入法(Income Approach)对债券和普通股的价值进行分析。事实上,价值分析的方法除了收入法之外,还包括市场法(Market Approach)与资产基准法(Asset-based Approach)等方法。收入法或收入资本化法,又称现金流贴现法(Discounted Cash Flow Method,DCF),包括股息(或利息)贴现法和自由现金流贴现法。第七章和第八章中运用的收入资本化法仅仅是其中的股息(或利息)贴现法。

第一节　收入资本化法与债券价值分析

根据收入资本化法,任何资产的内在价值(Intrinsic Value)都等于投资者对持有该资产预期的未来现金流的现值。根据资产的内在价值与市场价格是否一致,可以判断该资产是否被低估或高估,从而帮助投资者进行正确的投资决策。所以,如何决定债券的内在价值成为债券价值分析的核心。下面将对不同的债券种类分别使用收入资本化法进行价值分析。

一、用收入资本化法计算债券价值

（一）贴现债券

贴现债券(Pure Discount Bond),又称零息票债券(Zero-coupon Bond)或贴息债券,是一种以低于面值的贴现方式发行,不支付利息,到期按债券面值偿还的债券。债券发行价格与面值之间的差额就是投资者的利息收入。由于面值是投资者未来唯一的现金流,所以贴现债券的内在价值由以下公式决定:

$$D = \frac{A}{(1+r)^T} \tag{7.1}$$

其中,D 表示贴现债券的内在价值;A 表示面值;r 表示市场利率;T 表示债券到期时间。

假定某种贴现债券的面值为 100 万美元,期限为 20 年,利率为 10%,那么它的内在价值应该是：

$$D = \frac{100}{(1+0.1)^{20}} = 14.864\ 4(万美元)$$

换言之,该贴现债券的内在价值仅为其面值的 15% 左右。

(二) 直接债券

直接债券(Level-coupon Bond),又称定息债券或固定利息债券,是一种按照票面金额计算利息,票面上可附有作为定期支付利息凭证的息票,也可不附息票的债券。投资者不仅可以在债券期满时收回本金(面值),而且可定期获得固定的利息收入。所以,投资者未来的现金流包括了两部分:本金与利息。直接债券的内在价值公式如下：

$$D = \frac{c}{1+r} + \frac{c}{(1+r)^2} + \frac{c}{(1+r)^3} + \cdots + \frac{c}{(1+r)^T} + \frac{A}{(1+r)^T} \qquad (7.2)$$

其中,c 是债券每期支付的利息;其他变量与式(7.1)相同。

例如,美国政府 1992 年 11 月发行了一种面值为 1 000 美元、年利率为 13% 的 4 年期国债。由于传统上债券利息每半年支付一次,即分别在每年的 5 月和 11 月,每次支付利息 65美元(130 美元/2)。那么,1992 年 11 月购买该债券的投资者未来的现金流可用表 7-1表示。

表 7-1　投资者未来的现金流

1993 年 5 月	1993 年 11 月	1994 年 5 月	1994 年 11 月	1995 年 5 月	1995 年 11 月	1996 年 5 月	1996 年 11 月
65 美元	65 美元	65 美元	65 美元	65 美元	65 美元	65 美元	65 美元 + 1 000 美元

如果市场利率定为 10%,那么该债券的内在价值为 1 097.095 美元,具体计算过程如下：

$$D = \frac{65}{1+0.05} + \frac{65}{(1+0.05)^2} + \cdots + \frac{65}{(1+0.05)^8} + \frac{1\ 000}{(1+0.05)^8} = 1\ 097.095(美元)$$

(三) 统一公债

统一公债(Consols)是一种没有到期日的特殊的定息债券。最典型的统一公债是英格兰银行在 18 世纪发行的英国统一公债(English Consols),英格兰银行保证对该公债的投资者永久地支付固定的利息。直至如今,在伦敦的证券市场上仍然可以买卖这种公债。历史上美国政府为巴拿马运河融资时也曾发行过类似的统一公债。但是,由于美国政府在该种债券发行时还附有赎回条款,所以美国的统一公债已经退出了流通。在现代公司制企业中,优先股的股东可以无限期地获得固定的股息,所以,如果优先股的股东每一期都可按照优先股股息率获取固定股息,那么优先股实际上也是一种统一公债。统一公债的内在价值的计算公式如下：

$$D = \frac{c}{1+r} + \frac{c}{(1+r)^2} + \frac{c}{(1+r)^3} + \cdots = \frac{c}{r} \qquad (7.3)$$

例如,某种统一公债每年的固定利息是 50 美元,假定市场利率水平为 10%,那么,该

债券的内在价值为 500 美元,即:

$$D = \frac{50}{0.1} = 500(\text{美元})$$

二、债券价值分析

在上述三种债券中,直接债券是一种最普遍的债券形式。下面就以直接债券为例,说明如何根据债券的内在价值与市场价格的差异,判断债券价格属于低估还是高估。

第一种方法,比较两类到期收益率的差异。式(7.1)至式(7.3)中的 r 是市场的利率水平,即根据债券的风险大小确定的到期收益率(Appropriate Yield-to-Maturity);另外一类到期收益率,是债券本身承诺的到期收益率(Promised Yield-to-Maturity),用 r^* 表示。

假定债券的价格为 P,每期支付的利息为 c,到期偿还本金(面值)A,那么,债券价格与债券本身承诺的到期收益率之间存在下列关系式:

$$P = \frac{c}{1+r^*} + \frac{c}{(1+r^*)^2} + \cdots + \frac{c}{(1+r^*)^n} + \frac{A}{(1+r^*)^n} \tag{7.4}$$

如果 $r>r^*$,则该债券的价格被高估;如果 $r<r^*$,表现为该债券的价格被低估;当 $r=r^*$ 时,债券的价格处在比较合理的水平。

例如,某种债券的价格为 900 美元,每年支付利息 60 美元,3 年后到期偿还本金 1 000 美元,利用内在收益率的计算方法,根据式(7.4)可得:

$$900 = \frac{60}{1+r^*} + \frac{60}{(1+r^*)^2} + \frac{60+1\,000}{(1+r^*)^3}$$

可以算出该债券承诺的到期收益率 r^* 为 10.02%。如果市场利率为 9%,那么这种债券的价格是被低估的。

第二种方法,比较债券的内在价值与债券价格的差异。我们把债券的内在价值(V)与债券的价格(P)两者的差额,定义为债券投资者的净现值(Net Present Value,NPV)。当净现值大于 0 时,意味着内在价值大于债券的价格,即市场利率低于债券承诺的到期的收益率,该债券被低估;反之,当净现值小于零时,该债券被高估。这种方法用公式表示为:

$$NPV = V - P \tag{7.5}$$

沿用第一种方法中的例子,可以发现该债券的净现值为 24.06 美元,所以该债券的价格被低估了。具体计算如下:

$$NPV = \frac{60}{1+0.09} + \frac{60}{(1+0.09)^2} + \frac{60}{(1+0.09)^3} + \frac{1\,000}{(1+0.09)^3} - 900 = 24.06(\text{美元})$$

当净现值大于 0 时,对于投资者是一个买入信号。相反,如果市场利率 r 不是 9%,而是 11%,那么,该债券的净现值将小于 0(-22.19 美元),表明它被高估了,对于投资者构成了一个卖出信号。只有当市场利率近似地等于债券承诺的到期的收益率时,债券的价格才处于一个比较合理的水平。

第二节　债券属性与价值分析

债券的价值与债券以下六方面的属性密切相关。这些属性分别是:到期时间、息票率、可赎回条款、税收待遇、流通性、违约风险。其中任何一种属性的变化,都会改变债券的到期收益率水平,从而影响债券的价格。下面将采用局部静态均衡的方法,即在假定其他属性不变的条件下,分析某一种属性的变化对债券价格的影响。

一、到期时间

从第一节的式(7.1)至式(7.4)可以发现:当市场利率 r 和债券的到期收益率 r^* 上升时,债券的市场价格和内在价值都将下降。当其他条件完全一致时,债券的到期时间越长,市场利率变化引起的债券价格的波动幅度越大。但是当到期时间变化时,市场利率变化引起的债券的边际价格变动率递减。

例如,假定存在4种期限分别是1年、10年、20年和30年的债券,它们的息票率都是6%,面值均为100元,其他属性也完全一样。如果起初的市场利率为6%,根据内在价值的计算公式可知这4种债券的内在价值都是100元。如果相应的市场利率上升或下降,这4种债券的内在价值的变化如表7-2所示。

表7-2 内在价值(价格)与期限之间的关系

期限	相应的市场利率下的内在价值(元)			内在价值变化率(%)	
	4%	6%	8%	(6%到4%)	(6%到8%)
1	102	100	98	+2	−2
10	116	100	86	+16	−14
20	127	100	80	+27	−20
30	135	100	77	+35	−23

资料来源:整理自黄亚钧.现代投资银行的业务和经营.上海:立信会计出版社,1996:118。

表7-2反映了当市场利率由现在的6%上升到8%,4种期限的债券的内在价值分别下降2%、14%、20%和23%;反之,当市场利率由现在的6%下降到4%,四种期限的债券的内在价值分别上升2%、16%、27%和35%。同时,当市场利率由现在的6%上升到8%时,1年期和10年期的债券的内在价值下降幅度相差12元,10年期和20年期的债券的内在价值下降幅度相差6元,20年期和30年期的债券的内在价值下降幅度相差3元。可见,由单位期限变动引起的边际价格变动率递减。

二、息票率

债券的到期时间决定了债券的投资者取得未来现金流的时间,而息票率决定了未来现金流的大小。在其他属性不变的条件下,债券的息票率越低,市场利率变化引起的债券价格的波动幅度越大。

例如,存在5种债券,期限均为20年,面值为100元。唯一的区别在于息票率,即它们的息票率分别为4%、5%、6%、7%和8%。假设初始的市场利率水平为7%,那么,可以利用式(7.2)分别计算出各自的初始的内在价值。如果市场利率发生了变化(上升到8%和下降到5%),相应地可以计算出这5种债券的新的内在价值,具体结果见表7-3。

表 7-3　内在价值（价格）变化与息票率之间的关系

息票率	相应的市场利率下的内在价值（元）			内在价值变化率	
	7%	8%	5%	（7% 到 8%）	（7% 到 5%）
4%	68	60	87	−11.3%	+28.7%
5%	78	70	100	−10.5%	+27.1%
6%	89	80	112	−10.0%	+25.8%
7%	100	90	125	−9.8%	+25.1%
8%	110	100	137	−9.5%	+24.4%

资料来源：整理自黄亚钧. 现代投资银行的业务和经营. 上海：立信会计出版社，1996：119。

从表 7-3 中可以发现，面对同样的市场利率变动，无论市场利率上升还是下降，5 种债券中息票率最低的债券（4%）的内在价值波动幅度最大，而随着息票率的提高，5 种债券的内在价值的变化幅度逐渐降低。所以，债券的息票率越低，市场利率变化引起的债券价格的波动幅度越大。

三、可赎回条款

许多债券在发行时含有可赎回条款，即在一定时间内发行人有权赎回债券。这是有利于发行人的条款，因为，当市场利率下降并低于债券的息票率时，债券的发行人能够以更低的成本筹到资金。所以，发行人可以行使赎回权，将债券从投资者手中收回。尽管债券的赎回价格高于面值，但是，赎回价格的存在制约了债券市场价格的上升空间，并且增加了投资者的交易成本，因此降低了投资者的预期投资收益率。为此，可赎回债券往往规定了赎回保护期，即在保护期内，发行人不得行使赎回权。常见的赎回保护期是发行后的 5 年至 10 年。

例如，一种 10 年期的可赎回债券的息票率为 12%（r），按面值 1 000 美元发行，赎回价格为 1 050 美元，赎回保护期为 5 年。如果 5 年后，5 年期债券的息票率降低为 8%（r'），该债券的发行人可能行使赎回权。这时，投资者的现金流发生了变化，即从原来的每年 120 美元利息（共 10 年）加第 10 年年末的本金（1 000 美元），改变为每年 120 美元利息（前 5 年）加第 5 年年末的赎回价格（1 050 美元）。假定在没有零股交易限制的情况下，投资者将赎回价格 1 050 美元再投资于息票率为 8% 的 5 年期债券，该投资组合的内在价值也低于发行人没有行使赎回权的内在价值。

未行使赎回权情况下的债券的内在价值：

$$D = \frac{120}{1+r} + \frac{120}{(1+r)^2} + \cdots + \frac{120}{(1+r)^{10}} + \frac{1\ 000}{(1+r)^{10}} = 1\ 090.62（美元）$$

行使赎回权情况下的投资组合的内在价值[①]：

$$D' = \frac{120}{1+r} + \frac{120}{(1+r)^2} + \cdots + \frac{120}{(1+r)^5} + \frac{1}{(1+r)^5}\left[\frac{84}{1+r'} + \frac{84}{(1+r')^2} + \cdots + \frac{84+1\ 050}{(1+r')^5}\right]$$

$$= 1\ 028.37（美元）$$

---

① 比较投资组合的内在价值应以相同的投资期限为基础。

所以,可赎回条款的存在,降低了该类债券的内在价值,并且降低了投资者的实际收益率。一般而言,息票率越高,发行人行使赎回权的概率越大,即投资债券的实际收益率与债券承诺的收益率之间的差额越大。

四、税收待遇

在不同的国家之间,由于实行的法律不同,不仅不同种类的债券可能享受不同的税收待遇,而且同种债券在不同的国家也可能享受不同的税收待遇。债券的税收待遇的关键在于债券的利息收入是否需要纳税。由于利息收入纳税与否直接影响着投资的实际收益率,所以,税收待遇成为影响债券的市场价格和收益率的一个重要因素。例如,美国法律规定,地方政府债券的利息收入可以免交联邦收入所得税,所以地方政府债券的名义到期收益率往往比类似的但没有免税待遇的债券要低 20% ~ 40% 。此外,税收待遇对债券价格和收益率的影响还表现在贴现债券的价值分析中。贴现债券一般具有延缓利息税收支付的优势。但对于美国地方政府债券的投资者来说,由于有票面利息的地方政府债券可以免交联邦收入所得税,使得贴现债券的税收优势不复存在,所以,在美国地方政府债券市场上,贴现债券品种并不流行。对于贴现债券或息票率低的债券的内在价值而言,由于具有延缓利息税收支付的待遇,它们的税前收益率水平往往低于类似的但没有免税待遇的(息票率高的)其他债券,所以,享受免税待遇的债券的内在价值一般略高于没有免税待遇的债券。

五、流通性

债券的流通性或者流动性,是指债券投资者将手中的债券变现的能力。如果变现的速度很快,并且没有遭受变现所可能带来的损失,那么这种债券的流通性就比较高;反之,如果变现速度很慢,或者为了迅速变现必须为此承担额外的损失,那么这些债券的流动性就比较低。

通常用债券的买卖差价的大小反映债券的流动性大小。买卖差价较小的债券,其流动性比较高;反之,流动性较低。这是因为绝大多数的债券的交易发生在债券的经纪人市场,对于经纪人来说,买卖流动性高的债券的风险低于流动性低的债券,故前者的买卖差价小于后者。流动性风险也会对债券的到期收益率产生影响。所以,在其他条件不变的情况下,债券的流动性与债券的名义的到期收益率之间呈负相关关系,即流动性高的债券的到期收益率比较低,反之则较高。相应地,债券的流动性与债券的内在价值呈正相关关系。

六、违约风险

债券的违约风险是指债券发行人未按照契约的规定支付债券的本金和利息,给债券投资者带来损失的可能性。债券评级是反映债券违约风险的重要指标。美国是目前世界上债券市场最发达的国家,所拥有的债券评级机构也最多,其中最著名的两家是标准普尔公司(Standard & Poor's,S&P)和穆迪投资者服务公司(Moody's Investors Services)。尽管这两家公司的债券评级分类有所不同,但是基本上都将债券分成投资级和投机级两类。投资级的债券被评定为最高的四个级别。例如,标准普尔公司和穆迪投资者服务公司分别将 AAA、

AA、A、BBB 和 Aaa、Aa、A、Baa 四个级别的债券定义为投资级债券,将 BB 级以下(包括 BB 级)和 Ba 级以下(包括 Ba 级)的债券定义为投机级债券。有时人们将投机级的债券称为垃圾债券(Junk Bonds),将由发行时的投资级转变为投机级的债券形象地称为"失落的天使"(Fallen Angels)。标准普尔公司的债券评级标准详见表 7-4。在政府债券与公司债券之间,包括 AAA 级在内的公司债券的违约风险高于政府债券;在政府债券内部,中央政府债券的违约风险低于地方政府的债券;在公司债券内部,AAA 级的债券的违约风险最小,并随着评级的降低,违约风险不断上升。

表 7-4　标准普尔公司的债券评级标准

标准普尔公司的公司或地方政府债券评级是对某一债务人关于某一特定债务的信用水平的即期评估,该评估可能考察如担保人、发行人或承租人等的债务人。

该债务评级不是对购买、出售或持有某一证券的建议,这是因为其不对证券市场价格和对某特定投资者的适合程度做出评论。

该评级建立于发行人提供的即期信息,或者标准普尔公司从它认为可靠的途径获取的即时信息的基础之上。标准普尔公司并没有为每次评级进行审计工作,并且有时可能依赖于未经审计过的财务信息。此种信息的改变、不可获得或者其他原因可能会导致评级被改变、暂停和撤回。

该评级在不同程度上基于以下考虑:

违约的可能性,即债务人根据债务条款按时支付利息和偿还本金的能力和意愿;

债务条款的性质;

当发生破产、重组或者其他在破产法下或在其他影响债权人权利的法律下的调整行为时,该债务提供的保护条款和该债务的相对地位。

AAA:偿还债务能力极强,为标准普尔给予的最高评级。

AA:偿还债务能力很强,与最高评级差别很小。

A:偿还债务能力较强,但相对于较高评级的债务/发债人,其偿债能力较易受外在环境及经济状况变动的不利因素的影响。

BBB:目前有足够偿债能力,但若在恶劣的经济条件或外在环境下其偿债能力可能较脆弱。

获得 BB 级、B 级、CCC 级或 CC 级的债务或发债人一般被认为具有投机成分。其中 BB 级的投机程度最低,CC 级的投机程度最高。这类债务也可能有一定的投资保障,但重大的不明朗因素或恶劣情况可能削弱这些保障作用。

BB:相对于其他投机级评级,违约的可能性最低。但持续的重大不稳定情况或恶劣的商业、金融、经济条件可能令发债人没有足够能力偿还债务。

B:违约可能性较 BB 级高,发债人目前仍有能力偿还债务,但恶劣的商业、金融或经济情况可能削弱发债人偿还债务的能力和意愿。

CCC:目前有可能违约,发债人需依赖良好的商业、金融或经济条件才有能力偿还债务。如果商业、金融、经济条件恶化,发债人可能会违约。

CC:目前违约的可能性较高。由于其财务状况,目前正在受监察。在受监察期内,监管机构有权审定某一债务较其他债务有优先偿付权。

SD/D:当债务到期而发债人未能按期偿还债务时,纵使宽限期未满,标准普尔亦会给予 D 评级,除非标准普尔相信债款可于宽限期内清还。此外,如正在申请破产或已作出类似行动以致债务的偿付受阻时,标准普尔亦会给予 D 评级。当发债人有选择地对某些或某类债务违约时,标准普尔会给予 SD 评级(选择性违约)。

资料来源:http://www2. standardandpoors. com/portal/site/sp/cn/cn/page. article/2,1,1,4,1145841944507. html.

那么,债券的违约风险与债券的收益率之间存在着什么关系呢?既然债券存在着违约风险,投资者必然要求获得相应的风险补偿,即较高的投资收益率。所以,违约风险越高,投资收益率也应该越高。在美国债券市场上,联邦政府债券的违约风险最低,地方政府债券的违约风险次低,AAA 级的公司债券的违约风险较前两者为高,D 级的公司债券违约风险最高。相应地,上述债券的收益率从低向高排列。但是,由于地方政府债券的利息收入可以免缴联邦政府收入所得税,所以,美国地方政府债券的投资收益率低于联邦政府债券的收益率,而联邦政府债券的投资收益率又低于 AAA 级的公司债券的收益率。在公司债券中,投资级债券的投资收益率低于投机级债券的收益率。

表 7-5 是对本节内容的总结,综合了上述六方面的债券属性与债券价值分析之间的关系。

表 7-5　债券属性与债券收益率(价格)

债券属性	与债券收益率(价格)的关系
1. 期限	当市场利率调整时,期限越长,债券的价格波动幅度越大;但是当期限延长时,单位期限的债券价格的波动幅度递减
2. 息票率	当市场利率调整时,息票率越低,债券的价格波动幅度越大
3. 可赎回条款	当债券被赎回时,投资收益率降低,所以,作为补偿,易被赎回的债券的名义收益率比较高,不易被赎回的债券的名义收益率比较低
4. 税收待遇	享受税收优惠待遇的债券的收益率比较低,无税收优惠待遇的债券的收益率比较高
5. 流动性	流动性高的债券的收益率比较低,流动性低的债券的收益率比较高
6. 违约风险	违约风险高的债券的收益率比较高,违约风险低的债券的收益率比较低

第三节　债券定价原理

本节介绍债券定价原理,并讨论与债券定价有关的债券的两个特性:凸性(Convexity)和久期(Duration)。

一、债券定价原理

1962 年麦尔齐(B. G. Malkiel)最早系统地提出了债券定价的 5 个原理。[①] 至今,这 5 个原理仍然被视为债券定价理论的经典。

定理 1　债券的价格与债券的收益率成反比例关系。换句话说,当债券价格上升时,债券的收益率下降;反之,当债券价格下降时,债券的收益率上升[②]。

例题 1　某 5 年期的债券 A,面值为 1 000 美元,每年支付利息 80 美元,即息票率为

---

① Malkiel B G. Expectations, Bond Prices, and the Term Structure of Interest Rates. Quarterly Journal of Economics, 1962(5):197-218.

② 可以通过对式(7.2)求导证明定理一。

$\dfrac{\mathrm{d}B}{\mathrm{d}r} = \dfrac{\mathrm{d}D}{\mathrm{d}r} = -\left(\sum_{t=1}^{T} \dfrac{tc}{(1+r)^{t+1}} + \dfrac{AT}{(1+r)^{T+1}} \right) \leqslant 0$。类似地,可以对定理 2 至定理 4 进行数学证明。

8%。如果现在的市场价格等于面值,意味着它的收益率等于息票率8%。如果市场价格上升到1 100美元,它的收益率下降为5.76%,低于息票率;反之,当市场价格下降到900美元时,它的收益率上升到10.98%,高于息票率。具体计算如下:

$$1\ 000 = \frac{80}{1+0.08} + \cdots + \frac{80}{(1+0.08)^5} + \frac{1\ 000}{(1+0.08)^5}$$

$$1\ 100 = \frac{80}{1+0.057\ 6} + \cdots + \frac{80}{(1+0.057\ 6)^5} + \frac{1\ 000}{(1+0.057\ 6)^5}$$

$$900 = \frac{80}{1+0.109\ 8} + \cdots + \frac{80}{(1+0.109\ 8)^5} + \frac{1\ 000}{(1+0.109\ 8)^5}$$

定理2　当债券的收益率不变,即债券的息票率与收益率之间的差额固定不变时,债券的到期时间与债券价格的波动幅度之间成正比关系。换言之,到期时间越长,价格波动幅度越大;反之,到期时间越短,价格波动幅度越小。

这个定理不仅适用于不同债券之间的价格波动的比较,而且可以解释同一债券的到期时间的长短与其价格波动之间的关系。其中,债券之间的比较,在第二节的“到期时间”部分已经讨论过,详见表7-2。下面分析定理2在同一债券中的运用。

例题2　某5年期的债券B,面值为1 000美元,每年支付利息60美元,即息票率为6%。如果其发行价格低于面值,为883.31美元,意味着收益率为9%,高于息票率;如果1年后该债券的收益率维持在9%的水平不变,其市场价格将为902.81美元。这种变动说明了在维持收益率不变的条件下,随着债券期限的临近,债券价格的波动幅度从116.69美元(1 000-883.31)减少到97.19美元(1 000-902.81),两者的差额为19.5美元,占面值的1.95%。具体计算如下:

$$883.31 = \frac{60}{1+0.09} + \cdots + \frac{60}{(1+0.09)^5} + \frac{1\ 000}{(1+0.09)^5}$$

$$902.81 = \frac{60}{1+0.09} + \cdots + \frac{60}{(1+0.09)^4} + \frac{1\ 000}{(1+0.09)^4}$$

定理3　在定理2的基础上,随着债券到期时间的临近,债券价格的波动幅度减少,并且是以递增的速度减少;反之,到期时间越长,债券价格波动幅度增加,并且是以递减的速度增加。

这个定理同样适用于不同债券之间的价格波动的比较以及同一债券的价格波动与其到期时间的关系。其中,不同债券之间的价格波动的比较,同样参见第二节的“到期时间”部分,详见表7-2。

例题3　沿用例题2中的债券。假定2年后它的收益率仍然为9%,此时它的市场价格将为924.06美元,该债券的价格波动幅度为75.94美元(1 000-924.06)。与例题2中的97.19美元相比,两者的差额为21.25美元,占面值的比例为2.125%。所以,发行时与第1年的市场价格波动幅度差额(1.95%)小于第1年与第2年的市场价格波动幅度差额(2.125%)。第2年的市场价格计算如下:

$$924.06 = \frac{60}{1+0.09} + \cdots + \frac{60}{(1+0.09)^3} + \frac{1\ 000}{(1+0.09)^3}$$

定理4　对于期限既定的债券,由收益率下降导致的债券价格上升的幅度大于同等幅度的收益率上升导致的债券价格下降的幅度。换言之,对于同等幅度的收益率变动,收益率下降给投资者带来的利润大于收益率上升给投资者带来的损失。

例题 4 某 5 年期的债券 C,面值为 1 000 美元,息票率为 7%。假定发行价格等于面值,那么它的收益率等于息票率 7%。如果收益率变动幅度定为 1 个百分点,当收益率上升到 8% 时,该债券的价格将下降到 960.07 美元,价格波动幅度为 39.93 美元(1 000-960.07);反之,当收益率下降 1 个百分点,降到 6% 时,该债券的价格将上升到 1 042.12 美元,价格波动幅度为 42.12 美元。很明显,同样 1 个百分点的收益率变动,收益率下降导致的债券价格上升幅度(42.12 美元)大于收益率上升导致的债券价格下降幅度(39.93 美元)。具体计算如下:

$$1\ 000 = \frac{70}{1+0.07} + \cdots + \frac{70}{(1+0.07)^5} + \frac{1\ 000}{(1+0.07)^5}$$

$$960.07 = \frac{70}{1+0.08} + \cdots + \frac{70}{(1+0.08)^5} + \frac{1\ 000}{(1+0.08)^5}$$

$$1\ 042.12 = \frac{70}{1+0.06} + \cdots + \frac{70}{(1+0.06)^5} + \frac{1\ 000}{(1+0.06)^5}$$

定理 5 对于给定的收益率变动幅度,债券的息票率与债券价格的波动幅度之间成反比关系。换言之,息票率越高,债券价格的波动幅度越小。[①]

在第二节的息票率部分,曾经分析过这种现象,下面再举一个例子。

例题 5 与例题 4 中的债券 C 相比,某 5 年期的债券 D,面值为 1 000 美元,息票率为 9%,比债券 C 的息票率高 2 个百分点。如果债券 D 与债券 C 的收益率都是 7%,那么债券 C 的市场价格等于面值,而债券 D 的市场价格为 1 082 美元,高于面值。如果两种债券的收益率都上升到 8%,它们的价格无疑都将下降,债券 C 和债券 D 的价格分别下降到 960.07 美元和 1 039.93 美元。债券 C 的价格下降幅度为 3.993%,债券 D 的价格下降幅度为3.889%。很明显,债券 D 的价格波动幅度小于债券 C。具体公式如下:

债券 C:

$$1\ 000 = \frac{70}{1+0.07} + \cdots + \frac{70}{(1+0.07)^5} + \frac{1\ 000}{(1+0.07)^5}$$

$$960.07 = \frac{70}{1+0.08} + \cdots + \frac{70}{(1+0.08)^5} + \frac{1\ 000}{(1+0.08)^5}$$

债券 D:

$$1\ 082 = \frac{90}{1+0.07} + \cdots + \frac{90}{(1+0.07)^5} + \frac{1\ 000}{(1+0.07)^5}$$

$$1\ 039.93 = \frac{90}{1+0.08} + \cdots + \frac{90}{(1+0.08)^5} + \frac{1\ 000}{(1+0.08)^5}$$

二、凸性

根据债券定价定理 1 和定理 4,可以推出债券价值分析中的一个重要概念,即债券的

---

① 定理 5 不适用于 1 年期的债券和以统一公债为代表的无限期债券。

凸性。债券的凸性反映了债券的价格与债券的收益率在图形中的反比关系。一方面,定理 1 认为债券的价格与债券的收益率成反比关系;另一方面,定理 4 认为债券价格与债券收益率之间并非线性的反比关系。

在图 7-1 中,假定某债券的价格和收益率分别为 P 和 Y。当收益率上升或下降一个固定的幅度时,表现为 $Y^+ - Y = Y - Y^-$,相应的债券价格分别为 P^- 和 P^+。显然地,当收益率上升或下降时,债券的价格将下降或上升,即收益率与价格之间成反比关系;此外,由于 $P^+ - P$ 大于 $P - P^-$,所以,对于相同的变化幅度,收益率上升导致的价格下降幅度小于收益率下降导致的价格上升幅度。

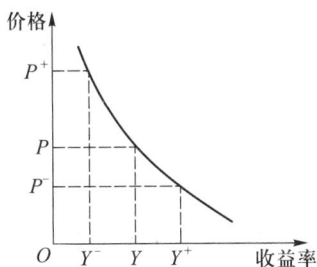

图 7-1　债券的凸性

三、久期

债券久期的概念最早是 Macaulay 于 1938 年提出的,所以又称 Macaulay 久期。[①] Macaulay 使用加权平均数的形式计算债券的平均到期时间,即 Macaulay 久期,用 MD 或 D 表示。

（一）Macaulay 久期的计算公式

$$D = \frac{\sum_{t=1}^{T} PV(c_t) t}{B} \tag{7.6}$$

其中,D 是 Macaulay 久期;B 是债券当前的市场价格;$PV(c_t)$ 是债券未来第 t 期现金流(利息或本金)的现值;T 是债券的到期时间。

需要指出的是,在债券发行时以及发行后都可以计算 Macaulay 久期。计算发行时的 Macaulay 久期,T(到期时间)等于债券的期限;计算发行后的 Macaulay 久期,T(到期时间)小于债券的期限。

例如,某债券当前的市场价格为 950.25 美元,收益率为 10%,息票率为 8%,面值 1 000 美元,3 年后到期,一次性偿还本金。该债券的有关数据详见表 7-6。利用公式(7.6),可知:

$$D = \frac{72.73 \times 1 + 66.12 \times 2 + 811.40 \times 3}{950.25} = \frac{2\,639.17}{950.25} = 2.78(\text{年})$$

表 7-6　Macaulay 久期计算举例

未来现金流支付时间(t)	未来现金流(c)(美元)	现值系数	未来现金流的现值($PV(c_t)$)(美元)	现值乘以支付时间($PV(c_t)t$)(美元)
1	80	0.909 1	72.73	72.73
2	80	0.826 4	66.12	132.23

---

① Macaulay F R. Some Theoretic Problems Suggested by the Movement of Interest Rates, Bond Yields and Stock Prices in the United States Since 1856. National Bureau of Economic Research, 1938.

续表

未来现金流支付时间(t)	未来现金流(c)（美元）	现值系数	未来现金流的现值（$PV(c_t)$）（美元）	现值乘以支付时间（$PV(c_t)t$）（美元）
3	1 080	0.751 3	811.40	2 434.21
加总			950.25	2 639.17

资料来源：Sharpe W F, Alexander G J, Bailey J V. Investment. 5th ed. Prentice-Hall International, Inc., 1995: 470.

（二）Macaulay 久期定理

关于 Macaulay 久期与债券的期限之间的关系，存在以下 3 个定理[①]：

定理 1 只有贴现债券的 Macaulay 久期等于它们的到期时间。

由于该种债券以贴现方式发行，期间不支付利息，到期一次性偿还本金。所以，它的市场价格应该等于到期偿还的本金的现值，即：

$$D = \frac{PV(c_T)}{B} \cdot T = 1 \cdot T = T \tag{7.7}$$

其中，c_T是第 T 期偿还的本金；$PV(c_T)$是相应的现值。

定理 2 直接债券的 Macaulay 久期小于或等于它们的到期时间。只有仅剩最后一期就要期满的直接债券的 Macaulay 久期等于它们的到期时间，并等于 1，即：

$$D = \frac{\sum_{t=1}^{T} PV(c_t)t}{B} = \frac{PV(c_1)}{B} \cdot 1 + \frac{PV(c_2)}{B} \cdot 2 + \cdots + \frac{PV(c_T)}{B} \cdot T \leqslant T \tag{7.8}$$

定理 3 统一公债的 Macaulay 久期等于$1 + 1/r$，其中 r 是计算现值采用的贴现率，即：

$$D = 1 + \frac{1}{r} \tag{7.9}$$

（三）Macaulay 久期与债券价格的关系

债券的利率风险通常用债券的利率弹性指标衡量，即：

$$IE = \frac{\dot{B}/B}{\dot{r}/r} \tag{7.10}$$

其中，分子和分母分别表示债券价格和债券收益率的变动率。根据债券定价定理 1，可以推知债券价格的利率弹性小于 0。例如，当某债券的收益率上升 100% 时，假定其价格下降 70%，那么该债券的利率弹性为-0.7。此外，还可以利用利率弹性与 Macaulay 久期的关系式计算利率弹性，即：

$$IE \cong -D \frac{r}{1+r} \tag{7.11}$$

将式（7.10）和式（7.11）联系起来，可以得到：

$$\frac{\dot{B}}{B} = IE \frac{\dot{r}}{r} \cong -D \frac{r}{1+r} \cdot \frac{\dot{r}}{r} \cong -D \frac{\dot{r}}{1+r} \tag{7.12}$$

[①] Francis J C. Investments: Analysis and Management. 4th ed. McGraw-Hill Book Company, 1986: 297.

式(7.12)表明,对于给定的收益率变动幅度,Macaulay 久期越大,债券价格的波动幅度越大。而债券定价定理 2 认为:债券的到期时间与债券价格的波动幅度之间成正比关系。由于债券的到期时间与 Macaulay 久期成正比关系,所以,式(7.12)显示的债券价格与 Macaulay 久期之间的关系与债券定价定理 2 是一致的。

(四) 债券凸性与 Macaulay 久期之间的关系

现在,我们讨论债券的凸性与久期的关系。从上面的分析可以发现它们都涉及对债券收益率的变动与债券价格变动之间的联系。图 7-1 形象地描述了债券收益率与债券价格之间的反比关系,即凸性。然而,这种反比关系是非线性的。图 7-2 中的曲线与图 7-1 中的曲线完全相同。图 7-2 中的直线与曲线的切点,正好是债券当前的市场价格与收益率的组合点。这条直线的函数表达式为式(7.12),说明债券价格与收益率之间近似地呈线性的反比关系。

在图 7-2 中的曲线中,当收益率从 Y 上升到 Y^+,或者从 Y 下降到 Y^- 时($Y^+-Y=Y-Y^-$),债券的价格分别下降到 P^- 或者上升到 P^+。但是,在图中的直线上,对于相同的收益率变动,债券价格则分别下降到 P_D^- 或者上升到 P_D^+。$(P^- -P_D^-)$ 和 $(P^+ -P_D^+)$ 就是根据凸性和久期分别决定的债券价格变动幅度的误差。这种误差出现的原因在于式(7.12)本身就是一个近似计算。换言

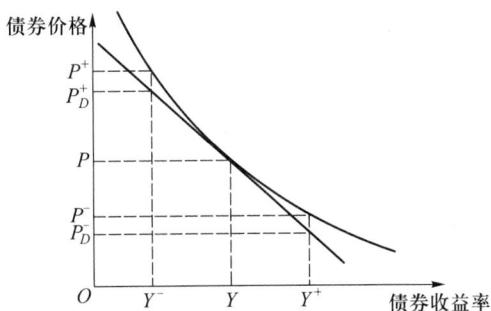

图 7-2　债券的凸性与久期

之,债券的凸性准确地描述了债券价格与收益率之间非线性的反比关系;而债券的久期将债券价格与收益率的反比关系视为线性的,只是一个近似的公式。然而,图 7-2 同样表明:当收益率变动幅度比较小时,久期与凸性两者的误差也比较小。所以,对于比较小的收益率变动,久期的公式(7.12)能够比较准确地反映债券价格的变动。

*第四节　利率期限结构

利率期限结构(Term Structure of Interest Rates)是指在某个时点不同期限的贴现债券到期收益率的集合。[1]

利率期限结构是固定收益证券定价、风险管理及套利等的基准,理解并构建利率期限结构模型成为金融领域最富有挑战性的研究课题之一。例如,在本书第九章 Black-Scholes 期权定价模型,利率被假设为给定的常数,但实际上利率的变化是相当复杂的,具有随机波动和均值回复的特性。因此,衍生证券的定价与利率期限结构研究密不可分。

在本节中,我们首先介绍利率期限结构相关的概念和符号,然后主要介绍利率期限结构的理论和利率期限结构模型。由于利率期限结构模型主要针对贴现债券,因此,在本节

---

① Campbell J Y, Lo A W, MacKinlay A C. The Econometrics of Financial Markets、Chichester West Sussex: Princeton University Press,1997.

的分析中如果没有特别指出,所涉及的债券都是指贴现债券。

一、利率期限结构相关的概念和符号

(一)到期收益率

在时刻 t,时刻 T 到期的贴现债券 $P(t,T)$(假设面值为 1)的到期收益率 $R(t,T)$ 就是使得债券价格在 T 时刻升至 1 的连续复利,即:

$$P(t,T)\exp(R(t,T)(T-t)) = 1^{①} \qquad (7.13)$$

根据式(7.13),可以解出到期收益率(Yield to Maturity):

$$R(t,T) = -\frac{1}{T-t}\ln P(t,T) \qquad (7.14)$$

对于给定的某个时点 t,不同期限的贴现债券到期收益率的集合就称为时刻 t 的利率期限结构。利率期限结构描述了贴现债券的到期收益率 $R(t,T)$ 与到期时间 T 之间的关系。利率期限结构,也可以表述为某个时点、不同期限的贴现债券到期收益率所组成的一条曲线,我们称这条曲线为收益率曲线(Yield Curve)。在本节分析中,因为我们仅考虑贴现债券,所以利率期限结构和收益率曲线的概念等同。

由于不同期限的到期收益率之间存在差异,从而使得利率期限结构呈现出多种形状。一般说来,利率期限结构的形状大致有四种:向上倾斜、向下倾斜、驼峰形及平缓形,如图 7-3 所示。

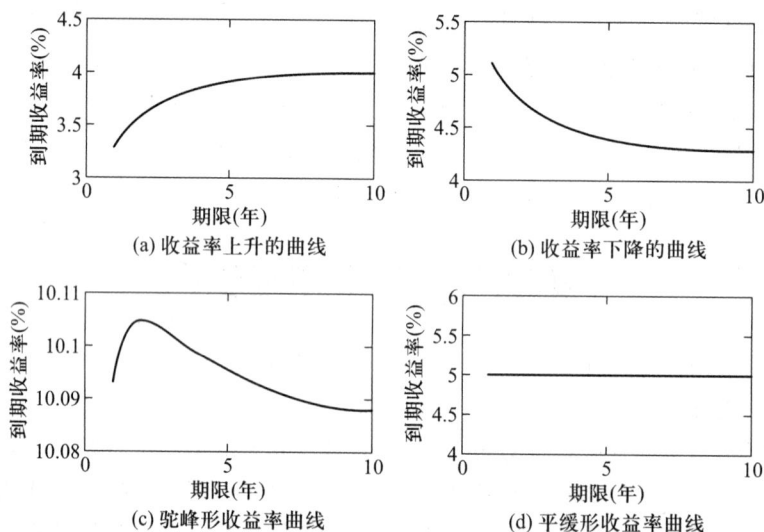

图 7-3　收益率曲线

(二)瞬时无风险利率

时刻 t 的瞬时无风险利率(Instantaneous Risk-free Interest Rate)$r(t)$ 被定义为时刻 t

---

① $\exp(\cdot)$ 是指数函数,其表达式为:$\exp(x) = e^x$。

的瞬时无风险借贷利率,也称为短期利率(Short Term Rate)或者即期利率(Spot Rate),$r(t)$表示当前到期的贴现债券的收益率:

$$r(t) = \lim_{T \to t} R(t, T) \qquad (7.15)$$

（三）远期利率

$f(t, T_1, T_2)$表示时刻 t 从 T_1 到 $T_2(t<T_1<T_2)$ 的远期利率(Forward Rate),指在时刻 t 约定的从未来 T_1 时刻开始至 T_2 时刻结束的无风险利率。远期利率的表达式为:

$$f(t, T_1, T_2) = -\frac{\ln P(t, T_2) - \ln P(t, T_1)}{T_2 - T_1} \qquad (7.16)$$

我们通过构建一个初始成本为零的债券投资组合,随后运用无套利原则获得式(7.16)。债券投资组合构建如表 7-7 所示。

表 7-7　远期交易的现金流

交易	时刻 t	时刻 T_1	时刻 T_2
购买 1 单位 T_2 时刻到期的贴现债券 A	$-P(t, T_2)$		1
卖出 $P(t, T_2)/P(t, T_1)$ 单位 T_1 时刻到期的贴现债券 B	$\frac{P(t, T_2)}{P(t, T_1)}P(t, T_1)$	$-\frac{P(t, T_2)}{P(t, T_1)}$	
净值	0	$-\frac{P(t, T_2)}{P(t, T_1)}$	1

资料来源:Campbell J Y, Lo A W, MacKinlay A C. The Econometrics of Financial Markets. Chichester West Sussex. Princeton University Press,1997:400.

（1）在时刻 t 买进 1 单位时刻 T_2 到期的贴现债券 A,支付$-P(t, T_2)$。

（2）同时在时刻 t 卖出 $P(t, T_2)/P(t, T_1)$ 单位时刻 T_1 到期的贴现债券 B,获得 $P(t, T_2)$,因此,在时刻 t 的净投资为 0。

（3）在时刻 T_1,贴现债券 B 到期,向债券持有人支付$-P(t, T_2)/P(t, T_1)$。

（4）在时刻 T_2,贴现债券 A 到期,获得 1 单位货币面值。

根据无套利原则,债券投资组合在时刻 T_1 和 T_2 价值都应该为 0。例如,在时刻 T_1,现金流为$-P(t, T_2)/P(t, T_1)$,但是,在时刻 T_2 可以获得 1,使用 T_1 至 T_2 的无风险利率(远期利率)将 1 贴现到时刻 T_1。根据无套利原则,组合的价值应该为 0,表达式为:

$$-\frac{P(t, T_2)}{P(t, T_1)} + 1 \times \exp(-f(t, T_1, T_2)(T_2 - T_1)) = 0 \qquad (7.17)$$

式(7.17)整理可得式(7.16)。

（四）瞬时远期利率

瞬时远期利率(Instantaneous Forward Rate)$f(t, T) \equiv f(t, T, T)$,指在时刻 t 约定的从未来 T 时刻开始,至 T 时刻立即结束的无风险利率。

$$f(t,T) = \lim_{\Delta t \to 0} f(t, T, T+\Delta t) = \lim_{\Delta t \to 0} -\frac{\ln P(t, T+\Delta t) - \ln P(t, T)}{\Delta t}$$

$$= -\frac{\partial \ln P(t, T)}{\partial T} \qquad (7.18)$$

即有：

$$f(t,T) = -\frac{\partial \ln P(t, T)}{\partial T} \qquad (7.19)$$

式（7.19）必须在函数 $P(t,T)$ 可微的条件下才成立。对等式（7.19）两边同积分可得：

$$P(t,T) = \exp\left(-\int_t^T f(t,s)\,\mathrm{d}s\right) \qquad (7.20)$$

根据式（7.14）可知：

$$R(t,T) = \frac{1}{T-t}\int_t^T f(t,s)\,\mathrm{d}s \qquad (7.21)$$

根据式（7.15）可知：

$$r(t) = \lim_{T \to t} R(t, T) = \lim_{\Delta t \to 0} R(t, t+\Delta t) = \lim_{\Delta t \to 0} -\frac{\ln P(t, t+\Delta t)}{\Delta t} \qquad (7.22)$$

与此同时，根据式（7.19）可知：

$$f(t,t) = \lim_{\Delta t \to 0} -\frac{\ln P(t, t+\Delta t) - \ln P(t, t)}{\Delta t} = \lim_{\Delta t \to 0} -\frac{\ln P(t, t+\Delta t)}{\Delta t} \qquad (7.23)$$

根据式（7.22）和式（7.23）可知 $r(t) = f(t,t)$，也就是时刻 t 的短期利率与瞬时远期利率相等。

二、利率期限结构的理论

如图 7-3 所示，收益率曲线有时向上倾斜，有时向下倾斜，有时呈驼峰形，有时又呈平缓形。当收益率曲线向上倾斜时，长期利率高于短期利率[①]；当收益率曲线向下倾斜时，长期利率低于短期利率；当收益率曲线呈驼峰形时，随着期限的延长，利率先上升，后下降；当收益率曲线呈平缓形时，随着期限的延长，利率基本保持不变。在现实中，大多数的利率期限结构是向上倾斜的曲线，偶尔也会出现其他的形状。

究竟是什么决定了收益率曲线的形状呢？为了解释这些不同形状的利率期限结构，许多学者提出了各种不同的理论，其中最为著名的三种是：预期假说（Expectation Hypothesis）、流动性偏好理论（Liquidity Preference Theory）和市场分割理论（Market Segmentation Theory）。利率期限结构的理论也被称为利率期限结构形成假设或者传统利率期限结构理论。

（一）预期假说

预期假说由 Fisher 首先提出，是最古老的利率期限结构理论。此后，Hicks 和 Lutz 等人对该理论进行了补充和完善。

---

① 长期利率是相对于短期利率而言，其到期期限长于短期利率。

预期假说认为,利率期限结构完全由市场预期的未来短期利率所决定,且远期利率是未来短期利率的无偏估计。时刻 T 到期的贴现债券的到期收益率等于市场预期的未来 t 至 T 时刻短期利率的几何平均。期限结构由下式给出:

$$R(t,T) = \frac{1}{T-t} \int_t^T E_t[r(s)] \, \mathrm{d}s \qquad (7.24)$$

其中,$E_t[\cdot]$ 表示基于 t 时刻信息集的期望函数;$r(s)$ 表示 s 时短期利率。

根据式(7.24),如果市场预期未来的短期利率将上升,那么收益率曲线向上倾斜;如果市场预期未来的短期利率将下降,那么收益率曲线向下倾斜;如果市场预期未来的短期利率与当前期短期利率保持不变或微小变化,那么收益率曲线将呈现为平缓形。

(二) 流动性偏好理论

Hicks 于 1946 年首先提出了不同期限债券的风险程度与利率期限结构的关系,较为完整地建立了利率期限结构的流动性偏好理论。

流动性偏好理论认为,投资者是风险厌恶的,他们放弃持有现金而持有流动性比较差的债券,将面临未来债券价格波动的风险,理应得到补偿,而且债券的期限越长,得到的补偿应该越多。另外,根据本章第三节分析可知,对于利率的变化而言,长期债券较之于短期债券更为敏感,从而导致长期债券具有更高的利率风险,因此,为了吸引投资者投资于长期债券,必须有一个正的时间溢价作为补偿,这个溢价就是流动性溢价(Liquidity Premium),也称为期限溢价(Term Premium)。

流动性偏好理论的利率期限结构由下式给出:

$$R(t,T) = \frac{1}{T-t} \left[\int_t^T E_t[r(s)] \, \mathrm{d}s + \int_t^T L(s,T) \, \mathrm{d}s \right] \qquad (7.25)$$

其中,$L(s,T)$ 表示 T 时刻到期的贴现债券在 s 时刻的瞬时期限溢价(Instantaneous Term Premium),且 $L(s,T) > 0$。

根据式(7.25),实际观察到的收益率曲线总是比预期假说所预计的要高,而且利率期限结构更多地呈现出向上倾斜状,只有当预期的未来短期利率下降,且下调幅度大于流动性溢价时,利率期限结构才呈现向下倾斜。与预期假设不同的是,这一理论认为即使投资者预期未来的短期利率将保持不变,收益率曲线也是向上倾斜的。

(三) 市场分割理论

市场分割理论是由 Culbertson 在 1957 年提出的。该理论认为,期限不同的债券市场是完全分离和独立的,每一种债券的利率水平在各自的市场上,由对该种债券的供给和需求决定,不受其他期限债券的影响。长期借贷活动决定了长期债券的利率,而短期交易决定了独立于长期利率的短期利率,因此利率期限结构是由不同期限市场的均衡利率决定的。

根据市场分割理论,如果投资者对短期债券的需求高于对长期债券的需求,将导致短期债券具有较高的价格和较低的利率水平,长期利率高于短期利率,因此收益率曲线向上倾斜。相似地,如果投资者对长期债券的需求高于对短期债券的需求,将导致长期债券具有较高的价格和较低的利率水平,长期利率低于短期利率,因此收益率曲线向下倾斜。由于在现实经济活动中,投资者更偏向于持有短期债券而非长期债券,因此收益率曲线通常向上倾斜。

三、利率期限结构模型

如果债券市场上存在大量不同期限的贴现债券,那么利用式(7.14)可以很容易地拟合出利率期限结构。但是,如果债券市场上只有直接债券[①],由于"息票效应"的影响,期限相同的直接债券和贴现债券的到期收益率一般是不相等的,因此,我们需要从直接债券的价格中间接地拟合利率期限结构。拟合利率期限结构模型主要分为静态模型和动态模型两大类。

（一）利率期限结构模型的分类

1. 静态模型

静态利率期限结构模型,指以当天的债券价格信息为基础,利用统计的技术拟合债券的市场价格,最终获得符合当天价格信息的利率期限结构,其核心问题就是如何从直接债券中剥离出即期利率(或贴现债券的利率)。

在静态利率期限结构模型下,我们通过债券的现金流所包含的信息来获取利率期限结构,无须参照任何资产定价理论。当债券市场比较发达、债券的种类比较齐全时,简单易行的方法就是息票剥离法(Bootstrap Method)。[②] 但是,对于不完善的债券市场而言,就需要运用其他一些估计方法。最为常见就是样条函数模型(Spline Model)和节约型模型(Parsimonious Model)。其中,样条函数模型主要包括 McCulloch(1971,1975)的多项式样条模型、Vasicek 和 Fong(1982)的指数样条模型和 Steeley(1991)的 B-spline 模型。节约型模型主要包括 Nelson 和 Siegel(1987)提出的 Nelson-Siegel 模型和 Svensson(1994)提出的 Svensson 扩展模型,又称为 Nelson-Siegel-Svensson 模型。

2. 动态模型

动态利率期限结构模型,指基于即期利率或者远期利率的随机微分方程,并对利率相关的状态变量的衍化过程做某些特定的假设,然后利用均衡、局部均衡或者套利的方法推导出理论上的利率期限结构。例如,Vasicek(1977),Cox、Ingersoll 和 Ross(1985),Heath、Jarrow 和 Morton(1992)。该类模型又可以细分为均衡模型(Equilibrium Model)和无套利模型(Arbitrage-free Model)。

均衡模型,指从描述经济和经济运行的状态变量的动态过程出发,并且设定投资者的效用函数,然后在假设市场达到均衡的情况下内生性地获得利率期限结构、风险的市场价格和其他资产的价格。根据影响利率期限结构的因素的数目,均衡模型又可以分为单因子模型和多因子模型。

所谓单因子模型,就是利率期限结构只受一个因素的影响(一般假设该因素为即期利率)。例如,Merton 模型(Merton,1973)、Vasicek 模型(Vasicek,1977)和 CIR 模型(Cox、Ingersoll 和 Ross,1985)。所谓多因子模型,就是利率期限结构受多个因素的影响。例如,

---

① 在中国债券市场上没有贴现债券,只有直接债券。

② 详见:Hull J C. Options, Futures and Other Derivatives, 6th ed. Prentice Hall,2006:82-84.

Brennan−Schwartz 模型（Brennan 和 Schwartz,1979）、Fong−Vasicek 模型（Fong 和 Vasicek,1991）和 Longstaff−Schwartz 模型（Longstaff 和 Schwartz,1992）。

　　无套利模型,指首先假设一个或多个利率的随机行为和一个特定的风险的市场价格,然后在市场上不存在套利机会的假设条件下获得利率期限结构和利率或有权益（Interest Rate Contingent Claim）的价格。所谓不存在套利机会,就是指不存在一个初始成本为零的无风险金融投资策略能够确定性地获得一个正的收益。无套利模型是从当前的市场价格信息获取利率期限结构,所以根据无套利模型推导出来的利率期限结构与市场实际的利率期限结构相一致。例如,Ho−Lee 模型（Ho 和 Lee,1986）、Black−Derman−Toy 模型（Black、Derman 和 Toy,1990）、Hull−White 模型（Hull 和 White,1990）和 HJM 模型（Heath、Jarrow 和 Morton,1992）。

　　需要指出的是,无套利模型和均衡模型的差异其实很小。首先,均衡模型本身就应该满足不存在套利机会,否则该经济就没有达到均衡。与此同时,均衡模型常常是无套利模型建模的基础。Baxter 和 Rennie（1996）以 HJM 模型为框架,将均衡模型视为 HJM 模型的特例,推导出了利率期限结构的一般形式。

　　图 7−4 列出了主要的利率期限结构模型。[①]

图 7−4　利率期限结构模型

　　如图 7−4 所示,拟合利率期限结构的模型与方法非常多,不同的模型各有其优缺点,而且被不同的国家和机构所采用。接下来我们以 Nelson−Siegel 模型和无套利定价的偏微分方程法为例,阐述如何运用静态模型和动态模型构建利率期限结构,并运用所获得的利

---

　　① 　该框架图主要参考:朱世武.金融计算与建模:理论、算法与 SAS 程序.北京:清华大学出版社,2007:311.

率期限结构为直接债券和欧式贴现债券期权定价。

之所以选择 Nelson-Siegel 模型为例,是因为 Nelson-Siegel 模型需要估计的参数相对少,而且特别适合于估计债券数量不多情况下的利率期限结构,而且这些参数都有很明显的经济学含义,使得模型本身很容易被理解。除介绍 Nelson-Siegel 模型外,我们还简要介绍 Svensson 扩展模型——Nelson-Siegel-Svensson 模型。

而选择无套利定价的偏微分方程法,是因为在单因素模型框架下,利率相关资产定价的主要方法包括偏微分方程法(Partial Differential Equation Approach)和鞅方法(Martingale Approach)。我们将主要介绍偏微分方程法[1],并且最后以 Vasicek 模型为特例阐述如何利用偏微分方程法求解利率期限结构,并且利用所获得的利率期限结构为直接债券和欧式贴现债券期权定价。

(二) Nelson-Siegel 模型

在众多参数估计模型中,Nelson 和 Siegel 提出的简约模型,由于参数少、适应性强,并且有经济含义作为基础,且特别适合于债券数量较少的市场,一直受到人们的重视,后续研究文献也较多,并且被许多国家的中央银行作为拟合的基础函数形式。本节将对 Nelson-Siegel 模型进行详细介绍。

1. 基本模型

Nelson 和 Siegel 基于远期利率的 Laguerre 函数表达式,提出了一个收益率曲线参数模型。Nelson 和 Siegel 提出远期利率函数表达式为:

$$f(0,m) = \beta_0 + \beta_1 \exp\left(-\frac{m}{\tau_1}\right) + \beta_2 \left[\frac{m}{\tau_1}\exp\left(-\frac{m}{\tau_1}\right)\right] \tag{7.26}$$

其中,$f(0,m)$ 表示即期计算的、在未来 m 时刻的瞬时远期利率。

根据式(7.21)可知:

$$R(0,m) = \frac{1}{m}\int_0^m f(0,s)\,ds \tag{7.27}$$

其相对应的收益率曲线表达为:

$$R(0,m) = \beta_0 + \beta_1 \frac{1-\exp\left(-\frac{m}{\tau}\right)}{\frac{m}{\tau}} + \beta_2 \left[\frac{1-\exp\left(-\frac{m}{\tau}\right)}{\frac{m}{\tau}} - \exp\left(-\frac{m}{\tau}\right)\right] \tag{7.28}$$

其中,m 为期限;β_0、β_1、β_2 和 τ 均为待估参数,而且都具有各自的经济含义。

2. 参数的经济含义[2]

参数 τ 控制指数衰退的速度。高 τ 值产生一个缓慢的衰退,因此能够较好地拟合长期收益率曲线;低 τ 值产生一个快速的衰退,因此能够较好地拟合短期收益率曲线;与此同时,τ 也控制了 β_2 的依附项极值点出现的位置。

---

[1] 鞅方法需要讲述许多鞅和测度相关的知识,由于篇幅所限,本节未涉及鞅方法。

[2] 主要参考:Diebold F X, Li C. Forecasting the term structure of government bond yields. Journal of Econometrics, 2006,130:337-364.

β_0、β_1、β_2 是三个动态因子。β_0 的依附项(Loading)是 1,在到期期限趋于无穷时不会衰退为 0,因此可以视为是一个长期因子(Long-term Factor)。β_1 的依附项是 $\left[1-\exp\left(-\dfrac{m}{\tau}\right)\right]\bigg/\left(\dfrac{m}{\tau}\right)$,是一个从 1 开始快速单调衰退为 0 的函数,因此 β_1 可以视为一个短期因子(Short-term Factor);β_2 的依附项 $\left[1-\exp\left(-\dfrac{m}{\tau}\right)\right]\bigg/\left(\dfrac{m}{\tau}\right)-\exp\left(-\dfrac{m}{\tau}\right)$,是一个开始为 0,先增加然后衰退为 0 的函数,因此 β_2 可被视为一个中期因子(Medium-term Factor)。三个动态因子的依附项随时间变化的动态过程如图 7-5 所示。

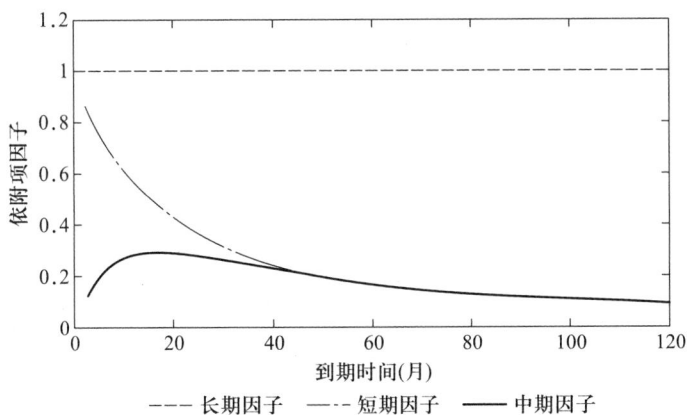

图 7-5　依附项随时间变化的动态过程

Diebold 和 Li(2006)指出长期因子、短期因子和中期因子可以分别理解为水平因子(Level Factor)、倾斜因子(Slope Factor)和曲度因子(Curvature Factor)。

长期因子 β_0 控制曲线的水平位置,很容易证明 $R(0,+\infty)=\beta_0$。因为对于所有的期限,依附项相同,所以 β_0 的增加将等量增加所有不同期限的收益率,导致收益率曲线的水平移动,因此称 β_0 为水平因子。

短期因子 β_1 与收益率曲线的倾斜度紧密相关。Frankel 和 Lown(1994)将收益率曲线的倾斜度定义为 $R(0,+\infty)-R(0,0)$。很明显,$R(0,+\infty)-R(0,0)=-\beta_1$。换言之,$\beta_1$ 的相反数就等于倾斜度,因此我们称 β_1 为倾斜因子。

最后,中期因子 β_2 与收益率曲线的曲度高度相关。Diebold 和 Li(2006)将曲度定义为期限为 2 年的到期收益率乘以 2,然后减去期限分别为 10 年和 3 个月的到期收益率之和,特别当 $\tau=16.4474$ 时有:

$$2R(0,24)-R(0,3)-R(0,120)=0.00053\beta_1+\beta_2 \tag{7.29}$$

根据式(7.29),收益率曲线的曲度与 β_2 完全正相关,但是与 β_1 几乎不相关。所以 β_2 的增加将等量地增加到期收益率的曲度,因此称 β_2 为曲度因子。

3. Nelson-Siegel 模型拟合

如果市场上存在不同期限的贴现债券,我们可以通过贴现债券价格获得不同期限的到期收益率,然后利用 Nelson-Siegel 模型拟合这些数据,从而估计模型的参数,最终得到该时点的利率期限结构。如果市场上没有贴现债券,只有直接债券,就需先进行现金流分解,然后再拟合数据。在此,我们假设市场存在贴现债券。[①] 例如,观察到的到期收益率如表7-8所示。

表7-8　到期收益率

m(月)	3	6	9	12	15	18
$R(0,m)\%$	5.630	5.785	5.907	6.067	6.225	6.308
m(月)	21	24	30	36	48	60
$R(0,m)\%$	6.375	6.401	6.550	6.644	6.838	6.928
m(月)	72	84	96	108	120	
$R(0,m)\%$	7.082	7.142	7.226	7.270	7.254	

我们将表7-8中的到期收益率用图形来表示,如图7-6所示。通过图7-6,我们可以更直观地理解影响收益率曲线的三个因素。

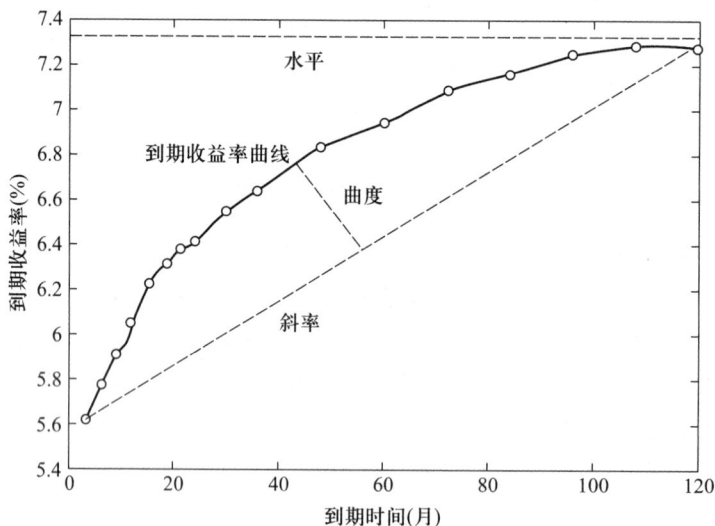

图7-6　收益率曲线的影响因子

我们利用非线性最优化算法估计Nelson-Siegel模型的参数。参数估计的结果为:$\beta_0 = 7.584\ 9$,$\beta_1 = -2.101\ 6$,$\beta_2 = 0.033\ 6$,$\tau = 18.181\ 8$。将这些参数代入式(7.28),我们可以得到连续复利的到期收益率的时间函数,也就是利率期限结构。Nelson-Siegel模型拟合的收益率曲线如图7-7所示。

为了克服Nelson-Siegel模型拟合灵活性不足的问题,Svensson(1994)扩展了Nelson-Siegel模型,提出了Nelson-Siegel-Svensson模型。Svensson(1994)在式(7.26)的基础上

---

① 在市场不存在贴现债券的情况拟合Nelson-Siegel模型拟合请参考朱世武和陈健恒的相关著述(2003)。

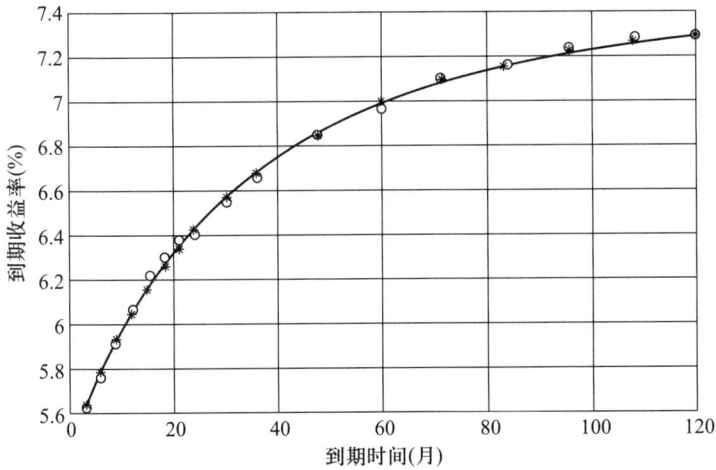

图 7-7　Nelson-Siegel 模型拟合的收益率曲线

增加了一项,即:

$$f(0,m)=\beta_0+\beta_1\exp\left(-\frac{m}{\tau_1}\right)+\beta_2\left[\frac{m}{\tau_1}\exp\left(-\frac{m}{\tau_1}\right)\right]+\beta_3\left[\frac{m}{\tau_2}\exp\left(-\frac{m}{\tau_2}\right)\right]\qquad(7.30)$$

其相对应的到期收益率表达为:

$$R(m)=\beta_0+\beta_1\frac{1-\exp\left(-\frac{m}{\tau_1}\right)}{\frac{m}{\tau_1}}+\beta_2\left[\frac{1-\exp\left(-\frac{m}{\tau_1}\right)}{\frac{m}{\tau_1}}-\exp\left(-\frac{m}{\tau_1}\right)\right]+$$

$$\beta_3\left[\frac{1-\exp\left(-\frac{m}{\tau_2}\right)}{\frac{m}{\tau_2}}-\exp\left(-\frac{m}{\tau_2}\right)\right]\qquad(7.31)$$

相似地,利用非线性最优化算法估计 Nelson-Siegel-Svensson 模型的参数。估计的参数结果为:$\beta_0=7.6691$,$\beta_1=-2.1147$,$\beta_2=-1.5957$,$\beta_3=-2.1606$,$\tau_1=3.8462$,$\tau_2=14.2857$。相似地,将这些参数代入式(7.31),我们可以得到连续复利的到期收益率的时间函数,也就是利率期限结构。Nelson-Siegel-Svensson 模型拟合的收益率曲线如图 7-8 所示。

从图 7-7 和图 7-8 我们可以清楚地看到,Nelson-Siegel-Svensson 模型拟合程度比Nelson-Siegel 模型拟合程度高。

（三）无套利定价的偏微分方程法

无套利定价偏微分方程法由 Merton(1973)首先提出,并且由 Vasicek(1977)扩展后更趋成熟。该方法的推导过程类似于 Black-Scholes 微分方程的推导方法。根据无套利定价偏微分方程法推导过来的偏微分方程被称为期限结构方程。

1. 期限结构方程

假设即期利率(瞬时无风险利率)满足一个连续马尔可夫扩散过程(Continuous Markovian Diffusion Process):

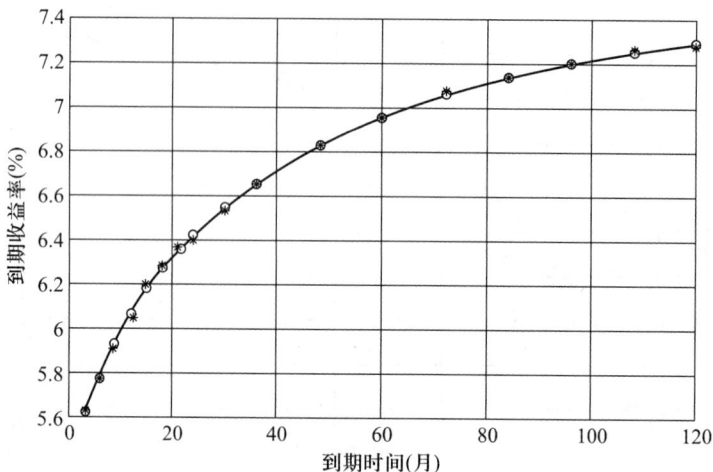

图 7-8　Nelson-Siegel-Svensson 模型拟合的收益率曲线

$$dr(t) = \mu_r dt + \sigma_r dW(t) \tag{7.32}$$

其中,即期利率的漂移率(Drift)为 μ_r,μ_r 是关于 t 和 $r(t)$ 的函数,其表达式为 $\mu_r = \mu_r(t, r(t))$;即期利率的波动率(volatility)为 σ_r,σ_r 也是关于 t 和 $r(t)$ 的函数,其表达式为 $\sigma_r = \sigma_r(t, r(t))$;$dW(t)$ 是一个维纳过程(Wiener Process)。

我们用 $V(t,T)$ 表示利率或有权益。利率或有权益指与利率相关的资产,如贴现债券、附息债券、债券期权、利率互换等。在单因子模型中,假设利率相关的资产价格只由即期利率 $r(t)$ 和资产的到期时间 $(T-t)$ 决定。

令 $V(t,T) \equiv V(t,T,r(t))$,根据 Ito 引理[1]可知:

$$dV(t,T) = \frac{\partial V}{\partial r}dr + \frac{\partial V}{\partial t}dt + \frac{1}{2}\frac{\partial^2 V}{\partial r^2}\sigma_r^2 dt \tag{7.33}$$

将式(7.32)代入式(7.33)可以得到资产价格的偏微分方程:

$$dV(t,T) = \left(\frac{\partial V}{\partial r}\mu_r + \frac{\partial V}{\partial t} + \frac{1}{2}\frac{\partial^2 V}{\partial r^2}\sigma_r^2\right)dt + \frac{\partial V}{\partial r}\sigma_r dW(t) \tag{7.34}$$

定义资产的瞬时收益率的漂移率和波动率分别为:

$$\begin{cases} \mu_v = \mu_v(t,T,r(t)) = \frac{1}{V}\left(\frac{\partial V}{\partial r}\mu_r + \frac{\partial V}{\partial t} + \frac{1}{2}\frac{\partial^2 V}{\partial r^2}\sigma_r^2\right) \\ \sigma_v = \sigma_v(t,T,r(t)) = \frac{1}{V}\frac{\partial V}{\partial r}\sigma_r \end{cases} \tag{7.35}$$

资产价格的动态过程就可以表示为:

$$\frac{dV(t,T)}{V(t,T)} = \mu_v dt + \sigma_v dW(t) \tag{7.36}$$

因为不同期限的利率相关的资产都由一个随机变量 $r(t)$ 决定,所以这些资产的瞬时

---

[1]　$dS = \mu S dt + \sigma S dW, dG = \frac{\partial G}{\partial r}ds + \frac{\partial G}{\partial t}dt + \frac{1}{2}\frac{\partial^2 G}{\partial r^2}\sigma^2 dt$。

收益率之间密切相关。借鉴 Black-Scholes 微分方程的推导方法[①]，我们利用卖空收益对多头进行融资，构造包含一单位资产 $V_1(t,T_1,r(t))$（多头）和 Δ 单位资产 $V_2(t,T_2,r(t))$（空头）的投资组合 Π。投资组合的价值是 $\Pi=P_1-\Delta P_2$。我们通过选择适当的 Δ 使得投资组合的价值是无风险的，从而该组合在持有期内将获得无风险收益。根据式（7.36）可知：

$$\begin{cases} \mathrm{d}V_1 = V_1\mu_{v_1}\mathrm{d}t + V_1\sigma_{v_1}\mathrm{d}W(t) \\ \mathrm{d}V_2 = V_2\mu_{v_2}\mathrm{d}t + V_2\sigma_{v_2}\mathrm{d}W(t) \end{cases} \tag{7.37}$$

投资组合的价值变化为：$\mathrm{d}\Pi = \mathrm{d}V_1 - \Delta\mathrm{d}V_2$。根据式（7.37）可得：

$$\mathrm{d}\Pi = (V_1\mu_{v_1} - \Delta V_2\mu_{v_2})\mathrm{d}t + (V_1\sigma_{v_1} - \Delta V_2\sigma_{v_2})\mathrm{d}W(t)$$

如果我们选择 $\Delta = V_1\sigma_{v_1}/V_2\sigma_{v_2}$，则：

$$\mathrm{d}\Pi = \left(V_1\mu_{v_1} - \frac{V_1\sigma_{v_1}}{V_2\sigma_{v_2}}V_2\mu_{v_2}\right)\mathrm{d}t = \left(V_1\mu_{v_1} - V_1\frac{\sigma_{v_1}}{\sigma_{v_2}}\mu_{v_2}\right)\mathrm{d}t \tag{7.38}$$

投资组合的价值是无风险的，因此在持有期内应该获得无风险收益，即：

$$\mathrm{d}\Pi = r(t)\Pi\mathrm{d}t = r(t)\left(V_1 - \frac{V_1\sigma_{v_1}}{V_2\sigma_{v_2}}V_2\right)\mathrm{d}t = r(t)\left(V_1 - \frac{V_1\sigma_{v_1}}{\sigma_{v_2}}\right)\mathrm{d}t \tag{7.39}$$

将式（7.38）代入式（7.39）可得：

$$\left(V_1\mu_{v_1} - V_1\frac{\sigma_{v_1}}{\sigma_{v_2}}\mu_{v_2}\right)\mathrm{d}t = r(t)\left(V_1 - \frac{V_1\sigma_{v_1}}{\sigma_{v_2}}\right)\mathrm{d}t \tag{7.40}$$

对式（7.40）整理可得：

$$\frac{\mu_{v_1}-r(t)}{\sigma_{v_1}} = \frac{\mu_{v_2}-r(t)}{\sigma_{v_2}} \tag{7.41}$$

因为 T_1 和 T_2 是任意选择的，所以式（7.41）对于任意期限的利率或有权益都成立，换言之，就是资产的每单位风险的风险溢价是常数。定义：

$$\lambda(t,r(t)) = \frac{\mu_p-r(t)}{\sigma_p} \tag{7.42}$$

$\lambda(t,r)$ 被称为风险的市场价格（Market Price of Risk）。

将式（7.35）代入式（7.42）可得：

$$\frac{\partial V}{\partial t} + \frac{1}{2}\frac{\partial^2 V}{\partial r^2}\sigma_r^2 + (\mu_r - \lambda\sigma_r)\frac{\partial V}{\partial r} - rV = 0 \tag{7.43}$$

方程（7.43）是利率相关资产定价的基本方程。

给定利率相关资产的边界条件，利用式（7.43）就可以得到该资产的价格。例如，对于贴现债券而言，其边界条件为 $V(T,T)=1$。因此，贴现债券价格 $P(t,T)$ 就是满足以下方程的解：

---

① 见第 9 章第三节。

$$\begin{cases} \dfrac{\partial P}{\partial t}+\dfrac{1}{2}\ \dfrac{\partial^2 P}{\partial r^2}\sigma_r^2+(\mu_r-\lambda\sigma_r)\dfrac{\partial P}{\partial r}-rP=0 \\ P(T,T)=1 \end{cases} \tag{7.44}$$

方程(7.44)被称为期限结构方程(Term Structure Equation)。

期限结构方程是 $P(t,T,r(t))$ 的偏微分方程,一旦给定即期利率 $r(t)$ 的漂移率和波动率及风险的市场价格,结合边界条件 $P(T,T,r(t))=1$,就可以求出方程(7.44)的解。从而我们可以获得利率期限结构 $R(t,T)$:

$$R(t,T)=-\frac{1}{T-t}\ln P(t,T,r(t)) \tag{7.45}$$

2. 仿射期限结构模型

如果某个利率期限结构模型所推导出的贴现债券价格表达式为:

$$P(t,T)=\exp(A(t,T)-B(t,T)r(t)) \tag{7.46}$$

我们称该模型为仿射期限结构模型(Affine Term Structure Model)。其中,$A(t,T)$ 和 $B(t,T)$ 是关于到期时间 t 和 T 的函数。边界条件 $P(T,T)=1$ 意味着 $A(t,T)$ 和 $B(t,T)$ 需要满足条件:$A(T,T)=B(T,T)=0$。

如表7-9所示,很多经典利率期限结构模型都属于仿射期限结构模型。

表7-9　仿射期限结构模型

提出人	模型
Vasicek(1977)	$\mathrm{d}r=a(b-r)\,\mathrm{d}t+\sigma\mathrm{d}W$
Cox-Ingersoll-Ross(1985)	$\mathrm{d}r=a(b-r)\,\mathrm{d}t+\sigma\sqrt{r}\,\mathrm{d}W$
Ho-Lee(1986)	$\mathrm{d}r=\theta(t)\,\mathrm{d}t+\sigma\mathrm{d}W$
Hull-Whit(extended Vasicek)(1990)	$\mathrm{d}r=[\theta(t)-a(t)r]\,\mathrm{d}t+\sigma(t)\mathrm{d}W,a(t)>0$
Hull-White(extended CIR)(1990)	$\mathrm{d}r=[\theta(t)-a(t)r]\,\mathrm{d}t+\sigma(t)\sqrt{r}\,\mathrm{d}W,a(t)>0$
Black-Derman-Toy(1990)	$\mathrm{d}r=\theta(t)\,\mathrm{d}t+\sigma(t)r\mathrm{d}W$

根据式(7.45),到期收益率 $R(t,T)$ 为:

$$R(t,T)=-\frac{1}{T-t}[A(t,T)-B(t,T)r(t)] \tag{7.47}$$

根据式(7.46)可知:

$$\begin{cases} \dfrac{\partial P}{\partial r}=-B(t,T)P \\[2mm] \dfrac{\partial^2 P}{\partial r^2}=B(t,T)^2 P \\[2mm] \dfrac{\partial P}{\partial t}=\left[\dfrac{\partial A(t,T)}{\partial t}-\dfrac{\partial B(t,T)}{\partial t}r\right]P \end{cases} \tag{7.48}$$

将式(7.48)代入式(7.44)可得:

$$\frac{1}{2}B(t,T)^2\sigma_r^2(t,r)-B(t,T)(\mu_r-\lambda\sigma_r)+\frac{\partial A(t,T)}{\partial t}-r\left(1+\frac{\partial B(t,T)}{\partial t}\right)=0 \tag{7.49}$$

在仿射期限结构模型中, μ_r 和 σ_r 是 r 的线性函数。假设 μ_r 和 σ_r 的表达式为:

$$\begin{cases} \mu_r(t,r) = \eta(t) + \delta(t)r \\ \sigma_r(t,r) = \sqrt{\psi(t)r + \beta(t)} \end{cases} \tag{7.50}$$

将式(7.50)代入式(7.49)可得:

$$\frac{1}{2}B(t,T)^2(\psi(t)r + \beta(t)) - B(t,T)(\eta(t) + \delta(t)r - \lambda\sigma_r)$$

$$+ \frac{\partial A(t,T)}{\partial t} - r\left(1 + \frac{\partial B(t,T)}{\partial t}\right) = 0 \tag{7.51}$$

式(7.51)整理可得:

$$\left[\frac{1}{2}B(t,T)^2\beta(t) - B(t,T)(\eta(t) + \delta(t)r - \lambda\sigma_r) + \frac{\partial A(t,T)}{\partial t}\right] +$$

$$r\left[-1 + \frac{1}{2}B(t,T)^2\psi(t) - B(t,T)\delta(t) - \frac{\partial B(t,T)}{\partial t}\right] = 0 \tag{7.52}$$

因为式(7.52)对于任意的 r 都成立,所以我们得到两个常微分方程:

$$\begin{cases} \dfrac{\partial B(t,T)}{\partial t} + B(t,T)\delta(t) - \dfrac{1}{2}B(t,T)^2\psi(t) + 1 = 0 \\ B(T,T) = 0 \end{cases} \tag{7.53}$$

$$\begin{cases} \dfrac{\partial A(t,T)}{\partial t} - B(t,T)(\eta(t) - \lambda\sigma_r) + \dfrac{1}{2}B(t,T)^2\beta(t) = 0 \\ A(T,T) = 0 \end{cases} \tag{7.54}$$

首先,通过方程(7.53)解出 $B(t,T)$,然后将 $B(t,T)$ 代入方程(7.54)求得 $A(t,T)$。最后将所求得的 $A(t,T)$ 和 $B(t,T)$ 分别代入式(7.46)和式(7.47)得到债券的价格及利率期限结构:

$$P(t,T) = \exp(A(t,T) - B(t,T)r(t))$$

$$R(t,T) = -\frac{1}{T-t}[A(t,T) - B(t,T)r(t)]$$

下面将以 Vasicek 模型为例,详细阐述如何利用期限结构方程求解利率期限结构及运用利率期限结构为债券期权定价。

3. Vasicek 模型

Vasicek(1977)借鉴 Black 和 Scholes(1973)对期权定价的思想,在即期利率遵循一个扩散过程、贴现债券的价格只受即期利率影响和市场是有效的三个假设条件下推导出利率期限结构的一般化模型。Vasicek 模型能够产生向上倾斜、向下倾斜和驼峰形的利率期限结构。由于 Vasicek 模型相对简单的建模框架和融入利率动态的均值回复特性(Mean Reverting),自该模型提出以来就成为利率期限结构研究的经典文献,并对以后的研究产生深远的影响。很多学者以 Vasicek 模型为基础,提出各自的利率期限结构模型。例如,为了克服 Vasicek 模型可能产生负的利率的缺点,Cox、Ingersoll 和 Ross(1985)将 Vasicek 模型中即期利率的波动率从常数 σ 修改为 $\sigma\sqrt{r}$,从而提出著名的 CIR 模型。Hull 和 White(1990)也以 Vasicek 模型为基础,提出了 Vasicek 模型的扩展形式。

(1)基本模型。Vasicek 首次运用即期利率均值回复的动态学研究利率期限结构。

在 Vasicek 模型中,即期利率服从一个 Ornstein–Uhlenbeck 过程:

$$dr(t) = a(b-r(t)) \, dt + \sigma dW(t) \tag{7.55}$$

其中,a、b 和 σ 为正的常数,a 代表均值回复的速度,b 是利率的长期均值水平,σ 是即期利率的波动率,$dW(t)$ 是一个标准维纳过程。

当 $a>0$ 时,Ornstein–Uhlenbeck 过程又被称为弹性随机游走(Elastic Random Walk),是一个带正态分布增量的马尔可夫过程。虽然标准维纳过程是不平稳的,但是 Ornstein–Uhlenbeck 过程是平稳的,平稳性保证利率不会趋于无穷。当即期利率 $r(t) \geqslant b$ 时,$a[b-r(t)] \leqslant 0$,根据式(7.55),$r(t)$ 呈现下降的趋势,直至达到其长期水平 b;相似地,当即期利率 $r(t) \leqslant b$ 时,$a[b-r(t)] \geqslant 0$,根据式(7.55),$r(t)$ 呈现上升的趋势,直至达到其长期水平 b。因此,即时漂移项 $a[b-r(t)]$ 是 $r(t)$ 在长期回复到其长期均值水平 b 的动力,且回复的速度与 $r(t)$ 相对于 b 的偏离程度成正比。Vasicek 模型的随机项 $\sigma dW(t)$ 使得 $r(t)$ 在其长期均值水平 b 附近连续地不规则波动。

对于任意的 $t \geqslant s$,即期利率 $r(t)$ 服从正态分布:

$$r(t) \mid F_s \sim N\left(b+(r(t)-b)\exp(-a(t-s)), \frac{\sigma^2}{2a}(1-\exp(-a(t-s))) \right)$$

其中,F_s 代表时刻 s 的所有信息。

由于 $r(t)$ 服从正态分布,则 Vasicek 模型中 $r(t)$ 可以取负值。如果 Vasicek 模型是对实际利率建模,负的 $r(t)$ 是正常现象(因为通货膨胀,实际利率可能为负数),但是,如果是对名义利率建模或对利率衍生产品定价时,负的 $r(t)$ 就与实际中的数据不符。

(2)模拟 Vasicek 模型。为了模拟 Vasicek 模型,首先将式(7.55)中的即期利率连续运动过程转变为离散过程。考虑经过一个很短时期 Δt,即期利率的变化值为 Δr:

$$\Delta r = a(b-r)\Delta t + \sigma Z \sqrt{\Delta t} \tag{7.56}$$

其中,$Z \sim N(0,1)$。

时刻 t 的即期利率为 r_t,根据利率的可加性可知,时刻 $t+\Delta t$ 的即期利率为:

$$r_{t+\Delta t} = r_t + \Delta r = r_t + a(b-r)\Delta t + \sigma Z \sqrt{\Delta t} \tag{7.57}$$

令 $\sigma = 0.06$,$a = 1.5$,$b = 0.05$,$\Delta t = 0.0001$,$r = 0.03$,分别模拟 300 次和 3 000 次,模拟结果如图 7-9 所示。从图中可以看出,Vasicek 模型即期利率具有均值回复的特性,且可能出现负的利率。

(3)贴现债券的价格和利率期限结构。根据式(7.55),在 Vasicek 模型中,$\eta(t) = ab$,$\delta(t) = -a$,$\psi(t) = 0$,$\beta(t) = \sigma^2$。将 $\delta(t) = -a$ 和 $\psi(t) = 0$ 代入方程(7.53)可得:

$$\begin{cases} \dfrac{\partial B(t,T)}{\partial t} - B(t,T)a + 1 = 0 \\ B(T,T) = 0 \end{cases} \Rightarrow B(t,T) = \frac{\exp(-a(T-t))-1}{a}$$

将 $\eta(t) = ab$,$\beta(t) = \sigma^2$ 和 $B(t,T) = \dfrac{\exp(-a(T-t))-1}{a}$ 代入方程(7.54)可得:

$$\begin{cases} \dfrac{\partial A(t,T)}{\partial t} - (\exp(-a(T-t))-1)(ab-\lambda\sigma_r) + \dfrac{1}{2}\left(\dfrac{e^{-a(T-t)}-1}{a}\right)^2\sigma^2 = 0 \\ A(T,T) = 0 \end{cases} \tag{7.58}$$

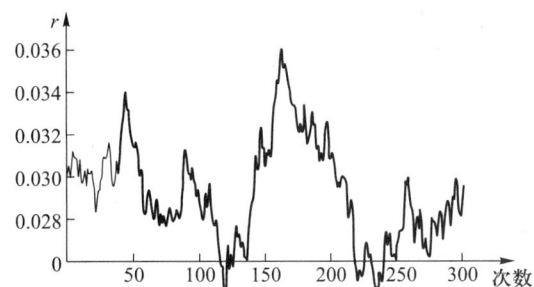

(a) 300次

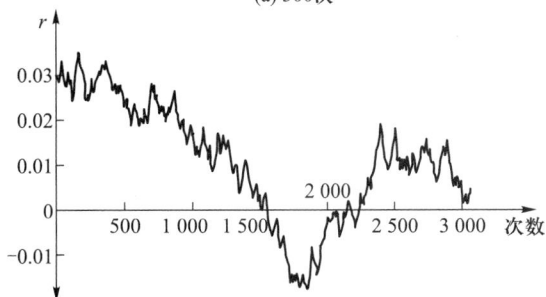

(b) 3 000次

图 7-9 Vasicek 模型的即期利率模拟

求解方程(7.58)可得:

$$A(t,T) = \frac{1}{2} \frac{\sigma^2(T-t)}{a^2} + \frac{\sigma^2 \exp(-a(T-t))}{a^3} - \frac{1}{4} \frac{\sigma^2 \exp(-2a(T-t))}{a^3} -$$

$$b(T-t) + \frac{\lambda\sigma(T-t)}{a} - \frac{b\exp(-a(T-t))}{a} +$$

$$\frac{\exp(-a(T-t))\lambda\sigma}{a^2} - \frac{3}{4}\frac{\sigma^2}{a^3} + \frac{b}{a} - \frac{\lambda\sigma}{a^2} \qquad (7.59)$$

式(7.59)化简可得:

$$A(t,T) = B(t,T)\left(\frac{\lambda\sigma}{a} - b\right) - b(T-t) + \frac{\lambda\sigma(T-t)}{a}$$

$$+ \frac{\sigma^2}{4a}\left[-B(t,T)^2 + \frac{2\exp(-a(T-t))-2}{a^2} + \frac{2(T-t)}{a}\right] \qquad (7.60)$$

将所求得的 $A(t,T)$ 和 $B(t,T)$ 分别代入式(7.46)和式(7.47)就可以得到贴现债券的价格及利率期限结构:

$$\begin{cases} P(t,T) = \exp(A(t,T) - B(t,T)r(t)) \\ R(t,T) = -\frac{1}{T-t}[A(t,T) - B(t,T)r(t)] \end{cases} \qquad (7.61)$$

当赋予 λ、σ、a、b 和 r 不同的值,就可以根据式(7.61)得到不同形状的收益率曲线。例如,当 $\lambda=0.20$,$\sigma=0.06$,$a=1.5$,$b=0.05$,$r=0.03$ 时,Vasicek 模型产生向上倾斜的收益率曲线,如图 7-10(a)所示;当 $\lambda=0.20$,$\sigma=0.06$,$a=1.5$,$b=0.05$,$r=0.045$ 时,Vasicek 模

型产生向下倾斜的收益率曲线,如图 7-10(b)所示;当 $\lambda=0.20$, $\sigma=0.08$, $a=1$, $b=0.12$, $r=0.1$ 时,Vasicek 模型产生驼峰形的收益率曲线,如图 7-10(c)所示。

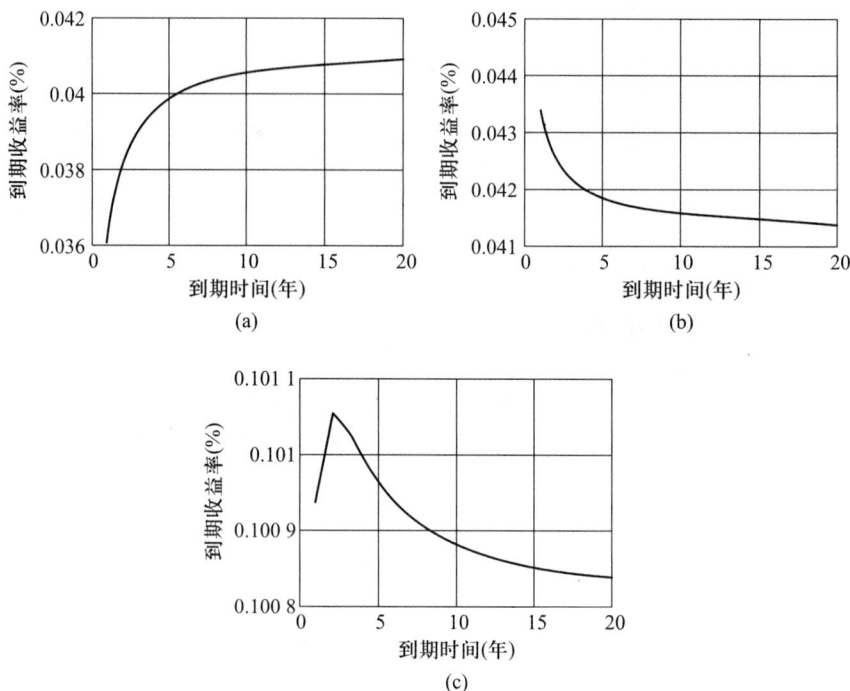

图 7-10 Vasicek 模型的利率期限结构

（4）直接债券和债券期权的价格。根据 Vasicek 模型,我们利用即期利率 $r(t)$ 获得了时刻 t 利率期限结构:

$$R(t,T)=-\frac{1}{T-t}[A(t,T)-B(t,T)r(t)] \qquad (7.62)$$

根据式(7.62),我们可以为直接债券和债券期权定价。

根据本章第一节,投资者不仅可以在直接债券期满时收回本金(面值),而且可定期获得固定的利息收入。所以,投资者未来的现金流包括了本金与利息两部分。直接债券的内在价值公式如下:

$$D=\frac{c}{1+r}+\frac{c}{(1+r)^2}+\frac{c}{(1+r)^3}+\cdots+\frac{c}{(1+r)^T}+\frac{A}{(1+r)^T} \qquad (7.63)$$

其中, D 表示直接债券的内在价值, A 表示面值, r 表示市场利率, T 表示债券到期时间, c 表示债券每期支付的利息。

式(7.63)假设市场利率是常数,但是其实市场利率是变化的,利率期限结构代替市场利率,将式(7.62)代替式(7.63)中的 r ,我们就可以计算出直接债券的价格:

$$D=\frac{c}{1+R(0,1)}+\frac{c}{(1+R(0,2))^2}+\frac{c}{(1+R(0,3))^3}+\cdots$$
$$+\frac{c}{(1+R(0,T))^T}+\frac{A}{(1+R(0,T))^T}$$

除了可以为直接债券定价外,我们还可以利用利率期限结构为贴现债券期权定价。Jamshidian(1989)推导出了贴现债券的欧式看涨期权和看跌期权的分析解。其公式与Black-Scholes 期权定价公式很相似。在时刻 t,贴现债券的到期日为 T_P,贴现债券的价格为 $P(t,T_\mathrm{P})$,期权的到期日为 T_c,期权交割价格为 K,欧式看涨期权和欧式看跌期权的价格分别为 $c(t)$ 和 $p(t)$:

$$\begin{cases} c(t)=P(t,T_\mathrm{P})N(d_1)-KP(t,T_\mathrm{c})N(d_2) \\ p(t)=KP(t,T_\mathrm{c})N(-d_2)-P(t,T_\mathrm{P})N(-d_1) \\ d_1=\dfrac{1}{v}\ln\left(\dfrac{P(t,T_\mathrm{P})}{KP(t,T_\mathrm{c})}\right)+\dfrac{1}{2}v \\ d_2=d_1-v \\ v^2=\dfrac{1}{2}\dfrac{\sigma^2}{a^3}(1-\exp(-2a(T_\mathrm{c}-t)))(1-\exp(-2a(T_\mathrm{c}-t)))^2 \end{cases}$$

利率期限结构是资产定价的基准,并为中央银行制定货币政策提供指导意见,因此,理解并构建利率期限结构模型就具有重要的理论意义和实践意义。在本节,我们介绍了利率期限结构的理论及其模型。

利率期限结构具有一个庞大的知识体系,本节的内容只是关于利率期限结构的一小部分知识。对利率期限结构感兴趣的读者可以进一步阅读相关的经典文献。其中,在本章列示许多经典模型,读者可以参考原文。与此同时,读者可以参考一些关于利率期限结构的评述性文献。例如,Jabbour 和 Mansi(2002)对静态利率期限结构模型进行了评述;Yan(2001),Gibson、Lhabitant 和 Talay(2001),Dai 和 Singleton(2003)对动态利率期限结构模型进行了评述;Chapman 和 Pearson(2001)对利率期限结构模型实证检验进行了评述;林海和郑振龙(2007)对利率期限结构进行了述评。关于利率期限结构的书籍众多,在此仅列出几本:Bodie、Kane 和 Marcus(2009),Sharpe、Alexander 和 Bailey(1999)的著述是利率期限结构的入门书籍;利率期限结构更深入的分析可以参考 Campbell. Lo 和 MacKinlay(1997),Jarrow(2002),Cochrane (2005)的著述。

本 章 小 结

本章共分四节。

第一节介绍了收入资本化法在债券价值分析中的运用,并就三类有代表性的债券(贴现债券、直接债券和统一公债)分别讨论了债券内在价值的决定公式。如果债券的市场价格高于(或低于)其内在价值,说明该债券被高估(或低估)。

第二节分别从债券的六方面属性(到期时间、息票率、税收待遇、可赎回条款、流通性和违约风险)讨论了它们对债券价值的影响:当市场利率调整时,期限越长,息票率越低,债券价格的波动幅度越大;易被赎回的债券和不享受税收优惠待遇的债券的名义收益率比较高;债券收益率与债券的违约风险成正比,与债券的流通性成反比。

第三节介绍了债券定价的 5 个定理以及债券价值分析中的两个特性(凸性和久期)。在图形中,凸性和久期(Macaulay 久期)都表现为债券的价格与收益率之间的反比关系,但是久期认为债券价格与收益率之间的反比关系是线性的。

第四节首先介绍利率期限结构相关的概念和符号,然后主要介绍利率期限结构的理论和利率期限结构模型。利率期限结构是固定收益证券定价、风险管理及套利等的基准,理解并构建利率期限结构模型成为金融领域最富有挑战性的研究课题之一。

关 键 术 语

债券价值　收入资本化　净现值　贴现债券　凸性　久期　利率期限结构　到期收益率　远期利率　无套利定价　预期假说　流动性偏好理论　市场分割理论

习　　题

1. 请比较收入资本化法在贴现债券、直接债券和统一公债运用中的差异。
2. 请比较判断债券价格高估或低估的两类方法之间的区别与联系。
3. 债券的 6 个属性是什么？它们对债券价格的作用机制是什么？
4. 请结合债券定价的 5 个定理加深债券属性对债券价格影响的理解。
5. 请比较债券凸性与久期之间的区别与联系。

即 测 即 评

第 8 章
普通股价值分析

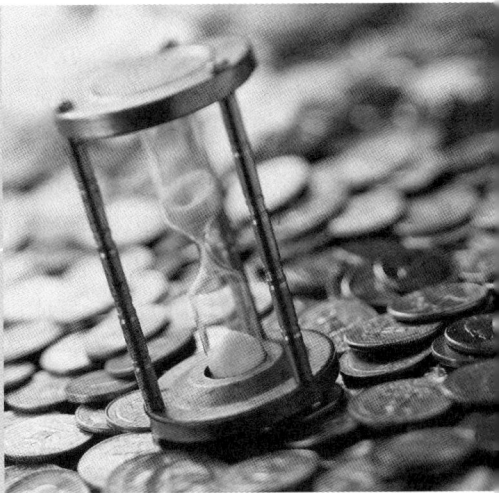

第七章运用收入资本化法进行了债券的价值分析。该方法同样适用于普通股的价值分析。由于投资股票可以获得的未来的现金流采取股息和红利的形式,所以,股票价值分析中的收入资本化法又称股息贴现模型(Dividend Discount Model)。此外,本章还将介绍普通股价值分析中的市盈率模型(Price/Earnings Ratio Model)。

第一节　收入资本化法与普通股价值分析

收入资本化法在普通股价值分析中也有广泛的应用。所以本节将从收入资本化法的一般形式展开,介绍在此基础上形成的股息贴现模型以及其在证券投资中的应用。

一、收入资本化法的一般形式

收入资本化法认为任何资产的内在价值取决于持有资产可能带来的未来的现金流收入。由于未来的现金流取决于投资者的预测,其价值采取将来值的形式,所以,需要利用贴现率将未来的现金流调整为它们的现值。在选用贴现率时,不仅要考虑货币的时间价值,而且应该反映未来现金流的风险大小。用数学公式表示(假定对于所有未来的现金流选用相同的贴现率)为:

$$V = \frac{C_1}{1+r} + \frac{C_2}{(1+r)^2} + \frac{C_3}{(1+r)^3} + \cdots = \sum_{t=1}^{\infty} \frac{C_t}{(1+r)^t} \qquad (8.1)$$

其中,V 表示资产的内在价值,C_t 表示第 t 期的现金流,r 表示贴现率。在第 7 章第一节中,债券的现金流(C_t)采取利息或本金的形式,并用市场利率代表贴现率。

二、股息贴现模型

收入资本化法运用于普通股价值分析中的模型,又称股息贴现模型。[1] 其数学公

---

[1]　最早的股息贴现模型是 1938 年由 J. B. Williams 和 M. J. Gordon 提出的,参见 Williams J B. The Theory of Investment Value, 1938.

式如下：

$$D = \frac{D_1}{1+r} + \frac{D_2}{(1+r)^2} + \frac{D_3}{(1+r)^3} + \cdots = \sum_{t=1}^{\infty} \frac{D_t}{(1+r)^t} \qquad (8.2)$$

其中，D 表示普通股的内在价值；D_t 表示普通股第 t 期支付的股息和红利；r 表示贴现率，又称资本化率（the Capitalization Rate）。

股息贴现模型假定股票的价格等于它的内在价值，而股息是投资股票唯一的现金流收入。事实上，绝大多数投资者并非在投资之后永久性地持有所投资的股票，即投资者在买进股票一段时间之后可能抛出该股票。所以，根据收入资本化法，卖出股票的现金流收入也应该纳入股票内在价值的计算。那么，股息贴现模型如何解释这种情况呢？

假定某投资者在第三期期末卖出所持有的股票，根据式（8.2），该股票的内在价值应该等于：

$$D = \frac{D_1}{1+r} + \frac{D_2}{(1+r)^2} + \frac{D_3}{(1+r)^3} + \frac{V_3}{(1+r)^3} \qquad (8.3)$$

其中，V_3 代表在第三期期末出售该股票时的价格。

根据股息贴现模型，该股票在第三期期末的价格应该等于当时该股票的内在价值，即：

$$V_3 = \frac{D_4}{1+r} + \frac{D_5}{(1+r)^2} + \frac{D_6}{(1+r)^3} + \cdots = \sum_{t=1}^{\infty} \frac{D_{t+3}}{(1+r)^t} \qquad (8.4)$$

将式（8.4）代入式（8.3），得到：

$$D = \frac{D_1}{1+r} + \frac{D_2}{(1+r)^2} + \frac{D_3}{(1+r)^3} + \frac{D_4/(1+r)^1 + D_5/(1+r)^2 + \cdots}{(1+r)^3} \qquad (8.5)$$

由于 $\dfrac{D_{t+3}/(1+r)^t}{(1+r)^3} = \dfrac{D_{t+3}}{(1+r)^{t+3}}$，式（8.5）可以简化为：

$$D = \frac{D_1}{1+r} + \frac{D_2}{(1+r)^2} + \frac{D_3}{(1+r)^3} + \frac{D_4}{(1+r)^{3+1}} + \frac{D_5}{(1+r)^{3+2}} + \cdots = \sum_{t=1}^{\infty} \frac{D_t}{(1+r)^t}$$
$$(8.6)$$

所以，式（8.3）与式（8.2）是完全一致的，证明股息贴现模型选用未来的股息代表投资股票唯一的现金流，并没有忽视买卖股票的资本利得对股票内在价值的影响。如果能够准确地预测股票未来每期的股息，就可以利用式（8.2）计算股票的内在价值。在对股票未来每期股息进行预测时，关键在于预测每期股息的增长率。如果用 g_t 表示第 t 期的股息增长率，其数学表达式为：

$$g_t = \frac{D_t - D_{t-1}}{D_{t-1}} \qquad (8.7)$$

根据对股息增长率的不同假定，股息贴现模型可以分为零增长模型、不变增长模型、三阶段增长模型和多元增长模型等形式。这四种模型将在本章第二节中作详细介绍。

三、利用股息贴现模型进行证券投资分析

所有的证券理论和证券价值分析，都是为投资者投资服务的。换言之，股息贴现模型

可以帮助投资者判断某股票的价格属于低估还是高估。与第 7 章第一节的方法一样,判断股票价格高估或低估的方法也包括两类。

第一种方法,计算股票投资的净现值。如果净现值大于 0,说明该股票被低估;反之,该股票被高估。用数学公式表示为:

$$NPV = D - P = \left[\sum_{t=1}^{\infty} \frac{D_t}{(1+r)^t} \right] - P \tag{8.8}$$

其中,NPV 表示净现值,P 表示股票的市场价格。当 $NPV>0$ 时,可以逢低买入;当 $NPV<0$ 时,可以逢高卖出。

第二种方法,比较贴现率与内部收益率的差异。如果贴现率小于内部收益率,证明该股票的净现值大于 0,即该股票被低估;反之,当贴现率大于内部收益率时,该股票的净现值小于 0,说明该股票被高估。内部收益率(Internal Rate of Return,),是当净现值等于零时的一个特殊的贴现率[①],用 IRR 表示,即:

$$NPV = D - P = \left[\sum_{t=1}^{\infty} \frac{D_t}{(1+IRR)^t} \right] - P = 0 \tag{8.9}$$

第二节　股息贴现模型

根据对股息增长率的不同假定,股息贴现模型可以分为零增长模型、不变增长模型、三阶段增长模型和多元增长模型。以下将从简单模型到复杂模型逐一展开介绍。

一、零增长模型

零增长模型(Zero-Growth Model)是股息贴现模型的一种特殊形式,它假定股息是固定不变的。换言之,股息的增长率等于零。零增长模型不仅可以用于普通股的价值分析,而且适用于统一公债和优先股的价值分析。股息不变的数学表达式为:$D_0 = D_1 = D_2 = \cdots = D_{\infty}$,或者:$g_t = 0$。将股息不变的条件代入式(8.2),得到:

$$D = \sum_{t=1}^{\infty} \frac{D_t}{(1+r)^t} = D_0 \left[\sum_{t=1}^{\infty} \frac{1}{(1+r)^t} \right]$$

当 r 大于零时,$1/(1+r)$ 小于 1,可以将上式简化为:

$$D = \frac{D_0}{r} \tag{8.10}$$

例如,假定投资者预期某公司支付的股息将永久性地固定为 1.15 美元/股,并且贴现率定为 13.4% ,那么,该公司股票的内在价值等于 8.58 美元。计算过程如下:

$$D = \frac{1.15}{1+1.134} + \frac{1.15}{(1+1.134)^2} + \frac{1.15}{(1+1.134)^3} + \cdots = \frac{1.15}{0.134} = 8.58(美元)$$

---

① 当未来预期现金流不全为正值时,可能存在几个使得净现值等于零的贴现率,即内部收益率的数目大于1,此时不能使用 IRR 作为估价方法,而应改用 NPV 法。当然,现实中股息不会为负数,预期未来某些时刻现金流为负数的情形更多出现于项目评估过程中。

如果该公司股票当前的市场价格等于 10.58 美元,说明它的净现值等于 -2 美元。由于其净现值小于零,所以该公司的股票被高估了 2 美元。如果投资者认为其持有的该公司股票处于高估的价位,他们可能抛售该公司的股票。

相应地,也可以使用比较贴现率与内部收益率的方法进行判断。将式(8.10)代入式(8.9),可以得到:

$$NPV = D - P = \frac{D_0}{IRR} - P = 0$$

所以:

$$IRR = \frac{D_0}{P} = \frac{1.15}{10.58} = 10.9\%$$

由于该公司股票的内部收益率等于 10.9% ,小于贴现率 13.4% ,所以该公司的股票是被高估的。

二、不变增长模型

不变增长模型(Constant-Growth Model)是股息贴现模型的第二种特殊形式。不变增长模型又称 Gordon 模型。[1] Gordon 模型有三个假定条件:

(1) 股息的支付在时间上是永久性的,即式(8.2)中的 t 趋向于无穷大($t \to \infty$);

(2) 股息的增长速度是一个常数,即式(8.7)中的 g_t 等于常数($g_t = g$);

(3) 模型中的贴现率大于股息增长率,即式(8.2)中的 r 大于 g($r > g$)。[2]

根据上述三个假定条件,可以将式(8.2)改写为:

$$
\begin{aligned}
D &= \frac{D_1}{1+r} + \frac{D_2}{(1+r)^2} + \frac{D_3}{(1+r)^3} + \cdots = \sum_{t=1}^{\infty} \frac{D_t}{(1+r)^t} \\
&= \frac{D_0(1+g)}{1+r} + \frac{D_0(1+g)^2}{(1+r)^2} + \cdots + \frac{D_0(1+g)^{\infty}}{(1+r)^{\infty}} \\
&= D_0\left[\left(\frac{1+g}{1+r}\right) + \left(\frac{1+g}{1+r}\right)^2 + \cdots + \left(\frac{1+g}{1+r}\right)^{\infty}\right] \\
&= D_0\left[\frac{(1+g)/(1+r) - [(1+g)/(1+r)]^{\infty}}{1 - (1+g)/(1+r)}\right] \\
&= \frac{D_0(1+g)}{r-g} = \frac{D_1}{r-g}
\end{aligned}
\tag{8.11}
$$

式(8.11)是不变增长模型的函数表达形式,其中的 D_0、D_1 分别是初期和第 1 期支付的股息。当式(8.11)中的股息增长率等于零时,不变增长模型就变成了零增长模型。所以,零增长模型是不变增长模型的一种特殊形式。

例如,某公司股票初期的股息为 1.8 美元/股。经预测,该公司股票未来的股息增长

---

① Gordon M J. The Investment, Financing and Valuation of the Corporation. Irwin, Homewood, 1962.

② 当贴现率小于常数的股息增长率时,式(8.2)决定的股票的内在价值将趋向无穷大。但事实上,任何股票的内在价值及其价格都不会无限制地增长。

率将永久性地保持在 5% 的水平。假定贴现率为 11%,那么,该公司股票的内在价值应该等于 31.50 美元。计算如下:

$$D = \frac{1.8 \times (1 + 0.05)}{0.11 - 0.05} = \frac{1.89}{0.11 - 0.05} = 31.50 \text{（美元）}$$

如果该公司股票当前的市场价格等于 40 美元,则该股票的净现值等于 -8.50 美元,说明该股票处于被高估的价位,投资者可以考虑抛出所持有的该公司的股票。利用比较贴现率与内部收益率的方法同样可以进行判断,并得出完全一致的结论。首先将式(8.11)代入式(8.9),得到:

$$NPV = D - P = \frac{D_0(1 + g)}{IRR - g} - P = 0$$

可以推出:

$$IRR = \frac{D_1}{P} + g$$

将有关数据代入,可以算出当该公司股票价格等于 40 美元时的内部收益率为 9.72%。因为该内部收益率小于贴现率(11%),所以该公司股票是被高估的。

三、三阶段增长模型

(一)(第二阶段股息增长率递减)三阶段增长模型

三阶段增长模型(Three-Stage-Growth Model)是股息贴现模型的第三种特殊形式,最早由 Molodovsky 提出,现在仍然被许多投资银行广泛使用。[1] 三阶段增长模型将股息的增长分成了三个不同的阶段:在第一个阶段(期限为 A),股息的增长率为一个常数(g_a)。第二个阶段(期限为 $A+1$ 到 B)是股息增长的转折期,股息增长率以线性的方式从 g_a 变化为 g_n, g_n 是第三阶段的股息增长率。如果 $g_a > g_n$,则在转折期内表现为递减的股息增长率;反之,则表现为递增的股息增长率。第三阶段(期限为 B 之后,一直到永远),股息的增长率也是一个常数(g_n),该增长率是公司长期的正常的增长率。股息增长的三个阶段,可以用图 8-1 表示。[2]

在图 8-1 中,在转折期内任何时点上的股息增长率 g_t 可以用式(8.12)表示。例如,当 t 等于 A 时,股息增长率等于第一阶段的常数增长率;当 t 等于 B 时,股息增长率等于第三阶段的常数增长率。

$$g_t = g_a - (g_a - g_n)\frac{t - A}{B - A}, g_a > g_n \quad (8.12)$$

在满足三阶段增长模型的假定条件下,如果已知 g_a 、 g_n 、A、B 和初期的股息水平 D_0,就可以根据式

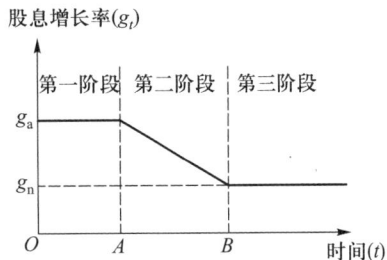

图 8-1　三阶段股息增长模型

---

① Molodovsky N. Common Stock Valuation-Principles, Tables and Applications. Financial Analysts Journal, 1965 (3-4).

② 本节仅介绍第二阶段股息增长率递减的三阶段增长模型。

(8.12)计算出所有各期的股息;然后,根据贴现率计算股票的内在价值。三阶段增长模型的计算公式为:

$$D = D_0 \sum_{t=1}^{A} \left(\frac{1 + g_a}{1 + r} \right)^t + \sum_{t=A+1}^{B} \left[\frac{D_{t-1}(1 + g_t)}{(1 + r)^t} \right] + \frac{D_B(1 + g_n)}{(1 + r)^B(r - g_n)} \qquad (8.13)$$

式(8.13)中的三项分别对应于股息的三个增长阶段。

假定某股票初期支付的股息为 1 美元/股,在今后两年的股息增长率为 6%,股息增长率从第 3 年开始递减,从第 6 年开始每年保持 3% 的增长速度。另外,贴现率为 8%。所以,$A = 2$,$B = 5$,$g_a = 6\%$,$g_n = 3\%$,$r = 8\%$,$D_0 = 1$。代入式(8.12),得到:

$$g_3 = 0.06 - (0.06 - 0.03)\frac{3 - 2}{5 - 2} = 5.25\%$$

$$g_4 = 0.06 - (0.06 - 0.03)\frac{4 - 2}{5 - 2} = 4.5\%$$

$$g_5 = 0.06 - (0.06 - 0.03)\frac{5 - 2}{5 - 2} = 3.75\%$$

将上述数据整理,列入表 8-1。

表 8-1　三阶段增长模型的有关数据

	年份	股息增长率(%)	股息(美元/股)
第 1 阶段	1	6	1.000×1.06 = 1.06
	2	6	1.060×1.06 = 1.124
第 2 阶段	3	5.25	1.124×1.052 5 = 1.183
	4	4.5	1.180×1.045 = 1.236
	5	3.75	1.227×1.037 5 = 1.268 2
第 3 阶段	6	3	1.264×1.03 = 1.302

将表 8-1 中的数据代入式(8.13),可以算出该股票的内在价值等于 22.76 美元,即:

$$D = 1 \times \sum_{t=1}^{2} \left(\frac{1 + 0.06}{1 + 0.08} \right)^t + \sum_{t=3}^{5} \left[\frac{D_{t-1}(1 + g_t)}{(1 + 0.08)^t} \right] + \frac{D_5(1 + 0.03)}{(1 + 0.08)^5(0.08 - 0.03)}$$

$$= 22.76(美元)$$

如果该公司股票当前的市场价格等于 20 美元,则根据净现值的判断原则,可以证明该股票的价格被低估了。

与零增长模型和不变增长模型不同,在三阶段增长模型中,很难运用内部收益率的指标判断股票的低估抑或高估。这是因为,在已知当前市场价格的条件下,无法直接根据式(8.13)解出内部收益率。此外,式(8.13)中的第二部分,即转折期内的现金流贴现计算也比较复杂。为此,Fuller 和 Hsia 于 1984 年在三阶段增长模型的基础上,提出了 H 模型[①],大

---

① Fuller R J,Hsia C C. A Simplified Model for Estimating Stock Prices of Growth Firms. Financial Analysts Journal,1984(5-6).

大简化了现金流贴现的计算过程。

（二）H 模型

Fuller 和 Hsia 的 H 模型假定：股息的初始增长率为 g_a，然后以线性的方式递减或递增；从 $2H$ 期后，股息增长率成为一个常数 g_n，即长期的正常的股息增长率；在股息递减或递增的过程中，在 H 点上的股息增长率恰好等于初始增长率 g_a 和常数增长率 g_n 的平均数。当 $g_a > g_n$ 时，在 $2H$ 点之前的股息增长率递减，见图 8-2。

在图 8-2 中，当 $t = H$ 时，$g_H = \frac{1}{2}(g_a + g_n)$。在满足上述假定条件情况下，Fuller 和 Hsia 证明了 H 模型的股票内在价值的计算公式为：

$$D = \frac{D_0}{r - g_n}\left[(1 + g_n) + H(g_a - g_n)\right] \tag{8.14}$$

图 8-3 形象地反映了 H 模型与三阶段增长模型的关系。

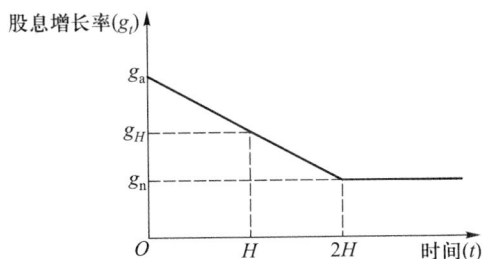

图 8-2　H 模型

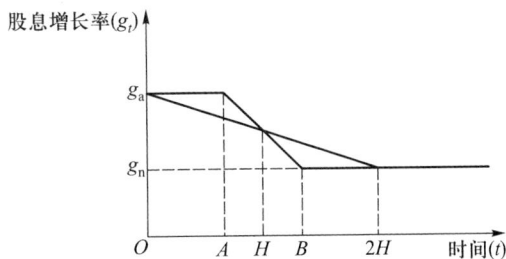

图 8-3　H 模型与三阶段增长模型的关系

与三阶段增长模型的公式（8.13）相比，H 模型的公式（8.14）有以下几个特点：

（1）在考虑了股息增长率变动的情况下，大大简化了计算过程。

（2）在已知股票当前市场价格 P 的条件下，可以直接计算内部收益率，即：

$$NPV = D - P = \frac{D_0}{IRR - g_n}\left[(1 + g_n) + H(g_a - g_n)\right] - P = 0$$

可以推出：

$$IRR = \frac{D_0}{P}\left[(1 + g_n) + H(g_a - g_n)\right] + g_n \tag{8.15}$$

（3）在假定 H 位于三阶段增长模型转折期的中点（换言之，H 位于股息增长率从 g_a 变化到 g_n 的时间的中点）的情况下，H 模型与三阶段增长模型的结论非常接近。

沿用三阶段增长模型的例子，已知：$D_0 = 1$ 美元，$g_a = 6\%$，$A = 2$，$B = 5$，$g_n = 3\%$，$r = 8\%$，假定 $H = \frac{1}{2}(2 + 5) = 3.5$，那么，代入式（8.14），可以得出该股票的内在价值等于 22.70 美元，即：

$$D = \frac{1}{0.08 - 0.03}\left[1.03 + 3.5 \times (0.06 - 0.03)\right] = 22.70（美元）$$

这与三阶段模型中得到的 22.76 美元的股票的内在价值非常接近。

此外，H 模型的公式（8.14）还具有以下两个特点：

（1）当 g_a 等于 g_n 时，式（8.14）等于式（8.11），所以，股息不变增长模型也是 H 模型的一个特例。

（2）如果将式（8.14）改写为：

$$D = \frac{D_0(1 + g_n)}{r - g_n} + \frac{D_0 H(g_a - g_n)}{r - g_n} \tag{8.16}$$

可以发现，股票的内在价值由两部分组成：式（8.16）的第一项是根据长期的正常的股息增长率决定的现金流贴现价值；第二项是由超常收益率 g_a 决定的现金流贴现价值，并且这部分价值与 H 成正比例关系。这与本书第 10 章的资本资产定价模型基本上是一致的。

（三）案例

下面我们将利用 H 模型进行股票价格的低估抑或高估的判断。假定某公司股票 2018 年 2 月的市场价格为 59 美元。经预测，该公司股票在 2018 年后的 4 年间将保持 11% 的股息增长速度，从第 5 年开始股息增长率递减，但是从第 16 年起该公司股票的股息增长率将维持在 5% 的正常水平。2017 年的股息为 4.26 美元/股。可以将上述数据用数学形式表示为：$A = 4, B = 16, g_a = 11\%, g_n = 5\%, D_0 = 4.26, H = 10$。

假如证券市场线的表达式为：$R(r) = 10\% + 5\%\beta$，该公司股票的 β 值等于 0.85，那么，投资该公司股票的预期收益率（贴现率）$R(r) = 10\% + 5\% \times 0.85 = 14.25\%$。

将以上数据代入式（8.14），可以求出该股票的内在价值等于 75.99 美元，大于该公司股票的市场价格。换言之，该公司股票的净现值大于零。所以，该公司股票价格被低估了。具体计算如下：

$$\begin{aligned}
D &= \frac{D_0}{r - g_n}[(1 + g_n) + H(g_a - g_n)] \\
&= \frac{4.26}{0.1425 - 0.05}[(1 + 0.05) + 10 \times (0.11 - 0.05)] \\
&= 75.99(\text{美元})
\end{aligned}$$

同样道理，可以利用式（8.15）求出该公司股票的内部收益率等于 16.91%。因为内部收益率高于贴现率，所以该公司的股票价格是被低估的。具体计算如下：

$$\begin{aligned}
IRR &= \frac{D_0}{P}[(1 + g_n) + H(g_a - g_n)] + g_n \\
&= \frac{4.26}{59}[1.05 + 10 \times (0.11 - 0.05)] + 0.05 \\
&= 16.91\%
\end{aligned}$$

四、多元增长模型

零增长模型、不变增长模型和三阶段增长模型都是股息贴现模型的特殊形式。现在我们来介绍股息贴现模型的最一般的形式——多元增长模型（Multiple-Growth Model）。多元增长模型假定在某一时点 T 之后股息增长率为一常数 g，但是在这之前股息增长率是可变的。多元增长模型的内在价值计算公式为：

$$D = \sum_{t=1}^{T} \frac{D_t}{(1+r)^t} + \frac{D_{T+1}}{(r-g)(1+r)^T} \qquad (8.17)$$

下面用一个案例说明多元增长模型。某投资银行 2018 年 9 月对 ABC 公司 2018 年之后的股息增长情况进行了预测,预测结果见表 8-2。已知 2017 年的股息为 1.44 美元/股,则 $D_0 = 1.44$ 美元。证券市场线的函数表达式为: $R(r_i) = 9.2\% + 7.8\%\beta$ 。因为该公司股票的 β 等于 1.24,所以投资该公司股票的期望的收益率等于 18.9%。

$$R(r_i) = 9.2\% + 7.8\% \times 1.24 = 18.9\%$$

如果投资者投资 ABC 公司的股票的预期收益率等于 18.9%,那么,该模型的贴现率也等于 18.9%。在表 8-2 中,将 2018 年后的股息增长情况分成了四个阶段:第一阶段(初期),股息增长率极不稳定,在初期的 9 年中,股息增长率在 5.7% 至 25% 之间波动;第二阶段(平稳期),股息增长率在 2028 至 2032 年的 5 年间均维持在 13.5% 的水平;第三阶段(转折期),在 25 年的转折期内,股息增长率从 2033 年的 13.6% 逐年下降到 2057 年的 9.1%;第四阶段(稳定期),从 2058 年起每年的股息增长率固定为 9%。根据 2017 年的股息(D_0)以及预测的 2018 年之后各年的股息增长率(表 8-2 中的第三栏),可以预测出 2018 年之后各年的股息从 2018 年的每股 1.75 美元上升到 2118 年的每股 51 169.40 美元(见表 8-2 中的第四栏);根据 18.9% 的贴现率,可以求出 2018 年后每年股息的现值(见表 8-2 中的第五栏)。将 2018 年后每年股息的现值加总,得到 ABC 公司股票的内在价值等于 38.75 美元。

表 8-2 ABC 公司的股息增长情况预测表

	年份	股息增长率 (%)	每股股息 (美元)	股息现值 (美元)
初期	2018	21.5	1.75	1.472
	2019	5.7	1.85	1.309
	2020	18.9	2.20	1.310
	2021	25.0	2.75	1.377
	2022	12.7	3.10	1.306
	2023	22.6	3.80	1.346
	2024	21.1	4.60	1.371
	2025	21.7	5.60	1.404
	2026	19.6	6.70	1.413
	2027	19.1	7.98	1.416
平稳期	2028	13.5	9.06	1.351
	2029	13.5	10.28	1.290
	2030	13.5	11.67	1.232
	2031	13.5	13.24	1.176
	2032	13.5	15.03	1.123

续表

	年份	股息增长率 （%）	每股股息 （美元）	股息现值 （美元）
	2033	13.6	17.07	1.073
	2034	13.8	19.43	1.027
	2035	13.9	22.13	0.984
	2036	14.0	25.23	0.944
	2037	14.1	28.78	0.906
	2038	14.1	32.82	0.869
	2039	14.0	37.41	0.833
	2040	13.9	42.61	0.798
	2041	13.7	48.46	0.764
	2042	13.5	55.03	0.729
	2043	13.3	62.35	0.695
	2044	13.0	70.48	0.661
转折期	2045	12.7	79.46	0.627
	2046	12.4	89.34	0.593
	2047	12.1	100.13	0.559
	2048	11.7	111.88	0.525
	2049	11.4	124.62	0.492
	2050	11.0	138.38	0.460
	2051	10.7	153.18	0.428
	2052	10.4	169.06	0.398
	2053	10.1	186.07	0.368
	2054	9.8	204.26	0.340
	2055	9.5	223.69	0.313
	2056	9.3	244.46	0.288
	2057	9.1	266.68	0.264
	2058	9.0	290.68	0.242
	2068	9.0	688.15	0.102
	2078	9.0	1 629.11	0.043
稳定期	2088	9.0	3 856.70	0.018
	2098	9.0	9 130.20	0.008
	2108	9.0	21 614.50	0.003
	2118	9.0	51 169.40	0.001

资料来源：改编自：Fuller R J，Farrell J L. Modern Investments and Security Analysis. McGraw-Hill Book Company，1987：352-353（table 13-1）。

因为从 2058 年后，ABC 公司股息增长率将维持在 9% 的水平，所以，2058 年后的现金

流贴现可以使用不变增长模型。该公司股票的内在价值同样可以使用式(8.17)进行计算,如下所示:

$$D = \sum_{t=1}^{10} \frac{D_t}{(1+r)^t} + \sum_{t=11}^{15} \frac{D_t}{(1+r)^t} + \sum_{t=16}^{40} \frac{D_t}{(1+r)^t} + \sum_{t=41}^{\infty} \frac{D_t}{(1+r)^t}$$

$$= \sum_{t=1}^{10} \frac{D_t}{(1+r)^t} + \sum_{t=11}^{15} \frac{D_t}{(1+r)^t} + \sum_{t=16}^{40} \frac{D_t}{(1+r)^t} + \frac{D_{41}}{(1+r)^{40}(r-g)}$$

$$= 13.723 + 6.173 + 15.94 + 2.914$$

$$= 38.75(美元)$$

第三节　市盈率模型

与股息贴现模型相比,市盈率模型的历史更为悠久。市盈率模型在运用当中具有以下几方面的优点:① 由于市盈率是股票价格与每股收益的比率,即单位收益的价格,所以,市盈率模型可以直接应用于不同收益水平的股票的价格之间的比较;② 对于那些在某段时间内没有支付股息的股票,市盈率模型同样适用,而股息贴现模型却不能使用①;③ 虽然市盈率模型同样需要对有关变量进行预测,但是所涉及的变量预测比股息贴现模型要简单。

相应地,市盈率模型也存在一些缺点:① 市盈率模型的理论基础较为薄弱,而股息贴现模型的逻辑性较为严密;② 在进行股票之间的比较时,市盈率模型只能决定不同股票市盈率的相对大小,却不能决定股票绝对的市盈率水平。

尽管如此,由于操作较为简便,市盈率模型仍然是一种被广泛使用的股票价值分析方法。市盈率模型同样可以分成零增长模型、不变增长模型和多元增长模型等类型。本节将首先以不变增长的市盈率模型为例,重点分析市盈率是由哪些因素决定的;然后,简单介绍零增长和多元增长的市盈率模型及其应用。

一、不变增长的市盈率模型

借用第二节中的式(8.11): $D = \frac{D_1}{r-g}$ 。其中, D_1 、r 、g 分别代表第 1 期支付的股息、贴现率和股息增长率(常数),D 代表股票的内在价值。尽管股票的市场价格 P 可能高于或低于其内在价值,但是,当市场达到均衡时,股票价格应该等于其内在价值。所以,我们可以把式(8.11)改写为:

$$P = D = \frac{D_1}{r-g} \tag{8.18}$$

而每期的股息应该等于当期的每股收益(E)乘派息比率(b),即:$D = E \times b$,代入式(8.18),得到:

---

① 只要股票每股收益大于 0,就可以使用市盈率模型。

$$P = \frac{D_1}{r - g} = \frac{E_1 \times b_1}{r - g}$$

省略有关变量的下标,将上式移项后,可以推出不变增长的市盈率模型的一般表达式[①]:

$$\frac{P}{E} = \frac{b}{r - g} \tag{8.19}$$

从式(8.19)中可以发现,市盈率(P/E)取决于三个变量:派息比率(Payout Ratio)、贴现率和股息增长率。市盈率与派息比率、股息增长率成正比,与贴现率成反比。派息比率、贴现率和股息增长率还只是第一层次的市盈率决定因素。下面将分别讨论股息增长率和贴现率的决定因素,即第二层次的市盈率决定因素。

(一) 股息增长率的决定因素分析

简单起见,做以下三个假定条件:① 派息比率固定不变,恒等于 b ;② 股东权益收益率(Return On Equity)固定不变,用 ROE 表示股东权益收益率,即 ROE 等于一个常数;③ 没有外部融资。

根据股息增长率的定义, $g = \dfrac{D_1 - D_0}{D_0}$,而股息、每股收益与派息比率之间的关系表现为: $D_1 = bE_1$, $D_0 = bE_0$,所以:

$$g = \frac{D_1 - D_0}{D_0} = \frac{b(E_1 - E_0)}{bE_0} = \frac{E_1 - E_0}{E_0} \tag{8.20}$$

根据股东权益收益率的定义, $ROE_1 = \dfrac{E_1}{BV_0}$, $ROE_0 = \dfrac{E_0}{BV_{-1}}$ 。其中, BV 为每股账面价值,或者等于每股净资产。将其代入式(8.20),得到:

$$g = \frac{E_1 - E_0}{E_0} = \frac{ROE(BV_0 - BV_{-1})}{ROE(BV_{-1})} = \frac{BV_0 - BV_{-1}}{BV_{-1}} \tag{8.21}$$

由于没有外部融资,所以账面价值的变动($BV_0 - BV_{-1}$)应该等于每股收益扣除支付股息后的余额,即 $E_0 - D_0 = E_0(1 - b)$,代入式(8.21),得到:

$$g = \frac{BV_0 - BV_{-1}}{BV_{-1}} = \frac{E_0(1 - b)}{BV_{-1}} = ROE(1 - b) \tag{8.22}$$

式(8.22)说明股息增长率 g 与股东权益收益率 ROE 成正比,与派息比率 b 成反比。那么,股东权益收益率 ROE 又由哪些因素决定呢? ROE 可以有两种计算方式:

$$ROE = \frac{E}{BV}$$

和

$$ROE = \frac{EAT}{EQ}$$

其中,前者是以每股的(税后)收益除以每股的股东权益账面价值,后者是以公司总的税

---

① 本节所推导的市盈率均为前瞻性市盈率(Forward P/E),定义为 P/E_1,与之相对的概念是历史市盈率(Trailing P/E),定义为 P/E。两者关系为 $P/E_1 = (P/E_0)(1+g)$ (假设派息比率 b 为常数)。

后收益(Earnings After Tax)除以公司总的股东权益账面价值(Equity)。

所以,这两种计算方式的结论应该是一样的。我们把股东权益收益率 ROE 的第二种公式略做调整,可以得到以下变化形式:

$$ROE = \frac{EAT}{EQ} = \frac{EAT}{A} \times \frac{A}{EQ}$$

其中,A 表示公司的总资产,EAT 表示公司总的税后收益,EQ 表示公司总的股东权益账面价值。

根据定义,上式等号右侧的第一项(EAT/A)等于公司总的税后收益与公司的总资产的比率,即总资产收益率(Return On Assets),用 ROA 表示;第二项(A/EQ)是公司的总资产与公司总的股东权益账面价值的比率,即杠杆比率或权益比率(Leverage Ratio),用 L 表示。所以,股东权益收益率取决于净资产收益率和权益比率两者的乘积,用数学形式表达为:

$$ROE = \frac{EAT}{A} \times \frac{A}{EQ} = ROA \times L \tag{8.23}$$

式(8.23)又被称为 DuPont 公式。同样道理,可以将总资产收益率 ROA 进一步分解为税后净利润率(After-Tax Profit Margin)与总资产周转率(Asset Turnover Ratio)的乘积,即:

$$ROA = \frac{EAT}{A} = \frac{EAT}{S} \times \frac{S}{A} = PM \times ATO \tag{8.24}$$

其中,S 表示公司的销售额(Sales),PM 表示税后净利润率,ATO 表示总资产周转率。

现在,将式(8.24)代入式(8.23),将式(8.23)代入式(8.22),得到了经分解后的股息增长率的决定公式(8.25)。该式反映了股息增长率与公司的税后净利润率、总资产周转率和权益比率成正比,与派息比率成反比。

$$g = ROE(1 - b) = ROA \times L(1 - b) = PM \times ATO \times L \times (1 - b) \tag{8.25}$$

（二）贴现率的决定因素分析

在第 10 章的资本资产定价模型中,证券市场线的函数表达式为:

$$R(r_i) = r_f + (r_m - r_f)\beta_i$$

其中, $R(r_i)$ 表示投资第 i 种证券期望的收益率,即贴现率 r;r_f 和 r_m 分别表示无风险资产的收益率和市场组合的平均收益率,我们假定在正常市场条件下,$r_m > r_f$;β_i 是第 i 种证券的贝塔系数,反映了该种证券的系统性风险的大小。

所以,贴现率取决于无风险资产的收益率、市场组合的平均收益率和证券的贝塔系数三个变量,并且与证券自身的贝塔系数和市场组合的平均收益率成正比,与无风险资产的收益率的关系取决于 β_i 是否大于 1。那么,贝塔系数又是由什么因素决定的呢? R. Hamada 在 1972 年从理论上证明了贝塔系数是证券所属公司的杠杆比率或权益比率的增函数[①],并在之后的实证检验中得到了验证[②]。Hamada 认为,在其他条件不变的情况下,公司的负

---

① Hamada R. The Effect of the Firm's Capital Structure on the Systematic Risk of Common Stocks. Journal of Finance, 1972(5).

② Thompson J. Sources of Systematic Risk in Common Stocks. Journal of Business, 1976(4).

债率与其证券的贝塔系数成正比;而公司增发股票,将降低其杠杆比率,从而降低贝塔系数。我们把杠杆比率之外影响贝塔系数的其他因素,用变量 δ 表示。所以,可以将证券市场线的表达式改写为:

$$r = r_f + (r_m - r_f)\beta_i$$

其中, $\beta_i = f(L, \delta)$,且 $f'_L > 0$。

（三）市盈率模型的一般形式

在具体分析了影响股息增长率和贴现率的因素之后,表 8-3 汇总了市盈率决定的各种因素。其中,括号内的正号或负号表示相应的变量与市盈率是正相关或负相关。

表 8-3　市盈率的决定因素[①]

$P/E = f$	派息比率(+)b	贴现率(-)r			股息增长率(+)g	
		无风险资产收益率 (-),$\beta<1$ (+),$\beta>1$ r_f	市场组合收益率 (-)r_m	贝塔系数 ($r_m>r_f$) (-)β	股东权益收益率 (+)ROE	派息比率 (-)b
				杠杆比率 (-)L	其他因素 (-)δ	总资产收益率 (+)ROA	杠杆比率 (+)L
				税后净利润率 (+)PM	总资产周转率 (+)ATO		

在表 8-3 中的第一层,市盈率的大小取决于派息比率、贴现率和股息增长率;在第二层,市盈率取决于派息比率、无风险资产收益率、市场组合收益率、贝塔系数和股东权益收益率五个变量;在第三层,市盈率取决于派息比率、无风险资产收益率、市场组合收益率、杠杆比率、影响贝塔系数的其他因素、总资产收益率六个变量;在第四层,市盈率取决于派息比率、无风险资产收益率、市场组合收益率、杠杆比率、影响贝塔系数的其他变量、税后净利润率、总资产周转率七个变量。在影响市盈率的上述变量中,除了无风险资产收益率、派息比率和杠杆比率之外,其他变量对市盈率的影响都是单向的,即:市场组合收益率、贝塔系数、贴现率以及影响贝塔系数的其他变量,与市盈率之间的关系都是负相关的;而股息增长率、股东权益收益率、总资产收益率、税后净利润率和总资产周转率,与市盈率之间的关系都是正相关的。下面分别分析无风险资产收益率、派息比率和杠杆比率与市盈率的关系。

首先,无风险资产收益率与市盈率之间的关系取决于贝塔系数是否大于 1。如果 β >

---

① Fuller R J, Farrell J L Jr. Modern Investments and Security Analysis. McGraw-Hill Book Company, 1987:365.

1,则两者是正相关的;如果 $\beta < 1$,则两者是负相关的;如果 $\beta = 1$,则两者不存在直接相关性。

其次,派息比率与市盈率之间的关系是不确定的。将式(8.25)代入式(8.19),得到:

$$\frac{P}{E} = \frac{b}{r - g} = \frac{b}{r - ROE(1 - b)} = \frac{b}{r - ROA \times L \times (1 - b)}$$

$$= \frac{b}{r - PM \times ATO \times L \times (1 - b)} \tag{8.26}$$

很明显,派息比率同时出现在市盈率决定公式的分子和分母之中。在分子中,派息比率越高,市盈率越高;而在分母中,派息比率越高,市盈率越低。这是因为:当派息比率高时,当前的股息支付水平也就比较高,所以市盈率较高;然而,当派息比率高时,股息增长率就会降低(见式(8.22)、式(8.25)),所以市盈率较低。

最后,杠杆比率与市盈率之间的关系也是不确定的。在式(8.26)的分母中,减数和被减数中都含有杠杆比率项。在被减数(贴现率)中,当杠杆比率上升时,股票的贝塔系数上升,所以,贴现率也将上升,而市盈率却将下降;在减数中,杠杆比率与净资产收益率成正比,所以,当杠杆比率上升时,减数加大,从而导致市盈率上升。

(四)案例

本节一开始就曾指出,市盈率模型能够比较不同收益水平的股票的价格,但是市盈率模型只能确定证券市盈率的相对大小,却不能给出证券市盈率的绝对水平。这是因为市盈率模型是建立在大量的假设条件基础上的,而许多的假设条件缺乏应有的依据。下面我们来看一个利用市盈率决定因素判断市盈率相对大小的例子(见表8-4)。

表8-4 IBM 与 HSM 的市盈率比较

年份	IBM				Hart, Schaffner & Marx			
	b	$g(\%)$	$ROE(\%)$	P/E	b	$G(\%)$	$ROE(\%)$	P/E
1970	0.539	33.3	19.2	33.0	0.615	0.0	8.2	18.2
1971	0.553	8.3	18.1	34.4	0.672	0.0	7.3	23.6
1972	0.489	3.8	19.2	35.5	0.497	0.0	9.6	17.3
1973	0.415	3.7	20.8	28.5	0.467	7.5	10.4	10.1
1974	0.446	24.1	20.8	16.5	0.647	2.3	7.3	7.4
1975	0.488	17.3	19.6	15.3	0.619	−25.0	5.0	8.3
1976	0.501	22.7	20.9	16.6	0.391	5.0	8.2	7.2
1977	0.546	25.0	21.7	14.5	0.400	14.3	8.7	7.0
1978	0.541	15.2	24.9	12.7	0.383	11.1	9.6	5.9
1979	0.667	19.4	22.3	13.9	0.359	10.0	10.6	4.9
平均数	0.518	17.3	20.8	22.1	0.505	2.5	8.5	11.0

资料来源:Fuller R J, Farrell J L Jr. Modern Investments and Security Analysis. McGraw-Hill Book Company, 1987:363 (Table 13-2)。

表 8-4 分别列出了 1970 年至 1979 年美国的 IBM 和 HSM 公司的派息比率、股息增长率、股东权益收益率和市盈率的数据。表中的最后一行是 1970 年至 1979 年上述四个变量的平均数。首先,比较两个公司的派息比率。IBM 公司的派息比率较高,其市盈率也远远高于 HSM。从上面的分析我们得知,派息比率与市盈率之间的关系是不确定的。所以,IBM 的派息比率高于 HSM,未必能够推出 IBM 的市盈率高于 HSM。其次,比较两者的股息增长率。IBM 的平均股息增长率为 17.3%,大大高过 HSM 的 2.5%,而股息增长率与市盈率之间成正比,所以,IBM 的市盈率应该高于 HSM。最后,比较两个公司的股东权益收益率。很明显,IBM 公司的平均股东权益收益率 20.8% 也远远高于 HSM 的 8.5%。由于股东权益收益率与市盈率之间呈正相关关系,所以,IBM 公司的市盈率应该高于 HSM。而表 8-4 中的市盈率数据确实与上述的推论相吻合,反映了市盈率决定因素分析的可靠性。但是,根据股息增长率、股东权益收益率只能判断 IBM 的市盈率高于 HSM,却不能决定 IBM 和 HSM 公司市盈率的具体水平。

与股息贴现模型类似,市盈率模型也可以用于判断股票的高估抑或低估。根据市盈率模型决定的某公司股票的市盈率只是一个正常的市盈率。如果股票实际的市盈率高于其正常的市盈率,说明该股票被高估了;反之,如果实际的市盈率低于正常的市盈率,说明股票被低估了。例如,某股不变增长的股票的市场价格为 40 美元,初期支付的股息 D_0 等于 1.8 美元/股;根据预测,该股票的股息将保持每年 5% 的固定增长率 g,并保持固定的派息比率 66.67%。那么,当贴现率为 11% 时,可以算出该股票正常的市盈率和实际的市盈率分别等于 11.11 和 14.11。由于实际的市盈率高于正常的市盈率,所以,该股票的价格被高估了。

二、零增长的市盈率模型

零增长的市盈率模型假定股息增长率 g 恒等于 0,换言之,每期的股息都是一样的。那么,在什么情况下股息增长率会恒等于 0 呢?在前面的分析中,我们知道股息等于每股收益 E 与派息比率 b 的乘积。如果每股收益 E 等于常数,那么只有在派息比率等于 100% 时,每期的股息才会等于一个常数,即在没有保留收益的条件下,每股的收益全部以股息的方式支付给股东。如果在每股收益等于常数的情况下,派息比率小于 100%,那么,每股收益中的一部分将保留在公司内部,从而可能被用于提高未来的每股收益以及每股的股息。沿用式(8.22),$g = ROE(1 - b)$,股息增长率 g 与派息比率 b 成反比。当派息比率 b 等于 1 时,股息增长率 g 等于零;当派息比率 b 小于 1 时,股息增长率 g 大于零。所以,零增长模型假定每股收益恒等于一个常数且派息比率等于 1,即 $E_0 = E_1 = E_2 = \cdots = E_\infty$,$b = 1$,所以,可以推出:$D_0 = D_1 = D_2 = \cdots = D_\infty$,或者,$g_0 = g_1 = g_2 = \cdots = g_\infty = 0$。

将上述假定条件代入式(8.19),得到零增长市盈率模型的函数表达式:

$$\frac{P}{E} = \frac{b}{r - g} = \frac{1}{r - 0} = \frac{1}{r} \tag{8.27}$$

与不变增长的市盈率模型相比,零增长的市盈率模型中决定市盈率的因素仅贴现率一项,并且市盈率与贴现率成反比关系。比较式(8.19)与式(8.27),可以发现零增长的市盈率模型是股息增长率等于零时的不变增长的市盈率模型的一种特例。

例如,某股息零增长的股票的市场价格为 65 美元/股,每股股息恒等于 8 美元,贴现率为 10%。假定其派息比率等于 1,那么,该股票的正常的市盈率应该等于 10,实际的市盈率等于 8.1。由于实际的市盈率低于正常的市盈率,所以,该股票价格被低估了。具体过程如下:

$$实际的市盈率 = \frac{65}{8} = 8.1$$

$$正常的市盈率 = \frac{1}{0.10} = 10$$

三、多元增长的市盈率模型

与多元增长的股息贴现模型一样,多元增长的市盈率模型假定在某一时点 T 之后股息增长率和派息比率分别为常数 g 和 b,但是在这之前股息增长率和派息比率都是可变的。沿用第二节中的式(8.17),

$$D = \sum_{t=1}^{T} \frac{D_t}{(1+r)^t} + \frac{D_{T+1}}{(r-g)(1+r)^T}$$

其中,等式右边的第一项是 T 时点之前的现金流贴现价值,第二项是 T 时点之后的现金流贴现价值。根据股息、派息比率和每股收益三者之间的关系,可以知道:

$$E_t = E_0(1+g_1)(1+g_2)(1+g_3)\cdots(1+g_t) \tag{8.28}$$

$$D_t = b_t E_t = b_t E_0(1+g_1)(1+g_2)(1+g_3)\cdots(1+g_t) \tag{8.29}$$

其中,E_t 是第 t 期的每股收益,D_t 是第 t 期的每股股息,b_t 是第 t 期的派息比率,g_t 是第 t 期的股息增长率。将式(8.29)代入(8.17),可以得到多元增长的市盈率模型的函数表达式[①]:

$$P = \frac{E_0 b_1(1+g_1)}{1+r} + \frac{E_0 b_2(1+g_1)(1+g_2)}{(1+r)^2} + \cdots + \frac{E_0 b_T(1+g_1)(1+g_2)\cdots(1+g_T)}{(1+r)^T} +$$

$$\frac{E_0 b(1+g_1)(1+g_2)\cdots(1+g_T)(1+g)}{(r-g)(1+r)^T}$$

$$\frac{P}{E_0} = \frac{b_1(1+g_1)}{1+r} + \frac{b_2(1+g_1)(1+g_2)}{(1+r)^2} + \cdots + \frac{b_T(1+g_1)(1+g_2)\cdots(1+g_T)}{(1+r)^T} +$$

$$\frac{b(1+g_1)(1+g_2)\cdots(1+g_T)(1+g)}{(r-g)(1+r)^T}$$

$$\frac{P}{E} = \frac{b_1(1+g_1)}{1+r} + \frac{b_2(1+g_1)(1+g_2)}{(1+r)^2} + \cdots + \frac{b_T(1+g_1)(1+g_2)\cdots(1+g_T)}{(1+r)^T} +$$

$$\frac{b(1+g_1)(1+g_2)\cdots(1+g_T)(1+g)}{(r-g)(1+r)^T} \tag{8.30}$$

式(8.30)表明,多元增长的市盈率模型中的市盈率决定因素包括贴现率、派息比率和股息增长率。其中,派息比率含有 T 个变量(b_1, b_2, $\cdots$, b_T)和一个常数(b)。同样,

---

① 为表述方便,本节推导的市盈率为历史市盈率,定义为 P/E。

股息增长率也含有 T 个变量($g_1, g_2, \cdots, g_T$)和一个常数(g)。根据上式可以算出多元增长的股票的正常市盈率。

例如,某公司股票当前的市场价格等于 55 美元,初期的每股收益和股息分别等于 3 美元和 0.75 美元。第一年和第二年的有关数据见表 8-5。

表 8-5　某公司第一年和第二年的相关数据

时间	每股股息 D(美元)	每股收益 E(美元)	股息增长率(g)	派息比率(b)
第一年	2	5	0.67	0.40
第二年	3	6	0.20	0.50

另外,从第二年年末开始每年的每股收益增长率和股息增长率都等于 10%,并且派息比率恒等于 0.50,贴现率为 15%。那么,该股票的正常市盈率和实际市盈率分别等于 18.01 和 18.33。由于两者比较接近,所以,该股票的价格处于比较合理的水平。具体过程如下:

$$正常的市盈率\left(\frac{P}{E}\right) = \frac{0.40\times(1+0.67)}{1+0.15} + \frac{0.5\times(1+0.67)(1+0.20)}{(1+0.15)^2} +$$

$$\frac{0.5\times(1+0.67)(1+0.20)(1+0.10)}{(0.15-0.10)(1+0.15)^2}$$

$$= 0.58 + 0.76 + 16.67$$

$$= 18.01$$

$$实际的市盈率\left(\frac{P}{E}\right) = \frac{55}{3} = 18.33$$

本 章 小 结

本章主要介绍了普通股价值分析中的两种方法:收入资本化法和市盈率模型。

股票价值中的收入资本化法又称股息贴现模型,其核心是股票的内在价值等于投资股票可获得的未来股息的现值。根据对股息增长率的不同假定,依次介绍了零增长的股息贴现模型、不变增长的股息贴现模型、三阶段增长模型和 H 模型,以及多元增长的股息贴现模型。

除了股息贴现模型以外,市盈率模型也是一种广泛运用的股票价值分析方法。影响市盈率的因素主要包括:派息比率、股息增长率、无风险资产收益率、市场组合收益率、贝塔系数、杠杆比率、股东权益收益率、总资产收益率、税后净利润率和总资产周转率等。根据对股息增长率的不同假定,可以把市盈率模型分为零增长、不变增长和多元增长的市盈率模型。

利用股息贴现模型和市盈率模型,可以分析股票价格是否存在高估或低估。对于股息贴现模型来说,如果股票的内在价值高于(或低于)股票的市场价格,说明该股票被低估(或高估)。同样,可以使用内部收益率的方法进行判断:如果股票的内部收益率大于(或小于)贴现率,说明该股票被低估(或高估)。对于市盈率模型来说,如果根据模型算出的正常的市盈率大于(或小于)股票的实际市盈率,说明该股票被低估(或高估)。

关　键　术　语

普通股价值　收入资本化　股息贴现模型　贴现率　内部收益率　零增长模型
H 模型　不变增长模型　三阶段增长模型　多元增长模型　市盈率模型

习　　题

1. 简述收入资本化法在普通股价值分析中的运用。

2. 根据股息贴现模型决定的股票内在价值是否忽视了买卖股票的资本利得？为
什么？

3. 如何利用股息贴现模型进行证券投资分析？

4. Gordon 模型(不变增长的股息贴现模型)的假设条件是什么？

5. 三阶段股息增长模型与 H 模型的区别与联系是什么？

6. 市盈率模型存在哪些优缺点？

7. 如何决定贴现率？

8. 股息增长率的决定因素有哪些？

9. 决定市盈率的因素有哪些？其中哪些因素对市盈率的影响是不确定的？

10. 请比较股息贴现模型与市盈率模型在判断股票价格被低估或高估的原则上的区
别与联系。

即　测　即　评

第9章
衍生证券价值分析

本章将逐一介绍衍生证券中的远期合约、期货合约、互换和期权,并重点讨论各种衍生证券的价格与其标的资产价格之间的相互关系,以此为基础分析各种衍生证券的价值。

第一节 远期与期货价值分析

远期合约和期货合约是衍生市场中最基本的金融工具。因此,本节将首先介绍远期合约和期货合约的相关概念,然后依次分析远期合约和期货合约的价值。

一、远期合约的概念

远期合约(Forward Contract)是指一个在确定的将来时间按确定的价格购买或出售某项资产的协议。它是最基本的衍生证券之一。通常两个金融机构之间或金融机构与其公司客户之间会签署该合约。一般而言,它不在正式的交易所内交易。

按习惯,我们把远期合约的买方和卖方分别称作多头和空头。所谓多头(Long Position),就是指远期合约中同意在将来按某个确定的日期以某个确定的价格购买标的资产的一方。所谓空头(Short Position),就是指远期合约中同意在同样的日期以同样的价格出售该标的资产的一方。远期合约交割的那一天称为到期日。远期合约交割时,空头的持有者交付标的资产给多头的持有者,多头支付等于交割价格的现金。

在远期合约中的特定价格称为交割价格(Delivery Price)。决定远期合约价格的关键变量是标的资产的市场价格。在合约签署的时刻,所选择的交割价格应该使得远期合约的价值对双方都为零。[①] 这意味着交易方无须成本就可以处于远期合约的多头或空头状态。但随着时间的推移,远期合约可能具有正的或负的价值,这取决于标的资产价格的变动。例如,如果合约签署之后该标的资产的价格很快上涨,则远期合约多头的价值将变为

---

① 我们将在后文解释交割价格如何确定。

正值,而远期合约空头的价值将变为负值。

（一）远期价格

某个远期合约的远期价格（Forward Price）定义为使得该合约价值为零的交割价格。随着时间的推移,远期价格有可能随时发生变化。因此,在合约开始后的任何时刻,除了偶然,远期价格和交割价格一般并不相等。而且一般来说,在任何给定时刻,远期价格随该合约期限的变化而变化。例如,3 个月期的远期合约的价格肯定不同于 9 个月期的远期合约价格。

许多跨国公司经常使用外汇远期合约。表 9-1 中表示的是 1995 年 5 月 8 日英镑兑美元汇率。忽略佣金和其他交易成本,表中第一行报价表示在即期市场（即立即交割）买卖英镑的价格是每英镑 1.608 0 美元,第二行报价表示买卖 30 天期英镑远期合约的远期价格（或远期汇率）为每英镑 1.607 6 美元,第三行报价表示买卖 90 天期英镑远期合约的远期价格为每英镑 1.605 6 美元,等等。

表 9-1 1995 年 5 月 8 日英镑兑美元的即期和远期汇率报价

即期汇率	1.608 0
30 天远期汇率	1.607 6
90 天远期汇率	1.605 6
180 天远期汇率	1.601 8

资料来源:Hull J C. Option, Futures, and Others Derivatives. 3rd ed. Prentice Hall International, Inc,1993:2.

（二）远期合约的损益

假设投资者在 1995 年 5 月 8 日签署了一份 100 万英镑 90 天期的多头远期合约,交割汇率为 1.605 6。这样投资者就必须在 90 天后支付 1 605 600 美元来购买 1 000 000 英镑。如果在 90 天后即期汇率上升,假设为 1.650 0,投资者将获利 44 400 美元（= 1 650 000 - 1 605 600）,因为投资者可以用购得的 100 万英镑在即期市场以 1 650 000 美元的价格立即兑换成美元。同样的,如果 90 天后即期汇率跌至 1.550 0,投资者将损失 55 600 美元,因为远期合约使投资者购买同样数量的英镑要比市场价格多支付 55 600 美元。

一般来说,一单位资产远期合约多头的损益（Payoff,也称收益、回报等）等于:

$$S_T - K$$

其中,K 是交割价格;S_T 是合约到期时资产的即期价格。

这是因为合约的持有者有义务用价格 K 购买价值为 S_T 的资产。

与此类似,一单位资产远期合约空头的损益等于:

$$K - S_T$$

远期合约的损益可能是正的,也可能是负的,如图 9-1 所示。由于签署远期合约时并没有成本,合约的盈亏也就是投资者从该合约中所得总盈利或总亏损。

二、期货合约的概念

期货合约（Futures Contract）是两个对手之间签订的一个在确定的将来时间按确定的

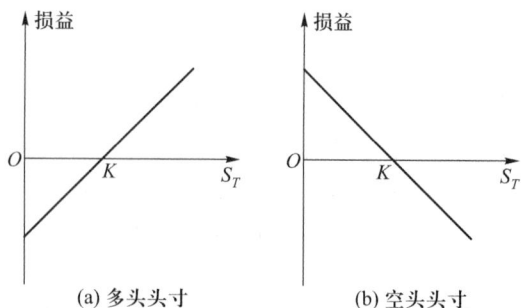

图 9-1　远期合约的损益

价格购买或出售某项资产的标准化协议。与远期合约不同,期货合约通常在正式的交易所内交易,而且为了使交易能够进行,交易所详细规定了期货合约的标准化条款。由于期货合约的双方不一定相识,交易所同时也向双方提供该期货合约的履约保证。

世界上最大的期货交易所是芝加哥交易所(Chicago Board of Trade,CBOT)和芝加哥商品交易所(Chicago Mercantile Exchange,CME)。在期货交易所中,期货合约的标的资产范围非常广泛,包括许多大宗商品和金融资产。其中,商品包括猪肉、活牛、糖、羊毛、木材、铜、铝、黄金和锡等,金融资产包括股票指数、外汇、短期国库券和债券等。

(一) 期货合约与远期合约的比较

尽管期货合约与远期合约有许多相似的地方,但具体来讲还是存在不少差异。

1. 两者在交割条件上不同

与远期合约不同,期货合约的交割日(月)和交割物的数量都是标准化的,并且只在有组织的交易所内交易。期货合约并不总是指定确切的交割日期。期货合约是按交割月划分,由交易所指定在交割月中必须进行交割的交割期限。对商品来说,交割期限通常为整个交割月。合约空头方有权在交割期限中选定他将要进行交割的时间。通常,在任何时候,不同交割月的期货合约都有交易。交易所指定一张合约应交割的资产数额、期货价格的标价方法,并且还可能规定任何一天中期货价格可以变化的范围。在商品期货中,交易所也可以指定产品的质量和交割的地点。例如,现在 CBOT 中交易的小麦期货合约,规模大小为5 000蒲式耳,有 5 个交割月份的期货合约(3 月、5 月、7 月、9 月、12 月)可供交易。交易所指定了可供交割的小麦的等级和交割的地点。

而远期合约则通常是非标准化的(也就是说,每份合约的条件都是买卖双方单独议定的),也没有清算所,而且通常没有二级市场,即使有的话,交易也极其清淡。远期合约是一种在柜台交易的工具。

尽管期货合约和远期合约都规定了交割条件,但期货合约并不旨在通过实物交割来清算合约。实际上,一般只有不到 2% 的未清算合约是通过实物交割来结清的。与此相对照,远期合约则意在交割。

2. 两者在盯市(Marking to Market)要求上不同

期货合约在每个交易日的终了都要调整至市价,因此期货合约会伴有期间现金流量:在价格发生不利变动时需要追加保证金;在价格发生有利变动时可以提取现金。远期合约可能需要也可能不需要调整至市价,这取决于双方当事人的意愿。不必调整至市价的远期合约,因为不需要追加保证金,所以也不会有期间现金流量。

3. 两者在违约风险上不同

因为远期合约的每一方当事人都有可能违约,所以他们都面临着信用风险。而期货合约的违约风险是非常小的,因为与交易所相联的清算所保证了交易另一方的履约。

除了以上这些差异,我们所介绍的期货合约的大部分内容都适用于远期合约。

(二) 期货价格和现货价格的关系

随着期货合约的交割月份的逼近,期货价格收敛于标的资产的现货价格,如图 9-2 所示。

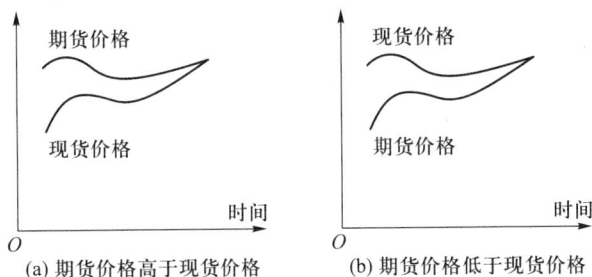

(a) 期货价格高于现货价格　　　(b) 期货价格低于现货价格

图 9-2　期货合约价格与现货价格的关系

当到达交割期限时,期货价格等于或非常接近于现货价格。否则,市场将存在一个明显的无风险的套利机会。我们不妨假设在交割期间,期货价格高于现货价格,则按以下投资策略必然会盈利:卖空期货合约,买入资产,进行交割。

如果忽略交易费用,其盈利额等于期货价格高于现货价格的那部分。由于金融市场是完全开放透明的,交易者将很快发现这一套利机会,大量地卖空期货合约,并在现货市场上买入资产进行交割,结果导致期货价格下降、现货价格上升,直至两者相等,套利机会消失。反之亦然。

例如,在某日,12 月份的黄金期货的报价为 500 美元(这一价格不包括佣金)。在该价格上投资者可以买卖 12 月份交割的黄金。其价格与其他价格一样,是由场内交易决定的(即由供求关系决定的)。如果愿意持有期货合约多头的投资者多于愿意持有期货合约空头的投资者,价格就会上升。如果情况相反,价格就会下降。

一般来说,在金融类报纸和网站等媒体上,每天都会有期货的价格行情。

三、远期合约的价值分析

(一) 基本知识

1. 假设

在本章中,我们假定对部分市场参与者而言,以下几条全部是正确的:

(1) 不计交易费用;

(2) 市场参与者能够以相同的无风险利率(一般认为是再回购利率)借入和贷出资金;

（3）当套利机会出现时，市场参与者将在利润动机的驱使下迅速参与套利活动；

（4）所有的交易收益（减去交易损失后）使用同一税率。

我们并不要求所有的市场参与者都能满足这几条假设。我们只要求这些假设对部分参与者是正确的，例如大的投资机构。投资者一旦发现套利机会就会进行套利，这意味着在现实中一出现套利机会，很快就会消失。因此，有理由假设在市场上不存在套利机会，或者说市场是均衡的。

2. 符号

本章中将要用到的符号及含义如下：

T：远期合约到期的时间（年）；

t：现在的时间（年）；

S：远期合约标的资产在时间 t 时的价格；

S_T：远期合约标的资产在时间 T 时的价格；

K：远期合约中的交割价格；

f：时刻 t 时远期合约多头的价值；

F：时刻 t 时合约标的资产的远期价格；

r：对 T 时刻到期的一项投资而言，时刻 t 以连续复利计算的无风险利率。

变量 T 和 t 是从合约生效之前的某个日期（具体是什么时间无关紧要）开始计算的，以年为单位。在我们现在的分析中，感兴趣的变量当然是 $T-t$，代表远期合约中以年为单位表示的剩下的时间。

这里我们要区分远期价格 F 和远期合约的价值 f，两者是完全不同的概念。任何时刻的远期价格都是使得合约价值为零的交割价格。合约开始生效时，一般设定交割价格 K 等于远期价格，所以，$F=K$ 且 $f=0$。对同一个远期合约来讲，随着时间的推移，交割价格 K 是不变的，而 f 和 F 都在变化。

3. 连续复利

在计算衍生证券的价格时，一般采用连续复利的利率。因此，在本章中，除非特别说明，所使用的利率均以连续复利来计算。在期权以及其他复杂衍生证券定价时，连续复利得到广泛的应用。

我们首先给出连续复利与年复利的相互转换公式。假设 R_1 是连续复利的利率，R_2 是与之等价的每年计 m 次复利的利率，则有：

$$R_1 = m\ln\left(1 + \frac{R_2}{m}\right) \tag{9.1}$$

式（9.1）可将复利频率为每年计 m 次的利率转换为连续复利的利率。

简单证明如下：

假设本金 A 以年利率 R 投资了 n 年。如果利率按每年计 m 次复利计算，则以上投资的终值为：

$$A\left(1 + \frac{R}{m}\right)^{mn}$$

当 m 趋于无穷大时，就称为连续复利（Continuous Compounding）。在连续复利情况

下,本金 A 以利率 R 投资了 n 年后,将达到:

$$\lim_{m \to \infty} A \left(1 + \frac{R}{m} \right)^{mn} = A e^{Rn}$$

将以上的推导用公式可以表示为:

$$A e^{R_1 n} = A \left(1 + \frac{R_2}{m} \right)^{mn} \tag{9.2}$$

变化后就得到式(9.1)。

4. 即期利率和远期利率

n 年即期利率是指从当前开始计算并持续 n 年期限的投资的利率。这里的投资应该是中间没有支付的"纯粹"的 n 年投资。这意味着所有的利息和本金在 n 年年末支付给投资者。n 年即期利率也就是 n 年零息票收益率(n-Year Zero-Coupon Yield)。由定义可知,该收益率正好是贴现债券的收益率。

远期利率是指由当前即期利率隐含的将来时刻的一定期限的利率。计算方式如下:我们假设 T^* 年期的即期利率为 r^*,且 $T^* > T$,则 $T^* - T$ 期间的远期利率为:

$$\hat{r} = \frac{r^* T^* - rT}{T^* - T} \tag{9.3}$$

简单证明如下:

$$e^{rT} \times e^{\hat{r}(T^* - T)} = e^{r^* T^*}$$

所以:

$$rT + \hat{r}(T^* - T) = r^* T^*$$

变化后,即得到远期利率的计算公式。

(二) 无收益证券的远期合约

最简单的远期合约是基于不支付收益证券的远期合约,因而也是最容易定价的。例如,不付红利的股票和贴现债券等。

由于不存在套利机会,对于无收益证券而言,该证券远期价格 F 与现价 S 之间的关系可表示为:

$$F = S e^{r(T-t)} \tag{9.4}$$

下面我们来证明以上关系式:

不妨假设 $F > S e^{r(T-t)}$。此时就会出现无风险的套利机会。因为一个投资者可以以无风险利率 r 借入 S 美元用来购买该证券资产,期限为 $T-t$,同时卖出该证券的远期合约(即持有远期合约空头)。到时刻 T,按合约中约定的价格 F 卖掉资产,同时归还借款本息 $S e^{r(T-t)}$,投资者就实现了 $F - S e^{r(T-t)}$ 的利润。市场上众多套利者行为的共同结果导致标的资产的即期价格 S 上升,远期价格 F 下降,使 F 与 $S e^{r(T-t)}$ 的差距逐步缩小,直至为零,套利机会迅速消失。

再假设 $F < S e^{r(T-t)}$。投资者可以卖空标的证券,将所得收入 S 以年利率 r 进行投资,期限为 $T-t$,同时购买该证券的远期合约(即持有远期合约多头)。在时刻 T,投资者按合约中约定的价格 F 购买资产,冲抵了原来的空头头寸,同时投资本息所得为 $S e^{r(T-t)}$,实现的利润为 $S e^{r(T-t)} - F$。同样道理,这在均衡市场上也是不会出现的。因此远期均衡价

格只能是：$F = Se^{r(T-t)}$。

为给出严格的证明，分析远期合约多头的价值 f 与远期合约中的交割价格 K 之间的关系，考虑如下两个证券组合：

组合 A：一个远期合约多头加上一笔数额为 $Ke^{-r(T-t)}$ 的现金；

组合 B：一单位标的证券。

在组合 A 中，假设现金以无风险利率投资，则到时刻 T 时，现金数额将达到 K。在远期合约到期时，这笔钱正好可用来购买该标的证券。在时刻 T，两个组合都将包含一单位的标的证券。可以知道，它们在时刻 t 时，两个组合的价值也应该相等，否则，投资者就可以通过购买相对便宜的组合，出售相对昂贵的组合来获得无风险利润。

因此有：

$$f + Ke^{-r(T-t)} = S$$

或

$$f = S - Ke^{-r(T-t)} \tag{9.5}$$

根据远期价格的定义，当一个新的远期合约生效时，远期价格等于合约规定的交割价格，且使该合约本身的价值为 0。因此，远期价格 F 就是公式（9.5）中令 $f=0$ 的 K 值。

（三）支付已知现金收益证券的远期合约

现在我们考虑另一种远期合约，该远期合约的标的资产将为持有者提供可完全预测的现金收益。例如，支付已知红利的股票和固定利息的债券。

设 I 为远期合约有效期间所得收益（现金红利和债券利息等）的现值，贴现率为无风险利率。

由于不存在套利机会，该证券远期价格 F 与现价 S 之间的关系可表示为：

$$F = (S - I)e^{r(T-t)} \tag{9.6}$$

简略证明，方法同无收益证券的远期合约。

或者，将前一例中的组合 B 变为：

组合 B：一单位标的证券加上以无风险利率借入期限为 $T-t$、数额为 I 的资金。

由于证券的收益可以用来偿还借款，因此在 T 时刻，组合 B 与一单位的证券具有相同的价值。组合 A 在 T 时刻也具有同样的价值。因此，在 t 时刻，这两种组合应具有相同的价值，即：

$$f + Ke^{-r(T-t)} = S - I$$

或

$$f = S - I - Ke^{-r(T-t)} \tag{9.7}$$

远期价格 F 就是公式（9.7）中令 $f=0$ 的 K 值。

（四）提供已知收益率证券的远期合约

正如将在以后讨论的那样，可以认为货币和股票指数是提供已知股息收益率的证券。我们将对基于这类证券的远期合约进行一般性分析。

股息收益率（q）表示在一段时期内，按证券价格百分比计算的收益。

为确定远期合约的价值，在分析无收益证券的远期合约时所举的例子中的组合 B 可以更改为：

组合 B：$e^{-q(T-t)}$ 个证券，并且所有的收入都再投资于该证券。

组合 B 中拥有证券的数量随着获得股息的增加而不断增长，因此，到时刻 T 时，正好拥有一个单位的该证券。在时刻 T 时，组合 A 和组合 B 价值相等，在 t 时刻两者也相等，可得：

$$f + Ke^{-r(T-t)} = Se^{-q(T-t)}$$

或

$$f = Se^{-q(T-t)} - Ke^{-r(T-t)} \tag{9.8}$$

远期价格 F 就是使 $f=0$ 的 K 值，即

$$F = Se^{(r-q)(T-t)} \tag{9.9}$$

如果在远期合约有效期间股息收益率是变化的，(9.9)式仍然是正确的，此时 q 等于平均股息收益率。

（五）一般结论

远期合约在签署时，协议的交割价格即为当期的远期价格，因此其初始价值为 0。随着时间的推移，远期合约的价值会变为正值或负值。以下根据远期合约中的交割价格 K 与当前的远期价格 F，给出 t 时刻一般远期合约多头的价值 f 的表达式。对所有的远期合约，下式都是正确的：

$$f = (F - K)e^{-r(T-t)} \tag{9.10}$$

四、期货合约的价值分析

（一）远期价格和期货价格的关系

根据一些经济学家的证明，当无风险利率恒定，且对所有到期日都不变时，两个交割日相同的远期合约和期货合约有同样的价格。[①]

但是在现实世界中，一般情况下利率变化是无法预测的，则远期价格和期货价格从理论上来讲就不相同了。两者之间关系的证明不在本书的范围之内。但是，我们对两者之间的关系应有一个感性认识。

考虑如下情形：标的资产价格 S 与利率高度正相关。当 S 上升时，一个持有期货多头头寸的投资者会因每日结算而立即获利。由于 S 的上涨几乎与利率的上涨同时出现，获得的利润将会以高于平均利率水平进行投资。同样，当 S 下跌时，投资者立即亏损。亏损将以低于平均利率水平的利率融资。持有远期多头头寸的投资者将不会因利率变动而受到与上面期货合约同样的影响。因此，由于期货合约是每日结算的，对投资者而言，持有期货多头显然要比远期多头更具有吸引力。所以，当 S 与利率正相关性很强时，期货价格要比远期价格高。相反，当 S 与利率的负相关性很强时，由类似上面的讨论可知远期价格比期货价格要高。

---

① 证明见本章附录 1，亦可参见：Hull J C. Option, Futures and Others Derivatives. 3rd ed. Prentice Hall International, Inc, 1993：76；以及同名中译本：张陶伟，译. 华夏出版社，1997：83。

在大多数情况下,有效期仅为几个月的远期合约价格与期货合约价格之间的理论差异是小得可以忽略不计的。但是随着合约有效期的增长,这个差异开始变大。实际上,许多没有反映在理论模型中的因素使得远期价格和期货价格不一样。这些因素包括:税收、交易费用、保证金的处理方式等。同时,在一般情况下,期货合约远比远期合约流动性更强、更易于交易。但是,尽管有以上这些因素,在大多数情况下,假定远期价格和期货价格相等仍是合情合理的。这也是贯穿本章始终的一个假定。符号 F 既可代表期货价格又可代表远期价格。

（二）几种主要的期货合约的价值

1. 股票指数期货

股票指数（Stock Index）反映的是某个假想的、按照一定方式组成的股票组合的价值变化。每种股票在组合中的权重等于组合投资中该股票的比例。组合中的股票可以有相同的权重,或权重以某种方式随时间变化。股票指数通常不因派发现金红利而调整。也就是说,大多数的指数在计算其百分比变化时,不考虑股票组合收到的任何现金红利。

股票指数期货是指买入或卖出相应股票指数面值的期货合约,而股票指数面值则定义为股票指数乘以某一特定货币金额所得的值。所有的股票指数期货合约是现金交割,而不是实物交割。

以标准普尔 500 指数（Standard & Poor's Index, S&P500）为例。该指数是一个包括 500 种股票的组合:400 种工业股、40 种公用事业股、20 种交通事业股和 40 种金融机构股。在任一时间,股票的权重为该股票的总市值（股价×流通的股票数）。该指数样本股票的市值占纽约股票交易所全部上市公司股票总市值的 80%。在芝加哥商品交易所 CME 交易的该指数期货合约价格为指数值乘以 500。

目前国际金融市场主要的股票指数及其期货还包括日经 225 股票平均指数（Nikkei 225 Stock Average）、纽约股票交易所 NYSE 综合指数（New York Stock Exchange Composite Index）和主要市场指数 MMI（Major Market Index）等。

大部分股票指数可以看作支付股息的证券,这里的证券就是计算指数的股票组合,证券所付股息就是该组合的持有人收到的股息。因此可以认为股票指数是提供已知股息收益率的证券。我们用股票指数期货为例来分析一般的提供已知收益率证券的期货合约的定价。

根据合理的近似,可以认为股息是连续支付的。设 q 为股息收益率,由式（9.9）可得期货价格 F 为:

$$F = Se^{(r-q)(T-t)}$$

实际上,计算指数的股票组合的股息收益率一年里每周都在变化。q 值应该代表合约有效期间的平均股息收益率。用来估计 q 的股息应是那些除息日在期货合约有效期之内的股票的股息。

如果分析者对于计算股息收益率不感兴趣,他可以估计指数中股票组合将要收到的股息金额及其时间分布。这时股票指数可看作支付已知现金收入的证券,式（9.6）中的结论可用来计算期货价格。

2. 外汇期货合约

外汇的持有人能获得货币发行国的无风险利率的收益（例如持有人能将外汇投资于

以该国货币标价的债券)。因此,外汇与提供已知股息收益率的证券是一样的。这里的"股息收益率"就是外汇的无风险利率。

我们设 r_f 为外国无风险利率且连续计复利,变量 S 代表以本国货币表示的一单位外汇的即期价格,则可得外汇期货价格为:

$$F = Se^{(r-r_f)(T-t)} \qquad (9.11)$$

这就是国际金融学中的利率平价关系。当外汇的利率大于本国利率时($r_f > r$),从式(9.11)可知 F 始终小于 S,且随着合约到期日 T 的增加,F 值减小,即远期外汇贴水。同样,当外汇的利率小于本国利率时($r_f < r$),从式(9.11)可知 F 始终大于 S,且随着合约到期日 T 的增加,F 值也增加,即远期外汇升水。

3. 商品期货

我们将商品区分为如下两大类:为投资目的而由相当多的投资者所持有的商品(如黄金和白银)和为消费目的所持有的商品。

对用于投资目的的商品,我们可以通过套利讨论得出准确的期货价格。但是,对用于消费目的的商品来说,套利讨论只能给出期货价格的上限。

(1)黄金和白银期货(投资商品的期货)。最典型的投资品是黄金和白银等贵金属,市场交易量很大。因此,我们以黄金和白银的期货价格为例来说明投资品的期货价格。分三种情况:

① 如果不考虑存储成本,黄金和白银类似于无收益的证券。S 代表黄金的现货价格。由式(9.4)可知期货价格为:

$$F = Se^{r(T-t)}$$

② 考虑存储成本,则可将其看作是负收益。设 U 为期货合约有效期间所有存储成本的现值。由式(9.6)可知:

$$F = (S + U)e^{r(T-t)}$$

③ 若任何时刻的存储成本与商品价格成一定的比例,存储成本也可看作是负的红利收益率。由式(9.9)可知:

$$F = Se^{(r+u)(T-t)}$$

其中,u 是每年的存储成本与现货价格的比例。

(2)普通消费商品的期货。个人或公司保留商品的库存是因为其有消费价值,而非投资价值。因而他们不会积极主动地出售商品购买期货合约,因为期货合约不能消费。因此,对于持有目的主要不是投资的商品来说,套利策略的假设将不再适用。我们只能得到普通消费商品的期货价格的上限:

$$F \leqslant (S + U)e^{r(T-t)} \qquad (9.12)$$

若存储成本用现货价格的比例 u 来表示,则有:

$$F \leqslant Se^{(r+u)(T-t)} \qquad (9.13)$$

当 $F < Se^{(r+u)(T-t)}$ 时,商品使用者一定会感到持有实实在在的商品比持有期货合约更有好处。这些好处包括:从暂时的当地商品短缺中获利或者具有维持生产运行的能力。这些好处有时称为商品的便利收益(Convenience Yield)。便利收益简单地衡量了式(9.12)或式(9.13)中,该消费性商品的期货价格与无短缺状态下的理论价格的差距,反

映了市场对未来商品可获得性的期望。在期货合约有效期间,商品短缺的可能性越大,则便利收益就越高。对于投资性资产,由于不存在消费性商品的短缺性带来的持有便利,其便利收益必为0,否则就会有套利机会。便利收益 y 可按下式定义为:

$$Fe^{y(T-t)} = Se^{(r+u)(T-t)}$$

因此,普通消费品的期货价格可表示为:

$$F = Se^{(r+u-y)(T-t)} \tag{9.14}$$

4. 利率期货合约

利率期货合约的定价比较特殊,因此单独进行分析。

期货合约实际上是在现在确定了将于未来发生的交易的价格和条件,对于利率期货而言,这一交易是一份名义性的定期存款,而交易的"价格"则为适用于整个存款期的固定利率,并且这一存款期为未来的某个特定时期。利率期货合约的多方相当于贷款者,而合约的空方则相当于借款者。目前国际金融市场上最常见的利率期货包括国债期货、欧洲美元期货等。

利率期货合约被定义为一种固定利率的存款。意图通过期货进行投机的人,会希望以低利率借入资金(卖出期货)而以高利率贷出资金(买入期货)。但不幸的是,如果直接以利率标价,这意味着一种"贵买贱卖"的策略,而这是不符合交易惯例的。尤其是在瞬息万变的期货交易市场中,由于许多交易商凭直觉操作,这样一种策略会使人们轻易犯错。因此,利率期货的最初设计者们将此类期货设计为按照一种指数"价格"交易,而不是以利率本身作为价格。这一指数价格被定义为:

$$p = 100 - r_F \tag{9.15}$$

其中,p 为指数价格;r_F 为以百分数表示的远期利率。

由前文分析可知,远期利率可以按照以下公式来计算:

$$r_F = \hat{r} = \frac{r^* T^* - rT}{T^* - T} \tag{9.16}$$

这种报价方式仅仅是改变了当利率发生变动时,期货价格变动的方向。如果利率上升,则期货价格下降;如果利率下降,则期货价格上升。这样,只要交易商按照期货的报价而不是利率进行交易,他们就可以成功地遵守"贱买贵卖"的原则了。

(三)一般结论

各类资产的期货价格 F 与现货价格 S 之间的关系可用所谓持有成本(Cost of Carry)来描述总结。它等于融资购买资产所支付的利息加上存储成本,再减去资产的收益。

(1)对无收益的证券,持有成本就是 r,因为既无存储成本,又无收益。

(2)对已知收益率(或成本率,成本率可视为负的收益率)的证券,持有成本为 $r-q$,因为资产的收益率为 q,例如股票指数的收益率为 q,外汇的收益率为 r_f,商品存储成本率为 u 等。

(3)对支付已知现金收益(或成本,同样可视为负收益)的证券,可按其现值与现货价格的比例折为收益率,持有成本的计算同上。

设持有成本为 c。对投资性资产,期货价格为:

$$F = Se^{c(T-t)} \tag{9.17}$$

对消费性资产,期货价格为:

$$F = Se^{(c-y)(T-t)} \qquad\qquad (9.18)$$

其中,y 为便利收益。

第二节 互换价值分析

互换是比较优势理论在金融领域最生动的应用。互换可以用于管理资产负债组合中的利率风险和汇率风险;可以使投资者在全球各市场之间进行套利,一方面降低筹资者的融资成本或提高投资者的资产收益,另一方面促进全球金融市场的一体化;另外,作为表外业务,互换可以逃避外汇管制、利率管制及税收限制。

一、互换的概念和分类

金融互换是两个或两个以上当事人按照商定条件,在约定的时间内交换一系列现金流的合约。

（一）互换与掉期的区别

互换与掉期在英文中都叫 Swap,因此很多人误把它们混为一谈。实际上,两者有很大区别。

1. 合约与交易的区别

掉期是外汇市场上的一种交易方法,是指对不同期限但金额相等的同种外汇做两笔反方向的交易,它并没有实质的合约,更不是一种衍生工具。而互换则有实质的合约,是一种重要的衍生工具。

2. 有无专门市场的不同

掉期在外汇市场上进行,它本身没有专门的市场。互换则在专门的互换市场上交易。

（二）金融互换的种类

1. 利率互换

利率互换是指双方同意在未来的一定期限内根据同种货币的同样的名义本金交换现金流。其中,一方的现金流根据浮动利率计算,而另一方的现金流根据固定利率计算。互换的期限通常在 2 年以上,有时甚至在 15 年以上。

双方进行利率互换的主要原因是双方分别在固定利率市场和浮动利率市场上具有比较优势。假定 A、B 公司都想借入 5 年期的 1 000 万美元的贷款,A 想借入与 6 个月期 LIBOR 相关的浮动利率贷款,B 想借入固定利率贷款。但两家公司信用等级不同,故市场向他们提供的利率也不同,如表 9-2 所示。

表 9-2 **A、B 两公司在不同市场上的借款利率**

	固定利率	浮动利率
A 公司	10.00%	6 个月期 LIBOR+0.30%
B 公司	11.20%	6 个月期 LIBOR+1.00%

从表 9-2 可以看出,A 的借款利率均比 B 低,即 A 在两个市场都具有绝对优势。但在固定利率市场上,A 对 B 的绝对优势为 1.20 个百分点,而在浮动利率市场上,A 对 B 的绝对优势为 0.70 个百分点。换言之,A 在固定利率市场上具有比较优势,而 B 在浮动利率市场上具有比较优势。因而,双方就可利用各自的比较优势为对方借款,然后互换,从而达到共同降低筹资成本的目的。即 A 以 10.00% 的固定利率借入 1 000 万美元,而 B 以 LIBOR+1.00% 的浮动利率借入 1 000 万美元。由于本金相同,故双方不必交换本金,而只交换利息的现金流。即 A 向 B 支付浮动利息,B 向 A 支付固定利息。

通过发挥各自的比较优势并互换,双方总的筹资成本降低了 0.50 个百分点(即 11.20% +6 个月期 LIBOR+0.30% -10.00% -6 个月期 LIBOR-1.00%),这就是互换利益。互换利益是双方合作的结果,理应由双方分享。具体分享比例由双方谈判决定。我们假定双方各分享一半,则双方筹资成本分别降低 0.25 个百分点,即双方最终实际筹资成本分别为:A 支付 LIBOR+0.05% 的浮动利率,B 支付 10.95% 的固定利率。

这样,双方就可根据借款成本与实际筹资成本的差异计算各自向对方支付的现金流,即 A 向 B 支付按 LIBOR 计算的利息,B 向 A 支付按 9.95% 计算的利息。

在上述互换中,每隔 6 个月为利息支付日,因此互换协议的条款应规定每 6 个月一方向另一方支付固定利率与浮动利率的差额。假定某一支付日的 LIBOR 为 11.00%,则 A 应付给 B5.25 万美元[即 1 000 万美元×0.5×(11.00% -9.95%)]。利率互换的流程如图 9-3 所示。

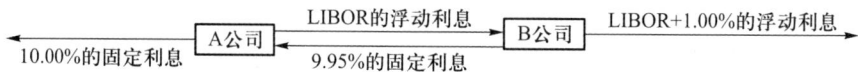

图 9-3　利率互换流程图

由于利率互换只交换利息差额,因此信用风险很小。

2. 货币互换

货币互换是将一种货币的本金和固定利息与另一货币的等价本金和固定利息进行交换。

货币互换的主要原因是双方在各自国家中的金融市场上具有比较优势。假定英镑和美元汇率为 1 英镑=1.500 0 美元。美国公司 A 想借入 5 年期的 1 000 万英镑,英国公司 B 想借入 5 年期的 1 500 万美元。但由于 A 的信用等级高于 B,两国金融市场对 A、B 两公司的熟悉状况不同,因此市场向他们提供的固定利率也不同(见表9-3)。

表 9-3　市场向 A、B 公司提供的借款利率

	美元	英镑
A 公司	8.0%	11.6%
B 公司	10.0%	12.0%

从表 9-3 可以看出,A 的借款利率均比 B 低,即 A 在两个市场都具有绝对优势,但绝对优势大小不同。A 在美元市场上的绝对优势为 2.0 个百分点,在英镑市场上只有 0.4

个百分点。换言之,A 在美元市场上具有比较优势,而 B 在英镑市场上具有比较优势。因而,双方就可利用各自的比较优势借款,然后通过互换得到自己想要的资金,并通过分享互换收益(1.6 个百分点)降低筹资成本。

于是,A 以 8.0% 的利率借入 5 年期的 1 500 万美元,B 以 12.0% 利率借入 5 年期的 1 000 万英镑。然后,双方先进行本金的交换,即 A 向 B 支付 1 500 万美元,B 向 A 支付 1 000 万英镑。

假定 A、B 公司商定双方平分互换利益,则 A、B 公司各自的筹资成本均降低 0.8 个百分点,即双方最终实际筹资成本分别为:A 支付 10.8% 的英镑利率,而 B 支付 9.2% 的美元利率。

这样,双方就可根据借款成本与实际筹资成本的差异计算各自向对方支付的现金流,进行利息互换。即:A 向 B 支付 10.8% 的英镑借款的利息 108 万英镑,B 向 A 支付 8.0% 的美元借款的利息 120 万美元。经过互换后,A 的最终实际筹资成本降为 10.8% 英镑借款利息,而 B 的最终实际筹资成本变为 8.0% 美元借款利息加 1.2% 英镑借款利息。若汇率水平不变的话,B 最终实际筹资成本相当于 9.2% 美元借款利息。若担心未来汇率水平变动,B 可以通过购买美元远期或期货来规避汇率风险。

在贷款期满后,双方要再次进行借款本金的互换,即 A 向 B 支付 1 000 万英镑,B 向 A 支付 1 500 万美元。到此,货币互换结束。若不考虑本金问题,上述货币互换的流程如图 9-4 所示。

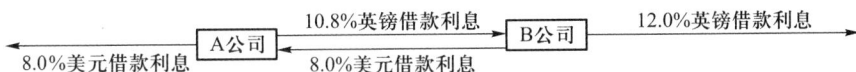

图 9-4　货币互换流程图

由于货币互换涉及本金互换,因此当汇率变动很大时双方就将面临一定的信用风险。但这种风险仍比单纯的贷款风险小得多。

二、利率互换的价值分析

利率互换的价值可以用下式来表达:

$$V = B_{fix} - B_{fl} \qquad (9.19)$$

其中,V 为利率互换的价值(收到固定利率,支出浮动利率的一方);B_{fix} 为利率互换中与固定利率对应的利息流入的现值;B_{fl} 为利率互换中与浮动利率对应的利息流出的现值。

(一)影响利率互换价值的因素

影响利率互换价值的因素主要包括:

1. 固定利率和浮动利率的选取

对收到固定利率、支出浮动利率的企业来说,在互换中收到的固定利率越高、支出的浮动利率越低,互换的价值也就越高。对另一方而言,结论恰恰相反。

在这里,应该指出的是,企业最终的净收益不仅受互换中的固定利率与浮动利率的选取的影响,还受到企业从金融市场上为获得融资而付出的利率的高低的影响。例如,对于表 9-2 中的 B 公司而言,他从市场上获得浮动利率贷款的方式有两种:一种是直接与银行签订协议以获取以 LIBOR 为参照的浮动利率贷款;另一种是通过发行商业票据(Commercial Paper,CP)获取以 CP 为参照的浮动利率贷款。如果企业采取后一种贷款方式,那么还面临着 CP 与 LIBOR 间利率差变化的风险,并且要考虑发行新票据的成本(因为商业票据是短期的,要不断发行新的票据来偿付旧的票据)。甚至,在极端的情况下,B 公司可能会由于信用评级下降,难以从商业票据市场继续获得融资,而出现违约风险。

2. 中介机构的存在

在现实中,要寻找两家借款金额相同并且借款期限相同的公司是十分困难的。这就要求有金融机构介入,发挥中介作用。这意味着总的潜在收益(在表 9-2 的例子中为5%)就要在 A、B 和金融中介之间分配。

此时,尽管 A 与 B 得到的现金收益之和下降了,由于金融机构分别与 A 和 B 签订了两份合约,如果其中一家公司违约,金融机构仍要履行与另一家的协议,所以,通过金融中介的安排,A 和 B 将信用风险转移给了中介机构。

(二) 利率互换的定价

利率互换的浮动利率方式一旦确定,互换的定价问题就是怎样计算互换的固定利率从而使互换的价值为 0。这里,假定 LIBOR 为 6 个月期的浮动利率,则利息每 6 个月交换一次。

假定利率的期限结构以一系列贴现债券的半年复利一次的收益率表示为:

$$r_1, r_2, \cdots, r_i, \cdots, r_n$$

其中,i 表示第 i 个半年,r_i 表示 i 个半年后到期的贴现债券的半年复利一次的收益率。以 $f_{i+1,i}$ 代表远期利率,下标 $i+1$ 代表远期利率的结束时间,下标 i 代表远期利率的开始时间。我们知道:

$$\left(1+\frac{r_i}{2}\right)^i \left(1+\frac{f_{i+1,i}}{2}\right) = \left(1+\frac{r_{i+1}}{2}\right)^{i+1} \tag{9.20}$$

由此,可以计算出各期的远期利率为:

$$f_{2,1}, f_{3,2}, f_{4,3}, \cdots f_{i+1,i}, \cdots f_{n,n-1}$$

一个 $\frac{n}{2}$ 年到期的以 6 个月期 LIBOR 为浮动利率的利率互换,其固定利率 x 由下面方程确定:

$$A \cdot \left[\frac{f_{1,0}}{1+\frac{r_1}{2}} + \frac{f_{2,1}}{\left(1+\frac{r_2}{2}\right)^2} + \frac{f_{3,2}}{\left(1+\frac{r_3}{2}\right)^3} + \cdots + \frac{f_{i,i-1}}{\left(1+\frac{r_i}{2}\right)^i} + \cdots + \frac{f_{n,n-1}}{\left(1+\frac{r_n}{2}\right)^n}\right]$$

$$= A \cdot \left[\frac{\frac{x}{2}}{1+\frac{r_1}{2}} + \frac{\frac{x}{2}}{\left(1+\frac{r_2}{2}\right)^2} + \frac{\frac{x}{2}}{\left(1+\frac{r_3}{2}\right)^3} + \cdots + \frac{\frac{x}{2}}{\left(1+\frac{r_i}{2}\right)^i} + \cdots + \frac{\frac{x}{2}}{\left(1+\frac{r_n}{2}\right)^n}\right] \tag{9.21}$$

其中,A 为互换的名义本金,$f_{1,0}$ 等于 r_1。

例如,利率的期限结构(以贴现债券收益率表示)如表 9-4 所示。由此确定一个 5 年期、名义本金 100 万元、原始型(Plain Vanilla)①利率互换的固定利率。

首先,根据式(9.20)可以计算出远期利率(见表 9-4)。

表 9-4 利率的期限结构和远期利率

到期日(半年)	不付息债券的收益率(%)	远期利率(%)
1	6.14	6.14
2	6.42	6.70
3	6.60	6.96
4	6.84	7.56
5	7.02	7.74
6	7.26	8.46
7	7.54	9.23
8	7.95	10.84
9	8.27	10.85
10	8.68	12.41

然后,将表 9-4 中的数据代入式(9.21)得到

$$100 \times \frac{1}{2} \times \left[\frac{6.14\%}{1+\frac{6.14\%}{2}} + \frac{6.70\%}{\left(1+\frac{6.42\%}{2}\right)^2} + \frac{6.96\%}{\left(1+\frac{6.60\%}{2}\right)^3} + \cdots + \frac{12.41\%}{\left(1+\frac{8.68\%}{2}\right)^{10}} \right]$$

$$= 100 \times \frac{1}{2} \times \left[\frac{x}{1+\frac{6.14\%}{2}} + \frac{x}{\left(1+\frac{6.42\%}{2}\right)^2} + \frac{x}{\left(1+\frac{6.60\%}{2}\right)^3} + \cdots + \frac{x}{\left(1+\frac{8.68\%}{2}\right)^{10}} \right]$$

最终解出:

$x = 8.45\%$

即利率互换中的固定利率是 8.45% 。

三、货币互换的定价

与利率互换的定价不同的是,货币互换交换本金。

在不考虑违约风险的情况下,与利率互换的方式相似,货币互换可以分解为用两种债券表示的情况。考察图 9-4 中 B 公司的情况,一个是支付 10.8% 年利率英镑债券的多头,另一个是支付 8.0% 年利率美元债券的空头。如果用 V 表示图 9-4 中互换的价值,对支付外币利率的那一方而言:

$$V = B_D - SB_F \tag{9.22}$$

① 利率互换中最普遍、最基本的形式是浮动利率与固定利率之间的单纯利率互换,市场上又称为香草互换。

其中,B_F 表示在互换中以外币形式衡量的外币债券价值;B_D 表示互换中本币债券的价值;S 表示即期汇率(以每单位外币等于若干本国货币数量来表示)。因此,互换的价值可以从本国货币的利率期限结构、外币的利率期限结构以及即期汇率来确定。

互换定价的另一种方法是将货币互换分解为一系列远期合约。假如在图9-4中每年有一个支付日,B 公司同意在每一个支付日收取 108 万英镑(1 000 万英镑的 10.8%)并支付 120 万美元(1 500 万美元的 8.0%),在最后支付日收取 1 000 万英镑并支付 1 500万美元。这些交换的每一项都代表一份远期合约。假如 $t_i(1 \leqslant i \leqslant n)$ 为第 i 个清偿日,$r_i(1 \leqslant i \leqslant n)$ 为对应时间长度为 t_i 的美元连续复利利率,$F_i(1 \leqslant i \leqslant n)$ 为对应时间长度为 t_i 的远期汇率。那么,根据远期合约多头的价值等于远期价格超过交割价格的现值,对应时刻 t_i 的利息交换,B 公司的远期合约价值(以美元标价)为

$$(108F_i - 120)\mathrm{e}^{-r_i t_i} \tag{9.23}$$

对应时间 t_n 的本金交换,B 公司的远期合约价值为

$$(1\,000F_n - 1\,500)\mathrm{e}^{-r_n t_n} \tag{9.24}$$

假设用两种货币表示的本金数量在货币互换开始时完全相等。这时,互换的总价值为 0。然而,正如利率互换一样,这并不意味着互换合约中的每一远期合约的价值为 0。因为,当两种货币利率明显不同时,低利率货币的支付者处于这样的情形:对应于早期利息交换的远期合约价值为正,而对应于最后本金交换的远期合约价值为负。高利率货币的支付者所处的情形很可能正相反。

因此,对于低利率货币的支付者,互换期内大多数时候其持有的互换合约价值为负。这是因为对应于早期支付交换的远期合约价值为正,一旦这些交换发生,其余远期合约总体价值为负。而高利率货币支付者情况正好相反,互换期内多数时候其持有的互换合约价值为正。

第三节　期权价值分析

股票期权于 1973 年首次在有组织的交易所内进行交易,从此期权市场发展十分迅猛。现在期权在世界各地的不同交易所中都有交易。银行和其他金融机构同时也进行大量的期权合约的场外交易。期权的标的资产包括股票、股票指数、外汇、债务工具、商品和期货合约。

一、期权的概念和分类

期权(Option)又称选择权,是指赋予期权购买者在规定期限内按双方约定的价格(简称协议价格,即 Striking Price)或执行价格(Exercise Price)购买或出售一定数量的某种金融资产(称为潜在金融资产或标的资产)的权利的合同。

(一)期权的分类

按期权购买者的权利划分,期权可分为看涨期权(Call Option)和看跌期权(Put Option)。看涨期权赋予期权购买者购买标的资产的权利,而看跌期权赋予期权购买者出

售标的资产的权利。

按期权购买者可以执行期权的时限划分,期权可分为美式期权和欧式期权。美式期权可在期权有效期内任何时候执行,欧式期权只能在到期日执行。在交易所中交易的大多数期权为美式期权。但是欧式期权比美式期权更容易分析,并且美式期权的一些性质总是可由欧式期权的性质推导出来,因此我们在分析期权价值时,通常先从欧式期权入手,进而推导出美式期权的性质。

需要强调的是,期权赋予其持有者做某件事情的权力,而持有者不一定行使该权利。这一特点使期权不同于远期和期货,在远期和期货合约中持有者有义务购买或出售该标的资产。此外,投资者签署远期或期货合约时的成本为 0,而投资者购买一张期权合约必须支付期权费,或者叫期权的价格。

（二）期权交易与期货交易的区别

1. 权利和义务方面

期货合约的双方都被赋予相应的权利和义务,除非用相反的合约抵消,这种权利和义务在到期日必须行使,也只能在到期日行使,期货的空方甚至还拥有在交割月选择在哪一天交割的权利。而期权合约只赋予买方权利,卖方则无任何权利,他只有在对方履约时进行对应买卖标的物的义务。特别是美式期权,买者可在约定期限内的任何时间执行权利,也可以不行使这种权利;卖者则随时准备履行相应的义务。

2. 标准化方面

期货合约都是标准化的,它们都是在交易所中交易的,而期权合约则不一定。在美国,场外交易的现货期权是非标准化的,但在交易所交易的现货期权和所有的期货期权则是标准化的。

3. 盈亏风险方面

期货交易双方所承担的盈亏风险都是无限的。而期权交易的卖方的亏损风险可能是无限的(看涨期权),也可能是有限的(看跌期权),盈利风险是有限的(以期权费为限);期权交易的买方的亏损风险是有限的(以期权费为限),盈利风险可能是无限的(看涨期权),也可能是有限的(看跌期权)。

4. 保证金方面

期货交易的买卖双方都需缴纳保证金。期权的买者则无须缴纳保证金,因为他的亏损不会超过他已经支付的期权费,而在交易所交易的期权卖者则需要缴纳保证金,这跟期货交易一样。场外交易的期权卖者是否需要缴纳保证金则取决于当事人的意见。

5. 买卖匹配方面

期货合约的买方到期必须买入标的资产,而期权合约的买方在到期日或到期前则有买入(看涨期权)或卖出(看跌期权)标的资产的权利。期货合约的卖方到期必须卖出标的资产,而期权合约的卖方在到期日或到期前则有根据买方意愿相应卖出(看涨期权)或买入(看跌期权)标的资产的义务。

6. 套期保值方面

运用期货进行套期保值,在把不利风险转移出去的同时,也把有利风险转移出去。而运用期权进行套期保值时,只把不利风险转移出去而把有利风险留给自己。

(三) 期权的盈亏分布

盈亏分布状况对于分析期权价值是很重要的。

1. 看涨期权的盈亏分布

假设 2008 年 10 月 5 日欧元对美元汇率为:100 欧元 = 58.88 美元。甲认为欧元对美元的汇率将上升,因此以每欧元 0.04 美元的期权费向乙购买一份 2008 年 12 月到期、协议价格为 100 欧元 = 59.00 美元的欧元看涨期权,每份欧元期权的规模为 125 000 欧元。那么,甲、乙双方的盈亏分布可分为以下几种情况:

(1) 如果在期权到期时,欧元汇率等于或低于 100 欧元 = 59.00 美元,则看涨期权就无价值。买方的最大亏损为支付的期权费,即:125 000×0.04 = 5 000 美元。

(2) 如果在期权到期时,欧元汇率升至 100 欧元 = 63.00 美元,买方通过执行期权可赚取 125 000×(63.00−59.00)/100 = 5 000 美元,扣掉期权费后,他刚好盈亏平衡。

(3) 如果在期权到期前,欧元汇率升到 100 欧元 = 63.00 美元以上,买方就可实现净盈余。欧元汇率越高,买方的净盈余就越多。

看涨期权买者的盈亏分布图如图 9-5(a) 所示。由于期权合约是零和博弈(Zero-Sum Games),买者的盈亏和卖者的盈亏恰好相反,据此我们可以画出看涨期权卖者的盈亏分布图,如图 9-5(b) 所示。从图中可以看出,看涨期权买者的亏损风险是有限的,其最大亏损限度是期权价格,而其盈利却可能是无限的。相反,看涨期权卖者的亏损可能是无限的,而盈利是有限的,其最大盈利限度是期权价格。期权买者以较小的期权价格为代价换来了较大盈利的可能性,而期权卖者则为了赚取期权费而冒着大量亏损的风险。

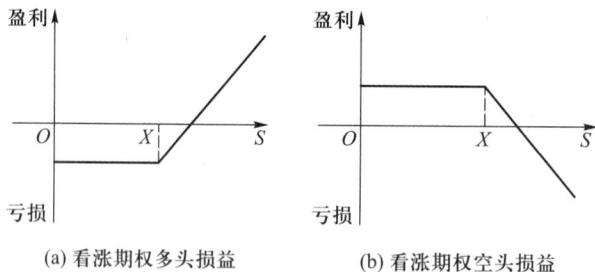

(a) 看涨期权多头损益   (b) 看涨期权空头损益

图 9-5　看涨期权的盈亏分布

从图中可以看出,如果不考虑时间因素,期权的价值取决于标的资产市价与协议价格的差距。对于看涨期权来说,为了表达标的资产市价(S)与协议价格(X)的关系,我们把 $S>X$ 时的看涨期权称为实值期权(In the Money),把 $S=X$ 的看涨期权称为平价期权(At the Money),把 $S<X$ 的看涨期权称为虚值期权(Out of the Money)。

2. 看跌期权的盈亏分布

用同样的方法可以推导出看跌期权的盈亏分布图,如图 9-6 所示。当标的资产的市价跌至盈亏平衡点(等于协议价格减期权价格)以下时,看跌期权买者就可获利,其最大盈利限度是协议价格减去期权价格后再乘以每份期权合约所包括的标的资产的数量。如果标的资产市价高于盈亏平衡点,看跌期权买者就会亏损,当标的资产价格达到或高于 X 点时,看跌期权买者亏损达到最大值,即期权费总额,如图 9-6(a) 所示。看跌期权卖者的盈亏状况则与买者刚好相反,即看跌期权卖者的盈利是有限的期权费,亏损也是有限的,其最大限度为协议价格减去期权价格后再乘以每份期权合约所包括的标的资产的数量,如图 9-6(b)所示。同样,我们把 $X>S$ 的看跌期权称为实值期权,把 $X=S$ 的看跌期权称为平价期权,把 $X<S$ 的看跌期权称为虚值期权。

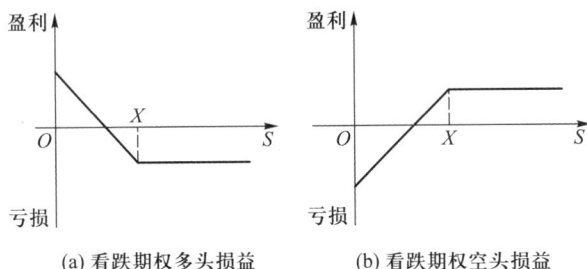

(a) 看跌期权多头损益　　　　(b) 看跌期权空头损益

图 9-6　看跌期权的损益分布

因此,我们经常使用到期日期权损益状态来描绘欧式期权投资者的头寸状况。在计算时,不包括初始期权成本。如果以 X 代表执行价格,S_T 代表标的资产的到期日价格,则欧式看涨期权多头的损益为:$\max(S_T-X,0)$。这就表明,如果 $S_T>X$,就会执行期权;如果 $S_T \leqslant X$,就不执行期权。欧式看涨期权空头的损益为:$-\max(S_T-X,0)$ 或 $\min(X-S_T,0)$,欧式看跌期权多头的损益为:$\max(X-S_T,0)$;欧式看跌期权的空头损益为:$-\max(X-S_T,0)$ 或 $\min(S_T-X,0)$

二、影响期权价格的主要因素

(一) 标的资产的现价和执行价格

由于看涨期权在将来某一时间执行,则其多头的损益为执行时标的资产的价格与执行价格的差额,所以当标的资产价格上升时,看涨期权多头的价值上升;当执行价格上升时,看涨期权多头的价值下降。对于看跌期权来说,其多头损益为执行价格与执行时标的资产的价格的差额,因此看跌期权的价格变化刚好与看涨期权相反。

(二) 期权的期限

当期权的有效期限增加时,美式看跌期权和看涨期权的价格都会上升。考虑其他条件相同只有到期日不同的两个期权 A、B,设 A 的有效期长于 B,则 A 的执行机会不仅包含了 B 的所有执行机会,还包括了 B 有效期外的执行机会,因此有效期长的期权的价值总是大于或等于有效期短的期权价值。

由于欧式期权只能在到期日执行合约,期限长的合约不一定包含比期限短的合约更多的执行机会,所以,随着有效期限的增加,欧式期权的价值并不一定上升。

(三) 标的资产价格的波动率

标的资产价格的波动率反映了未来标的资产价格变动的不确定性。随着波动率的增加,标的资产价格上升到很高或下降到很低的机会也随着增加。看涨期权的持有者从资产价格上升中获利,而当资产价格下跌时,其最大亏损就是期权费。与此类似,看跌期的持有者从资产价格下跌中获利,而当资产价格上升时,仅有有限的损失。因此,随着波动率的增加,看涨期权和看跌期权的价格都会增加。

（四）无风险利率

无风险利率对期权价格的影响则不是那么直接。当无风险利率增大时,会使期权标的资产的预期收益率增加;同时,作为贴现率的无风险利率的上升,使期权持有者未来收益的现值减少。这两种效应都会使看跌期权的价值下降。而对于看涨期权来说,第一种效应将使期权的价格上升,第二种效应使期权的价格下降,究竟期权的价格是增加还是减少,取决于两种效应的比较。通常情况下,前者的影响起主导作用,即随着无风险利率的增加,看涨期权的价格也随之上升。

（五）期权有效期内预计发放的股息

在除息日后,发放股息将使标的资产的价格下降,因此看涨期权的价格将下降,看跌期权的价格将上升。所以看涨期权的价格与预期股息的大小反向变动,看跌期权的价格与预期股息的大小正向变动。

三、期权价格的上限和下限

（一）期权价格的上限

令 S 表示标的资产的现价,X 表示期权执行价格,T 表示期权的到期时间,t 表示现在的时间,S_T 表示在 T 时刻标的资产的价格,r 表示无风险利率,C 表示购买一单位标的资产的美式看涨期权的价格,P 表示出售一单位标的资产的美式看跌期权的价格,c 表示购买一单位标的资产的欧式看涨期权的价格,p 表示出售一单位标的资产的欧式看跌期权的价格。

看涨期权的持有者有权以某一确定的价格购买一单位标的资产,因此期权的价格不可能超过标的资产的价格,标的资产的价格就是期权价格的上限:$c \leqslant S$ 和 $C \leqslant S$。如果 $c > S$ 或 $C > S$,则套利者通过购买标的资产卖出看涨期权可以轻易地获得无风险收益。

看跌期权的持有者有权以 X 的价格出售一单位的标的资产,由于标的资产的价格不可能小于零,所以期权的价格不会超过 X:$p \leqslant X$ 和 $P \leqslant X$。同样,如果不存在上述关系,套利者通过购买标的资产出售看跌期权即可获得无风险收益。而对于欧式看跌期权来说,合约只能在到期日执行,在 T 时刻,期权的价格不超过 X,因此期权的价格不会超过 X 的现值:$p \leqslant X e^{-r(T-t)}$。

（二）期权价格的下限

当 $c < S - X e^{-r(T-t)}$ 时,套利者可以购买欧式看涨期权,卖空标的资产,流入的现金为 $S - c$,大于 $X e^{-r(T-t)}$,将这笔资金用于无风险利率的投资,在期权到期日可以获得超过 X 的现金流入。如果标的资产的价格高于 X,则执行期权,买入标的资产将原先的标的资产空头平仓;如果标的资产的价格低于 X,则可从市场上直接购买标的资产进行平仓,并可获得更大的收益。由此可见,$c < S - X e^{-r(T-t)}$ 时,存在无风险的套利机会,所以欧式看涨期权的价格下限为 $S - X e^{-r(T-t)}$。

同样,当 $p<Xe^{-r(T-t)}-S$ 时,在期初借入 $S+p$ 的资金,用于购买欧式看跌期权和标的资产,在到期日卖出标的资产进行平仓,从而获得无风险的收益。因此欧式看跌期权的价格下限为 $Xe^{-r(T-t)}-S$。对于美式看跌期权而言,由于有可能提前执行,更严格的条件是 $P \geqslant X-S$。

应当注意的是,倘若标的资产在期权有效期之内支付红利,由于红利使标的资产的价格降低,从而使看涨期权的价值降低,看跌期权的价格上升,其影响的幅度为股息的现值,设其为 D,于是上面的结论调整为:

欧式看涨期权的价格的下限是:

$$c>S-D-Xe^{-r(T-t)}$$

欧式看跌期权的价格的下限是:

$$p>D+Xe^{-r(T-t)}-S$$

有关美式期权价格和欧式期权价格之间的关系的讨论可参见本章附录 2。

四、看跌期权与看涨期权之间的平价关系

考虑下面两个组合:

组合 E:一个欧式看涨期权加上金额为 $Xe^{-r(T-t)}$ 现金。

组合 F:一个欧式看跌期权加上一单位标的资产。

在期权到期时,两个组合的价值均为 $\max(S_T,X)$,由于欧式期权只能在到期日执行,所以两个组合在现在也必须具有相等的价值。于是:

$$c+Xe^{-r(T-t)} = p+S \tag{9.25}$$

这就是欧式看涨期权和欧式看跌期权之间的平价关系。

如果上式不成立,则存在套利机会。假设 $c+Xe^{-r(T-t)}<p+S$,则投资者可以通过在期初购入欧式看涨期权,借入 $Xe^{-r(T-t)}$ 的现金并出售标的资产和欧式看跌期权,获得正的现金流入。在期权到期时,若 $S_T<X$,不执行看涨期权,而看跌期权的持有者会要求执行期权,于是以 X 的价格购入标的资产,将起初的空头头寸平仓;若 $S_T>X$,则看跌期权的持有者不会要求执行期权,投资者执行看涨期权,同样以 X 的价格购入标的资产进行平仓,从而获得无风险的收益。反之亦然。

若考虑标的资产在期权有效期之内支付股息,上面的结论调整为:

$$c+D+Xe^{-r(T-t)} = p+S$$

对于美式期权而言,由于 $C=c,P>p$,代入式(9.25)得:

$$C+Xe^{-r(T-t)} <P+S$$

即

$$C-P<S-Xe^{-r(T-t)} \tag{9.26}$$

式(9.26)给出了 $C-P$ 的上限。下面我们讨论 $C-P$ 的下限。考虑以下两个组合:

组合 G:一个欧式看涨期权加上金额为 X 的现金。

组合 H:一个美式看跌期权加上一单位的标的资产。

在这两个组合中,期权的执行价格和到期日相同。如果看跌期权没有提前执行,在 T 时刻,组合 H 的价值为 $\max(S_T,X)$,组合 G 的价值为 $\max(S_T,X)+Xe^{r(T-t)}-X$,显然组合 G 的价值要高于组合 H;如果看跌期权提前执行了,假设在 $t_1(t<t_1<T)$ 时刻执行,这意味着在

t_1 时刻组合 H 的价值为 X,而组合 G 在 t_1 时刻的价值至少要高于 $Xe^{r(t_1-t)}$。因此,在任何情况下,组合 G 的价值都要高于组合 H 的价值,即:

$$c+X>P+S$$

由于 $c=C$,$C+X>P+S$,结合式(9.26)可得

$$S-X<C-P<S-Xe^{-r(T-t)} \tag{9.27}$$

若考虑标的资产在期权有效期之内支付股息,上面的结论调整为:

$$S-D-X<C-P<S-Xe^{-r(T-t)}$$

五、期权定价模型

目前,使用得最为广泛的两种期权定价模型分别是 Black-Scholes 期权定价模型和二叉树期权定价模型。

(一)Black-Scholes 期权定价模型

在 20 世纪 70 年代初,Black 和 Scholes 取得了一个重大的突破,他们推导出了基于无股息支付股票的任何衍生证券的价格必须满足的微分方程,并运用该方程推导出欧式看涨期权和看跌期权的价值。为了方便起见,我们在这里只讨论以股票为标的资产的期权的定价,而实际上 Black-Scholes 微分方程对于任何衍生证券都是适用的。

1. 不支付股息的期权定价模型

Black-Scholes 微分方程是基于不付股息股票的任意一种衍生证券的价格 f 必须满足的方程。该方程所采用的推导方法与前一节用来为一种简单情况下的期权定价方法十分相似,即建立一个包含一些衍生证券头寸和一个股票头寸的无风险的证券组合,并使其收益率等于无风险利率。可以建立无风险证券组合的原因是股票价格和衍生证券的价格都受同一种基本的不确定性的影响,如果该组合包含了恰当比例的股票和衍生证券,使股票头寸的盈利(损失)总是与衍生证券的损失(盈利)相抵消,那么期末证券组合的总价值就确定了。在 Black-Scholes 分析中,建立的证券组合仅在很短的时期内保持无风险状态,并且在这一短时期的收益率必为无风险利率。

推导 Black-Scholes 微分方程用到的假设如下:

(1)股票价格遵循 ITO 过程[①]。

(2)允许卖空标的资产。

(3)没有交易费用或税收。所有的证券都是高度可分的。

(4)在期权的有效期内没有股息的支付。

(5)不存在无风险的套利机会。

(6)证券交易是连续的,价格波动也是连续的。

(7)无风险利率 r 为常数且对于所有的到期日都是相等的。

我们现在来推导 Black-Scholes 微分方程。根据假设(1):

---

① 有关这一随机过程的假设、推导和相关定理详见附录 3。

$$\mathrm{d}S = \mu S \mathrm{d}t + \sigma S \mathrm{d}z \tag{9.28}$$

假设 f 是依赖于 S 的期权的价格,变量 f 一定是 S 和 t 的某一函数。因此从 ITO 定理(见附录 3)可得:

$$\mathrm{d}f = \left(\frac{\partial f}{\partial S} \mu S + \frac{\partial f}{\partial t} + \frac{1}{2} \frac{\partial^2 f}{\partial S^2} \sigma^2 S^2 \right) \mathrm{d}t + \frac{\partial f}{\partial S} \sigma S \mathrm{d}z \tag{9.29}$$

方程(9.28)和(9.29)的离散形式为:

$$\Delta S = \mu S \Delta t + \sigma S \Delta z \tag{9.30}$$

$$\Delta f = \left(\frac{\partial f}{\partial S} \mu S + \frac{\partial f}{\partial t} + \frac{1}{2} \frac{\partial^2 f}{\partial S^2} \sigma^2 S^2 \right) \Delta t + \frac{\partial f}{\partial S} \sigma S \Delta z \tag{9.31}$$

由于方程(9.30)和(9.31)中的 Δz 是同一 Wiener 过程,所以为了消除不确定,选择恰当的证券组合应该是:

$$-1 : 期权$$

$$+ \frac{\partial f}{\partial S} : 股票$$

此证券组合的持有者卖出一份期权,买入数量为 $+\frac{\partial f}{\partial S}$ 的股票。需要指出的是,该证券组合并非是永远的无风险,只是在无限短的时间间隔内是无风险的。因为随着 S 和 t 的变化,$+\frac{\partial f}{\partial S}$ 也会变化,因此为了保持证券组合的无风险,必须连续调整证券组合中期权和股票的比例。

定义该证券组合的价值为 Π,则

$$\Pi = -f + \frac{\partial f}{\partial S} S \tag{9.32}$$

Δt 时间后,证券组合的变化 $\Delta \Pi$ 为:

$$\Delta \Pi = -\Delta f + \frac{\partial f}{\partial S} \Delta S \tag{9.33}$$

将式(9.30)和式(9.31)代入式(9.33),可得:

$$\Delta \Pi = \left(-\frac{\partial f}{\partial t} - \frac{1}{2} \frac{\partial^2 f}{\partial S^2} \sigma^2 S^2 \right) \Delta t \tag{9.34}$$

观察式(9.34),该方程不含有 Δz 这一随机项,可见在经过 Δt 的时间后,该组合可以获得确定的收益,于是风险就被消除了。因此在无套利机会条件下,该组合的瞬时收益率一定与其他短期无风险证券的收益率相同,即:

$$\Delta \Pi = r \Pi \Delta t \tag{9.35}$$

将式(9.32)和式(9.34)代入,可以得到:

$$\left(-\frac{\partial f}{\partial t} - \frac{1}{2} \frac{\partial^2 f}{\partial S^2} \sigma^2 S^2 \right) \Delta t = r \left(-f + \frac{\partial f}{\partial S} S \right) \Delta t$$

化简得:

$$\frac{\partial f}{\partial t} + rS \frac{\partial f}{\partial S} + \frac{1}{2} \frac{\partial^2 f}{\partial S^2} \sigma^2 S^2 = rf \tag{9.36}$$

式(9.36)就是 Black-Scholes 微分方程,此方程有许多解,但是并非所有的解都能适用,对于不同的期权,还应有不同的边界条件,这些边界条件确定了在 S 和 t 的可能取值的边界期权的价值。对于欧式看涨期权而言,关键的边界条件为:

$$当\ t = T\ 时, f = \max(S - X, 0)$$

对于欧式看跌期权而言,边界条件为:

$$当\ t = T\ 时, f = \max(X - S, 0)$$

需要说明的是,股票的预期收益率 μ 依赖于投资者的风险偏好,投资者厌恶风险的程度越高,μ 的值就应该越大,但是在 Black-Scholes 微分方程的推导中,μ 恰好被约掉了。也就是说,风险偏好将不会对其解产生影响,在对 f 进行定价时,我们可以使用任何一种偏好,于是我们可以提出一个非常简单的假设:所有的投资者都是风险中性的。而这一点对于期权定价的分析是非常重要的。

在 Black 和 Scholes 那篇突破性的论文中,他们不仅给出了微分方程,还对欧式看涨期权和欧式看跌期权的定价给出了精确的公式。

在风险中性世界中,欧式看涨期权到期日的期望价值为:

$$\hat{E}[\max(S_T - X, 0)]$$

因此欧式看涨期权的价格 c 是这个值以无风险利率贴现的结果:

$$c = e^{-r(T-t)} \hat{E}[\max(S_T - X, 0)] \tag{9.37}$$

由于我们已经讨论过,$\ln S_T$ 服从正态分布:

$$\ln S_T \sim N\left[\ln S + \left(\mu - \frac{\sigma^2}{2}\right)(T-t), \sigma\sqrt{T-t}\right]$$

将 μ 换成 r 就行了,因此式(9.37)的计算实际上就成了一种积分过程:

$$c = e^{-r(T-t)} \int_{\ln X}^{+\infty} (e^{\ln S_T} - X) \frac{1}{\sqrt{2\pi}\sigma\sqrt{T-t}} e^{-\frac{\left[\ln S_T - \ln S - \left(\mu - \frac{\sigma^2}{2}\right)(T-t)\right]^2}{2\sigma^2(T-t)}} d(\ln S_T)$$

化简得:

$$c = S\Phi_0(d_1) - Xe^{-r(T-t)}\Phi_0(d_2) \tag{9.38}$$

其中,

$$d_1 = \frac{\ln S - \ln X + \left(r + \frac{\sigma^2}{2}\right)(T-t)}{\sigma\sqrt{T-t}}$$

$$d_2 = \frac{\ln S - \ln X + \left(r - \frac{\sigma^2}{2}\right)(T-t)}{\sigma\sqrt{T-t}} = d_1 - \sigma\sqrt{T-t}$$

$\Phi_0(x)$ 表示标准正态分布的分布函数。

由于 $c = C$,式(9.38)也就给出了美式看涨期权的定价公式。而根据欧式看涨期权和欧式看跌期权的平价关系,可以得到欧式看跌期权的定价公式:

$$p = c + Xe^{-r(T-t)} - S = Xe^{-r(T-t)}\Phi_0(-d_2) - S\Phi_0(-d_1) \tag{9.39}$$

这是因为:

$$\Phi_0(d_1) + \Phi_0(-d_1) = 1 \qquad \Phi_0(d_2) + \Phi_0(-d_2) = 1$$

但是对于美式看跌期权,我们还没有一个精确的定价公式。

2. 支付股息的期权定价模型

在前面我们假设期权的标的股票是不付股息的,现在我们来讨论股息对期权定价公式的影响。

为了方便讨论,我们假设在期权有效期内股票支付股息的数量和时间是可以预测的,在除权日后,股票价格将因为发放股息而下降,设下降的量为 D,除权日为 t_1,则 D 从 t_1 贴现到当前时刻的现值为 $De^{-r(t_1-t)}$。于是,我们可以把股票现价 S 看成两个部分:股息以无风险利率贴现的现值(这是无风险的部分)和一个遵循随机过程的有风险的部分。期权到期时由股息决定的无风险部分就会消失。

所以,对于欧式期权而言,只要把 Black-Scholes 定价公式中的 S 用仅包含有风险部分的 S 代替,把 S 的波动率 σ 用有风险部分的波动率来代替,运用公式(9.38)就可以计算出欧式期权的价格。

而美式看涨期权则复杂得多。因为有股息的支付,所以必须考虑期权的提前执行问题。

设期权的标的股票有 n 个除权日:$t_1,t_2,\cdots,t_n$,在这些时刻支付的股息为 $D_1,D_2,\cdots,D_n$。

我们先考虑除了最后一个除权日以外的任意一个除权日 $i<n$,如果期权在 t_i 时刻执行,投资者可以获得 $S(t_i)-X$,如果没有执行,股票价格下降为 $S(t_i)-D_i$,从我们以前的讨论可知,期权价格的下限为:

$$S(t_i) - D_i - Xe^{-r(t_{i+1}-t_i)}$$

如果
$$S(t_i) - D_i - Xe^{-r(t_{i+1}-t_i)} \geqslant S(t_i) - X$$

即
$$D_i \leqslant X(1 - e^{-r(t_{i+1}-t_i)}) \tag{9.40}$$

则在时刻 t_i 执行期权是不明智的。而事实上,以 X 为基数的股息收益率通常要小于无风险的收益率,因此式(9.40)通常能够成立,也就是说,在任意一个除权日(n 除外)执行美式看涨期权是不明智的。

在最后一个除权日,式(9.40)写成:

$$D_n \leqslant X(1 - e^{-r(T-t_n)}) \tag{9.41}$$

在某些条件下,例如 D_n 较大而($T-t_n$)很小的时候,式(9.41)不一定成立,因此存在时刻 t_n 提前执行美式看涨期权的可能性。

于是,在考虑提前执行期权的情况时,Black 提出一种近似的处理方法,即运用公式分别计算在时刻 T 和 t_n 到期的欧式看涨期权的价格,然后取其中的较大者,作为美式看涨期权的价格。

(二) 二叉树期权定价模型

由于 Black-Scholes 定价公式无法对美式看跌期权进行精确的定价,因此我们介绍另外一种定价模型,来对美式看跌期权进行定价。

1. 不支付股息的期权定价模型

首先,在讨论股票价格连续时间模型的离散形式时,可以采用二叉树模型。假设股票的初始价格为 S,在经历了时间 Δt 后,股票有上升和下降两种可能,设它以概率 p 上升到 Su,以概率 $(1-p)$ 下降到 Sd。用二叉树模型表示,如图9-7所示。

而图 9-8 则表示了经过了四个时间段的股票价格变化的二叉树模型,为了减少树的节点,我们假设 $u = \dfrac{1}{d}$,于是在两个时间段后产生三种不同的价格,在三个时间段后产生四种不同的价格,在四个时间段后产生五个不同的价格。

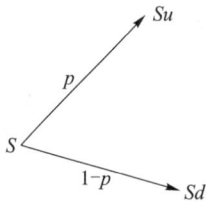

图 9-7　二叉树模型的价格运动　　图 9-8　四周期二叉树模型的价格运动

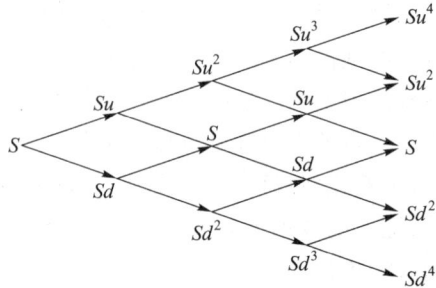

为了使股价的变化符合前面所述的随机过程,u, d, p 必须满足一定的条件,假设无风险利率为 r,则在 Δt 段末的股票期望值应为 $Se^{r\Delta t}$,即

$$Se^{r\Delta t} = pSu + (1 - p)Sd \tag{9.42}$$

方差应为 $S^2\sigma^2\Delta t$,即

$$S^2\sigma^2\Delta t = pS^2u^2 + (1 - p)S^2d^2 - S^2\left[pu + (1 - p)d\right]^2 \tag{9.43}$$

综合式(9.42)和式(9.43)并根据 $d = \dfrac{1}{u}$ 可得:

$$u = e^{\sigma\sqrt{\Delta t}} \;,\; p = \frac{a - d}{u - d} \;,\; a = e^{r\Delta t} \tag{9.44}$$

其中,Δt 表示一个较短的时间段。

在极限情况下,即 $\Delta t \to 0$ 时,这种股票价格运动的二叉树模型成为前面所述的一般 Wiener 过程模型(详见附录 3)。

在任意的一个时刻 $i\Delta t$,股票价格有 $i+1$ 种可能:

$$Su^jd^{i-j} \quad (j = 0, 1, \cdots, i)$$

且每一种价格的概率为:

$$C_i^j p^j (1 - p)^{i-j}$$

其次,在我们用二叉树表示了股票价格的随机过程后,采用倒推法就可以对以股票为标的资产的期权进行定价。

对于欧式看涨期权而言,在到期日期权价值为 $\max(S_T - X, 0)$,根据二叉树上 T 时刻的各个节点对应的股票价格,可以计算出相应的期权价格;又由于假设在风险中性的世界里,$T-\Delta t$ 时刻各节点的期权价格可以从 T 时刻期权价值的期望值用无风险利率贴现得到,以此类推,最终可以计算出二叉树根节点,即当前时刻的期权价格。与此类似,用同样的方法可以求出欧式看跌期权的价格。

对于美式期权而言,则相对复杂一些。在每一个节点都应当考虑是否应该提前执行期权。

假设把一个美式看跌期权的有效期分成 N 个长度为 Δt 的小时间段,设 f_{ij} 为 $i\Delta t$ 时刻的期权价格,由于美式看跌期权在到期日的价值为 $\max(X - S_T, 0)$,所以:

$$f_{Nj} = \max(X - Su^j d^{N-j}, 0) \quad (j = 0, 1, \cdots, N)$$

在其他的任意一个时刻 $i\Delta t (0 < i < N)$,必须考虑是否提前执行期权,如果不提前执行,期权的价值为:

$$f_{ij} = \mathrm{e}^{-r\Delta t}\left[pf_{i+1,j+1} + (1-p)f_{i+1,j}\right]$$

如果提前执行,其价值为:

$$X - Su^j d^{i-j}$$

将两者进行比较,以决定是否提前执行,因此

$$f_{ij} = \max\left\{X - Su^j d^{i-j}, \mathrm{e}^{-r\Delta t}\left[pf_{i+1,j+1} + (1-p)f_{i+1,j}\right]\right\}$$

由于每一个节点处的期权价格都是从 T 时刻倒推回来的,所以 $i\Delta t$ 时刻的期权价值不仅反映了在 $i\Delta t$ 时刻提前执行期权的可能性对期权价值的影响,也反映了在后面时间提前执行对期权价值的影响。当 $\Delta t \to 0$ 时,可以得出准确的美式看跌期权的价值,实际中常用 $N = 30$,就可以得到合理的结果。

例如:考虑一个不付股息股票的 4 个月期的美式看跌期权,股票现价为 50,执行价格为 50,无风险利率为每年 10%,波动率为每年 40%,我们把期权的有效期分为 4 段,每段长度为 1 个月,则 $T = \dfrac{4}{12} = 0.333\,3$,$\Delta t = \dfrac{1}{12} = 0.083\,3$,根据式(9.44)得:

$$u = \mathrm{e}^{\sigma\sqrt{\Delta t}} = 1.122\,4, \quad d = \frac{1}{u} = 0.890\,9, \quad a = \mathrm{e}^{r\Delta t} = 1.008\,4,$$

$$p = \frac{a - d}{u - d} = 0.507\,6, \quad 1 - p = 0.492\,4$$

图 9-9 表示二叉树。在每个节点上有三个数字,第一个表示该节点的股票价格,第二个表示提前执行期权可以得到的价值,第三个则表示不提前执行的期权价值;在每一节点处,上升的概率总是 0.507 6,下降的概率总是 0.492 4;第二个数用公式 $X - Su^j d^{i-j}$ 计算得到,第三个数则用 $f_{ij} = \mathrm{e}^{-r\Delta t}\left[pf_{i+1,j+1} + (1-p)f_{i+1,j}\right]$ 计算得出,取第二个和第三个中较大的作为该节点期权的价值。

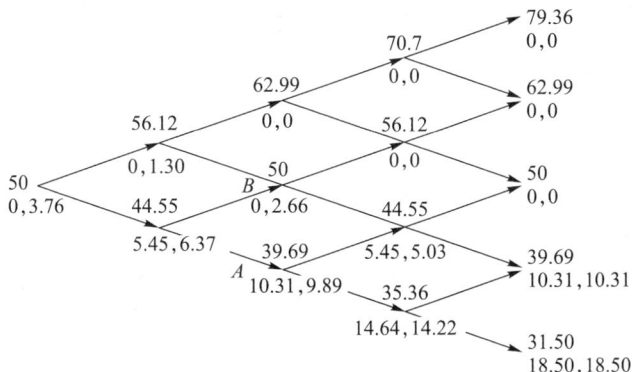

图 9-9 不付股息股票美式看跌期权二叉树

显然,在某些节点应该提前执行,例如 A 点,立即执行所带来的收益高于继续持有的收益;而在另外一些节点,例如 B,提前执行则是不明智的。通过层层倒推,最后可以得出该期权期初的价格为 3.76,当然这只是一个近似值,如果增加 N 减小 Δt,可以得出更精确的期权值。

2. 支付股息的期权定价模型

对于不同的股息支付方式,应当对模型进行不同的修正。

(1) 支付连续股息。如果期权的标的股票支付连续的股息,股息率为 q,在风险中性的世界中,股票价格本身的收益率应该为 $r-q$,所以式(9.42)应该修正为:

$$Se^{(r-q)\Delta t} = pSu + (1 - p)Sd$$

这样并不影响 u 和 d 的值,只需用 $e^{(r-q)\Delta t}$ 代替 a 即可,利用了新的 a 值以后,二叉树模型仍然可以应用。

(2) 已知股息率。所谓已知股息率是指在未来某一确定时间按照股票价格的一定比率支付股息。设股息率为 δ,除息日为 $i\Delta t$,在除息日前的瞬间,股票价格为:

$$Su^j d^{i-j} \quad (j=0,1,\cdots,i)$$

而在除息日后的瞬间,股票价格变为:

$$S(1 - \delta)u^j d^{i-j} \quad (j=0,1,\cdots,i)$$

于是,$i\Delta t$ 以后各个节点的股票价格亦作相应的变化。二叉树模型就成为如下形状,见图 9-10。

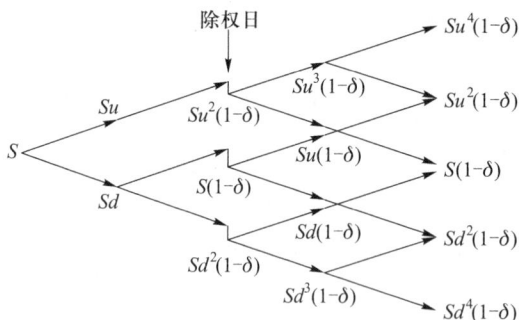

图 9-10　在一个特定时刻支付已知股息率的股票价格的二叉树

在图 9-10 的基础上采用倒推法,可以对以已知股息率股票为标的的期权进行定价。

(3) 已知股息数额。在通常情况下,股息率并不能事先已知,已知股息数额则是比较现实的。

假设在 $k\Delta t$ 时刻除权,股息额为 D,在除权后的瞬间,股票价格下降为:

$$Su^j d^{k-j} - D \quad (j=0,1,\cdots,k)$$

设 $Su^l d^{k-l} - D$ 和 $Su^{l-1} d^{k-l+1} - D$ $(l \in (1,2,\cdots,k))$ 为任意两个相邻的节点。在 $(k+1)\Delta t$ 时刻,二叉树上节点相应的股票价格为:

$$(Su^j d^{k-j}-D)u \quad 和 \quad (Su^j d^{k-j}-D)d$$

则上述两个节点有 4 个分叉:

$$(Su^l d^{k-l}-D)u,(Su^l d^{k-l}-D)d,(Su^{l-1} d^{k-l+1}-D)u,(Su^{l-1} d^{k-l+1}-D)d$$

显然：

$$(Su^l d^{k-l}-D)d \neq (Su^{l-1}d^{k-l+1}-D)u$$

这表明,在除权以后的下一个时间段,二叉树的节点数增加为 $2k$ 个,而不是通常情况下的 $k+1$ 个;在除权日以后的第 m 个时间段,二叉树的节点增加为 mk 个,而不是通常情况下的 $k+m$ 个。如图 9-11 所示。

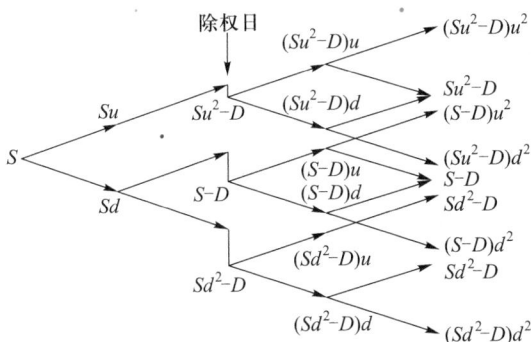

图 9-11　已知股息数额的股票价格的二叉树

对于这个问题,我们可以采用前面对欧式期权的分析那样来简化:把股票现价 S 看成两个部分:股息以无风险利率贴现的现值(这是无风险的部分)和一个遵循随机过程的有风险的部分。令 x 时刻股价中的不确定部分为 S^*,则:

$$S^*(x) = S(x) \qquad \text{当 } x>k\Delta t \text{ 时}$$
$$S^*(x) = S(x) - De^{-r(k\Delta t-x)} \qquad \text{当 } x \leqslant k\Delta t \text{ 时}$$

设 σ^*(常数)为 S^* 的标准差,通常情况下 $\sigma^*>\sigma$,用 S^* 代替 S、用 σ^* 代替 σ,就可以构造出模拟 S^* 的二叉树模型。通过把未来股息的现值加到每个节点的 S^* 上,就可以构造出模拟 S 的二叉树。当 $i<k$ 时,这个二叉树上的节点对应的股票价格为：

$$S^*(t)u^j d^{i-j} + De^{-r(k\Delta t-i\Delta t)} \qquad (j=0,1,\cdots,i)$$

当 $i \geqslant k$ 时每个节点对应的价格为：

$$S^*(t)u^j d^{i-j} \qquad (j=0,1,\cdots,i)$$

这样,在除权日后,该二叉树又恢复了重合的状态,即在时刻 $i\Delta t$ 只有 $i+1$ 个节点。这种方法可以推广到处理多次股息支付的情况。

3. 避免负的概率

根据公式(9.44)

$$p=\frac{a-d}{u-d}, u=e^{\sigma\sqrt{\Delta t}}, a=e^{r\Delta t}$$

当 σ 很小时,使得 $\sigma\sqrt{\Delta t} < r\Delta t$,则 $u<a$,于是 $p>1$,$1-p<0$,而这是不可能的。

在这种情况下,概率变得毫无意义,我们不能按部就班地计算期权的价格,而应该对模型进行修正。

设 F 为与期权合约同时到期的标的资产的期货价格,当我们用二叉树的方法对 F 进行模拟时,参数 a 始终等于 1,而 u 是一个大于 1 的值,因此,p 始终是小于 1 的,因而是有意义的。在每一个节点 $i\Delta t$ 上，我们可以通过如下公式来计算 S 的值：

$$S = Fe^{-(r-q)(T-i\Delta t)} \tag{9.45}$$

其中，q 为标的资产的股息率。通过对 F 的模拟，我们成功地消除了负概率的现象。

附录1 远期价格和期货价格关系的证明

可以证明：当无风险利率恒定，且对所有到期日都不变时，两个交割日相同的远期合约和期货合约有同样的价格。

证明如下：

假设一个持续 n 天的期货合约，F_i 为第 i 天末（$0<i<n$）的期货价格。定义 δ 为每天的无风险利率（设为常数）。考虑如下策略：

（1）在第 0 天末，买入期货合约 e^{δ}（即在合约开始生效时买入）；

（2）在第 1 天末，增加多头头寸至 $e^{2\delta}$；

（3）在第 2 天末，增加多头头寸至 $e^{3\delta}$。以此类推。

表9-5 即为上述策略的总结。在第 i 天的开始，投资者拥有多头头寸 $e^{\delta i}$。第 i 天的利润（可能为负）为：

$$(F_i - F_{i-1})e^{\delta i}$$

表 9-5 用以体现期货价格与远期价格相等的投资策略

日期	0	1	2	⋯	$n-1$	n
期货价格	F_0	F_1	F_2	⋯	F_{n-1}	F_n
期货头寸	e^{δ}	$e^{2\delta}$	$e^{3\delta}$	⋯	$e^{n\delta}$	0
利润/损失	0	$(F_1 - F_0)e^{\delta}$	$(F_2 - F_1)e^{2\delta}$	⋯	⋯	$(F_n - F_{n-1})e^{n\delta}$
计复利至第 n 天的利润/损失	0	$(F_1 - F_0)e^{n\delta}$	$(F_2 - F_1)e^{n\delta}$	⋯	⋯	$(F_n - F_{n-1})e^{n\delta}$

假设这个盈利以无风险利率计复利直至第 n 天末。它在第 n 天末的价值为：

$$(F_i - F_{i-1})e^{\delta i}e^{(n-i)\delta} = (F_i - F_{i-1})e^{n\delta}$$

整个投资策略的第 n 天末的价值为：

$$\sum_{i=1}^{n}(F_i - F_{i-1})e^{n\delta}$$

即有：

$$[(F_n - F_{n-1}) + (F_{n-1} - F_{n-2}) + \cdots + (F_1 - F_0)]e^{n\delta} = (F_n - F_0)e^{n\delta}$$

由于 F_n 与最终的资产价格 S_T 相等，由此整个投资策略的最终价值可写为：

$$(S_T - F_0)e^{n\delta}$$

将 F_0 投资于无风险债券中，将这项投资与上述策略混合可得到其在时刻 T 的收益为：

$$F_0 e^{n\delta} + (S_T - F_0)e^{n\delta} = S_T e^{n\delta}$$

由于上述所有的多头期货头寸并不需要任何资金,由此可见,投资 F_0 能够在 T 时刻得到 $S_T e^{n\delta}$。

下面假设第 0 天末的远期价格为 G_0。通过将 G_0 投资于无风险债券并购买 $e^{n\delta}$ 个远期合约,在时刻 T 仍然保证具有 $S_T e^{n\delta}$ 的资产。因此就有两种投资策略:一个要求初始投资 F_0,另一个要求初始投资 G_0,两个投资在 T 时刻都得到 $S_T e^{n\delta}$。从而在无套利机会的情况下:

$$F_0 = G_0$$

换句话说:期货价格与远期价格是等价的。注意在本证明中对一天的时间周期并没有特殊限制。因此,给定相关假设,每周结算的期货合约的价格也与远期价格相等。

附录 2 美式期权价格和欧式期权价格之间的关系

一、提前执行美式看涨期权

提前执行美式看涨期权是不明智的。倘若美式看涨期权的购买者在执行期权后愿意持有标的资产直至时刻 T,考虑以下两个组合:

组合 A:一个美式看涨期权加上金额为 $X e^{-r(T-t)}$ 的现金。

组合 B:一单位标的资产。

如果看涨期权提前执行,假设在 t_1($t < t_1 < T$)时刻执行,组合 A 的价值为 $S_{t_1} - X + X e^{-r(T-t_1)}$,因为 $t_1 < T$,所以 $X e^{-r(T-t_1)} < X$,于是组合 A 的价值小于组合 B;如果看涨期权在到期日执行,在 T 时刻组合 A 的价值为 $\max(S_T, X)$,组合 B 的价值为 S_T,所以组合 A 的价值大于等于组合 B。由此可见,提前执行期权是不明智的。

倘若期权的购买者在执行期权后立即将标的资产卖出,那么他应该出售期权而不是执行它。因为期权价格的下限是 $S - X e^{-r(t_1-t)}$,而 $t_1 > t$,所以 $X e^{-r(t_1-t)} < X$, $S - X e^{-r(t_1-t)} > S - X$。

由于提前执行期权是不明智的,所以美式看涨期权也应该在到期日时执行,因此它与同日到期的欧式看涨期权应该有相同的价值:$C = c$。

看涨期权之所以不应提前执行,主要有以下两个原因:

(1)期权为投资者提供了保险。当持有看涨期权而不是标的资产本身时,若标的资产的价格下降到期权执行价格之下,持有者并不受损失;而标的资产的价格上升时,投资者获得的好处并不因持有的看涨期权而有所减少。一旦该期权被提前执行,标的资产的价格取代了执行价格,这种保险作用就消失了。

(2)由于货币时间价值的存在,越晚支付执行价格越好。

图 9-12 表示看涨期权的价格随标的资产的价格 S、执行价格 X 而变化的一般情形。该图表明看涨期权的价格总是高于其内在价值 $\max(S-X, 0)$,并且随着 r、σ、$T-t$ 的增加,看涨期权的价格按箭头所示方向变动,即更加远离内在价值。

二、提前执行美式看跌期权

提前执行美式看跌期权有可能是明智的。显然在期权的实值额很大时,应该提前执行它。考虑一个极端的例子,当标的资产的价格接近于 0 时,立即执行期权可以获得 X 的收益,而看跌期权的价格上限就是 X,更何况越早收现金越好。

考虑以下两个组合:

组合 C:一个美式看跌期权加上一单位标的资产。

组合 D:金额为 $Xe^{-r(T-t)}$ 的现金。

如果美式看跌期权提前执行,假设在 $t_1(t<t_1<T)$ 时刻执行,组合 C 的价值为 X,组合 D 的价值为 $Xe^{-r(T-t_1)}$。因为 $t_1<T$,所以组合 C 的价值高于组合 D。如果在到期日执行期权,组合 C 的价值为 $\max(X,S_T)$,而组合 D 的价值为 X,组合 C 的价值不低于组合 D。可见,组合 C 比组合 D 更具吸引力。

与看涨期权类似,看跌期权也能提供保险。当同时持有标的资产和看跌期权时,看跌期权保证持有者在标的资产价格跌破执行价格时不受损失。但是,当期权的实值很大时,投资者可以放弃这一保险立即执行看跌期权以实现执行价格,这有可能是明智的。

图 9-13 表明一般情况下美式看跌期权的价格是怎样随 S 的变化而变化的。当标的资产价格足够低时,应当立即执行美式看跌期权,该期权的价值为 $X-S$,所以当 S 很小时,代表看跌期权价值的曲线与看跌期权的内涵价值 $X-S$ 重合在一起,如图 9-13 中,A 点左方的曲线所示。当 r 减少、σ 增加、T 增加时,看跌期权的价值按箭头所示的方向变化。

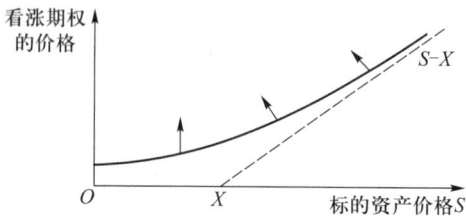

图 9-12　美式(或欧式)看涨期权的价格变化图

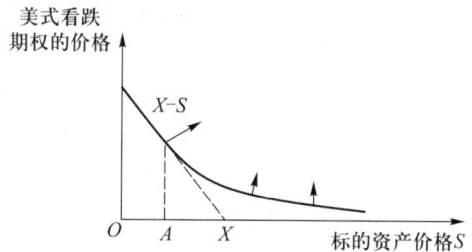

图 9-13　美式看跌期权的价格变化图

我们已经讨论过,美式期权的价值通常要高于欧式期权,既然美式看跌期权的价值有时等于其内在价值,那么欧式看跌期权的价值有时会低于其内在价值,如图 9-14 所示,B 点以左的部分,期权价值要低于内在价值。注意在 B 点上,期权价格等于其内在价值,而欧式期权的价值低于美式期权,所以 B 点代表的标的资产价格要大于 A 点所代表的价格。图9-14中,E 点表示标的资产价格为 0 时期权价格为 $Xe^{-r(T-t)}$。

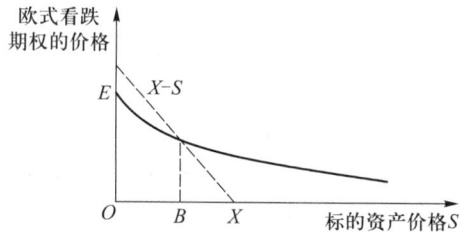

图 9-14　欧式看跌期权的价格变化图

附录3　ITO 过程和 ITO 定理

一、ITO 过程

通常我们假设股票的价格遵循 Markov 过程。Markov 过程是一种特殊类型的随机过程(Stochastic Process),它说明变量未来的预测值只与变量的当前值有关,与变量过去的值和变量从过去到现在的演变方式不相关。也就是说,股票未来某一特定时刻价格的概率分布仅仅取决于当前的价格。股价的 Markov 性质与弱型市场有效性相一致,即认为一种股票的现价已包含了所有信息,当然包括了所有过去的价格信息。市场竞争保证了弱型市场有效性的成立,为数众多的投资者紧盯着股票市场,一旦股票价格没有包含所有的信息,而投资者观察到了这一现象,必定会导致市场买盘或卖盘的蜂拥而至,使股价骤然上涨或下跌,过去观察到的效应将失效。

股价模型通常用著名的 Wiener 过程来描述,Wiener 过程是 Markov 随机过程的一种特殊形式。这种观察在物理学中用于描绘某个粒子受到大量小分子碰撞的不规则运动,有时称为 Brownian 运动。设 z 为遵循 Wiener 过程的变量,一个小的时间间隔长度为 Δt,Δz 为 z 在 Δt 时间上的变化,Δz 必定满足以下两个性质:

性质 1　Δz 与 Δt 的关系满足方程式

$$\Delta z = \varepsilon \sqrt{\Delta t} \tag{9.46}$$

其中,ε 为从标准正态分布(即均值为 0、标准差为 1 的正态分布)中取的一个随机值。

性质 2　对于两个不同的时间间隔 Δt,Δz 的值相互独立。

从性质 1 我们可以看出,Δz 服从均值为 0、标准差为 $\sqrt{\Delta t}$、方差为 Δt 的正态分布,性质 2 表明了 z 遵循 Markov 过程。

在一段相当长的时间 T 中,z 值的变化为 $z(T) - z(0)$,这可以被看作是在 N 个长度为 Δt 的小时间间隔中 z 的变化量的总和,这里

$$N = \frac{T}{\Delta t}$$

因此

$$z(T) - z(0) = \sum_{i=1}^{N} \varepsilon_i \sqrt{\Delta t} \tag{9.47}$$

其中,$\varepsilon_i (i = 1, 2, 3, \cdots, N)$ 是服从标准正态分布的随机抽样值。从性质 2 可知,ε_i 是相互独立的,从方程(9.47)可以得到 $z(T) - z(0)$ 是正态分布的:

$$[z(T) - z(0)] \text{的均值} = 0$$
$$[z(T) - z(0)] \text{的方差} = N\Delta t = T$$
$$[z(T) - z(0)] \text{的标准差} = \sqrt{T}$$

因此,在任意长度为 T 的时间间隔内,z 值的变化服从均值为 0、标准差为 $\sqrt{T}$ 的正态分布,并且变量变化的方差与所考虑时间段的长度成正比例。

在常规微积分中,通常在微小变化接近为 0 时将 $\dfrac{\Delta y}{\Delta x}$ 当作极限 $\dfrac{\mathrm{d}y}{\mathrm{d}x}$ 来处理。同样,在处理连续时间随机过程时,当 $\Delta t \to 0$ 时,方程(9.46)可写成极限形式:

$$\mathrm{d}z = \varepsilon \sqrt{\mathrm{d}t} \tag{9.48}$$

我们将上述 Wiener 过程扩展为一般的 Wiener 过程,则有:

$$\mathrm{d}x = a\mathrm{d}t + b\mathrm{d}z \tag{9.49}$$

其中,a、b 为常数,a 表示漂移率的期望值,b 表示方差率的期望值。方程(9.49)实际上

应写成：

$$dx = 0 \times dt + 1 \times dz \qquad (9.50)$$

漂移率为 0 意味着在未来时刻 z 的期望值等于当前值,方差率为 1 意味着在长度为 T 的一段时间后 z 变化的方差为 $1 \times T$。这时的 Wiener 过程就是一般的 Wiener 过程。

分别考虑方程(9.49)右边的两个组成部分。adt 项说明了 x 变量单位时间的漂移率期望值为 a。如果缺省 bdz 项,方程变为

$$dx = adt$$

即

$$\frac{dx}{dt} = a$$

或

$$X = X_0 + at$$

其中,x_0 为 x 在 0 时刻的值,经过长度为 T 的时间段后,x 增加的值为 aT。

方程(9.49)右边的 bdz 项可被看做是增加到 x 轨迹的噪声或波动率。这些噪声或波动率的值为一般 Wiener 过程的 b 倍。在经过时间段 Δt 后,

$$\Delta x = a\Delta t + b\varepsilon \sqrt{\Delta t} \qquad (9.51)$$

因为 ε 服从标准正态分布,所以 Δx 服从均值为 $a\Delta t$、方差为 $b^2\Delta t$ 的正态分布。类似以上的讨论,可以得出在经历时间 T 后 Δx 服从均值为 aT、方差为 $b^2 T$ 的正态分布。

我们还可以进一步定义另一种著名的随机过程,即著名的 ITO 过程。这是一个一般化的 Wiener 过程,其中参数 a 和 b 是标的变量 x 和时间 t 的函数。ITO 过程数学表达式：

$$dx = a(x,t)dt + b(x,t)dz \qquad (9.52)$$

其中,ITO 过程的期望漂移率 a 和方差率 b 都是 x 和 t 的函数,随着 x 和 t 的变化而变化。

假定股票价格遵循式(9.49)所示的一般 Wiener 过程,就是认为它具有不变的漂移率,即漂移率与股价无关,而这显然与实际情况不符。对于价格较高的股票,投资者通常要求较高的预期收益,这是因为:预期收益=预期收益率×股价,而预期收益率一定,预期收益就和股价呈正比关系,因此我们将一般 Wiener 过程的漂移率修正为 μS,μ 为某一恒定参数,代表股票在任何短时间后的期望收益率。若股票价格的方差率恒为 0,这个模型就可写成

$$dS = \mu S dt \quad 或 \quad \frac{dS}{S} = \mu dt$$

即

$$S = S_0 e^{\mu t} \qquad (9.53)$$

其中,S_0 是 0 时刻的股票价格,则方程(9.53)表示股票价格以单位时间为 μ 的连续复利方式增长。

当然,股票价格确实存在着波动率,一个合理的假设是:无论股票价格如何,短时间 Δt 后收益率的方差保持不变,即投资者认为无论股票价格如何,他的收益率的不确定性是相同的。定义 σ^2 为按股票价格比例变化的方差率,即 $\sigma^2 \Delta t$ 是 Δt 时间后按股票价格比例变化的方差,$\sigma^2 S^2 \Delta t$ 是经过 Δt 时间后股票价格实际变化的方差。因此,S 的瞬时方差率为 $\sigma^2 S^2$。

通过以上讨论可以得出结论:S 可用瞬时期望漂移率为 μS 和瞬时期望方差率为 $\sigma^2 S^2$

的 ITO 过程来表达,即:

$$dS = \mu S dt + \sigma S dz \tag{9.54}$$

或

$$\frac{dS}{S} = \mu dt + \sigma dz$$

方程(9.54)是描述股票价格行为最广泛使用的一种模型,变量 μ 为股票价格的预期收益率,σ 为股票价格波动率。

二、ITO 定理

股票期权的价格是该标的股票价格和时间的函数,更一般地,我们可以说任何一种衍生证券的价格都是这些衍生证券标的资产价格和时间的函数。而标的资产的价格是一个随机变量,因此我们必须对随机变量函数的行为有所了解。在这个领域内的一个重要结论是有一个叫 ITO 的科学家在 1951 年发现的,因此称之为 ITO 定理。

假设变量 x 的值遵循 ITO 过程,即

$$dx = a(x,t)dt + b(x,t)dz \tag{9.55}$$

其中,dz 是一个 Wiener 过程,a 与 b 是 x 和 t 的函数,变量 x 的漂移率为 a,方差率为 b^2。而 G 是变量 x 和 t 的一个连续可微的函数,ΔG 的 Taylor 展开式为:

$$\Delta G = \frac{\partial G}{\partial x}\Delta x + \frac{\partial G}{\partial t}\Delta t + \frac{1}{2}\frac{\partial^2 G}{\partial x^2}\Delta x^2 + \frac{\partial^2 G}{\partial x \partial t}\Delta x \Delta t + \frac{1}{2}\frac{\partial^2 G}{\partial t^2}\Delta t^2 + \cdots \tag{9.56}$$

通常情况下,Δx^2 和 Δt^2 等 Δt 的高阶无穷小量可以忽略不计,但是,我们仔细考察一下式(9.56)中的 $\frac{1}{2}\frac{\partial^2 G}{\partial x^2}\Delta x^2$,根据式(9.51)可以得出:

$$\Delta x^2 = b^2 \varepsilon^2 \Delta t + \Delta t \text{ 的高阶无穷小量} \tag{9.57}$$

这表明等式(9.56)中的 Δx^2 项包含 Δt 项,而这一个 Δt 项是不可忽略的。又因为 ε 服从标准正态分布,$E\varepsilon^2 = 1$,$\varepsilon^2 \Delta t$ 的期望值为 Δt,同样 $\varepsilon^2 \Delta t$ 方差的阶数为 Δt^2,因此当 $\Delta t \to 0$ 时,$\varepsilon^2 \Delta t$ 变成非随机项且等于该值对 Δt 的期望值,式(9.56)中等式右边第三项等于 $\frac{1}{2}\frac{\partial^2 G}{\partial x^2}b^2 dt$。当 Δx 和 Δt 都趋向于 0 时,式(9.56)可以转化为:

$$dG = \frac{\partial G}{\partial x}dx + \frac{\partial G}{\partial t}dt + \frac{1}{2}\frac{\partial^2 G}{\partial x^2}b^2 dt \tag{9.58}$$

将式(9.55)中的 dx 代入式(9.58),可得:

$$dG = \left(\frac{\partial G}{\partial x}a + \frac{\partial G}{\partial t} + \frac{1}{2}\frac{\partial^2 G}{\partial x^2}b^2\right)dt + \frac{\partial G}{\partial x}b dz \tag{9.59}$$

这就是著名的 ITO 定理。其中,dz 是与方程(9.55)同样的 Wiener 过程,因此 G 也遵循 ITO 过程,它的漂移率为:

$$\frac{\partial G}{\partial x}a + \frac{\partial G}{\partial t} + \frac{1}{2}\frac{\partial^2 G}{\partial x^2}b^2$$

方差率为:

$$\left(\frac{\partial G}{\partial x}\right)^2 b^2$$

在前面我们讨论过一个著名的股价模型:

$$dS = \mu S dt + \sigma S dz$$

从 ITO 定理得到 S 和 t 的函数遵循的过程为:

$$dG = \left(\frac{\partial G}{\partial S} \mu S + \frac{\partial G}{\partial t} + \frac{1}{2} \frac{\partial^2 G}{\partial S^2} \sigma^2 S^2 \right) dt + \frac{\partial G}{\partial S} \sigma S dz \qquad (9.60)$$

可见,S 和 G 都受到同一基本的不确定性来源 dz 的影响,这在推导 Black-Scholes 微分方程的过程中是很重要的。

现在我们用 ITO 定理推导 $\ln S$ 遵循的过程,定义:

$$G = \ln S$$

由于

$$\frac{\partial G}{\partial S} = \frac{1}{S}, \quad \frac{\partial^2 G}{\partial S^2} = -\frac{1}{S^2}, \quad \frac{\partial G}{\partial t} = 0$$

代入方程 (9.59),得:

$$dG = \left(\mu - \frac{\sigma^2}{2} \right) dt + \sigma dz$$

由于 μ 和 σ 为常数,这表明 G 遵循一个一般化的 Wiener 过程,因此,它具有恒定的漂移率 $\left(\mu - \frac{\sigma^2}{2} \right)$ 和方差率 σ^2,在当前时刻 t 和未来时刻 T 之间的变化服从均值为 $\left(\mu - \frac{\sigma^2}{2} \right)(T - t)$,方差为 $\sigma^2(T - t)$ 的正态分布。即:

$$\ln S_T - \ln S \sim N \left[\left(\mu - \frac{\sigma^2}{2} \right)(T - t), \sigma \sqrt{T - t} \right]$$

又因为 $\ln S$ 服从正态分布,所以

$$\ln S_T \sim N \left[\ln S + \left(\mu - \frac{\sigma^2}{2} \right)(T - t), \sigma \sqrt{T - t} \right]$$

这表明 S_T 具有对数正态分布。

本 章 小 结

本章逐一介绍了衍生证券中的远期合约、期货合约、互换和期权,重点讨论各种衍生证券的价格与其标的资产价格之间的相互关系,并在此基础上分析了各种衍生证券的价值。

远期合约是一个在确定的将来时间按确定的价格购买或者出售某项资产的协议。远期合约的价格是指使得该合约价值为 0 的交割价格。根据远期合约中的交割价格 K 与当前的远期价格 F 给出 t 时刻一般远期合约多头的价值 f 的表达式。对所有的远期合约,下式都是正确的:

$$f = (F - K) e^{-r(T - t)}$$

期货合约是两个对手之间签订的一个在确定的将来时间按确定的价格购买或出售某项资产的协议。当无风险利率恒定且对所有到期日都不变时,两个交割日相同的远期合约和期货合约有同样的价格。以下是几种主要的期货价格:

期货	价格
股票指数的期货	$F = Se^{(r-q)(T-t)}$
外汇期货	$F = Se^{(r-r_f)(T-t)}$
投资性商品的期货	$F = Se^{(r+u)(T-t)}$
消费性商品的期货	$F = Se^{(r+u-y)(T-t)} y$ (y 为便利收益)
利率期货	$p = 100 - r_F$

金融互换是两个或两个以上当事人按照商定条件,在约定的时间内,交换一系列现金流的合约,包括利率互换和货币互换。利率互换是指双方同意在未来的一定期限内根据同种货币的同样的名义本金交换现金流。由于只交换利息差额,因此信用风险很小。货币互换是将一种货币的本金和固定利息与另一货币的等价本金和固定利息进行交换。货币互换涉及本金互换,因此面临一定的信用风险。

期权是指赋予购买者在规定期限内按双方约定的价格购买或出售一定数量的某种金融资产的权利的合同。按期权购买者的权利划分,期权可分为看涨期权和看跌期权。按期权购买者可以执行期权的时限划分,期权可分为欧式期权和美式期权。影响期权价格的主要因素有:标的资产的现价和执行价格、期权的期限、标的资产价格的波动率、无风险利率、期权有效期内预计发放的股息。期权价格的上限:$c \leqslant S$、$C \leqslant S$、$p \leqslant Xe^{-r(T-t)}$ 和 $P \leqslant X$。期权价格的下限:$c \geqslant S - Xe^{-r(T-t)}$、$C \geqslant S - Xe^{-r(T-t)}$、$p \geqslant Xe^{-r(T-t)} - S$ 和 $P \geqslant X - S$。

使用最为广泛的两种期权定价模型分别是 Black-Scholes 期权定价模型和二叉树期权定价模型。

Black-Scholes 期权定价公式(不支付股息):

欧式看涨期权价格

$$c = S\Phi_0(d_1) - Xe^{-r(T-t)}\Phi_0(d_2)$$

其中

$$d_1 = \frac{\ln S - \ln X + \left(r + \frac{\sigma^2}{2}\right)(T - t)}{\sigma\sqrt{T - t}}$$

$$d_2 = \frac{\ln S - \ln X + \left(r - \frac{\sigma^2}{2}\right)(T - t)}{\sigma\sqrt{T - t}} = d_1 - \sigma\sqrt{T - t}$$

欧式看跌期权价格

$$p = c + Xe^{-r(T-t)} - S = Xe^{-r(T-t)}\Phi_0(-d_2) - S\Phi_0(-d_1)$$

对于支付股息的期权定价公式可以在此基础上略做改变得到。

Black-Scholes 定价公式无法对美式看跌期权进行精确的定价,因此我们介绍了另一种定价模型——二叉树期权定价模型。股票的价格在短时间后以概率 p 上升到 Su,以概率 $(1-p)$ 下降到 Sd,其中

$$u = e^{\sigma\sqrt{\Delta t}}, \quad p = \frac{a - d}{u - d}, \quad a = e^{r\Delta t}, \quad d = \frac{1}{u}$$

在用二叉树表示了股票价格的随机过程后,采用倒推法就可以对以股票为标的的期

权定价。对于不同的股息支付方式,需要对上述模型进行修正。当直接模拟出现负概率时,应先对与期权合约同时到期的标的资产的期货价格 F 进行模拟,再通过公式

$$S = Fe^{-(r-q)(T-i\Delta t)}$$

计算 S 的值,从而求出期权的价值。

关 键 术 语

远期 多头 空头 远期价格 交割价格 期货 互换 掉期 利率互换 货币互换 看涨期权 看跌期权 美式期权 欧式期权 执行价格 期权价格 B-S期权定价 二叉树期权定价 Wiener 过程 ITO 定理

习 题

1. 假设一种无股息支付的股票目前的市场价格为 20 元,无风险连续复利年利率为 11%,试求该股票 4 个月期远期价格。

2. 假设恒生指数目前为 10 000 点,香港无风险连续复利年利率为 10%,恒生指数股息收益率为每年 5%,求该指数 3 个月期的期货价格。

3. 某股票预计在 2 个月和 5 个月后每股分别派发 1 元股息,该股票目前市价为 40 元,设所有期限的无风险连续复利年利率都为 6%,某投资者刚刚取得该股票 6 个月期的远期合约空头,请问:

(1) 远期价格和远期合约的初始值等于多少?

(2) 3 个月后,该股票价格涨到 46 美元,无风险连续复利年利率仍为 6%,此时远期价格和该合约的空头价值等于多少?

4. 假设目前白银价格为每盎司 80 元,储存成本为每盎司每年 3 美元,每季度初预付,所有期限的无风险连续复利年利率均为 10%,求 8 个月后交割的白银期货的价格。

5. 假设 A、B 两公司面临的利率如下:

	A	B
美元(浮动利率)	LIBOR+1.0%	LIBOR+0.5%
欧元(固定利率)	5.0%	6.5%

假设 A 要用浮动利率借美元,而 B 要用固定利率借欧元,某金融机构为他们安排互换并要求获得 60 个基点的差价。如果要使该互换对 A、B 具有同样的吸引力,A、B 应各自支付多少利率?

6. 假设某一无股息支付股票的现货价格为 30 元,无风险连续复利年利率为 10%,求该股票协议价格为 25 元、有效为 5 个月的看涨期权的价格下限。

7. 协议价格为 30 元、有效期为 6 个月的欧式看涨期权价格为 2 元,标的股票价格为 29 元,该股票预计在 2 个月和 5 个月后各支付 0.50 元股息,设所有期限的无风险连续复利年利率均为 10%,请问该股票协议价格为 40 元,有效期 6 个月的欧式看跌期权价格等于多少?

8. 假设某种不支付股息股票的市价为 40 元,无风险利率为 10%,该股票的年波动率为 30%,求该股票协议价格为 50 元、期限 3 个月的欧式看跌期权价格。

9. 假设某种不支付股息的股票的市价为 25 元,年波动率为 25%,无风险利率为 5%,该股票期权的协议价格为 22 元,有效期 5 个月。

(1) 如果该期权为欧式看涨期权,求该期权的价格;

(2) 如果该期权为美式看涨期权,求该期权的价格;

(3) 如果该期权为欧式看跌期权,求该期权的价格;

(4) 用以上答案检验看涨、看跌期权平价。

10. 某股票市价为 70 元,年波动率为 32%,该股票预计 3 个月和 6 个月后将分别支付 1 元股息,现在考虑该股票的美式看涨期权,其协议价格为 65 元,有效期为 8 个月。请证明在上述两个除息日提前执行该期权都不是最优的,并计算该期权的价格。

11. 某种不支付股息的股票当前市价为 70 元,年波动率为 40%,无风险利率为 10%,请用间隔时间为 1 个月的二叉树模型计算协议价格为 70 元、有效期 3 个月的该股票的美式看跌期权价格。

即 测 即 评

第五部分
投资组合构建

第 10 章

投资组合的经典理论

在对证券价值进行分析之后,本章集中介绍传统的资产组合理论,即 Tobin 的资产组合理论、Markowitz 的证券组合理论、Sharpe 的资本资产定价模型以及 Ross 的套利定价模型。

第一节　Tobin 的资产组合理论

Tobin 在 1958 年发表了题为《针对风险的流动性偏好行为》[①]一文,较早地对证券投资中的资产组合理论进行了系统的阐述。

Tobin 把资产分成货币资产(Monetary Asset)与非货币资产(Nonmonetary Asset)两类。凡是能够在市场上流动,拥有固定的货币价值,又不存在违约风险的资产,称为货币资产;反之,称为非货币资产。在货币资产中,凡是能够给资产持有者带来收益的资产,称为非现金货币资产;反之,称为现金货币资产,即不能带来收益的资产,如现金。

为便于分析,Tobin 做出了如下假定:

(1) 假定持有的资产总额中,货币资产与非货币资产的比例已经确定,那么,资产组合理论所要讨论的问题,就简化为货币资产内部的现金货币资产与非现金货币资产之间的比例决定。

(2) 从现金与一种非现金货币资产(如统一公债)的组合决定入手,由具体到一般,逐渐推广到现金与多种非现金货币资产之间的组合决定。

(3) 假定投资者拥有的货币资产中,现金占的比例为 A_1,统一公债占的比例为 A_2,且 $A_1 + A_2 = 1$。

(4) 假定投资者持有的货币资产中,现金带来的收益为零,统一公债每年的固定收益为 r(面值为一个货币单位,如 1 美元)。此外,统一公债还会给投资者带来资本利得或资本损失(Capital Gain or Loss),定义为 g。

[①]　Tobin J. Liquidity Preference as Behavior Towards Risk. The Review of Economic Studies, 1958(25):65-68.

（5）A_1 与 A_2 的比例，并非简单取决于 $r + g$ 的大小，而是取决于对投资统一公债未来收益的预期。

一、关于未来收益确定性预期下的资产组合

假定，投资者预期从投资于统一公债上所获得的收益为 r_e。根据预期收益 r_e 是否与固定收益 r 有关，分别进行如下分析。

（一）当 r_e 与 r 无关时

投资于统一公债的一年全部收益为 $r + g$。当 $r + g > 0$ 时，$A_2 = 1$ 且 $A_1 = 0$；当 $r + g < 0$ 时，$A_1 = 1$ 且 $A_2 = 0$。换言之，由于 $g = \dfrac{r}{r_e} - 1$，代入 $r + g$，得到：

$$r + g = r + \frac{r}{r_e} - 1 = \frac{r(1 + r_e) - r_e}{r_e} \tag{10.1}$$

当 $r + g > 0$ 时，即
$$r > \frac{r_e}{1 + r_e}$$

当 $r + g < 0$ 时，即
$$r < \frac{r_e}{1 + r_e}$$

我们把 $r_e/(1 + r_e)$ 定义为临界收益率 r_c。当统一公债的总收益大于 0，或者统一公债的固定收益 r 大于临界收益率 r_c 时，应全部持有统一公债，而现金持有比例为 0；反之，则相反。

（二）当 r_e 与 r 存在某种函数关系时

假定 r_e 是 r 的函数，即 $r_e = \varphi(r)$，那么，临界收益率 r_c 的表达式为：

$$r_c = \frac{r_e}{1 + r_e} = \frac{\varphi(r)}{1 + \varphi(r)} \tag{10.2}$$

在图 10-1 中，临界收益率曲线与 45°线只有一个交点，且满足交点处的切线斜率 $\varphi'(r)/[1 + \varphi(r)]^2$ 小于 1。那么，该交点就决定了临界收益率 r_c。在 r_c 左侧，统一公债固定收益率低于临界收益率，所以，应全部持有现金；反之在 r_c 右侧，应全部持有统一公债。

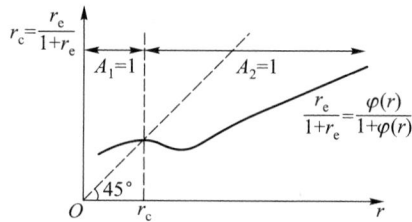

图 10-1　当 r_e 与 r 存在某种函数关系时的资产组合决定

二、关于未来收益不确定性预期下的资产组合

（一）预期收益与风险

记 R 为资产组合的总收益，则：

$$R = A_1 \times 0 + A_2(r + g) = A_2(r + g) \qquad 0 \leqslant A_2 \leqslant 1 \tag{10.3}$$

记 $E(R)$ 为资产组合的预期收益，由于 g 是一个期望值为 0 的随机变量，则：

$$E(R) = E[A_2(r + g)] = A_2 r \tag{10.4}$$

记 σ_R 为资产组合的风险（用标准差表示），则：

$$\sigma_R = A_2 \sigma_g \tag{10.5}$$

其中，σ_g 为变量 g 的标准差。

（二）机会轨迹

机会轨迹（Opportunity Locus）是一条反映资产组合的预期收益与风险之间关系的曲线。

由式（10.4）可知：

$$A_2 = E(R)/r \tag{10.6}$$

由式（10.5）可知：

$$A_2 = \sigma_R/\sigma_g \tag{10.7}$$

将式（10.6）与式（10.7）联立，可以推出机会轨迹曲线的函数表达式，即：

$$E(R) = \frac{r}{\sigma_g}\sigma_R \qquad 0 \leqslant \sigma_R \leqslant \sigma_g \tag{10.8}$$

很明显，当 r、σ_g 固定不变时，资产组合的预期收益 $E(R)$ 与风险 σ_R 成正比关系。

（三）资产组合风险与公债持有比例之间的关系

资产组合风险与公债持有比例之间的关系的函数表达，见式（10.5），即

$$\sigma_R = A_2 \sigma_g$$

该式表明：当 σ_g 不变时，资产组合的风险与资产组合中统一公债的持有比例成正比关系。

（四）无差异曲线

无差异曲线是反映投资者对预期收益与风险的组合的等效用线。根据投资者对风险的态度，可以将投资者分成厌恶风险者（Risk Averter）和偏好风险者（Risk Lover），其中厌恶风险者可进一步细分为分散风险者（Diversifier）和孤注一掷者（Plunger）。他们的无差异曲线见图 10-2，且 $I_1 > I_2 > I_3$。

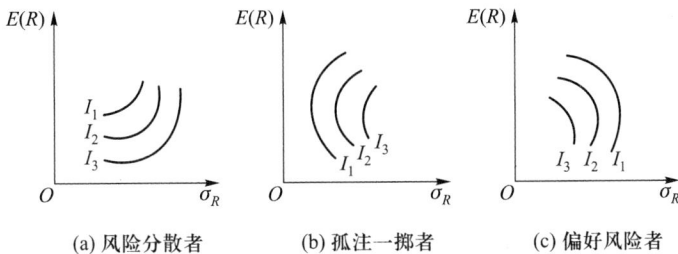

图 10-2　三类投资者的无差异曲线

（五）最佳资产组合点的决定

1. 最佳组合点在切点

这种情况只可能发生在分散风险投资者当中（见图 10-3）。

在图 10-3 中，OC 线为机会轨迹曲线，斜率为 r/σ_g；OB 线为资产组合风险与投资统一公债比例的关系曲线；I 为分散风险投资者的无差异曲线。I 与 OC 相切于 T 点，过 T 点垂线，与 OB 交于 V 点。

由于 T 点是投资者达到效用最大化时的预期收益与风险的组合点，所以，它决定了预

期收益和风险的最佳组合点 $E^*(R)$ 与 σ_R^*。在 σ_g 不变的条件下，$E^*(R)$ 与 σ_R^* 的决定，也就同时决定了统一公债和现金的比例 A_2 以及 A_1。

2. 最佳组合在机会轨迹上端点

这种情况可能发生在三种投资者当中（见图 10-4）。

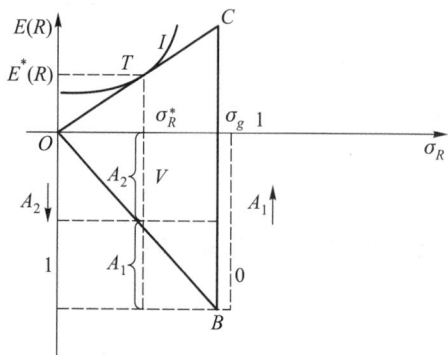

图 10-3　最佳资产组合在切点

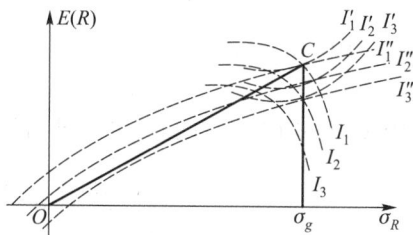

图 10-4　最佳资产组合点在机会轨迹上端点

在图 10-4 中，最佳组合点为 C 点。它满足效用最大化的条件，且 $\sigma_R^* = \sigma_g$。所以，资产组合中，$A_2 = 1$，而 $A_1 = 0$。其中，I_1、I_2、I_3 是偏好风险者的无差异曲线；I'_1、I'_2、I'_3 是分散风险者的无差异曲线；I''_1、I''_2、I''_3 是孤注一掷者的无差异曲线。

3. 最佳组合点在机会轨迹下端点

这种情况可能发生在分散风险者和孤注一掷者当中，不可能发生在偏好风险投资者当中（见图 10-5）。

在图 10-5 中，最佳组合点为原点 O，即机会轨迹的下端点。它满足效用最大化的条件，且 $\sigma_R^* = 0$，$E^*(R) = 0$。根据 $\sigma_R^* = A_2 \sigma_g$，可知 $A_2 = 0$，即投资者全部持有现金。其中，I_1、I_2、I_3 是分散风险者的无差异曲线，I'_1、I'_2、I'_3 是孤注一掷者的无差异曲线。

（六）风险变化对资产组合的影响

假定统一公债的 r 不变，而 σ_g 发生变化（由原来的 σ_g 减为 $\frac{1}{2}\sigma_g$）（见图10-6）。

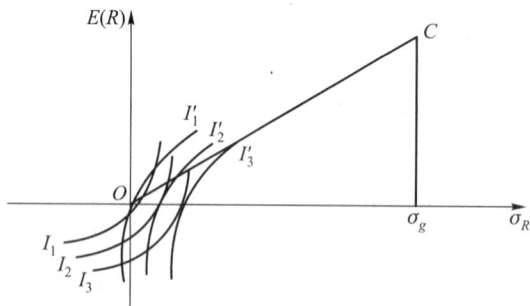

图 10-5　最佳资产组合点在机会轨迹下端点

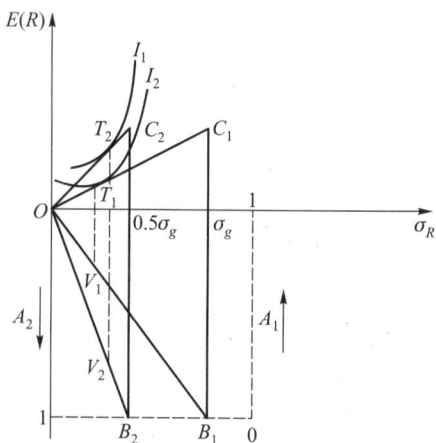

图 10-6　风险变化对资产组合的影响

在图 10-6 中,由于统一公债的风险由 σ_g 减少到 $\frac{1}{2}\sigma_g$,那么,机会轨迹由 OC_1 向左上方旋转为 OC_2。同时,OB 线由 OB_1 向左下方旋转为 OB_2。切点由 T_1 变为 T_2,最佳组合点由 V_1 变为 V_2。

可见,对于分散风险投资者来说,随着统一公债的风险降低,统一公债的持有比例上升。

(七)利率变化对资产组合的影响

假定统一公债的风险 σ_g 不变,而 r 发生变化(由原来的 r 增长为 $2r$)。

1. 针对分散风险投资者(见图 10-7)。

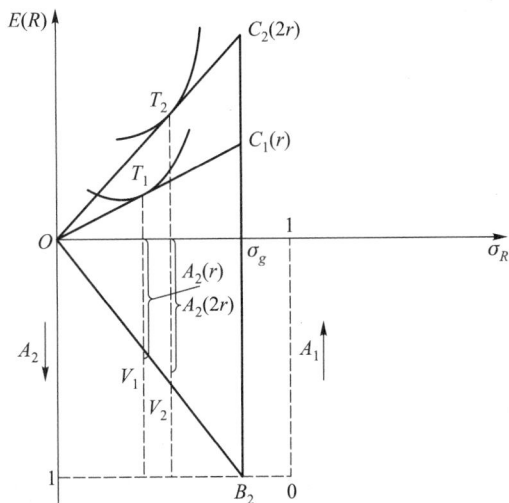

图 10-7 利率变化对分散风险者资产组合的影响

随着统一公债的固定收益上升,机会轨迹由原来的 OC_1 向左上方旋转为 OC_2,而 OB 线不变。切点由 T_1 变为 T_2,最佳组合点由 V_1 变为 V_2。可见,利率上升,统一公债持有比例上升,而现金比例下降。

2. 针对孤注一掷投资者(见图 10-8)

随着统一公债的固定收益从 r 上升为 $2r$,机会轨迹从 OC_1 变为 OC_2,OB 线不变。最佳组合点可能从机会轨迹下端点变为上端点,从全部持有现金变为全部持有公债(图10-8 中的下半端省略)。

3. 针对偏好风险投资者

由于最大效用点必然发生在机会轨迹上端点,所以,资产组合中,持有统一公债的比例 A_2 恒等于 1。

(八)税收对资产组合的影响

假定投资者最初处于一个最佳组合点 T_2 和 $V_1(2r,\sigma_g)$(见图 10-9)。

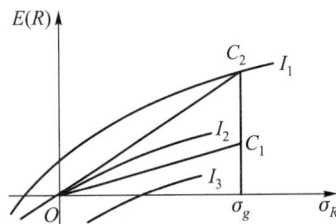

图 10-8 利率变化对孤注一掷者资产组合的影响

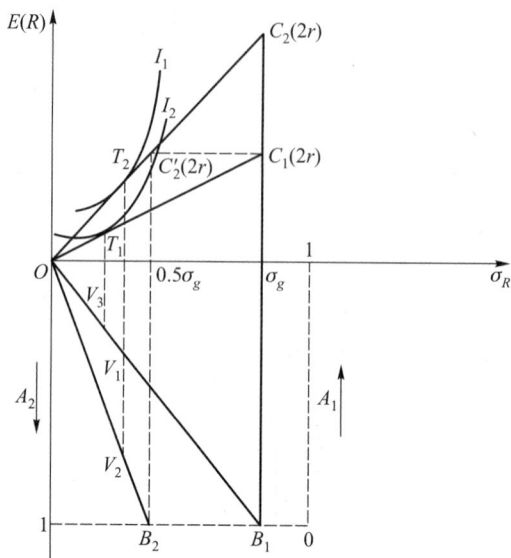

图 10-9　税收对资产组合的影响

（1）在对投资利息收益和资本利得征税（例如 50%）的同时，对其资本损失给予完全补偿，结果会怎么样？征税后，收益由 $2r$ 降低为 r，风险也因为补偿由 σ_g 降低为 $0.5\sigma_g$。所以，机会轨迹线从 OC_2 变为 OC'_2，OB 线由 OB_1 变为 OB_2。因为切点不变，仍然是 T_2，所以最佳组合点由 V_1 改变为 V_2。

上述税收政策对资产组合的影响，导致了统一公债的比例上升，而现金比例下降。

（2）如果仅对投资利息收入征税（例如 50%），而对资本利得不征税，对资本损失也不补偿，结果会怎么样呢？

在图 10-9 中，由于征税，机会轨迹线从 OC_2 变为 OC_1，而 OB 线不变，仍然是 OB_1。所以，切点从 T_2 变为 T_1，最佳组合点由 V_1 改为 V_3。可见，该种税收政策导致了现金比例的上升，而组合中统一公债的比例下降。

三、多种非现金货币资产的组合

该理论作出如下假定：

（1）存在 m 种非现金货币资产，用 x_i 代表第 i 种非现金货币资产的持有比例，$i = 1$，$2, 3, \cdots, m$，且满足 $x_i > 0$，$\sum_{i=1}^{m} x_i = A_2$。

（2）用 r_i 代表第 i 种非现金货币资产的预期收益，用 g_i 代表第 i 种非现金货币资产的资本利得或资本损失。

（3）所有的 g_i 都是期望值为零的随机变量，即 $E(g_i) = 0$。

（4）当 $i \neq j$ 时，V_{ij} 是第 i 种和第 j 种非现金货币资产收益的协方差；当 $i = j$ 时，V_{ij} 是单个资产收益的方差，即 $V_{ij} = E(g_i g_j)$。

在此基础上总的预期收益和风险的分析如下。

（一）总的预期收益和风险

记总的预期收益为 $E(R)$，则：

$$E(R) = A_2 r = \sum_{i=1}^{m} x_i r_i \qquad (10.9)$$

用方差表示总的风险，记作 σ_R^2，则：

$$\sigma_R^2 = A_2^2 \sigma_g^2 = \sum_{i=1}^{m} \sum_{j=1}^{m} x_i x_j V_{ij} \qquad (10.10)$$

（二）讨论固定收益和固定风险的特例

1. 固定收益轨迹

当 $m = 2$ 时，固定收益轨迹是线性的，记该固定收益为常数 $E^*(R)$，则：

$$E^*(R) = x_1 r_1 + x_2 r_2 \qquad (10.11)$$

$$当 x_1 = 0 时, x_2 = \frac{E^*(R)}{r_2}$$

$$当 x_2 = 0 时, x_1 = \frac{E^*(R)}{r_1}$$

2. 固定风险轨迹

当 $m = 2$ 时，固定风险轨迹是一个椭圆，记该固定风险为常数 $(\sigma_R^*)^2$，则：

$$(\sigma_R^*)^2 = x_1^2 V_{11} + 2 x_1 x_2 V_{12} + x_2^2 V_{22} \qquad (10.12)$$

其中，V_{11} 和 V_{22} 分别是两种非现金货币资产收益的方差。

$$当 x_1 = 0 时, x_2 = \frac{\sigma_R^*}{\sqrt{V_{22}}}$$

$$当 x_2 = 0 时, x_1 = \frac{\sigma_R^*}{\sqrt{V_{11}}}$$

3. 组合的决定

在图 10-10 中，直线和曲线分别代表了固定收益轨迹和固定风险轨迹。当两条轨迹在 C 点相切时，那么，C 点就决定了两种非现金货币资产 x_1 和 x_2 的组合。

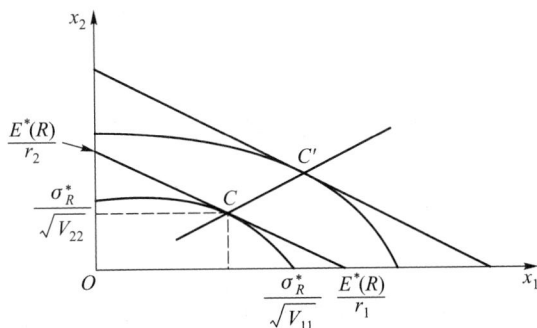

图 10-10　两种非现金货币资产的组合决定

当给定不同的固定收益常数 $E^*(R)$ 和固定风险常数 σ_R^*，就可以在图10-10中画出不同的固定收益轨迹和固定风险轨迹,并按同理找出切点为最佳组合点。然后,将这些切点连成一条线,就构成了最佳组合线,如 CC' 线。

（三）非现金货币资产种类大于 2 时的组合决定

当 $m > 2$ 时,最佳的资产组合必须满足下列两个条件之一:

（1）在预期收益 $E^*(R)$ 既定的条件下,使风险 σ_R 最小。用数学公式可表达为:

$$L_1 = \sum_{i=1}^m \sum_{j=1}^m x_i x_j V_{ij} + \lambda_1 [\sum_{i=1}^m x_i r_i - E^*(R)] \tag{10.13}$$

求此拉格朗日函数的最小值,然后逐一求出 $x_1, x_2, \cdots, x_m$。

（2）在风险 σ_R^* 既定的条件下,使预期收益 $E(R)$ 最大。用数学公式可表达为:

$$L_2 = \sum_{i=1}^m x_i r_i + \lambda_2 [\sum_{i=1}^m \sum_{j=1}^m x_i x_j V_{ij} - \sigma_R^{*2}] \tag{10.14}$$

求此拉格朗日函数的最大值,然后逐一求出 $x_1, x_2, \cdots, x_m$（式(10.13)与式(10.14)中, λ_1、λ_2 分别为拉格朗日乘数）。

第二节　Markowitz 的证券组合理论

H. M. Markowitz 与 W. F. Sharpe、M. H. Miller 三人因对当代证券投资理论作出的卓越贡献而被授予 1990 年度诺贝尔经济学奖。与其他证券组合理论相区别,Markowitz 的证券组合理论特别强调建立证券组合时的各种证券收益的相关程度,即相关系数。

Markowitz 做出如下假定:

（1）投资者期望获得最大收益,但他们不喜欢风险,是风险厌恶者。

（2）证券收益率是满足正态分布的随机变量,并且投资者的效用函数是二次函数。

（3）根据第二个假定,可以利用预期收益率和方差(或标准差)来衡量投资者的效用大小,利用方差(或标准差)来衡量证券的风险大小。

（4）投资者建立证券组合的依据是:在既定的收益水平下,使风险最小;或者,在既定的风险水平下,使收益最大。

（5）风险与收益相伴而生。投资者在选择收益最高的证券时,可能会面临最大的风险。投资者大多把资金分散在几种证券上,建立一个"证券组合"(Portfolio),以便降低风险。但是,分散化投资在降低风险的同时,收益也可能被降低。

Markowitz 的证券组合理论就是针对风险和收益这一矛盾而提出的。

一、风险与收益的衡量

（一）证券组合的预期收益 $\bar{r}_p$

$\bar{r}_p$ 表示包含在组合中各种证券的预期收益的加权平均数,其表达式为:

$$\bar{r}_p = \sum_{i=1}^N x_i \bar{r}_i \tag{10.15}$$

其中, x_i 表示组合中证券 i 所占的比例,即权数; $\bar{r}_i$ 表示组合中证券 i 的预期收益; N 表示组合中证券的种类。

（二）证券组合的风险 σ_p^2

σ_p^2 并非像 $\bar{r}_p$ 那样是一个简单的加权平均数,而需用下式求得:

$$\sigma_p^2 = \sum_{i=1}^{N} \sum_{j=1}^{N} \mathrm{cov}_{ij} x_i x_j \qquad (10.16)$$

其中,当 $i \neq j$ 时, cov_{ij} 表示证券 i 与证券 j 收益的协方差,反映了两种证券的收益在一个共同周期中变动的相关程度。

协方差与相关系数(用 ρ 表示)存在下列关系:

$$\mathrm{cov}_{ij} = \rho_{ij} \sigma_i \sigma_j \qquad (10.17)$$

即证券 i 与证券 j 两者收益的协方差等于这两种证券收益的相关系数与其各自收益的标准差的乘积。当 $i = j$ 时, $\mathrm{cov}_{ij} = \sigma_i^2 = \sigma_j^2$,即 $\rho_{ij} = 1$ 。

二、分散原理

分散原理旨在解释和说明为什么通过建立证券组合可以分散和降低风险。

（一）当组合中只有两种证券($N = 2$)时

证券组合的预期收益和风险为:

$$\bar{r}_p = \sum_{i=1}^{N} x_i \bar{r_i} = x_1 \bar{r_1} + x_2 \bar{r_2} \qquad (10.18)$$

$$\sigma_p^2 = \sum_{i=1}^{N} \sum_{j=1}^{N} x_i x_j \mathrm{cov}_{ij} = x_1^2 \sigma_1^2 + x_2^2 \sigma_2^2 + 2 x_1 x_2 \sigma_1 \sigma_2 \rho_{12} \qquad (10.19)$$

根据相关系数(ρ)的数学性质, $|\rho| \leqslant 1$ 。当 $\rho = -1$ 时,表明两种证券的收益完全负相关,即两种证券收益的变动幅度相同而方向相反;当 $\rho = 1$ 时,表明两种证券的收益完全正相关,即两种证券收益的变动幅度和方向完全相同;当 $\rho = 0$ 时,表明两种证券的收益完全无关;当 $-1 < \rho < 0$ 和 $0 < \rho < 1$ 时,分别表明两种证券的收益部分负相关和部分正相关。其中, $\rho = -1, \rho = 0, \rho = 1$ 这三种情况比较特殊,我们可以通过图 10-11 来较形象地理解。

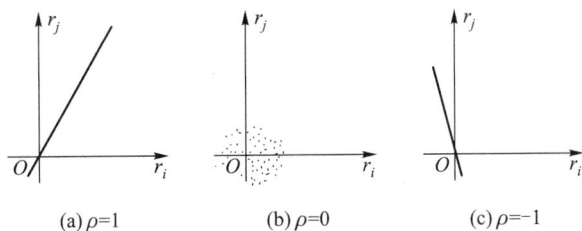

(a) $\rho=1$　　　　(b) $\rho=0$　　　　(c) $\rho=-1$

图 10-11　两种证券收益的相关性

在式(10.19)中,分别取 $\rho_{12} = -1$ 、0、1,可得:

$$\sigma_p = \sqrt{(x_1 \sigma_1 + x_2 \sigma_2)^2} = |x_1 \sigma_1 + x_2 \sigma_2| \qquad \rho_{12} = 1 \qquad (10.20)$$

$$\sigma_p = \sqrt{x_1^2 \sigma_1^2 + x_2^2 \sigma_2^2} \qquad \rho_{12} = 0 \qquad (10.21)$$

$$\sigma_p = \sqrt{(x_1 \sigma_1 - x_2 \sigma_2)^2} = |x_1 \sigma_1 - x_2 \sigma_2| \qquad \rho_{12} = -1 \qquad (10.22)$$

由此可见，当相关系数从-1变化到1时，证券组合的风险逐渐增大。当 $\rho = 1$ 时，σ_p 最大，证券组合的风险等于组合中两种证券风险的加权平均数；当 $\rho = -1$ 时，σ_p 最小，并且，在满足一些特殊条件时，σ_p 可以降为0。

由此可知，除非相关系数等于1，二元证券投资组合的风险始终小于单独投资这两种证券的风险的加权平均数，即通过证券组合，可以降低投资风险。

例如，假定投资者选择了A和B两个公司的股票作为他的组合对象，有关数据如下：

$$\bar{r}_A = 0.25 \qquad \bar{r}_B = 0.18$$
$$\sigma_A = 0.08 \qquad \sigma_B = 0.04$$

当 $x_A = x_B = \dfrac{1}{2}$ 时，该证券组合的预期收益和风险分别为：

$$\bar{r}_p = \frac{1}{2}\bar{r}_A + \frac{1}{2}\bar{r}_B = 0.215$$

$$\sigma_p = \sqrt{x_A^2\sigma_A^2 + x_B^2\sigma_B^2 + 2x_Ax_B\sigma_A\sigma_B\rho_{AB}}$$
$$= \sqrt{0.04^2 + 0.02^2 + 0.0016\rho_{AB}}$$

当 $\rho_{AB} = 1$ 时，$\sigma_p = 0.06$；

当 $\rho_{AB} = 0$ 时，$\sigma_p = 0.045$；

当 $\rho_{AB} = -1$ 时，$\sigma_p = 0.02$。

当 $x_A = \dfrac{1}{3}$，$x_B = \dfrac{2}{3}$ 时，该证券组合的预期收益和风险分别为：

$$\bar{r}_p = \frac{1}{3} \times 0.25 + \frac{2}{3} \times 0.18 = 0.203$$

$$\sigma_p = \sqrt{\left(\frac{1}{3} \times 0.08\right)^2 + \left(\frac{2}{3} \times 0.04\right)^2 + 2 \times \frac{1}{3} \times \frac{2}{3} \times 0.08 \times 0.04 \times \rho_{AB}}$$

当 $\rho_{AB} = 1$ 时，$\sigma_p = 0.053$；

当 $\rho_{AB} = 0$ 时，$\sigma_p = 0.038$；

当 $\rho_{AB} = -1$ 时，$\sigma_p = 0$。

可见，无论 x_A、x_B 取什么值，相关系数决定了证券组合的风险大小。相关系数为-1时，风险最小。当 x_A、x_B 取特殊值 $\left(\dfrac{1}{3}, \dfrac{2}{3}\right)$ 时，证券组合的风险降为0。

（二）组合中证券种类 N 大于2时

假定：

（1）该组合中每种证券所占的比例都是 $\dfrac{1}{N}$。

（2）这 N 种证券各自的风险 $\sigma_1, \sigma_2, \cdots, \sigma_N$，都小于一个常数 σ_*。

（3）N 种证券收益彼此之间完全无关，即相关系数为0。

在上述假定情况下，我们来证明建立证券组合可以降低风险这一结论。

$$\sigma_p^2 = \sum_{i=1}^{N}\sum_{j=1}^{N}x_ix_j\text{cov}_{ij}$$
$$= \sum_{i=1}^{N}\left(\frac{1}{N}\right)^2\sigma_i^2 \leqslant \sum_{i=1}^{N}\left(\frac{1}{N}\right)^2\sigma_*^2 \qquad (10.23)$$

因为:

$$\sum_{i=1}^{N} \left(\frac{1}{N} \right)^2 \sigma_*^2 = \frac{1}{N^2} \times N \times \sigma_*^2 = \frac{1}{N} \sigma_*^2 \qquad (10.24)$$

对上式求极限

$$\lim_{N \to \infty} \frac{1}{N} \sigma_*^2 = 0 \qquad (10.25)$$

即

$$0 \leqslant \sigma_p^2 \leqslant \frac{1}{N} \sigma_*^2$$

所以,当 N 趋向无穷大,即随着证券组合中证券种类无限增加时,证券组合的风险 σ_p^2 趋向于零。

证券组合的风险取决于三个因素:各种证券所占的比例(x_i)、各种证券的风险(σ_i)以及各种证券收益之间的关系(ρ)。

对投资者来说,由于他无法改变某种证券的风险,所以,投资者能够主动降低风险的有效途径可以归结为上述三因素中的第一项和第三项。就第三项而言,最理想的方法莫过于选择相关系数等于-1 的证券来建立组合,可以最大限度地降低风险,甚至可以使风险降低为 0。但是,事实上大多数证券(如股票)之间的收益往往呈部分正相关,所以,选择相关系数接近于 0 的证券建立组合,就成为比较现实可取的方法和技巧。关于第一项,即选择组合中各种证券的比例,见下文第三部分。

最后,有一点需要补充说明的是,在组合中并非证券品种越多越好。因为,尽管随着证券品种(N)的增加,证券组合的风险(σ_p)会降低,但是,当 N 达到一定水平时,组合风险下降的速度会递减,最终使组合的风险等于证券市场的系统性风险(即与证券市场有关的风险,这种风险是不可分散的),而组合的非系统性风险(即与证券市场无关的风险,这种风险是可以分散的)等于 0。

三、有效组合与有效边界

所谓有效组合(Efficient Portfolio),就是按照既定收益下风险最小并且既定风险下收益最大的原则建立起来的证券组合。所谓有效边界(Efficient Frontier),就是在坐标系上将代表有效组合的预期收益和风险的点连接而成的轨迹。

下面首先从二元证券组合入手,讨论有效组合和有效边界,然后拓展到多元证券组合。

(一)二元证券组合下的有效边界($N=2$)

沿用上述二元证券组合的实例(见图 10-12)。

在图 10-12 中,折线 $ACDEB$ 上的点表示相关系数为-1 时,A、B 两种股票的所有可能的组合;弧线 AFB 上的点表示当相关系数等于 0 时的 A、B 两种股票的所有可能的组合;直线 AGB 上的点表示当相关系数等于 1 时的 A、B 两种股票的所有可能组合。点 C、F、G 就是上例中当 $x_A = x_B = \dfrac{1}{2}$,ρ_{AB} 分别取 -1、0、1 时,得到的收益与风险的组合点。

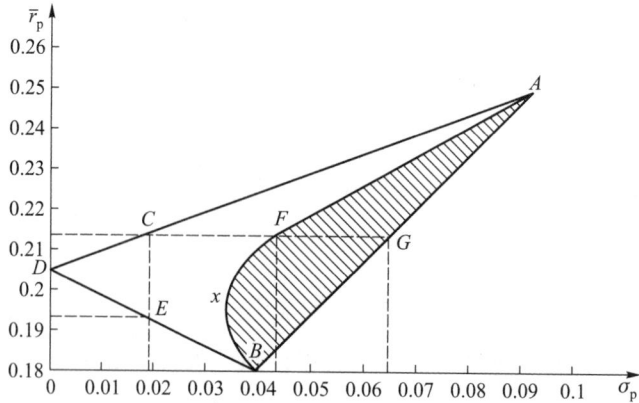

图 10-12　二元证券组合下的有效边界

（1）就折线 $ACDEB$ 而言（$\rho = -1$），A 点表示全部资金投资于 A 种股票，B 点表示所有资金投资于 B 种股票，D 点表示 $\frac{1}{3}$ 资金投资于 A 种股票，$\frac{2}{3}$ 资金投资于 B 种股票，此时组合的风险为 0。

根据有效组合的概念，厌恶风险者并不会选择 DB 线段上的证券组合。因为对于线段 DB 上的任何一个组合，总能在 AD 上找到一个风险水平相同而预期收益较高的组合。例如，C 点组合和 E 点组合的标准差都是 0.02，而 C 点组合的预期收益为 0.215，E 点组合预期收益大约为 0.194。所以，理性的投资者在风险既定（0.02）条件下，总是选择预期收益较高的 C 点组合而不是 E 点组合。因此，当相关系数等于 -1 时，针对所有可能的证券组合，只有 AD 线段上的组合才是有效组合，AD 即构成了有效边界。

（2）针对弧线 AxB 而言（$\rho = 0$），A 点与 B 点的含义与 ρ 等于 -1 时相同，即要么全部资金投在 A 股票，要么全部投在 B 股票；x 点是与纵轴平行的一条直线与弧线 AxB 的切点。

同理可知，在弧线 AxB 上，只有 Ax 段所表示的组合才是有效组合，故 Ax 段是当相关系数等于 0 时的有效边界。

（3）对直线 AGB 而言（$\rho = 1$），根据有效组合的定义，AGB 上的每个点都代表着一个有效组合，故而直线 AGB 构成了当相关系数等于 1 时的有效边界。

（二）多元证券组合下的有效边界（$N>2$）

如上所述，在二元证券组合中，所有可能的（给定相关系数的）证券组合在图形上表现为一条曲线（如折线、弧线和直线）。但是，当组合中证券品种大于 2 时，所有可能的证券组合在图形上则表现为一个区域（见图 10-13）。

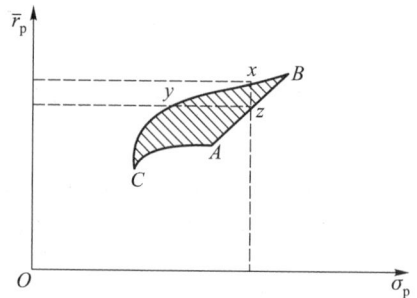

图 10-13　多元证券组合下的有效边界

在图 10-13 中，阴影区域表示在某个多元证券的集合中所有可能的证券组合。但是，只有位于西北边缘的弧线 $BxyC$ 上的点才是有效组合，故构成了有效边界。因为,在收益既定的条件下,这条弧线上的组合比区域内的组合有更小的风险。例如,y 点与 z 点相比,两个组合的预期收益相同,但 z 点组合的风险高于 y 点组合。或者说,在风险既定的条件下,这条弧线上的组合比区域内的组合有更高的收益。例如,x 点与 z 点相比,两个组合的风险相同,但是 x 点组合的预期收益高于 z 点组合。

那么,我们如何才能找到弧线 $BxyC$ 呢? 换言之,在多元证券组合下,我们如何找到有效组合和有效边界? 下一节我们将要介绍的资本资产定价模型的关键假设之一即是投资者遵循 Markowitz 的组合理论。鉴于此,我们有必要掌握一些关于有效组合和有效边界的数学知识。

给定证券组合的目标收益 $\bar{r}_p$,一个有效组合就是在 $x^T\bar{r}=\bar{r}_p$[①] 和 $x^Tl=1$[②] 的约束下最小化 σ_p^2[③]。换言之,当且仅当证券组合 P 的权重向量 x 是以下二次规划的解[④]时,该证券组合 P 是有效组合:

$$\min_x \quad \frac{1}{2}x^T\Omega x \tag{10.26}$$

$$满足:x^T\bar{r}=\bar{r}_p \tag{10.27}$$

$$x^Tl=1 \tag{10.28}$$

我们使用拉格朗日乘数法来分析这个受约束的最小化问题,先写出拉格朗日函数:

$$L(x,\lambda_1,\lambda_2)=\frac{1}{2}x^T\Omega x+\lambda_1(\bar{r}_p-x^T\bar{r})+\lambda_2(1-x^Tl)$$

其中 λ_1 和 λ_2 是拉格朗日乘数,且为常数。令 $x_{\bar{r}_p}$ 是上述方程的解,则满足一阶条件:

$$\frac{\partial L(x,\lambda_1,\lambda_2)}{\partial x}=\Omega x_{\bar{r}_p}-\lambda_1\bar{r}-\lambda_2l=0 \tag{10.29}$$

$$\frac{\partial L(x,\lambda_1,\lambda_2)}{\partial \lambda_1}=\bar{r}_p-x_{\bar{r}_p}^T\bar{r}=0 \tag{10.30}$$

$$\frac{\partial L(x,\lambda_1,\lambda_2)}{\partial \lambda_2}=1-x_{\bar{r}_p}^Tl=0 \tag{10.31}$$

由式(10.29)可知:

$$x_{\bar{r}_p}=\Omega^{-1}(\lambda_1\bar{r}+\lambda_2l)=\lambda_1\Omega^{-1}\bar{r}+\lambda_2\Omega^{-1}l \tag{10.32}$$

由约束条件式(10.27)可得:

$$\bar{r}_p=x^T\bar{r}=\lambda_1\bar{r}^T\Omega^{-1}\bar{r}+\lambda_2L^T\Omega^{-1}\bar{r} \tag{10.33}$$

同理,由约束条件式(10.28)可得:

$$1=x^Tl=\lambda_1\bar{r}^T\Omega^{-1}l+\lambda_2l^T\Omega^{-1}l \tag{10.34}$$

---

① $x=(\bar{x}_1,\bar{x}_2,\cdots,\bar{x}_N)^T,\bar{r}=(\bar{r}_1,\bar{r}_2,\cdots,\bar{r}_N)^T$。

② $l=(1,\cdots,1)^T$。

③ $\sigma_p^2=\sum_{i=1}^N\sum_{j=1}^N\mathrm{cov}_{ij}x_ix_j=x^T\Omega x$,其中 $\Omega=\mathrm{cov}(\bar{r})=\begin{pmatrix}\mathrm{cov}_{11}&\cdots&\mathrm{cov}_{1N}\\\vdots&\mathrm{cov}_{ij}&\vdots\\\mathrm{cov}_{N1}&\cdots&\mathrm{cov}_{NN}\end{pmatrix}$。

④   基于计算方便,我们以 $\frac{1}{2}x^T\Omega x$ 替代 $x^T\Omega x$ 求二次规划解。

式(10.33)和(10.34)可以重新表述为：$B\lambda_1 + A\lambda_2 = \bar{r}_p$ 和 $A\lambda_1 + C\lambda_2 = 1$，即有：

$$\begin{pmatrix} B & A \\ A & C \end{pmatrix} \begin{pmatrix} \lambda_1 \\ \lambda_2 \end{pmatrix} = \begin{pmatrix} \bar{r}_p \\ 1 \end{pmatrix}$$

其中：$A = l^T\Omega^{-1}\bar{r} = \bar{r}^T\Omega^{-1}l, B = \bar{r}^T\Omega^{-1}\bar{r}, C = l^T\Omega^{-1}l$，且都为常数。

令 $D = BC - A^2$[①]，则根据初等线性代数的知识可知：

$$\lambda_1 = \frac{\det\begin{pmatrix} \bar{r}_p & A \\ 1 & C \end{pmatrix}}{\det\begin{pmatrix} B & A \\ A & C \end{pmatrix}} = \frac{C\bar{r}_p - A}{D}, \lambda_2 = \frac{\det\begin{pmatrix} B & \bar{r}_p \\ A & 1 \end{pmatrix}}{\det\begin{pmatrix} B & A \\ A & C \end{pmatrix}} = \frac{B - A\bar{r}_p}{D}$$

给定期望收益率 $\bar{r}_p$，将 λ_1 和 λ_2 代入式(10.32)，得到有效组合权重的集合：

$$x_p = g + h\bar{r}_p \tag{10.35}$$

其中 g 和 h 为 $(N \times 1)$ 阶向量，

$$g = \frac{B\Omega^{-1}l - A\Omega^{-1}\bar{r}}{D} = \frac{B}{D}\Omega^{-1}l - \frac{A}{D}\Omega^{-1}\bar{r}$$

$$h = \frac{C\Omega^{-1}\bar{r} - A\Omega^{-1}l}{D} = \frac{C}{D}\Omega^{-1}\bar{r} - \frac{A}{D}\Omega^{-1}l$$

因此，一个有效组合 P 的收益率方差为：

$$\begin{aligned}
\sigma_p^2 &= x_p^T\Omega x_p \\
&= x_p^T\Omega\left[\frac{B\Omega^{-1}l - A\Omega^{-1}\bar{r}}{D} + \left(\frac{C\Omega^{-1}\bar{r} - A\Omega^{-1}l}{D}\right)\bar{r}_p\right] \\
&= x_p^T\Omega\left(\frac{C\bar{r}_p - A}{D}\Omega^{-1}\bar{r} + \frac{B - A\bar{r}_p}{D}\Omega^{-1}l\right) \\
&= x_p^T\left(\frac{C\bar{r}_p - A}{D}\bar{r} + \frac{B - A\bar{r}_p}{D}l\right) \\
&= \frac{C\bar{r}_p - A}{D}(x_p^T\bar{r}) + \frac{B - A\bar{r}_p}{D}(x_p^Tl) \\
&= \frac{C\bar{r}_p - A}{D}\bar{r}_p + \frac{B - A\bar{r}_p}{D} \\
&= \frac{C}{D}\left(\bar{r}_p - \frac{A}{C}\right)^2 + \frac{1}{C}
\end{aligned} \tag{10.36}$$

根据式(10.36)可得：

$$\frac{\sigma_p^2}{1/C} - \frac{\left(\bar{r}_p - \dfrac{A}{C}\right)^2}{D/C^2} = 1 \tag{10.37}$$

根据式(10.37)，我们可以看出 σ_p 与 $\bar{r}_p$ 轨迹图是双曲线。[②]

---

① 在此假设 $D \neq 0$。
② 由于 $\sigma_p \geq 0$，所以应该是双曲线的一端。

例如,假设投资者选择了浦发银行(600000)[①]、宝钢股份(600019)、招商银行(600036)和万科 A(000002)四只股票作为他的投资组合对象,根据 2003 年 1 月至 2008 年 12 月股票月度数据[②]可以估计每只股票的预期收益及其方差–协方差矩阵。计算所得的相关数据如下:$\bar{r}_{600000}=0.012$,$\bar{r}_{600019}=0.008$,$\bar{r}_{600036}=0.018$ 和 $\bar{r}_{000002}=0.029$。方差–协方差矩阵为:

$$\Omega=\begin{pmatrix} 0.016 & 0.011 & 0.012 & 0.011 \\ 0.011 & 0.018 & 0.010 & 0.010 \\ 0.012 & 0.010 & 0.013 & 0.011 \\ 0.011 & 0.010 & 0.011 & 0.020 \end{pmatrix}$$

当证券组合的预期收益率 $0.008 \leqslant \bar{r}_p \leqslant 0.029$,求其对应的有效组合和有效边界。

根据已知的相关数据,计算可得 $A/C=0.017$,$1/C=0.012$ 和 $D/C^2=0.357$,将计算所得的结果代入式(10.37)中:

$$\frac{\sigma_p^2}{0.012}-\frac{(\bar{r}_p-0.017)^2}{0.357}=1 \tag{10.38}$$

式(10.38)中的证券组合的预期收益($\bar{r}_p$ 或者 $E(r_p)$)与其标准差(σ_p)的轨迹如图 10-14 所示。图 10-14 描绘了资产组合包含浦发银行、宝钢股份、招商银行和万科 A 四种风险资产条件下,均值–标准差空间中的最小方差组合集。根据有效组合与有效边界的定义,图 10-14 中的实线代表有效边界,有效边界上的任意组合都是有效组合(例如点 x)。g 点代表有效组合中具有最小方差的有效组合。虽然 g 点以下的虚线上的点是二次规划的解(例如点 z),但是它们不是有效组合。

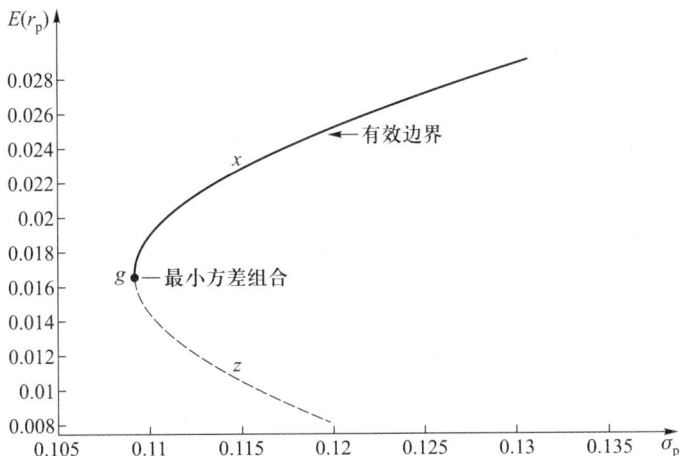

图 10-14　四元证券组合下的有效边界

在图 10-15 中,我们给出了每种资产权重随预期收益率变化的走势图。我们发现,随着预期收益率的提高,浦发银行和宝钢股份的权重呈单调下降趋势,甚至为负数,也就是

---

① 括号里的数字是股票代码。

② 数据来源于 Wind 金融数据库。

需要卖空浦发银行和宝钢股份。因为我们在求二次规划解时，并没有要求每种资产的权重必须大于或等于零（$x_i \geq 0$），所以才会出现某些资产的权重为负数的情况。但是我国股票市场目前仍不存在个股卖空机制。因此，结合我国股票市场实际情况，在求解有效组合时，我们应该引入限制卖空机制。在限制卖空的条件下，如果一个证券组合 P 是有效组合，当且仅当证券组合 P 的权重向量 x 是以下二次规划的解：

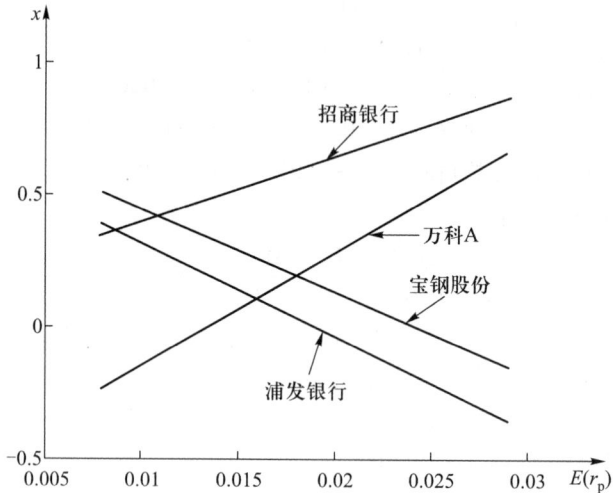

图 10-15 有效组合中各资产的权重动态变化

$$\min_x \quad \frac{1}{2}x^T \Omega x \tag{10.39}$$

$$满足 : x^T \bar{r} = \bar{r}_p \tag{10.40}$$

$$x^T l = 1 \tag{10.41}$$

$$Ix \geq 0 \tag{10.42}$$

其中，I 是单位矩阵①。式（10.42）表明组合中各资产所占的权重都大于或等于零。因为约束条件中包含不等式约束，所以拉格朗日乘数法不再适用，但是我们可以采用数值求解的方法。②

如图 10-16 所示，实线代表限制卖空时的解，虚线代表不限制卖空时的解。很明显，实线位于虚线之内。换言之，在给定组合预期收益率情况下，限制卖空条件下的有效组合的风险高于不限制卖空条件下的有效组合。

在图 10-17 中，我们给出了限制卖空下每种资产权重随预期收益率变化的走势图。

---

① $\begin{bmatrix} 1 & 0 & \cdots & 0 & 0 \\ 0 & 1 & \cdots & 0 & 0 \\ \vdots & \vdots & \ddots & \vdots & \vdots \\ 0 & 0 & \cdots & 1 & 0 \\ 0 & 0 & \cdots & 0 & 1 \end{bmatrix}_{N \times N}$

② 例如 Matlab 软件的两个函数 fmincon 和 quadprog 可以求解该问题，当然还有很多其他的方法。在本节求二次规划的解过程中，我们利用的是 quadprog 函数。

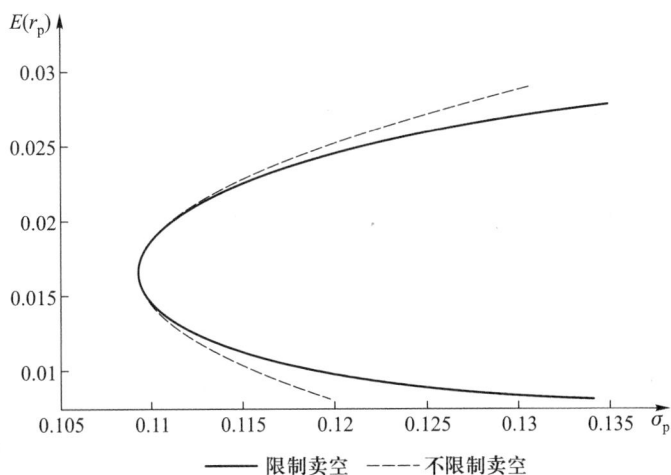

图 10-16　限制卖空下的有效边界

我们发现,随着预期收益率的提高,浦发银行的权重先上升,随后下降,最后为零;宝钢股份的权重单调下降,最后降为零;招商银行的权重是先上升,随后下降,最后为零;万科 A 先为零,随后单调上升,直至等于 1。

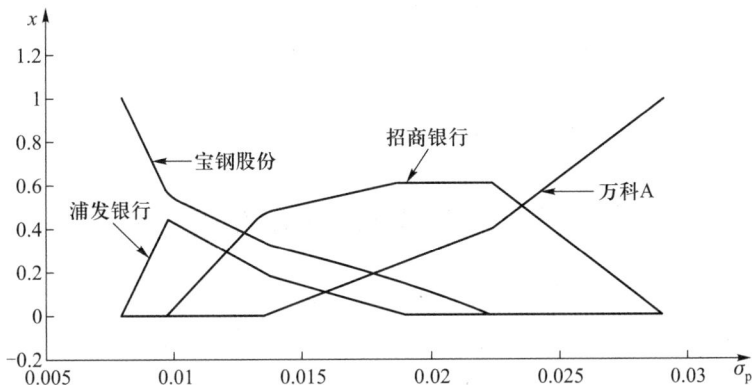

图 10-17　限制卖空下有效组合中各资产的权重动态变化

由 $x_p = g + h\,\bar{r}_p$ 我们可以得到很多关于有效组合的重要结论:[①]

结论 1　有效边界上的任意两个有效组合的组合依然是一个有效组合。

结论 2　任意两个有效资产组合 p 和 q,其收益率协方差可以表示为:

$$\operatorname{cov}(R_p, R_q) = \frac{C}{D}\left(\bar{r}_p - \frac{A}{C}\right)\left(\bar{r}_q - \frac{A}{C}\right) + \frac{1}{C}$$

结论 3　全局最小方差组合 g。

---

① 这些结论主要参考 Campbell J Y, Lo A W, MacKinlay A C. The Econometrics of Financial Markets. Chichester, West Sussex: Princeton University Press, 1997.

$$x_g = \frac{1}{C}\Omega^{-1}l, \quad \bar{r}_g = \frac{A}{C}, \quad \sigma_g^2 = \frac{1}{C}。$$

结论 4 对于任意有效组合 p(除全局最小方差外),存在唯一的有效组合 q,使得其收益率的协方差为 $\mathrm{cov}(R_p, R_q) = 0$。

(三)最佳投资组合的决定

有效边界上的任何一点,都反映了不同证券之间的一种特殊的投资比例。在二元证券组合中(见图 10-12),每一条有效边界都是针对某一给定的相关系数,在 A、B 两种股票不同投资比例条件下,所产生的风险与收益的组合点的连线。在多元证券组合中,有效边界(连同所有可能的组合区域)上的每一点,都表示在考虑了各种可能的相关系数的条件下,某一种特殊的投资比例所产生的组合中收益和风险的组合。

那么,有效边界上的哪一点是最佳决策点呢?换句话说,在证券有效组合中,哪一个组合是最有效的呢?

在图 10-18 中,阴影区域表示多元证券组合的所有的组合点,弧线 BAC 是有效边界,I_1、I_2、I_3、I_4 是无差异曲线,且 $I_4 > I_3 > I_2 > I_1$。之所以选用这类无差异曲线,是因为假定投资者是风险厌恶者。

根据无差异曲线与有效边界的切点 A,我们找到了最佳组合点 A。无差异曲线 I_1 和 I_2 虽然也与有效边界有交点,如点 D、点 E,但是,由于 $I_4 > I_3 > I_2 > I_1$,所以 A 点的效用最高,且落在有效边界上。也就是说,A 点构成了多元证券组合的最佳组合点。

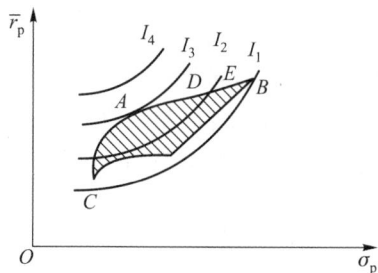

图 10-18　最佳资产组合的决定

第三节　资本资产定价模型

Markowitz 的证券组合理论指出了如何通过选择风险资产建立资产组合,从而降低风险,它是一种规范性(Normative)的研究。从 20 世纪 60 年代初开始,经济学家们开始研究 Markowitz 的模型是如何对资产价格产生影响的,这一研究导致了资本资产定价模型(The Capital Asset Pricing Model, CAPM)的产生。它由 Sharpe(1964)[①]、Lintner(1965)[②]和 Mossin(1966)[③]分别独立地导出。CAPM 阐述了在投资者都采用 Markowitz 的理论进行投资管理的条件下市场均衡状态的形成,把资产的预期收益与预期风险之间的理论关系用一个简单的线性关系表达出来了。作为一种阐述风险资产均衡价格决定的理论,它使得证券投资理论从以往的定性分析转入定量分析,从规范性(Normative)转入实证性

---

① Sharpe W F. Capital Asset Prices: A Theory of Market Equilibrium Under Conditions of Risk. Journal of Finance, 1964(19):425-442.

② Lintner J. The Valuation of Risk Assets and the Selection of Risky Investments in Stock Portfolios and Capital Budgets. Review of Economics and Statistics, 1965(47):1.

③ Mossin J. Equilibrium in a Capital Asset Market. Econometrica, 1966(34):768-783.

（Positive），对证券投资的理论研究和实际操作都产生了巨大的影响。

模型的假设条件：

（1）所有投资者处于同一单期投资期，即认为投资者行为短视，不考虑投资决策对该期之后的影响。

（2）市场上存在一种收益大于 0 的无风险资产。

（3）所有投资者均可以按照该无风险资产的收益率进行任何数量的资金借贷，从事证券买卖。

（4）没有税负，没有交易成本。

（5）每个资产都是无限可分的，也就是说，投资者可以买卖单位资产或组合的任意部分。

（6）投资者使用预期收益率和标准差这两个指标来选择投资组合，也就是说，投资者遵循的是 Markowitz 的组合理论。

（7）投资者永不满足：当面临其他条件相同的两种组合时，他们将选择具有较高预期收益率的组合。

（8）投资者风险厌恶：当面临其他条件相同的两种组合时，他们将选择具有较低风险也就是标准差较小的组合。

（9）市场是完全竞争的：存在着大量的投资者，每个投资者所拥有的财富在所有投资者财富总和中只占很小的比重，因此是价格的接受者（Price-Takers）；每个投资者拥有相同的信息，信息充分、免费并且立即可得。

（10）投资者以相同的方法对信息进行分析和处理，从而形成了对风险资产及其组合的预期收益率、标准差以及相互之间协方差的一致看法。

一、单个投资者的最优组合决定

在 Markowitz 的组合理论中，可供选择的资产都是有风险的。在此基础上，引入关于收益大于零的无风险资产的假定，更进一步，投资者可以根据其意愿以无风险利率 r_f 随意借入与贷出资金：投资者既可以将其资金的一部分以无风险利率借出，另一部分投资于 Markowitz 可行集中的任一资产组合，也可以以无风险利率借入资金，与初始资金一起投资于一个资产组合。可见，这些新增加的投资机会将明显地扩展可行集，更重要的是，它将大大改变原有的有效边界，从而使得投资者的最优组合发生改变。

（一）风险与收益的衡量

m 表示仅由风险资产构成的任意组合，它属于 Markowitz 可行集。P 表示引入无风险资产后的任意组合。w 表示在新组合 P 中无风险资产所占的比例，$1-w$ 表示投资于风险资产组合 m 的比例。假设无风险利率为 r_f，风险资产组合 m 的预期收益率为 $\bar{r}_m$，标准差为 σ_m，则由无风险资产和风险资产组合 m 共同构成的新的组合 P 的预期收益率为：

$$\bar{r}_P = wr_f + (1-w)\bar{r}_m \tag{10.43}$$

其中，当 $w>0$ 时，表示投资者将初始资金一部分以无风险利率借出，一部分投资于风险资产组合 m；当 $w=0$ 时，表示全部资金投资于该风险资产组合 m；当 $w<0$ 时，则表示以

无风险利率借入资金,与初始资金一起投资于风险资产组合 m 。

组合 P 收益率的方差为:

$$\sigma_P^2 = w^2 \sigma_f^2 + (1 - w)^2 \sigma_m^2 + 2w(1 - w)\rho \sigma_f \sigma_m \qquad (10.44)$$

其中, σ_f 为无风险资产收益率的标准差,显然, $\sigma_f = 0$; ρ 为无风险资产与风险资产组合 m 的相关系数。我们假设两种资产收益率不存在相关性,即 $\rho = 0$,因此,由无风险资产的特点,式(10.44)可以简化为:

$$\sigma_P^2 = (1 - w)^2 \sigma_m^2 \qquad (10.45)$$

所以组合 P 收益率的标准差为:

$$\sigma_P = (1 - w)\sigma_m \qquad (10.46)$$

（二）资本配置线

我们用资本配置线(Capital Allocation Line, CAL)来描述引入无风险借贷后,将一定量的资本在某一特定的风险资产组合 m 与无风险资产之间分配,从而得到所有可能的新组合的预期收益与风险之间的关系。

由式(10.46)得:

$$w = 1 - \frac{\sigma_P}{\sigma_m} \qquad (10.47)$$

将式(10.43)和式(10.47)联立,可以推出资本配置线的函数表达式,即:

$$\bar{r}_P = r_f + \frac{\bar{r}_m - r_f}{\sigma_m} \sigma_P \qquad (10.48)$$

如图 10-19 所示,对于由风险资产组合 m 和无风险资产构成的新组合 P,其所对应的资本配置线是从无风险资产的对应点 A 出发,经过风险资产组合对应点 M 的一条直线,其斜率为:

$$s = \frac{\bar{r}_m - r_f}{\sigma_m} \qquad (10.49)$$

它反映了单位风险所要求的预期回报率。

由式(10.48)可以看出,组合 P 的预期收益率由两部分构成:一是无风险利率,它代表着对

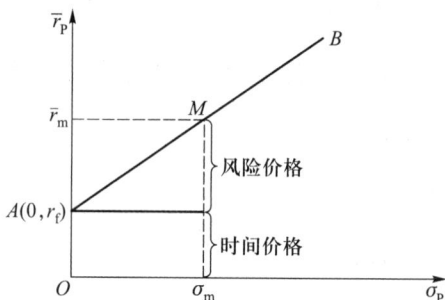

图 10-19　资本配置线

放弃流动性的补偿,可以认为是时间价格,且任何资产或组合的时间价格都是相同的;二是组合的收益标准差与单位风险预期回报的乘积,它是对风险的补偿,将因组合而异。

对图 10-19 中的资本配置线 AMB 进行如下分析:

A 点表示投资者把自有资金都投资于无风险资产;M 点表示投资者把自有资金全部投资于风险资产组合 m ;AM 段表示投资者把自有资金分别投资于无风险资产和风险资产组合 m ;MB 段表示投资者将自有资金和以无风险利率借入的资金投资于风险资产组合 m 。

（三）允许无风险借贷下的有效边界

在图 10-20 中,阴影区域即为我们在本章第二节中讨论的某个多元证券组合中所有可能的证券组合,在允许无风险借贷的条件下,其中任何一点与 A 点的连线均对应着一条资本配置线,这些资本配置线的总和就构成了新的可行集,即图10-20中射线 AB 和 AB′ 中间的全部区域。其中,射线 AMB 与阴影区域的西北边界相切,切点所对应的风险资产组合记为 m。显然,此时可行集得到了扩大。

通过组合 m 的资本配置线 AMB 就构成了新的有效边界,因为与可行集内的组合相比,在收益既定的条件下,它包含了最小的风险;或者说在风险既定的条件下,它提供了最大的收益。也可以认为,因为资本配置线 AMB 的斜率是所有资本配置线中最大的,也就是说它上面的任意组合提供了最大的单位风险预期收益。

（四）最佳投资组合的决定

根据假定,投资者永不满足,且是风险厌恶者,因此单个投资者所面临的无差异曲线如图 10-21 所示,且 $I_4 > I_3 > I_2 > I_1$,射线 AMB 为该投资者面临的有效边界。根据无差异曲线 I_3 与有效边界的切点 M,确立了该投资者的最佳组合点。无差异曲线 I_1 和 I_2 虽然与有效边界也有交点,但是因为 $I_3 > I_2 > I_1$,所以效用没有 M 点高;无差异曲线 I_4 的效用虽然高于无差异曲线 I_3,但它与有效边界没有交点,所以, M 点就构成了单个投资者的最佳组合点。

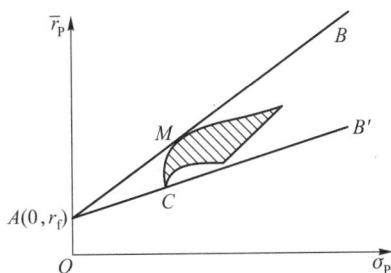

图 10-20　允许无风险借贷下的可行集和有效边界　　　图 10-21　单个投资者最佳组合的决定

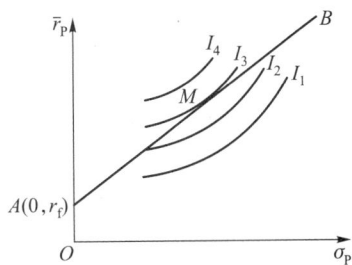

二、资本市场均衡的实现

（一）分离定理

根据假定,投资者对风险资产的预期收益率、方差和协方差有着相同的看法,这就意味着线性有效集对所有的投资者来说都是相同的。每一个投资者的投资组合中都包括一个无风险资产和相同的风险资产组合 M,因此,剩下的唯一决策就是怎样决定投资于 M 的资金比例,这取决于投资者对风险的厌恶程度,风险厌恶程度高的投资者将贷出更多的无风险资产,风险厌恶程度低的投资者将借入更多的资金投资于风险资产组合 M。关于投资与融资分离的决策理论被称作分离定理。

投资者的最佳风险资产组合,可以在并不知晓投资者对风险和收益的偏好时就加以确定。

如图 10-22 所示,面对相同的有效边界 $O'MO''$,无差异曲线为 I_1、I_2、I_3 的投资者,其最佳组合在 O' 点,表示他的初始资金中有一部分将投资于无风险资产,剩余部分投资于共同的风险资产组合 M;无差异曲线为 I'_1、I'_2、I'_3 的投资者,其最佳组合恰好与 M 点重合,表示他的初始资金将全部投资于风险资产组合 M;无差异曲线为 I''_1、I''_2、I''_3 的投资者,其最佳组合在 O'' 点,表示他将以无风险利率借入资金,与自有资金一起投资于风险资产组合 M。

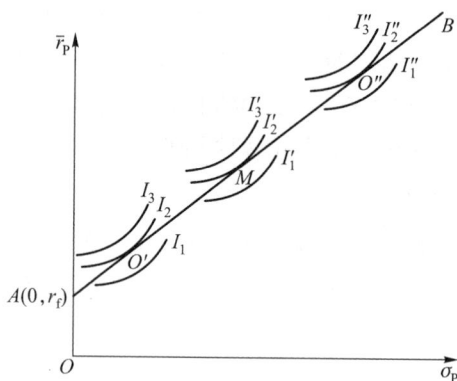

图 10-22　不同投资者最佳组合的决定

（二）市场组合

根据分离定理,每一个投资者的投资组合中,最佳风险资产组合 M 部分与该投资者对风险的厌恶程度无关,即组合中都包括了对最佳风险资产组合 M 的投资。

当市场达到均衡的时候,每一种风险资产在最佳风险资产组合 M 中都会有一个非 0 的比例。这是因为,假设存在一种风险资产,它在风险资产组合中的比例为 0,即没有人对它进行投资。因而该资产在资本市场上供大于求,价格必然会下降,从而预期收益率上升,一直到在风险资产组合中占据了一定的比例从而供求平衡为止。反之,如果初始时风险资产组合 M 中某一风险资产所占的比例过大,以致在资本市场上供小于求,则其价格会上涨,从而导致预期收益率下降,一直到它在风险资产组合中的比例下降到一定水平从而市场上供需相等为止。

当所有风险资产的价格调整都停止时,市场就达到了一种均衡状态。当市场达到均衡时:首先,投资者对每一种风险资产都愿意持有一定数量,也就是说最佳风险资产组合包含了所有的风险资产;其次,每种风险资产供需平衡,此时价格是一个均衡价格;再次,无风险利率的水平正好使得借入资金的总量与贷出资金的总量相等。结果就是,最佳风险资产组合中投资于每一种风险资产的比例就等于该风险资产的相对市值,即该风险资产的总市值在所有风险资产市值总和中所占的比例。通常,我们把最佳风险资产组合 M 称为市场组合(Market Portfolio)。

（三）资本市场线

通过对切点 M 组合的分析可以知道,上文中所得到的线性有效集实际上是从无风险资产所对应的点 A 出发,经过市场组合对应点 M 的一条射线,它反映了市场组合 M 和无风险资产的所有可能组合的收益与风险的关系。这个线性有效集就是我们通常所说的资本市场线（Capital Market Line，CML），如图 10-23 所示。其函数表达式如下[1]：

$$\bar{r}_P = r_f + \frac{\bar{r}_M - r_f}{\sigma_M} \sigma_P \tag{10.50}$$

其中，$\bar{r}_M$ 表示市场组合 M 的预期收益率，σ_M 表示市场组合 M 收益的标准差。

可见，资本市场线的实质就是在允许无风险借贷下的新的有效边界，它反映了当资本市场达到均衡时，投资者将资金在市场组合 M 和无风险资产之间进行分配，从而得到的所有有效组合的预期收益和风险的关系。位于资本市场线上的组合提供了最高的单位风险回报率，即 $\frac{\bar{r}_M - r_f}{\sigma_M}$。

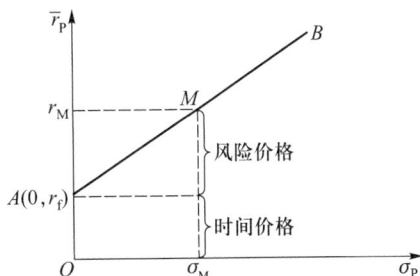

图 10-23　资本市场线

三、证券市场线

资本市场线反映了市场达到均衡时有效组合的预期收益与风险之间的关系。作为构成市场组合的单个资产以及它们的其他组合，由于是非有效的，资本市场线并没有体现其预期收益与风险之间的关系，为了更多地了解均衡条件下任意单个资产或资产组合的预期收益从而对资产的价格进行预测，我们需要进行更深入的分析。

（一）单个风险资产对市场组合的风险贡献

市场组合 M 收益的方差可以表示为：

$$\sigma_M^2 = \sum_{i=1}^{n} \sum_{j=1}^{n} w_{iM} w_{jM} \sigma_{ij} \tag{10.51}$$

其中，w_{iM} 和 w_{jM} 分别表示风险资产 i 和风险资产 j 在市场组合中所占的比例，σ_{ij} 为风险资产 i 和风险资产 j 的协方差，同时假设存在 n 种风险资产。

可以将式（10.51）改写为：

$$\sigma_M^2 = w_{1M} \sum_{j=1}^{n} w_{jM} \sigma_{1j} + w_{2M} \sum_{j=1}^{n} w_{jM} \sigma_{2j} + \cdots + w_{nM} \sum_{j=1}^{n} w_{jM} \sigma_{nj} \tag{10.52}$$

利用协方差的一个性质：资产 i 与市场组合的协方差可以表示为它与组合中每个资产协方差的加权平均，即：

$$\sigma_{iM} = \sum_{j=1}^{n} w_{jM} \sigma_{ij} \tag{10.53}$$

将式（10.53）代入式（10.52）中，得到：

$$\sigma_M^2 = w_{1M} \sigma_{1M} + w_{2M} \sigma_{2M} + \cdots + w_{nM} \sigma_{nM} \tag{10.54}$$

其中，σ_{1M} 表示风险资产 1 与市场组合的协方差，σ_{2M} 表示风险资产 2 与市场组合的协方

---

[1]　对比资本配置线的概念，可以发现资本配置线中的风险资产组合为某一特定风险资产组合 m，而资本市场线中的风险资产组合特指市场组合 M。

差。以此类推。

可见,市场组合收益的方差等于构成组合的所有资产与市场组合的协方差的加权平均数,权重为各项资产在组合中所占的比重,单个资产与组合的协方差代表它对整个组合的风险贡献程度。

(二)单个资产预期收益与风险的关系

当市场达到均衡时,必然要求组合中风险贡献度高的资产按比例提供高的预期收益率。因为,如果某一资产在给市场组合带来风险的同时没有提供相应的预期收益率,就意味着如果将这项资产从组合中剔除的话,将会使市场组合的预期收益相对于其风险有所上升;如果某一资产在给市场组合带来风险的同时提供过高的预期收益率,就意味着如果增加这项资产在组合中的比重,会使市场组合的预期收益相对于其风险有所上升。这样,市场组合将不再是最佳组合,资产的价格将因供需的变化而调整。

达到均衡时市场组合的预期收益率可以表示为:

$$\bar{r}_M = r_f + (\bar{r}_M - r_f) \tag{10.55}$$

其中,$\bar{r}_M - r_f$ 即为对应于市场组合的风险 σ_M^2 的风险溢价,因此单位风险所要求的预期收益率即为 $\dfrac{\bar{r}_M - r_f}{\sigma_M^2}$。根据以上分析,均衡时组合中任意一种资产 i 所提供的风险溢价应该等于 $\dfrac{\bar{r}_M - r_f}{\sigma_M^2}\sigma_{iM}$,所以资产 i 的风险与收益之间的均衡关系为:

$$r_i = r_f + \frac{\bar{r}_M - r_f}{\sigma_M^2}\sigma_{iM} \tag{10.56}$$

(三)证券市场线的数学推导

由以上分析我们知道,当证券市场达到均衡时,无法通过改变市场组合中任意一项资产或者是资产组合的比重,从而使得整个组合的预期收益相对于风险有所上升,或者说使得单位风险的回报增加。在图 10-24 中,射线 AMB 为资本市场线(用 CML 表示),其中 M 点为均衡时的市场组合。现在我们来构建一个新的组合 P,其中包括市场组合 M 和任意一种资产或者几种资产的某种组合 i,假定资产(组合)i 在新的组合中所占的比重为 α,那么市场组合 M 所占的比重就为 $1-\alpha$。当 $\alpha=1$ 时,表示组合 P 仅由资产(组合)i 构成;当 $\alpha=0$ 时,这一新的组合 P 即为市场组合 M。要注意的是,当 $\alpha=0.5$ 时,并不表示资产(组合)i 在新组合 P 中所占的比例为 0.5,因为在市场组合 M 中还有一定比例的 i 存在,所以当 α 为某一个小于 0 的值时,新的组合 P 中才不包括资产(组合)i。

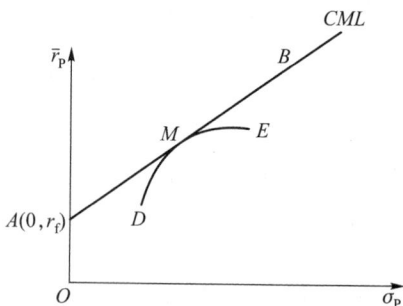

图 10-24　风险资产组合的动态调整

组合 P 的预期收益 $\bar{r}_P$ 和风险 σ_P 分别为:

$$\bar{r}_P = \alpha\bar{r}_i + (1-\alpha)\bar{r}_M \tag{10.57}$$

$$\sigma_P = \left[\alpha^2 \sigma_i^2 + (1 - \alpha)^2 \sigma_M^2 + 2\alpha(1 - \alpha) \sigma_{iM} \right]^{\frac{1}{2}} \quad (10.58)$$

弧线 DE 反映了新的组合 P 预期收益与风险的对应关系,显然,市场组合 M 的对应点在弧线 DE 上。

通过前面的分析,我们知道,任意组合的对应点与无风险资产对应点的连线的斜率表示该资产单位风险所提供的预期收益率。由均衡的性质可以知道,当市场达到均衡时,所有的投资者持有的风险资产组合都为市场组合 M ,此时射线 AMB 的斜率应该是 A 点与弧线 DE 上任意一点连线的斜率中最大的,也就是说在市场组合 M 基础上,无论是增加资产 i 还是减少资产 i 的比例,都不能得到更高的单位风险回报,即射线 AMB 也就是资本市场线与弧线 DE 相切,切点为市场组合 M 的对应点。

将预期收益和标准差分别对 α 求偏导,有:

$$\frac{\partial \bar{r}_P}{\partial \alpha} = \bar{r}_i - \bar{r}_M \quad (10.59)$$

$$\frac{\partial \sigma_P}{\partial \alpha} = \frac{\alpha \sigma_i^2 - (1 - \alpha)\sigma_M^2 + (1 - 2\alpha)\sigma_{iM}}{\sigma_P} \quad (10.60)$$

我们考察的关键是弧线 DE 在点 M ,即 $\alpha = 0$ 处的斜率,此时 $\sigma_P = \sigma_M$,所以由式(10.60)得:

$$\left. \frac{\partial \sigma_P}{\partial \alpha} \right|_{\alpha = 0} = \frac{\sigma_{iM} - \sigma_M^2}{\sigma_P} = \frac{\sigma_{iM} - \sigma_M^2}{\sigma_M} \quad (10.61)$$

根据式(10.59)和式(10.61)可以得到:

$$\left. \frac{\partial \bar{r}_P / \partial \alpha}{\partial \sigma_P / \partial \alpha} \right|_{\alpha = 0} = \left. \frac{\partial \bar{r}_P}{\partial \sigma_P} \right|_{\alpha = 0} = \frac{\sigma_M(\bar{r}_i - \bar{r}_M)}{\sigma_{iM} - \sigma_M^2} \quad (10.62)$$

因为 M 为市场组合,是最佳风险资产组合,所以资本市场线与弧线 DE 在点 M 相切,即资本市场线的斜率应该等于弧线 DE 在点 M 处的斜率,即:

$$\frac{\bar{r}_M - r_f}{\sigma_M} = \frac{\sigma_M(\bar{r}_i - \bar{r}_M)}{\sigma_{iM} - \sigma_M^2} \quad (10.63)$$

整理得:

$$\bar{r}_i = r_f + \frac{\bar{r}_M - r_f}{\sigma_M^2} \sigma_{iM} \quad (10.64)$$

式(10.64)就是证券市场线(Security Market Line,SML)的一般表达形式。它表明当市场达到均衡时,任意资产(组合)i(无论是有效组合还是非有效组合)的预期收益由两部分构成:一是无风险资产的收益率,二是单位风险的预期收益率 $\frac{\bar{r}_M - r_f}{\sigma_M^2}$ 与其风险的乘积。

需要注意的是,在这里,资产的风险已经不再用预期收益的标准差来衡量,而是用该资产与市场组合的协方差来衡量(协方差形式的证券市场线 SML 见图10-25)。这是因为,风险厌恶的投资者都尽量通过资产的多元化来降低风险,当市场达到均衡时,所有的投资者都会建立市场组合与无风险资产的某种比例的组合,从而最大限度地降低风险,最终使得非系统风险等于0,只剩下不可分散的系统风险,自然单个资产的风险回报就应该与它对系统风险的贡献而不是与总风险成比例,因为其中的非系统风险已经通过组合消除了。

所以不能认为总风险很大的资产,相对于总风险较小的资产,必然会给市场组合带来较大的风险,从而应该提供较大的回报。

（四）证券市场线的另一种表达形式

式（10.64）可以改写为:

$$\bar{r}_i = r_f + \beta_{iM}(\bar{r}_M - r_f) \tag{10.65}$$

其中,$\beta_{iM} = \dfrac{\sigma_{iM}}{\sigma_M^2}$。$\beta_{iM}$ 就是我们通常所说的贝塔系数,它是衡量系统性风险大小的重要指标。贝塔系数版的证券市场线的表达形式如图 10-26 所示。

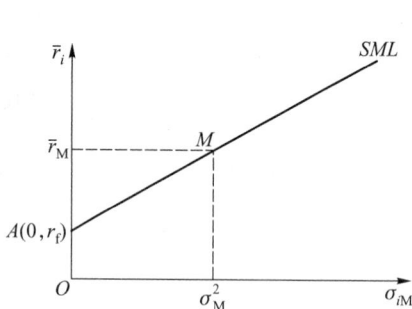

图 10-25　协方差形式的证券市场线　　　　图 10-26　贝塔系数版的证券市场线

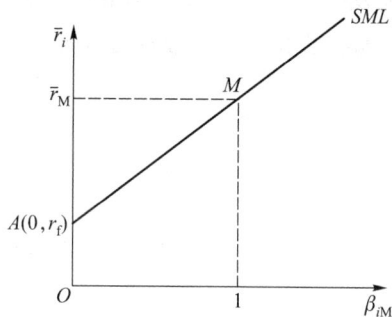

四、资本市场线与证券市场线的关系

资本市场线描述了有效投资组合风险与预期收益之间的关系,而证券市场线界定的风险与收益的关系适用于所有的资产和组合,无论其有效与否。因此,资本市场线上的所有组合对应点一定在证券市场线上,而非有效组合的对应点也将落在证券市场线上,但是在资本市场线以下。

五、资本资产定价模型的一般表现形式

证券市场线反映的是资产（组合）的预期收益与其风险的关系。与此相联系,如何确定资产（组合）的价格呢?

假定:t_0 期资产 i 的市场价格为 P_i,t_1 期该种证券能给投资者带来的全部收益为 x_i,则资产 i 的预期收益率可表述为:

$$\bar{r}_i = \frac{x_i - P_i}{P_i} = \frac{x_i}{P_i} - 1 \tag{10.66}$$

当市场达到均衡时,资产 i 的预期收益率一定满足式（10.64）,即:

$$\bar{r}_i = E\left(\frac{x_i}{P_i} - 1\right) = \frac{\bar{x}_i}{P_i} - 1$$

$$= r_f + \frac{\bar{r}_M - r_f}{\sigma_M^2} \text{cov}\left[\left(\frac{x_i}{P_i} - 1\right), r_M\right] \tag{10.67}$$

由于 P_i 和 1 都是常数,根据协方差的数学性质:

$$\text{cov}\left[\left(\frac{x_i}{P_i} - 1\right), r_M\right] = \frac{1}{P_i}\sigma_{iM} \tag{10.68}$$

将式(10.68)代入式(10.67),得到:

$$\frac{\bar{x}_i}{P_i} - 1 = r_f + \left[\frac{\bar{r}_M - r_f}{\sigma_M^2}\right] \cdot \frac{1}{P_i}\sigma_{iM} \tag{10.69}$$

解出 P_i,可以得到:

$$P_i = \frac{\bar{x}_i - \left[(\bar{r}_M - r_f)/\sigma_M^2\right] \cdot \sigma_{iM}}{1 + r_f} \tag{10.70}$$

式(10.70)就是资本资产定价模型的一般表达式,即风险资产在达到均衡时决定的价格水平。作为特例,针对无风险资产,其 t_0 期的当前价格等于其 t_1 期的全部预期收益按无风险资产的收益率进行贴现后算出的现值,即: $P_f = \dfrac{\bar{x}_i}{1 + r_f}$。

第四节　Ross 的套利定价模型

Ross 于 1976 年提出了套利定价理论[①](Arbitrage Pricing Theory, APT)。该模型是以收益率形成的多指数模型为基础,用套利的概念来定义均衡。在某种情况下,套利定价理论导出的风险-收益关系与资本资产定价理论完全相同,使得 CAPM 成为 APT 的一种特例。

Ross 做出了如下假定:

(1)存在一个完全竞争的资本市场。

(2)投资者是风险厌恶者,而且追求效用最大化。

(3)投资者认为任何一种证券的收益率都是一个线性函数,其中包含 k 个影响该证券收益率的因素,函数表达式如下:

$$\tilde{R}_i = a_i + b_{i1}\tilde{F}_1 + \cdots + b_{ik}\tilde{F}_k + \tilde{\varepsilon}_i \tag{10.71}$$

其中, $\tilde{R}_i$ 表示证券 i 的收益率,它是一个随机变量; $\tilde{F}_k$ 表示第 k 个影响因素的指数; b_{ik} 表示证券 i 的收益对因素 k 的敏感度; $\tilde{\varepsilon}_i$ 表示影响证券 i 收益率的随机误差项,其期望值为 0;参数 a_i 代表当所有指数为 0 时的证券收益率的期望水平。

(4)组合中证券品种 n 必须远远超过模型中影响因素的种类 k。

(5)误差项 $\tilde{\varepsilon}_i$ 用来衡量证券 i 收益中的非系统风险部分,它与所有影响因素以及证券 i 以外的其他证券的误差项是彼此独立不相关的。

(6)当影响因素仅仅包括市场组合一项时,CAPM 就成为 APT 的一个特例。

一、套利的原则

套利是利用同一种实物资产或证券的不同价格来获取无风险收益的行为。它是现代

---

① Ross S. Return, Risk and Arbitrage// Friend I, Bicksler J(eds.). Risk and Return in Finance. Cambridge: Ballinger Pub. Co., 1977.

有效市场的一个决定性要素。因为套利收益根据定义是没有风险的,所以投资者一旦发现这种机会就会设法利用,并随着他们的买进和卖出消除这些获利机会。

在因素模型中,具有相同的因素敏感性的证券或组合除了非因素风险以外,将以相同的方式波动,因此,具有相同因素敏感性的证券或组合必然要求有相同的预期回报率,否则,就会出现套利机会。投资者将利用这些套利机会,最终导致套利机会消失,市场达到均衡。

二、套利组合

根据套利定价理论,投资者将尽力发现构造一个套利组合的可能性,以便在不增加风险的情况下,提高组合的预期回报率。

套利组合(Arbitrage Portfolios)是指同时满足下列三个条件的证券组合:① 它是一个不需要投资者追加任何额外投资的组合;② 该组合既没有系统性风险,又没有非系统性风险;③ 当市场达到均衡时,组合的预期收益率为 0。下面依次介绍上述三个条件。

(一) 不需要追加投资

W_i 表示某投资者投资证券 i 占其总投资比例的变化值。要满足证券 i 所占投资比例变化而总投资不变的条件,可以通过以卖出某些证券的收益来买进其他一些证券的方式来解决,而不需要追加投资。在数学上,可以表示为:

$$\sum_{i=1}^{n} W_i = 0 \tag{10.72}$$

其中,n 表示该投资者持有证券种类的个数。

当投资比例发生变化后,该组合的收益率变化 $\Delta \tilde{R}_p$ 为:

$$\Delta \tilde{R}_p = \sum_{i=1}^{n} W_i \cdot \tilde{R}_i = \sum_{i=1}^{n} W_i \cdot a_i + \sum_{i=1}^{n} W_i \cdot b_{i1} \cdot \tilde{F}_1 + \cdots + \sum_{i=1}^{n} W_i \cdot b_{ik} \cdot \tilde{F}_k + \sum_{i=1}^{n} W_i \cdot \tilde{\varepsilon}_i \tag{10.73}$$

(二) 组合的风险为 0

要满足组合的系统风险为 0 的条件,包括:① 选择较小的投资比例 W_i;② 选择大量证券以分散风险;③ 选择特定的投资比例 W_i,使得各影响因素的系数 b_{ij},即证券收益率对该因素的敏感度,与投资比例的加权平均数等于零。这三个条件可以表述为:

$$W_i = 1/n \tag{10.74}$$

$$n \to \infty \tag{10.75}$$

$$\sum_{i=1}^{n} W_i \cdot b_{ij} = 0 \quad (j = 1, 2, \cdots, k) \tag{10.76}$$

同时,由于误差项 $\tilde{\varepsilon}_i$ 是独立的,根据统计上的大数法则,可以推知,当 n 增大时,误差项与投资比例的加权平均数会趋向于零,即组合中的非系统风险趋向于零。所以,式(10.73)可以简化为:

$$\Delta \tilde{R}_{p} = \sum_{i=1}^{n} W_{i} \cdot \tilde{R}_{i} = \sum_{i=1}^{n} W_{i} \cdot a_{i} + \sum_{i=1}^{n} W_{i} \cdot b_{i1} \cdot \tilde{F}_{1} + \cdots + \sum_{i=1}^{n} W_{i} \cdot b_{ik} \cdot \tilde{F}_{k}$$

$$(10.77)$$

（三）组合的收益为 0

根据式(10.76)可知,该组合的系统性风险等于零,所以,该套利组合的收益变为一个常数,而不是一个随机变量,即:

$$\Delta \tilde{R}_{p} = \sum_{i=1}^{n} W_{i} \cdot \tilde{R}_{i}$$

$$(10.78)$$

根据上述条件(一)、条件(二)可以知道,该套利组合既不需要追加投资,又没有任何风险,所以,当该组合的收益不为零时,会给投资者带来可观的收益。但是,这一点在资本市场达到均衡时是不可能实现的,因此,该套利组合的收益必然等于 0,即:

$$E\Delta \tilde{R}_{p} = E\sum_{i=1}^{n} W_{i} \cdot \tilde{R}_{i} = \sum_{i=1}^{n} W_{i} \cdot E\tilde{R}_{i} = 0$$

$$(10.79)$$

根据线性代数的知识,式(10.72)和式(10.76)表示一组正交条件,而式(10.79)又产生了 W_{i} 应满足的一个正交条件。由于 W_{i} 已经满足式(10.72)和式(10.76),所以只需 $E(\tilde{R}_{i})$ 为这 $k+1$ 个向量的线性组合就可以了,即存在 $k+1$ 个系数 $(\lambda_{0}, \lambda_{1}, \cdots, \lambda_{k})$,使得:

$$E(\tilde{R}_{i}) = \lambda_{0} + \lambda_{1} \cdot b_{i1} + \cdots + \lambda_{k} \cdot b_{ik}$$

$$(10.80)$$

当证券 i 是一种无风险资产时,表示它不受任何因素的影响,即 $b_{i1}, b_{i2}, \cdots, b_{ik} = 0$,令该种无风险资产的收益率为 r_{f},那么:

$$E(r_{f}) = r_{f} = \lambda_{0} + \lambda_{1} \cdot 0 + \cdots + \lambda_{k} \cdot 0$$

$$(10.81)$$

$$r_{f} = \lambda_{0}$$

$$(10.82)$$

结合式(10.80)和式(10.82),可以把套价组合中证券 i 的预期收益用超过无风险资产收益的超额收益形式表示,即:

$$E(\tilde{R}_{i}) - r_{f} = \lambda_{1} \cdot b_{i1} + \cdots + \lambda_{k} \cdot b_{ik}$$

$$(10.83)$$

三、套利过程

记资产 i 的实际预期收益为 $E(\tilde{R}'_{i})$,均衡情况下资产 i 的预期收益为 $E(\tilde{R}_{i})$,当 $E(\tilde{R}'_{i}) \neq E(\tilde{R}_{i})$ 时,由以上分析可知:存在着这样的套利组合,其预期收益 $\Delta \tilde{R}_{p} = \sum_{i=1}^{n} W_{i} \cdot E(\tilde{R}'_{i}) > 0$,即意味着存在潜在的套利机会。以下进行分析。

（一）套利发生前的资产组合的收益与风险

设组合 1 表示在套利行为发生前投资者的证券投资组合,X_{i} 表示组合中证券 i 的持有量占总投资额的比例,那么该组合的实际预期收益可以表示为:

$$E(\tilde{R}'_{1}) = \sum_{i=1}^{n} X_{i} \cdot E(\tilde{R}'_{i})$$

$$(10.84)$$

我们用组合预期收益对某一因素的敏感性来反映相应的风险大小,那么组合对于因

素 k 的敏感性即风险可表示为：

$$b_k = \sum_{i=1}^{n} X_i \cdot b_{ik} \qquad (10.85)$$

（二）建立套利组合后的资产组合的收益与风险

通过对组合中证券的持有量进行调整，建立一个新的组合 2，其中对证券 i 的持有比例由原来的 X_i 变为 $X_i + W_i$，此时新组合的实际预期收益就表示为：

$$E(\tilde{R}'_2) = \sum_{i=1}^{n} (X_i + W_i) \cdot E(\tilde{R}'_i) \quad i = 1, 2, \cdots, n \qquad (10.86)$$

风险的表达式为：

$$b_k = \sum_{i=1}^{n} (X_i + W_i) \cdot b_{ik} = \sum_{i=1}^{n} X_i \cdot b_{ik} + \sum_{i=1}^{n} W_i \cdot b_{ik} = \sum_{i=1}^{n} X_i \cdot b_{ik} \qquad (10.87)$$

可见，具有相同因素敏感度的两种证券组合的预期收益率不同，必然存在套利机会。通过依据该套利组合对资产组合中各资产持有比例进行调整，可以在没有增加风险的情况下使组合的预期收益由原来的 $E(\tilde{R}'_1) = \sum_{i=1}^{n} X_i \cdot E(\tilde{R}'_i)$ 变为 $E(\tilde{R}'_2) = \sum_{i=1}^{n} (X_i + W_i) \cdot E(\tilde{R}'_i)$。

（三）套利对定价的影响

投资者的套利行为将会对证券的价格产生影响，相应地，它们的预期收益率也将做出调整。具体来说，由于不断增加的买方压力，被买入的证券的价格会上升，进而导致预期收益率的下降；而被卖出的证券，由于不断增加的卖方压力，导致其价格下跌和预期收益率上升。

四、套价定价理论模型

（一）单因素模型

如果影响证券 i 收益的因素只有一种 k 因素时，可以从图 10-27 中看到预期收益与影响因素的关系。

图中的 AB 线是一条套价线。套价线（Arbitrage Pricing Line，APL），是反映证券 i 的预期收益率与其对影响因素敏感度两者关系的直线。其函数表达式为：

$$E(\tilde{R}_i) = r_f + \lambda_k \cdot b_{ik} \qquad (10.88)$$

其中，λ_k 为常数。

下面对 λ_k 的含义做出解释：

就 λ_k 而言，可以考虑一个对因素 k 有单位敏感度的组合，即 $b_{ik} = 1$。组合的预期收益率 $\bar{\delta}_k = r_f + \lambda_k$，所以 $\lambda_k = \bar{\delta}_k - r_f$，它是单位敏感度的组合的预期超额收益率（即高出无风险利率的那部分收益率），也被称作因素风险溢价或者因素预期收益率溢酬。所以证券收益率的单因素模型可以表示为：

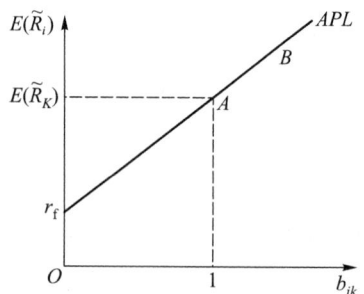

图 10-27　套价线

$$E(\tilde{R}_i) = r_f + [\overline{\delta}_k - r_f] \cdot b_{ik} \tag{10.89}$$

（二）多因素模型

若影响证券 i 收益的因素个数 $k>1$，那么式（10.89）可以拓展为：

$$E(\tilde{R}_i) = r_f + [\overline{\delta}_1 - r_f] \cdot b_{i1} + [\overline{\delta}_2 - r_f] \cdot b_{i2} + \cdots + [\overline{\delta}_k - r_f] \cdot b_{ik} \tag{10.90}$$

其中，$\overline{\delta}_1, \overline{\delta}_2, \cdots, \overline{\delta}_k$ 的含义同上。

式（10.90）是套利定价理论的一般表达式。该理论认为，某种证券的预期收益率由两部分组成：其一是无风险资产的收益率，其二是对各影响因素的敏感度 b_{ik} 和敏感度为 1时的组合预期收益与无风险资产收益之差这两项的乘积。

五、APT 与 CAPM 的关系

（一）两者的联系

如果把式（10.88）看作一个线性回归方程，并假定组合中各证券收益率组成的矩阵服从联合正态分布，假定影响证券收益的因素经线性变换后，它们的转秩矩阵是正交矩阵，那么，系数 b_{ik} 也可以定义为 CAPM 中的 β 系数，即：

$$b_{ik} = \frac{\mathrm{cov}(\tilde{R}_i, \overline{\delta}_k)}{\mathrm{var}(\overline{\delta}_k)} \tag{10.91}$$

其中，$\mathrm{cov}(\tilde{R}_i, \overline{\delta}_k)$ 是证券 i 的收益率与因素 k 的线性变换之间的协方差；$\mathrm{var}(\overline{\delta}_k)$ 是因素 k线性变换的方差。

因此，CAPM 只是 APT 的一个特例。

（二）两者的区别

两者的区别主要表现在以下三个方面：

（1）在 APT 理论中，资产均衡的得出是一个动态的过程，它建立在一价定理的基础之上；而 CAPM 理论则是建立在 Markowitz 的有效组合基础之上，强调的是一定风险下的收益最大化或者是一定收益下的风险最小化，均衡的导出是一个静态的过程。

（2）APT 认为，达到均衡时，资产的收益率取决于多种因素，并非像 CAPM 认为的那样只有一种市场组合因素。

（3）APT 并不特别强调市场组合的作用，而 CAPM 则强调市场组合必须是一个有效的组合。

六、套利定价理论的应用

假定：

（1）存在三种资产 A、B、C。

（2）存在两种影响资产收益率的因素 F_1 和 F_2。

（3）无风险资产的预期收益率为 10% 。

表 10-1 列出了相关的数据。

表 10-1　套利定价理论应用案例的有关数据

投资状态	概率	R'_A	R'_B (%)	R'_C	δ_1	δ_2 (%)
极差	0.2	−55.23	468.17	53.00	−10.00	−5.00
差	0.2	70.70	10.00	413.37	−5.00	38.48
一般	0.2	−9.00	25.00	−1 493.12	25.00	8.00
好	0.2	−12.47	−140.59	1 058.75	40.00	−1.44
极好	0.2	61.00	−237.58	83.00	50.00	0.00

如前所述,假定影响证券收益的因素的线形变换符合正交矩阵的数学性质,即:

$$[-10 \quad -5 \quad 25 \quad 40 \quad 50] \cdot [-5.00 \quad 38.48 \quad 8.00 \quad -1.44 \quad 0]' = 0$$

根据表 10-1 中的数据,首先要判断是否存在套利的机会。其次,如果存在,如何建立一个套利的组合?

根据表 10-1 中数据,可以算出如下结果,列示于表 10-2 中。

表 10-2　套利定价理论推算出的有关数据

资产	$E(R'_i)$	b_{i1}	b_{i2}	$\bar{\delta}_1$	$\bar{\delta}_2$
A	11%	0.5	2.0	20%	8%
B	25%	1.0	1.5		
C	23%	1.5	1.0		

（一）套利机会的判断

根据计算结果,结合 APT 的表达式,可以求出 A、B、C 三种资产达到均衡时的预期收益,计算如下:

$$E(R_A) = 0.1 + [0.20 - 0.1] \times 0.5 + [0.08 - 0.1] \times 2.0 = 11\%$$

$$E(R_B) = 0.1 + [0.20 - 0.1] \times 1.0 + [0.08 - 0.1] \times 1.5 = 17\%$$

$$E(R_C) = 0.1 + [0.20 - 0.1] \times 1.5 + [0.08 - 0.1] \times 1.0 = 23\%$$

比较之后,可以发现 A 和 C 两种资产的实际预期收益与达到均衡时的收益相等,所以不存在套利机会,但是,资产 B 的实际预期收益高于达到均衡时的预期收益,所以,通过建立套利组合,可以在不增加风险的前提下提高收益率。

（二）建立套利组合的方法

假定起初三种资产的投资比例各为 1/3。只要组合中的证券品种数超过影响证券收益的因素总数,就可能有许多种建立套利组合的选择。在下面的套利组合中,假定 B 资产占的比例从 1/3 上升为 1,那么,在总投资资金中,B 资产投资比例的变化值即 $W_B = 2/3$。解联立方程组:

$$\begin{cases} W_A + W_B + W_C = 0 \\ W_A \cdot b_{A1} + W_B \cdot b_{B1} + W_C \cdot b_{C1} = 0 \\ W_A \cdot b_{A2} + W_B \cdot b_{B2} + W_C \cdot b_{C2} = 0 \end{cases}$$

得出 $W_A = -\dfrac{1}{3}$，$W_B = \dfrac{2}{3}$，$W_C = -\dfrac{1}{3}$。

这个组合是否符合套利组合的条件呢？

（1）投资增量的 B 资产的资金来源于出售 A、C 的资产所得，所以，总投资资金量没有变化，即满足不需追加资金的条件。

（2）该组合的风险在投资比例发生变化前后没有增减变化。

投资比例变化之前：

针对因素 1 的风险为：$\dfrac{1}{3} \times 0.5 + \dfrac{1}{3} \times 1.0 + \dfrac{1}{3} \times 1.5 = 1.0$

针对因素 2 的风险为：$\dfrac{1}{3} \times 2 + \dfrac{1}{3} \times 1.5 + \dfrac{1}{3} \times 1.0 = 1.5$

投资比例变化之后：

针对因素 1 的风险为：$0 \times 0.5 + 1 \times 1.0 + 0 \times 1.5 = 1.0$

针对因素 2 的风险为：$0 \times 2 + 1 \times 1.5 + 0 \times 1.0 = 1.5$

由此可见，总风险并没有发生变化，所以由此套利组合带来的额外风险为零。

（3）该套利组合带来了多少收益？

投资比例变化之前：

组合的收益 $= \dfrac{1}{3} \times 11\% + \dfrac{1}{3} \times 25\% + \dfrac{1}{3} \times 23\% = 19.67\%$

投资比例变化之后：

组合的收益 $= 0 \times 11\% + 1 \times 25\% + 0 \times 23\% = 25\%$

可见，套利组合在没有新增投资、不额外增加风险的条件下，使投资的收益率增加了 5.33 个百分点。

在套利活动过程中，由于对资产 B 的需求上升，导致资产 B 的价格被抬高，从而使其实际预期收益率降低，直至回到均衡水平。

本 章 小 结

本章主要回顾了投资组合的几大经典理论。

Tobin 较早地对资产组合理论进行了系统的阐述。在其分析中，资产被分为货币资产与非货币资产两类。货币资产又包括现金货币资产与非现金货币资产。Tobin 从现金与一种非现金货币资产之间的组合入手，利用机会轨迹描述资产组合的预期收益与风险之间的关系，并根据机会轨迹与无差异曲线的切点确定分散风险投资者的最佳投资组合。当非现金货币资产的种类超过 2 时，可以利用拉格朗日函数，在既定风险的条件下求收益的最大化，或者在既定收益的条件下求风险的最小化，从而决定资产组合中各类资产的投资比例。

Markowitz 提出了有效组合和有效边界的概念。证券组合的风险取决于三方面的因素：组合中各种证券的风险、组合中各种证券的投资比例以及组合中各种证券收益之间的相关系数。Markowitz 特别强调相关系数在建立组合降低风险方面的作用。如果选择相关系数为 −1 的证券建立组合，可以最大限度地降低组合的风险。由于实际中大多数证券收益率之间存在着部分正相关的关系，所以选择相关系数接近 0 的证券建立组合，就成为一种现实可取的投资技巧。

资本资产定价模型是一种阐述风险资产均衡价格决定的理论。它以投资者都按照 Markowitz 的理论进行投资管理为前提，在一系列严格的假定条件下，用一个简单的线性关系定性地描述了资产的预期收益与风险之间的关系，演绎了资本市场线和证券市场线。资本市场线反映的是有效组合的风险与收益之间的关系，组合的风险用标准差来衡量；证券市场线反映的是达到均衡时所有证券和证券组合的风险与收益之间的关系，证券及其组合的风险用贝塔系数衡量。

同样是关于证券均衡价格的模型，套利定价模型建立在比资本资产定价模型更少且更合理的假设之上。它以收益率形成的多指数模型为基础，认为具有相同因素敏感性的证券或组合必然要求有相同的预期收益率，否则，就会出现套利机会。投资者将建立套利组合，利用这些套利机会，最终导致套利机会消失，市场达到均衡，资产的均衡预期收益率是其因素敏感性的线性函数。

关 键 术 语

Tobin 资产组合理论　货币资产　非货币资产　机会轨迹　Markowitz 证券组合理论　有效组合　有效边界　资本资产定价模型　资本配置线　分离定理　市场组合　最优组合　资本市场线　证券市场线　套利定价理论　套利组合　单因素模型　多因素模型

习 题

1. 区分厌恶风险投资者与偏好风险投资者。

2. 简述分散原理。

3. 区分证券组合、有效组合与最佳组合之间的异同。

4. 比较 Markowitz 的证券组合理论、Sharpe 的资本资产定价模型各自所需的假设条件。

5. 比较在引入无限制借入和贷出的条件前后，资产组合的可行集和有效边界有何变化。

6. 解释分离定理。

7. 比较资本市场线与证券市场线之间的异同。

8. 假定无风险资产的收益率等于 9%，市场组合的预期收益率等于 15%。如果某两种证券的贝塔系数分别等于 0.7 和 1.3，求它们各自的预期收益率。

9. 简述资本资产定价模型和套利定价理论的区别与联系。

10. 假设存在一个具有如下特征(假设收益率由一个单因素模型决定)的投资组合：

证券	因素敏感性	比例	预期收益率
A	2.0	0.25	20%
B	3.5	0.40	10%
C	1.5	0.35	8%

假设你决定通过增加证券 A 的持有比例来创造一个套利组合,请问:

(1) 套利组合中其他两种证券的比例分别为多少?

(2) 该套利组合的预期收益率是多少?

(3) 如果其他投资者也采取同样的投资策略,对这三种证券的价格会造成什么影响?

即 测 即 评

* 第 11 章
投资组合理论的新发展

在第 10 章,我们学习了传统的投资组合理论。这些理论基本都是建立在理性人与有效市场假设基础之上,通过进行局部静态均衡分析得出的结论。近年来,随着行为金融学、动态资产定价等新理论的产生与发展,许多学者对传统投资理论的前提逐步放松,在运用新的一般动态均衡进行分析基础上,使投资组合理论有了新的发展。本章重点分析其中几个有代表性的理论,包括:跨时资本资产定价模型、消费资本资产定价模型、行为资产定价模型以及最优消费与投资决策等。

第一节　跨时资本资产定价模型

将资本资产定价模型(CAPM)对单期投资行为的分析扩展到多期的情况,就得到了跨时资本资产定价模型(ICAPM)。

一、基本假定

(1)假定存在一种瞬间无风险资产[①],它的价格运动遵循一个 ITO 扩散过程:

$$dr = f(r,t)\,dt + g(r,t)\,dq \tag{11.1}$$

(2)存在 n 种风险资产,风险资产的价格运动遵循下面的 ITO 过程:

$$\frac{dp_i}{p_i} = \mu_i(S,t)\,dt + \sigma_i(S,t)\,d\varphi_i, \quad i = 1,\cdots,n \tag{11.2}$$

定义第 i 种风险资产的发行数量为 $N_i, i = 1,\cdots,n$,则第 i 种风险资产的总市场价值为:

$$V_i \equiv N_i p_i, \quad i = 1,\cdots,n \tag{11.3}$$

μ_i 是风险资产 i 瞬间(条件)期望收益率,σ_i^2 是它的瞬间条件方差。为简化分析,假

[①]　在这里,所谓瞬间无风险是指在每一时刻,投资者都可以准确地知道,如果投资该种资产,在下一时刻他将必定得到 r 的收益率。但是再下一个时刻又将得到什么样的无风险收益率,则依然是未知的。

定 r 是这里唯一的状态变量,也就是说风险资产期望收益和方差是无风险收益率 r 和时间 t 的函数,即:

$$\mu_i = \mu_i(r,t)\;;\quad \sigma_i = \sigma_i(r,t)\,,\quad i = 1,\cdots,n \tag{11.4}$$

$\mathrm{d}\varphi_i$ 是标准 Wiener 过程,所有这些 Wiener 过程的方差—协方差用矩阵形式可以表示为:

$$\mathbf{V}_{(n\times n)} = [\sigma_{ij}]\,, \sigma_{ij} = \sigma_i\sigma_j\rho_{ij}\,,\quad i,j = 1,\cdots,n \tag{11.5}$$

此外,任意两个 Wiener 过程 $\mathrm{d}\varphi_i(t)$ 和 $\mathrm{d}q(t)$ 之间的每单位时间瞬间协方差为 $\varepsilon_{ir}(i = 1,\cdots,n)$。这些定义形式上类似于几何 Brownian 运动的情况,但关键的差异在于:这里的风险资产的期望收益和方差,是外生的新自变量(向量)S 的函数。而 S 就是我们在离散时间情况下所定义的状态变量。如何决定这些状态变量是一个经验的问题。状态变量是全部外生经济风险的体现,它完全决定了投资者面对的投资机会集合。

我们目前假定存在 m 个这样的状态变量,每一个状态变量同样也遵循一个 ITO 扩散过程:

$$\mathrm{d}S_j(t) = f_j(S,t)\mathrm{d}t + g_j(S,t)\mathrm{d}q_j(t)\,,j = 1,\cdots,m \tag{11.6}$$

其中,$f_j(S,t)$ 表示 $S_j(t)$ 的瞬间期望;$g_j(S,t)$ 表示 $S_j(t)$ 的期望的瞬间标准差;$\mathrm{d}q_j(t)$ 表示标准 Wiener 过程,任意两个 Wiener 过程 $\mathrm{d}q_i(t)$ 和 $\mathrm{d}q_j(t)$ 之间的瞬间相关系数为 $\eta_{ij}(S,t)$,$i,j = 1,\cdots,m$;它们之间所有的协方差用矩阵形式可以表示为:

$$\Omega_{(m\times m)} = [g_i g_j \eta_{ij}]\,,\quad i,j = 1,\cdots,m \tag{11.7}$$

定义任意两个 Wiener 过程 $\mathrm{d}\varphi_i(t)$ 和 $\mathrm{d}q_j(t)$ 之间的瞬间相关系数为 $\pi_{ij}(S,t)$,$i = 1,\cdots,n$;$j = 1,\cdots,m$;它们之间所有的协方差用矩阵形式可以表示为:

$$\Gamma_{(n\times m)} = [\varepsilon_{ij}]\,,\varepsilon_{ij} = \sigma_i g_j \pi_{ij}\,,\ i = 1,\cdots,n;j = 1,\cdots,m \tag{11.8}$$

(3) 经济中存在 K 个投资者,他们具有同质的预期。每一个投资者目标函数均为:

$$\max E_0\left\{\int_0^{T^k} u_1^k[C^k(t),t]\mathrm{d}t + u_2^k[W^k(T^k),T^k]\right\}k = 1,\cdots,K \tag{11.9}$$

二、推导过程

假定非资本收入为 0,则个人财富积累过程仍旧为:

$$\mathrm{d}W(t) = \left\{\left[\sum_{i=1}^n w_i(\mu_i - r) + r\right]W - C\right\}\mathrm{d}t + \sum_{i=1}^n w_i W \sigma_i \mathrm{d}\varphi_i \tag{11.10}$$

最优化条件要求 t 时刻的(个人)价值函数 $J^k[W^k(t),r(t),t]$,满足 HJB 方程[①]:

$$0 = \max_{C,w} + \left\{u_1^k(C^k,t) + J_t^k(W^k,r,t) + J_W^k\left\{\left[\sum_{i=1}^n w_i^k(\mu_i - r) + r\right]W^k - C^k\right\} + J_r^k f +\right.$$

$$\left.\frac{1}{2}J_{WW}^k \sum_{i=1}^n \sum_{j=1}^n w_i^k w_j^k \sigma_{ij}(W^k)^2 + \frac{1}{2}J_{rr}^k g^2 + J_{Wr}\sum_{i=1}^n \varepsilon_{ir} w_i^k W^k\right\} \tag{11.11}$$

边界条件为:

$$J^k(W^k,r,T^k) = u_2(W^k,T^k) \tag{11.12}$$

---

① 非线性偏微分方程的一种形式,其解的一般形式由 Hamilton、Jacobi、Bellman 三人给出,故简称为 HJB 方程。

容易知道,$n + 1$ 个最优一阶条件是:

$$\begin{cases} u_{1,C}^{k}(C^{k},t) - J_{W}^{k}(W^{k},r,t) = 0 \\ J_{W}^{k}(\mu_{i} - r) + J_{WW}^{k}\sum_{j=1}^{n}w_{j}^{k}\sigma_{ij}W^{k} + J_{Wr}^{k}\varepsilon_{ir} = 0, \ i = 1,2,\cdots,n \end{cases} \quad (11.13)$$

把第二个一阶条件写为矩阵形式:

$$J_{W}^{k}(\boldsymbol{\mu} - r\boldsymbol{I}) + J_{WW}^{k}\boldsymbol{V}\boldsymbol{w}W^{k} + J_{Wr}^{k}\boldsymbol{\varepsilon} = \boldsymbol{0} \quad (11.14)$$

其中,$\boldsymbol{\varepsilon}^{\mathrm{T}}$ 是行向量,它的每一个元素代表一种风险资产收益与状态变量 r 的变化之间的协方差。通过对 $\boldsymbol{V}$ 求逆,可得最优资产组合 $\boldsymbol{w}^{*}$ 为:

$$(w_{i}^{k})^{*} = -\frac{J_{W}^{k}}{W^{k}J_{WW}^{k}}\sum_{j=1}^{n}v_{ij}(\mu_{j} - r) - \frac{J_{Wr}^{k}}{W^{k}J_{WW}^{k}}\sum_{j=1}^{n}v_{ij}\varepsilon_{jr}, i = 1,2,\cdots,n \quad (11.15)$$

或者记为矩阵形式:

$$(w^{k})^{*}W^{k} = a^{k}\boldsymbol{V}^{-1}(\boldsymbol{\mu} - r\boldsymbol{I}) + b^{k}\boldsymbol{V}^{-1}\boldsymbol{\varepsilon} \quad (11.16)$$

其中:

$$a^{k} = -\frac{J_{W}^{k}}{J_{WW}^{k}}; b^{k} = -\frac{J_{Wr}^{k}}{J_{WW}^{k}} \quad (11.17)$$

令:

$$\boldsymbol{\omega}_{\mathrm{H}} = \frac{\boldsymbol{V}^{-1}\boldsymbol{\varepsilon}}{\boldsymbol{I}^{\mathrm{T}}\boldsymbol{V}^{-1}\boldsymbol{\varepsilon}} \quad (11.18)$$

为对冲资产组合(注意 $\boldsymbol{I}^{\mathrm{T}}\boldsymbol{w}_{\mathrm{H}} = 1$),则上式又可以写为:

$$(\boldsymbol{w}^{k})^{*}W^{k} = a^{k}[\boldsymbol{I}^{\mathrm{T}}\boldsymbol{V}^{-1}(\boldsymbol{\mu} - r\boldsymbol{I})]\boldsymbol{\omega}_{\mathrm{T}} + b^{k}(\boldsymbol{I}^{\mathrm{T}}\boldsymbol{V}^{-1}\boldsymbol{\varepsilon})\boldsymbol{\omega}_{\mathrm{H}} \quad (11.19)$$

从该式,我们看到投资者最优投资组合可以表示为 3 种资产的线性组合,这样就有所谓三基金组合分离(Three-Fund Portfolio Separation),即个人可以在无风险借贷、切点资产组合 $\boldsymbol{w}_{\mathrm{T}}$ 和对冲资产组合 $\boldsymbol{w}_{\mathrm{H}}$ 之间分配投资基金,投资于后两种资产组合的比例由投资者的偏好决定,也就是说对于不同投资者来说一般是不同的。它是 $m + 2$ 基金分离定理的简化形式。

现在考虑整个市场,加总个人需求即得到风险资产的市场总需求,再除以总财富,(在均衡时)就可以得到市场资产组合 W_{M}。所谓市场资产组合,由上一章中的定义可知,它对每种风险资产的投资比例,就是该种资产的相对市场价值,即这种证券的总市场价值与所有风险证券的总市场价值之比。而在市场均衡时,所有金融资产的总市场价值 M 就等于所有投资者的总财富 $\sum_{k=1}^{K} W^{k}$,因此就有:

$$\boldsymbol{\omega}_{\mathrm{M}} = \frac{\sum_{k=1}^{K}w^{k}W^{k}}{\sum_{k=1}^{K}W^{k}} = \frac{\sum_{k=1}^{K}a^{k}\boldsymbol{V}^{-1}(\boldsymbol{\mu} - r\boldsymbol{I}) + \sum_{k=1}^{K}b^{k}\boldsymbol{V}^{-1}\boldsymbol{\varepsilon}}{\sum_{k=1}^{K}W^{k}} \quad (11.20)$$

或者

$$\boldsymbol{\omega}_{\mathrm{M}} = \frac{A}{M}\boldsymbol{V}^{-1}(\boldsymbol{\mu} - r\boldsymbol{I}) + \frac{B}{M}\boldsymbol{V}^{-1}\boldsymbol{\varepsilon} \quad (11.21)$$

其中,

$$A = \sum_{k=1}^{K} a^k; B = \sum_{k=1}^{K} b^k \tag{11.22}$$

这样,个人最优资产需求式可以重写为:

$$\boldsymbol{\omega}^k W^k = \frac{a^k}{A} M \boldsymbol{\omega}_M + \left(b^k - \frac{a^k}{A} B \right) \boldsymbol{V}^{-1} \boldsymbol{\varepsilon} \tag{11.23}$$

从上式我们也可以看出:最优资产是市场资产组合与对冲资产组合的线性函数。把最优资产需求式(11.16)变形,重写为超额收益形式:

$$a^k(\boldsymbol{\mu} - r\boldsymbol{I}) = \boldsymbol{V} \boldsymbol{\omega}^k W^k - b^k \boldsymbol{\varepsilon} \tag{11.24}$$

加总,得:

$$\sum_{k=1}^{K} a^k(\boldsymbol{\mu} - r\boldsymbol{I}) = \sum_{k=1}^{K} \boldsymbol{V} \boldsymbol{\omega}^k W^k - \sum_{k=1}^{K} b^k \boldsymbol{\varepsilon} \tag{11.25}$$

再除以 A ,得:

$$\boldsymbol{\mu} - r\boldsymbol{I} = \frac{M \sum_{k=1}^{K} W^k \boldsymbol{V} \boldsymbol{\omega}^k}{MA} - \frac{B}{A} \boldsymbol{\varepsilon}$$

$$= \frac{M}{A} \boldsymbol{V} \boldsymbol{\omega}_M - \frac{B}{A} \boldsymbol{\varepsilon} \tag{11.26}$$

或者记为矩阵形式:

$$\boldsymbol{\mu} - r\boldsymbol{I} = \begin{bmatrix} \boldsymbol{V} \boldsymbol{\omega}_M & \boldsymbol{\varepsilon} \end{bmatrix} \begin{bmatrix} M/A \\ - B/A \end{bmatrix} \tag{11.27}$$

那么 $\boldsymbol{w}_M^T \boldsymbol{V}$ 是什么呢? 它是用市场资产组合加权的总体协方差矩阵,实际上它就是单一风险资产收益同市场组合收益之间的协方差矩阵。因此上式也可以记为标量形式:

$$\mu_i - r = \frac{M}{A} \sigma_{im} - \frac{B}{A} \varepsilon_{ir}, \quad i = 1, \cdots, n \tag{11.28}$$

这就说明在均衡时刻,任何风险资产的预期收益,都是它们与市场资产组合和对冲资产组合(基金)的协方差的线性组合。可以根据上式推导出市场资产组合的超额收益为:

$$\mu_M - r = \frac{M}{A} \sigma_M^2 - \frac{B}{A} \varepsilon_{Mr} \tag{11.29}$$

对冲基金的超额收益为:

$$\mu_H - r = \frac{M}{A} \varepsilon_{rM} - \frac{B}{A} g^2 \tag{11.30}$$

在 CAPM 中,如果一种资产组合(例如对冲基金)与市场资产组合不相关时,它的超额收益应当为 0。但是在这里,对冲基金的超额收益与总的保值需求呈负相关关系,与对冲资产组合的协方差呈正向关系。

因此,如果总体上看投资者倾向于使用对冲基金为特定的投资机会集进行保值的话,则会抬高这种资产组合的均衡价格,从而降低它的均衡收益率(如果反向对冲则效果正好相反)。这就使得它的收益率与 CAPM 所预言的收益率有所出入。进一步可以把上面两个等式合并起来,改写为矩阵形式:

$$\begin{bmatrix} \mu_M - r \\ \mu_H - r \end{bmatrix} = \begin{bmatrix} \sigma_M^2 & \varepsilon_{Mr} \\ \varepsilon_{rM} & g^2 \end{bmatrix} \begin{bmatrix} M/A \\ -B/A \end{bmatrix} \tag{11.31}$$

通过上式解出个人偏好参数 M/A 和 $-B/A$，代入最优资产需求函数式(11.14)，即得跨期资本资产定价模型：

$$\mu - rI = \begin{bmatrix} V\boldsymbol{\omega}_M & \boldsymbol{\varepsilon} \end{bmatrix} \begin{bmatrix} \sigma_M^2 & \varepsilon_{Mr} \\ \varepsilon_{rM} & g^2 \end{bmatrix}^{-1} \begin{bmatrix} \mu_M - r \\ \mu_H - r \end{bmatrix} = \beta_{M,Mr} \begin{bmatrix} \mu_M - r \\ \mu_H - r \end{bmatrix} \tag{11.32}$$

或者写为标量形式：

$$\mu_i - r = \beta_{iM}[\mu_M - r] + \beta_{ir}[\mu_H - r], \quad i = 0, 1, \cdots, n \tag{11.33}$$

其中：

$$\beta_{iM} = \frac{\varepsilon_{rM}\varepsilon_{ir} - g^2\sigma_{iM}}{\varepsilon_{rM}^2 - g^2\sigma_M^2}; \quad \beta_{ir} = \frac{\varepsilon_{rM}\varepsilon_{iM} - \varepsilon_{ir}\sigma_M^2}{\varepsilon_{rM}^2 - g^2\sigma_M^2} \tag{11.34}$$

三、结论

我们看到在跨期条件下，仅仅与市场资产组合相联系的 β 系数，还不足以描绘一种资产的相对风险，它与投资机会集的协方差也会影响资产的价格和最优需求数量。要注意的是：这两者都是系统风险，因而它是一种两 β 的均衡。

有时候我们会关心在什么条件下，跨期资本资产定价模型可以得到与前一章的静态资本资产定价模型相一致的结论。情况之一是状态变量 r 是常数，则 $\mu_{ir} = \mu_{Mr} = 0$，资产组合的超额收益为：

$$\mu_i - r = \frac{M}{A}\sigma_{iM} \tag{11.35}$$

$$\mu_M - r = \frac{M}{A}\sigma_M^2 \tag{11.36}$$

两式合并，得到：

$$\mu_i - r = \frac{\sigma_{iM}}{\sigma_M^2}(\mu_M - r) \tag{11.37}$$

这个结论我们再熟悉不过了，尽管这同静态的 CAPM 获得的结论完全一致，但是它不需要二次效用形式和正态分布假定。显然，在这种情况下，因为 r 是常数，没必要做保值，从而市场 β 系数就完全决定了单个风险资产的收益。

把上述结论推广到 m 个状态变量，根据式(11.33)有：

$$\mu_i - r = \sum_{j=0}^{m} \beta_{ij}(\mu^i - r), \quad i = 0, 1, \cdots, n \tag{11.38}$$

其中，$\mu^i(i=0)$ 是市场资产组合的期望收益率；$\mu^i(i=1,\cdots,m)$ 是与第 $S_j(j=1,\cdots,m)$ 个状态变量的变化有着最高相关系数的对冲资产组合(基金)的期望收益率。在计量经济学上，可以把 $\beta_{ij}(i=1,2,\cdots,n;j=1,\cdots,m)$ 视为第 i 种风险资产的(瞬间)期望收益与这 $m+1$ 种基金的(瞬间)期望收益之间的多重回归系数(multiple regression coefficients)。

因此，式(11.38)可以视为上一章中的证券市场线的一般化形式，可以称之为证券市场超平面(security market hyperplane)。也可以把式(11.38)记为矩阵形式：

$$\boldsymbol{\mu} - r\boldsymbol{I} = \begin{bmatrix} W_M^T V & \boldsymbol{\Gamma} \end{bmatrix} \begin{bmatrix} \sigma_M^2 & \boldsymbol{\varepsilon}_{Ms} \\ \boldsymbol{\varepsilon}_{sM} & \boldsymbol{\Omega} \end{bmatrix}^{-1} \begin{bmatrix} \mu_M - r \\ \boldsymbol{\mu}_s - rI \end{bmatrix}$$

$$= \boldsymbol{\beta}_{M,Ms} \begin{bmatrix} \mu_M - r \\ \boldsymbol{\mu}_s - rI \end{bmatrix} \tag{11.39}$$

第二节 消费资本资产定价模型

按本书一开始的定义,投资实际上是一种当期消费的延迟行为,因此,可以把当期消费也作为投资组合的一种资产进行最优组合分析。将其引入资本资产定价模型,就可以得到消费资本资产定价模型(CCAPM)。

一、模型

在第一节的分析中,状态变量是利率 r ,这是随意选择的。如何发现那些建立模型时可用的状态变量呢? 一种方法就如前面讨论的无套利模型一样,基于历史数据采用某种因素分析方法。另一种则是理论假定采用某种状态变量[1],例如以下分析选择真实消费作为状态变量。

重写最优资产组合:

$$\boldsymbol{\omega}^* W = - \frac{J_W}{J_{WW}} \boldsymbol{V}^{-1}(\boldsymbol{\mu} - r\boldsymbol{I}) - \boldsymbol{V}^{-1}\boldsymbol{\Gamma} \cdot \frac{J_{sW}}{J_{WW}} \tag{11.40}$$

最优时,根据包络条件,有:

$$J_W = u_{1,C}\ ;\ J_{WW} = u_{1,CC} C_W\ ;\ J_{sW} = u_{1,CC} C_s\ ; \tag{11.41}$$

另外,称

$$\Theta^k(x) = - \frac{u'(C)}{u''(C)} \tag{11.42}$$

为投资者 k 的绝对风险厌恶指标。把它们代入(11.40)式,得:

$$\boldsymbol{\omega}^k W^k = - \frac{\Theta^k}{C_W^k} \boldsymbol{V}^{-1}(\boldsymbol{\mu} - r\boldsymbol{I}) - \boldsymbol{V}^{-1}\boldsymbol{\Gamma} \cdot \frac{C_s^k}{C_W^k} \tag{11.43}$$

上式前乘 $C_W^k \boldsymbol{V}$,并移项得:

$$\Theta^k(\boldsymbol{\mu} - r\boldsymbol{I}) = \boldsymbol{V}_{nWk} C_W^k + \boldsymbol{\Gamma} C_s^k \tag{11.44}$$

其中,

$$\boldsymbol{V}_{nWk} = \boldsymbol{V}\,\boldsymbol{W}^k W^k \tag{11.45}$$

是资产收益与个人 k 财富的变化之间的协方差。既然个人 k 的最优消费是他的财富、状态变量和时间的函数,则 ITO 定理告诉我们,资产收益和个人 k 的消费率之间的协方差可以表示为:

$$\boldsymbol{V}_{nC^k} = \boldsymbol{V}_{nWk} C_W^k + \boldsymbol{\Gamma} C_s^k \tag{11.46}$$

---

[1] Solnik(1974)、Stulz(1981)就用不同国家的偏好和生产技术作为状态变量。

直观上理解,个人 k 的消费率的变化同他的财富和状态变量的变化有局部线性关系,权重就是该投资者的消费对财富和状态变量的偏导数。因此资产 n 同个人 k 的消费变化之间的协方差为:

$$
\begin{aligned}
\mathrm{cov}(\mu_n, \mathrm{d}C^k) &= \mathrm{cov}(\mu_n, C_W^k \mathrm{d}W^k + \sum_m^M C_{S_m}^k \mathrm{d}S_m) \\
&= C_W^k \mathrm{cov}(\mu_n, \mathrm{d}W^k) + \sum_m^M C_{S_m}^k \mathrm{cov}(\mu_n, \mathrm{d}S_m)
\end{aligned} \tag{11.47}
$$

这就是式(11.46)所要表达的意义。把上式代入式(11.44),得

$$
V_{nC^k} = \Theta^k(\boldsymbol{\mu} - rI) \tag{11.48}
$$

这表示每个投资者都会以这样一种比例来持有风险资产,它使得个人最优消费同每种资产收益的变化之间的协方差,与这些风险资产的超额收益成比例。加总个人资产需求,得到:

$$
\boldsymbol{\mu} - rI = \frac{1}{\Theta} V_{nC} \tag{11.49}
$$

其中,C 是总消费率;V_{nC} 是资产收益与总消费变化的协方差;Θ 是总风险厌恶倾向。同时除以消费率的变化和总风险厌恶,上式可以表示为消费的对数(消费变化率的百分比)。加总个人最优条件,就表明每种风险资产的超额期望收益同它与总消费的协方差成比例:

$$
\boldsymbol{\mu} - rI = \frac{C}{\Theta} V_{n, \ln C} \tag{11.50}
$$

上式前乘任意资产组合 w_P,即得:

$$
(\boldsymbol{\mu}_P - rI)/\sigma_{P, \ln C} = \frac{C}{\Theta} \tag{11.51}
$$

解出 Θ,代入前式就得到消费资本资产定价模型:

$$
\begin{aligned}
\boldsymbol{\mu}_n - rI &= \frac{V_{n, \ln C}}{\sigma_{P, \ln C}}(\boldsymbol{\mu}_P - rI) \\
&= \frac{\beta_{nC}}{\beta_{PC}}(\boldsymbol{\mu}_P - rI)
\end{aligned} \tag{11.52}
$$

其中 β_{nC} 和 β_{PC} 是资产收益和组合收益的"消费 β 系数"。我们把任意风险资产的消费 β 系数定义为:

$$
\beta_{iC} = \frac{\mathrm{cov}(\mu_i, \mathrm{d}\ln C)}{\mathrm{var}(\mathrm{d}\ln C)}, i = 1, \cdots, n \tag{11.53}
$$

如果存在一种资产的收益同下一时刻的总消费完全相关,则消费资本资产定价模型式(11.52)可以记为:

$$
\mu_n - r = \beta_C(\mu_C - r) \tag{11.54}
$$

其中,β_C 为任意资产对于该资产的消费 β 系数;μ_C 为该种资产的收益率。

由于 w_P 可以是任意资产组合,因此式(11.52)说明在均衡时,任意两种资产(或者资产组合)的超额收益就等于它们对总消费的 β 的相对比率。因此,一种资产收益的相关风险,可以简化为对总消费的唯一一个 β 系数。换句话说,β_{nC}/β_{PC} 就代替 CAPM 中的市场 β 系数。这是对于前面的多 β 的 ICAPM 一种简化。

需要指出的是:在这样一种跨期经济中,市场资产组合不再具有均方效率,而恰恰是那些在收益上与真实总消费有着最高相关关系的资产组合,是具有均方效率的。证明这一点很容易,我们只要在式(11.49)两边左乘上 V^{-1} 就可以发现:等式右侧给出了同消费具有最大相关关系的资产组合;等式左侧则表现出了均方效率特征。[①] 原因其实很简单,在跨期经济中,人们只会为与消费有关的风险进行支付。持有任何同消费没有最高相关关系的资产,都不会带来额外的收益。

二、ICAPM 的经济解释

直观上理解 ICAPM 的数学分析基于以下观察:给定一条最优路径,个人会极力把消费的边际效用设定为财富的边际效用(包络条件)。因而财富的效用是这种理论的基本点,而这正恰恰是 CCAPM 的核心,关键的假设可以被清楚地识别出来。给定财富和当前状态,一个间接效用函数就描述了通过最优决策获得的个人未来(终身)效用的当前价值。沿着这条最优路径,个人总是以资产收益与财富的边际效用变化之间的相关关系,来评估它们的价值。

如果考虑到资产价格和边际效用之间的关系,我们对上述结果就会有更清楚的认识。Breeden 和 Litzenberger(1978)曾经证明:某种资产的边际价值(或者公平市场价格),就应当是它的未来支付的期望边际效用,而支付的边际效用的数学期望取决于该期望支付值的大小、履行支付的时间,以及它们与不同时间的一单位消费(或者支付)之间的协方差。

如果一种资产的收益支付,在消费达到最高时也达到最高(即完全正相关的消费 β),那么这种支付其实是最不需要的,因而它也是最不值钱的。换句话说,当消费的边际效用很低时,它的价值(价格)也就越低,投资者会对它要求比其他资产更高的均衡收益率。因此 CCAPM 实际上就是这种诠释的最佳代表。因为效用是时际可加的,任何时刻 t 的消费是该时刻边际效用的一个充分的指标(统计量)。而在跨期经济中,财富却起不到这个作用,因为引致的财富效用函数是状态变量决定的,因此投资机会集的质量也会影响一单位支付的边际效用。

而在单期的 CAPM 中,既然实现的财富是所有可能出现的状态变化的结果,个人就可以通过评估资产对于未来财富的边际贡献,来决定对它们的持有比例。问题是:这种直觉为什么不能够延伸到跨期模型中呢?CCAPM 实际上提供了对静态模型的恰当等价物:消费是跨期模型的关键,就相当于静态模型中财富的作用。在单期模型中,假定最终财富全部被消费掉,如同那时个人以对财富的边际贡献来评估资产价值一样,在跨期经济中,人们采用的是资产对消费的边际贡献率。

在单期的 CAPM 中,同市场(总财富)的协方差为什么可以决定风险收益呢?因为在单期经济中,消费就等于财富。既然边际效用同消费之间存在着一一对应关系,则它与财富之间也存在一一对应的关系,在这种情况下消费 β 和市场 β 是一样,CCAPM 就简化成了 CAPM。

---

① 　均方效率特征: $\omega^* = -\dfrac{J_W}{W J_{WW}} V^{-1}(\mu - rI)$ 。

第三节　行为资产定价模型

行为金融学在 CAPM 理论的基础上引入了噪声交易者风险、期望理论与风险选择等理论,从而提出了行为资产定价理论(BAPM)和行为资产组合理论(BPT)。

一、行为投资决策理论的发展

过去 40 年以来,投资决策的理论和模式都在 EMH 的范式指导下进行。EMH 理论是在许多假设条件下所论证成立的,其中行为方面的假设是投资者行为理性、可预测性和没有偏差的行为一致性。在 EMH 产生与发展的同时,Markowitz 结合 Osberne 的期望收益率分布,用其方差或标准差度量资产组合的风险,得出投资者选择有效边界的风险和标准差给定水平上期望收益率最高的资产组合的结论。所以投资者在马柯维茨定义上的理性是指他们是风险厌恶的。在此基础上,Sharpe(1964)、Lintner(1965)和 Mossin(1966)将 EMH 和 Markowitz 的资产组合结合起来,建立了一个以一般均衡框架中的理性预期为基础的投资者行为模型,这一模型被称作资本资产定价模型(CAPM)。CAPM 中的投资者有着同质的收益率预期,以相同的方式解读信息。在此假定下,CAPM 认为:高风险的资产应有高收益率的补偿,投资者的最优投资决策应沿着资本市场线进行。

现代金融理论正是建立在资本资产定价模型(CAPM)和有效市场假说(EMH)两大基石上的。这些经典理论承袭经济学的分析方法与技术,其模型与范式局限在"理性"的分析框架中,忽视了对投资者实际决策行为的分析。随着金融市场上各种异常现象的累积,模型和实际的背离使得现代金融理论的理性分析范式在一定程度上受到了行为金融学的挑战。[1] 在认知心理学的决策模式支持下,行为金融学研究了投资者是怎样对信息做出理解、传播和行为反应的,这些实践中对待信息的行为与 EMH 理论模式中的阐述有很大的差异。行为金融学认为,首先,个体投资者是异质的,市场中并不存在纯粹理性和无限理性的投资者,现实中的投资者都是有限理性的[2];其次,市场中存在着投资者们的一致性行为,理论中抽象的随机游走模式并不能在市场中有效地观察得到。行为金融学的这两个基本观点,可以用来有效地解释 EMH 所不能解释的许多市场之谜,并且由此得出的结论与在市场加总层面上投资者行为非理性的经验观察相吻合,即个体理性并不意味着整体理性。这样,行为金融学就进一步地定义了投资者在市场中的许多行为投资决策模式,并且认为如果某个投资者能深入了解市场中投资者的行为模式,并运用到自己的投资策略中,那么他就有可能战胜市场指数。可以说,行为理论和心理学给资本市场的投资者、证券组合的管理者和金融经济学家带来了理论研究和投资实践的巨大变化,并为行为投资策略奠定了坚实的理论基础。[3]

---

[1]　行为金融学对 EMH 的挑战和争论,具体内容请参见本书第 4 章至第 6 章。
[2]　有关有限理性的详细论述,请参见本书第 3 章和第 4 章。
[3]　有关行为投资策略论述的详细内容,请参见本书第 6 章。

　　在此基础上,行为金融理论与现代金融理论相结合,对现代金融理论进行完善。在投资指导层面,Statman 和 Shefrin 提出的行为资产定价理论(BAPM)和行为资产组合理论(BPT)引起金融界的注意。BAPM 是对传统的资本资产定价模型(CAPM)的扩展。与 CAPM 不同,BAPM 中的投资者被分为两类:信息交易者和噪声交易者。信息交易者是严格按 CAPM 行事的理性交易者,不会出现系统偏差;噪声交易者则不按 CAPM 行事,会犯各种认知偏差错误。两类交易者互相影响共同决定资产价格。事实上,在 BAPM 中,资本市场组合的问题仍然存在,因为均值—方差有效组合会随时间而改变。BPT 是在现代资产组合理论的基础上发展起来的。现代资产组合理论认为,投资者应该把注意力集中在整个组合,最优的组合配置处在均值—方差有效前沿上。BPT 认为现实中的投资者无法做到这一点,他们实际构建的资产组合是基于对不同资产的风险程度的认识以及投资目的所形成的一种金字塔式的行为资产组合,位于金字塔各层的资产都与特定的目标和风险态度相联系,而各层之间的相关性被忽略了。

　　行为投资决策理论的提出,在很大程度上挑战了传统资产组合理论的权威地位,并被越来越多地运用到投资实践中。但是,行为金融理论的分析范式,主要是以生命为中心的非线性复杂范式,涉及复杂的人类心理与行为研究,所以行为金融理论本身也有待发展和完善。因而,行为投资决策理论的发展仍然是一个不断修正和完善的过程。

二、行为资产定价理论

(一) 噪声交易者对传统资产定价理论的影响

　　在 CAPM 定价理论中,市场的定价过程是有效率的,风险报酬唯一地由贝塔系数(β)和市场资产组合的收益分布状况所决定,利率期限结构对应于 Cox、Ingersoll 和 Ross(1985)的模型中所描述的状态,期权价格也遵循 Black-Scholes 公式的定价规律而确定。然而,在行为金融学与主流金融学的争论中我们得知,由于 EMH 假说和 CAPM 定价理论没有考虑市场中客观存在的噪声交易者的行为和一般投资者的与理性状态偏差的行为决策模式,所以在实践中这些理论面临着修正的必要。

　　很多文献都讨论过 EMH 和 CAPM 面临的这些挑战。对于影响超常收益的因素,Banz(1981)指出与公司规模相关,Basu(1983)指出与公司市盈率相关,De Bondt 和 Thaler(1985,1987)指出与过去的输赢者情况相关,Roll(1983)指出与一年中的时间结构相关;对于市场波动性和过度反应,Shiller(1981)指出市场可能存在着过度的波动性,LeRoyPorter(1981)、Stein(1989)、Bates(1991)指出过度反应还存在于期权价格中;此外,Mehra 和 Prescott(1985)研究了股权溢价之谜,Lee、Shleifer 和 Thaler(1991)研究了封闭式基金折价之谜,Fama 和 French(1992)研究了 β 在反映市场风险方面的不足之处。

　　当在资产定价过程中考虑了以噪声交易者为代表的非理性投资行为[1]时,很多在有

---

　　①　此处的非理性,其含义是相对于传统理性定义而言的。事实上,对理性的考察,需要放在个体或者整体的具体维度,以及特定的市场环境中进行。从认识论的角度看,我们很难在事后或者从一个整体的角度去评价个体投资者的决策理性与否,因为先验的理性是不存在的,每个人的决策都受到自己的视角的局限。由此,当我们考虑客观存在的投资者个体差异时,以唯一的标准去衡量和要求个体投资者,不仅与事实相去甚远,而且本身就是一种不理性的做法。关于这方面的讨论,请参阅本书中的相关文献。

效市场概念中所不存在的市场现象就产生了。在有效市场中,资产的均值—方差有效边界、资产组合的收益率分布、风险的溢价分布、期限结构、期权价格等核心定价参数,只随着市场中的信息①变化而变化。当我们在资产定价理论中考虑噪声交易者因素后,资产价格将与 CAPM 中的结论有所偏离。噪声交易者的行为在很多方面影响到资产价格确定,现有文献中主要从以下几个方面分析了这些影响:① 使资产的均值—方差有效边界偏离于 CAPM 中的水平,从而使特定的资产产生超常收益。Chopra、Lakonishok 和 Ritter (1992)研究了 β 与超常收益在这方面的联系。② 使市场资产组合的风险报酬水平以及长期的利率水平产生过度的波动性,从而增加了超常收益获得的机会,Brown 和 Schaefer (1994)分析了这方面的原因。③ 在生产曲线的斜率和市场资产组合的风险报酬之间建立了一种联系,从而增加了风险报酬提高的可能性,Ferson 和 Harvey(1991)研究了这方面的联系。④ 使期权价格隐含的主观波动性和其客观波动性之间的差距加大,从而增加投资的盈利空间,Canina 和 Figlewski(1993)对此进行了分析。除此之外,我们还可以从投资者的行为特征出发,从很多方面来研究噪声交易者的行为对资产定价理论的影响与修正。②

由于噪声交易者的存在③,市场中的投资者除了面临市场的系统风险以外,还面临着由噪声交易者行为带来的噪声交易者风险。对于理性投资者来说,因为市场参与条件的不同,他们可能拥有不同的经验、偏好和反应机制,也会面临诸如资金头寸、融资成本、在一定期限内的清算压力或者是投资组合的选择标准等方面存在差异的交易约束,因此,即便是面对同样的信息也可能会做出不同的决策。作为风险厌恶者,他们并不一定对所有的套利机会都有能力和愿望去进行套利,他们有许多时候会选择不与噪声交易者的交易力量相对抗,尤其是当噪声交易者的判断和行为都趋于一致的时候。从而噪声交易者有可能获得高于理性投资者的投资收益,而这种获利可能会产生某种示范效应,不仅使得新进入市场者而且部分的套利交易者都加入噪声交易者行列,并且在一定时期对某些资产的交易具有一定的市场影响力。这样,即使在资产价格偏离基本价值的情况下,由于"有限套利"(Shleifer 和 Vishny,1997)的存在,噪声交易者可以从他们创造的风险中获得一定时期的套利空间而获利。根据噪声交易者模型中所分析的,噪声交易者可以通过创造空间效应、增持效应、价格压力效应和贵买贱卖效应④,获得一定的市场影响力,并根据由此产生的噪声交易者风险去影响市场的风险、收益分布状况和期限结构状况。

---

① 此处信息在经典理论中的定义是指与资产基本价值有关的信息。关于基本价值的定义以及实践中的表现的可预测性,存在着争议,所以信息的概念也存在着不同的理解。

② 在本书的第 6 章,分析了行为金融中几个经典的投资者行为模型。

③ 事实上,噪声与信息是相对的概念,所以噪声交易者也是与理性投资者的定义相关的。如果信息定义为与资产基本价值变动的一些消息,它可以被投资者接受并据以正确预期资产基本价值的有关变动,则噪声可以被定义为是一些原本可以与资产基本价值无关,但同样被投资者接受并影响资产价格非理性变动的一些消息(Black 1986)。相比之下,接受信息并反应的是理性投资者,接受噪声并反应的是"噪声交易者"。很显然,从认识论的角度看,因为信息是否与资产基本价值变动有关无法进行先验的判断,市场参与者对信息接受与否的判断标准仍然是主观的,所以市场中没有长久的对于所有资产交易而言一贯如一的理性交易者,同样的结论也适用于噪声交易者。

④ 关于这些效应的详细分析,请参见本书第 6 章中的"噪声交易者模型"和"投资者情绪模型"部分的分析。

在行为金融学发展过程中所提出的各种模型中,除了噪声交易者模型以外,还包括有限套利模型、投资者情绪模型、过度反应模型、反应不足模型和羊群效应模型等。从理论的总结上看,这些从不同的角度论述的行为决策问题对市场的影响,都可以从噪声交易者风险对投资策略的影响角度去理解。所以,围绕着如何通过噪声交易者风险的定义和衡量,分析市场超常收益率和风险之间的关系,从而更全面地认识市场中的资产定价关系,就发展出了行为资产定价理论。Shefrin 和 Statman(1994)[1]在总结行为金融理论的研究成果基础上,在"Behavioral Capital Asset Pricing Theory"一文中提出了行为资产定价理论。

行为资产定价理论认为:当 EMH 成立时,价格是有效的,这时任何证券的风险报酬取决于 β 和市场资产组合的收益率分布情况,正如 CAPM 所描述的那样。但是,在市场实践中,EMH 往往是不成立的,价格在更多情况下是无效率的,此时噪声交易者风险成为改变风险报酬的另一重要因素,并通过多方面作用使得资产价格与 CAPM 中的结论有所偏离。这时,原先 CAPM 中的 β 将不能完全表示市场的风险报酬水平,需要考虑噪声交易者风险并加以修正,来比较全面地反映和衡量市场风险报酬水平。当考虑了噪声交易者风险以后,市场资产组合的均值—方差有效边界将偏离 CAPM 中的水平,一般来说还包含了一部分超常收益。也就是说,经过修正后市场风险报酬水平将包括两部分:原先 CAPM 中 β 所代表的水平,以及噪声交易者风险导致的超常收益。

在图 11-1 中,资本市场线对应着 CAPM 中的市场风险报酬水平,市场有效边界线是反映市场真实风险收益状况的有效边界。市场有效边界线在资本市场线的上方,两者之间的垂直距离就是超常收益。Shefrin 和 Statman 提出了一个模型,推导并论证出以上结果,同时把上述思想表述为:

$$A(Z) = \left[\frac{\beta(Z)}{\beta(\rho^*)} - \beta^*(Z)\right](E(\rho^*) - 1) \qquad (11.55)$$

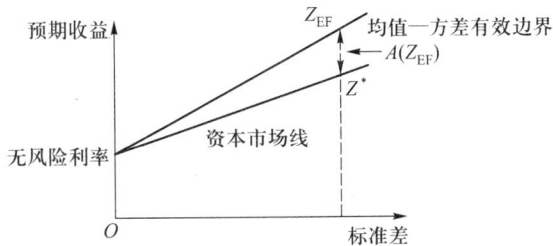

图 11-1　资本市场线和市场有效边界

其中,$A(Z)$ 是投资组合 Z 的期望超常收益率;$\beta(Z)$ 是反映市场真实风险报酬水平的贝塔系数;ρ^* 是价格效率系数[2];$\beta(\rho^*)$ 是用来衡量 ρ^* 有效程度的参数,$\beta(\rho^*) = \mathrm{Cov}(\rho^*,$

① Shefrin,H,Statman M. Behavioral Capital Asset Pricing Theory. Journal of Financial and Quantitative Analysis, 1994, 29(3):323-349.
② 价格效率系数可以理解为在多大程度上价格反映了资产基本价值,或者在多大程度上价格偏离了基本价值。这个系数同样可以被用来衡量市场有效性意义上的市场效率。

$\rho_{mv})/\mathrm{Var}(\rho_{mv})$；$\beta^*(Z)$ 是资本市场线中的贝塔系数；$(E(\rho^*)-1)$ 反映的是市场资产组合的风险报酬。这样,我们就可以用 $([\beta(Z)/\beta(\rho^*)]-\beta^*(Z))$ 来表示对资本市场线中的贝塔系数修正,并把它称为"贝塔修正系数"。

以上公式表示了资产超常收益率和资本市场线中的贝塔系数之间的联系。从这个公式出发,我们可以得出一些有关超常收益率的一些结论:① 如果价格是有效率的,那么 $A(Z)=0$,并且如果收益率函数 $\rho(Z)$ 完全相关于 ρ^*,那么 $A(Z)=0$;② 对于那些收益率与价格效率系数 ρ^* 紧密相关的资产来说,贝塔修正系数将很小;③ 期望的超常收益率 $A(Z)$ 是 $\beta(Z)$ 的增函数,是 $\beta^*(Z)$ 的减函数。

如果我们根据各种资产的 $\beta(Z)/\beta^*(Z)$ 比值把它们排列,并做分类比较,我们将发现超常收益率最高的资产往往也具有最高的真实 β 值。这样,在经验上观察到的超常收益率应该伴随着较高真实贝塔系数的结论,可以从理论上得到解释,并把超常收益率、资本市场的贝塔系数和投资者认知误差导致的噪声交易者风险三者的关系联系起来,在行为资产定价理论中表示出来。

(二) BAPM 与 CAPM 的模型比较

当我们把 CAPM 模型中描述的市场状况和 BAPM 模型中描述的行为资产定价情况相比较之后,我们可以发现,两者之间的差异在本质上在于是否把以噪声交易者为代表的投资者行为及其影响考虑到资产定价的过程中,在形式上则体现为两者风险报酬组成部分的不同,以及两者对体现风险报酬的贝塔系数所赋予的含义不同。

当我们在资产定价过程中考虑噪声交易者风险的时候,价格将不再像 CAPM 中那样仅仅只是信息的函数[①],而是在此基础上,包含了诸如噪声交易者的信念、情绪和行为反应等行为因素作用的结果。从这个意义上来理解,BAPM 的理论框架设计,就是在 CAPM 模型的基本特征基础上,把以噪声交易者为代表的投资者信念、情绪和行为反应等等行为因素,加入资产定价的机制中去以后而形成的行为资产定价理论框架。对于理解市场的定价过程来说,BAPM 和 CAPM 是同等重要的两个互补性理论框架。

在上文关于行为资产定价理论的讨论中,我们曾经指出由于噪声交易者风险导致的市场超常收益率与 CAPM 中市场 β 的关系,并且指出这种超常收益是与噪声交易者风险相伴生的。现在当我们把 CAPM 和 BAPM 进行比较的时候,我们可以为 BAPM 也定义一个贝塔系数(行为 β),与 CAPM 中的市场 β 相对应。这样,两者在形式上就有了一种统一,从而可以进行某种比较。在行为 β 和市场 β 之间,相差的是与噪声交易者风险相对应的那部分风险报酬因子,我们可以把它定义为 NTR。这样,如果我们把 BAPM 中的市场 β 用来与市场的真实风险——收益状态匹配,那么如此定义的市场 β 就反映了市场水平,从而 β_{CAPM} 加上 NTR 就是 β_{BAPM}。见下式

$$\beta_{\mathrm{BAPM}}=\beta_{\mathrm{CAPM}}+NTR$$

---

① 此处的信息仍然是指与基本价值相关的信息,即 EMH 中所定义的标准信息。事实上,由于噪声也是一种与标准信息相对应的信息,而且这些噪声同样也被噪声交易者用来影响他们的投资决策,所以此处在理解上我们有必要把两者用定义区别开来。

也就是说,按照这样的定义,β_{BAPM}一般要大于β_{CAPM}。之所以这样定义是基于如下的逻辑:从理性投资者的角度看,一般地,他们将把市场实际风险看作是考虑了所有风险因素以后的风险,由于他们在进行投资决策时将不可避免地面临噪声交易者风险 NTR,他们将在β_{CAPM}的基础上,把 NTR 从实际风险中进行适当的分离。在风险—收益权衡时,他们单独对待 NTR,而不把这部分风险混淆到市场实际风险上。按照这样的思路,理性投资者的市场风险基准将以β_{BAPM}作为参照。[①] 如图 11-2 所示。

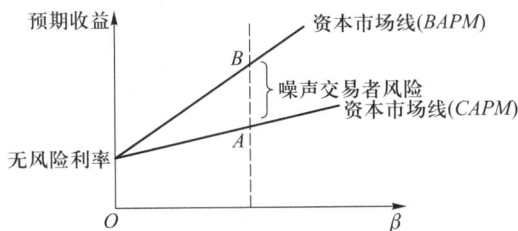

图 11-2　BAPM 与 CAPM 的模型比较

但是,以上的分析指出,我们对 BAPM 的理解是在 CAPM 的基础上加以对比和补充而形成的。如果β_{CAPM}可以按照传统的投资分析方法获得,那么我们需要一种方法来获得 NTR,从而得到反映市场真实风险水平的β_{BAPM}。问题是,在实践中我们又如何来定义和测量 NTR 呢? 现有的文献都没有讨论过这个问题,理论界和实践中也没有对 NTR 的定义和测度形成一致的意见。在投资实践中,理性的投资者一般用直觉去感知 NTR,也可以利用技术分析的方法去分析和测度 NTR。在证券市场微观结构的理论分析中,来自交易的信息揭示模型中的分析,提供了对证券投资技术分析的一些理论支持。[②]

(三) BAPM 运用中的一些问题

行为金融学所发展的行为投资理论,对于投资实践具有重要的指导作用。行为投资理论的提出,打破了传统金融理论和资产分析方法的定式,指出了能够全面反映市场属性的必要性补充。在运用时,首先要对市场的投资者结构进行投资环境分析。一般来说,如果噪声交易者的市场势力权重较大,那么 BAPM 的理论框架将比 CAPM 更适应分析该市场的资产价格;如果噪声交易者比较沉默从而市场影响力较小,则该市场的 NTR 将较小,CAPM 将更为适合于分析市场的资产价格。引起这种结果的原因很多,既与市场的投资者结构、信息结构和监管制度等微观结构因素有关系,也与一些市场传统和制度背景有关系。一般来说,可以根据历史观察法去推测市场在这方面的特征。此外,行为金融学还有许多投资指导原则,我们将在本节随后的内容中予以介绍。

但是,这些指导主要是从一些行为投资原则方面进行的,在定量方面还没有一种统一的方法去测量 NTR。在实践中,可以借鉴市场微观结构的一些实证研究方法,从交易量变

---

① 事实上,这种划分完全依赖于市场风险的基准定义。如果我们从另一个角度出发,把β_{CAPM}作为市场真实风险的基准,那么β_{BAPM}加上 NTR 就是β_{CAPM}。但是,不管从何种角度去理解这个问题,都不妨碍我们对 NTR 的理解。

② 关于这部分内容,请参看:刘红忠.金融市场学.上海:上海人民出版社,2003。

化、波动性、换手率等统计指标去估计 *NTR* 的大致范围。即便如此,由于市场的动态性,要准确地对 *NTR* 进行预测仍然是很困难的,这些局限性也限制了 BAPM 更为广泛和精确的运用。此外,BAPM 的实证性运用还面临着几个难点:首先,通过交易量变化、波动性和换手率对 *NTR* 进行实证研究的时候,需要区分这些统计因素的变化,哪些权重是由于新信息的产生、流动性交易以及交易后资产组合再平衡的需要等因素而引起的,这样才可以对由投资者情绪因素引起的交易量、波动性和换手率的异常变化进行判断。其次,在对 *NTR* 进行测度的时候,需与一个平均基准相比较以衡量市场的异常变化,而这个平均水平基准的定义与选取在动态的市场中很难进行。例如,以交易量进行实证计量时,需要确定一个平均水平的交易量,以此为基准才可以比较出由投资者情绪引起的异常交易量水平。再次,即便前两方面的困难可以克服,在计算 BAPM 中的超常收益水平时,也需要构建有代表性的市场资产组合,才可以计算出 *NTR* 的数值,从而在利用传统市场指数计算出的 β_{CAPM} 基础上得出行为 β。所以,有关 BAPM 的实证研究方法,还需要理论与实践中进一步探索。[①]

三、行为资产组合理论

(一)行为资产组合理论的提出

与行为资产定价理论相类似,行为资产组合理论也是在与 CAPM 按照均值—方差分析的资产组合理论的对比中发展起来的。但是,作为行为投资原则的直接运用,以及在实践中投资决策的实际总结,行为资产组合理论在理论研究和实践总结上有许多创新。行为资产组合理论主要讨论两方面的问题:资产组合构建和证券设计。在本书中,我们将侧重介绍资产组合构建方面的内容。[②]

在投资实践中,来自于基金公司等专业投资机构的金融分析师们建议的投资组合,往往与用 CAPM 按照均值—方差分析得出的资产组合有很大的差异,而且这种情况是一种投资界中的普遍现象。例如,Canner、Mankiw 和 Weil(1997)注意到了这样一种现象:金融分析师们建议在一些资产组合中采用比其他资产组合更高的股票和债券比率来进行构建。这种建议与 CAPM 中"资产组合分离原则"相矛盾,因为分离原则要求在构建风险资产组合时保持股票和债券的固定比率,同时调整无风险资产和风险资产的相对比重,以此反映不同的风险偏好。Canner、Mankiw 和 Weil 把这种现象称为"资产配置之谜"。理论界对这种现象展开了许多争论,试图用不同的观点来进行解释,但是在原有的传统资产组合理论框架中的观点都忽视了一个可能是最本质的解释,那就是:投资者在构建资产组合时,可能有多种不同于传统理论的目标,而且这些目标与投资者行为相关,并且在投资决策中会以不同的方式体现。

在传统资产组合理论中,以均值—方差分析作为指导原则的投资者们把资产组合

---

① 有关 BAPM 的运用,已经有很多学者探索性地进行过研究,其中 Vikash Bora Ramiah 和 Sinclair Davidson (2002)曾分析过澳大利亚证券市场的 *NTR*。有兴趣的读者可以参考原文。

② Shefrin H, Statman M. Behavioral Portfolio Theory,1997.

作为一个整体来看待和评估。在构建资产组合时,他们将考虑不同资产之间的协方差,只关心作为整体的资产组合的收益和方差(而忽视单个资产的情况),并且他们总是一致性地厌恶风险。与之相比,行为投资者们会有很大的差别。行为投资者在构建资产组合时,倾向于构建一种金字塔式的以一层一层的资产组成的资产组合,不同的资产层与不同的投资目标和风险偏好相联系。而且,行为投资者并不像 CAPM 理论所阐述的那样关注资产之间的协方差。在投资实践中,养老基金的机构投资者的资产组合行为是一个典型的例子。

在养老基金机构投资者的资产组合构建过程中,他们首先定义并确定资产组合金字塔中的资产层,比如哪些层配置股票、哪些层配置债券等,然后决定在不同的资产层中分别配置哪些适当的资产。一般来说,他们把股票资产的配置交给权益类证券经理人去做,而把债券类资产的配置交给固定收益证券类经理人去做。这种金字塔式的一层层资产配置过程,事实上从另一个侧面说明了不同资产之间的协方差并没有像 CAPM 阐述的那样被强调。

在对待风险方面,典型的投资者所持有的态度与 CAPM 中的假设与描述并不一致,他们往往不太注重均值—方差的分析结果,而且并非一致性地厌恶风险,而是在不同的时候和不同的情况下显示出对风险的不同偏好。Sharpe 曾经描述过一些养老基金的投资决策委员们对风险的不同态度,当基金的规模、资金比较充裕的时候,他们会表现出较强的风险承受态度从而采取更为激进的投资决策来构建资产组合,而当基金的规模受限、资金来源不足的时候,则采取对风险比较规避的保守投资策略。

上述这些特点不仅适用于机构投资者,也适用于个人投资者。Friedman 和 Savage(1948)曾经研究过这样一种情况:许多个人普遍存在着买彩票的同时又买保险的行为倾向。个人投资者也像机构投资者一样,会采取类似的方法构建自己的金字塔式的资产组合。他们的资产组合金字塔的底层是现金和债券,相应的投资目标是保持一定的流动性和防止在财产拥有的意义上变得贫穷,而在资产组合的上层,他们会选择持有成长性股票,相应的投资目标是变得更加富有。

以上分析说明,典型投资者在不同情况下的投资目标是不一样的,反映在投资实践中的结果是金字塔式行为资产组合中不同的资产层对应着不同的投资目标和风险偏好。如果以可实现的 CAPM 资产组合作为最优标准,那么行为资产组合的投资决策只能是一种次优状态,但这却是投资实践中所普遍存在的情况。

(二)行为资产组合理论的主要内容

行为资产组合理论是在期望理论与风险选择的两因素理论基础上,通过与传统 CAPM 资产组合理论相对比而发展起来的。

期望理论(也称前景理论)由 Kahneman 和 Tversky(1986)首先总结并提出,其相关内容在本书的前面章节中已经有所论及。期望理论指出:人们决策的依据是建立在他们的期望之上,而期望是人们对决策可能带来各种后果的价值函数(value function)的加权平均值。价值函数并不是一条平滑的曲线,而是一条折线,其转折点称为参考点(Reference Point)。参考点是人们用于对各种情形进行对比的参照体系,在决策时人们将各种可能的结果与参考点做比较。当财富水平高于参考点时,价值函数与效用函数一样是向下凹的;

当财富水平低于参考点时,价值函数则转为向上凸。但是,参考点的决定具有主观性,是由人们用作比较的基准点决定的,而这种可用做比较的基准点又主要取决于行为主体很方便就可以找到或看到的标准,甚至可能受到问题表述方式的影响。所以,人们对价值的评估具有不确定性,而并非预期效用理论所指出的那样,是确定的、唯一的。

风险选择的两因素理论是 Lopes 于 1987 年提出来的,主要用来分析人们在面对不确定性时的目标和选择之间的关系。第一个因素是关于目标与安全性和潜力性之间的关系。Lopes 指出,风险厌恶者的行为目标首先是安全性,而具有一定风险偏好追求的人则更关注于潜力性,现实生活中两种情况都普遍存在;第二个因素是关于目标与期望水平之间的关系。期望水平对于不同的人来说是不一样的,尽管大多数人都期望变得更富有,但是关于富有的概念和定义确实是因人而异的。与期望理论相比,我们会发现 Lopes 描述的期望水平与参考点在本质上是一样的概念。

当投资者在进行投资决策时,不可避免地将遇到期望理论和风险选择的两因素理论所提出的问题。所以,在投资决策时,投资者们并不总是像传统资产组合理论要求的那样把所有的资产一一计算、比较和排列,更普遍的情况则是他们将对资产进行逐个选择,从而更倾向于以金字塔式的方式构建资产组合。

行为资产组合理论指出,投资者究竟构建什么样的金字塔式资产组合,主要取决于五个关键的因素:① 投资目标。不同的投资目标将使投资者在资产组合各层之间的财富配置不同,比如如果投资者对资产组合上层部分赋予较高权重的增长性目标,那么他们将把较多的财富配置于与该层相对应的一些证券。② 资产组合各层的参考点。在衡量不同资产层的投资目标时,越高的参考点水平将使得所选择的证券越具有增长性和风险性,比如资产组合中顶层较高的参考点往往导致该层的证券也具有某种投机性。③ 效用函数的形状。凹度较大的效用函数,反映了投资者的收益目标不高,意味着在某种证券的投资收益方面较容易得到满足,这将使得在既定的投资预算条件下,资产组合中对应的资产层可以配置该类证券中更多品种的证券。④ 信息的知情程度(不论是真实的或是想象的)。如果投资者认为他在某些证券方面拥有信息优势,那么他将对该证券持有超高份额的头寸。⑤ 对投资损失的厌恶程度。如果投资者害怕面对投资损失,那么这种行为倾向将使他多持有现金等流动性高的资产的可能性加大,或者在投资时更可能持有多种证券。这种分散性投资并不希望获得投资多样化收益,而是避免面对单一证券组合在投资失误时显而易见的回旋余地很小的投资损失。

总的来说,在行为金融学发展的基础上,行为资产组合理论引入了很多行为投资原则,在投资实践中与传统的资产组合理论从各个方面相对比,进而描述行为资产组合的构建特点。行为资产组合理论的提出,使资产组合理论在更大的空间内得以继续发展。

(三) 几个代表性的行为投资模型

1. BSV 模型(Barberis、Shleffer 和 Vishny,1998)

BSV 模型认为,人们进行投资决策时存在两种错误范式:其一是代表性偏差(Representative Bias),即投资者过分重视近期数据的变化模式,而对产生这些数据的总体特征重视不够,这种偏差导致股价对收益变化的反映不足(Under-Reaction)。其二是保守性偏差(Conservation),即投资者不能及时根据变化了的情况修正自己的预测模型,导致股价过度反应(Over-Reaction)。BSV 模型从这两种偏差出发,解释投资者决策模型如何导致证券的市场价格变化偏离有效市场假说。

2. DHS 模型(Daniel、Hirsheifer 和 Subramanyam,1998)

该模型将投资者分为有信息和无信息两类。有信息的投资者不存在判断偏差,无信息的投资者存在着过度自信和有偏的自我归因(Serf-Contribution)。过度自信导致投资者夸大自己对股票价值判断的准确性;有偏的自我归因则使他们低估关于股票价值的公开信号。随着公共信息最终战胜行为偏差,对个人信息的过度反应和对公共信息的反应不足,就会导致股票回报的短期连续性和长期反转。所以 Fama(1998)认为 DHS 模型和BSV 模型虽然建立在不同的行为前提基础上,但二者的结论是相似的。

3. S 模型(Hong 和 Stein,1999)

S 模型又称统一理论模型(Unified Theory Model)。统一理论模型区别于 BSV 和 DHS模型之处在于:它把研究重点放在不同投资者的作用机制上,而不是投资者的认知偏差方面。该模型把投资者分为"观察消息者"和"动量交易者"两类。"观察消息者"根据获得的关于未来价值的信息进行预测,其局限是完全不依赖于当前或过去的价格;"动量交易者"则完全依赖于过去的价格变化,其局限是他们的预测必须是过去价格历史的简单函数。在上述假设下,该模型将反应不足和过度反应统一归结为关于基本价值信息的逐渐扩散,而不包括其他的对投资者情感刺激和流动性交易的需要。模型认为最初由于"观察消息者"对私人信息反应不足的倾向,使得"动量交易者"力图通过套期策略来利用这一点,而这样做的结果恰好走向了另一个极端——过度反应。

4. 羊群效应模型(Herd Behavioral Model)

该模型认为投资者羊群行为是符合最大效用准则的,是"群体压力"等情绪下贯彻的非理性行为,有序列型和非序列型两种模型。序列型由 Banerjee(1992)提出。在该模型中,投资者通过典型的 Bayes 过程从市场噪声以及其他个体的决策中依次获取决策信息,这类决策的最大特征是其决策的序列性。但是现实中要区分投资者的顺序是不现实的。因而这一假设在实际金融市场中缺乏支持。非序列型则论证无论仿效倾向强或弱,都不会得到现代金融理论中关于股票收益分布的零点对称、单一模态的厚尾特征。

以上几个代表性的行为投资模型所揭示的理论实质,事实上常常在投资实践中得到验证。展望未来行为投资决策理论的发展,将把这些行为定价理论、行为资产组合理论以及众多行为投资模型所揭示的投资指导原则,纳入更为一般化的框架中加以更为广泛的运用。

第四节　最优消费与投资决策

在本节内容中,我们将主要在离散时间背景下介绍动态最优消费/投资问题。

首先,投资可以视为一种当期消费的延迟行为,因此消费与投资从本质上来说是相同的,实际上是人们对收入财富组合的一种跨期分配,也是一种资产组合配置问题。通过对传统意义上的最优投资组合问题进一步拓展,将当期消费引入交易策略,我们同样可以来分析跨期的最优消费组合决策问题。其次,尽管资本资产定价模型和套利定价模型等投资组合理论在实践中得到广泛的应用,但是它们仅仅代表了投资学研究的早期成就,是一些静态或者比较静态(Comparative Static)模型。单期投资者的唯一目标就是最大化期末财富(或者消费)的期望效用,由于不能随着时间变化而对实际发生的情况相应地做出灵活的调整,决策是呆板和缺乏效率的。无法想象在面临瞬息万变的投资机会时,人们会一成不变,顽固坚持着许多年前的"最优"投资决策。正是基于这两个方面的考虑,我们接下去就把传统的静态投资组合理论拓展到跨期的动态最优消费与投资组合构建理论。

我们首先引入最优消费与投资组合构建问题的一般分析框架:典型消费者个人将生存一段时期 $[0,T]$,他会有一个大于 0 的初始财富或者说资源禀赋 $W(0)$;在生存过程中,他会获得一些非资本(Non-Capital)收入 ζ(例如工资)。在生存的每一天中,他必须决定把可供支配的财富(资源),用于当前消费 C 和投资组合 I 上(投资将提供下一时期的资本收入);在最后时刻留下一部分遗产 $W(T)$ 给后人。消费者对两个基本选择问题,即消费多少(也就是投资多少)和如何投资(资产组合),必须同时作出决策。消费者这种不断的选择行为的目的,就是使他们终身效用最大化。

利用微观经济学中考察消费者行为时使用的分析框架,即"max 效用函数——s.t. 收入预算约束"方法,个人终身最优化问题的目标函数将采用下面的形式(离散时间形式):

$$E_0\left\{\sum_{t=0}^{T-1} U_1[C(t),t] + U_2[W(T),T]\right\} \qquad (11.56)$$

或者它的连续时间形式[①]:

$$E_0\left\{\int_0^T U_1[C(t),t]\mathrm{d}t + U_2[W(T),T]\right\} \qquad (11.57)$$

其中,T 是投资者的寿命或者消费/投资的决策时间区间;$C(t)$ 是投资者年龄为 t 时选择的消费数量;$W(t)$ 是 t 时刻的财富或者遗产;$E_t(\cdot)$ 是基于 t 时刻所有已经揭示出的信息的条件期望函数。$U_1[C(t),t]$ 是效用函数[②],在整个定义域内,假定它是单调递增和凹的;$U_2[W(T),T]$ 是基于期末财富或者说遗产的效用函数(Bequest Valuation Function),它也是单调递增和凹的[③]。对这个目标函数的理解是很直观的,人们把每一时期消费和最终财富带来的期望效用加总到一起,渴望在整个生存时期内最大化这个总量。

接着来看约束条件。由于涉及动态过程和不确定性,这里的收入预算约束比较复杂,它通常是一个用来描述在任意时刻,收入或者积累的财富是如何在投资和消费中进行分配的差分或者微分方程:

---

① 这里显然有一个非常重要的假定,即效用函数 $U(\cdot)$ 是时间可加(Time-additive)。时间可加是一个很强的假设,它假定多期效用函数采取如下这种形式:$U(C_1,\cdots,C_t) = \sum_{i=1}^{t} U(C_i)$。这意味着一顿丰盛的午餐,丝毫不会影响消费者去享用有着多道菜的晚餐的胃口。Fama(1970)、Huang 和 Kreps(1985)分别在离散时间和连续时间条件下,分析了非时间可加(Non-time Additive)效用函数的情况。

② 人们可能会对没有贴现这些期望效用存在疑问,实际上加上时间变量的 $U(C,t)$ 也是一个效用函数,它的具体形式可以是 $e^{-\rho t}U(C)$。但是需要注意的是:e 上面的 t 指的是一个时间长度,不要把它同作为时点的 t 相混淆。

③ 它也是一种效用函数,例如 $e^{-\rho t}U(W)$。当然个人完全可以决定不留下任何遗产,即 $W(T)=0$。那么这一项就从个人视野中消失了。

$$dW + d\zeta = dI + dC \tag{11.58}$$

其中，ζ 就是非资本收入；I 在广义上泛指各种投资，但这里实际上仅仅包括对市场上可交易的有价风险证券的投资组合。经济体系中的风险，就源自非资本收入和投资机会集合（Investment Opportunity Set）（也即资本收入）的不确定性。

最后很自然地，对于任意时刻的消费和财富有非负要求，即：

$$C(t) \geqslant 0, W(t) \geqslant 0, 0 \leqslant t \leqslant T \tag{11.59}$$

这样，理性个人的最优消费/投资决策行为就可以规范地（Normatively）表述为：

$$\max E_0 \left\{ \int_0^T U_1 \big[C(t), t \big] dt + U_2 \big[W(T), T \big] \right\}$$

s. t.

$$dW = d\zeta - dI - dC$$

$$C(t) \geqslant 0, W(t) \geqslant 0, t \in [0, T] \tag{11.60}$$

如何求解这个问题呢？在微观金融学研究的发展历史中，最优动态消费/投资问题最早表述为动态随机规划（Dynamic Stochastic Programming）或者随机最优控制（Stochastic Optimal Control）的形式。

所谓随机最优控制，就是试图在一个由随机因素驱动的成长路径上，通过采用适当的策略来最优化目标函数。这里的消费多少和如何投资，就是由投资者决定的控制变量（Controlled Variable）或者说决策（Decision），通过一系列遵循某种原则的最优决策，即最佳策略（Policy），个人可以得到最大的效用满足。这里的原则，指的就是 Bellman 最优化原则（Principle of Optimality）："一个最优策略具有这样的特征：无论初始状态和初始决策是什么，余下的决策在考虑到第一个决策导致的状态的影响下，都必须是最优的策略。"

简单地说，这就意味着任何最优过程的最后一段过程必定是最优的。这一原则将在后面的分析中一再地出现。本节的任何结论都是在离散时间环境条件下得到的，离散时间模型假定：调整（或者控制）决策发生在某些固定的时刻，它只需要基础的微积分工具来产生（随机）最优化结果。

一、动态规划方法的简化例子

在开始分析最优消费/投资综合决策问题之前，为了对本节中频繁使用的（随机）动态规划方法有一个直观上的理解，我们先提供一个离散时间的简单例子，它勾勒出动态规划方法所特有的向后递归的特征。

假定：

（1）典型个人生存两个时期，他可以在两个时点上（$t = 0, 1$）上做决策（$t = 2$ 时，他就死亡了）；他被赋予一定量的初始资源 $W(0) > 0$。

（2）理想化的资本市场①上存在两种资产。一种是无风险的现金或者债券，它的价格在任何时刻都没有变化，始终为1；另一种是有风险的股票，它的价格过程假定由图 11-3 所示的二项树描绘。

---

① 所谓理想化资本市场是指符合完备市场假设的要求，即无交易成本、制度限制、操纵行为、信息不对称等。

简单地说,它表示在每一时点上,股票价格要么以 $\frac{4}{9}$ 的概率上涨一倍,要么以 $\left(1-\frac{4}{9}\right)$ 的概率下跌一半。用 $w(0)$ 和 $w(1)$ 表示投资者在 0、1 时刻上投资于风险资产(股票)上的财富份额。

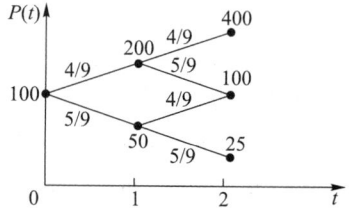

图 11-3　股票价格运动的二项树模型

(3)投资者的非资本收入 Y 为 0,效用函数具有以下特定形式:

$$U(x)=\sqrt{x} \qquad (11.61)$$

(4)为了简化分析,假定投资者从不进行任何消费,这样最优决策的唯一目标就是最大化来自最终财富的期望效用。

因而,最优化问题式就可以简化为:

$$\max_{w(0),w(1)} E(\sqrt{W(2)})$$
$$\text{s.t.}\ W(2)>0 \qquad (11.62)$$

我们的任务就是找到最优的投资决策变量(最优控制)$w(0)$ 和 $w(1)$,使以上最优化问题得以解决。可以尝试采用"向前"推导的方法,即从 $t=0$ 时刻开始,事先决定一个策略 $w(0)$,但它是不是最优还不清楚,根据 $w(0)$ 我们仅仅能够知道 $t=1$ 的期望财富水平的函数表达式,但是最大化这个函数得到的"最优的" $w(0)$,并不一定是最优决策过程 $[w(0),w(1)]$ 的必然组成部分,除非可以明确地知道在所有不同世界状态下的 $w(1)$,并且它是唯一的。因此向前推导的方法是行不通的。

换一种思路,我们可以试着从倒数第一期,即 $T-1$ 期开始。这就是说,我们必须获得 $t=1$ 时股票价格在 $P=200$ 或者 $P=50$ 两种情况下的最优投资比例,这是一个单期静态优化问题。一旦获得了 $t=1$ 时的相应结果 $w(1)$ 和 $W(1)$,就可以按照同样的方法,进一步推测 $t=0$ 时的最优投资比例,从而解决了问题。具体过程如下:

第一步:$t=1$

假定此时的财富 $W(1)$ 为任一正数(它是由上一期 $t=0$ 时的最优决策所产生的)。投资到股票上的财富比例为 $w(1)$,则投向无风险资产上的就是 $1-w(1)$。我们来计算最后的 $t=2$ 时最终财富的期望效用是多少。先考虑当股票价格 $P=200$ 时的情形,根据二项树模型:

$$E[\sqrt{W(2)}\mid P=200]=\frac{4}{9}\sqrt{2w(1)W(1)+[1-w(1)]W(1)}+$$

$$\frac{5}{9}\sqrt{1/2w(1)W(1)+[1-w(1)]W(1)}$$

$$=\left[\frac{4}{9}\sqrt{w(1)+1}+\frac{5}{9}\sqrt{1-1/2w(1)}\right]\sqrt{W(1)}$$

$$=f[w(1)]\sqrt{W(1)} \qquad (11.63)$$

为了找到最优投资比例 $w(1)$,我们只要对 $f[w(1)]$ 求导,并令一阶条件等于 0 就可以了,容易得到:

$$w(1)=13/19 \text{ 和 } f[w(1)]=19/3\sqrt{38}$$

再考察当股票价格 $P = 50$ 时的情形,我们发现仍旧可以使用上式。因为 $\sqrt{2w(1)W(1) + [1 - w(1)]W(1)}$ 依然表示股票价格上涨一倍的情况下,投资在两种资产上给投资者带来的期末财富的期望效用;而 $\sqrt{1/2w(1)W(1) + [1 - w(1)]W(1)}$ 则是投资机会相对较差时期末财富的效用水平,所以最优解还是 $w(1) = 13/19$,因此这个最优投资比例决策独立于 1 时刻股票价格和财富的绝对水平。

第二步: $t = 0$

根据上面的推理,我们只要知道 1 时刻的财富水平 $W(1)$,就可以知道最终财富的期望效用水平是多少,而 1 时刻的财富水平 $W(1)$,也是由同第一步类似的决策过程所决定的,即:

$$
\begin{aligned}
E\left[\sqrt{W(2)}\right] &= f[w(1)]E\left[\sqrt{W(1)}\right] \\
&= f[w(1)]\left\{\frac{4}{9}\sqrt{2w(0)W(0) + [1 - w(0)]W(0)} + \right. \\
&\quad \left. \frac{5}{9}\sqrt{1/2w(0)W(0) + [1 - w(0)]W(0)}\right\} \\
&= f[w(1)]\left\{\left[\frac{4}{9}\sqrt{w(0) + 1} + \frac{5}{9}\sqrt{1 - 1/2w(0)}\right]\sqrt{W(0)}\right\} \\
&= f[w(1)]f[w(0)]\sqrt{W(0)}
\end{aligned}
\tag{11.64}
$$

同样对 $f[w(0)]$ 求导数,并令一阶条件等于 0,得到最优化条件还是 $w(0) = 13/19$。因此最优投资决策方案就是:

$$w(0) = 13/19, w(1) = 13/19$$

尽管实际的问题要比这个简单的例子复杂得多,但从上述求解过程中,仍然可以归纳出最优个人消费/投资决策的动态规划解法的最显著特征,即它是向后递归的。而这正是 Bellman 最优化原理的体现。

在本节中,我们将从最优投资组合决策问题(包括单期与多期)、最优消费组合决策问题(包括单期与多期)、以上两者的综合最优决策问题的顺序展开分析。求解最优组合决策问题,通常有动态规划方法与鞅方法两种求解思路,其中很多问题需要金融数学的知识基础,考虑到本书的读者对象,我们主要以动态规划方法讲解为主,并在许多问题的严格数学证明上不做深究,有能力的读者可自行参考相关文献。

二、最优投资组合决策问题

(一)单期的最优投资组合决策问题

单期的最优投资组合决策模型中主要包括以下基本因素:

(1)起始日 $t = 0$,截止日 $t = 1$,单期模型只有在这两期作出交易和消费决策。

(2)未来的市场状态为包含 K 个元素($K < \infty$)的有限集合 Ω:

$$\Omega = \{S_1, S_2, \cdots, S_K\}$$

S_i 在 $t = 0$ 时不确定,而在 $t = 1$ 时可以获知。

(3)Ω 相对应的概率分布 P,且对任一 $S \in \Omega$,有 $P(S) > 0$。

（4）银行现金账户过程 $B = \{B_t : t = 0,1\}$ ，其中 $B_0 = 1$ ，而 B_1 为随机变量，且 $B_1(S) > 0$ 。通常在实际中， $B_1 \geq 1$ ，且 $r_f \equiv B_1 - 1 \geq 0$ 可以视为无风险利率。

（5）价格变化过程 $p = \{p_t : t = 0,1\}$ ，其中 $p_t = (p_1(t), p_2(t), \cdots, p_N(t))$ ， $N < \infty$ ，且 $p_n(t)$ 表示 t 时刻第 n 种证券的价格。

（6）交易策略 $H = (H_0, H_1, \cdots, H_N)$ ，表示从 $t=0$ 期到 $t=1$ 期投资者执行的资产组合，其中 H_0 表示储蓄账户上的现金余额；对 $n \geq 1$ ， H_n 表示证券 n 持有余额（ H_n 可正可负，负的余额表示借入头寸或者卖空）。

（7）财富价值过程 $W = \{W_t : t = 0,1\}$ 表示每个时间点对应的资产组合总价值，其中：

$$W_t \equiv H_0 B_t + \sum_{n=1}^{N} H_n p_n(t) , \quad t = 0,1 \tag{11.65}$$

对应的收益过程 G 为随机变量，表示从 0 期到 1 期之间资产组合价值变动产生的损益。

$$G \equiv H_0 r + \sum_{n=1}^{N} H_n \Delta p_n \tag{11.66}$$

其中， $\Delta p_n \equiv p_n(1) - p_n(0)$ 。

（8）为了便于考察证券价格的相对变动，我们可以对价格进行正则化，得到折现价格过程 $p^* = \{p_t^* : t = 0,1\}$ ，其中 $p_t^* = (p_1^*(t), \cdots, p_N^*(t))$ ，且 $p_n^*(t) \equiv p_n(t)/B_t$ ；财富折现价值过程 $W^* = \{W_t^* : t = 0,1\}$ ，其中：

$$W_t^* \equiv H_0 + \sum_{n=1}^{N} H_n p_n^*(t) \tag{11.67}$$

折现收益过程 G^* ：

$$G^* \equiv \sum_{n=1}^{N} H_n \Delta p_n^* \tag{11.68}$$

其中， $\Delta p_n^* \equiv p_n^*(1) - p_n^*(0)$ 。

单期最优资产组合问题主要是指求解最优交易策略问题，即通过 $t=0$ 期的投资行为将资产财富转移到 $t=1$ 期。最优交易策略的衡量标准是预期效用函数，即

$$Eu(W_1) = \sum_{S \in \Omega} P(S) u(W_1(S), S) \tag{11.69}$$

其中，效用函数 $u : \Re \times \Omega \to \Re$ ，即 $W \to u(W,S)$ ，对任何 $S \in \Omega$ ；均为可微的严格单调增的凹函数。如果 W 表示资产组合价值， S 表示市场状态，则 $u(W,S)$ 就表示效用函数。

因此，单期最优资产组合问题可以表示为：

$$\max_{H \in \mathbb{H}} Eu(W_1) \tag{11.70}$$
$$\text{s. t. } W_0 = W(0)$$

因为 $W_1 = B_1 W_1^*$ ， $W_1^* = W_0^* + G^*$ ，所以问题等价于：

$$\max E\{u[B_1(W(0) + H_1 \Delta p_1^* + \cdots + H_N \Delta p_N^*)]\} \tag{11.71}$$

即

$$\sum_{S \in \Omega} P(S) u(B_1(S)\{W(0) + H_1 \Delta p_1^*(S) + \cdots + H_N \Delta p_N^*(S)\}, S) \tag{11.72}$$

因此，一阶条件为：

$$0 = \frac{\partial E[u(B_1\{W(0) + H_1\Delta p_1^* + \cdots + H_N\Delta p_N^*\})]}{\partial H_n}$$

$$= \sum_{S\in\Omega} P(S)u'(B_1(S)\{W(0) + H_1\Delta p_1^*(S) + \cdots + H_N\Delta p_N^*(S)\},S)B_1(S)\Delta p_n^*(S)$$

$$= E[B_1 u'(W_1)\Delta p_n^*], \qquad n = 1,\cdots,N \tag{11.73}$$

最后可以求得最优投资组合价值：

$$W_1 = H_0 B_1 + \sum_{n=1}^{N} H_1 p_n(1) \tag{11.74}$$

（二）跨期的最优投资组合问题

与单期模型相类似，我们先来分析不考虑消费情况下，基本的多期最优资产组合问题，其目标函数满足 T 期财富的预期效用最大化：

$$\max Eu(W_T) = \sum_{\omega\in\Omega} P(S)u(W_T(S),S) \tag{11.75}$$
$$\text{s.t.} \quad W_0 = W(0)$$

$H\in\mathbf{H}$，$\mathbf{H}$ 表示所有自融资性交易策略的集合。

由于 $W_T = B_T W_T^*$，$W_T^* = W_0^* + G_T^*$，所以上述问题等价于：

$$\max Eu(B_T\{W(0) + G_T^*\}) \tag{11.76}$$
$$\text{s.t.} \quad (H_1,\cdots,H_N) \in \mathbf{H}_p$$

其中，$\mathbf{H}_p$ 表示取值在 $\Re^N$ 空间的所有可预测交易策略过程的集合。

为了方便计算，我们一般通过动态规划方法来求解以上问题。动态规划方法最早是用于计算美式期权价值，其思路核心在于向后递归（Backward Recursion）的求解过程，也就是说多期最优决策等价于由一系列从后一期结果推导前一期最优决策的单期最优化规划，当前做出的最优决策应该与未来所有最优行为相一致。换言之，如果你已知 $t+1$ 期初最优交易策略，那么 t 期初的最优交易策略问题就可以简化为一个或者多个单期决策问题。

在动态规划求解过程中，有必要弄清楚最优的价值过程 $U_t(W)$，$t = 0,\cdots,T$。其中，假定当前时间为 t 期，财富价值为 W，历史信息为 $\Im_t$，则 $U_t(W)$ 等于最优自融资性交易策略下的 T 期财富最大预期效用。因此，$U_t(W)$ 是 $\Im_t$ 决定的随机变量。

当 $t=T$ 时，$U_t(W)$ 与效用函数是一致的，$U_T(W) = u(W,S)$；而 $t<T$ 时，$U_t(W)$ 满足动态规划函数方程：

$$U_t(W) = \max E[U_{t+1}(B_{t+1}\{W/B_{t+1} + H\cdot\Delta p_{t+1}^*\})|\Im_t] \tag{11.77}$$
$$H\in\Im_t$$

其中，H 为 t 期的决策变量，是取决于 $\Im_t$ 的 N 维随机变量。此方程取最大值所对应的 H 表示 t 期风险证券的最优持有头寸。$H\cdot\Delta p_{t+1}^* = H_1\Delta p_1^*(t+1) + \cdots + H_N\Delta p_N^*(t+1)$，即为 t 期到 $t+1$ 期的折现收益。

动态规划方程可以通过递归的方式计算最优价值函数 $U_t(W)$，从而最终得到多期资产组合问题的最优解。即首先计算 $U_{T-1}(W)$，然后计算 $U_{T-2}(W)$，以此类推，最后得到的

$U_0(W): W = W(0)$ 就是目标函数的最优值。为了便于理解,我们来分析一个例子。

例题 1 假设 $T = 2, K = 4, N = 1$,基准无风险利率 r 为常数,满足 $0 \le r < 0.125$;投资组合中只有现金和一种风险资产,这种证券的价格过程以及经济状态的概率分布如图 11-4 和表 11-1 所示。

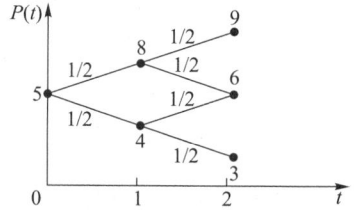

图 11-4 证券的价格过程

表 11-1 经济状态的概率分布

S	$p_0(S)$	$p_1(S)$	$p_2(S)$	$P(S)$
S_1	5	8	9	1/4
S_2	5	8	6	1/4
S_3	5	4	6	1/4
S_4	5	4	3	1/4

另外,假设投资者的预期效用函数为:$u(w) = 1 - \exp\{-w\}$。我们接下去来分析投资者的最优投资组合问题。我们利用向后递归的动态规划方法来求解此问题。

当 $t = 1$ 时,对于任意的 S_1 和 S_2,根据动态规划函数方程(11.77)式,有

$$\max_h E[1 - \exp(-(1+r)^2\{w/(1+r) + h\Delta p_2^*\})| p_1 = 8]$$

$$= \max_h (1 - \frac{1}{2}\exp\{-(1+r)w - (1-8r)h\} - \frac{1}{2}\exp\{-(1+r)w + (2+8r)h\})$$

对上式求导,根据最优化的一阶条件,得到决策变量 h 的最大值:

$$h = -\frac{1}{3}\ln\left(\frac{2+8r}{1-8r}\right)$$

代入原方程,我们得到,对 S_1 和 S_2 满足

$$U_1(w) = 1 - \frac{1}{2}\exp\{-(1+r)w\}\left\{\left(\frac{2+8r}{1-8r}\right)^{(1-8r)/3} + \left(\frac{2+8r}{1-8r}\right)^{-(2+8r)/3}\right\}$$

$$= 1 - \frac{3}{2}(2+8r)^{-(2+8r)/3}(1-8r)^{-(1-8r)/3}\exp\{-(1+r)w\}$$

$$(11.78)$$

类似地,当 $t = 1$ 时,对于任意的 S_3 和 S_4,根据动态规划函数方程(11.77)式,有

$$\max_h E[1 - \exp(-(1+r)^2\{w/(1+r) + h\Delta p_2^*\})|p_1 = 4]$$

$$= \max_h \left(1 - \frac{1}{2}\exp\{-(1+r)w - (2-4r)h\} - \frac{1}{2}\exp\{-(1+r)w + (1+4r)h\}\right)$$

$$(11.79)$$

根据一阶条件,得到决策变量 h 的最大值:

$$h = \frac{1}{3}\ln\left(\frac{2-4r}{1+4r}\right)$$

对 S_3 和 S_4 满足:

$$U_1(w) = 1 - \frac{1}{2}\exp\{-(1+r)w\}\left\{\left(\frac{2-4r}{1+4r}\right)^{(1+4r)/3} + \left(\frac{2-4r}{1+4r}\right)^{-(2-48r)/3}\right\}$$

$$= 1 - \frac{3}{2}(2-4r)^{-(2-4r)/3}(1+4r)^{-(1+4r)/3}\exp\{-(1+r)w\}$$

$$(11.80)$$

接下去,我们利用动态规划迭代方法,来计算 $U_0(w)$,令

$$f(r,S) = \begin{cases} \frac{3}{2}(2+8r)^{-(2+8r)/3}(1-8r)^{-(1-8r)/3}, & S = S_1, S_2 \\ \frac{3}{2}(2-4r)^{-(2-4r)/3}(1+4r)^{-(1+4r)/3}, & S = S_3, S_4 \end{cases} \quad (11.81)$$

则 $U_1(w)$ 可以统一写成以下形式:

$$U_1(w) = 1 - f(r,S)\exp\{-(1+r)w\} \quad (11.82)$$

根据动态规划函数方程(14.12)式,有

$$U_0(w) = \max_h E\left[1 - f(r,S)\exp\{-(1+r)[(1+r)\{w + h\Delta p_1^*\}]\}\right]$$

$$= \max_h \left(\begin{matrix} 1 - \frac{1}{2}f(r,S_1)\exp\{-(1+r)^2 w - (1+r)(3-5r)h\} \\ -\frac{1}{2}f(r,S_3)\exp\{-(1+r)^2 w + (1+r)(1+5r)h\} \end{matrix} \right)$$

$$(11.83)$$

关于 h 求导,根据一阶条件,得到决策变量 h 的最大值:

$$h = \frac{3\ln(3-5r) + (2-4r)\ln(2-4r) + (1+4r)\ln(1+4r)}{12(1+r)}$$

$$- \frac{3\ln(1+5r) + (2+8r)\ln(2+8r) + (1-8r)\ln(1-8r)}{12(1+r)}$$

$$(11.84)$$

将上式代入原规划方程,就可以得到 $U_0(w)$ 的表达式,即投资者可以获得的最优化预期效用。限于篇幅,我们在这里不再给出,请读者自己推导。

三、最优消费组合决策问题

消费与投资从本质上来说是相同的,实际上是人们对收入财富组合的一种跨期分配,也是一种资产组合安排问题。我们将最优资产组合问题进一步拓展,将当期消费引入交易策略,可以同样来分析跨期的最优消费组合决策问题。

（一）单期的最优消费组合决策问题

假设消费过程 $C = (C_0, C_1)$, $C_i \geq 0$, C_1 为随机变量,则消费/投资的组合策略可以表示为:(C, H) 。其中,C 为消费过程,H 为投资交易策略。如果满足以下两个初始条件:① $C_0 + W_0 = W(0)$, $W(0) \geq 0$ 表示投资者的初始财富, $W_0 = H_0 + \sum_{n=1}^{N} H_n p_n(0)$;（2）$C_1 = W_1$, $W_1 = H_0 B_1 + \sum_{n=1}^{N} H_n p_n(1)$,我们就说这个消费/投资的组合策略是可行的。

最优的可行消费组合策略满足以下规划过程：

$$\max u(C_0) + E[u(C_1)] \tag{11.85}$$

$$\text{s.t.} \quad C_0 + H_0 + \sum_{n=1}^{N} H_n p_n(0) = W(0)$$

$$C_1 - H_0 B_1 - \sum_{n=1}^{N} H_n p_n(1) = 0$$

$$C_0 \geqslant 0 \quad C_1 \geqslant 0 \quad H \in \Re^{N+1}$$

通过求解以上的联立方程组,就可以求出可行消费组合的最优解。

（二）跨期的最优消费组合决策问题

与单期模型相类似,现在我们可以引入消费过程 $C = \{C_t; t = 0, \cdots, T\}$,相应的消费/投资组合策略为 (C, H) ,投资者通过选取消费/投资组合策略使得 T 期内的预期效用达到最大。

假定投资者初始财富为 $W(0)$,消费/投资组合策略是自融资性的,即从 0 期到 T 期之间,除了消费,总资产组合中并没有发生资产增加或者撤出。一般地,

$$W_t = H_0(t)B_t + \sum_{n=1}^{N} H_n(t)p_n(t), \quad t \geqslant 1 \tag{11.86}$$

表示任何 t 期消费前的资产组合价值。我们令 $W_0 = W(0)$ 表示初始财富,因此, (C, H) 是自融资性的消费/投资组合问题,可以表示为：

$$W_t = C_t + H_0(t+1)B_t + \sum_{n=1}^{N} H_n(t+1)p_n(t), \quad t = 0, \cdots, T-1 \tag{11.87}$$

如果 $C_T \leqslant W_T$,我们就说消费/投资组合策略 (C, H) 是可行的。因为 C 是一个非负的过程,所以 $W_T \geqslant 0$ 。

投资者的消费/投资组合问题可以表示为

$$\max E\left[\sum_{t=0}^{T} \rho^t u(C_t)\right] \tag{11.88}$$

$$\text{s.t.} \quad W(0) = \text{初始财富}$$

$$(C, H) \text{ 是可行的}$$

其中, $0 < \rho \leqslant 1$, ρ^t 表示离散时间贴现因子。为了保证消费过程的非负性,不失一般性地我们假设对所有的 $W < 0$, $u(W) = -\infty$ 。

同样,我们可以利用向后递归的动态规划方法,计算价值函数 $u_t(W)$,从而来求解此问题。假设 $T-1$ 期财富为 w ,则投资者面临的多期最优决策问题等价于一系列的单期决策问题：

$$\max u(C_{T-1}) + E[\rho u_T(W) | \mathfrak{I}_{T-1}] \tag{11.89}$$

$$\text{s.t.} \quad w = C_{T-1} + H_0(T)B_{T-1} + \sum_{n=1}^{N} H_n(T)p_n(T-1) \tag{11.90}$$

$$W = H_0(T)B_T + \sum_{n=1}^{N} H_n(T)p_n(T) \tag{11.91}$$

$$H_n(T) \in \mathfrak{I}_{T-1}; C_{T-1} \in \mathfrak{I}_{T-1}$$

注意到假设条件:对所有的 $W < 0$, $u(W) = -\infty$,因此解必然满足 $C_{T-1} \geqslant 0$, $W \geqslant 0$。利用第一个约束条件(11.90)求出 $H_0(T)$,代入第二个约束条件(11.91),我们可以得到

$$W = (w - C_{T-1})B_T/B_{T-1} + \sum_{n=1}^{N} H_n(T)[p_n(T) - B_T p_n(T-1)/B_{T-1}]$$

$$= (w - C_{T-1})B_T/B_{T-1} + B_T \sum_{n=1}^{N} H_n(T)\Delta p_n^*(T) \qquad (11.92)$$

可以改写为

$$\max u(C_{T-1}) + \rho E\left[u_T\left((w - C_{T-1})B_T/B_{T-1} + B_T \sum_{n=1}^{N} H_n(T)\Delta p_n^*(T)\right) \Big| \Im_{T-1}\right]$$
$$(11.93)$$

$$\text{s.t. } H_n(T) \in \Im_{T-1}; C_{T-1} \in \Im_{T-1}$$

现在我们将以上目标函数的最优值设为 $u_{T-1}(w)$。

一般地,如果已知 $u_t(W)$,则求解 $u_{t-1}(w)$ 可以通过动态规划函数方程:

$$u_{t-1}(w) = \max\left\{u(C_{t-1}) + \rho E\left[u_t\left((w - C_{t-1})B_t/B_{t-1} + B_t \sum_{n=1}^{N} H_n(t)\Delta p_n^*(t)\right) \Big| \Im_{t-1}\right]\right\}$$
$$(11.94)$$

最后求得的价值函数 $u_0(W(0))$ 就是原目标函数的最优值,相应的 C_{t-1} 与 $H_n(t)$ 就构成最优消费/投资组合策略的一部分,而剩下的 H_0 可以从自融资性方程求得。为了便于理解,我们同样给出一个案例。

例题 2 假设投资者的预期效用函数为 $u(w) = \ln(w)$,其他条件均与例 1 相同,即证券的价格过程以及经济状态的概率分布如图 11-4 和表 11-1 所示。

我们同样利用向后递归的动态规划方法进行最优化消费组合的求解。

首先,$t = 2$,对于经济状态 S_1 和 S_2,根据动态规划函数方程(11.94)式,我们有:

$$u_1(w) = \max\left\{\ln(c) + \frac{\rho}{2}\ln[(w - c)(1 + r) + (1 - 8r)h] + \right.$$

$$\left. \frac{\rho}{2}\ln[(w - c)(1 + r) - (2 + 8r)h]\right\} \qquad (11.95)$$

对 c 和 h 分别求偏导,根据最优化的一阶条件,我们求得:

$$c = \frac{w}{1 + \rho}; \quad h = -\frac{1}{2}\frac{\rho(1 + r)(1 + 16r)w}{(1 + \rho)(2 + 8r)(1 - 8r)} \qquad (11.96)$$

即如果 $p_1 = 8$,1 期的财富价值为 w,那么立即消费 $c = \dfrac{w}{1 + \rho}$,然后通过持有(卖空)$h = -\dfrac{1}{2}\dfrac{\rho(1+r)(1+16r)w}{(1+\rho)(2+8r)(1-8r)}$ 头寸的风险证券是满足效用最优化的,为了满足自融资性约束条件,现金账户必须等于:$H_0(2) = \dfrac{\rho w/(1 + \rho) - 8h}{1 + r}$。

将求得的 c 和 h 代入原规划方程,整理后,我们得到关于 S_1 和 S_2 的 1 期最优效用的价值函数:

$$u_1(w) = (1 + \rho)\ln(w) + f_8(\rho, r)$$

其中：

$$f_8(\rho,r) = \rho\ln\left(\frac{3\rho(1+r)}{2(1+\rho)(1-8r)}\right) + \frac{\rho}{2}\ln\left(\frac{1-8r}{2+8r}\right) - \ln(1+\rho) \tag{11.97}$$

类似地，当 $S_1 = 4$，我们重复以上的计算过程，可得到：1期的最优消费 $c = \dfrac{w}{1+\rho}$，风险证券的最优持有头寸为：

$$h = \frac{1}{2}\frac{\rho(1+r)(1-8r)w}{(1+\rho)(2-4r)(1+4r)} \tag{11.98}$$

且关于 S_3 和 S_4 的1期最优效用的价值函数：

$$u_1(w) = (1+\rho)\ln(w) + f_4(\rho,r) \tag{11.99}$$

其中：

$$f_4(\rho,r) = \rho\ln\left(\frac{3\rho(1+r)}{2(1+\rho)(1+4r)}\right) + \frac{\rho}{2}\ln\left(\frac{1+4r}{2-4r}\right) - \ln(1+\rho) \tag{11.100}$$

由此综合得到：

$$u_1(w) = \begin{cases} (1+\rho)\ln(w) + f_8(\rho,r), & S = S_1, S_2 \\ (1+\rho)\ln(w) + f_4(\rho,r), & S = S_3, S_4 \end{cases} \tag{11.101}$$

现在我们可以用动态规划函数方程迭代求解 $u_0(w)$

$$u_0(w) = \max_{c,h}\left\{ \begin{array}{l} \ln(c) + \dfrac{\rho}{2}(1+\rho)\ln\left[(w-c)(1+r)+(3-5r)h\right] + \dfrac{\rho}{2}f_8 \\[2mm] + \dfrac{\rho}{2}(1+\rho)\ln\left[(w-c)(1+r)-(1+5r)h\right] + \dfrac{\rho}{2}f_4 \end{array} \right\} \tag{11.102}$$

对 c 和 h 分别求偏导，根据最优化的一阶条件，我们得到：

$$c = \frac{w}{1+\rho+\rho^2}; \quad h = \frac{\rho(1+\rho)(1+r)(1-5r)w}{(1+\rho+\rho^2)(3-5r)(1+5r)} \tag{11.103}$$

因此：

$$u_0(w) = (1+\rho+\rho^2)\ln(w) - \ln(1+\rho+\rho^2) + \rho(1+\rho)\ln\left[\frac{2\rho(1+\rho)(1+r)}{1+\rho+\rho^2}\right]$$

$$- \frac{\rho}{2}(1+\rho)\ln\left[(1+5r)(3-5r)\right] + \frac{\rho}{2}f_8(\rho,r) + \frac{\rho}{2}f_4(\rho,r) \tag{11.104}$$

即为所求的投资者最优消费决策下的预期效用值。

四、最优消费/投资决策问题

(一) 一般化模型

有了上面的铺垫，现在我们直接来考察多期离散时间情况下，个人最优消费/投资综合决策问题的标准建模方法和它的一般解法。

假定：

(1) 有限生命。典型个人生存一段时期 $[0,T]$，他可以在 $t = 0,1,2,\cdots,T-1$ 这些离散的时点上做决策;他被赋予一定量的初始资源,$W(0) > 0$。

（2）单一消费品。只有一种用于当期消费的易腐消费品。它不可以储藏,暂时不考虑它是如何生产出来的。

（3）资产价格运动。理想化的资本市场上存在 $n + 1$ 种资产,第 0 种资产是无风险的债券,它的单位时间总收益率为 $R_f = \dfrac{B_{t+1}}{B_t}$;其他 n 种都是风险资产,它们的总收益率定义为:

$$R_i(t) = \frac{p_i(t + 1)}{p_i(t)}, \quad i = 1,2,\cdots,n \tag{11.105}$$

$R_i(t)$ 是由外部经济环境外生决定的,经济环境用状态变量 $S(t)$ 来表示。目前假定存在 m 个状态变量,而且基于当前状态 $S(t)$ 的

$$\{S_j(t + 1)\},j = 1,2,\cdots,m \text{ 和 } \{R_i(t + 1)\},i = 1,2,\cdots,n$$

均具有 Markov 性质。

（4）资产组合。令 $w_i(t) = \dfrac{H_i(t)p_i(t)}{W(t)}$ 为投资在第 i 种风险资产上的财富占总财富数量的相对份额,则 $1 - \sum_{i=1}^{n} w_i(t)$ 就是投资在无风险资产上的财富份额。因此,整个资产组合的总收益率 R_p 就是:

$$\sum_{i=1}^{i} w_i(t)R_i(t) + \left[1 - \sum_{i=1}^{i} w_n(t)\right]R_f = \sum_{i=1}^{n} w_i(t)\left[R_i(t) - R_f\right] + R_f \tag{11.106}$$

（5）令 $\zeta(t)$ 为非资本收入,如果假定这个收入来源是随机的,也可以称之为外生禀赋过程(Endowment Process)。注意,我们定义 $W(0) = \zeta(0)$。

根据上述设定,我们可以把财富的积累过程,即约束条件表述为:

$$W(t + 1) = \left[W(t) + \zeta(t) - C(t)\right]R_p \tag{11.107}$$

（6）要求在任何时刻,不可以出现负的财富和消费,即:

$$C(t) \geqslant 0;W(t) \geqslant 0, \quad t \in [0,T]$$

这样原先提出的最优化消费/投资决策问题就可以表述为:

$$\max_{C(t),w(t)} E_0\left[\sum_{t=0}^{T-1} U_1[C(t),t] + U_2[W(T),T]\right]$$

$$\text{s.t.} \tag{11.108}$$

$$W(t + 1) = \left[W(t) + \zeta(t) - C(t)\right]R_p$$

$$C(t) \geqslant 0;W(t) \geqslant 0, \quad t \in [0,T]$$

根据动态规划原则,我们仍然从倒数第一期开始解,这样它就变成了熟悉的单期问题。

引入 $T - 1$ 时刻的价值函数(Valuation Function),即:

$$\begin{aligned} J[W(T-1),T-1] &= \max_{C,\omega} E_{T-1}\{U_1[C(T-1),T-1] + U_2[W(T),T]\} \\ &= \max_{C,\omega}\{U_1(C(T-1),T-1) + E_{T-1}[U_2(W(T),T)]\} \end{aligned} \tag{11.109}$$

为简化分析,目前暂时假定 $\zeta(t)$ 为 0,把积累财富方程(11.107)式代入上式,注意到:

$$W(T) = [W(T-1) - C(T-1)]\left\{\sum_{i=1}^{n} w_i(T-1)[R_i(T-1) - R_f] + R_f\right\}$$

$$(11.110)$$

则(11.109)式可改写为:

$$J[W(T-1)] = \max_{C(T-1),\omega(T-1)}\left\{U_1[C(T-1)]\right.$$

$$+ E_{T-1}\left\{U_2[W(T-1) - C(T-1)]\left[\sum_{i=1}^{n} w_i(T-1)\right.\right. \quad (11.111)$$

$$\left.\left.\left.(R_i(T-1) - R_f) + R_f\right]\right\}\right\}$$

简便起见,上式中对时间的函数形式都省略掉了。接下来对可供选择的决策变量 $C(T{-}1)$, $w_i(T{-}1)$ 求导,即得最优化的一阶条件[①]:

$$\begin{cases} \dfrac{\partial J}{\partial C} = U_{1,c}(C, T-1) - E_{T-1}\left\{U_{2,W(T)}(\cdot)\left[\sum_{i=1}^{n} w_i(R_i - R_f) + R_f\right]\right\} = 0 \\[3mm] \dfrac{\partial J}{\partial w_i} = (W(T-1) - C(T-1))E_{T-1}[U_{2,W(T)}(\cdot)(R_i - R_f)] = 0 \quad i = 1,2,\cdots,n; \end{cases}$$

$$(11.112)$$

根据上式中的第二个一阶条件,第一个一阶条件又可以表示为:

$$U_{1,c} = R_f E_{T-1}(U_{2,w}) \qquad (11.113)$$

如果用 $T-1$ 期的价值函数(11.111)式对 W 做微分,就有:

$$J_W = U_{1,c}\frac{\partial C}{\partial W} + E_{T-1}\left\{U_{2,w}(\cdot)\left\{(W-C)'\left[\sum_{i=1}^{n} w_i(R_i - R_f) + R_f\right] + \right.\right.$$

$$\left.\left.(W-C)\left[\sum_{i=1}^{n} w_i(R_i - R_f) + R_f\right]'\right\}\right\}$$

$$= U_{1,c}\frac{\partial C}{\partial W} + E_{T-1}\left\{U_{2,w}(\cdot)\left\{\left(1 - \frac{\partial C}{\partial W}\right)\left[\sum_{i=1}^{n} w_i(R_i - R_f) + R_f\right] + \right.\right.$$

$$\left.\left.(W-C)\left[\sum_{i=1}^{n} \frac{w_i}{W}(R_i - R_f)\right]\right\}\right\}$$

$$= \left(U_{1,c} - E_{T-1}\left\{U_{2,w}(\cdot)\left[\sum_{i=1}^{n} w_i(R_i - R_f) + R_f\right]\right\}\right)\frac{\partial C}{\partial W} +$$

$$\sum_{i=1}^{n} \frac{\partial w_i}{\partial W} E_{T-1}[U_{2,w}(\cdot)(W-C)(R_i - R_f)] +$$

$$E_{T-1}\left\{U_{2,w}(\cdot)\left[\sum_{i=1}^{n} w_i(R_i - R_f) + R_f\right]\right\}$$

$$(11.114)$$

---

① 因为效用函数和遗产函数都是凹的,所以二阶条件自动得到满足。

把一阶条件(11.112)式代入上式,则上式右边第一、二项均为 0。化简即得到最优消费/投资策略必须满足的包络条件(Envelope Condition)[①]:

$$J_W = E_{T-1}\left\{U_{2,W}(\cdot)\left[\sum_{i=1}^{n}w_i(R_i - R_f) + R_f\right]\right\} = U_{1,C} \tag{11.115}$$

它的经济学含义就是:在消费者均衡时,当期消费的边际效用就等于财富(未来消费)的边际效用。当期消费与投资比例的选择既影响生活质量 $U_1(C)$,也影响投资预算基金的数量。当前每增加一单位的消费就减少可投资的财富,因而获得最优的标准条件就是:消费的边际效用等于财富的边际效用。根据上式容易知道,因为 $U_{CC} < 0$,所以有 $J_{WW} < 0$。因此 J 是财富的严格凹函数。

回到 $T-1$ 期的决策问题上,很明显,如果要想求出价值函数 $J(T-1)$,原则上只要把 C^*、w^*(它们是 $W(T-1)$ 函数表达式)代入式(11.111)求解即可。这样我们得到了 $T-1$ 时期 3 个重要的数据 C^*、w^* 和 J。这之所以是可行的,是因为在最终时刻,有:

$$J[W(T),T] = U_2[W(T),T] \tag{11.116}$$

而这是一个确定的函数。可以继续对倒数第二期做类似的工作,这时的价值函数为:

$$\begin{aligned}
J[W(T-2),T-2] &= \max_{C(T-2),\omega(T-2)}\{U_1[C(T-2),T-2] + \\
&\quad E_{T-2}\{U_1[C(T-1)] + U_2[W(T)]\}\} \\
&= \max_{C(T-2),\omega(T-2)}\left\{U_1[C(T-2),T-2] + E_{T-2}\max_{C(T-1),\omega(T-1)}E_{T-1}\right. \\
&\quad \left.\{U_1[C(T-1)] + U_2[W(T)]\}\right\} \\
&= \max_{C(T-2),\omega(T-2)}\{U_1[C(T-2),T-2] + \\
&\quad E_{T-2}\{J[W(T-1),T-1]\}\}
\end{aligned} \tag{11.117}$$

这是一个重复(Recursive)过程,可以递推到 $T-3$、$T-4$,…,t 时期。根据最优化原理,在 t 期价值函数的一般形式是:

$$\begin{aligned}
J[W(t),t] &= \max_{C,\omega}\left|U_1[C(t),t] + E_t\left\{\sum_{s=t+1}^{T-1}U_1[C(s),s] + U_2[W(T),T]\right\}\right| \\
&= \max_{C,\omega}\left|U_1[C(t),t] + E_t\{J[W(t+1),t+1]\}\right|
\end{aligned} \tag{11.118}$$

类似地,可以获得 $n+1$ 个一般最优化条件(General Optimality Condition):

$$\begin{cases}
U_{1,C}[C^*(t),t] = E_t\left|J_W(W-C,t+1)\{\sum_{i=1}^{n}\omega_i^*(t)[R_i(t) - R_f] + R_f\}\right| \\
0 = E_t\left|J_W(W-C,t+1)[R_i(t) - R_f]\right|, \quad i = 1,\cdots,n.
\end{cases} \tag{11.119}$$

把它们代入价值函数并求解,就可以得出 $J[W(t),t]$。如此反复,迭代到 0 时期,问

[①]　这个条件最早由 Samuleson(1969)给出。

题就彻底解决了。

回顾前面静态的 CAPM,可以发现在静态模型中,个人以最大化期末财富为唯一目标,效用函数是外生的,且仅仅包含期末财富这一个变量(如最大化二次效用,进而导出均方原则)。而在跨期模型中的(期间)财富的效用函数是内生、引致的。不仅如此,它还取决于状态变量 $S(t)$,现在大家可能还比较难体会这种区别,因为状态变量现在还没有明显地进入上述推导过程。但在后面的连续时间分析中,这种差别就会明显起来。

(二) 特殊形式的效用函数

为了加深对上述模型提供的一般最优原则的理解,本节中我们要使用一些特殊形式的效用函数来获得显性解作为验证。[1]

先考虑对数形式的效用函数,即:

$$U_1(C,t) = \rho^t \ln(C), U_2(W,T) = \rho^T \ln(W) \tag{11.120}$$

其中,ρ^t 是贴现因子(Discount Factor)。根据式(11.111),$T-1$ 时期的价值函数就是:

$$J[W(T-1)] = \max_{C,\omega} \{\ln[C(T-1) + E_{T-1}\rho\ln[W(T-1) - C(T-1)]R_p(T-1)\}$$
$$\tag{11.121}$$

根据式(11.112)提供的第一个一阶条件,就有:

$$\frac{\rho^{T-1}}{C^*} = E_{T-1}\left\{\frac{\left[\sum_{i=1}^n w_n^*(R_n - R_f) + R_f\right]\rho^T}{(W-C^*)\left[\sum_{i=1}^n w_n^*(R_n - R_f) + R_f\right]}\right\} = \frac{\rho^T}{W-C^*} \tag{11.122}$$

注意:ρ 上面的 $T-1$ 是指 $T-1$ 到 T 这一个时间段,而且以上 W、w^* 和 C^* 均为 $T-1$ 时期的数值,化简得:

$$C^*(T-1) = \frac{W(T-1)}{1+\rho} \tag{11.123}$$

我们看到在对数效用函数这样一个特例中,最优消费水平是独立于资产收益条件(投资机会)的,消费随着财富水平的增加而递增,随着贴现因子的增加而减少。如果消费者时间偏好为 0,即 $\rho = 1$,这就是说投资者对于同等数量的当前消费和未来消费是无差异的;则他会把财富的一半用于当期消费,而另一半作为投资(或者遗产)。如果他有正的时间偏好,即 $\rho < 1$,则他会消费得更多一些。

那么,最优资产组合比例呢?根据式(11.112)提供的第二个一阶最优条件,把函数的具体形式代入,就有:

$$\rho^T E_{T-1}\left\{\frac{R_i}{R_p(W_{T-1} - C)}\right\} = \rho^T R_f E_{T-1}\left\{\frac{1}{R_p(W_{T-1} - C)}\right\} \tag{11.124}$$

化简得:

$$E_{T-1}\left(\frac{R_i}{R_p}\right) = R_f E_{T-1}\left(\frac{1}{R_p}\right), i = 1,2,\cdots,n \tag{11.125}$$

---

[1] 这方面的更详细的讨论可以参见 Hakansson(1970)。

上式两边同时乘以 w_i^*，并在所有资产之间加总，得到：

$$E(1) = R_f E(1/R_P) \qquad (11.126)$$

这样最优资产组合可以隐式表示为：

$$E_{T-1}\left(\frac{R_i}{R_P}\right) = 1, i = 1,2,\cdots,n \qquad (11.127)$$

式（11.126）或者式（11.127）中的问题隐含着的最优资产组合解，它们同单期静态模型中具有对数效用的个人面临的问题是一样的。换句话说，最优资产组合决策是独立于财富水平和消费决策的。

为了决定前一期的最优策略，我们还必须知道价值函数 $J[W(T-1)]$。这可以通过对包络条件

$$J_W(W, T-1) = U_{1,C} = \frac{\rho^{T-1}}{C^*} = \frac{\rho^{T-1}(1+\rho)}{W(T-1)} \qquad (11.128)$$

积分来得到（注意第二个等式来自式（11.123））

$$J(W, T-1) = \rho^{T-1}(1+\rho)\ln W + k \qquad (11.129)$$

其中 k 是积分常数，可以根据价值函数来确定。由式（11.109）：

$$\begin{aligned}
J[W(T-1),(T-1)] &= \rho^{T-1}\ln C^*(T-1) + E_{T-1}\rho^T\ln\{[W(T-1) - C(T-1)]R_P\} \\
&= \rho^{T-1}\ln\left(\frac{W}{1+\rho}\right) + \rho^T\ln\left[W\left(1 - \frac{1}{1+\rho}\right)\right] + \rho^T E_{T-1}\ln R_P \\
&= \rho^{T-1}(1+\rho)\ln W + \rho^{T-1}\left[\rho\ln\left(\frac{\rho}{1+\rho}\right) - \ln(1+\rho) + \right. \\
&\qquad \left. \rho E_{T-1}\ln R_P\right] \\
&= \rho^{T-1}(1+\rho)\ln W + \Phi(T-1) \qquad (11.130)
\end{aligned}$$

对倒数第二项做分析，我们会得到与上式形式相似的结果，价值函数（也即引致效用函数）也是对数形式的。实际上这可以推广到任意时刻。这一点可以简单证明如下：假定第 $t+1$ 期的价值函数采用下面的形式：

$$J[W(t+1)] = \rho^{t+1}f(t+1)\ln W + \Phi(t+1) \qquad (11.131)$$

使用式（11.119）中 t 时刻的第一个一阶条件，即：

$$U_{1,C} = \frac{\rho^t}{C^*} = E_t[J_W(\cdot)R_P] = \rho^{t+1}f(t+1)E_t\left[\frac{R_P}{[W(t) - C^*(t)]R_P}\right] \qquad (11.132)$$

解得最优消费是：

$$C^*(t) = [1 + \rho f(t+1)]^{-1}W(t) \equiv h(t)W(t) \qquad (11.133)$$

把它代入 t 时期的价值函数式（11.118），得：

$$\begin{aligned}
J(W, t) &= \rho^t\ln h(t)W + E_t\rho^{t+1}f(t+1)\ln\{[W(1 - h(t)]R_P\} + \Phi(t+1) \\
&= \rho^t[1 + \rho f(t+1)]\ln W + \Phi(t) \qquad (11.134)
\end{aligned}$$

令 $f(T) = 1$，并进行重复计算，可得：

$$f(t) = 1 + \rho + \cdots + \rho^{T-t} = \frac{1 - \rho^{T-t+1}}{1 - \rho} \qquad (11.135)$$

代入式（11.133），则最优消费为：

$$C^*(t) = \frac{1-\rho}{1-\rho^{T-t+1}} W(t) \tag{11.136}$$

它是财富的一个确定的比例,不受任何来自投资机会集方面的变化的影响。此外,由于 $\Phi(t)$ 的重复关系:

$$\Phi(t) = \rho^{t+1} f(t+1) \left[\ln\frac{f(t)-1}{f(t)} - \frac{\ln f(t)}{\rho f(t+1)} + E_t \ln R_p \right] + E_t [\Phi(t+1)] \tag{11.137}$$

它表明 $\Phi(t)$ 通过 $\Phi(t+1)$ 而依赖于未来投资机会集,但是它并不影响最优资产组合。因为最优资产组合仅仅取决于 J_W,而 J_W 却不受 Φ 的影响。根据 t 时期的第二个一阶条件可以得到最优资产组合:

$$\rho' f(t) E_t \left\{ \left[\frac{f(t)-1}{f(t)} W \sum_{i=0}^n w_i R_i \right]^{-1} (R_i - R_f) \right\} = 0 \tag{11.138}$$

读者可以自行证明,这同单期中具有对数效用最优化的资产组合问题的解是一样的。因此,我们看到在伯努里对数效用这一(唯一)特例中,最优决策具有双重的分离性质:

(1)消费水平独立于金融变量而仅仅取决于当前财富水平;

(2)资产选择是一个严格的静态问题,与未来投资机会无关。

这实际上是对数效用函数的常相对风险厌恶特征的一种体现。

接下来,我们再来看一下幂效用函数下的情形:

$$U_1(C,t) = \rho^t C^\gamma / \gamma, \quad U_2(W,T) = \rho^T W^\gamma / \gamma \tag{11.139}$$

根据(11.111)式,$T-1$ 期的价值函数就是:

$$J[W(T-1)] = \max_{C,\omega} \left[\frac{C^\gamma}{\gamma} + E_{T-1} \rho \frac{(W-C)^\gamma (R_p)^\gamma}{\gamma} \right] \tag{11.140}$$

根据(11.112)式中第一个一阶条件:

$$\rho^{T-1} (C^*)^{\gamma-1} = \rho^T E_{T-1} [(W-C^*)^{\gamma-1} (R_p)^\gamma] \tag{11.141}$$

化简得:

$$C^*(T-1) = a(T-1) W(T-1) \tag{11.142}$$

其中:

$$a_{T-1} = \{ 1 + [E_{T-1} (R_p)^\gamma \rho]^{1/(1-\gamma)} \}^{-1}$$

我们看到在指数效用函数这样一个特例中,消费水平是依赖于投资机会集合的。再来看资产组合方面,根据第二个一阶条件,可得:

$$\rho^T E_{T-1} [(W_{T-1} - C^*)^{\gamma-1} (R_p)^{\gamma-1} R_i] = R_f \rho^T E_{T-1} [(W_{T-1} - C^*)^{\gamma-1} (R_p)^{\gamma-1}] \tag{11.143}$$

化简得:

$$E_{T-1} [(R_p)^{\gamma-1} R_i] = R_f E_{T-1} [(R_p)^{\gamma-1}], \quad i = 1, \cdots, n \tag{11.144}$$

如同前面对数效用函数的例子,最后一期的最优资产组合比例仍然是独立于消费/储蓄决策的。同样对包络条件

$$J_W(W, T-1) = U_{1,C}(C, T-1) = \rho^{T-1} (a_{T-1} W)^{\gamma-1} \tag{11.145}$$

积分,就可以得到价值函数:

$$J(W, T-1) = \frac{\rho^{T-1} a_{T-1}^{\gamma-1} W^{\gamma}}{\gamma} + k \tag{11.146}$$

其中,k 是积分常数。同样可以用 $T-1$ 期的价值函数来发现这个常数:

$$
\begin{aligned}
J[W, T-1] &= \frac{\rho^{T-1}(C^*)^{\gamma}}{\gamma} + E_{T-1}[U_2((W-C^*)R_P, T)] \\
&= \frac{\rho^{T-1}(a_{T-1}W)^{\gamma}}{\gamma} + \frac{\rho^T[(1-a_{T-1})W]^{\gamma}}{\gamma} E_{T-1}[(R_P)^{\gamma}] \\
&= \frac{\rho^{T-1}W^{\gamma} a_{T-1}^{\gamma}}{\gamma}\left\{a_{T-1} + \frac{\rho(1-a_{T-1})^{\gamma}}{a_{T-1}^{\gamma}} E_{T-1}[(R_P)^{\gamma}]\right\} \\
&= \frac{\rho^{T-1} a_{T-1}^{\gamma-1} W^{\gamma}}{\gamma} \tag{11.147}
\end{aligned}
$$

根据式(11.141)、式(11.142),第 3 个等式中大括号里面的部分为 1,因此 k 为 0。如果要解 $T-2$ 时期的问题,就必须计算出下面的数学期望:

$$E_{T-2}J[W(T-1), S(T-1), T-1] = \frac{\rho^{T-1}}{\gamma} E_{T-2}(W_{T-1}^{\gamma} a_{T-1}^{\gamma-1}) \tag{11.148}$$

同前面的分析一致,最优消费还是

$$U_{1,C} = E_{T-2}[J_W(W, T-1)R_P] \tag{11.149}$$

的解:

$$\rho^{T-2} C^{\gamma-1} = \rho^{T-1} E_{T-2}(R_P^{\gamma} a_{T-1}^{\gamma-1})(W_{T-2} - C)^{\gamma-1} \tag{11.150}$$

或者

$$C_{T-2}^* = W_{T-2}[1 + \rho E_{T-2}(R_P^{\gamma} a_{T-1}^{\gamma-1})^{1/(1-\gamma)}]^{-1} \tag{11.151}$$

因此,最优消费分别通过 R_P、a_{T-1} 依赖于当前和未来投资机会集合。最优资产组合则由下式给出:

$$
\begin{aligned}
0 &= \rho^{T-1} E_{T-2}[(W_{T-2} - C_{T-2})^{\gamma-1} R_P^{\gamma-1} a_{T-1}^{\gamma-1}(R_i - R_f)] \\
0 &= E_{T-2}[a_{T-1}^{\gamma-1} R_P^{\gamma-1}(R_i - R_f)] \tag{11.152}
\end{aligned}
$$

显然它也取决于未来投资机会集。尽管式(11.152)可以视为一个单期问题,但是必须注意,同前面对数效用的例子不同,这里的期末财富的效用函数是状态依存的,它的边际效用同 $a_{T-1}^{\gamma-1}$ 成比例,而后者依赖 $T-1$ 时期可以得到的收益率。

同样的结果也适用于以前各期,假定:

$$J(W, t+1) = \rho^{t+1} a_{t+1}^{\gamma-1} W^{\gamma}/\gamma \tag{11.153}$$

则根据式(11.119)中的第一个一阶条件,有:

$$
\begin{aligned}
U_C &= E_t[J_W(W, t+1)R_P] \\
\rho^t C^{\gamma-1} &= \rho^{t+1}(W_t - C)^{\gamma-1} E_t[(R_P)^{\gamma} a_{t+1}^{\gamma-1}] \tag{11.154}
\end{aligned}
$$

可以解得:

$$C^*(t) = a(t)W(t) \tag{11.155}$$

其中:

$$a(t) = \{1 + [E_t(R_{Pt})^{\gamma} a_{t+1}^{\gamma-1} \rho]^{1/(1-\gamma)}\}^{-1} \tag{11.156}$$

而根据式(11.119)中的第二个一阶条件,最优投资组合来自:

$$0 = E_t \left[\rho^{t+1} a_{t+1}^{\gamma-1} \left[(W_t - C_t)^{\gamma-1} R_{Pt}^{\gamma-1} (R_i - R_f) \right] \right]$$
$$0 = E_t \left[a_{t+1}^{\gamma-1} R_{Pt}^{\gamma-1} (R_i - R_f) \right]$$

(11.157)

因此同前面的分析类似,最优消费分别通过 R_{Pt}、$a_{t+1}^{\gamma-1}$ 依赖于当前和未来投资机会集。最后代入价值函数式(11.118),得:

$$
\begin{aligned}
J(W,t) &= \frac{\rho^t (a_t W_t)^\gamma}{\gamma} + \rho^{t+1} E_t \left[W^\gamma (1-a_t)^\gamma (R_P)^\gamma a_{t+1}^{\gamma-1} \right] \\
&= \frac{\rho^t (a_t W_t)^\gamma}{\gamma} \left\{ 1 + \rho E_t \left[(a_t^{-1} - 1)^\gamma (R_P)^\gamma a_{t+1}^{\gamma-1} \right] \right\} \\
&= \frac{\rho^t a_t^\gamma}{\gamma} \left\{ 1 + \left[\rho E_t (R_P^\gamma a_{t+1}^{\gamma-1}) \right]^{1/(1-\gamma)} \right\} W^\gamma \\
&= \frac{\rho^t a_t^{\gamma-1} W^\gamma}{\gamma}
\end{aligned}
$$

(11.158)

因此来自财富的引致效用,仍旧保持了它的状态依存的幂函数形式。

本 章 小 结

传统的投资组合理论基本都是建立在理性人与有效市场假设基础之上,通过局部静态均衡分析所得到的结论。近年来,随着行为金融学、动态资产定价等新理论的产生与发展,许多学者对传统投资理论的前提逐步放松,在运用新的一般动态均衡进行分析基础上,使投资组合理论有了新的发展。本章重点分析其中几个有代表性的理论,包括:跨时资本资产定价模型、消费资本资产定价模型和行为资产定价模型等。

将资本资产定价模型(CAPM)对单期投资行为的分析扩展到多期的情况,我们就得到了跨时资本资产定价模型(ICAPM)。在跨期条件下,仅仅与市场资产组合相联系的 β 系数,还不足以描绘一种资产的相对风险,它与其他多个投资机会集的收益协方差也会影响它的价格和最优组合数量。这两者都是系统性风险,因而它是一种多 β 系数的均衡。

投资作为一种当期消费的延迟行为,因此,我们可以把当期消费也作为投资组合的一种资产进行最优组合分析。在资本资产定价模型基础上,引入消费 β 系数这一系统性风险因素,我们就可以得到消费资本资产定价模型(CCAPM)。在这样一种跨期经济中,市场资产组合不再具有收益—方差效率,而恰恰是那些在收益上与真实总消费效用有着最高相关关系的资产组合,是具有收益—方差效率的。

行为金融学在 CAPM 理论的基础上引入了噪声交易者风险、期望理论与风险选择的两因素理论等理论,从而提出了行为资产定价理论(BAPM)和行为资产组合理论(BPT)。行为资产定价理论认为:当考虑了噪声交易者风险以后,市场资产组合的均值—方差有效边界将偏离于 CAPM 中的水平,一般来说还包含了一部分超常收益水平。也就是说,经过修正后市场的风险报酬水平将包括两部分:原先 CAPM 中 β 所代表的水平和噪声交易者风险导致的超常收益水平。行为资产组合理论指出:投资者更倾向于以金字塔式的方式构建资产组合,且组合的构建主要取决于五个关键的因素:投资目标、资产组合各层的参考点、效用函数的形状、信息的知情程度以及面对投资损失的厌恶程度等。

最优消费与投资决策的内容将传统的静态投资组合理论拓展到跨期的动态最优消费

与投资组合构建理论。利用微观经济学中考察消费者行为时使用的分析框架,即"max 效用函数— s.t. 收入预算约束"方法,我们提出了最优消费与投资组合构建问题的一般分析框架。

　　通过比较静态最优决策模型与跨期动态最优决策模型,我们可以发现:在静态模型中,个人以最大化期末财富为唯一目标,效用函数是外生的,且仅仅包含期末财富这一个变量(如最大化二次效用,进而导出均方原则)。而在跨期模型中的(期间)财富的效用函数是内生导出的,而且还取决于经济状态变量。另外,跨期模型抛弃了传统静态模型所需要的二次效用形式和资产收益正态分布假定。同时在单一时期条件下,跨期模型可以得到与静态模型一致的结论,即最优资产组合,满足均方效率和资产分离(互助基金定理)特性。

　　本章通过动态随机规划的方法来求解最优消费与投资组合决策问题。动态规划方法的思路核心在于向后递归的求解过程,也就是说多期最优决策等价于由一系列从后一期结果推导前一期最优决策的单期最优化规划,当前做出的最优决策应该与未来所有最优行为相一致。换言之,如果你已知 $t+1$ 期初最优交易策略,那么 t 期初的最优交易策略问题就可以简化为一个或者多个单期决策问题。因此,在投资机会集条件不变的假设下,动态模型可以归结为多个递推的静态模型,也就是说跨期分析是对于静态模型的一种一般化。

关　键　术　语

　　跨时资本资产定价模型　消费资本资产定价模型　行为资产定价理论　行为资产组合理论　最优消费投资决策　最优投资组合　最优消费组合　三基金组合分离定理　贝塔修正系数　随机最优控制

习　　题

　　1. 什么是最优投资组合的三基金组合分离定理? 试用它来推导跨时资本资产定价模型。

　　2. 在什么条件下,跨时资本资产定价模型可以得到与静态资本资产定价模型相一致的结论?

　　3. 请解释消费资本资产定价模型的经济含义。

　　4. 什么是消费 β 系数? 它是如何决定的? 它在消费资本资产定价模型中起什么作用?

　　5. 考虑噪声交易者因素后,资产价格将与 CAPM 中的结论有所偏离。请说明噪声交易者的行为对资产价格确定的影响体现在哪些方面。

　　6. 请用图示解释经噪声交易者风险因素修正后市场的风险报酬水平的组成。

　　7. 什么是行为 β 系数? 它与传统市场模型意义上的 β 系数有何区别?

　　8. 什么是期望理论? 什么是风险选择的两因素理论? 请举例解释。

　　9. 试用行为资产组合理论来解释,为什么投资者更倾向于金字塔式的资产组合构建方式。并说明构建金字塔式资产组合的决定因素。

10. 请利用行为投资模型对实际市场投资者行为进行解释并举例。

11. 请说明最优消费与投资组合构建问题的一般分析框架。

12. 假设 $T=2$，$K=4$，$N=1$，基准无风险利率 r 为常数，满足 $0 \leqslant r < 0.125$；投资组合中只有现金和一种风险资产(证券)，这种证券的价格过程以及经济状态的概率分布如下：

S	$p_0(S)$	$p_1(S)$	$p_2(S)$	$P(S)$
S_1	5	8	9	1/4
S_2	5	8	6	1/4
S_3	5	4	6	1/4
S_4	5	4	3	1/4

假设投资者的预期效用函数为：$u(w)=\ln(w)$。试用动态随机规划方法来求解投资者的最优投资组合问题。

13. 请举例说明动态随机规划方法在求解最优消费投资组合决策问题过程中的向后递归的特征。

14. 什么是一般最优消费投资决策问题的包络条件？请解释它的经济含义。

即 测 即 评

专栏 6:

哈里·M.马柯维茨
(Harry M. Markowitz)

时任纽约市立大学教授哈里·M.马柯维茨(Harry M. Markowitz)因其"在金融经济学理论领域的开创性工作"[1],与莫顿·米勒(Merton H. Miller)、威廉·F.夏普(William F. Sharpe)共同获得1990年诺贝尔经济学奖。这也是自诺贝尔经济学奖1969年设立以来,首次由金融经济学家获此殊荣。

马柯维茨教授于芝加哥大学获得学士学位,并于1955年获芝加哥大学经济学博士学位。马柯维茨教授因其资产组合选择(Portfolio Selection)理论闻名于世。在教职之外,马柯维茨还曾在美国兰德公司(RAND Corporation)等机构任职,其研究致力于不断改进并推广资产组合选择理论。

马柯维茨创造性地提出投资者进行资产组合选择的均值—方差分析框架,指出决定资产组合风险特征的是组合中各项资产收益率之间的相互关系,而非资产本身的风险,基于这一观点,马柯维茨结合投资者的效用函数,提出了用以指导投资者进行有效资产组合选择的理论框架。这些研究成果开创了金融经济学的基础性理论及分析范式,确立了金融经济学作为经济学领域分支学科之一的重要地位。

马柯维茨的著名论文《资产组合选择》(Portfolio Selection)(Markowitz,1952)及之后的专著《资产组合选择:投资的有效分散化》(Portfolio Selection:Efficient Diversification of Investments)(Markowitz,1959)集中体现了马柯维茨在金融经济学领域的开创性贡献。

马柯维茨指出,不同的资产尽管具有诸多维度的特征,但总体而言都可以从风险和收益两个角度进行衡量。投资者希望获得更高的预期收益,但与之相伴的风险却将降低投资者的效用。因此,投资者进行资产选择时,需在投资组合的收益与风险之间进行权衡。进一步地,马柯维茨指出,资产(或资产组合)的风险可以用收益的方差进行衡量。

对于资产组合而言,一方面,组合整体的预期收益等于组合中单项资产预期收益的加

---

① The Royal Swedish Academy of Sciences (1990), "The Prize in Economics 1990-Press Release".

权平均值;另一方面,组合整体的风险(预期收益的方差)不仅与单项资产的个别风险相关,更在很大程度上取决于单项资产预期收益的相关性(协方差),只要各项资产的预期收益并非完全相关,则分散化投资就具有降低风险的作用,从而提升投资者投资资产组合的预期效用。基于对单项资产预期收益、方差、单项资产相互之间协方差的估计值,就可以在一个由收益(均值)和风险(方差)组成的二维平面上勾勒出潜在资产组合的所有可能的收益—风险特征,并得到一定的组合风险条件下预期收益最大的有效投资边界。

马柯维茨指出,投资者希望获得更大的预期收益,同时希望最大限度地规避风险。因此,可以构造出同时考虑收益和风险的投资者效用函数。基于效用函数和有效投资边界,个体投资者便可以得到预期效用最大化的有效资产组合。

马柯维茨的研究从理论上证明了金融实务中存在的分散投资的合理性与必要性,并通过构建一个二维的均值—方差分析框架,为实务中资产组合的选择提供了一个便利的定量分析工具。更为重要的是,这种基于收益和风险两个维度的资产组合分析框架,成为金融经济学领域的基础性分析范式。由于资产的预期收益之间往往存在一定程度的相关性,因此无论选择多少种类的资产,也无法通过资产组合构建的方法完全分散掉所有的风险。马柯维茨的研究成果实际上指出了单个资产对整个资产组合风险的贡献程度(系统性风险)应在定价时予以考虑。这为资产定价理论的进一步研究指明了方向,为其后的资本资产定价模型(CAPM)、套利定价理论(APT)等提供了重要的理论基础。

马柯维茨(Markowitz,1990)指出,资产组合选择理论具有三大特征,从而与传统微观经济学领域的厂商理论和消费者理论形成区别:其一,关注投资者而非消费者或生产商;其二,关注经济主体所面对的不确定性;其三,这一理论有助于指导投资者的投资实践。在马柯维茨的研究之前,金融和投资更多的是实践中的活动而非经济学理论概念。马柯维茨的研究成果在问世之初也曾引发关于其经济学属性的一些讨论。在其博士论文答辩中,米尔顿·弗里德曼即曾提出资产组合理论"不是经济学",因此"不能为一篇不属于经济学领域的论文颁发经济学博士学位"。当然,最终马柯维茨顺利获得经济学博士学位,他的研究成果也为后来出现的许多重要的金融经济学理论的发展提供了重要基础,从而将金融发展成为经济学领域的重要分支学科。正如马柯维茨所言:"在我博士论文答辩之时,资产组合理论仍然不是经济学的一部分,但如今,它是。"[1]

诺贝尔经济学奖颁奖词中充分赞誉了马柯维茨的创造性贡献:"金融经济学领域最初的开创性贡献由马柯维茨在1950年作出,他发展出了关于家庭和公司部门在不确定条件下进行金融资产配置的理论,即资产组合选择理论。这一理论分析了财富应如何最优地投资于预期收益和风险不同的金融资产中,并且探讨了降低风险的方法。"[2]

参 考 文 献

Markowitz,H M. PORTFOLIO SELECTION. Journal of Finance,1952(7):77–91.

---

① H M Markowitz. FOUNDATIONS OF PORTFOLIO THEORY. Nobel Lecture,December 7,1990.

② The Royal Swedish Academy of Sciences (1990). The Prize in Economics 1990 – Press Release. http://www.nobelprize. org/nobel_prizes/economic–sciences/laureates/1990/press. html.

Markowitz,H M. Portfolio Selection:Efficient Diversification of Investments. Wiley,Yale University Press, 1970,Basil Blackwell,1991.

Markowitz,H M. FOUNDATIONS OF PORTFOLIO THEORY. Nobel Lecture,December 7,1990.

The Royal Swedish Academy of Sciences (1990). The Prize in Economics 1990−Press Release. http://www. nobelprize. org/nobel_prizes/economic−sciences/laureates/1990/press. html).

专栏7:

威廉·F.夏普
(William F. Sharpe)

资产定价领域的先驱,斯坦福大学金融学教授威廉·F.夏普(William F. Sharpe)因其"在金融经济学领域的开创性工作"[1],与哈里·M.马柯维茨(Harry M. Markowitz)以及莫顿·米勒(Merton H. Miller)一同获颁1990年诺贝尔经济学奖。夏普教授是资本资产定价模型(Capital Asset Pricing Model,CAPM)的主要提出者之一。

夏普教授分别于1955年和1961年获得加州大学洛杉矶分校经济学学士与经济学博士学位。其间曾任职于美国兰德公司(RAND Corporation),自1970年起即任职于斯坦福大学。夏普教授研究领域较为广泛,不仅独立提出了资本资产定价模型,也是期权定价的二叉树模型的提出者之一,其所构建的用于衡量承担单位风险所获得的超额收益的夏普比率(Sharpe ratio)指标成为金融学研究与实践中最为常用的重要指标之一。

马柯维茨的资产组合选择理论解释了通过投资于不同风险和收益特征的金融资产可以有效降低资产组合的风险,并且提供了研究金融资产定价的均值—方差分析(mean-variance analysis)框架。但其理论仍面临一些重要的不足:其一,资产组合选择理论没有明确单个资产的定价方式;其二,资产组合的风险取决于组合中所有资产的方差以及所有资产相互之间的协方差,因此,对于一个由 N 种资产构建的组合,需要估算 $N(N+1)/2$ 个参数才能估算出组合整体风险,巨大的计算量成为实践中进行推广应用的阻碍。

20世纪60年代,夏普(Sharpe,1964)与Lintner(1965)、Mossin(1966)等学者分别独立提出的资本资产定价模型(Capital Asset Pricing Model)在马柯维茨资产组合选择理论的基础上,发展出为单项金融资产进行定价的基本思想与方法,成为资产定价领域的先驱。

夏普将无风险资产引入均值—方差分析框架。由于无风险资产与风险资产之间协方差为零,因此无风险资产与特定风险资产组合之间进行组合的收益与风险特征可以用一条由无风险资产出发,经过风险资产组合的射线来表示。投资者将在无风险资产与风险资产的有效投资边界之间构成的多条射线之中选择单位风险报酬最大的一条,并据此选

---

① The Royal Swedish Academy of Sciences (1990),"The Prize in Economics 1990-Press Release".

择风险资产组合的构成。进一步地，如果投资者对于各项风险资产的未来收益和风险具有相同的预期，则所有投资者所持有的最优风险资产组合将是相同的，这一风险资产组合就是风险资产的市场组合（以市场价值为权重构成的组合）。不同投资者所具有的不同风险容忍程度（Risk Tolerance）不会影响最优风险资产组合中风险资产的相对权重，而仅将决定其在无风险资产和风险资产之间的不同投资比重。无风险资产的引入，以及两基金分离定理（Two-fund Separation Theorem）使得 CAPM 理论对实践中的资产构建过程的指导意义大大提升。

进一步地，夏普证明，单项金融资产的风险溢价（预期收益与无风险收益之差）与该项资产对最优资产组合的系统性风险的边际贡献程度成比例，这一对系统性风险的贡献程度用资产的"贝塔值"（Beta Value）衡量，由单项资产与最优资产组合之间的协方差和最优资产组合的方差共同决定。最优风险资产组合的贝塔值为 1、贝塔值大于 1 的资产，对系统性风险的贡献大于平均水平；贝塔值小于 1 的资产，对系统性风险的贡献小于平均水平。根据 CAPM 的思想，在一个可以进行充分分散化投资的有效的资本市场中，只有单项资产本身对系统性风险的贡献应得到定价，而资产本身的可分散的风险是不应被定价的。这一思想与马柯维茨的资产组合选择理论密切相关。同时，这一定价模型将单项资产的风险溢价与其贝塔值这一唯一的反映其系统性风险的变量建立联系，从而大大简化了分散化组合中单项资产的定价工作，并且使得资产定价理论与计量经济学方法的结合成为可能，使得 CAPM 理论具备重要的实践价值。

资本资产定价模型因其理论的严谨性和实践的可行性，成为金融经济学领域的重要基础理论。一方面，CAPM 理论提出后，成为资产定价理论不断创新的基础，学术界对其进行了大量的实证检验，并针对实证检验中发现的问题，发展出诸如套利定价理论（Arbitrage Pricing Theory，APT）、法玛和弗伦奇的三因素定价模型（见专栏：尤金・法玛（Eugene F. Fama））等新的资产定价理论。进一步地，对金融市场有效性的检验离不开对理性的定价模型的设定，CAPM 理论以及后来的诸多资产定价理论的新发展，为研究金融市场有效性提供了理论和实证方面的基础。另一方面，CAPM 理论及其对风险溢价的估算，也成为公司金融领域估算资本成本的基础方法，广泛应用于项目评估、公司融资结构决策、公司兼并与收购决策之中。

鉴于资产定价理论的重要意义，威廉・F. 夏普成为 1990 年诺贝尔经济学奖的获奖者之一。颁奖词中对夏普在资产定价理论发展过程中的贡献进行了表彰："金融经济学领域的另一重要贡献产生于 20 世纪 60 年代，几位研究者将马柯维茨的资产组合理论作为基础，发展出一项关于金融资产价格形成的理论，被称为资本资产定价模型（Capital Asset Pricing Model，CAPM），威廉・F. 夏普在这些研究者中的贡献最为显著。"[①]

参 考 文 献

Lintner J. The Valuation of Risk Assets and the Selection of Risky Investments in Stock Portfolios and

---

① The Royal Swedish Academy of Sciences（1990）."The Prize in Economics 1990-Press Release".

Capital Budgets. Review of Economics and Statistics,1965(47):13-37.

Mossin J. Equilibrium in a Capital Asset Market. Econometrica,1966(35): 768-783.

Sharpe W F. Capital Asset Prices: A Theory of Market Equilibrium under Conditions of Risk. Journal of Finance,1964(19): 425-442.

Sharpe W F. CAPITAL ASSET PRICES WITH AND WITHOUT NEGATIVE HOLDINGS. Nobel Lecture, December 7,1990.

The Royal Swedish Academy of Sciences (1990). The Prize in Economics 1990-Press Release.

第六部分

投资组合业绩评价

第 12 章
投资组合的业绩评价

对于一个资产组合,我们该如何来评价其业绩呢?资产组合的平均收益似乎可以直接作为评价尺度,但其实并非如此。另外,以风险调整的收益作为评价尺度也带来了其他的一系列问题。在本章中,我们从确定基准投资组合,测算投资组合的收益率开始,然后转入讨论风险调整的常见方法,其中包括单因素与多因素的组合整体业绩评估方法。我们考虑到投资组合管理人的时机选择与证券选择能力是产生投资收益差额的根本原因,因此从这一角度对投资组合业绩进行评估的方法也纳入本章的内容。我们将在各种不同的情况下,分别应用这些方法,并介绍业绩评估理论及实践中应用评估程序的一些新发展。在实际金融市场上,投资组合大部分是以基金的形式出现的,因此,本章介绍的投资组合业绩评价方法与基金业绩评价方法基本上是一致的,如无特别说明,我们提到的资产组合等同于基金。

第一节　投资组合业绩评价的基准

投资组合业绩评价(Portfolio Performance Evaluation)的目的是评价投资计划能在多大程度上实现投资目标;评价投资经理执行投资计划的结果,即投资经理执行投资计划的成功程度。在评价的过程中,我们首先要明确投资目标,以便根据此目标衡量投资的结果。为评价投资经理,我们也需要理解并清晰地表述投资过程的关键性因素,以利于制定一个框架用来判断投资经理在哪些方面、在多大程度上提高了投资计划的价值。

一、投资基准的确定

基于投资组合收益情况进行业绩评价的各种方法,事实上都是通过将投资组合的表现与事先设定的某个基准投资组合进行比较,从而得到评价结果的。由于选取不同的投资组合评价基准会导致投资组合业绩评价结果的差异,因此投资组合评价的基准投资组合的选取是非常重要的。在评价投资组合时,所选用的评价基准通常需要与投资组合的管理人进行讨论,并对实际投资组合进行分析,确定资产组合的投资风格和选股标准,选取与其相适应的基准投资组合,这样才能更为准确地衡量投资组合的业绩。在进行投资组合业绩评价的过程中,可以选取单一的基准投资组合,也可以选取多个基准投资组合,而这取决于采取的评价方法的不同要求。

（一）单一基准投资组合的选取

根据 Jensen 系数、Sharpe 比率和 Treynor 比率等单因素整体业绩评估模型(具体内容将在下一节详细介绍)对投资组合表现进行评价时,都是以资本资产定价模型(CAPM)为理论基础的。这些方法都以市场投资组合作为评价的基准,市场投资组合是以市场上各个股票的市值为权重构建的一个包含市场上所有股票的投资组合。事实上,在采用单因素整体业绩评价模型时,也可以选用其他基准。

基准投资组合的选取问题最早是由 Roll(1978)提出的,他认为不同的基准投资组合会导致不同的风险调整,因此会对超常收益的表现产生不同的评价。均值—方差有效边界内的两个基准投资组合可能导致对一系列消极投资组合的不同排序。以某一投资组合为基准时落在证券市场线以上的投资组合,可能会在以另外一个投资组合为基准时落在证券市场线以下。另一方面,在均值—方差有效边界上的基准投资组合无法对消极投资组合进行区分,消极投资组合会和其他所有证券一样落在证券市场线上。

在实际中,由于出色的投资管理人所掌握的信息与平庸的投资管理人不同,因此两个拥有不同信息的投资管理人会有不同的均值—方差曲线。尤其是,具有预测能力的投资管理人的均值—方差有效边界是经动态投资组合战略改进的,而在这些动态投资组合战略中,预期在未来一段时期内会有超高收益率的证券权重已增加。没有这一能力的投资管理人则无法通过调整其投资组合的权重而得到更好的均值—方差曲线。因此,他们的有效边界在出色的投资管理人的投资组合的有效边界内部,如图 12-1 所示。这说明,如果用一个在图中点 A 和点 B 连线上的点作为基准投资组合,对投资组合的评价就会高估。这一基准对消极投资组合是均值—方差有效的,对出色的投资管理人的动态投资组合则是均值—方差无效的。

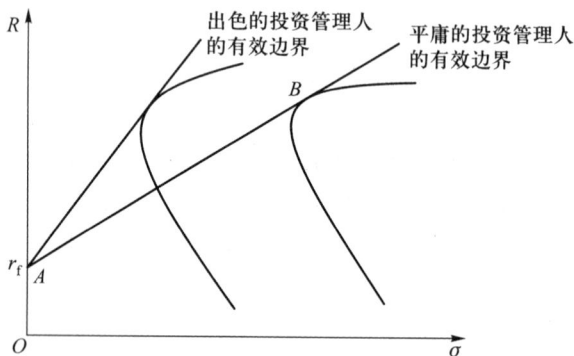

图 12-1　出色和平庸的投资管理人的不同有效边界

图 12-1 基于投资组合历史收益的均值和方差,而不是基于其未来预期的均值和方差,因此我们只是找到了一个历史有效边界上的基准投资组合。但是要找到这一投资组合并不简单,受 CAPM 模型的启发,早期的投资组合业绩评价中一般以一个按市值加权平

均的投资组合作为基准投资组合。在 20 世纪 70 年代早期,由于大部分共同基金的 β 值都在 1 附近,当 β 值分布在这一范围时 CAPM 的适用性较好,因此相关实证一般都根据 CAPM 理论确定基准投资组合,而且理论上这种方式也是合理的。但是,近期的理论研究发现,由于规模及股息率的影响,根据 CAPM 理论得到的 β 的适用性并不是非常理想。因此,如果根据这一理论确定基准投资组合,就有可能被熟悉 CAPM 相关的异常现象的投资管理人操纵,所以将这些基准用于评价就会越来越不适宜。

（二）多个基准投资组合的选取

由于所有股票的收益率并不都是由某一个共同因素产生的,因此无法保证一个任意选取的分散的投资组合是均值—方差有效的。Grinblatt 和 Titman(1989)研究认为,假设股票的收益率是由 k 个因素产生的,如果没有套利机会,k 个充分分散的投资组合可以组合成均值—方差有效边界,因此通常认为采用多个基准优于采用单一基准。

选取单一基准与多个基准对投资组合业绩进行评估,得到的结果不同,选取不同的多个基准得到的评价结果也不尽相同。根据多因素绩效评估模型方法的不同,通过分析实际的投资组合选取基准投资组合的方法主要有两种:Lehmann 和 Modest(1987)的 APT 法以及 Gruber-Sharpe 方法。为了篇幅安排起见,我们将在第三节介绍多因素绩效评估模型时,对这两种方法进行较为详细的阐述。

二、投资组合收益率的衡量

评价投资组合的业绩的第一步,是计算出在有关可比期间内的投资回报率,即收益率。在评价投资组合的表现时,大多数的评价方法的评价基础数据都是投资收益率,因此投资收益率计算的准确性是确保投资组合业绩评价结果合理的一个重要基础。

投资回报定义为在评价期间投资组合(基金)的资产价值的变化加上在同一期间所获得的任何收益。投资组合的收益一般包括两部分:一部分是资本利得,即投资管理人利用证券二级市场价格波动而获得的买卖差价;另一部分是投资组合资产在评估期间获得的利息、红利等收益。

基金投资收益率通常是基于基金净值进行计算的。一般投资者将基金的净值增长率视为基金的投资收益率。然而,这样得到的基金投资收益率可能会被基金投资组合资产的现金流入和流出所歪曲。特别是,当市场价格普遍上升时,现金流入将会使投资组合的市场价值膨胀,因此也会使计算出的投资回报率膨胀;而现金流出对投资组合的市场价值和投资回报率的作用正好相反。而当市场价格走低时,流入会使投资回报率缩减,而流出会使投资回报率膨胀。因此,由于基金投资分红、开放式基金规模的不断变化(基金新单位发行以及基金赎回)等因素的存在,导致投资组合实际资产的现金发生流入或者流出,使得基金净值增长率并不能客观地反映基金资产增值的实际情况,即实际投资收益率。我们在计算投资组合的收益率时,要对现金流入和流出进行调整。

针对以上问题,我们一般采取基于基金单位净值数据进行时间加权的方法计算基金的投资收益率,从而避免基金规模变动因素、分红时间因素产生的影响。

（1）在不发生基金分红时,基金投资收益率等于基金的净值增长率,即

$$r_{pt} = \frac{NAV_t - NAV_{t-1}}{NAV_{t-1}} \tag{12.1}$$

其中,NAV_t 表示 t 期末的基金单位净值。

（2）在发生基金红利发放的评估期间,其投资收益率为

$$r_{pt} = (1+r_1)(1+r_2) - 1 \tag{12.2}$$

其中,$r_1 = \dfrac{NAV_A - NAV_{t-1}}{NAV_{t-1}}$,$r_2 = \dfrac{NAV_t - NAV_A + D}{NAV_A - D}$。

NAV_A 表示基金在评估期间内红利除息前日的单位净值,D 表示评估期间内所发放的单位股息。

（3）基金在绩效评估期间的累计收益率为:

$$TR_p = \left[\prod_{t=1}^{n} (1+r_{pt}) \right] - 1 \tag{12.3}$$

从上述时间加权法的基金收益率计算公式可以看到,采用这一方法时,剔除了评估期间基金现金流问题（如基金分红时间的不确定性、基金单位增减等）对基金净值增长率的影响,因此已成为最被普遍接受的投资组合收益率计算方法。

三、超额收益率及跟踪误差指标

根据选取的投资基准的不同,投资组合的超额收益率的表达式也是不同的。

采取单一基准投资组合进行绩效评估时,投资组合的超额收益率为:

$$r_p - r_f = \alpha_p + \beta_p(r_m - r_f) + \varepsilon_p \tag{12.4}$$

采取多个基准投资组合进行绩效评估时,投资组合的超额收益率为:

$$r_p - r_f = \alpha_p + \sum_{j=1}^{n} \beta_{jp}(r_{E_j} - r_f) + \varepsilon_p \tag{12.5}$$

其中,r_{E_j} 为第 j 个基准投资组合的收益率,β_{jp} 为目标投资组合超额收益率相对于第 j 个基准投资组合超额收益率的斜率系数。

跟踪误差产生的原因在于:目标投资组合可以事先为自己定义投资目标（基准）,投资基准一旦确定,投资管理人就要追踪该基准投资组合（在单因素评估模型情况下,即对应为某个市场指数）,限于资金规模、投资管理人能力等原因,在实际投资过程中,无法使得实际投资组合与投资基准做到完全一致,因此就会产生所谓跟踪误差。

下面我们以单因素市场评估模型为例进行说明。

根据 CAPM 的市场模型,我们由式(12.4)得到:

$$r_p = r_f + \alpha_p + \beta_p(r_m - r_f) + \varepsilon_p \tag{12.6}$$

其中,r_p、r_m 分别表示投资组合 p 和市场指数（单一基准投资组合）的收益率,r_f 为无风险收益率,α_p、β_p、ε_p 分别表示截距项、斜率和跟踪误差项。

对以上回归方程进行方差分析得到:

$$\sigma_p^2 = \beta_p^2 \sigma_m^2 + \sigma^2(\varepsilon_p) \tag{12.7}$$

其中,σ_p^2 表示投资组合收益率的方差;σ_m^2 表示基准投资组合的收益率方差;$\sigma^2(\varepsilon_p)$ 即为

跟踪误差（方差），但一般我们习惯上把其标准差 $\sigma(\varepsilon_\text{p})$ 称为跟踪误差。

在实践中，如果跟踪误差超过一定的比例，就需要投资管理人调整投资组合结构，否则就会由于分散化不够导致非系统性风险上升或者收益率无法达到投资基准。

第二节　单因素整体业绩评估模型

虽然 Markowits 投资组合理论模型为精确测量证券投资基金的风险和收益提供了良好手段，但是这一模型涉及计算所有资产的协方差矩阵，面对上百种可选择的资产，其模型的复杂性制约了其在实际中的应用。因此，证券分析师企图建立比较实用的评估基金整体绩效的模型，使其得到广泛的应用。以 Treynor（1965）、Sharpe（1966）及 Jensen（1968）的三个指数模型为代表的评估方法，大大降低了基金整体绩效评估的复杂性，称为单因素整体绩效评估模型。单因素模型都是以 CAPM 理论为研究基础的。目前，这三种基金绩效评估模型在发达国家资本市场中运用最为流行。

一、Jensen 指数评估模型

Jensen 测度是建立在 CAPM 测算基础上的资产组合的平均收益，它用到了资产组合的 β 值和平均市场收益，其结果即为资产组合的 α 值。

Jensen 利用美国 1945—1964 年间 115 个基金的年收益率资料以及根据 S&P500 指数计算的市场收益率进行了实证研究。计算公式为：

$$\alpha_i = R_{it} - \left[R_{ft} + \beta_i (R_{mt} - R_{ft}) \right] \tag{12.8}$$

其中，α_i 为 Jensen 绩效指标；R_{mt} 为市场投资组合（或者基准投资组合）在 t 时期的收益率；R_{it} 为 i 基金在 t 时期的收益率；R_{ft} 为 t 时期的无风险收益率；β_i 为基金投资组合所承担的系统风险。

Jensen 指数为绝对绩效指标，表示基金的投资组合收益率与相同系统风险水平下市场投资组合收益率之间的差异，当其值大于 0 时，表示基金的绩效优于市场投资组合绩效。在基金和基金之间比较时，Jensen 指数越大越好。

Jensen 模型奠定了基金绩效评估的理论基础，也是至今为止使用最广泛的模型之一。但是，用 Jensen 指数评估基金整体绩效时隐含了一个假设，即基金的非系统风险已通过投资组合彻底地分散掉，因此，该模型只反映了收益率和系统风险因子之间的关系。如果基金并没有完全消除掉非系统风险，则 Jensen 指数可能给出错误信息。例如，A、B 两种基金具有相同的平均收益率和 β 系数，但基金 A 的非系统风险高于基金 B，按照该模型，两种基金有相同的 Jensen 指数，因而绩效相同。但实际上，基金 A 承担了较多的非系统风险，因而 A 基金经理分散风险的能力弱于 B 基金经理，基金 A 的绩效应该劣于基金 B。由于该模型只反映了收益率和系统风险的关系，因而基金经理的市场判断能力的存在就会使 β 值呈时变性，使基金绩效和市场投资组合绩效之间存在非线性关系，从而导致 Jensen 模型评估存在统计上的偏差。因此，Treynor 和 Mazuy 在模型中引入了二次回归项，Merton 和 Heriksson 也提出了双 β 值市场模型，并利用二次回归项和随机变量项对基金经理的选股能力与市场运用中的时间选择能力进行了进一步的研究。[①]

二、Treynor 指数评估模型

Treynor 测度给出了单位风险的超额收益,但它用的是系统风险而不是全部风险。

Treynor 指数是以单位系统风险收益作为基金绩效评估指标的,Treynor 利用美国 1953—1962 年 20 个基金(含共同基金、信托基金与退休基金)的年收益率资料,进行基金绩效评估的实证研究,计算公式为:

$$T_i = \frac{R_i - R_f}{\beta_i} \tag{12.9}$$

其中,T_i 为 Treynor 绩效指标,R_i 为 i 基金在样本期内的平均收益率,R_f 为样本期内的平均无风险收益率,$R_i - R_f$ 为 i 基金在样本期内的平均风险溢酬。

Treynor 指数表示的是基金承受每单位系统风险所获取风险收益的大小,其评估方法是首先计算样本期内各种基金和市场的 Treynor 指数,然后进行比较,较大的 Treynor 指数意味着较好的绩效。Treynor 指数评估法同样隐含了非系统风险已全部被消除的假设,在这个假设前提下,因为 Treynor 指数是单位系统风险收益,因此它能反映基金经理的市场调整能力。不管市场是处于上升阶段还是下降阶段,较大的 Treynor 指数总是表示较好的绩效。但是如果非系统风险没有全部消除,则 Treynor 指数和 Jensen 指数一样可能给出错误信息,这时 Treynor 指数模型同样不能评估基金经理分散和降低非系统风险的能力。

三、Sharpe 指数评估模型

Sharpe 测度是用资产组合的长期平均超额收益除以这个时期收益的标准差。它测度了对总波动性权衡的回报。

Sharpe 指数把资本市场线作为评估标准,是在对总风险进行调整基础上的基金绩效评估方式。Sharpe 利用美国 1954—1963 年 34 只开放式基金的年收益率资料进行了绩效的实证研究,计算公式为:

$$S_i = \frac{R_i - R_f}{\sigma_i} \tag{12.10}$$

其中,S_i 为 Sharpe 绩效指标;σ_i 为基金 i 收益率的标准差,即基金投资组合所承担的总风险。

当采用 Sharpe 指数评估模型时,同样首先计算市场上各种基金在样本期内的 Sharpe 指数,然后进行比较,较大的 Sharpe 指数表示较好的绩效。Sharpe 指数和 Treynor 指数一样,能够反映基金经理的市场调整能力。和 Treynor 指数不同的是,Treynor 指数只考虑系统风险,而 Sharpe 指数同时考虑了系统风险和非系统风险,即总风险。因此,Sharpe 指数还能够反映基金经理分散和降低非系统风险的能力。如果证券投资基金已完全分散了非

①　我们将在本章第四节中详细介绍。

系统风险,则 Sharpe 指数和 Treynor 指数的评估结果是一样的。

在对以上三种模型的运用操作上,由于 Sharpe 指数与 Treynor 指数均为相对绩效度量方法,而 Jensen 指数是一种在风险调整基础上的绝对绩效度量方法,表示在完全的风险水平情况下,基金经理对证券价格的准确判断能力。Treynor 指数和 Jensen 指数在对基金绩效评估时,均以 β 系数来测定风险,忽略了基金投资组合中所含证券的数目(即基金投资组合的广度),只考虑获得超额收益的大小(即基金投资组合的深度)。另外,当基金投资组合的 β 系数处于不断变化的过程中时,Jensen 的 α 系数和 Treynor 比率都无法恰当地评价基金的表现。而在衡量基金投资组合的绩效时,基金投资组合的广度和深度都必须同时考虑。因此,就操作模型的选择上,Sharpe 指数模型和 Treynor 指数模型对基金绩效的评估较具客观性,Jensen 指数模型用来衡量基金实际收益的差异较好。而对 Sharpe 指数和 Treynor 指数这两种模型的选择,要取决于所评估基金的类型。如果所评估的基金是属于充分分散投资的基金,投资组合的 β 值能更好地反映基金的风险,则 Treynor 指数模型是较好的选择;如果评估的基金是属于专门投资于某一行业的基金时,相应的风险指标为投资组合收益的标准差,此时运用 Sharpe 指数模型比较适宜。

四、Treynor–Black 比率评估模型

Treynor–Black 比率方法用资产组合的 α 值除以其非系统风险,它测算的是每单位非系统风险所带来的非常规收益,衡量该风险组合中积极型组合业绩的指标。

在一段时期内使用股票选择技术或使用其他技术所增加的回报率都会具有波动性,这些波动性表明了存在于组合管理行为中的风险。与股票选择相联系的风险,称为残值风险(亦称跟踪误差或残差)。在投资组合管理中,总是期望在增加投资组合价值增量(α)的同时尽可能地减少残值风险。当残值风险较低时,可以以较大的置信度相信 α 值是稳定的;而残值风险较高时,投资组合的价值增量(α)就会有更大的不确定性,即 α 值显著性的置信度降低。为了提高对业绩度量的置信度,应该使用价值增量(α)与所面临的残值风险的比率达到最大,这一比率称为信息比率(Information Ratio)或者估价比率(Appraisal Ratio),其公式为:

$$IFR = \frac{投资组合价值增量}{残值风险(跟踪误差)} = \frac{\alpha_p}{\sigma(\varepsilon_p)}$$
$$r_p = r_f + \beta_p(r_m - r_f) + \varepsilon_p + \alpha_p$$
$$E(r_p) = r_f + \beta_p(r_m - r_f)$$
$$\alpha_p = r_p - E(r_p)$$

其中,r_p 是投资组合的实际收益率;r_m 是评价组合业绩时使用的一个市场组合基准,用来衡量组合业绩优于还是劣于市场一般收益水平;r_f 为无风险收益率;$E(r_p)$ 代表了在给定的 β_p 值条件下的期望回报率;α_p 为组合的风险调整收益率即 Jensen 指数;β_p 即组合的贝塔系数,衡量组合市场风险的大小;$\sigma(\varepsilon_p)$ 即为误差项 ε_p 的标准差,表示组合的非系统性风险。

因为回报率是随着区间延长而线性增加的,但风险是随着区间的平方根增加而增加的,所以 n 年后的置信度可以用下面的函数形式表示:

$$\frac{投资组合\ \alpha\ 值 \times 区间长度}{残值风险 \times \sqrt{区间长度}}$$

使用信息比率的定义可以得到:

$$区间长度 = \left(\frac{置信度}{信息比率}\right)^2$$

假设回报率符合正态分布,可以使用标准正态分布得到以概率表示的置信度水平。假设 α 取值高于 1.96 个标准差,而相应的概率为 95%,可以计算出一位投资信息比率为 0.7 的经理人员需要 7.8 年的时间业绩支持才能达到要求的置信度水平,计算如下:

$$达到置信度年度数 = \left(\frac{1.96}{0.7}\right)^2 = 7.8(年)$$

如果投资者要求相当高的统计显著性(如 95% 的概率水平),除了最杰出的投资经理之外都需要相当长的时间,或者说需要跨越数个市场周期,来达到要求的置信水平。当表示统计显著性的概率降低时,如达到 80% ~ 90%,需要的时间就会短些,或者说符合传统的实际操作。一般来说,投资者大多需要至少经历一个市场周期来评价投资经理,区间长度普遍需要大约 3 ~ 5 年的时间。

Cornor 和 Koraczyk(1986)对此进行了实证研究,证明根据该比率对基金业绩进行排序的稳定性较高,因此适于预测基金的未来相对表现。但是,这一结论的成立是建立在一系列假设的基础上的,包括:市场无法预测;收益率服从多元正态分布;所有基金经理的效用函数都是指数型的;所有基金持有的所有投资资产都是可交易的。由于这些约束条件比较严格,因此这一比率在进行基金排序时实用性不强。而且,由于基金经理具有时机选择能力而不断调整 β 时,Treynor-Black 比率也会出现失效的情况。

以上每一种指标都有其可取之处。由于各种经风险调整收益的指标在本质上是不同的,因此它们对于某一基金业绩的评估结论并不完全一致。

五、M^2 测度指标

业绩的 M^2 测度是由摩根士丹利公司的 Leah Modigliani 及其祖父诺贝尔经济学奖得主 Franco Modigliani 对 Sharpe 测度进行改进后引入的。其目的是纠正投资者只考虑基金原始业绩的倾向,鼓励他们应同时注意基金业绩中的风险因素,从而帮助投资者挑选出能带来真正最佳业绩的投资基金。与 Sharpe 测度类似,M^2 测度指标也把全部风险作为风险的度量。这种风险的调整方法很容易解释为什么相对于不同的市场基准指数会有不同的收益水平。其计算方法为:

$$M^2 = R_{p^*} - R_m \tag{12.11}$$

其中:

$$R_m = E(r_m) - r_f,$$

$$R_{p^*} = E(r_{p^*}) - r_f = S_p \sigma_m$$

$$S_p^2 = S_m^2 + \left[\frac{\alpha_p}{\sigma(\varepsilon_p)}\right]^2 = \left[\frac{R_m}{\sigma_m}\right]^2 + \left[\frac{\alpha_p}{\sigma(\varepsilon_p)}\right]^2$$

α_p 为 Jensen 系数,$\sigma(\varepsilon_p)$ 为跟踪误差,r_m 为投资基准收益率,σ_m 为投资基准收益标准差,

r_f 为无风险收益率。

图 12-2 给出了 M^2 指标的一个图形表述。当我们把资产组合 P 与国库券通过适当比例混合的时候,就可以沿着 P 的资金配置(图中 p 点)向下移动,直到调整后资产组合的标准差与市场指数的标准差一致。这时 p^* 与市场指数的垂直距离(也就是它们期望收益率间的距离)就是 M^2 指标。从图中可以看出,当投资基金 P 资金配置线的斜率小于资本市场线的斜率时,P 的 M^2 指标就会小于零,此时它的 Sharpe 测度指标小于市场指数。

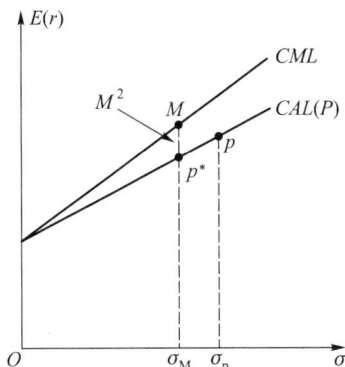

图 12-2 资产组合 P 的 M^2

M^2 指标数值越大,业绩相对越好。原理如下:对于一只基金,我们可以通过一定量的国库券头寸重新构造一个资产组合,使得这个重新调整的资产组合的风险与基准组合指数的风险相当。例如,基金 P 原先的标准差(波动性、风险的度量)是市场指数的 1.5 倍,则经重新调整的资产组合应包括 $2/3(\sigma_m/\sigma_p)$ 的基金 P、$1/3(1-\sigma_m/\sigma_p)$ 的国库券,把这个重新调整的组合称为 P^*,则它与基准组合有着相同的风险水平。如果基金 P 的标准差与市场指数的标准差一致,调整方法可以是卖空国库券,然后投资于 P。因为 P 的标准差和市场指数的标准差相等,即风险相当,我们只要比较它们之间的收益率就可以来考察他们的业绩了。这个方法对中国的投资基金有一个特殊的意义。因为基金持有的国债比例不得低于 20%,这在一定程度上限制了基金资产组合的优化行为,但它同时降低了资产组合的波动性(风险),经 M^2 测度方法的调整,可以与基准组合进行比较。

第三节 多因素整体业绩评估模型

在建立 Jensen 的 α 系数、Treynor 比率和 Treynor-Black 比率时,不仅可以选用单一基准,还可以选用多个基准,从而计算出基金投资组合的多个 β 系数以及基金投资组合的 α 系数。在介绍多因素整体业绩评估模型的过程中,我们同时对多个基准投资组合的选取进行详细解释。

一、Lehmann 和 Modest 的 APT 法

这一方法是由 Lehmann 和 Modest(1987)第一次提出的,即运用套利定价理论(APT)(参见第 10 章第四节中的内容)确定基准投资组合进行基金评价。根据 APT 理论,股票的投资收益率受到多个因素的影响,基金的投资收益率是由其投资的股票的收益率决定的,因此基金的收益率也同样受到这些因素的影响。

以 CAPM 模型为基础的单因素评估模型无法解释按照股票特征(如市盈率(P/E)、股票市值、账面价值比市场价值(BE/ME)及过去的收益等)进行分类的基金组合的收益之间的差异,所以研究者们又用多因素模型来代替单因素模型进行基金绩效的评估。其中,Lehmann 和 Modest(1987)、Fama 和 French(1993)、Carhart(1997)等的多因素模型最具代

表性。多因素模型的一般数学表达式如下：

$$R_i = a_i + b_{i1}I_1 + b_{i2}I_2 + \cdots + b_{ij}I_j + \varepsilon_i \qquad (12.12)$$

其中，$I_1, I_2, \cdots, I_j$ 分别代表影响 i 证券收益的各因素值；$b_{i1}, b_{i2}, \cdots, b_{ij}$ 分别代表各因素对 i 证券收益变化的影响程度；a_i 代表 i 证券收益率中独立于各因素变化的部分。

该模型有两个基本假设：① 任意两种证券剩余收益 ε_i 和 ε_j 之间均不相关；② 任意两个因素 I_i 和 I_j 之间及任意因素 I_i 和剩余收益 ε_i 之间均不相关。

在 Lehmann 和 Modest(1987) 的多因素模型中，他们认为影响证券收益的因素为：市场平均指数收益、股票规模、公司的账面价值比市场价值(BE/ME)、市盈率(P/E)、公司前期的销售增长等。Fama 和 French(1993) 在 CAPM 模型的基础上，认为除了上述影响证券收益的因素外，还应将按照行业特征分类的普通股组合收益、小盘股收益与大盘股收益之差(SMB)、高 BE/ME 收益与低 BE/ME 收益之差(HML)等作为因素引入绩效评估模型。Carhart(1997) 在以上因素的基础上，引入了基金所持股票收益的趋势因素，即前期最好的股票与最差的股票收益之差。

二、Gruber-Sharpe 方法

该方法是由 Gruber 和 Sharpe 提出的，是一种选取代表不同投资风格的基准投资组合对基金收益率进行拟合的方法。采用该方法时，可以随意选择多个基准投资组合，每个基准投资组合代表某一投资风格或选股模式。基金投资组合的收益率公式为：

$$R_{pt} - R_{ft} = \alpha_p + \sum_{j=1}^{n} \beta_{jp}(R_{m_jt} - R_{ft}) + \varepsilon_{pt} \qquad (12.13)$$

在评价基金时，只需使各基准投资组合能够最好地描述基金收益率，即满足

$$\min\left\{ (R_{pt} - R_{ft}) - \left[\alpha_p + \sum_{j=1}^{n} \beta_{jp}(R_{m_jt} - R_{ft}) \right] \right\} \qquad (12.14)$$

因此，采用 Gruber-Sharpe 方法时只需求得上式优化模型中的 β_{jp}，就可以得到基金收益表现的 α 系数，即基金的历史表现评价结果。

采用以上的因素分析法或者 Gruber-Sharpe 法在评价基金时，只需要基金和相关基准投资组合的历史收益率数据，因此数据的取得比较容易。

多因素模型虽然部分解决了单因素模型存在的问题，模型的解释力也有所增强，但在实证研究中，模型要求能识别所有的相关因素，而投资定价理论并没有明确地给出对风险资产定价所需要的所有因素或因素的个数。所以在实证时，因素的选择就受到个人主观判断的影响，而且这些因素的构成可能本身就不稳定，因此基于这些因素构成的多基准投资组合也不一定稳定。并且多因素模型仍然无法解释资产收益的实质性差别，绩效的评估结果对因素的选取十分敏感。正是上述原因，单因素模型和多因素模型孰优孰劣，至今在西方国家尚无定论。

由于选取不同的基金评价基准会导致基金评价结果的差异，因此基金评价的基准投资组合的选取是非常重要的。在评价基金时，所选用的评价基准通常需要与基金经理讨论，并对基金的投资组合进行分析，确定基金的投资风格和选股标准，选取与其相适应的基准投资组合，这样才能更为准确地衡量基金的表现。这些基准投资组合的确定的完备

性是评价结果合理性的关键。

第四节　时机选择与证券选择能力评估模型

一、股票选择能力评价

（一）一定投资基准下的资产组合的超额业绩贡献分析

好的投资业绩取决于投资者在正确时机选择优质股的能力,这种能力可以表现在多个方面,既可以表现为在股市上涨时把固定收益证券转入股票市场,又可以表现得更具体,比如在特定行业中寻找表现相对不错的股票。资产组合管理者一般既需要做出关于资产配置的方向性决定,必要时又须在同一资产类别中选择具体的证券配置。研究业绩贡献,其目的就是把总的业绩分解为一个一个的组成部分,每个组成部分都代表了一个特定的资产组合选择能力水平。

我们先从最广泛的资产配置选择说起,然后再进一步分析资产组合选择中较细致的具体内容。在这种概念下,积极管理的资产组合与消极的市场标准资产组合(如市场指数基金)有了新的不同:前者是按一系列决策所提供的一定资产分配比例构成,这些决策是在资产组合的不同构建时期做出的。而后者却并非如此,是按市场中各个资产的市值比重被动构建的。

一个通常的贡献分析系统把业绩分解为三个要素:① 广义的资产配置选择,如股权、固定收益证券和货币市场工具之间的选择;② 各市场中行业的选择;③ 行业中具体证券的选择。我们对以上要素分别表示如下:

资产配置的收益贡献(AA);

证券选择的收益贡献(S);

股票投资超额收益的收益贡献(EER);

行业选择的收益贡献(SA);

行业内证券选择的收益贡献(SS);

债券投资超额收益的收益贡献(FER)。

业绩贡献分析方法着重解释资产组合 P 与另一个我们称为预定标准(bogey)的市场基准资产组合 B 之间的收益差别。假设目标资产组合 P 与基准资产组合 B 共包括了股票、债券、国库券等几类资产。在每一类中存在着确定的市场基准指数资产组合。基准资产组合 B 中各类资产的权重是固定的,基准投资组合 B 的期间收益率为:

$$r_{\mathrm{B}} = \sum_{i=1}^{n} w_{\mathrm{B}i} r_{\mathrm{B}i} \tag{12.15}$$

其中,$w_{\mathrm{B}i}$、$r_{\mathrm{B}i}$ 表示基准投资组合中 i 资产(包括股票指数($i=1$)、债券指数($i=2$)、现金余额等($i=3$))的投资比例、收益率。

而目标资产组合 P 的管理者根据他的个人预测选择权重为 $w_{\mathrm{P}i}$ 的第 i 类资产;在每类中管理者也根据证券分析做出了持有不同证券的选择,它们在评估期内的收益总和为 $r_{\mathrm{P}i}$。于是目标基金投资组合 P 的期间收益率为:

$$r_{\mathrm{P}} = \sum_{i=1}^{n} w_{\mathrm{P}i} r_{\mathrm{P}i} \tag{12.16}$$

其中,$w_{\mathrm{P}i}$、$r_{\mathrm{P}i}$表示目标基金投资组合中 i 资产(包括股票组合、债券组合、现金余额等)的平均投资比例、收益率。

目标资产组合 P 投资收益率与基准资产组合 B 的差距,即为超额收益率:

$$r_{\mathrm{P}} - r_{\mathrm{B}} = \sum_{i=1}^{n} w_{\mathrm{P}i} r_{\mathrm{P}i} - \sum_{i=1}^{n} w_{\mathrm{B}i} r_{\mathrm{B}i} = \sum_{i=1}^{n} (w_{\mathrm{P}i} r_{\mathrm{P}i} - w_{\mathrm{B}i} r_{\mathrm{B}i}) \tag{12.17}$$

式(12.17)中的每一项都能重新展开,从而使每项分解为资产配置决策贡献和该类中的证券选择决策贡献,并以此来确定它们对整体业绩水平的贡献。我们把每一项分解,注意每类中来自于资产配置的贡献与来自于证券选择的贡献之和实质上就是每一类资产对整体业绩的总贡献。即:

$$r_{\mathrm{P}} - r_{\mathrm{B}} = \sum_{i=1}^{n} (w_{\mathrm{P}i} - w_{\mathrm{B}i}) r_{\mathrm{B}i} + \sum_{i=1}^{n} w_{\mathrm{P}i} (r_{\mathrm{P}i} - r_{\mathrm{B}i}) \tag{12.18}$$

其中,资产配置的收益贡献为

$$AA = \sum_{i=1}^{n} (w_{\mathrm{P}i} - w_{\mathrm{B}i}) r_{\mathrm{B}i} \tag{12.19}$$

证券选择的收益贡献为

$$S = \sum_{i=1}^{n} w_{\mathrm{P}i} (r_{\mathrm{P}i} - r_{\mathrm{B}i}) \tag{12.20}$$

式(12.18)的第一项(式(12.19))之所以能测度资产配置的效应,是由于管理者会对具有良好表现的市场资产增加权重,而减少表现不好的市场资产的份额,所以它是各资产类实际权重与市场标准权重之间的差(即资产的差额权重)再乘以该资产类的市场指数收益率;第二项(式(12.20))之所以能测度证券选择的效应,是由于管理者加大了对特定资产类中一些具有出色表现的部门所作的投资,从而导致某种特定资产类组合产生超额收益,所以它是某一资产类中实际资产组合的超额收益率与市场基准收益率之间的差额,然后乘以实际资产组合中该类资产的权重。由这两项构成了总的超额业绩。

类似地,接下去我们可以对 i 资产的超额收益($r_{\mathrm{P}i} - r_{\mathrm{B}i}$)的构成做进一步细分。

出于篇幅考虑,我们仅以对股票投资超额收益的行业选择的收益贡献分析为例进行说明:

i 表示股票组合,$v_{\mathrm{P}ij}$表示基金股票投资的 j 行业投资比例,$v_{\mathrm{B}ij}$表示 i 资产所对应的投资基准(这里指股票指数)中股票的 j 行业分布比例,$r_{\mathrm{B}ij}$表示 j 行业的平均市场收益率,N 表示行业分类总数。则行业选择的收益贡献为:

$$\sum_{j=1}^{N} (v_{\mathrm{P}ij} - v_{\mathrm{B}ij}) r_{\mathrm{B}ij} \tag{12.21}$$

行业内证券选择的收益贡献为:

$$SS = (r_{\mathrm{P}i} - r_{\mathrm{B}i}) - \sum_{j=1}^{N} (v_{\mathrm{P}ij} - v_{\mathrm{B}ij}) r_{\mathrm{B}ij} \tag{12.22}$$

综上所述,我们可以得到一定投资基准下的资产组合的超额业绩贡献构成关系:

$$r_\mathrm{p} - r_\mathrm{B} = AA + S \tag{12.23}$$

$$S = EER + FER \tag{12.24}$$

$$EER = (SA + SS)\, w_\mathrm{p1} \tag{12.25}$$

（二）Fama 业绩分解评价

Fama(1972) 在 "Components of Investment Performance" 一文中对基金的业绩进行了量化。图 12-3 为 Fama 提出的基金业绩分解图。图中横轴代表基金投资组合的风险，衡量基金市场风险与总风险的相对关系。纵轴代表基金的业绩，以收益率表示。图中直线为证券市场线（SML）。SML 反映了单个证券或证券组合（在本文中即为基金）的收益率与其市场风险之间的线性关系。在有效市场假说成立的情况下，SML 成立，基金只能获得对应于其市场风险的收益。在基金总风险既定的情况下，基金的投资组合越分散，基金的总风险中市场风险的比例就越大，基金的市场风险就越大，从而基金的收益也越大。但在大多数情况下，有效市场假说并不成立，所以 SML 也不成立，投资组合的收益率与其市场风险的组合点并不都落在 SML 上，基金可能获得高于（低于）相应其市场风险的收益，即基金的表现优于（劣于）市场表现，表现在图形上即基金的收益率和其市场风险的组合点高于（低于）SML。因此，在非有效市场上，基金管理人的投资才可能为基金带来额外的收益（损失），这部分收益（损失）表现在图形上即为组合点与 SML 之间的垂直距离。R_p，R_m，R_f 分别代表基金的实际收益率、市场（基准）收益率和无风险利率。$R_{\beta\mathrm{p}}$ 代表根据基金的市场风险系数按事后 SML 应有的预期收益率。当基金的投资组合充分分散时，它只具有市场风险（不可分散风险），而不具有非市场风险（可分散风险），这时基金的总风险就等于其市场风险。因此，$R_{\sigma\mathrm{p}}$ 代表了在假定基金的投资组合充分分散的情况下，基金按事后 SML 应有的预期收益率。因为 R_f 是基金即使在不承担任何风险的情况下也能获得的收益，所以 TR（即 $R_\mathrm{p} - R_\mathrm{f}$）就代表了基金的超额收益率，即基金因承担其总风险而获得的所有风险补偿。RP（即 $R_{\beta\mathrm{p}} - R_\mathrm{f}$）代表基金预期应有的超额收益率。$TS$（即 $R_\mathrm{p} - R_{\beta\mathrm{p}}$）代表基金管理人的投资才能带来的收益（损失）。$TS$ 包含 D 和 NS 两个部分。由于 $R_{\sigma\mathrm{p}}$ 是在假定基金的投资组合充分分散、其总风险等于其市场风险的情况下，基金按事后 SML 应有的预期收益率，所以 D（即 $R_{\sigma\mathrm{p}} - R_{\beta\mathrm{p}}$）就代表了基金按事后 SML 获得的对应其非市场风险（可分散风险）的收益（损失），反映了基金投资组合的分散化程度。NS 为 TS 中扣除 D 后剩下的部分，代表了基金管理人的投资才能为基金带来的收益（损失）中扣除因承担可分散风险而获得的相应收益（损失）后的那部分收益（损失）。

上述关系可用以下等式表示：

$$TS = R_\mathrm{p} - R_{\beta\mathrm{p}} = R_\mathrm{p} - \left[R_\mathrm{f} + \beta_\mathrm{p}(R_\mathrm{m} - R_\mathrm{f}) \right] \tag{12.26}$$

$$NS = R_\mathrm{p} - R_{\sigma\mathrm{p}} = R_\mathrm{p} - \left[R_\mathrm{f} + (R_\mathrm{m} - R_\mathrm{f})\, \sigma_\mathrm{p}/\sigma_\mathrm{m} \right] \tag{12.27}$$

$$D = TS - NS \tag{12.28}$$

虽然 Fama 在 "Components of Investment Performance" 中定义 TS 代表证券选择因素，NS 代表净证券选择因素，但由前文分析可知，这里的 TS 和 NS 实际上不仅代表证券选择因素，还包括了时机选择因素，像 α_p 一样是综合评价证券选择能力和时机选择能力的一个指标（由 TS 的计算公式可以看出 TS 就等于 Jensen 指标 α_p）。

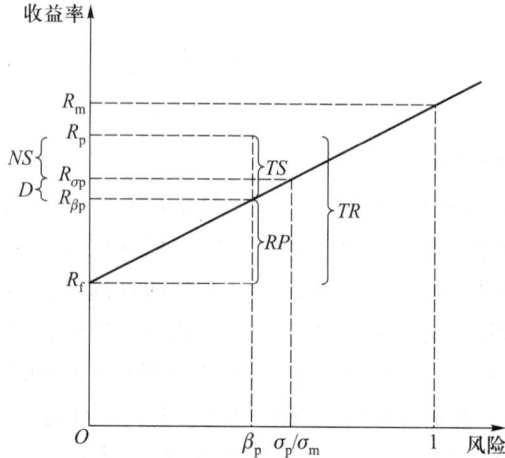

TS:总选择能力;NS:净选择能力;D:分散投资;TR:总超额收益;RP:风险溢价

图 12-3　Fama 基金业绩分解图

Fama 业绩分解评价方法的具体步骤为:

(1) 设定考察期,计算期间内基金的周收益率时间序列 r_{pt}、期间收益率 r_p,同时计算出对应期间内市场基准的周收益率时间序列 r_{mt}、期间收益率 r_m,并确定同期无风险利率 r_f。

(2) 按前文介绍的方法,计算标准差 σ_p、σ_m、β_p 系数。

(3) 分别计算五项指标。

总超额收益率:

$$TR = r_p - r_f$$

风险溢酬:

$$RP = \beta_p(r_m - r_f)$$

选择回报率或 TS 指标(即 Jensen 指标 α_p):

$$TS = r_p - r_{\beta p} = r_p - [r_f + \beta_p(r_m - r_f)]$$

净选择回报率:

$$NS = r_p - [r_f + (r_m - r_f)\sigma_p/\sigma_m]$$

分散化溢酬:

$$D = TS - NS$$

(4) 根据 Fama 提出的基金业绩分解法,可以计算出各个基金在样本期内的 TS、NS 和 D 指标,进行相互之间的横向比较并排序,以反映基金管理人投资才能的相对大小。

其中,TS 为基金管理人进行证券选择或时机选择即其投资才能带来的收益(损失),D 为基金承担可分散风险而获得的收益(损失),NS 为 TS 减去 D 之后的净值。列表中"+"(省略)表示收益,"-"表示损失。

二、市场时机选择能力评价

与股票选择一样,投资经理也可以通过正确地估计市场走势,即估计什么时候出现牛市,什么时候出现熊市,据此进行投资组合的定位,从而取得优秀业绩。当投资经理预计市场将出现下滑趋势时,可以通过扩大投资组合中的现金比例或降低投资组合中权益部分的 β 值来定位投资组合。反过来,如果预计市场将出现上升趋势时,可以通过减小投资组合中的现金比例或提高投资组合中权益部分的 β 值来定位投资组合。

Jensen 模型无条件地采用基金的历史收益来估计期望的绩效,因此,它并未考虑基金组合期望收益和风险的时变性。而实际上,如果基金经理具有市场择时能力,它会主动地改变组合的风险以适应市场的变化并谋求高额的收益;资本资产的价值本身也可能随时间的变化而变化,这些原因都会使 β 值呈现时变性(time-varying)。对此,Treynor 和 Mazuy(1966)、Chang 和 Lewellen(1984)等采用 CAPM 形式来描述基金经理的择时能力和选股能力评估模型。

根据研究者们对 β 系数的不同假设,可将此类模型大致分为两类。第一类称为 UD模型,主要含义是将市场分为上升(Up)与下降(Down)两种形态,并假设基金经理看多未来市场时,会多买入一些波动幅度较高的风险资产;反之,当基金经理看空未来市场时,将多买进波动幅度较低的风险资产,而卖出波动幅度较高的风险资产,因此,上升时期与下降时期的 β 系数应有所不同,因此将投资组合的 β 系数视为二元变量(Binary Variable);另一类模型则视投资组合 β 系数为随机变量(Stochastic Variable),其值随时间的变动而变动。以下分别介绍。

（一）Treynor 和 Mazuy 的传统二次项回归模型

在证券市场回归模型中,Treynor 和 Mazuy 加入一个二次项来评估证券投资基金经理择时与选股能力。他们认为具备择时能力的基金经理应能预测市场走势,在上升时,通过提高投资组合的风险水平以获得较高的收益;在下降时则降低风险。因此,特征线不再是固定斜率的直线,而是一条斜率会随市场状况改变的曲线,如图 12-4 所示。

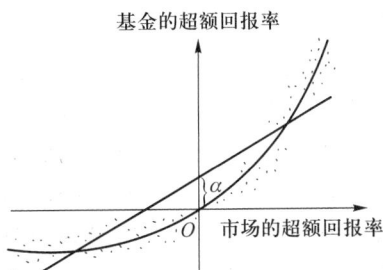

图 12-4　基金回报率与市场回报率关系的二项式回归模型

回归模型为：

$$R_{pt} - R_{ft} = \alpha_p + \beta_1(R_{mt} - R_{ft}) + \beta_2(R_{mt} - R_{ft})^2 + \varepsilon_{pt} \qquad (12.29)$$

其中,α_p 为选股能力指标,β_2 为择时能力指标,β_1 为基金投资组合所承担的系统风险,R_{pt} 为基金在 t 时期的收益率,ε_{pt} 为误差项。

Treynor 与 Mazuy 认为,如果 β_2 大于零,则当市场为多头走势时,即 $R_{mt}-R_{ft}>0$,市场收益率将大于无风险收益率,由于 $(R_{mt}-R_{ft})^2$ 为正数,因此,证券投资基金的风险溢酬($R_{pt}-R_{ft}$)会大于市场投资组合的风险溢酬($R_{mt}-R_{ft}$);反之,当市场呈现空头走势时,$R_{mt}-R_{ft}\leqslant0$,证券投资基金风险溢酬的下跌幅度会小于市场投资组合风险溢酬的下跌幅度,这样,基金的风险溢酬($R_{pt}-R_{ft}$)仍会大于市场投资组合风险溢酬($R_{mt}-R_{ft}$)。因此,β_2 可用于判断基金经理的择时能力。α_p 与市场走势无关,它代表基金收益与系统风险相等的投资组合收益率差异,可以用来判断基金经理的选股能力。如果 α_p 大于零,表明基金经理具备选股能力,α_p 值越大,表明基金经理的选股能力越强。这里的 α_p 与 Jensen 指数模型的区别在于,α_p已对择时能力做了调整,将择时能力与选股能力明确分离。

Admati、Bhattacharya、Pfleiderer 和 Ross(1986)提出了二次项系数可以用于检验基金经理选择时机的准确性的条件,他们假设效用函数为指数型,多个变量服从正态分布,即假设投资组合的β值是时间信号的线性函数。在该假设条件下,可以将 Treynor-Mazuy 对时机选择和股票选择部分进行的回归分析中的参数联系起来。采用这一模型,解决了由于基金经理的时机选择能力而引起的β值估计偏差问题。但是基于这一回归模型的实证研究表明,这一模型的实用性不理想。这是因为,该模型是基于β的线性假设的,因此实用性较窄。

(二) Heriksson 和 Merton 的二元随机变量模型(期权模型)

评价投资组合值的变化还有另外一种方法,即对投资组合所实现的回报率分别拟合两条特征线,如图12-5所示。一条线是对市场上升时期($R_{mt} \geq R_{ft}$)进行拟合,另一条线是对市场下降时期($R_{mt} < R_{ft}$)进行拟合。成功的市场时机选择者应该在市场上升时提高β值,在市场下降时降低β值。从图形上来看,成功的市场时机选择者在市场上升时期的拟合特征线的斜率应大于在市场下降时期的拟合特征线的斜率。在统计上,我们可以通过在一般回归方程中加入一个虚拟变量(Dummy Variable)来评价这种关系。

UD 理论将β看成二元随机变量,其在多头与空头市场上的值是不同的。Heriksson 与 Merton 将择时能力定义为:基金经理预测市场收益与无风险收益之间差异大小的能力。基金经理根据这种差异,将资金有效率地分配于证券市场;具备择时能力者可以预先调整资金配置,以减少市场收益小于无风险收益时的损失,其回归模型为:

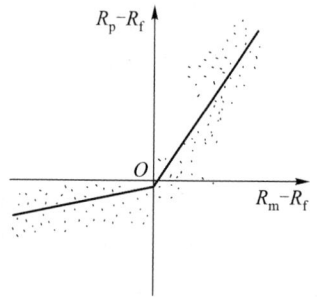

图 12-5 基金回报率与市场
回报率关系的期权模型

$$R_{pt} - R_{ft} = \alpha_p + \beta_1(R_{mt} - R_{ft}) + \beta_2(R_{mt} - R_{ft})D + \varepsilon_{pt} \qquad (12.30)$$

其中,D是虚拟变量,当市场上升时期($R_{mt} \geq R_{ft}$)其取值为零,当市场下降时期($R_{mt} < R_{ft}$)其取值为-1。这一项是交易价格为无风险收益率的基准投资组合的卖出期权的期末价值。

在该模型的运用上,可根据市场状况得到不同的变形。当市场状况良好时,$R_{mt} \geq R_{ft}$,$D = 0$,模型变为:$R_{pt} - R_{ft} = \alpha_p + \beta_1(R_{mt} - R_{ft}) + \varepsilon_{pt}$,市场上升时期参数$\beta_1$代表了投资组合的$\beta$值,图12-5 的右半部分描绘了这一方程式所表示的特征线。当市场状况不佳时,$R_{mt} < R_{ft}$,模型变为 $R_{pt} - R_{ft} = \alpha_p + (\beta_1 - \beta_2)(R_{mt} - R_{ft}) + \varepsilon_{pt}$,图12-5 的左半部分则描绘了在市场下降时期,即 $D = -1$ 时的特征线。

在 UD 模型中,基金经理的市场择时能力受到特别重视。在下降市场中的斜率为$\beta_1 - \beta_2$,而对成功的市场时机选择者其参数β_2应为正值。因此,成功的市场时机选择使得市场下降时期的斜率($\beta_1 - \beta_2$)明显低于市场上升时期的斜率(β_1)。当$\beta_2 > 0$时,表示基金经理掌握了市场下跌的趋势,这时需要及时调整资产组合;如果($\beta_1 - \beta_2$)< 0,表示市场空头

时基金经理反而能够逆市获利。

（三）Ferson 和 Schadt 的条件模型

条件模型由 Ferson 和 Schadt 提出,该方法考虑了基金经理会利用已知的股利、收益等公开信息调整投资策略,从而影响基金预期收益率这一因素,对基金评价方法进行了相应的改进。他们认为,基金经理通过这些信息可以预测股票的未来收益,而且可以预测市场的风险溢酬。他们对 Treynor 和 Mazuy 的传统二次项回归模型进行了修正,在此基础上增加了一个前一时点的公开信息函数,计算公式为：

$$R_{pt} - R_{ft} = \alpha_{cp} + \beta_1 (R_{mt} - R_{ft}) + \beta_2 (R_{mt} - R_{ft})^2 + \beta_3 [(R_{mt} - R_{ft}) Z_{t-1}] + \varepsilon_{pt}$$

$$(12.31)$$

其中,α_{cp} 为条件 α;β_1 为基金收益的条件风险系数;β_3 是市场的相关变量对基金收益的条件风险系数的影响系数;Z_{t-1} 表示可用于预测 t 时刻基金收益率的 $t-1$ 时刻公开信息的参数,即为公开信息变量。因此,α_{cp} 与原 TM 模型中的 α_p 之差是由新增的第四项 $\beta_3 [(R_{mt} - R_{ft}) Z_{t-1}]$ 的均值决定的,该项表示基金的条件风险系数和利用已知信息后投资基准的预期收益率的相关性。如果二者正相关,则评价时得到的超常收益率会降低;反之,如果二者负相关,则评价时得到的超常收益率会提高。

如果通过已知变量能够预测未来市场收益,而且基金经理确实利用了这些信息,那么他们就会在预期市场收益率增加时增大市场参与比例,即基金的条件风险系数和利用已知信息后投资基准的预期收益率正相关。而无条件调整的基金评价方法则忽略了基于这些公开信息进行调整所带来的超常收益。因此,采用条件模型得到的评价结果应该比传统评价方法的结果更悲观。然而实证研究的结果并非如此。

Ferson 和 Schadt(1996)通过实证研究发现,无论通过统计分析还是经济分析,基金经理确实都利用了上述已知信息。而且他们还发现,风险系数和利用已知信息后基准的预期收益率负相关,也就是说,当市场收益率较高时,基金经理会降低其风险系数 β;而当市场收益率较低时,基金经理会提高其风险系数 β。Ferson 和 Warther(1996)认为,这主要是由于当市场收益率较高时,基金(开放式)会有大量的现金流入,从而导致 β 下降。因此,采用条件模型对基金评价的结果比传统的 Jensen 评价方法的结果更乐观。可见实证结果与理论分析尚存在一定的偏差。

采用此模型对基金进行评价的难点在于如何界定有用的公开信息,如何进行量化,如何进行相关的信息指标设定,特别是在信息披露不够规范与公开的市场上,模型实施将会非常困难。

（四）Grinblatt 和 Titman 的正权重加权收益率模型

这是度量基金表现的一种新的方法。该方法用所需评价投资组合的超额收益率时间序列($t = 1, 2, \cdots, T$)的加权平均值来表示。用公式来表示：

$$U_p = \sum_{t=1}^{T} W_t R_{pt} \qquad (12.32)$$

其中,$W_t \geq 0$,且满足 $\sum_{t=1}^{T} W_t = 1$, $\sum_{t=1}^{T} W_t R_{mt} = 0$; $R_{pt} = r_{pt} - r_f$, $R_{mt} = r_{mt} - r_f$。

如果将各时段的权重视为一个持有基准投资组合的投资者边际效用,那么正权重加权收益率就表示了在其现有投资组合中加入了少量所需评价的投资组合而使该投资者效用期望增加的边际量。如果所评价的投资组合是由一个出色的基金经理管理,那么它的加入会带来效用的增加。因此,这个指标可以作为衡量基金经理投资管理能力的方法。

此模型在实践中有意义的基础是基金投资绩效稳定,即基金的历史投资绩效与未来投资绩效之间有很大的相关性。

(五) 现金管理分析及市场预测成功率

1. 现金管理分析

市场时机选择的分析评价方法,是分析在不同的市场环境下,一种基金或一个经理所管理的投资组合中的现金头寸如何变化。可以推断出,在市场的繁荣期,成功的市场时机选择持有的现金比例应该比较小;而在市场萧条时期,持有现金比例应该比较大。为了使用这种方法进行市场时机选择的评价,需要确定基金的正常现金比例。现金比例可以是政策规定的,也可以是根据评价时期基金现金比例平均值计算出来的,并以此代表正常现金比例。实际现金比例与平均值的偏差,可以推测为是根据市场的不同变化而采取的时机选择所致,即在萧条的市场中为回避风险而持有高于平均比例的现金,在繁荣的市场中为获得超额回报率而持有低于平均比例的现金。有研究表明,当市场的预测发生变化时,基金一般会愿意使其资产的 10% 发生变化以应付市场的变化。

2. 成功概率方法

评价市场时机选择是否成功的另一种方法是估计根据对市场方向的预测而正确改变现金比例的时间占分析期时间的百分比。使用这种成功概率或成功百分比对市场时机选择进行评价的一个重要步骤,是将市场划分成牛市和熊市两个不同的阶段。因为牛市阶段总是出现得更多一些,所以总是预计牛市会出现而采用一种不变战略,也会获得超过平均水平的成功率。在市场时机选择总的成功概率计算中可以把在市场预测中分别估计牛市的概率(P_1)和熊市的概率(P_2)结合起来,计算公式如下:

$$市场预测成功率 = P_1 + P_2 - 1 \tag{12.33}$$

成功概率法的具体计算步骤为:

(1) 为了专门度量基金中现金比例围绕着长期平均值的变化使基金业绩收益或者受损的程度,对一种基金可以构建两种不同的指数。指数 1 是建立在基金分析期内现金与其他资产实际经历配置比例的(基金市场所有基金)平均值之上;指数 2 是建立在分析期内配置比例修正之上,以反映期间内所实际经历的配置比例变化。不论是哪种指数,都是假设现金配置的回报率用现金存款(3 个月期储蓄存款)收益率 r_f 和国债(三年期)收益率 r_b 的加权平均来代替,而其他资产配置的回报率可用股票市场指数(上证综合指数)回报率 r_s 代替。

(2) 设市场基金(j)数为 n,考察期(t)数为 m;目标基金 p 第 t 时期内资产 i(现金、国债投资、股票投资)的平均配置比例为 w_{pit},则两种指数对应的加权回报率为:

指数 2(目标):

$$r_{pt} = \sum_{i=1}^{3} r_{it} w_{pit}$$

指数 1（平均）：

$$\bar{r} = \sum_{i=1}^{3} r_{it} \bar{w}_{it}$$

其中，$\bar{w}_{it} = \left(\dfrac{\sum\limits_{j=1}^{n} w_{jit}}{n} \right)$ 表示第 t 时期内资产 i 的基金市场平均配置比例。则目标基金 p 在第 t 时期的回报率增溢为：

$$r_{pt} - \bar{r}$$

此指标如果为正，表示基金业绩通过时机选择调整资产配置比例的行为带给业绩的是正贡献。该指标也可以进行基金之间的横向比较。

（3）构造概率双向分析表，如表 12-1 所示。

表 12-1　成功概率双向分析表

概率	预测牛市：n_{iu} 期（减持现金 $w_{plt} < w_{pl(t-1)}$）	预测熊市：n_{id} 期（增持现金 $w_{plt} > w_{pl(t-1)}$）
$i=1$： 牛市 $(r_s > r_b)$：m_u 期	$P_1 = n_{1u}/m_u$	$1 - P_1$
$i=2$： 熊市 $(r_s < r_b)$：m_d 期	$1 - P_2$	$P_2 = n_{2d}/m_d$

（4）计算：市场预测成功率 $= P_1 + P_2 - 1$。

此指标衡量基金经理在考察期内进行市场时机选择的能力，指标值越大且明显大于零，能力越高。该指标同样也可以进行各个基金之间的横向比较。

第五节　投资组合变动评估模型

Grinblatt 和 Titman（1993）等提出了投资组合变动法（Portfolio Change Measure）。此法主要是依据事件研究（Event Study Measure）的评估方法，计算事件的研究期间（Event Period）与后续期间（Comparison Period）资产收益的差异，其基本观点是掌握证券市场投资信息的基金经理会持有较高收益的资产，并将这些资产进行投资组合，该投资组合的绩效比其他投资组合的绩效更好。模型为：

$$G = \frac{1}{T} \sum_{t=1}^{T} \sum_{i=1}^{N} R_{it}(W_{it} - W_{i,t-1})$$

其中，W_{it} 表示 t 时期第 i 种资产市值占全部基金净值的比例，R_{it} 为 t 时期第 i 种资产的收益率，T 表示样本期间总数，N 为资产总数。该模型以投资组合的风险资产市值权重的变动来衡量基金绩效。

该模型运用中需要注意的有以下两个难点：

（1）在实证分析中，收益率可以选取投资资产的绝对收益率，也可以选取基于某一基准投资组合调整后的超额收益率。从风险角度予以考虑，后者会比较合理。

（2）基金投资组合调整与未来多长时间的收益率正相关是非常重要的。如果这一时间跨度选取不合理,将会影响对基金经理投资预测能力的评价结果。

附录　晨星公司基金组合评价体系[①]

美国最著名的基金评级公司是晨星公司(Morning Star),它是一家位于美国芝加哥的专业基金评级公司。该公司对基金的整体评价主要包括基金的类型和星级评定。另外,该公司还提供各基金的评价报告和熊市评级。晨星评级的主要依据是基于基金历史绩效给出的系统客观的定量评价:风险调整后的收益。由于该公司评级的主要目标为投资美国证券市场的基金,因此下面将着重介绍它对投资于美国证券市场的基金的评价方式。

一、基金类型

晨星公司在确定基金类型时,首先将基金分为美国股票基金(U. S. Stock Funds)、国际股票基金(International Stock Funds)、应税债券基金(Taxable Bond Funds)和免税债券基金(Tax-free Bond Funds)。具体分类目录如表 12-2 所示。

表 12-2　晨星公司关于基金类型的具体分类目录

U. S. Stock	International Stock
Large-Cap Value	Europe
Large-Cap Blend	Latin America
Large-Cap Growth	Diversified Emerging Markets
Mid-Cap Value	Pacific/Asia
Mid-Cap Blend	Pacific/Asia(no Japan)
Mid-Cap Growth	Japan
Small-Cap Value	Diversified Foreign
Small-Cap Blend	Diversified World
Small-Cap Growth	International Hybrid
Specialty Communications	Specialty Precious Metals
Specialty Financial	
Specialty Health	Taxable Bond
Specialty Natural Resources	Government Long-Term
Specialty Real Estate	Government Intermediate-Term
Specialty Technology	Government Short-Term
Specialty Utilities	General Long-Term
U. S. Hybrid	General Intermediate-Term
Convertible Bond Hybrid	General Short-Term
	General Ultrashort-Term
Tax-free Bond	Specialty International
Muni National Long	Specialty High-Yield
Muni National Intermediate	Specialty Multisector
Muni Single State Long	
Muni Single State Intermediate	
Muni Short-Term	

[①]　本附录中所列出的图表和数据等主要资料均来源于晨星公司网站(http://www.morningstar.com)上的基金评级相关技术文档和说明。

对于股票型基金,首先按投资方向(美国本地证券市场还是全球证券市场)分为两大类,然后再将美国股票基金和国际股票基金分别按股票的平均市值和基金的投资风格进行分类。按基金投资的股票的平均市值,分为大盘股、中盘股和小盘股;按基金的投资风格分为价值型、混合型和成长型。因此,股票型基金共有九类,如图 12-6 所示,图 12-7、图 12-8 则分别是基金投资的股票按其市值和风格进行分类的结果。

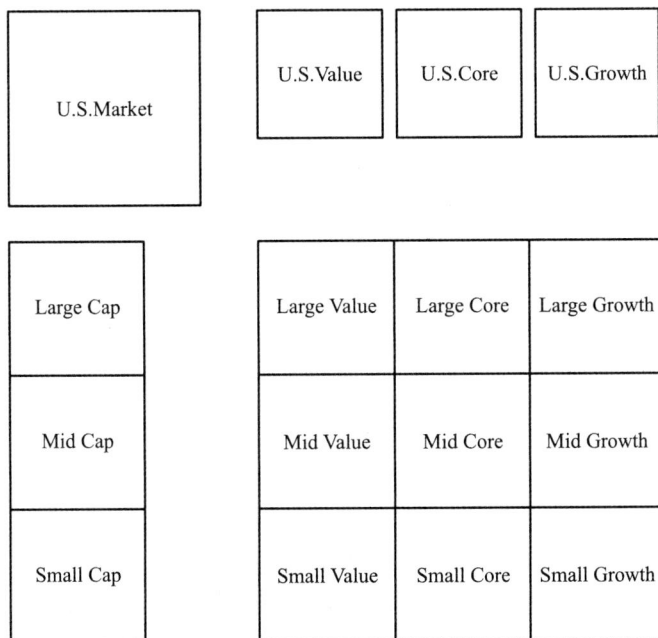

U.S.Market	U.S.Value	U.S.Core	U.S.Growth

Large Cap	Large Value	Large Core	Large Growth
Mid Cap	Mid Value	Mid Core	Mid Growth
Small Cap	Small Value	Small Core	Small Growth

图 12-6 股票型基金的分类

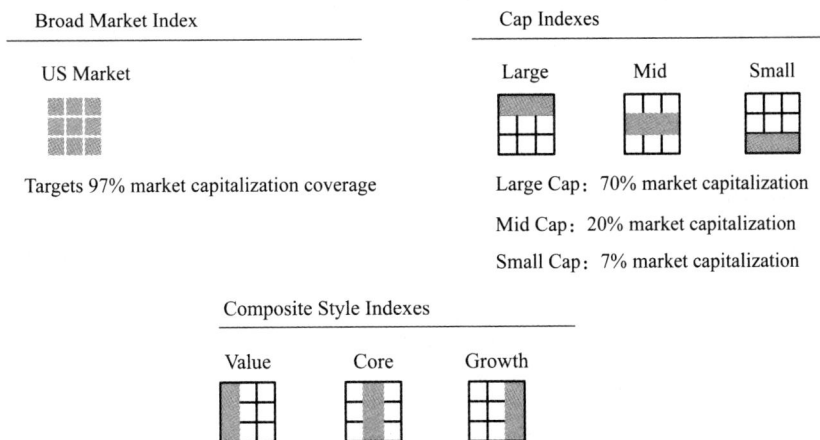

Broad Market Index

US Market

Targets 97% market capitalization coverage

Cap Indexes

Large Mid Small

Large Cap:70% market capitalization

Mid Cap:20% market capitalization

Small Cap:7% market capitalization

Composite Style Indexes

Value Core Growth

Value,Core,and Growth indexes are defined by 10 variables. Over 36 month rolling cycles,each index represents 1/3 of the overall market.

图 12-7 股票按市值的分类

Determining a Stock's Style

1. Determine a Value Score

To determine a value score we look at five different valuation measures, each of which is assigned a weighting in the calculation.

Factors		Weight%
Forward-Looking	Price-to-Projected Earnings	50.0
Historical:	Price-to-Book	12.5
	Price-to-Sales	12.5
	Price-to-Cash Flow	12.5
	Dividend Yield	12.5

2. Determine a Growth Score

To determine a growth score we look at five different growth measures, each of which is assigned a weighting in the calculation.

Factors		Weight%
Forward-Looking	Long Term Projected Earnings Growth	50.0
Historical:	Earnings Growth	12.5
	Sales Growth	12.5
	Cash Flow Growth	12.5
	Book Value Growth	12.5

3. Determine a Style Score

We then subtract the value score from the growth score. If the result is strongly negative, the stock's style is value; if the result is strongly positive, the stock is classified as growth. If the scores are not substantially different, it is blend.

Growth Score	0 to 100
Value Score	0 to 100
Style Score	−100 to 100

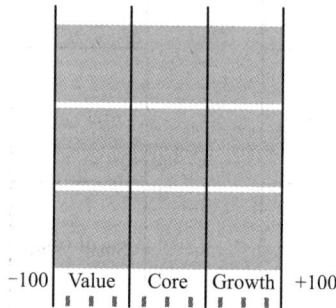

注:Style Score = Growth Score − Value Score

图 12-8　股票按风格的分类

对于债券型基金,则按债券的投资期限和信用等级进行分类。按基金所投资的债券的平均期限,分为短期、中期和长期三类;按债券的信用等级,分为高、中、低三类。因此,债券型基金也分为九类。

二、星级评定

给出评级结果的基金必须具有 3 年以上的绩效历史记录。评级指标首先分别根据 3 年、5 年和 10 年的可得绩效数据来计算,然后根据一定的权重(如表 12-3 所示)进行加权平均计算得到总的评价指标。基金的评级最终取决于基金的收益系数与风险系数这两个指标的差值。

表 12-3　历史绩效数据的计算权重

age of fund	overall (Weighted) star rating
more than three years, but less than five	100% 3-year rating

age of fund	overall（Weighted）star rating
more than five years, but less than ten	60% 5-year rating 40% 3-year rating
more than ten years	50% 10-year rating 30% 5-year rating 20% 3-year rating

主要步骤：

（1）计算基金在考察期间的平均损失率（AMU）（投资基准为 90 天期的国库券收益率）。

将基金每月净值增长率减去 90 天期国库券收益率，得到基金每月相对于国库券的超额收益率，然后对考察期间数值为负的超额收益率求取平均值，即 $R1$。该指标称为基金的下行风险指标（Downside Risk）或称平均亏损指标（Mean Shortfall）。

（2）计算基金的风险系数（比较基准为同类型基金的平均损失率）。

计算公式为：

$$\text{Morningstar Risk} = \frac{\text{fund's average monthly underperformance}}{\text{category's average monthly underperformance}}$$

对所有同类基金进行同样的处理，求取所有同类基金的下行风险指标（downside risk）的平均值，即 $R2$。将单个基金的下行风险指标除以同类基金下行风险指标的平均值，即 $R1/R2$，得到单个基金的相对风险指标，即 $R3$。风险系数为 1 表示目标基金在考察期的平均损失率等于同类型基金的平均水平。

（3）计算基金的（超额）收益系数（比较基准为同类型基金的平均超额收益率）。

$$\text{Morningstar Return} = \frac{\text{load-adjusted fund return} - \text{T-bill return}}{\text{category return} - \text{T-bill return}}$$

其中，国库券收益率（T-bill return）通常选取 90 天期的国库券收益率作为评估基准。

（4）计算基金的评级系数（收益系数与风险系数之差）。

基金评级系数的计算公式为：

$$\text{基金的评级系数} = \text{基金的收益系数} - \text{基金的风险系数}$$

（5）根据基金的评级系数，评定基金星级。

如图 12-9 所示，在每一类型的基金中分为下列五档：评级系数最高的 10% 的基金评为五星级（★★★★★），其次的 22.5% 评为四星级（★★★★），其次的 35% 评为三星级（★★★），再次的 22.5% 评为二星级（★★），最差的 10% 评为一星级（★）。

计算基金的收益系数和风险系数时，需分别计算其 3 年、5 年、10 年的结果，并据此对基金评级。同时，按照 20%、30%、50% 的权重，计算加权平均后的总的收益系数和风险系数，对基金进行总的评级，晨星公司的基金评级结果每月更新一次，成立不足 3 年的基金不在评估之列。

三、基金评价报告

晨星公司的基金评级报告没有固定的格式，一般包括两部分内容：① 对基金的具体

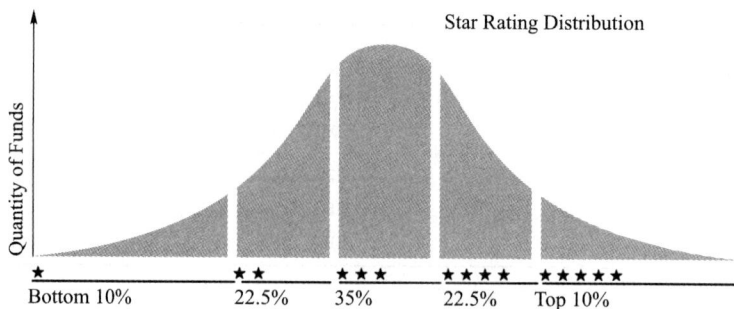

图 12-9　晨星基金评级的分布

分析,例如:基金的收益情况、与基准指数和同类型基金的平均收益率的比较、现代投资理论指标(α 系数、β 系数、标准差、决定系数 R^2、收益率均值、Sharpe 系数)、基金的投资组合分析、投资策略、债券的期限分布、信用等级分布、基金资产的结构、基金(在现金、股票、债券及其他资产类别上)的资产分布情况、基金投资组合中最近可获得的前 25 名股票持股情况,以及基金投资组合行业分布情况等;② 一些个别项目的简短评述,如基金总体状况、风险状况、投资策略和基金经理投资能力等,供投资者决策参考。

四、熊市评级

另外,晨星公司还为投资者提供了基金的熊市评级。熊市评级是指在证券市场整体状况不好的情况下(即熊市)基金的业绩表现评级。具体的评级方法是,首先选定某一时间段,找出在这一时间段内的各熊市月,然后再评价基金在这些熊市月中的业绩表现,最后根据各基金在熊市月中的评价结果,对它们进行排序,按照基金的排名顺序将他们分为10 级,在熊市中表现最好的 10% 为熊市一级,其次的 10% 为熊市二级,以此类推。

判定熊市的具体标准是,股市中标准普尔 500(S&P 500)指数下降 3% 以上的月份为股市的熊市月,债市中雷曼兄弟综合指数下降 10% 以上的月份为债市的熊市月。

本 章 小 结

本章主要研究投资组合的业绩评价,从确定基准投资组合,测算投资组合的收益率开始,然后转入讨论风险调整的常见方法,其中包括单因素与多因素的组合整体业绩评估方法。考虑到投资组合管理人的时机选择与证券选择能力是产生投资收益差额的根本原因,因此由这一角度对投资组合业绩进行评估的方法也纳入本章的内容。我们在各种不同的情况下,分别应用这些方法,并尽可能地讨论了业绩评估理论及实践中应用评估程序的一些新发展。

投资组合业绩评价的目的是评价投资计划能在多大程度上实现事先设定的投资目标。我们首先讨论组合业绩评价基准的选择,以及如何通过跟踪投资收益与评价基准之间的误差,来分析导致这些误差的原因,并总结经验为下一阶段的投资过程提供指导。评价投资组合业绩的第一步,是计算出有关可比期间内的投资回报率,即收益率。回报定义为在评价期间投资组合(基金)的资产价值的变化加上在同一期间所获得的任何收益。

在计算回报率时要用时间加权来调整这一时期内投资的各项现金流入和流出。

投资组合业绩评价仅仅考虑投资回报率并不完全,还应综合考虑风险的大小。为对收益率进行风险调整,经典的单因素资本市场理论提供了一个清晰的框架。借助证券市场线以及不同的风险度量方法,我们得到 Sharpe 测度、Jensen 测度、Treynor 测度、信息比率以及 M^2 测度等单因素业绩评估指标。

以 CAPM 模型为基础的单因素评估模型无法解释按照股票特征(如市盈率、股票市值、市账比及历史收益等)进行分类的基金组合的收益之间的差异,所以我们又引入利用多因素模型来代替单因素模型进行基金绩效评估的方法,它们包括 APT 法和 Gruber-Sharpe 方法等。

好的投资业绩取决于投资者在正确时机选择优质股的能力,这些时机和证券选择能力有较广泛的适用范围。资产组合管理者一般既需要做出关于资产配置的方向性决定,必要时又需在同一资产类别中选择具体的证券配置。针对投资人资产选择能力的评价,本章介绍投资基准下的资产组合超额业绩贡献分析方法(业绩一般可分解为资产配置、部门选择和证券选择三个来源,一般通过计算该资产组合对投资基准的偏离来对该业绩进行分解分析)和 Fama 业绩分解评价方法(对净选择回报率和分散化溢酬的分解)。

传统的经风险调整的收益评价模型无条件地采用基金的历史收益来估计期望的绩效,因此,它并未考虑基金组合期望收益和风险的时变性。而实际上,如果基金经理具有市场择时能力,往往采取积极投资策略,主动地改变组合的风险以适应市场的变化并谋求高额的收益;资本资产的价值本身也可能随时间的变化而变化,这些原因都会使 β 值呈现时变性。根据对 β 系数的不同假设,此类模型包括 Treynor-Mazuy 的传统二次项回归模型、Heriksson-Merton 的二元随机变量模型、Ferson-Schadt 的条件模型、Grinblatt-Titman 的正权重加权收益率模型以及现金管理分析与市场预测成功率方法等。

Grinblatt 和 Titman 等人认为,掌握证券市场投资信息的投资者会持有较高收益的资产,并将这些资产进行投资组合,该投资组合的绩效比其他投资组合的绩效更好。由此,他们提出了投资组合变动法,此法主要是依据事件研究的评估方法,计算事件的研究期间(Event Period)与后续期间(Comparison Period)资产收益的差异。

最后,本章还介绍了 Morning Star 基金组合评价体系。

关 键 术 语

投资组合业绩评价　投资基准　投资组合收益率　Jensen 测度　Treynor 测度 Sharpe 测度　信息比率　M^2 测度　APT 法　Gruber-Sharpe 方法　股票选择能力　市场时机选择能力　Fama 业绩分解评价方法

习 题

1. 解释什么是时间加权回报率? 为什么需要对一般的投资收益率进行时间加权调整?

2. 基金年初的单位净值为 50 美元,在 6 月 30 日单位净值变为 60 美元,同时分红每单位 10 美元,到年末单位净值为 70 美元。请计算该基金当年的时间加权收益率。

3. 以下为市场组合和两个假设基金的投资回报及风险情况:

基金名称	收益率(%)	无风险利率(%)	标准差(%)	β 系数
A	5	3	15	0.67
B	12	3	33	1.50
M(市场组合)	8	3	20	1.00

请分别计算 Sharpe 测度、Jensen 测度、Treynor 测度,将包括市场指数在内的三种基金的业绩进行排序。

4. 利用 Fama 业绩分解评价方法,对习题 3 中的基金 B 的超额收益率进行分解,并用图示进行说明。

5. 假定跟踪误差为 3%,α 值为 0.025,信息比率是多少? 需要多少年的业绩支持置信度为 90% 的显著水平?

6. 考察以下投资基金经理某年的业绩资料。表中第 1、4 列标出了该经理资产组合中各个部分的实际收益和对应指数收益情况,实际资产组合的各部分权重以及投资基准的情况如第 2、3 列所示。

资产名称	实际收益率(%)	实际权重	投资基准权重	指数收益率(%)
股票	8	0.70	0.60	7
债券	4	0.20	0.30	3.5
现金	2	0.10	0.10	2

(1) 该经理该年的收益率是多少? 他的超额业绩为多少?

(2) 股票选择和债券选择分别在相对业绩表现中所占的比例多大?

(3) 资产配置在相对业绩表现中所起的作用多大? 试证明资产选择与资产配置各自的贡献的总和等于他相对于基准的超额收益。

7. 比较评价 Sharpe 测度、Jensen 测度、Treynor 测度以及信息比率这四种单因素业绩评价指标。它们分别适用于哪种情况?

8. 比较评价本章中介绍的市场时机选择能力的五种评价方法。

9. 单因素业绩评价模型与多因素业绩评价模型主要有什么区别? 它们的理论依据分别是什么?

10. 晨星基金评级是如何进行的?

即 测 即 评

附录 一些金融相关网站

一、搜索引擎

http://www.google.com

http://www.finance-wise.com

二、官方机构

中国证券监督管理委员会.http://www.csrc.gov.cn

中国人民银行.http://www.pbc.gov.cn

中国统计局.http://www.stats.gov.cn

世界银行.http://www.worldbank.org

国际货币基金组织.http://www.imf.org

美国证券交易委员会.http://www.sec.gov

美国联邦储备体系.http://www.federalreserve.gov

三、交易机构

上海证券交易所.http://www.sse.com.cn

深圳证券交易所.http://www.szse.cn

全国中小企业股份转让系统.http://www.neeq.com.cn

上海期货交易所.http://www.shfe.com.cn

郑州期货交易所.http://www.cece.com.cn

大连期货交易所.http://www.dce.com.cn

香港交易所.http://www.hkex.com.hk

伦敦证券交易所.http://www.londonstockexchange.com

美国证券交易所.http://www.amex.com

纽约证券交易所.http://www.nyse.com

芝加哥期权交易所.http://www.cboe.org

纳斯达克.http://www.nasdaq.com

四、报纸与杂志

华尔街日报.http://www.wsj.com

经济学家.http://www.economist.com/

金融时报.http://www.ft.com/

福布斯杂志. http：//www. forbes. com

金融学杂志. http：//www. afajof. org/

中国证券报. http：//www. cs. com. cn

上海证券报 . http：//www. cnstock. com/

财经. http：//www. caijing. com. cn/

涉及经济学的大部分学科的期刊大全. http：//www. jstor. org/

兰德经济学杂志. http：//www. rje. org/

政治经济学杂志. http：//www. journals. uchicago. edu/JPE/home. html

金融经济学杂志. http：//jfe. rochester. edu/

应用计量经济学杂志. http：//jae. wiley. com/jae/

纽约时报. http：//www. nytimes. com/

财富杂志. http：//pathfinder. com/fortune/

经济研究评论杂志. http：//www. exeter. ac. uk/restuds/Home. html

商务和经济统计杂志. http：//www. amstat. org/publications/jbes/indes. html

金融论文在线. http：//www. finance-cn. com

五、市场相关

晨星公司. http：//www. morningstar. com

商业和经济新闻. http：//www. bloomberg. com

市场观察. http：//www. marketwatch. com

CNBC. http：//www. cnbc. com/

Yahoo 金融市场价格. http：//quote. yahoo. com/

CNNfn 金融市场价格. http：//www. cnnfn. com/markets/index. html

六、数据库

全球股票交易指标. http：//finance. yahoo. com/

美国、欧洲以及部分新兴市场、亚洲国家企业金融数据. http：//pages. stern. nyu. edu/~adamodar

IMF 全球金融稳定报告. http：//www. imf. org/external/pubs/ft/gfsr

美国和部分国际数据. http：//www. bea. gov/

高校财经数据库. http：//www. bjinfobank. com/

参 考 文 献

[1] ADMATI, BHATTACHARYA, PFLEIDERER, et al. On timing and selectivity. Journal of Finance, 1986,41(3):715-730.

[2] ADMATI A, PFLEIDERER P. A Theory of Intraday Patterns: Volume and Price Variability. Review of Financial Studies, 1988,1:3-40.

[3] ADMATI A, PFLEIDERER P. Divide and Conquer: A Theory of Intraday and Day-of-the-Week Mean Effects. Review of Financial Studies, 1989,2:189-224.

[4] ADMATI A, PFLEIDERER P. Sunshine trading and financial market equilibrium. Review of Financial Studies, 1991,4: 443-482.

[5] ALEXANDER C. Market Models:A Guide to Financial Data Analysis. John Wiley & Sons Ltd.,2001.

[6] AMIHUD YAKOV, HAIM MENDELSON. Liquidity, Asset Prices and Financial Policy. Financial Analysts Journal, 1991, 47(6):55-56.

[7] BACK K. Insider trading in continuous times. Review of Financial Studies, 1992,5: 387-410.

[8] BAGEHOT W. Lombard Street. London: Smith, Elder, 1872.

[9] BAGEHOT W. The only game in town Financial Analysts Journal,1971,27: 12-14, 22.

[10] BALL R, Brown P. An Empirical Evaluation of Accounting Income Numbers. Journal of Accounting Research,1968 Autumn.

[11] BANZ R W. The Relationship between Return and Market Value of Common Stock. Journal of Financial Economics, 1981(3).

[12] BARBERIS N, SHLEIFER A VISHNY R. A model of investor sentiment. Journal of Financial Economics, 1998,49:307-343.

[13] BAXTER M, Rennie A. Financial Calculus. Cambridge:Cambridge University Press, 1996.

[14] BLACK F. An equilibrium model of the crash NBER Macroeconomics Annual, 1988: 269-276.

[15] BLACK F, DERMAN E, TOY W. A One-Factor Model of Interest Rates and Its Application to Treasury Bond Options. Financial Analysts Journal,1990,46(1): 33-39.

[16] BLACK F, SCHOLES M. The pricing of option and corporate liabilities. Journal of Political Economy, 1973,81: 637-659.

[17] BLUME M E. Betas and Their Regression Tendencies. Journal of Finance, 1975, 30 (3): 785-795.

[18] BODIE Z, Kane A, MARCUS A. Investments. 8th ed. McGraw Hill, 2009.

[19] BOUDREAUX K J. Discounts and premium on closed-end mutual funds: A study in valuation. Journal of Finance, 1973, 28: 515-522.

[20] BREEDEN D. An Intertemporal Asset Pricing Model with Stochastic Consumption and Investment Opportunities. Journal of Financial Economics, 1979, 7: 265-296.

[21] BRENNAN M J, SCHWARTZ E S. A continuous time approach to the pricing of bonds. Journal of Banking and Finance, 1979, 3: 135-155.

[22] CAMPBELL J Y, LO A W, MACKINLAY A C. The Econometrics of Financial Markets. Princeton University Press, 1997.

[23] CARHART M M. On Persistence in Mutual Fund Performance. Journal of Finance, 1997, 52(1): 57-81.

[24] CHANG, LEWELLEN. Market timing and mutual fund investment performance. Journal of Business, 1984, 57: 57-72.

[25] CHAPMAN D A, PEARSON N D. Recent Advances in Estimating Models of the Term Structure. Financial Analysts Journal, 2001, 57(4): 77-95.

[26] LEE C M C, SHLEIFER A, THALER R H. Investor Sentiment and the Closed-End Fund Puzzle Journal of Finance, 1991, 46(1): 75-109.

[27] COCHRANE J H. Asset Pricing. Princeton University Press, 2005.

[28] COHEN, MAIER, SCHWARTZ, et al. The Microstructure of Securities Markets. Englewood Cliffs: Prentice-Hall, 1986.

[29] CONNOR G, KORAJCZYK R A. Performance Measurement with the Arbitrage Pricing Theory: A New Framework for Analysis. Journal of Financial Economics, 1986, 15(3): 373-394.

[30] COPELAND L Y, GALAI D. Information effects and the bid-ask spread. Journal of Finance, 1983, 38:1457-1469.

[31] CULBERTSON J M. The Term Structure of Interest Rates. Quarterly Journal of Economics, 1957, 71: 485-517.

[32] COX J C, INGERSOLL J, ROSS S A. A theory of the term structure of interest rates. Econometrica, 1985, 53(2):385-407.

[33] DAI Q, SINGLETON K. Term Structure Dynamics in Theory and Reality. Review of Financial Studies, 2003, 16: 631-678.

[34] DE BONDT W F M, THALER R. Does the stock market overreact? Journal of Finance, 1985, 40: 793-805.

[35] DE LONG J B, SHLEIFER A, SUMMERS L H, et al. Noise trader risk in financial markets. Journal of Political Economy, 1990.

[36] DE LONG J B, SHLEIFER A, SUMMERS L H, et al. Positive Feedback Investment Strategies and Destabilizing Rational Speculation. Journal of Finance, 1990, 45(2): 374-397.

[37] DEMSETZ H. The cost of transacting. Quarterly Journal of Economics, 1968, 82: 33–53.

[38] DIEBOLD F X, LI C. Forecasting the term structure of government bond yields. Journal of Econometrics, 2006, 130: 337–364.

[39] DOMOWITZ Ian. Automating the Price Discovering Process: Some International Comparisons and Regulatory Implications. Journal of Financial Services Research, 1992(6): 305–326.

[40] DOWD K. Beyond Value at Risk. Wiley Chichester, 1998.

[41] DUFFIE D, PAN J. An Overview of Value at Risk. Journal of Derivatives, 1997(4): 7–49.

[42] EASLEY D, HARA M O. Order form and information in securities markets. Journal of Finance, 1992,46: 905–927.

[43] FAMA E. The behavior of stock market prices. Journal of Business, 1965,38:34–106.

[44] FAMA E, BLUME M. Filter Rules and Stock Market Trading Profits. Journal of Business, 1966 January.

[45] FAMA E. Efficient capital markets: A review of theory and empirical work. Journal of Finance, 1970,25: 383–417.

[46] FAMA E. Components of investment performance. Journal of Finance, 1972,27: 551–567.

[47] FAMA E, FISHER L, JENSEN M, ROLL R. The Adjustment of Stock Prices to New Information. International Economic Review, 1969 February.

[48] FAMA E, FRENCH K. Common risk factors in the returns on bonds and stocks. Journal of Financial Economics, 1993,33:3–56.

[49] FARREL, JAMES L, REINHART W J. Portfolio Management: Theory and Application, 2nd ed. McGraw-Hill, 1997.

[50] FERSON, SCHADT Measuring Fund Strategy And Performance In Changing Economic Conditions. Journal of Finance, 1996, 51: 425–461.

[51] FONG G, VASICEK O. Fixed–Income Volatility Management. Journal of Portfolio Management, 1991, 17(4):41–46.

[52] FOSTER F D, VISWANATHAN S. A Theory of the Intraday Variations in Volume, Variance and Trading Costs in Securities Markets. Review of Financial Studies, 1990(3): 593–624.

[53] FRANCIS J C. Investments: Analysis and Management, 4th ed. McGraw–Hill Book Company, 1986:297.

[54] FRANKEL J, FROOT K. Explaining the demand for dollars: International rates of and the expectations of chartists and fundamentalists, Agriculture, Macroeconomics and the Exchange Rate Boulder, CO: Westfield Press,1988.

[55] FRANKEL J A, LOWN C S. An indicator of future inflation extracted from the steepness

of the interest rate yield curve along its entire length. Quarterly Journal of Economics, 1994,109: 517-530 .

[56] ALLEN F, GALE D. Comparing Financial Systems. The MIT Press, 2000.

[57] FRENCH K R. Stock Returns and the Weekend Effect. Journal of Financial Economics, 1980(3).

[58] FRIEDMAN M. The case for flexible exchange rates// Essays in positive Economics. Chicago: University of Chicago Press,1953.

[59] FULLER R J, HSIA C C. A Simplified Model for Estimating Stock Prices of Growth Firms. Financial Analysts Journal, 1984(5-6).

[60] FULLER R J, FARRELL J L Jr. Modern Investments and Security Analysis. McGraw-Hill Book Company, 1987.

[61] GARMAN M. Market Microstructure. Journal of Financial Economics, 1976(3): 257-275.

[62] GEMMILL G. Transparency and Liquidity: A Study of Block Trades on the London Stock Exchange under Different Publication Rules. Journal of Finance, 1996, 51 (12): 1765-1790.

[63] GIBSON R, LHABITANT F S, TALAY D. Modeling the Term Structure of Interest Rates: A Review of Literature. Lausanne: University of Lausanne,2001.

[64] GLASSERMAN P. Monte Carlo Methods in Financial Engineering. New York: Springer, 2004.

[65] GLOSTEN L, MILGROM P. Bid, ask, and transaction prices in a specialist market with heterogeneously informed trader. Journal of Financial Economics, 1985,13: 71-100.

[66] GORDON M J. The Investment, Financing and Valuation of the Corporation. Homewood: Irwin, 1962.

[67] GOULD J, KOLB W L. A Dictionary of Social Science. New York: Free Press, 1964.

[68] GOURIEROUX C, JASIAK J. Financial Econometrics. Princeton: Princeton University Press, 2001.

[69] GRAHAM B, DODD D, COTTLE S. Security Analysis, New York: McGraw-Hill, 1962.

[70] GRINBLATT M, TITMAN S. Mutual Fund Performance: An Analysis of Quarterly Portfolio Holdings. Journal of Business, 1989, 62: 393-416.

[71] GRINBLATT M, TITMAN S. Performance Measurement Without Benchmarks: An Examination of Mutual Fund Returns. Journal of Business, 1983, 66: 47-68.

[72] GRINBLATT M, TITMAN S. A Study of Monthly Mutual Fund Returns and performance Evaluation Techniques. Journal of Financial and Quantitative Analysis, 1994,29:419-444.

[73] GROSSMAN S, MILLER M. Liquidity and Market Structure. Journal of Finance, 1998, 43(6): 617-633.

[74] GRUBER. Another Puzzle: The Growth In Actively Managed Mutual Funds. Journal of Finance, 1996,51: 783-810.

[75] HAKANSSON N H. Optimal investment and consumption strategies under risk for a class of utility functions. Econometrica: Journal of the Econometric Society, 1970, 38(5): 587-607.

[76] HAMADA R. The Effect of the Firm's Capital Structure on the Systematic Risk of Common Stocks. Journal of Finance, 1972(5).

[77] HARRIS L. A Transaction Data Study of Weekly and Intradaily Patterns in Stock Returns. Journal of Financial and Quantitative Analysis, 1986, 25: 291-306.

[78] HASBROUCK J. SCHWARTZ R A. Liquidity and Execution Costs in Equity Markets. Journal of Portfolio Management, 1988, Spring. 10-16.

[79] HEATH D, JARROW R ,MORTON A. Bond Pricing and the Term Structure of Interest Rates: A New Methodology for Contingent Claims Valuation, Econornetricn, 1992, 60 (1): 77-105.

[80] HENRIKSSON, MERTON. On market timing and investment performance II : Statistical procedure for evaluating skills. Journal of Business, 1981,54: 513-533.

[81] HENRIKSSON R D. Market Timing and Mutual Fund Performance: An Empirical Investigation, Journal of Business, 1984, 57 (1): 73-96.

[82] SHEFRIN H, STATMAN M. Behavioral Capital Asset Pricing Theory. Journal of Financial and Quantitative Analysis,1994,29(3):323-349.

[83] SHEFRIN H, STATMAN M. Behavioral Portfolio Theory Journal of Financial and Quantitative Analysis, 2000.

[84] HICKS J R. Value and Capital. 2nd ed. Oxford: Oxford University Press,1942.

[85] HO T S Y, Lee S B. Term Structure Movements and Pricing Interest Rate Contingent Claims. Journal of Finance, 1986, 41(5):1011-1029.

[86] HO T, STOLL H. Optimal dealer pricing under transactions and return uncertainty. Journal of Financial Econimics, 1981,9: 47-73.

[87] Ho T, STOLL H. The dynamics of dealer markets under competition. Journal of Finance, 1983, 38: 1053-1074.

[88] HODGES S D, BREALEY R A. Portfolio Selection in a Dynamic and Uncertain World. Financial Analysts Journal, 1973 March-April.

[89] HOLDEN C W, SUBRAHMANYAM A. Long-lived private information and imperfect competition. Journal of Finance, 1992, 47: 247-270.

[90] HUANG C, LITZENBERGER R. Foundations for Financial Economics. New York: North-Holland, 1988.

[91] HUANG, ROGER D, STOLL H R. The Design of Trading System: Lessons from Abroad. Financial Analysts Journal, 1992, 48: 49-54.

[92] HULL J C. Option, Futures, and Others Derivatives. 3rd ed. Prentice Hall Internation-

al, Inc. , 1993:2.

[93] HULL J C. Options, Futures and Other Derivatives. 6th ed. NJ: Prentice Hall, 2006.

[94] HULL J C, WHITE A. Pricing Interest-Rate-Derivative Securities. Review of Financial Studies, 1990, 3(4): 573-592.

[95] INGERSOLL J. Theory of Financial Decision Making. Totowa, New Jersey: Rowman and Littlefield, 1987.

[96] FISHER I. Appreciation and Interest. Publications of the American Economic Association, 1986,11.

[97] JABBOUR G M, MANSI S A. Yield Curve Smoothing Models of Teun Structure. Washington: George Washington University, 2002.

[98] JACKEL P. Monte Carlo Methods in Finance. JohnWiley & Sons, Ltd. Chichester, 2002.

[99] JAMSHIDIAN F. An Exact Bond Option Formula. Journal of Finance, 1989, 44(1): 205-209.

[100] JARROW R A. Modeling Fixed Income Securities and Interest Rate Options. Stanford University Press, 2002.

[101] JEGADEESH N, TITMAN S. Returns to Buying Winners and Selling Losers: Implications for Stock Market Efficiency. Journal of Finance, 1993, 48: 65-91.

[102] JENSEN. The performance of mutual funds in the period 1945—1964. Journal of Finance, 1968, 23: 389-416.

[103] JORION P. Value at Risk: The New Benchmark for Managing Financial Risk. 3rd ed. McGraw-Hill, 2007.

[104] JOY O M, LITZENBERGER R H, MCENALLY R W. The Adjustment of Stock Prices to Announcements of Unanticipated Changes in Quarterly Earnings. Journal of Accounting Research, 1977 Autumn.

[105] KAHNEMAN D, RIEPE M. Aspects of investor psychology. Journal of Portfolio Management, 1998, 24: 52-65.

[106] KAHNEMAN D, TVERSKY A. On the Psychology of Prediction. Psychological Review, 1973, 80: 237-251.

[107] KAHNEMAN D, TVERSKY A. Prospect theory: An analysis of decision under risk. Econometrica, 1979, 47: 263-291.

[108] KARATZAS, I. LEHOCZKY. J, SHREVE S. Optimal Portfolio and Consumption Decisions for a "Small Investor" on a Finite Horizon. SIAM Journal on Control and Optimization, 1987, 25: 1557-1586.

[109] KARATZAS I, LEHOCZKY J, SHREVE S. Existence and Uniqueness of Multi-Agent Equilibrium in a Stochastic, Dynamic Consumption and Investment Model. Mathematics of Operations Research, 1990, 15: 80-128.

[110] KINDLEBERGER C. Manias, Panics, and Crashes. New York: Basic Books, 1978.

KYLE A S. Market Structure, Information, Futures Markets, and Price Formation. We-striew Press, 1984.

[111] KYLE A S. Continuous Auctions and Insider Trading. Econometrica, 1985, 53:1315–1335.

[112] KYLE A S. Informed speculation with imperfect competition. Review of Economic Studies, 1989, 56: 317–355.

[113] LEE C M, SHLEIFER A, THALER R. Investor sentiment and the closed–end fund puz-zle. Journal of Finance, 1994, 46: 75–110.

[114] LEHMANN B N, MODEST D M. Mutual Fund Performance Evaluation: A Comparison of Benchmarks and Benchmark Comparisons. Journal of Finance, 1987, 42: 233–265.

[115] LEROY S, WERNER J. Principles of Financial Economics. Cambridge: Cambridge University Press, 2001.

[116] LOOMS G, SUGDEN R. Regret Theory: An Alternative Theory of Rational Choice un-der Uncertainty. The Economic Journal, 1982, 92:805–824.

[117] LONGSTAFF F A, SCHWARTZ E. Interest Rate Volatility and the Term Structure: A Two–Factor General Equilibrium Model. Journal of Finance, 1992, 47(4): 1259–1282.

[118] MACAULAY F R. Some Theoretic Problems Suggested by the Movement of Interest Rates, Bond Yields and Stock Prices in the United States Since 1856. National Bureau of Economic Research, 1938.

[119] MADHAVAN A. Trading Mechanisms in Securities Markets. Journal of Finance, 1992, 47(6):607–641.

[120] MADHAVAN A. Market Microstructure: A Survey. Journal of Financial Markets, 2000, 3(3): 205–258.

[121] MALKIEL B. The Valuation of Closed–end Investment Company Shares Journal of Fi-nance, 1977, 32:847–859.

[122] MARKOWITZ H. Portfolio Selection. Journal of Finance, 1952, 7(1):77–91.

[123] MAS–COLELL A, WHINSTON M, GREEN J. Microeconomic Theory. Oxford: Oxford University Press, 1995.

[124] MAUREEN O H. Market microstucture theory. Blackwell Publishers Inc, 1995.

[125] MCCULLOCH J H. Measuring the Term Structure of Interest rates. Journal of Busi-ness, 1971, 34 (1): 19–31.

[126] MCCULLOCH J H. The Tax-adjusted Yield Curve. Journal of Finance, 1975, 30(6): 811–829.

[127] MERTON R. Optimum Consumption and Portfolio Rules in a Continuous Time Model. Journal of Economic Theory, 1971, 3: 373–413.

[128] MERTON R. An Analytical Derivation of the Efficient Portfolio Frontier. Journal of Fi-nancial and Quantitative Analysis, 1972, 7: 1851–1872.

[129] MERTON R. Theory of rational option pricing. Bell Journal of Economics and Management Science, 1973, 4: 141-183.

[130] MERTON R. Option Pricing when the Underlying Stock Returns are Discontinuous. Journal of Financial Economics, 1976,3(1-2):125-144.

[131] MERTON R. On Market Timing and Investment Performance. II. Statistical Procedures for Evaluation Forecasting Skills. Journal of Business, 1981, 54 (4): 513-533.

[132] MERTON R. On the Application of the Continuous-time Theory of Finance to Financial Intermediation and Insurance. Geneva Papers on Risk and Insurance Theory, 1989, 14: 225-261.

[133] MERTON R. Continuous-time Finance. 2nd ed. Blackwell, 1996.

[134] MERTON R, BODIE Z. A Conceptual Framework for Analyzing the Financial Environment. The Global Financial System: A Functional Perspective. Harvard Business School Press, 1995.

[135] MOLODOVSKY N. Common Stock Valuation—Principles, Tables and Applications. Financial Analysts Journal, 1965(3-4).

[136] NELSON, CHARLES R, SIEGEL A F. Parsimonious Modeling of Yield Curves. Journal of Business, 1987, 60: 473-489.

[137] BARBERIS N, SHLEIFER A, VISHNY R W. A Model of Investor Sentiment. NBER Working Paper Series, 1997.

[138] ODEAN T. Are Investors Reluctant to Realize Their Losses. Journal of Finance, 1998, 53: 1775-1798.

[139] PLISKA S R. Introduction to Mathematical Finance: Discrete Time Models. Blackwell, 1997.

[140] ROLL R. Ambiguity when performance is measured by the securities market line. Journal of Finance, 1978, 33: 1051-1069.

[141] ROLL R. Orange Juice and Weather. American Economic Review, 1984, 74: 861-880.

[142] SAMUELSON P A. Corrected Formulation of Direct and Indirect Additivity. Econometrica, 1969, 37(2): 355-359.

[143] ROSENBERG B, GUY J. The Prediction of Beta from Investment Fundamentals. Financial Analysis Journal, 1976(7-8).

[144] ROSS S. Return, Risk and Arbitrage// FRIEND I, BICKSLER J, eds. Risk and Return in Finance. Cambridge: Ballinger, 1976.

[145] SCHOLES M. The Market for Securities: Substitution Versus Price Pressure and Effects of Information on Share Prices. Journal of Business, 1972, 45: 179-211.

[146] SHARPE W. A Simplified Model for Portfolio Analysis. Management Science, 1963, 9(2): 277-293.

[147] SHARPE W. Capital asset prices: A theory of Market Equilibrium under Conditions of

Risk. Journal of Finance, 1964, 19: 425-442.

[148] SHARPE W. Mutual fund performance. Journal of Business, 1966, 39: 119-138.

[149] SHARPE W. Likely Gains form Market Timing. Financial Analysts Journal, 1975 (3-4).

[150] SHARPE W. ALEXANDER G. Investments. 4th ed. Englewood, NJ: Prentice-Hall, 1990.

[151] SHARPE W, ALEXANDER G, BAILEY J. Investments. 5th ed. Englewood Cliffs, NJ: Prentice-Hall, 1995.

[152] SHARPE W, ALEXANDER G, BAILEY J. Investments. 6th ed. Englewood Cliffs, NJ: Prentice-Hall, 1999.

[153] SHILLER R. Do Stock Prices Move too much to Be Justified by Subsequent Changes in Dividends. American Economic Review, 1981, 71: 421-436.

[154] SHLEIFER A. Inefficient Market. New York: Oxford University Press, 2000.

[155] SHLEIFER A, VISHNY R. Equilibrium Short Horizons of Investors and Firms. American Economic Review Papers and Proceedings, 1990, 80: 148-153.

[156] SHLEIFER A, VISHNY R. The limits of arbitrage. NBER Working Paper Series, No. 5167, 1997.

[157] SPIEGEL M, SUBRAHMANYAM A. Informed Speculation and Hedging in a Noncompetition Securities Market. Review of Financial Studies, 1992,5:307-330.

[158] STEELEY J M. Estimating the Gilt-edged Term Structure: Basis Splines and Confidence Intervals. Joumal of Business Finance and Accounting, 1991, 18(4): 513-529.

[159] STOLL H. The Supply of Dealer Services in Securities Markets. Journal of Finance, 1978, 33: 1133-1151.

[160] SVENSSON, LARS E O. Estimating and Interpreting Forward Interest Rates: Sweden 1992-1994. Working Paper No. WP/94/114, International Monetary Fund, 1994.

[161] THOMAS W A. The Securities Markets. Philip Alian Publishers Ltd. 1989.

[162] THOMPSON J. Sources of Systematic Risk in Common Stocks. Journal of Business, 1976(4).

[163] TREYNOR, BLACK. How to use Security Analysis to Improve Portfolio Selection. Journal of Business, 1973, 46.

[164] TREYNOR, MAZUY. Can Mutual Funds Outguess the Market. Harvard Business Review, 1966, 44: 131-136.

[165] TREYNOR. How to Rate Management of Investment Funds. Harvard Business Review, 1965, 43: 63-75.

[166] TVERSKY A, KAHNEMAN D. Judgement under Uncertainty. Heuristics and Biases Science, 1974, 185: 1124-1131.

[167] VASICEK O. An Equilibrium Characterization of the Term Structure. Journal of Finan-

cial Economics, 1977, 5(2): 177-188.

[168] VASICEK O A, FONG H G. Term Structure Modeling Using Exponential Splines. Journal of Finance, 1982, 37: 339-348.

[169] RAMIAH V B, DAVIDSON S. Behavioural Aspects of Finance: BAPM v/s CAPM & Noise Trader Risk, 2002.

[170] VON NEUMANN J, MORGENSTERN O. Theory of Games and Economic Behavior. Princeton University Press, 1944.

[171] WALRAS L. Elements of Pure Economics. William Jaffe, translation. Homewood: R. D. Irwin, 1954.

[172] WILLIAMS J B. The Theory of Investment Value. Cambridge: Harvard University Press, 1938.

[173] YAN H. Dynamic Models of Teen Structure. Financial Analysts Journal, 2001, 57 (3):60-76.

[174] 戴国强,吴林祥.金融市场微观结构理论.上海:上海财经大学出版社,1999.

[175] 姜波克.国际金融学.北京:高等教育出版社,1999.

[176] 蒋冠,熊大永.证券市场有效性与无效性:争论与理论发展.复旦大学国际金融系工作论文,2002.

[177] 林海,郑振龙.利率期限结构研究述评.管理科学学报,2007 (1).

[178] 刘海龙.证券市场微观结构研究综述.现代金融研究,2001(4).

[179] 刘红忠.金融市场学.上海:上海人民出版社,2003.

[180] 山东金融编辑部.国际金融期权市场简介.山东金融,1998(9).

[181] 上海证券交易所.中国证券市场研究前沿专题:上海证券交易所联合研究文选第1辑.北京:商务印书馆,2001.

[182] 索罗斯.开放社会:全球资本主义的危机.王宇,译.北京:商务印书馆,2001.

[183] 屠光绍.交易体制:原理与变革.上海:上海人民出版社,2000.

[184] 邢毓静.证券市场与外汇市场的互动关系及宏观政策选择:从B股向境内居民开放谈起.当代财经,2001(5).

[185] SIMON H.西蒙选集.北京:首都经济贸易大学出版社,2002.

[186] 约翰·赫尔.期货、期权与衍生证券.张陶伟,译.北京:华夏出版社,1997.

[187] 赵蓓文.外汇市场与证券市场价格波动的相互影响及其在中国的不完全传递.世界经济研究,1998(1).

[188] 周正庆.证券市场导论.北京:中国金融出版社,1998.

[189] 朱世武.金融计算与建模:理论、算法与SAS程序.北京:清华大学出版社,2007.

[190] 朱世武,陈健恒.交易所国债利率期限结构实证研究.金融研究,2003(10).

郑重声明

　　高等教育出版社依法对本书享有专有出版权。任何未经许可的复制、销售行为均违反《中华人民共和国著作权法》,其行为人将承担相应的民事责任和行政责任;构成犯罪的,将被依法追究刑事责任。为了维护市场秩序,保护读者的合法权益,避免读者误用盗版书造成不良后果,我社将配合行政执法部门和司法机关对违法犯罪的单位和个人进行严厉打击。社会各界人士如发现上述侵权行为,希望及时举报,本社将奖励举报有功人员。

　　反盗版举报电话　　(010)58581897　58582371　58581879
　　反盗版举报传真　　(010)82086060
　　反盗版举报邮箱　　dd@hep.com.cn
　　通信地址　　北京市西城区德外大街4号　高等教育出版社法务部
　　邮政编码　　100120